数量研究方法实证解析

吕世杰　运向军　刘红梅　刘桂香　著

科 学 出 版 社
北 京

内 容 简 介

本书以作者团队进行的农业、林业、草业、生态等学科试验及获得的调查数据作为主要研究对象，全面阐述数量研究方法在这些学科中应用的基本特征和学科特点，并总结归纳数量研究方法的灵活性、普适性和独特性；书中相关案例可作为农学、林学、草学、生态学及生物学应用的基本模式。

本书可供草业科学、生态科学、环境科学、畜牧科学、林业科学、农业科学及应用统计学等有关学科的科研人员、教学人员和相关业务管理人员阅读参考。

图书在版编目（CIP）数据

数量研究方法实证解析/吕世杰等著. —北京：科学出版社，2019.6
ISBN 978-7-03-051484-4

Ⅰ. ①数… Ⅱ. ①吕… Ⅲ. ①数量-研究方法 Ⅳ. ①C81

中国版本图书馆 CIP 数据核字(2016)第 320130 号

责任编辑：韩学哲 郝晨扬 / 责任校对：郑金红
责任印制：吴兆东 / 封面设计：刘新新

科 学 出 版 社出版
北京东黄城根北街 16 号
邮政编码：100717
http://www.sciencep.com
北京虎彩文化传播有限公司 印刷
科学出版社发行 各地新华书店经销
*
2019 年 6 月第 一 版 开本：B5 (720×1000)
2019 年10月第二次印刷 印张：36
字数：698 000

定价：268.00 元

(如有印装质量问题，我社负责调换)

序

《数量研究方法实证解析》是内蒙古农业大学和中国农业科学院草原研究所的研究人员多年从事科学研究、将数量研究方法应用于实践并且得到检验所获得的重要成果之一。该书以农业、林业、草业、生态等学科的数据资料为研究对象，运用数量研究方法揭示和佐证科学问题，体现了著者团队对数量研究方法的思考、认识和探索过程。在数量研究方法不断得到重视的今天，认识其重要性并掌握应用技术，也就把握了发展机遇，使数据呈现更为丰富的信息。

该书从数量研究方法的基本术语、基本操作、基本应用、基本差异、基本释义等方面较为全面地概括了其理论过程和实践过程，也从专业数据分析角度揭示了试验设计、抽样调查和数据处理之间的关系。同时，借助计算机技术，结合权威统计软件 SAS 进行程序设计，具有浅显易懂、操作简便、结合实例、注重解析的特点，适合广大研究者参阅。

数量研究方法得到越来越多人们的认可，其与不同专业结合，逐渐形成相关专业的数量研究方法学，该书的撰写成功，将会对各学科数量研究方法学的发展和完善起到推动作用。任何专业学科，研究结果均可以数据作为支撑，利用数量研究方法揭示信息、佐证研究成果，所以数量研究是现代科学研究不可或缺的方法。

我们欣慰地看到该书由科学出版社组织出版，对数量研究方法学的贡献和积极作用是不言而喻的。该书不仅是内蒙古农业大学和中国农业科学院草原研究所的宝贵成果，也是著者团队对我国数量研究方法系统化和学科化的贡献。我深表祝贺，衷心希望该书能够为相关从业人员提供数据分析方法上的帮助，祝愿他们的学术集体和谐发展，不断壮大。

苏金梅

2019 年 2 月 22 日

前　言

《数量研究方法实证解析》这部数据分析专著是内蒙古农业大学和中国农业科学院草原研究所的研究人员共同智慧的结晶。自2004年以来，著者团队以农业、林业、草业、生态等试验及调查数据为研究对象，历经10余年的努力，总结数据特征与数据分析方法的关系，借助现代计算机技术，并结合专业角度上的阐释，形成了本专著。

很多研究者将统计学与数量研究方法的关系划为等号，实则不然。统计学是通过搜索、整理、分析、描述数据等手段，以达到推断所测对象的本质，甚至预测对象未来的一门综合性科学（王云峰和陈卫东，2017）。统计学用到了大量数学及其他学科的专业知识，其应用范围几乎覆盖了社会科学和自然科学的各个领域。研究方法（邬焜等，2003）是指在研究中发现新现象、新事物，或提出新理论、新观点，为揭示事物内在规律的工具和手段。这是运用智慧进行科学思维的技巧，一般包括文献调查法、观察法、思辨法、行为研究法、历史研究法、概念分析法、比较研究法等。研究方法是人们在从事科学研究过程中不断总结、提炼出来的。由于人们认识问题的角度不同、研究对象的复杂性等因素，加上研究方法本身处于一个不断相互影响、相互结合、相互转化的动态发展过程中，对于研究方法的分类目前很难有一个完全统一的认识。由此可见，统计学与研究方法既有区别又有联系，所以统计学与数量研究方法也既有区别又有联系。

伴随着学科发展，不同学科正在形成自己的数量研究方法，如生态学的数量研究过程形成了数量生态学，这方面的代表性专著为张金屯（2018）所著的《数量生态学》（第三版）；地理学的数量研究过程形成了计量地理学，其代表性著作为徐建华（2006）的《计量地理学》，一般也习惯称为数量地理学；类似这方面的论著还有《景观格局的数量研究方法》（张金屯等，2000）和《进化生态学的数量研究方法》（陶玲和任珺，2004）。翻阅这些书籍，我们发现数量研究方法著作除了包含我们常用的统计分析方法之外，还有因学科不同所形成的专有数据分析方法；即使是同样的方法，在不同的专业领域也具有不同的解释方法。

数量研究方法具有灵活性、普适性和独特性。灵活性是指针对特定的数据集，总有一种或几种数量研究方法可以用来揭示数据集所表达的信息特点；同一数量研究方法针对同一数据集，由于分析的深度或分析阶段不同，具有不同的统计意义和专业释义，如主成分分析，一般在数据分析过程中，其代表的是降维分析，但在数量生态学研究中，其属于排序分析法；如果仅停留在特征值和特征向量分析上，则属于降维分析（也可理解为变量聚类分析）；如果继续计算主成分得分，则属于排序分析；如果将主成分得分进行绘图，可进行主成分聚类分析（观测聚类分析）；如果根据主成分得分向量，再结合因变量（主成分得分向量作为自变量）可进行主成分回归分析。

普适性的理解基于基础理论和应用思想两个方面。数量研究方法的数学或统计学原理是固定的，只要数据集符合其约束原理，就可以采用该研究方法进行分析。诚然，这是数学或统计学上的约束条件，在专业上还需受到专业上的条件约束。既然存在两方面的约束条件，为什么还说其存在普适性呢？在数学或统计学上，很多数量研究方法存在共同性，如多元统计分析，很多分析方法都基于相关阵或协方差阵，通过特征值和特征向量形成不同的统计分析方法，应用在具体专业上则通过修改或限制某些条件，形成专业的数量研究方法，这是数量研究方法基础理论的普适性。在专业应用上存在几大类思想，如对比思想、关联思想和分类思想等，每一种数量研究方法都可能是这几大类思想的体现，如方差分析是对比思想的体现，但是将同一字母标记的观测划归在一起就是分类思想的体现，考虑不同影响因素的交互作用或者其线性模型结构就是关联思想的体现，这是数量研究方法应用的普适性。

独特性是指数量研究方法针对某一数据集、某一研究目的的唯一性。针对特定的数据集，受到数据集特点和研究目标的双重限制，其数量研究方法仅限于某种或某类方法，使数量研究方法得以展示其魅力。我们经常看到，有的研究者利用的数量研究方法非常浅显易懂，且难以找出可替代的研究方法；还有的研究者采用的方法比较繁杂，但也难以找出可行的替代方案。所以说，真正比较好的数量研究方法，具有针对问题和数据特征应用的唯一性，其体现了数量研究方法的创新，也体现了研究者对数量研究方法的把控。如“3414”土肥配方试验，该试验设计是基于回归思想进行的，因此建立回归模型求解即可，但在应用过程中发现，无论是线性方程组求解还是高等数学的全信息模型求偏导，均会存在求解结果不在给定阈值范围内的情况，导致研究者难以对研究结果做出判断；因此有研究者通过计算机模拟寻优求解，收到很好的效果。

综合来看，数量研究方法的灵活性、普适性和独特性都是针对某一角度而言的，所以它们之间存在区别与联系是必然的。本专著关于数量研究方法的介绍均得到了专业上的验证和数学理论上的检验，同时结合数量研究方法的灵活性、普适性和独特性，给出了相关的专业问题解析。很多实例内容均有著者团队发表的学术论文进行佐证，同时作者根据数量研究方法的规律和特点，进行了相应的补充；借助现代计算机技术，对基础统计和多元统计的应用进行了较为全面的解析。这些研究成果体现了从事专业领域的研究者对数量研究方法的需求，体现了数量研究方法工作的专业领域融合，更体现了数量研究方法的发展方向和创新领域。

本专著先后得到国家重点研发计划政府间国际科技创新合作重点专项“中蒙退化草原生态恢复关键技术合作研究”（2016YFE0116400）、国家自然科学基金项目“荒漠草原放牧强度季节调控下植被稳定性研究”（31460126）、中国农业科学院科技创新工程团队“草原非生物灾害防灾减灾团队”（CAAS-ASTIP-IGR2015-04）及内蒙古自然科学基金面上项目“荒漠草原植物群落数量关系对放牧强度季节调控的响应”（2015MS0349）的资助。

本专著在编写过程中得到了云锦凤、王俊杰、贾玉山、姚贵平、苏金梅和解云等各位老师和同仁的大力帮助，在此一并感谢。各位主任主要负责章节如下：吕世杰为第二、三、四、五、八、十一、十四、十五章，运向军为第十三、十六章，刘红梅为第六、七、九、十章，刘桂香为第一、十二章。感谢团队成员的互相支持和努力。

本专著的出版是集体劳动与智慧的结晶，作者衷心地感谢所有为本专著做出贡献的同志。由于学术水平有限，书中不足之处在所难免，希望有关专家和读者给予批评指正。

吕世杰
2019年2月10日

目　　录

第一章　数据分析过程与相关术语

伴随着计算机技术的发展，数据资料的信息提取越来越受到人们的关注，数据资料信息提取的过程即数据分析过程。因此，数据分析是指用适当的统计分析方法对收集来的数据进行分析，提取有用信息和形成结论从而对数据加以详细研究和概括总结的过程。然而，这一数据分析的概念是从占有数据资料之后的研究过程中进行定义的；在实际操作过程中，数据分析工作可能在某一研究问题提出时就开始了。例如，想要知道不同类型草地地上生物量的差异，首先进行草地类型的界定；其次在界定的草地类型中设计取样方法，然后将取样获得的数据按照分析方法建立数据集；最后根据选定的分析方法提取信息。由此可见，广义的数据分析概念应该是基于某种研究目的而从事的一系列研究活动，其包含试验设计（制定研究方案）、抽样调查、数据信息提取与挖掘的过程；狭义的数据分析概念主要是指基于数据提取信息和形成结论的过程。

对数据分析概念的理解，有助于深入了解数据分析过程。无论是广义的数据分析还是狭义的数据分析，其共同点均是基于某种研究目的而采用数据解释数据的过程。因此，数据分析的本质是基于信息提取的数据解释数据资料的过程。数据资料可以包含数字资料、文字资料、图片资料、影音资料等，数据分析结果的呈现形式可以是图形、文字、表格等，这些也可以称为数据，所以对数据分析的本质理解应该是采用数据解释数据的过程。本章主要参考了茆诗松等（2012）编著的《试验设计》、李春喜等（2013）编著的《生物统计学》及张金屯（2011）所著的《数量生态学》。

第一节　基本试验设计及其特点

试验设计（DOE），也称为实验设计，是一种安排实验和分析实验数据的数理统计方法；试验设计主要对试验进行合理安排，以较小的试验规模（试验次数）、较短的试验周期和较低的试验成本，获得理想的试验结果及得出科学的结论。试验设计常用于室外或结果不能确定的科学研究，实验设计常用于室内或验证性（结果已知）的研究过程。在生物学试验研究中，要想取得客观、理想的结果，必须做到试验方案设计合理，精心组织操作，采用相应的统计方法对试验结果进行分析。因此，生物学中经常提到，有什么样的试验设计就需要有什么样的分析方法。

试验设计基于统计学原理，其在应用中应该遵循以下 3 个原则：①随机性，是指一个重复中的某一处理或处理组合被安排在哪一个试验单位，不要有主观成见。②重复性，在试验中，同一处理设置的试验单位数，称为重复。其主要作用是估计试验误差，同时降低试验误差，提高试验的精确度。③局部控制，在生物学试验中，控制所有非处理因素使其均衡一致是不易做到的，但我们可以将整个试验环境分解成若干个相对一致的小环境（称为区组、窝组或重复），再在小环境内分别配置一套完整的处理，在局部对非处理因素进行控制。小环境间的变异可通过方差分析剔除。因而局部控制可以最大程度地降低试验误差。

试验设计的常用术语如下。

处理因素：一般是指对受试对象给予的某种外部干预（或措施），或简称处理。

水平：是指某一处理因素所设定的不同强度（或称为不同量值）。

受试对象：是处理因素的客体，实际是根据研究目的而确定的观测总体。

处理效应：是处理因素作用于受试对象的反应，是研究结果的最终体现。

一、对比设计

对比设计即设置一个试验组与许多标准区（即对照区）依次比较，在同一重复内各处理顺序排列，但不同重复排成多排时，注意不同重复间的相同处理不要排在一条直线上，可采用阶梯式或逆向式排列。对比设计是一种简单的试验设计方法，适用于单因素试验。根据对照区（CK）的设置不同，对比设计又可以分为邻比设计和间比设计两种主要设计方法。

（一）邻比设计

在田间，邻比设计排列的特点是每一处理均直接排列于对照旁边，使每两个小区都能与相邻的对照进行比较，能充分反映出处理效应。在邻比试验中由于处理区与对照区相邻，土壤、气候条件相差不大，因此，将二者进行比较时，容易反映出处理与对照间的真实差异，即使减少重复也能达到应有的精确度。具体进行小区排列时，同一重复内各处理小区顺序排列；每一重复内的第一个小区应安排为处理区，第二个小区安排为对照区，之后每隔两个处理小区设立一个对照区，同时使每一重复的最后一个处理区的一侧有对照区；不同重复间常采用阶梯式排列（图 1-1）。如果处理数是偶数，一般在每一重复开头先设一个处理区，再设一个对照区，之后每隔两个小区设立一个对照区，直至排完为止，这种排列法可以节省一个对照小区。如果处理数是奇数，则每一重复开头无论先排处理区还是对照区，其对照小区数总是相同的。邻比设计最大的优点是简单易行，精确度较高，便于田间观察比较；其缺点是对照小区太多，一般要占试验地面积的 1/3。所以，一般处理数为 10 个以内，或者进行简单对比试验时可采用邻比设计，但如果试验的处理数过多就不易采用邻比设计，可采用对照小区相对较少的间比设计。

Ⅰ	1	CK	2	3	CK	4	5	CK	6
Ⅱ	3	CK	4	5	CK	6	1	CK	2
Ⅲ	5	CK	6	1	CK	2	3	CK	4

图 1-1 邻比设计排列示意图

Ⅰ、Ⅱ、Ⅲ代表重复，1,2,…,6 代表处理，CK 代表对照

（二）间比设计

间比设计的特点是在一条地块上，排列的第一个小区和最后一个小区一定是对照区；中间每隔相同数目的若干处理小区（通常是 4～9 个）设置一个对照区；一般设置重复 2～4 个，每个重复可排成一排或多排，当排成多排时，则多采用逆向式排列（图 1-2）。和邻比设计相比，间比设计试验结果的精确度不够高，但在一个试验中可以包括较多的处理。

Ⅰ	CK	1	2	3	4	CK	5	6	7	8	CK
Ⅱ	CK	8	7	6	5	CK	4	3	2	1	CK

图 1-2 间比设计排列示意图

Ⅰ、Ⅱ代表重复，1,2,…,8 代表处理，CK 代表对照

对比设计在动物试验中称为配对试验设计，即把窝别、性别相同，年龄、体重相近的两只动物配成一对，然后用随机的方法将每对的两只动物分别安排到两组中。在试验设计时，注意同一对动物之间差异要尽量小一些，不同对动物之间允许有差异。另外，还可以对同一只动物前后两次进行不同的处理，对处理前后的结果进行比较。配对动物不同处理或处理前后在同一只动物中进行，同一动物处理前后差异比配对动物之间的差异要小得多。例如，测定某药物的降血压作用，用药前测一次血压作为对照组，用药后测一次作为试验组，前后两次配成一对试验，而且是标准的配对试验。

（三）要点说明

无论是邻比设计还是间比设计，其试验结果一般采用百分比法与对照相比较进行分析。首先设对照为 100%，邻比试验是将各处理与相邻对照进行比较，求出百分数；间比试验是将各处理与前后两个对照的平均数进行比较，求出百分数。由于对比试验设计为顺序排列，未能体现试验设计的随机原则，不能正确估计出无偏的试验误差，因此理论上其试验结果不能采用方差分析的方法进

行显著性检验。

二、区组设计

单因素和多因素均可安排区组设计，对于单因素试验而言，每一水平称为处理，对于两个因素以上的试验设计，每一处理指的是因素间不同水平的组合状态，这种组合应该是完全的。区组试验设计按照处理的分布状态可分为随机化区组设计、平衡不完全区组设计（又称 BIB 设计或 BIBD）和链式区组设计。

（一）随机化区组设计

假设进行放牧强度试验研究，根据草地地上现存量设计放牧压力，分别为轻度放牧（LG）、中度放牧（MG）和重度放牧（HG），另设不放牧的对照区（CK）。据此进行区组设计，现在已知处理数为 4 个（CK、LG、MG 和 HG），其 3 种试验安排见图 1-3。

①					②				③		
Ⅰ	Ⅱ	Ⅲ	Ⅳ	Ⅴ	Ⅰ	Ⅱ	Ⅲ	Ⅳ	Ⅰ	Ⅱ	Ⅲ
CK	LG	HG	LG	MG	CK	LG	HG	LG	CK	LG	MG
MG	HG	CK	MG	LG	MG	HG	CK	MG	MG	MG	LG
HG	CK	LG	HG	CK	HG	CK	LG	HG	HG	HG	CK
LG	MG	MG	CK	HG	LG	MG	MG	CK	LG	CK	HG

图 1-3　随机化区组设计

根据区组设计的定义，如果有 v（本例中 v=4）个处理，存在 n 个试验处理单元，且有处理单元能够被处理数整除（设 $k=n/v$），此时 k 就为区组数。按照区组数与处理数的关系可以分为 3 种情况：第一种区组数大于处理数（$k>v$，图 1-3①），称为随机化超完全区组设计；第二种区组数等于处理数（$k=v$，图 1-3②），称为随机化完全区组设计；第三种区组数小于处理数（$k<v$，图 1-3③），称为随机化不完全区组设计。

双因素区组设计举例如下，设某牧场为比较紫花苜蓿两个品种与种植密度对干草产量的影响，进行了如下分析（表 1-1，处理区面积 6m×6m）。

表 1-1　紫花苜蓿品种及种植密度对干草产量的影响

品种（A）	种植密度（B）		
	B_1（7 行×6m）	B_2（5 行×6m）	B_3（3 行×6m）
A_1	A_1B_1	A_1B_2	A_1B_3
A_2	A_2B_1	A_2B_2	A_2B_3

表 1-1 中将所有处理组合情况均已列出，然后进行随机化不完全区组设计（图 1-4）。

Ⅰ	Ⅱ	Ⅲ	Ⅳ
A_1B_1	A_2B_3	A_2B_1	A_2B_1
A_2B_2	A_1B_1	A_1B_2	A_1B_3
A_1B_2	A_1B_2	A_1B_3	A_1B_1
A_2B_3	A_2B_2	A_2B_3	A_1B_2
A_1B_3	A_2B_1	A_1B_1	A_2B_2
A_2B_1	A_1B_3	A_2B_2	A_2B_3

图 1-4　双因素随机化不完全区组设计

由此可见，随机化区组设计的完全性依据区组数与处理数的关系进行判定，两个因素以上的处理数与因素间水平组合数有关，但这种组合数可以是完全的，也可以是不完全的。因此，单因素随机化区组试验设计，其水平数等于处理数，两个因素以上的随机化区组试验设计，其处理为待研究的因素水平组合；如果因素水平组合是完全的，统计分析模型为双因素或多因素区组设计分析模型，否则应该以单因素区组设计统计模型进行数据分析。

随机化区组设计的优点是：①设计简单，比较容易掌握；②设计富于弹性，单因素、多因素及综合性的试验都可应用该设计方法；③能提供无偏的误差估计，在大区域试验中能有效地减少非试验因素的单向差异，有效降低试验误差；④对试验区的形状要求不严，不同区组也可分散设置在不同地段上；⑤如果区组可以安排在同一地段，则可进行某一趋向性因素的控制。该方法只要求每个区组内的非处理因素等试验条件尽量一致，同区组小区靠近。同窝组动物所处环境条件也要尽量相同。不足之处是该设计不允许处理数太多，最多不要超过 20 个。因为处理数多，区组的规模必然增大，区组内的误差也会相应增大，导致局部控制的效率降低。但在随机化区组设计中，处理或处理组合也不能太少，如果太少，误差项的自由度就会太小，误差也会相应增大，进而会降低假设检验的灵敏度。

（二）平衡不完全区组设计

平衡不完全区组设计首先要弄清以下几个参数：①每个区组都含 k 个不同处理，k 称为区组大小；②每个处理都在 r 个不同区组中出现，r 称为处理重复数；③任意一对处理在 λ 个不同区组中相遇，λ 称为相遇数；④试验共有 v 个处理；⑤试验的区组数为 b 个。

上述 5 个参数要满足如下关系。

1）$vr=bk$，总试验处理数与处理出现次数乘积等于区组数与区组内的处理数乘积。

2）$r(k-1)=\lambda(v-1)$，处理出现次数与区组内处理数减 1 的乘积等于处理对相遇数与总试验处理数减 1 的乘积。

3）$b\geqslant v$，$r\geqslant k$，区组数大于等于总试验处理数，处理出现次数大于等于区组内的处理数。

由于 BIB 设计需要考虑的条件较多，不容易掌握，统计学家根据设计原理设计了索引表（表 1-2）。

表 1-2　BIB 设计索引表

v	k	r	b	λ	E	E_1	设计编号
4	2	3	6	1	0.6667	2/3	1
4	3	3	4	2	0.8889	8/9	*
5	2	4	10	1	0.6250	5/8	2
5	3	6	10	3	0.8333	5/6	*
5	4	4	5	3	0.9375	15/16	*
6	2	5	15	1	0.6000	3/5	3
6	3	5	10	2	0.8000	4/5	4
6	3	10	20	4	0.8000	4/5	5
6	4	10	15	6	0.9000	9/10	6
6	5	5	6	4	0.9600	24/25	*
7	2	6	21	1	0.5833	7/12	*
7	3	3	7	1	0.7778	7/9	7
7	4	4	7	2	0.8750	7/8	8
7	6	6	7	5	0.9722	35/36	*
8	2	7	28	1	0.5714	4/7	9
8	4	7	14	3	0.8571	6/7	10
8	7	7	8	6	0.9796	48/49	*
9	2	8	36	1	0.5625	9/16	*
9	3	4	12	1	0.7500	3/4	11
9	4	8	18	3	0.8438	27/32	12
9	5	10	18	5	0.9000	9/10	13
9	6	8	12	5	0.9375	15/16	14
9	8	8	9	7	0.9844	63/64	*
10	2	9	45	1	0.5556	5/9	15
10	3	9	30	2	0.7407	20/27	16
10	4	6	15	2	0.8333	5/6	17
10	5	9	18	4	0.8889	8/9	18
10	6	9	15	5	0.9259	25/27	19
10	9	9	10	8	0.9877	80/81	*

BIB 设计索引表说明如下。

1）$E_1=E=v\lambda/rk$，是效率因子，表示该 BIB 设计相对于随机化完全区组设计的效率，它越接近于 1 越好。

2）"*" 表示这样的 BIB 设计，从 v 个处理取 k 个组成区组，所有区组共有 $b=\binom{v}{k}$ 个，此类 BIB 设计不用再列出所有区组。

根据索引表（表 1-2），BIB 设计的设计表如下（非括号内数字表示处理，括号内数字表示区组，罗马数字表示重复）。

设计 1：$v=4$，$k=2$，$r=3$，$b=6$，$\lambda=1$，$E_1=2/3$

组 I	组 II	组 III
(1)1,2	(3)1,3	(5)1,4
(2)3,4	(4)2,4	(6)2,3

设计 2：$v=5$，$k=2$，$r=4$，$b=10$，$\lambda=1$，$E_1=5/8$

组 I	组 II
(1)1,2	(6)1,3
(2)2,5	(7)2,4
(3)3,4	(8)3,2
(4)4,1	(9)4,5
(5)5,3	(10)5,1

设计 3：$v=6$，$k=2$，$r=5$，$b=15$，$\lambda=1$，$E_1=3/5$

组 I	组 II	组 III	组 IV	组 V
(1)1,2	(4)1,3	(7)1,4	(10)1,5	(13)1,6
(2)3,4	(5)2,5	(8)2,6	(11)2,4	(14)2,3
(3)5,6	(6)4,6	(9)3,5	(12)3,6	(15)4,5

设计 4：$v=6$，$k=3$，$r=5$，$b=10$，$\lambda=2$，$E_1=4/5$

(1)1,2,5	(5)1,4,5	(8)2,4,6
(2)1,2,6	(6)2,3,4	(9)3,5,6
(3)1,3,4	(7)2,3,5	(10)4,5,6
(4)1,3,6		

设计 5：$v=6$，$k=3$，$r=10$，$b=20$，$\lambda=4$，$E_1=4/5$

组 I	组 II	组 III	组 IV	组 V
(1)1,2,3	(3)1,2,4	(5)1,2,5	(7)1,2,6	(9)1,3,4
(2)4,5,6	(4)3,5,6	(6)3,4,6	(8)3,4,5	(10)2,5,6
组 VI	组 VII	组 VIII	组 IX	组 X
(11)1,3,5	(13)1,3,6	(15)1,4,5	(17)1,4,6	(19)1,5,6
(12)2,4,6	(14)2,4,5	(16)2,3,6	(18)2,3,5	(20)2,3,4

设计 6：$v=6$，$k=4$，$r=10$，$b=15$，$\lambda=6$，$E_1=9/10$

组Ⅰ	组Ⅱ	组Ⅲ	组Ⅳ	组Ⅴ
(1)1,2,3,4	(4)1,2,3,5	(7)1,2,3,6	(10)1,2,4,5	(13)1,2,5,6
(2)1,4,5,6	(5)1,2,4,6	(8)1,3,4,5	(11)1,3,5,6	(14)1,3,4,5
(3)2,3,5,6	(6)3,4,5,6	(9)2,3,4,5	(12)2,3,4,6	(15)2,3,4,5

设计 7：$v=7$，$k=3$，$r=3$，$b=7$，$\lambda=1$，$E_1=7/9$

(1)1,2,4	(3)3,4,6	(5)5,6,1	(7)7,1,3
(2)2,3,5	(4)4,5,7	(6)6,7,2	

设计 8：$v=7$，$k=4$，$r=4$，$b=7$，$\lambda=2$，$E_1=7/8$

(1)1,2,3,6	(3)3,4,5,1	(5)5,6,7,3	(7)7,1,2,5
(2)2,3,4,7	(4)4,5,6,2	(6)6,7,1,4	

设计 9：$v=8$，$k=2$，$r=7$，$b=28$，$\lambda=1$，$E_1=4/7$

组Ⅰ	组Ⅱ	组Ⅲ	组Ⅳ	组Ⅴ	组Ⅵ	组Ⅶ
(1)1,2	(5)1,3	(9)1,4	(13)1,5	(17)1,6	(21)1,7	(25)1,8
(2)3,4	(6)2,8	(10)2,7	(14)2,3	(18)2,4	(22)2,6	(26)2,5
(3)5,6	(7)4,5	(11)3,6	(15)4,7	(19)3,8	(23)3,5	(27)3,7
(4)7,8	(8)6,7	(12)5,8	(16)6,8	(20)5,7	(24)4,8	(28)4,6

设计 10：$v=8$，$k=4$，$r=7$，$b=14$，$\lambda=3$，$E_1=6/7$

组Ⅰ	组Ⅱ	组Ⅲ	组Ⅳ	组Ⅴ	组Ⅵ	组Ⅶ
(1)1,2,3,4	(3)1,2,7,8	(5)1,3,6,8	(7)1,4,6,7	(9)1,2,5,6	(11)1,3,5,7	(13)1,4,5,8
(2)5,6,7,8	(4)3,4,5,6	(6)2,4,5,7	(8)2,3,5,8	(10)3,4,7,8	(12)2,4,6,8	(14)2,3,6,7

设计 11：$v=9$，$k=3$，$r=4$，$b=12$，$\lambda=1$，$E_1=3/4$

组Ⅰ	组Ⅱ	组Ⅲ	组Ⅳ
(1)1,2,3	(4)1,4,7	(7)1,5,9	(10)1,8,6
(2)4,5,6	(5)2,5,8	(8)7,2,6	(11)4,2,9
(3)7,8,9	(6)3,6,9	(9)4,8,3	(12)7,5,3

设计 12：$v=9$，$k=4$，$r=8$，$b=18$，$\lambda=3$，$E_1=27/32$

组Ⅰ	组Ⅱ
(1)1,4,6,7	(10)1,2,5,7
(2)2,6,8,9	(11)2,3,6,5
(3)3,8,9,1	(12)3,4,7,9
(4)4,1,2,3	(13)4,9,2,1
(5)5,7,1,8	(14)5,1,9,6
(6)6,9,4,5	(15)6,8,1,3
(7)7,3,2,6	(16)7,6,4,8
(8)8,2,5,4	(17)8,5,3,4
(9)9,5,7,3	(18)9,7,8,2

设计 13：$v=9$，$k=5$，$r=10$，$b=18$，$\lambda=5$，$E_1=9/10$

组 I	组 II
(1)1,2,3,7,8	(10)1,2,3,5,9
(2)2,6,8,4,1	(11)2,6,5,1,8
(3)3,8,5,9,2	(12)3,5,1,4,6
(4)4,3,9,2,6	(13)4,3,2,8,7
(5)5,1,7,3,4	(14)5,7,9,2,4
(6)6,4,2,5,7	(15)6,8,7,3,5
(7)7,9,1,6,3	(16)7,4,8,9,1
(8)8,5,4,1,9	(17)8,9,4,6,3
(9)9,7,6,8,5	(18)9,1,6,7,2

设计 14：$v=9$，$k=6$，$r=8$，$b=12$，$\lambda=5$，$E_1=15/16$

组 I	组 II	组 III	组 IV
(1)1,2,4,5,7,8	(4)1,2,5,6,7,9	(7)1,3,5,6,7,8	(10)4,5,6,7,8,9
(2)2,3,5,6,8,9	(5)1,3,4,5,8,9	(8)1,2,4,6,8,9	(11)1,2,3,4,5,6
(3)1,3,4,6,7,9	(6)2,3,4,6,7,8	(9)2,3,4,5,7,9	(12)1,2,3,7,8,9

设计 15：$v=10$，$k=2$，$r=9$，$b=45$，$\lambda=1$，$E_1=5/9$

组 I	组 II	组 III	组 IV	组 V
(1)1,2	(6)1,3	(11)1,4	(16)1,5	(21)1,6
(2)3,4	(7)2,7	(12)2,10	(17)2,8	(22)2,9
(3)5,6	(8)4,8	(13)3,7	(18)3,10	(23)3,8
(4)7,8	(9)5,9	(14)5,8	(19)4,9	(24)4,10
(5)9,10	(10)6,10	(15)6,9	(20)6,7	(25)5,7

组 VI	组 VII	组 VIII	组 IX
(26)1,7	(31)1,8	(36)1,9	(41)1,10
(27)2,6	(32)2,3	(37)2,4	(42)2,5
(28)3,9	(33)4,6	(38)3,5	(43)3,6
(29)4,5	(34)5,10	(39)6,8	(44)4,7
(30)8,10	(35)7,9	(40)7,10	(45)8,9

设计 16：$v=10$，$k=3$，$r=9$，$b=30$，$\lambda=2$，$E_1=20/27$

(1)1,2,3	(11)1,2,4	(21)1,3,5
(2)2,5,8	(12)2,3,6	(22)2,7,6
(3)3,7,4	(13)3,4,8	(23)3,8,9
(4)4,1,6	(14)4,9,5	(24)4,2,10
(5)5,8,7	(15)5,7,1	(25)5,6,3
(6)6,4,9	(16)6,8,9	(26)6,1,8
(7)7,9,1	(17)7,10,3	(27)7,9,2
(8)8,10,2	(18)8,1,10	(28)8,4,7

(9)9,3,10　(19)9,5,2　(29)9,10,1

(10)10,6,5　(20)10,6,7　(30)10,5,4

设计 17：$v = 10$，$k = 4$，$r = 6$，$b = 15$，$\lambda = 2$，$E_1 = 5/6$

(1)1,2,3,4　(6)1,6,8,10　(11)3,5,9,10

(2)1,2,5,6　(7)2,3,6,9　(12)3,6,7,10

(3)1,3,7,8　(8)2,4,7,10　(13)3,4,5,8

(4)1,4,9,10　(9)2,5,8,10　(14)4,5,6,7

(5)1,5,7,9　(10)2,7,8,9　(15)4,6,8,9

设计 18：$v = 10$，$k = 5$，$r = 9$，$b = 18$，$\lambda = 4$，$E_1 = 8/9$

(1)1,2,3,4,5　(7)1,4,5,6,10　(13)2,5,6,8,10

(2)1,2,3,6,7　(8)1,4,8,9,10　(14)2,6,7,9,10

(3)1,2,4,6,9　(9)1,5,7,9,10　(15)3,4,6,7,10

(4)1,2,5,7,8　(10)2,3,4,8,10　(16)3,4,5,7,9

(5)1,3,6,8,9　(11)2,3,5,9,10　(17)3,5,6,8,9

(6)1,3,7,8,10　(12)2,4,7,8,9　(18)4,5,6,7,8

设计 19：$v = 10$，$k = 6$，$r = 9$，$b = 15$，$\lambda = 5$，$E_1 = 25/27$

(1)1,2,4,5,8,9　(6)2,3,4,6,8,10　(11)1,4,5,7,8,10

(2)5,6,7,8,9,10　(7)1,2,6,7,9,10　(12)1,2,3,5,7,10

(3)2,4,5,6,7,10　(8)1,3,5,6,8,9　(13)2,3,5,6,7,8

(4)1,2,4,6,7,8　(9)1,2,3,8,9,10　(14)1,3,4,5,6,10

(5)3,4,7,8,9,10　(10)2,3,4,5,7,9　(15)1,3,4,6,7,9

试验设计 1 各参数 $v = 4$，$k = 2$，$r = 3$，$b = 6$，$\lambda = 1$，$E_1 = 2/3$，其 BIB 设计见表 1-3。

表 1-3　BIB 设计 1 的样式

处理	I		II		III	
	(1)	(2)	(3)	(4)	(5)	(6)
1	y_{11}		y_{13}		y_{15}	
2	y_{21}			y_{24}		y_{26}
3		y_{32}	y_{33}			y_{36}
4		y_{42}		y_{44}	y_{45}	

（三）链式区组设计

当试验费用较大和试验误差较小时，可采用链式区组设计。这种设计可以应对大量处理。假设因子 A 有 v 个水平（处理），当 v 较大时，如超过 10 个，甚至达到几十个处理需要比较，这时只需要观察数比处理数 v 略多一些就可形成链式区组设计，但在使用链式区组设计之前，必须确认处理效应间的差异明显大于试验误差。

在一般链式区组设计中，某些处理观察两次，某些处理观察一次；把需要观察两次的处理均分为 b 个小组，这里小组数等于区组数，小组内的处理既可以是一个处理，也可以是多个处理，同时，b 个小组的第二次观察值（应与第一次等同）被随机排在不同区组内，如此安排是为了形成一个链条，把 b 个区组通过重复连接起来；将只观察一次的处理尽量均分到 b 个区组内；每个区组内并不要求有相同的处理数。

这样构造链式区组设计比较容易，对于给定的区组数 b 和总处理数 v，可以构造不同的链式区组设计。构造链式区组设计的参数有区组数 b、区组内的处理数 k_i、总处理数 v、两次观察中每个小组处理数 m、总观察次数 n。下面是链式区组设计的几个例子（表 1-4～表 1-6）。

表 1-4　3 个区组和 42 种处理的链式区组设计（$b=3, k_1=k_2=k_3=18, v=42, m=4, n=54$）

区组		
1	2	3
$A_1=\{1,2,3,4\}$	$A_2=\{5,6,7,8\}$	$A_3=\{9,10,11,12\}$
$A_2'=\{5',6',7',8'\}$	$A_3'=\{9',10',11',12'\}$	$A_1'=\{1',2',3',4'\}$
13	23	33
14	24	34
15	25	35
16	26	36
17	27	37
18	28	38
19	29	39
20	30	40
21	31	41
22	32	42

表 1-5　4 个区组和 13 种处理的链式区组设计（$b=4, k_1=6, k_2=k_3=k_4=5, v=13, m=2, n=21$）

区组			
1	2	3	4
$A_1=\begin{cases}1\\2\end{cases}$	$A_2=\begin{cases}3\\4\end{cases}$	$A_3=\begin{cases}5\\6\end{cases}$	$A_4=\begin{cases}7\\8\end{cases}$
$A_2'=\begin{cases}3'\\4'\end{cases}$	$A_3'=\begin{cases}5'\\6'\end{cases}$	$A_4'=\begin{cases}7'\\8'\end{cases}$	$A_1'=\begin{cases}1'\\2'\end{cases}$
9	10	11	12
13			

表 1-6　3 个区组和 11 种处理的链式区组设计（$b=3, k_1=k_2=7, k_3=6, v=13, m=3, n=20$）

区组		
1	2	3
$A_1=\begin{cases}1\\2\\3\end{cases}$	$A_2=\begin{cases}4\\5\\6\end{cases}$	$A_3=\begin{cases}7\\8\\9\end{cases}$
$A_2'=\begin{cases}4'\\5'\\6'\end{cases}$	$A_3'=\begin{cases}7'\\8'\\9'\end{cases}$	$A_1'=\begin{cases}1'\\2'\\3'\end{cases}$
10	11	

三、拉丁方设计

"拉丁方"的名字最初是由 R. A. Fisher 给出的。拉丁方设计从横行和竖列两个方向进行双重局部控制，使得横行和竖列两个方向均组成单位组，是比随机区组设计多一个单位组的设计。在拉丁方设计中，每一行或每一列都称为一个完全单位组，而每一处理在每一行或每一列都只出现一次。也就是说，在拉丁方设计中，试验处理数=横行单位组数=竖列单位组数=试验处理的重复数。在对拉丁方设计的试验结果进行统计分析时，由于能将横行、竖列两个单位组间的变异从试验误差中分离出来，因此拉丁方设计的试验误差比随机区组设计小，试验精确性比随机区组设计高，同时对于田间试验可进行因素双向变化控制。

以 n 个数字作为元素，制作一个 n 阶方阵，若这 n 个数字在这 n 阶方阵的每一行、每一列都出现且只出现一次，则称该 n 阶方阵为 $n\times n$ 阶拉丁方。在选定拉丁方之后，如果是非标准型，则可直接按拉丁方中的数字安排试验方案。若是标准型拉丁方，还应按照相关要求对横行、竖列和试验处理的顺序进行随机排列。拉丁方分为标准拉丁方和正交拉丁方两种。

标准拉丁方表格如下：

3×3 标准拉丁方

1	2	3
2	3	1
3	1	2

4×4 标准拉丁方

（1）

1	2	3	4
2	1	4	3
3	4	2	1
4	3	1	2

（2）

1	2	3	4
2	3	4	1
3	4	1	2
4	1	2	3

（3）

1	2	3	4
2	4	1	3
3	1	4	2
4	3	2	1

（4）

1	2	3	4
2	1	4	3
3	4	1	2
4	3	2	1

5×5 标准拉丁方

(1)				
1	2	3	4	5
2	1	5	3	4
3	4	1	5	2
4	5	2	1	3
5	3	4	2	1

(2)				
1	2	3	4	5
2	1	4	5	3
3	5	2	1	4
4	3	5	2	1
5	4	1	3	2

(3)				
1	2	3	4	5
2	1	5	3	4
3	5	4	1	2
4	3	2	5	1
5	4	1	2	3

(4)				
1	2	3	4	5
2	1	4	5	3
3	4	5	1	2
4	5	2	3	1
5	3	1	2	4

6×6 标准拉丁方

1	2	3	4	5	6
2	6	4	3	1	5
3	4	5	6	2	1
4	1	6	5	3	2
5	3	1	2	6	4
6	5	2	1	4	3

四、正交设计

正交设计是一种研究多因素试验的设计方法。在多因素试验中，随着试验因素和水平数的增加，处理组合数将急剧增加。例如，三因素三水平的试验有 $3^3=27$ 个处理组合，四因素四水平的试验有 $4^4=256$ 个处理组合。要全面实施这么庞大的试验是相当困难的。因此，D. J. Finney 提议利用部分试验法。之后日本学者建议利用正交设计进行部分试验，称为正交试验。

正交试验是利用一套规格化的表格——正交表来科学合理地安排试验设计方法。这种设计的特点是在试验的全部处理组合中，挑选部分有代表性的水平组合（处理组合）进行试验。通过部分实施了解整体情况，从中找出较优的处理组合，这样可以大大节省人力、财力、物力和时间，使一些难以实施的多因素试验得以实施。例如，要进行一个四因素三水平的多因素试验，如果全面实施则需要 $3^4=81$ 个处理组合，在试验中因规模太大而难以实施。但是，如果采用一张 L_9（3^4）的正交表安排试验，则只需要 9 个处理组合就够了。

正交试验的安排、分析均借助正交表进行。利用正交表安排试验，一般可分为以下几个步骤。

（一）确定试验因素和水平数

根据试验目的确定试验要研究的因素。如果对研究的问题了解较少，可多选择一些因素；如果对研究的问题了解较多，可少选择一些因素，对主要因素进行研究。因素选好后确定水平数，每个因素的水平数可以相同，也可以不同，重要的或需要详细了解的因素，水平数可适当多一些，而需要大致了解的因素，水平数可适当少一些。

（二）选用合适的正交表

进行正交设计时，需要根据试验因素和水平数以及是否需要估计因素间的互作来选择合适的正交表。其原则是所选的正交表既要能安排全部试验因素，又要使部分试验的水平组合数尽可能少。在正交试验中，各试验因素的水平数减 1 之和再加 1 为需要的最少试验次数或处理组合数，若有因素的交互作用，需要再加上交互作用的自由度。

（三）进行表头设计，列出试验方案

所谓表头设计，就是把试验中确定研究的各因素填到正交表的表头各列中。表头设计的原则是：①不要让主效应间、主效应与交互作用间有混杂现象，由于正交表中一般都有交互列，因此当因素数少于列数时，尽量不在交互列中安排试验因素，以防发生混杂；②当存在交互作用时，需要查交互作用表，将交互作用安排在合适的列上。

（四）进行试验

正交试验方案确定以后，就可按试验方案展开试验。如果选用的正交表较小，各列都被安排了试验因子，对试验结果进行方差分析时，则无法估算试验误差；若选用更大的正交表，则试验的处理组合数会急剧增加。为了解决这个问题，可采用重复试验，也可采用重复取样的方法。重复试验属于处理重复，表征试验的重演性，可直接进行方差分析。重复取样不同于重复试验，重复取样是从同一次试验处理中取几个样本进行观测或测试，使每个处理也可得到几个数据。重复取样为样点重复，表征处理的均一性，样点重复不能进行方差分析，只是表征处理结果的稳定性，且采用样点重复均值代表该处理的观测值，然后再进行方差分析，最终根据统计统计量的大小（或者是方差比例）决定方差分析模型。

（五）常用正交表

常用正交表如下。

$L_4(2^3)$	因素 A	因素 B	因素 C
	水平数 2	水平数 2	水平数 2
处理 1	0	0	0
处理 2	0	1	1
处理 3	1	0	1
处理 4	1	1	0

$L_8(2^7)$	因素 *A*	因素 *B*	因素 *C*	因素 *D*	因素 *E*	因素 *F*	因素 *G*
	水平数 2	水平数 2	水平数 2	水平数 2	水平数 2	水平数 2	水平数 2
处理 1	0	0	0	0	0	0	0
处理 2	0	0	0	1	1	1	1
处理 3	0	1	1	0	0	1	1
处理 4	0	1	1	1	1	0	0
处理 5	1	0	1	0	1	0	1
处理 6	1	0	1	1	0	1	0
处理 7	1	1	0	0	1	1	0
处理 8	1	1	0	1	0	0	1

$L_9(3^4)$	因素 *A*	因素 *B*	因素 *C*	因素 *D*
	水平数 3	水平数 3	水平数 3	水平数 3
处理 1	0	0	0	0
处理 2	0	1	1	1
处理 3	0	2	2	2
处理 4	1	0	1	2
处理 5	1	1	2	0
处理 6	1	2	0	1
处理 7	2	0	2	1
处理 8	2	1	0	2
处理 9	2	2	1	0

$L_{14}(4^3)$	因素 *A*	因素 *B*	因素 *C*
	水平数 4	水平数 4	水平数 4
处理 1	0	0	0
处理 2	0	2	2
处理 3	1	2	2
处理 4	2	0	2
处理 5	2	1	2
处理 6	2	2	2
处理 7	2	3	2
处理 8	2	2	0
处理 9	2	2	1
处理 10	2	2	3
处理 11	3	2	2
处理 12	1	1	2
处理 13	1	2	1
处理 14	2	1	1

五、裂区设计

裂区设计是多因素试验的一种形式。当处理组合数太多，而又有一些特殊要求时，常常采用裂区设计。裂区设计是先将每一区组按第一因素的处理数划分小区，称为主区，亦称整区，在主区里随机安排主处理；然后在主区内引进第二个因素的各个处理，即副处理，就是主处理的小区内分设与副处理相等的更小的小区，称为副区，又称裂区，在副区里随机排列副处理。在这种试验设计中，从第二个因素来讲，主区就是一个区组；但是从整个试验所有处理组合来讲，主区是一个不完全区组。由于这种设计将主区分裂为副区，故称为裂区设计。其设计的特点是主处理分设在主区，副处理则分设于主区内的副区，副区之间比主区之间的试验空间更接近。因此进行统计分析时，可分别估算主区与副区的试验误差，而后者常小于前者，即副区的比较比主区的比较更为精确。在应用裂区设计时应适当考虑这一点。

裂区设计通常在下列情况下应用（表 1-7）。

1）在一个因素的各处理比另一个因素的各处理需要更大区域时，为了实施和管理上的方便而应用裂区设计。需要较大区域的因素宜作为主处理，设在主区，而另一需要区域较小的因素，则可设置于副区。

2）试验中某一因素的主效比另一个因素的主效更为重要，而且要求更精确的比较，或两个因素的交互作用比其主效更为重要时，也宜采用裂区设计，将要求精度较高的因素作为副处理，另一因素作为主处理。

3）根据以往的研究，知道某些因素的效应比另一些因素的效应更大时也适于采用裂区设计，将可能表现较大差异的因素作为主处理。

4）试验设计需临时改动，再加入一个试验因素时，可在原设计中的小区（主区）中再划分小区（副区），增加一个试验因素，即裂区设计。当然，我们强调事先进行周密设计，这种临时改变设计方案的做法只是一种补救措施。

表 1-7　裂区设计表

I								II								III							
A_1				A_2				A_1				A_2				A_2				A_1			
B_4	B_3	B_1	B_2	B_2	B_4	B_1	B_3	B_1	B_4	B_3	B_2	B_3	B_1	B_4	B_2	B_4	B_1	B_2	B_3	B_3	B_4	B_2	B_1

六、其他试验设计

上述是经常用到的试验设计，除此之外，还有很多试验设计，如回归正交试验设计、均匀试验设计、饱和试验设计等。应该了解的是，单因素且处理数非常多时，可以考虑链式区组设计，因素多水平少的试验可以考虑正交设计，因素少水平多的试验可以考虑均匀试验设计，因素少且需要探讨因素范围趋势的试验可以考虑回归正交试验设计。

第二节　常用的取样方法与实际操作

抽样调查是从总体中抽取一定数量的观察单位组成样本，以样本的统计数来推断总体参数的一种调查方法。抽样方法的正确与否，关系到样本是否具有代表性，直接影响到由样本所得估计值的准确性。根据研究情况的不同，抽样方法也各有不同。常用的抽样方法有随机抽样、顺序抽样和典型抽样。

一、随机抽样

随机抽样要求在进行抽样过程中，总体内所有个体都具有相同的被抽取的概率，因此随机抽样又称为概率抽样。由于抽样的随机性，可以正确地估计试验误差，从而得出科学合理的结论。随机抽样可分为以下几种方法：简单随机抽样、分层随机抽样、整体抽样、双重抽样。

（一）简单随机抽样

简单随机抽样是最简单、最常用的一种抽样方法，要求被抽总体内每一个个体被抽取的机会完全相等。随机抽样结果可用统计方法进行分析，从而对总体进行推断，并对推断的可靠性进行度量。

简单随机抽样就是采用随机的方法直接从总体中抽选若干个抽样单位构成样本。其方法是将总体内所有抽样单位全部编号，采用随机方法确定被抽单位编号，将这些编号所对应的抽样单位放在一起就构成一个随机样本。简单随机抽样适用于个体间差异较小，所需抽取的样本单位数较小的情况。对于那些具有某种趋向或差异明显和点片式差异的总体不适用。

（二）分层随机抽样

分层随机抽样是一种混合抽样。其特点是将总体按变异原因或程度划分成若干区层，然后再用简单随机抽样的方法，从各区层按一定的抽样分数（即一个样本所包括的抽样单位数与其总体所包括的抽样单位数的比值）抽选抽样单位。

分层随机抽样的具体方法可分为两步进行：①将总体按变异原因与程度划分成若干区层（可以是地段、地带、生物的一个品种等），使得区层内变异尽可能小或变异原因相同，而区层间变异比较大或变异原因不同；②在每个区层按一定的抽样分数独立随机抽样。

将总体划分区层时，从各区层抽选的抽样单位数可以相等，也可以不相等。一般采用 3 种方法配置各区层应抽选的抽样单位数。

1）相等配置：如果各区层的抽样单位数相等，可采用相等配置。

2）比例配置：如果各区层抽样单位数不相等，可按相同的抽样分数，把欲抽取的抽样单位总数按比例分配到各区层。

3）最优配置：根据各区层的抽样单位数、抽样误差和抽样费用，确定各区层应抽取的抽样单位。这种配置方式可在抽样费用一定时，使抽样误差最小。与比例配置相比较，最优配置在一个区层应抽取多少单位数，要根据该区的变异和抽样费用来综合考虑，即在变异范围较大的区层，抽样分数应大一些；在变异范围较小的区层，抽样分数可小一些；在抽样费用较高的区层，抽样分数应小一些；在抽样费用低的区层，抽样分数可大一些。

分层随机抽样具有以下优点：①若总体内各抽样单位间的差异比较明显，就可以把总体分为几个比较同质的区层，从而提高抽样的准确度；②分层随机抽样类似于随机区组设计，既运用了随机原理，也运用了局部控制原理，这样不仅可以降低抽样误差，也可以运用统计方法来估算抽样误差。

（三）整体抽样

整体抽样是把总体分成若干群，以群为单位，进行随机抽样，对抽到的样本进行全面调查，因此也称为整群抽样。因此，“群”间差异越小，抽取的“群”越多，抽样误差越小。与简单随机抽样相比较，在相同的抽样分数下，它减少了所抽取单位的数目，却增大了每个调查单位。若总体内主要变异明显来自地段间，且每段占有较大的面积，则应采用分层抽样；若主要变异明显来自地段内各单位间，且每段所占面积较小，宜采用整体抽样。

整体抽样具有以下优点：①一个群只需要一个编号，因而减少了抽样单位编号数，且因调查单位数减少，工作更加方便；②与简单随机抽样相比较，它常常提供较为准确的总体估计值，特别是对于危害作物的害虫这类不均匀分布的研究对象，采用整体抽样更为有利；③只要各群抽选单位相等，整体抽样也可提供总体平均数的无偏估计。

进行整体抽样，样本容量一定时，其抽样误差一般大于简单随机抽样，这是因为样本观察单位并非广泛地散布在总体中。为了降低抽样误差，可采用增加抽取的“群”数、减少“群”内观察单位数的方法进行抽样，即重新划分“群”组，使每个“群”更小。例如，调查农村儿童生长发育状况，以乡为抽样基本单位（群），一般而言，比以村为单位的抽样误差大，后者提高了调查和质量控制的难度，研究者应根据实际情况在两种划分中做出选择。在实际工作中，往往缺乏现存可靠的观察单位名单，而地域区划、业务单位、社会集团等则是范围清楚的可加以利用的“群”组，故整体抽样还是较为常用的。

（四）双重抽样

如果所研究的性状是不容易观察测定的，或必须需要较多的费用，或要求有精密设备、复杂的计算过程与较多的调查时间，或必须进行破坏性测定才能获得观察结果，则直接调查研究这一类型性状是有困难的。为了调查这类性状，有时可以找出另一种易于观察测定且节省时间和经费的性状，利用这两种性状客观存在的关系，通过测定后一种性状从而推算前一种性状的测定结果。前一种性状一般称为复杂性状或直接性状，后一种性状称为简单性状或间接性状。在抽样调查时要求随机抽出两个样本，这种抽样方法称为双重抽样。在双重抽样中涉及两个变量，通常将易于观测的变量作为简单性状的变量，将不易观测的变量作为复杂性状的变量。例如，估计生长期中的甘蔗产量，甘蔗作为简单性状而甘蔗重量则为复杂性状。在林学研究中，木材体积是一个复杂性状，而树干基部横剖面积则为较简单性状。另外，在害虫密度调查中也经常采用这种方法。例如，从玉米茎上的蛀孔数（简单性状）来推算玉米螟的幼虫数（复杂性状）等。

双重抽样具有以下两个优点：①对于复杂性状的调查研究可以通过仅测定少量抽样单位而获得相应的大量抽样单位的精确度；②当复杂性状必须通过破坏性测定才能调查时，则仅可采用双重抽样方法。

二、顺序抽样

顺序抽样又称系统抽样、机械抽样、等距抽样，它是按某种既定顺序从总体（有限总体）中抽取一定数量的个体构成样本。具体方法是，将总体的观察单位按某一顺序分成 n 个部分，再从第一部分随机抽取第 k 个观察单位，依次以相同间隔，从余下的每一部分各抽取一个观察单位组成样本。例如，欲求 100 匹马的体重，拟抽出 20 匹马作为样本来称重，就可以用逢 5 抽 1 的顺序抽样法。对 100 匹马进行编号，把 5,10,⋯,100 这 20 个个体组成样本。

顺序抽样具有以下优点：①可避免抽样时受人们主观偏见的影响，简便易行；②容易得到一个按比例分配的样本；③如果样本的观察单位在总体分布均匀，其取样个体在总体内分布较均匀，这时采用顺序抽样的误差一般小于简单随机抽样，能得到较准确的结果。顺序抽样具有以下缺点：①如果总体内存在周期性变异或单调增（减）趋势时，则很可能会得到一个偏差很大的样本，产生明显的系统误差；②顺序抽样得到的样本并不是彼此独立的，因此，对抽样误差的估计只是近似的。通过顺序抽样的方法，不能计算抽样误差、估计总体平均数的置信区间。同时应该注意，采用顺序抽样时，一旦确定了抽样间隔，必须严格遵守，不得随意更改，否则可能造成额外的系统误差。

三、典型抽样

根据初步资料或经验判断，有意识、有目的地选取一个典型群体作为代表（即样本）进行调查记载，以估计整个总体，这种方法就称为典型抽样，也称为主观抽样。典型样本代表着总体的绝大多数，如果选择合适，可以得到可靠的结果，尤其从容量很大的总体中选取较小数量的抽样单位时，往往采用这种方法。这种抽样方法完全依赖调查工作者的经验和技能，结果不稳定，且没有运用随机原理，因此无法估计抽样误差。典型抽样多用于大规模社会经济调查，而在总体相对较小或要求估算抽样误差时，一般不采用该方法。

应该注意的是，在抽样过程中可以混合采用以上几种抽样方法。例如，从总体内有意识地选取典型单位群，然后再随机从群中抽取所需观察调查的单位；有时也将顺序抽样和整体抽样配合使用。

四、室外取样方法的初步介绍

（一）样方法

1. 样方的形状

植物群落学中的取样单位有多种形式，包括样方、样圆、样点、样线、样带等。最常用的是方形样方，因为方形样方易于应用。从统计学角度讲，方形的边和面积比较小，因而边际影响的误差较小；圆形的周长与面积比更小，但是应用圆形必须使用特制的样圆，在森林和灌丛研究中困难很大。长方形一般长与宽的比越大，边长就越长，边际影响误差也就越大，在设置长方形样方时，还需考虑环境梯度的方向，如长边是否与坡向保持一致等。使用不同形状的样方所引起的差异一般是不显著的。

样点和样线在一些特殊研究中使用，前者用于草地研究中，后者用于灌丛和森林群落研究中。但在生态学文献中，它们的使用频率非常低，样带则常常与系统取样结合使用，研究者可以先设置样带，然后再沿样带规则地取样。在格局分析中，使用样带是最常用的方法，其中的样带由连续的样方组成。

2. 样方的大小

决定样方的大小时，首先要考虑研究的群落类型、优势种的生活型及植被的均匀性等。从统计学上讲，使用面积小而数目多或者面积大而数目少的样方可以达到同样的精确度，但样方小，取样工作量增加，计算也麻烦，同时许多样方的观测值可能很接近，给数量分析带来一定困难。所以，样方大小要适当，一般用群落的最小面积作为样方的大小。群落最小面积定义为群落中大多数种类都能出现的最小样方面积，通常由种数面积曲线来确定，即种数面积曲线的转折点所对应的样方面积。表 1-8 是一些群落类型最小面积的经验值，由群落最小面积决定的样方大小适合进行多元分析，但不适合进行格局分析。

表 1-8　不同群落类型最小面积经验值

群落类型	群落最小面积/m^2
地衣群落	0.1～0.4
苔藓群落	1～4
沙丘草原	1～10
干草原	1～25
草甸	1～50
高草地	5～50
灌丛	10～50
温带森林	200～500
热带雨林	500～4000

3. 样方的数目

在样方大小确定后，就要考虑样方的数目。理论上，样方数目“越多越好”，但样方太多，费时费工；样方太少，可能代表性较差，会得出错误的研究结果，一般需要客观的标准来确定取样的数目。下面介绍几种常见的方法。

（1）均数曲线法

利用统计学知识，我们知道每个样方中的平均个体数是随样方数目变化的，当样方数较少时，平均数变化幅度较大，随着样方数目的增加，平均数变化幅度逐渐减小，当达到某一样方数目时，平均数变化幅度小于允许的范围（如 5%变化幅度），此时对应的样方数目可以认为是我们所需要获取的样方数。

这种方法比较简单，在取样过程中逐步绘制样方数-平均数曲线，如果平均数基本稳定，则可以停止取样，如果变幅尚大，则继续进行取样。

（2）方差法

方差法是根据所研究的总体方差来决定取样数目，一般方差大，取样数目就要多；若方差小，取样数目则可以少一些。在随机分布的情况下，取样数目 N 与

总体方差 s^2 有如下关系：

$$N = \frac{t^2 s^2}{L^2}$$

式中，t 是显著性水平的标准值，如在 95%置信区间 t=1.96（≈2）；L 为研究允许误差，这是已知数，方差法要求取样数不能少于 30（Wratten and Fry，1980），总体方差可以用前 30 个样方来估计。

（3）面积比法

面积比法是在已知研究地段总面积的情况下，事先决定选择研究面积的百分之几作为样地，如将 5%或 10%的研究面积作为样地。这样在样方大小已经确定的情况下，样方数目就不难算出。例如，研究地面积为 10 000m^2，样方大小为 5m×5m，要求抽取研究面积的 5%作为样地，即样方总面积应为 500m^2，则样方数为 500/25=20 个。

一般认为以上 3 种方法是决定取样数的客观方法，前两种方法由于都基于随机分布假设，在实际应用中存在不少困难，研究中用得较少。面积比法对研究者有重要的参考价值，但在实际工作中也很少有人完全用面积比法决定样方数。在决定样方数时，研究者的经验往往起着重要作用。

（二）样线法

样线法是指在某个植物群落内或者穿过几个群落取一直线（用测绳、卷尺等），沿线记录所遇到的植物并分析群落结构的方法。与样带法相同，样线法适于分析逐渐过渡的群落结构。在人工草地或农作物调查中，如果播种采用的是行播，当采用样方法调查时，由于覆盖的面积不仅与样方面积和播种行距有关，也与样方边缘和播种行的距离有关，使调查变得难以进行，因此很多专家和学者将 1m 样线定为取样单位。严格来说，1m 样线也是样线法的一种。

（三）样带法

样带法的植被（群落）调查方法与样线法相似，从某个或几个群落引出标准线，再沿着该线设一定的带状或样方调查区进行调查。与样线法一样，如果是条带式播种（条带宽度小于取样单位宽度，如样方），依然可以采用某一长度作为取样单位进行调查。

（四）代表性样地取样

植被或土壤理化性质等空间异质和空间分布研究，往往首先选定代表性样地，然后按照机械取样法进行取样。当代表性样地足够大且采用的是全部调查方法时，也称为大样地研究。

第三节　数据分析的重点和难点

数据分析是学术研究不可缺少的工作，也是自然科学和社会科学科研工作中让众多研究者感到棘手的问题。通过试验设计和调查取样获得数据资料，除了根据众多纷杂的统计学资料和计算机工具进行相关的初步分析外，究竟该偏重哪个方向分析、运用哪种分析方法、采用哪种计算机工具、出现的结果又该如何解释，这都是研究亟待解决的问题。

一、数据分析方法

数据分析方法从不同角度可以有不同的分类方法，梅长林和范金城于 2006 年主编的《数据分析方法》对经典统计进行了分类，内容涉及常用统计数据分析的基本内容与方法，包括数据的描述性分析、线性回归分析、方差分析、主成分分析和典型相关分析、判别分析、聚类分析、Bayes 统计分析等。另外，对 SAS 软件的基本内容，以及与以上内容有关的 SAS 过程做了简介，便于各种方法的实际应用。

尤恩·苏尔李在 2011 年编写了《数据分析方法五种》一书，由 5 种讨论数据分析方法的小册子组成，分别是《分析复杂调查数据》《缺失数据》《社会网络分析》《因子分析：统计方法与应用问题》《基于行动者的模型》。《数据分析方法五种》主要介绍了社会学研究方法。

目前，随着专业研究的深入和人们对数据分析的严格要求，数据分析方法的分类难以界定，如主成分分析，其降维作用已经被众多研究者认可，其根据主成分得分值进行因子排序分析也有诸多应用，通过降维将指标分类后再进行回归分析的也大有人在，那么主成分分析究竟属于哪一个分析方法类别，仁者见仁智者见智，同一分析方法由于应用角度不同可能会具有比较复杂的分类过程。地统计学中空间异质性分析本来是探讨空间变量分布特点的分析方法，但吕世杰等（2014）用它对种间关系进行了探讨，这再一次说明统计分析方法基于数学原理和应用角度可以产生比较复杂的分类体系，但由于学科交叉、研究视角和分析重点不同，难以将各种分析方法进行明确分类。

本书对研究方法进行分类，基于分析过程、数学原理和应用角度主体，包含数据分析基础与知识准备、数据的整理与数据预处理、经典统计由简单到复杂、生态数据数量分析常用方法、灰色理论与模糊数学、其他常用分析方法等几部分，每一部分涉及的研究内容和应用角度存在较大差别，但最终目的只有一个，让数据分析方法得到应用、让数据分析得到灵活运用。

二、数据分析的重点

从应用角度来讲，数据分析的重点应该从统计学原理、专业应用和结合特点方面考虑，但是这三点考虑都需多方面的知识，现在以几个实例具体说明。

（一）统计学原理

任何数据分析方法均以其统计学或数学原理作为依据，曹刚和李文新（2006）在《统计学原理》一书中提到，统计学原理包含统计调查技术、统计整理技术、数列分析技术、统计抽样技术和数据分析技术。其他相关的教材也是大同小异，但是本研究认为，基于应用角度考虑统计学原理，不是专指统计分析过程、参数检验和数据结果的统计学检验，而是指对其过程的了解。

在李春喜等（2013）编著的《生物统计学》一书中，其第五版第二章有一个组距式分组方法，其原有的统计学意义是对计量或计数资料进行归组的一种方法。利用归组结果可以制成次数分布表，也可以形成次数分布图，二者均可表明数据的分布状态，恰恰也是因为其可以表明数据的分布状态，可以利用其分布特点粗略进行数据正态性分布的验证。如果考虑同一对象两项指标的相关性，也可以采用组距式分组法进行归组，其可以从整体查验两个指标的对应变化特点，这种对应变化特点可以通过相关关系和因果关系的统计学检验进行验证，如林学上径阶与树高的关系，就曾有人尝试了此方法（陈新美和张会儒，2010；张丽楠，2012）。同样，如果考虑 3 个变量之间的关系，是否也能采用此方法呢？答案当然是肯定的。

因此，统计学分析方法不仅注重原有的原理，更应该注重引申方法和推广方法的应用。从应用角度讲，统计学原理与方法是固定的，如何合理地应用和加以推广是数据分析的一个重点，在专业角度上的合理性为另一个重点，同时更应该强调不同应用过程中数据分析方法所扮演的角色。例如，做回归分析时存在一个系数 R^2，其值为 0～1，在拟合过程中称为决定系数，表示的意义是自变量解释因变量的总体情况；也表示拟合程度的高低，当只看拟合程度的高低时其称为拟合率；也有称为拟合优度的，此时表示回归模型拟合点与数据观测点的接近情况；还有的研究者称为预估精度，表示模型预测点与观测点的接近情况。如果只看表面意义和计算过程，4 种称谓没有不同，但如果从应用角度区分，决定系数、拟合率、拟合优度更多用于回归建模的过程中，而拟合率、拟合优度、预估精度更多应用于现有模型的预测过程中。

（二）专业应用原则

数据分析方法作为揭示专业数据的应用工具，有以下几个问题值得考虑。

1）数据分析究竟是越简单越好还是越复杂越好。

2）数据分析结果包含原始数据信息越多是否真的就越好。

3）已经采用过的专业数据能否利用不同分析方法获得不同信息，并利用其撰写不同的学术论文。

生物学各个专业通过试验设计和调查取样可以获得各种各样的数据，根据研究目的，总会有相应的数据分析方法应用其中。不同的人对数据分析的理解不同，有人认为专业数据进行数据分析时越复杂越好，但也有人认为越简单越好，究竟哪一种被认可，应该基于不同角度考虑。在揭示过程和机制的研究中，数据分析过程应该是比较复杂的，但结果呈现应该是深入浅出的。在差异比较和规律探讨的过程中，数据分析过程应该是简单明了的，结果呈现应该是富有深意的。这样的数据分析才更科学，因此从这一角度讲，数据分析并不是看复杂与简单过程，而是看能够解释专业问题的适用性。

在数据分析的专业适用性上，首先受统计学概率水平的限制，毕竟 $P<0.05$ 水平和 $P<0.01$ 水平（部分要求 $P<0.15$）是研究者一致认为的显著性检验水平，这就使得部分研究者很难抉择 $P<0.10$（以及其他概率水平）的检验结果是否可用。伴随着研究和应用的深入，对概率水平这一问题的纠结也就逐渐淡忘了。其次数据分析是揭示数据所反映的专业问题，究竟是优先保证统计学要求还是保证专业问题的解析几乎无法取舍，所以二者适当兼顾更为重要。最后数据分析结果是否提取原始数据的信息越多越好，在专业应用上和统计学理论上都会存在否定的答案，如过拟合现象等。

Clewer 和 Scarisbrick（2001）编著的 *Practical Statistics and Experimental Design for Plant and Crop Science* 中提到，对于珍贵的数据资料首先应该有正确的试验设计和调查取样方法，后期由于研究者的水平差异和研究机构的差别，总会产生不同的结果，特别是在不发达地区或发展中国家，统计实践的科学性和合理性容易出现错误。珍贵的数据资源变成了没用的垃圾，这不是数据拥有者希望看到的，但由于确实存在前期欠考虑或缺乏数据分析的实践经验，研究者手中总会或多或少地存在垃圾式的数据资料。因此，每个研究团队应该具有一个数据分析专业人员，且具备数量研究基础和专业背景，以便及时对这样的数据进行补救或进行不同角度的挖掘。

通过论文撰写或其他渠道（如专著、专利申请等）公开的数据资源能否利用，这需要分情况说明。如果数据资料较少，且想从多角度阐释专业问题，这样的数据当然可以重复利用。但经常有硕士研究生和博士研究生或其他研究人员反映，某编辑部不接收论文，原因是数据已经被用过了。这说明硕士研究生和博士研究生对数据分析方法的掌握欠缺，导致自己的学术观点难以公开。只有先掌握哪些分析方法可以等同替换，哪些图表说明同一类问题，根据实践经验恰当应用，才能完全避开此类问题。

（三）专业与统计结合原则

赵先仓（2010）在《非统计专业统计学课程教学改革与创新》一文中指出，目前统计学在教学中存在 4 个方面的问题：①统计学教学内容陈旧；②与相关专业融合不够；③过分注重板书教学或者多媒体教学，导致教学信息量过少或过多；④未能将教学与统计分析软件运用结合起来。上述 4 个问题在专业上可用 3 个问题进行囊括：①懂统计学的人才不了解专业的应用需求；②懂专业的人才不知道哪些数据分析方法可以用来佐证自己的研究观点；③既懂专业又了解统计学的人才少之又少，且难以将专业统计思想通过计算机实现。

由此来看，专业与统计结合至少应具备深厚的专业背景、多样的数量研究方法及计算机统计软件的应用知识等。具备上述知识背景需要系统的知识积累，而不是生搬硬套。曾有博士在跟我交流他的学术期刊论文时，谈到土壤含水量与地下生物量的关系该采用一对一线性回归模型还是其他统计学模型，他认为从数据散点图来看，采用一对一线性回归模型就可以，且拟合率为 95%以上，我认为土壤根系属于生物体，与土壤含水量存在阈值效应，应用抛物线模型可能更能说明问题。经过实践检验，抛物线模型不仅能达到同样的拟合率，且能够预测地下生物量达到最高时的土壤含水量。因此，首先要了解专业知识，土壤含水量对地下生物量的影响是否存在阈值效应。其次要了解回归模型建立后的另一个主要作用就是预测，经模拟建立的回归模型能够进行准确预测才是成功的模型。因此，非统计学专业与统计学结合的原则离不开应用专业（非统计学专业）的实际意义。

三、数据分析的难点

前面提到，统计在专业上的应用可用 3 个问题进行囊括，这 3 个问题均是数据分析的难点。专业知识、数量研究方法及计算机软件操作均需要长期积累，积累的过程也是实践检验的过程。因此数据分析的难点就是如何利用计算机技术将数据分析方法应用到专业领域内，且能够揭示专业问题的特点和规律。

在计算机方面主要是统计软件的操作和应用，专业统计软件和大型数据分析软件多如牛毛，如 Excel、CANOCO、PC-ORD、GS+、Surfer、Design-Expert、SigmaPlot、SAS、SPSS、DPS、Matlab、R 软件等均能够进行某一方面或比较全面的数据分析，那么究竟该掌握哪些数据分析软件呢？建议比较全面的数据分析软件掌握其中一种即可，如 SAS、SPSS、DPS、Matlab、R 软件。专业数据分析软件用到时再学就可以。顺便提一下，DPS（数据处理系统）是由浙江大学唐启义领导的团队开发的，无论是软件系统还是其软件操作指导，均是不可多得的数据分析资料，符合国内研究者的操作习惯，便于理解数据分析方法的统计学过程和软件操作实践。

随着网络技术的发展，国内外统计学方面的专著和教材多种多样，究竟该选择什么样的教材或专著去研读确实是令初学者感到困惑的问题。以《生物统计学》为例，在卓越亚马逊上可以搜到不止 10 部，如果再加上其他词汇修饰、翻译本的《生物统计学》应该不少于 30 部。建议先根据自己的专业选择，查看目录、咨询相关人员。如果没有可以咨询的对象，可以从出版社和著者甚至版次的多少进行选取。系统学完之后，再看其他方面的统计学书籍或者相关数据分析方法的资料。

数据分析知识与自身专业及工作后所从事的专业密不可分，本着学有所用、学以致用的原则，进行学科交叉融合。例如，数学在生物学中的应用，形成生物数学学科，且于 1974 年被列入生命科学类中；将统计学应用到生物学领域，形成了生物统计学；而生物统计学属于生物数学的范畴。将统计学引入地理学中，形成了计量地理学。总之，专业知识的学习与提高同样离不开学科的交叉与融合，尽管它的交叉作用可能不如统计学显著，但足可以开拓研究者的思维，更好地为专业服务。

第四节　统计学常用术语

统计学术语就像一门语言一样，是研究者和学习者沟通的桥梁和纽带。了解基本的统计学术语可以解决统计学与非统计学专业人员的沟通障碍。本节简单介绍相关的统计学术语，实例将在后面的章节中提到。

一、总体、个体与样本

总体，指相同性质的个体所组成的集合，它是指研究对象的全体。

个体，指组成总体的基本单元。

无限总体，指个体极多或无限多的总体。

有限总体，指个体有限的总体。

样本，从总体中抽出的若干个体所构成的集合称为样本，构成样本的每个个体称为样本单位，样本中个体的数目称为样本容量，记作 n。

二、变量与常数

变量或变数，指相同性质的事物间表现差异性的某项特征。

变量值或观测值，亦称为资料，指变量的测定值。

连续变量表示在变量范围内可抽出某一范围的所有值，变量之间是连续的、无限的。

非连续变量，也称为离散型变量，表示在变量数列中，仅能取得固定数值，并且通常是整数。

定量变量亦称为数值变量，其变量值是定量的，表现为数值大小，一般有度量单位。

定性变量亦称为分类变量，其变量值是定性的，表示某个体属于几种互不相容的类型中的一种。

常数是不能给予不同数值的变量，它代表事物特征和性质的数值，通常由变量计算而来，在一定过程中是不变的。

三、参数与统计数

参数也称参量，是对一个总体特征的度量，常以希腊字母表示，如总体平均数 μ、总体标准差 σ 等均为参数。

统计数是由样本计算所得的数值，它是描述样本特征的数量，常用英文字母表示，如样本平均数 $\bar{x}$、样本标准差 s 等。

四、效应与互作

主效应简称主效或效应，指试验因素相对独立的作用。

互作效应简称互作或连应，指两个或两个以上处理因素间相互作用产生的效应。

五、误差与错误

误差也称为试验误差，指试验中不可控因素所引起的观测值偏离真值的差异。试验误差可以分为随机误差和系统误差两类。随机误差也称为抽样误差、偶然误差，它是由于试验中许多无法控制的偶然因素所造成的试验结果与真值结果之间产生的差异，是不可避免的。系统误差也称为片面误差，是由于试验处理以外的其他条件明显不一致所产生的带有倾向性的或定向性的偏差。

错误是指在试验过程中，人为因素所引起的差错。

六、准确性与精确性

准确性也称为准确度，指在调查或试验中某一试验指标或性状的观测值与真值接近的程度。

精确性也称为精确度，指在调查或试验中同一试验指标或性状的重复观测值彼此接近程度的大小。

第二章　数据集的建立与原则

数据是数据分析的基础，我们对数据的类型和特点应该有所了解，才能够在后续的分析中明白用什么样的方法需要什么样的数据，同时建立相应的数据集。评价数据集建立的好坏，关键是看数据集在不同软件间的可移植性，看后续操作的简单性和方便性，对于建立好的数据集，我们只要稍作改动或者直接拷入相应的数据处理软件就可以进行数据分析。本章将对数据的类型、特点、数据集的概念、数据集的分类、数据集的建立过程及实例操作等进行介绍。

第一节　数据集简介

我们在进行数据处理之前，都必须应用相应的数据分析工具，即数据处理软件，才能把握数据的特征，以便找到数据所承载的专业（行业）信息。但众多数据处理软件对数据输入的要求可能是相同的，也可能是不同的。因此，数据集的建立应该根据数据的类型、分析方法、采用的分析软件等。也就是说，应该首先根据数据拥有者的研究目的、采用的手段与方法、要说明的问题等进行综合判断，然后对数据进行处理，建立规整的数据集，为后续的分析做好准备。

因为本章是对 SAS 数据处理软件的数据集进行介绍，所以仅对 SAS 读入数据集的特点和装载数据集的工具 Excel 2003 及 txt 文本文件进行介绍。

一、数据类型的确定

对试验（调查）资料进行分类是数据归纳分析的基础，若不进行分类，大量的原始资料就不能系统化、规范化。对试验（调查）资料进行分类整理时，必须坚持“同质”的原则。只有“同质”的试验数据，才能根据科学原理来分类，使试验（调查）资料正确反映事物的本质和规律。

对于试验及调查所得的数据资料，由于使用方法和研究的性状特性不同，其资料性质不相同。根据数据的研究性状特性，数据类型大致可分为数量性状和质量性状两大类。因此，我们所得到的资料有时是定量的，有时则是定性的，这些资料可以分为数量性状资料和质量性状资料。

（一）数量性状资料

数量性状资料一般是由计数法和测量或度量得到的。由计数法得到的数据称为计数资料，也称为连续变量资料，如植物种群的密度、生殖枝数、营养枝数等。计数资料的变量值以正整数出现，不可能带有小数，如植物种群的密度只可能是 1,2,…,n［单位：株/（丛·m^2）］，绝对不会出现 2.5、4.8 等这样的数据。

由测量或度量所得的数据称为计量资料，也称为连续变量资料，数据通常用长度、重量、体积等单位表示，如株高、地上/地下生物量、根系体积等。计量资料不一定是整数，相邻值之间有微小差异。例如，短花针茅的株高为 40.00～75.00cm，可以是 45.00cm，也可以是 56.00cm，甚至可以是 46.50cm 或 46.54cm 等值，随小数位数的增加，可以出现无限个变量值。至于小数位数的多少，要根据试验的要求和测量仪器或工具的精度而定。

（二）质量性状资料

质量性状资料也称为属性性状资料，是指对某种现象只能观察而不能测量的资料。例如，植物种在样方中存在与否，雌雄异株的植物是雌株还是雄株，植物是否具刺等，这类数据往往取决于某种性质的有无，因此也称为定性数据。

二、数据分类的概念

数据分类与数据类型既有区别，又有联系。数据分类是指依据专业知识或特定需要，将所获得的数据分为相应数据组。例如，在生态学中，数据可以分为数量数据、二元数据、环境数据和数据矩阵等。按指标可以分为形态指标数据、生理指标数据、生态指标数据等。当然，也可以从其他方面分组，但不管从哪一方面考虑，最终都是为了更好地解释说明数据所承载的特有信息。数据类型主要是根据数据的采集、度量或测量特点，将数据分为相应的数据资料，其只有数量性状和质量性状数据资料之分。

因此，我们可以看到，数据分类和数据类型的界限不是很明显，二者存在互相包含、互相渗透的组分。数据分类可以是灵活多样的（依据专业知识或特定需要），而数据类型则有固定的分类标准。

三、数据集的概念

数据集是我们进行数据分析的载体，其建立的科学与否主要看分析软件的要求，但由于现在软件门类较多，不同软件有不同的要求，给我们进行数据分析带来很大的困难。对于大的数据分析软件 SAS、SPSS 在很多书籍中都有介绍，但它们介绍的数据集实际是在数据分析时装载的数据块，本章正是在此基础上详细地介绍数据集的建立过程。

不管采用哪一种分析软件对数据进行数量分析都需要数据集载体，当前比较常用的数据集载体软件为文本文件和 Excel 文件。在数据集载体中，数据集要有行、列、采集信息等。因此，广义数据集的概念就应该理解为资料集、数据集合或资料集合，是指一种由数据所组成的集合。狭义数据集是具有采集信息，行（观测）、列（指标）信息，能够反映试验设计和采样方法的数据矩阵。本章只对狭义数据集进行详细介绍。

第二节　数据集建立的原则与分类

一、数据集建立的原则

数据集建立的过程应该按如下几个步骤进行。

1）选择存储数据的软件，一般用 Excel 文件、txt 文本文件、access 数据库文件等。选择何种存储软件存储数据，要根据存储数据的软件特点、复制粘贴的方便性等进行考虑。

2）录入数据采集信息，包括数据采集地点、采集日期、采集人、试验设计、取样方法、天气状况、地形特点、地貌特征等。一般包括前 5 个方面的信息。当数据采集信息所包含的信息项较多时，应该保证占用的行数较少，打开文件时一眼就看到，方便数据浏览者快速掌握数据表的采集信息。一个工作表中有了采集信息，大大方便了以后的数据核查和数据分析操作。

3）设计行（观测）、列（指标）信息。行、列信息的设计应该保证数据集的直观性、可查性、规律性等因素。同时要考虑后续数据分析时分析软件对数据集的要求。

4）数据集的保存与备份。按照数据集的处理过程，可将数据集分为原始数据集、标准化数据集、中间过程数据集、结果数据集等。一般认为原始数据集最为重要，其存储的位置和备份份数应该给予重视。另一个比较重要的数据集就是结果数据集，其存储的位置和备份份数也应该给予重视。

二、数据集的分类

（一）单指标数据集

单指标数据集只有一个指标，但观测层可能是一个，也可能是多个，在录入数据时，指标一般按列输入，观测按行输入。其可以再细化为以下几类：①单指标无重复多观测的数据集；②单指标无重复多观测层数据集；③单指标有重复单观测的数据集；④单指标有重复多观测的数据集；⑤单指标有重复多观测层数据集。

（二）多指标数据集

多指标数据集拥有多个指标，但观测层可能是一个，也可能是多个，在录入数据时，指标一般按列输入，观测按行输入，这与单指标数据集的规定相似。其可以再细化为以下几类：①多指标无重复单观测的数据集；②多指标无重复多观测的数据集；③多指标无重复多观测层数据集；④多指标有重复单观测的数据集；⑤多指标有重复多观测的数据集；⑥多指标有重复多观测层数据集。

（三）系统树数据集

系统树数据集更接近于资料集，其将相关的数据集建立整体索引，方便查阅和浏览，但就数据分析来讲，其用到的不是很多。分为多指标系统树数据集和观测层系统树数据集。

第三节　数据集建立的实例分析

一、Excel 数据集的建立

Excel 2003 中一个工作簿中最多含有 255 个工作表，默认情况下是 3 个工作表（Sheet1、Sheet2、Sheet3），工作表由 65 536 行×256 列组成，每行与每列交叉为一个单位格，其中行用阿拉伯数字表示（1～65 536），列用英文大写字母表示（A～IV）。Excel 2007、Excel 2010 的变化很大，不受此限制。在本专著中，只以 Excel 2003 为介绍对象。

（一）数据集采集信息的录入

一个工作表中有了采集信息，大大方便了以后的数据核查和数据分析操作。在 Excel 2003 中常在前 4 行中输入以下信息，如图 2-1 所示。

	A	B	C	D	E	F	G
1	样方面积为：$1m^2$			固定描述样方			
2	测定地点：内蒙古锡林浩特市西苏尼特右旗日和镇都呼木苏牧XXX牧户门前						
3	测定日期：2008年7月						
4	数据采集人：XXXX						
5							

图 2-1　数据集采集信息的录入

（二）数据集的行、列信息

数据集的行最好与 Excel 中的行相对应，在统计学中，行最好定为观测，观测数往往较大，受 Excel 2003 的限制，其最大观测数为 65 536 行。在数据集中，观测往往不是一元的，可能是二元的，也可能是三元的，根据研究内容和研究目的确定。

数据集的列最好与 Excel 中的列相对应，在统计学中，列最好定为指标，指标数往往较观测数小得多，受 Excel 2003 的限制，其最大指标数为 256 列。在数据集中，指标可能是一元的、二元的，也可能是三元的，也应该根据研究内容和研究目的确定。

图 2-2 给出的是数据集及数据集行、列信息的实例。

样方面积：1m^2
测定地点：门前
测定日期：2008年7月
数据采集人：XXXX

植物名称	月份	重复	数量特征		
			密度	高度	盖度
狼毒	7月	1	3	24	6
		2	3	24	6
		3	3	24	6
	8月	1	3	24	6
		2	3	24	6
		3	3	24	6
	9月	1	3	24	6
		2	3	24	6
		3	3	24	6
阿尔泰狗娃花	7月	1	4	15	5
		2	4	15	5
		3	4	15	5
	8月	1	4	15	5
		2	4	15	5
		3	4	15	5
	9月	1	4	15	5
		2	4	15	5
		3	4	15	5
羊草	7月	1	58	17	18
		2	58	17	18
		3	58	17	18
	8月	1	58	17	18
		2	58	17	18
		3	58	17	18
	9月	1	58	17	18
		2	58	17	18
		3	58	17	18

图 2-2　数据集行、列信息

（三）数据集的实例

（1）单指标无重复多观测的数据集

单指标无重复多观测的数据集指标仅有一个，观测为多个对象或指标。例如，测定某一样方内植物种群高度，则高度为观测指标，不同植物种群为观测对象。根据上述的数据集建立规则，建立的数据集样式如图 2-3 所示。

（2）单指标无重复多观测层数据集

单指标无重复多观测层数据集指标仅有一个，观测不为一层。例如，测定某两个样方内植物种群高度，则高度为观测指标，样方为第一观测层，不同植物种群为第二观测层。根据上述的数据集建立规则，建立的数据集样式如图 2-4 所示。

	A	B
1	样方面积为：1m²	
2	测定地点：门前	
3	测定日期：2008年7月	
4	数据采集人：XXXX	
5		
6	植物名称	高度
7	羊草	7.50
8	无芒隐子草	5.73
9	杂类草	3.75
10	苔草	3.30
11	针茅	3.30
12	菊叶委陵菜	3.30
13	蒲公英	3.30
14	百里香	2.40
15	线叶菊	2.27
16	扁蓿豆	2.07
17	蓬子菜	2.07
18	狼毒	1.70
19	猪毛菜	1.60
20	三出叶委陵菜	1.43
21	火绒草	1.27
22	冷蒿	0.90

图 2-3 单指标无重复多观测的数据集

样方	植物名称	高度
样方1	羊草	7.50
	无芒隐子草	5.73
	杂类草	3.75
	苔草	3.30
	针茅	3.30
	菊叶委陵菜	3.30
	蒲公英	3.30
	百里香	2.40
	线叶菊	2.27
	扁蓿豆	2.07
	蓬子菜	2.07
	狼毒	1.70
	猪毛菜	1.60
	三出叶委陵菜	1.43
	火绒草	1.27
样方2	羊草	5.91
	无芒隐子草	4.34
	杂类草	4.38
	苔草	3.58
	针茅	4.07
	菊叶委陵菜	2.64
	蒲公英	3.15
	百里香	3.91
	线叶菊	0.38
	扁蓿豆	1.74
	蓬子菜	0.86
	狼毒	1.88
	猪毛菜	2.73
	三出叶委陵菜	3.17
	火绒草	1.26

图 2-4 单指标无重复多观测层数据集

（3）单指标有重复单观测的数据集

单指标有重复单观测的数据集指标仅有一个，观测也仅有一个，但具有重复。例如，测定某一样方内羊草高度，重复数为 10 次，数据集样式如图 2-5 所示。

（4）单指标有重复多观测的数据集

单指标有重复多观测的数据集指标仅有一个，观测大于一个且具有重复。例如，测定某一样方内羊草和无芒隐子草高度，重复数为 10 次，则数据集中指标为高度，观测为羊草和无芒隐子草，10 次重复，样式如图 2-6 所示。

（5）单指标有重复多观测层数据集

单指标有重复多观测层数据集指标仅有一个，观测大于一个，且观测层不为一层，具有重复。例如，测定两个样方内羊草和无芒隐子草高度，重复数为 10 次，则数据集中指标为高度，第一观测层为样方，第二观测层为羊草和无芒隐子草，10 次重复，样式如图 2-7 所示。

植物名称	重复	高度
羊草	1	17.55
	2	15.37
	3	16.38
	4	16.17
	5	16.02
	6	16.57
	7	16.61
	8	16.07
	9	16.23
	10	16.29

图 2-5　单指标有重复单观测的数据集

植物名称	重复	高度
羊草	1	15.11
	2	15.03
	3	15.36
	4	17.31
	5	17.84
	6	17.44
	7	17.09
	8	17.94
	9	16.71
	10	17.19
无芒隐子草	1	7.39
	2	9.40
	3	8.90
	4	7.13
	5	9.69
	6	7.23
	7	9.48
	8	9.11
	9	7.21
	10	7.46

图 2-6　单指标有重复多观测的数据集

（6）多指标无重复单观测的数据集

多指标无重复单观测的数据集观测指标不为一个，观测仅为一个，没有重复。例如，测定某一样方内羊草高度、盖度、密度，则羊草为观测，高度、盖度、密度为观测指标，数据集样式如图 2-8 所示。

（7）多指标无重复多观测的数据集

多指标无重复多观测的数据集观测指标不为一个，观测也不为一个，没有重复。例如，测定某一样方内植物种群高度、盖度、密度，则不同植物种群为观测，高度、盖度、密度为观测指标，数据集样式如图 2-9 所示。

（8）多指标无重复多观测层数据集

多指标无重复多观测层数据集观测指标不为一个，观测也不为一个，且不为一层，没有重复。例如，测定两个样方内植物种群高度、盖度、密度，则两个样方为第一观测层，不同植物种群为第二观测层，高度、盖度、密度为观测指标，数据集样式如图 2-10 所示。

样方	植物名称	重复	高度
样方1	羊草	1	15.11
		2	15.03
		3	15.36
		4	17.31
		5	17.84
		6	17.44
		7	17.09
		8	17.94
		9	16.71
		10	17.19
	无芒隐子草	1	7.39
		2	9.40
		3	8.90
		4	7.13
		5	9.69
		6	7.23
		7	9.48
		8	9.11
		9	7.21
		10	7.46
样方2	羊草	1	14.90
		2	14.98
		3	16.26
		4	17.67
		5	19.11
		6	19.49
		7	16.26
		8	18.26
		9	15.76
		10	17.86
	无芒隐子草	1	6.53
		2	8.94
		3	9.78
		4	5.56
		5	8.66
		6	6.47
		7	7.54
		8	8.51
		9	8.13
		10	7.74

图 2-7　单指标有重复多观测层数据集

植物名称	密度	高度	盖度
羊草	32	18.57	16

图 2-8　多指标无重复单观测的数据集

植物名称	测定指标		
	密度	高度	盖度
狼毒	3	24	6
阿尔泰狗娃花	4	15	5
羊草	58	17	18
菊叶委陵菜	7	3	3
蒲公英	3	11	6
尖头叶藜	3	8	2
扁蓿豆	3	19	4

图 2-9　多指标无重复多观测的数据集

样方	植物名称	测定指标		
		密度	高度	盖度
样方1	狼毒	3	24	6
	阿尔泰狗娃花	4	15	5
	羊草	58	17	18
	菊叶委陵菜	7	3	3
	蒲公英	3	11	6
	尖头叶藜	3	8	2
	扁蓿豆	3	19	4
样方2	狼毒	3	23	6
	阿尔泰狗娃花	5	14	5
	羊草	59	17	18
	菊叶委陵菜	8	4	3
	蒲公英	3	11	7
	尖头叶藜	2	8	1
	扁蓿豆	2	19	5

图 2-10　多指标无重复多观测层数据集

（9）多指标有重复单观测的数据集

多指标有重复单观测的数据集观测指标不为一个，观测仅为一个，存在重复。例如，测定狼毒植物种群高度、盖度、密度，3 次重复，则狼毒为观测，高度、盖度、密度为观测指标，具有 3 次重复，数据集样式如图 2-11 所示。

植物名称	重复	测定指标		
		密度	高度	盖度
狼毒	1	3	24	6
	2	3	24	6
	3	3	24	6

图 2-11　多指标有重复单观测的数据集

（10）多指标有重复多观测的数据集

多指标有重复多观测的数据集观测指标不为一个，观测也不为一个，存在重复。例如，测定某一样方内植物种群高度、盖度、密度，3 次重复，则不同植物种群为观测，高度、盖度、密度为观测指标，具有 3 次重复，数据集样式如图 2-12 所示。

（11）多指标有重复多观测层数据集

多指标有重复多观测层数据集观测指标不为一个，观测也不为一个，且具有多个观测层，存在重复。例如，测定两个样方内植物种群高度、盖度、密度，3 次重复，则样方为第一观测层，不同植物种群为第二观测层，高度、盖度、密度为观测指标，具有 3 次重复，数据集样式如图 2-13 所示。

（12）多指标系统树数据集

该数据集是以指标为分类准则，将相同指标或相近指标划分为一个体系，建立相应的数据集，这些数据集可能在一个 Excel 工作表内，也可能不在一个工作表；可能在一个文件夹下，也可能不在一个文件夹下。具体如何划分、存储，主要依据操作者的需要、存储文件大小、文件数量等进行设置。该数据集不是针对后期数据分析而设立的，而是从管理数据文件或数据集出发，将所有的数据资料

植物名称	重复	测定指标		
		密度	高度	盖度
狼毒	1	3	24	6
	2	3	24	6
	3	3	24	6
阿尔泰狗娃花	1	4	15	5
	2	4	15	5
	3	4	15	5
羊草	1	58	17	18
	2	58	17	18
	3	58	17	18
菊叶委陵菜	1	7	3	3
	2	7	3	3
	3	7	3	3
蒲公英	1	7	3	3
	2	3	8	2
	3	3	19	4
尖头叶藜	1	3	8	2
	2	3	8	2
	3	3	8	2
扁蓿豆	1	3	19	4
	2	3	19	4
	3	3	19	4

图 2-12　多指标有重复多观测的数据集

样方	植物名称	重复	测定指标		
			密度	高度	盖度
样方1	狼毒	1	6	27	8
		2	8	28	9
		3	4	28	10
	阿尔泰狗娃花	1	8	20	8
		2	6	18	6
		3	7	18	8
	羊草	1	60	21	18
		2	61	19	21
		3	63	22	23
样方2	狼毒	1	5	27	7
		2	7	26	7
		3	3	27	8
	阿尔泰狗娃花	1	7	18	7
		2	5	18	6
		3	6	15	6
	羊草	1	59	20	18
		2	61	18	20
		3	61	21	20

图 2-13　多指标有重复多观测层数据集

系统化，与其说这是一个数据集，不如说这是一个资料集。单个工作表的多指标系统树数据集如图 2-14 所示。

（13）观测层系统树数据集

该数据集是以观测层为分类准则，不同的观测层可能存在不同的数据集。但不同的数据集能够依据观测层建立一个系统，统一集中管理。这与多指标系统树数据集极为接近，详见多指标系统树数据集。

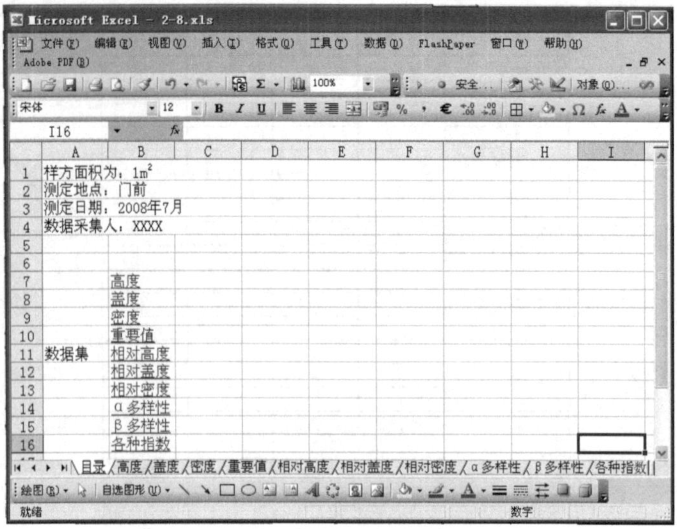

图 2-14 多指标系统树数据集

二、txt 数据集的建立

txt 是文本文件的扩展名，在 Windows 系统中，其名称为“记事本”，当存文件时其扩展名为 txt。当利用 SAS 进行数据分析时，其保存的程序文件和输出结果文件均为文本文件。尽管这两个文件的扩展名分别为*.sas 和*.lst，但可以用文本文件进行编辑和保存。

txt 文件也有列的限制，其列数为 1024 个英文半角字符，即其一行最多可以有 512 个汉字，1024 个英文字母或数字。例如，输入数字为 0.***，其占用的列数为 5 列，当用记事本作为数据集的载体时，这一行最多可录入 170 个数据列（每一数据列占用 5 列，后面跟一个空格），也就是说，这样的数据在录入时最多只能有 170 个指标。但文本文件的行数是不受限制的。

txt 文件建立的数据集行、列要求以及数据集的种类同 Excel 数据集相似，在此不再赘述。

三、Excel 和 txt 数据集的转化

（一）txt 文件转化为 xls 文件

1. 直接操作

首先打开 Excel 文件，然后点击“文件”→“打开”→在文件类型中选择“所有文件”→找到要导入的 txt 文件选中→点击“打开”→选中“分隔符号”→“下一步”→选中“空格”→点击“完成”。

2. 程序操作

首先打开 Excel 文件，然后右键点击工具栏空白位置→点击“Visual Basic”→点击“控件工具箱按钮”→点击“命令按钮”→在 Sheet2 中画一个按钮→双击该按钮→将下面的程序段拷入：

```
Open "C:\Documents and Settings\......\桌面\主成分.txt" For Input As #1
Do While Not EOF(1)
n = n + 1
Line Input #1, df
tt = Trim(df)
lie = 1
    Do While lie <> 0
        sj = Left(tt, InStr(tt, " "))
        Worksheets(1).Cells(n, lie).Value = sj
        tt = Trim(Right(tt, Len(tt) - InStr(tt, " ")))
        If InStr(tt, " ") = 0 And sj = "" Then Worksheets(1).Cells(n,
        lie).Value = tt
        lie = lie + 1
        If sj = "" Then lie = 0
    DoEvents
    Loop
DoEvents
Loop
Close
```

注意："C：\Documents and Settings\……\桌面\主成分.txt"是文件路径，一定要换成自己的 txt 文件路径。

第一次运行点击上面的按钮，导出数据成功。之后点击 Sheet2 中画的按钮就可以。

（二）xls 文件转化为 txt 文件

1. 直接操作

首先打开 Excel 文件，然后点击“文件”→“另存为”→在文件类型中选择“文本文件（制表符分隔）”→选择路径→点击“保存”。

2. 程序操作

首先打开 Excel 文件，然后右键点击工具栏空白位置→点击“Visual Basic”→点击“控件工具箱按钮”→点击“命令按钮”→在 Sheet2 中画一个按钮→双击该按钮→将下面的程序段拷入：

```
Open tt For Output As #1
For i = 1 To Worksheets(1).UsedRange.Rows.Count Step 1
    For j = 1 To Worksheets(1).UsedRange.Columns.Count Step 1
```

```
        tts = Worksheets(1).Cells(i, j).Value
        Print #1, tts & Space(1),
        DoEvents
    Next
    Print #1,
DoEvents
Next
Close
```

注意：tt 是文件路径，一定要换成自己的 txt 文件路径。

第一次运行点击上面的▶按钮，导出数据成功。之后点击 Sheet2 中画的按钮就可以。

第三章　数据集的整理

统计数据的数据集往往存在缺失值（缺失数据）、异常值问题，有时需要数据标准化，甚至需要数据集的转化、数据的分布检验等一系列操作，因此，只有进行完这些操作之后，才能对数据进行分析。也就是说，在数据分析之前对数据集的所有操作，均为数据集的整理。

第一节　缺失数据的处理

意外事件常使某一个或某几个数据丢失，如收获的作物可能遭到毁坏，动物个体有可能死亡，或者在记录时可能漏记等。当缺失比例很小时，可直接对完全记录进行数据处理，舍弃缺失记录。但在实际中，往往缺失数据占有相当大的比重，尤其是多元数据。这时舍弃的处理方式将是低效率的，因为这样做会丢失大量信息，并且会产生偏倚，使不完全观测数据与完全观测数据间产生系统差异。缺失的数据可用统计方法从理论上进行估计，填写在数据表内的表格之中，然后用相应的统计方法进行分析。但有一点必须明确，估计缺失数据并不能恢复原来的数据，只是补足后不致干扰其余数据，估计的数据并不能提供任何新的信息，只是使数据集整体趋于某种稳定的分布状态，因此，试验中应尽量避免这类情况发生。

一、缺失数据的概念

缺失数据是不可抗拒的或不可恢复的原因导致的无法弥补的但在数据分析时不能忽略的数据。

例如，某一研究者研究黄花苜蓿生长高度情况，试验设计定为每隔 15 天测定一次，恰赶上有一次下暴雨，无法进入试验田进行观测，则此次数据缺失就是由不可抗拒的自然因素导致的。又如，该研究者某次测定高度时，发现黄花苜蓿被家畜吃掉，则此次数据缺失的原因为不可抗拒的外界因素（家畜），而且被吃掉的黄花苜蓿数据无法恢复，因此这套数据就失去了继续监测的意义。

二、缺失数据的插补原因

很多数据分析方法都是针对完全数据集进行分析的，如果存在数据缺失，则标准的完全数据分析方法失效或结果产生偏倚，因此，只有对缺失数据进行插补后，标准的完全数据分析方法才能够得到应用。

缺失数据使数据结构复杂化，需要使用更复杂的统计工具进行分析，甚至导致数据不能被分析，而插补可以解决这一困难，也可以使所得到的数据不至于失效。缺失数据插补后能够防止删除不完全记录造成的信息丢失。在一些情形下，插补能够减少无应答偏倚。

三、数据的插补方法

20 世纪 80 年代以后，人们开始重视数据缺失问题，着力研究插补方法。迄今为止，提出并发展了 30 多种插补方法。本部分只对简单的几种插补方法进行探讨。

（一）人工填写法

领域专家根据专业知识对缺失数据估计填充，这是目前最精确的方法。然而该方法费时费力，当数据规模很大、缺失数据很多时，该方法基本是不可行的。

（二）特殊值或特殊符号填充

用一个该数据集不可能出现的数值代替缺失数据。例如，如果数据都大于 0，可能缺失数据用–99 来代替，如 GS+中；也可以用“.”来代替，如 SAS 和 Excel 中。

（三）单一插补

单一插补是指对每个缺失值，从其预测分布中取一个值进行填充，其后使用标准的完全数据分析进行处理。单一插补的方法很多，总体来说可以归为两类：随机插补和确定性插补。常用的确定性插补方法有以下几种（金勇进，2001；杨军等，2008）。

1. 推理插补

在推理插补方法中，根据所得的信息推断缺失值，如先调查的类似项目、目前调查的相关项目等。例如，一个被调查者提供了三个孩子的名字，但“子女数”项空着，可以推出其子女数为 3。只要可能，在使用其他插补方法之前，应尽量进行推理插补，因为它为缺失数据提供了准确或近似准确的插补。当然，推理插补的表现完全依赖于能够获得的信息资源。

2. 均值插补

均值插补简单但缺乏吸引力。均值插补用样本观测数据的均值替代所有缺失值。这种方法只能在完全随机缺失（MCAR）机制下为总体均值或总体总量提供无偏估计。因为所有的插补值集中在均值点上，所以严重扭曲了数据的理论分布状态，并在均值点上形成尖峰，导致低估估计量的方差。根据一定的辅助信息，将样本分成多个部分（类、层），然后在每一部分上分别使用均值插补，称为局部均值插补。另外，如果用样本观测数据的众数替代所有缺失值，则为众数插补。

3. 热平台插补

热平台插补是指在同一插补类中，使用与受者相似的供者记录的信息来替代受者记录中缺失值的插补方法。热平台插补是最流行的插补方法之一，因为它简单直观，不需要任何明确的统计模型。它的主要缺点是不能覆盖调查中数据没有反映的信息。热平台插补有很多种，可归纳为两类：序贯热平台插补和随机热平台插补。例如，我们希望被调查者的吸烟状况有 3 种可能的回答：吸烟、不吸烟及以前吸烟但现在已戒烟。我们基于年龄段和性别产生插补类（因为我们认为吸烟状况与一个人的年龄和性别有关）。假设要做插补记录的是一位女性，年龄在 15～24 岁组中，这时所有回答了各自吸烟状况的 15～24 岁女性构成我们的供者集合。要从这个供者集合中选择一个供者，我们可以随机选择（随机热平台插补）或者按照某一顺序从中进行选择（序贯热平台插补）。

4. 冷平台插补

冷平台插补与热平台插补类似，不同之处在于热平台插补使用当前调查的供者，而冷平台插补则使用其他资料（如前期的调查或普查中的历史数据）中的供者。冷平台插补的缺点是无法进行方差估计。

5. 最近邻插补

类似于热平台插补，最近邻插补也是基于匹配变量选择一个供者记录，也有人把它归入热平台插补。但是这种方法的目的不一定是非要找出一个和受者记录在匹配变量上完全相同的供者记录，而是要在插补类中按匹配变量找到和受者记录最接近的供者记录，即找到距离最近的值。其中的距离可以是反映供者记录与受者记录差异的任何距离，如欧氏距离。

6. 比率/回归插补

比率/回归插补是根据辅助信息与样本中的有效回答记录建立一个比率/回归模型，其中模型表明了目标变量和辅助变量之间的关系；然后根据辅助信息，利用建立的模型来插补缺失数据。

第二节　异常值点与强影响点

异常值点和强影响点之间存在着区别与联系，前者主要是指原始数据集中一些异常或极端的观测值，但这些值不一定会对统计模型构成明显的影响；而强影响点主要是指原始数据集中对统计模型的统计量有非常大影响的数据点，其既可能是异常值点也可能不是。

一、异常值点与强影响点简介

（一）异常值点简介

异常值点的释义是贝克曼（R. J. Beckman）和库克（R. D. Cook）于 1983 年在《技术度量》（*Technometrics*）第 25 期上发表的两种流行看法的综合。他们把异常值点界定为：那些与数据集主体明显不协调并使研究者大感惊讶的数据点，它们是既定分布中的极端点，它们虽然与数据主体来自同一分布，但本身应以极小的概率出现；从分布的角度讲，杂质点或污染点与数据集的主体并非来自同一分布，而是在采集数据过程中受到其他分布的“污染”，致使现有数据集掺入不应有的“杂质”。

如何度量这种点与既定模型间的偏差是诊断异常值点的关键问题。一般来讲，采集到的每个样本与既定模型都有一定的偏差，不可能完全吻合。问题是这种偏差大到何种程度时才可被认为是异常，这就是异常值点度量标准的问题。

目前，一种传统且较为合理的异常值点的度量标准是残差准则。残差是某因变量的实际观测值 y 与其拟合值 $\hat{y}$ 的差。如果模型与数据拟合得较好，显然每个观测点的残差应较小，而对于某些残差较大的观测点就是该模型中的异常值点。

常用的残差有普通残差、学生化内（外）残差、删除残差等，此外，还有预测残差、不相关残差和递归残差等。它们均从不同的角度说明模型与数据的拟合效果。

（二）强影响点简介

强影响点是指那些对统计量的取值有非常大影响的点。现代统计学的研究表明，在建模过程中，各个样本点对模型统计推断的影响大小并不是相同的。一般来讲，每个样本点对模型都有一定的影响，但相对于整个数据集来讲，都不应该单独地支配模型的主体属性。具体来说，各个样本点的微小变动都不应该引起模型参数的估计和假设检验的结论有大的变更，甚至得出相反的结论。否则，所建的模型稳定性能差，容易造成“伪回归”，更难以实际应用。粗略地讲，这种对模型统计推断影响特别大的点称为强影响点。经济计量诊断的任务之一就是要在经济建模过程中诊断和识别出这种强影响点或点群。

强影响点的诊断必须明确对于既定的模型，考察数据点对哪一个统计量的影响，以及考察的尺度。事实上，如何研究影响与从何种角度考虑统计问题有密切关系，每一种度量都是着眼于某一方面，并适用于某个具体场合的。实际应用中，通常选择几种不同的度量对影响进行分析比较以得到全面的结论。而如何度量数据对统计推断的影响则成为亟待解决的问题。我们必须在某种意义下给出一种合理的量度，使这种感性的影响能够更加具体明确，一目了然，最好是能在一定的置信水平下给出一个临界值，使影响的量值与这一临界值进行比较，以此确定影响是否超过我们能够接受的范围。

迄今为止，统计学家已提出多种影响尺度。基于不同的角度，可以给出不同的影响尺度。目前，应用最为广泛的是从参数置信域观点提出的 Cook 统计量和从模型拟合观点提出的 W-K 统计量，以及基于协方差比而发展的描述对方差估计影响的 AP 统计量和度量数据对估计量影响的似然距离 LD 统计量。

（三）异常值点与强影响点的关系

强影响点和异常值点是不同的概念，它们既有联系也有区别。强影响点可能同时又是异常值点，也可能不是；反之，异常值点可能同时又是强影响点，也可能不是。这里需要说明的一点是，在本研究中，有时用的是异常值点，有时用的是强影响点，但为了便于理解并不严格对此加以区别，因为在处理异常值点和强影响点时，均采用删除异常值点和强影响点的方法来修正模型，并不影响结果。

二、异常值点检验

在科学实验中，离不开对实验数据的收集整理和统计分析。由于外界条件的改变和主观因素的影响，通过实验获得的数据资料往往会产生较大误差，即出现异常值点，从而对实验结果产生明显的影响，以致无法对其进行正确的统计分析。这些异常值点的存在往往会掩盖研究对象的变化规律，甚至得出错误的结论。如果在统计分析前根据数据资料的性质和分布规律，按照统计学原理对实验数据进行识别处理，对可疑数据做出合理的取舍，剔除可能存在的异常值点，会使实验数据更加准确可靠，实验结果更符合客观实际。

由于组成总体的个体存在差异，因此从总体中抽取的样本均值往往不等于总体均数，存在一定的抽样误差，抽样误差随样本的大小在一定范围内变动。在统计学中识别和剔除异常值点的基本思想为：对于一个样本，给定一个置信度，即发生概率，一般为 1%（0.01）或 5%（0.05），并确定一个相应的置信限（或阈值），凡超过该置信限的误差，则认为超出了该样本的抽样误差，造成该误差的值就称为异常值点，应予以剔除，否则予以保留。通常用来判别异常值点的准则如下。

（一）t 检验（$3s$）准则

t 检验准则是按 t 分布的实际误差分布范围来判别异常值点，其基本思想是首先剔除一个可疑的值，然后按 t 分布来检验被剔除的值是否为异常值点。

设该样本为 $x_1, x_2, x_3, \cdots, x_n$，若认为 x_j 是可疑值，计算将其剔除后的均值 $\overline{x}$ 及标准差，即 $\overline{x}=\dfrac{1}{n-1}\sum\limits_{i=1,i\neq j}^{n} x_i$ 和 $\sigma=\sqrt{\sum\limits_{i=1,i\neq j}^{n}(x_i-\overline{x})^2/(n-2)}$。若$|\overline{x}-x_j|>3s$，则 x_j 为异常值点，剔除 x_j 是正确的，否则为正常值，应予以保留。

在样本数量 $n\leqslant 10$ 的情形下，用 $3s$ 准则剔除异常值点注定失效。因此，在测量次数较少时，不宜用该准则。事实上，由 $\sum(x_i-\overline{x})^2=(n-1)s^2$ 易得

$$\left|x_j-\overline{x}\right|\leqslant\sqrt{\sum(x_i-\overline{x})^2}=\sqrt{(n-1)s^2}$$

取样本数量 $n\leqslant 10$，即有 $\left|x_j-\overline{x}\right|\leqslant 3s$ 恒成立，与原假设 $\left|x_j-\overline{x}\right|>3s$ 相矛盾，故 $3s$ 准则要在远大于 10 的情形下才适用，一般在 $n>50$ 时才使用该准则。

（二）Dixon 准则

1950 年，Dixon（迪克逊）提出一种无须估算 $\overline{x}$ 和 s 的方法，它是根据测量数据按大小排列后的顺序差来判别异常值点的。有人指出，用 Dixon 准则判断样本数据中混有一个以上异常值点的情形效果较好。

该准则采用极差比的方法，可得到简化且严密的结果，从而避免了 $3s$ 准则需要先求出样本标准差 s 的麻烦。仍设样本为 $x_1, x_2, x_3, \cdots, x_n$，其顺序统计量为 $x_{(1)}<x_{(2)}<\cdots<x_{(n)}$。

这里 $x_{(1)}$为最小值，$x_{(n)}$为最大值，当顺序统计量 $x_{(i)}$服从正态分布时，Dixon 给出了不同样本数量（n）统计量 D 的计算公式（表 3-1）。

表 3-1　不同样本情况下 Dixon 检验统计量计算

n	统计量标号	上侧检验统计量	下侧检验统计量
3～7	1	$D=(x_{(n)}-x_{(n-1)})/(x_{(n)}-x_{(1)})$	$D=(x_{(2)}-x_{(1)})/(x_{(n)}-x_{(1)})$
8～10	2	$D=(x_{(n)}-x_{(n-1)})/(x_{(n)}-x_{(2)})$	$D=(x_{(2)}-x_{(1)})/(x_{(n-1)}-x_{(1)})$
11～13	3	$D=(x_{(n)}-x_{(n-2)})/(x_{(n)}-x_{(2)})$	$D=(x_{(3)}-x_{(1)})/(x_{(n-1)}-x_{(1)})$
14～30	4	$D=(x_{(n)}-x_{(n-2)})/(x_{(n)}-x_{(3)})$	$D=(x_{(3)}-x_{(1)})/(x_{(n-2)}-x_{(1)})$

当显著水平 α 为 0.05 或 0.01 时，Dixon 给出了其临界值 $D_{1-\alpha(n)}$。如果某样本的统计量 $D > D_{1-\alpha(n)}$，则 $x_{(n)}$为异常值点，如果某样本的统计量 $D_{¢} > D_{1-\alpha(n)}$，则 $x_{(1)}$为异常值点，否则为正常值。

（三）Grubbs 准则

1950 年，Grubbs（格拉布斯）根据顺序统计量的某种分布规律提出一种判别异常值点的准则。设该样本为 $x_1,x_2,x_3,\cdots,x_n$，当 x_j 服从正态分布时，计算其均值及标准差 s，即 $\overline{x}=\frac{1}{n}\sum_{i=1}^{n}x_i$ 和 $\sigma=\sqrt{\sum_{i=1}^{n}(x_i-\overline{x})^2/(n-1)}$。为了检验 $x_i(i=1,2,\cdots,n)$中是否存在异常值点，将 x_i 按大小顺序排列成顺序统计量 $x_{(i)}$，即

$$X_{(1)} < x_{(2)} < \cdots < x_{(n)}$$

然后计算统计量 $g_{(1)}=(\overline{x}-x_{(1)})/\sigma$ 和 $g_{(n)}=(x_{(n)}-\overline{x})/\sigma$。对于统计量 $g_{(1)}$和 $g_{(n)}$，Crubbs 导出了其统计分布，并给出了当置信度 a 为 0.05 或 0.01 时的临界值。当统计量 $g_{(1)}$和 $g_{(n)}$大于临界值时，则认为 $x_{(1)}$、$x_{(n)}$可疑，应予以剔除。

三、强影响点检测

（一）残差分析

残差分析是基于通过样本数据收集而建立的回归方程建立的可靠性检验。在实际问题中，观察人员的粗心或偶然因素的干扰，常会使我们所得到的数据不完全可靠，即出现异常数据。有时即使通过相关系数或 F 检验证实回归方程可靠，也不能排除数据存在上述问题。残差分析的目的就在于解决这一问题。所谓残差是指实际观察值与回归估计值的差，即

$E_i=Y_i-Z_i$（$i=1,2,\cdots,n$），其中 Y_i 为实际观察值，Z_i 为回归估计值，由此可见，残差分析主要针对因变量来讨论。

残差与样本数据一一对应，每一个实际观察值会产生一个残差值，残差分析就是通过对这些残差值进行分析，以确定回归估计值的可靠性，是否存在诸如周期性或其他干扰性因素。

在残差分析中，认为超过 $3s$ 的残差为强影响点，由于普通残差 $e_1,e_2,\cdots,e_n$ 的方差 $D(e_i)=(1-h_{ii})s^2$ 不等，用 e_i 做判断会带来一定的麻烦。因此引入标准化残差 ZRE_i 和学生化残差 SRE_i 的概念，以改进普通残差的性质，公式分别如下：

标准化残差：$\text{ZRE}_i=\frac{e_i}{s}$；学生化残差：$\text{SRE}_i=\frac{e_i}{s\sqrt{1-h_{ii}}}$

其中 h_{ii} 为帽子矩阵 $H=X(X'X)^{-1}X'$ 的主对角线元素。标准化残差使残差具

有可比性，$|ZRE_i|>3$ 的相应观测均判定为异常值点或强影响点，但遗憾的是其没有解决方差不等的问题。学生化残差进一步解决了方差不等的问题。但是当观测数据中存在关于 y 的异常观察值时，普通残差、标准化残差、学生化残差这 3 种残差都不再适用，解决的方法是改用删除残差（何晓群和刘文卿，2000）。

（二）杠杆值与 Cook 距离

在 $D(e_i)=(1-h_{ii})s^2$ 中，h_{ii} 为帽子矩阵中主对角线的第 i 个元素，它是调节 e_i 方差大小的杠杆，因而称 h_{ii} 为第 i 个观测值的杠杆值，其表示线性回归模型中自变量第 i 次观测值与自变量平均值之间距离的远近，通常把杠杆值大的样本点称为强影响点。

强影响点不一定是 y 值的异常值点，因而强影响点不一定会对回归方程造成不良影响。但是强影响点对回归效果通常有较强的影响，因此对强影响点应该引起足够的重视，原因如下。

1）在实际问题中，因变量与自变量的线性关系只是在一定的范围内成立，强影响点远离样本中心，因变量与自变量之间可能已不再是线性函数关系，因而在选择回归函数的形式时，要侧重于强影响点。

2）即使线性回归形式成立，强影响点远离样本中心，也能够把回归方程拉向自身，使回归方程产生偏移。

由于强影响点并不总是 y 的异常值点，因此不能单纯根据杠杆值 h_{ii} 的大小判断强影响点是否异常。为此，我们引入库克（Cook）距离，用来判断强影响点是否为 y 的异常值点。库克距离的计算公式如下：

$$D_i=\frac{e_i^2}{(p+1)s^2}\times\frac{h_{ii}}{(1-h_{ii})^2}$$

其反映了杠杆值 h_{ii} 与残差 e_i 大小的综合效应。

根据帽子矩阵 H 的迹的计算公式：$\mathrm{tr}(H)=\sum_{i=1}^{n}h_{ii}=p+1$，杠杆值 h_{ii} 的平均值为

$$\bar{h}=\frac{1}{n}\sum_{i=1}^{n}h_{ii}=\frac{p+1}{n}$$

这样，一个杠杆值 h_{ii} 如果大于 3 倍 $\bar{h}$ 就认为该杠杆值较大。

对于库克距离大小标准的判定比较复杂，比较精确的方法请参见陈希孺和王松桂（1987）编写的《近代回归分析》。一个比较粗略的标准是：当 $D_i<0.5$ 时，认为不是异常值点；当 $D_i>1$ 时，认为是异常值点。下面给出中心化杠杆值 ch_{ii} 的计算公式：$ch_{ii}=h_{ii}-1/n$，中心化杠杆值实际是自变量先中心化后生成的帽子矩阵的

主对角线元素。所以，$\sum_{i=1}^{n} ch_{ii} = p$，中心化杠杆值 ch_{ii} 的平均值为：$\overline{ch} = \frac{1}{n}\sum_{i=1}^{n} ch_{ii} = \frac{p}{n}$。

（三）异常值点产生的原因与消除

对引起异常值点的不同原因，需要采取不同的处理方法，具体如表 3-2 所示。

表 3-2　异常值点产生的原因及消除方法

序号	异常值点产生的原因	异常值点的消除方法
1	数据登记误差，存在抄写和录入错误	重新核实数据
2	数据测量误差	重新测量数据
3	数据随机误差	删除或重新观测异常值点数据
4	缺少重要自变量	增加必要的自变量
5	缺少观测数据	增加观测数据，适当扩大自变量取值范围
6	存在异方差	采用加权线性回归
7	模型选用错误，线性模型不适用	改用非线性回归模型

第三节　不同数据类型间的转化

数据类型的转化是指由一个数据类型按照某些规则转变成另一个数据类型。理论上讲，上面讲的各种数据类型之间都可以相互转化，但是，有的数据类型在转化成其他类型上有较大的困难，如多状态数据转化成数量数据，在植被数量分析中一般很少涉及这样的转化。对于数量数据的转化用得较多。因为数量数据类型转化成二元数据在某些分析中具有优越性，转化成多状态数据类型在某些分析结果的表示上具有重要意义。例如，要在排序图上表示植物盖度的变化趋势，一般用多状态数据较佳，而数量数据由于数字多，在图上表示较为困难，因此我们简单介绍数量数据的转化。

一、质量性状资料转化为数量性状资料

为了统计分析，一般需要先把质量性状资料数量化，可以采取下面两种方法。

（一）统计次数法

在一定总体内，根据某一质量性状的类别统计其次数或频数，以次数或频数来作为质量性状的数据。在分组统计时可按质量性状的类别进行分组，然后统计各组出现的次数。因此，这类资料也称为次数资料。例如，在 50 个样方内，统计某一植物种群是否存在时，存在的样方数为 32 个，不存在的样方数为 18 个，可

以计算出这一植物种群出现的次数百分率为 64%，这一植物种群未出现的次数百分率为 36%。

（二）评分法

这种方法是用数字级别表示某现象在表现程度上的差别。例如，草原鼠害的严重程度可划分为 0（没有鼠害）、1（轻度鼠害）、2（中度鼠害）、3（重度鼠害）级；家畜肉质品质可以评为三级，好的评为 10 分，较好的评为 8 分，差的评为 5 分。这样，就可以将质量性状资料进行数量化。经过数量化的质量性状资料的处理方法可以参照计数资料的处理方法。

二、数量性状资料转化为质量性状资料

（一）转化成二元数据

数量数据转化成二元数据比较容易，一般选一个阈值，大于或等于该阈值的值记为 1，小于该阈值的值记为 0，就变成了二元数据，这种转化显然损失不少信息，所以只有对一些特殊的只能使用二元数据而不能使用数量数据的分析方法才进行这样的转化。

（二）转化为多状态数据

数量数据转化为多状态数据一般要求在其取值范围内适当分成若干等级即可。例如，土壤 pH 测量值，我们规定 1=3.5～4.5，2=4.6～5.5，3=5.6～6.5，4=6.6～7.5，然后将 pH 数量值换成相应的等级值 1～4，就变成了有序多状态数据，至于两级之间的间距多大、应该分为多少等级诸类问题，应该从生态学的角度考虑，而不是数学问题。

数据类型间的转化最好与自己所学专业结合起来，同时与待解决的问题和选用的数据分析方法结合起来。

第四节　数据集的处理

数据处理是指进行数量分析之前对原始数据先进行简缩、排错、转换和标准化的过程。这些处理过程一般是从专业角度和统计学意义出发。数据简缩是在不损失生态信息或损失非常少的前提下，去掉一些数据，以简化计算分析过程。数据排错是指在数据处理前将误录、缺失的数据进行修正、去除或补全的过程。数据转换是通过某一运算规则将原始数据转化为新的数据值的过程，而其新值的大小只与被转换的原始数据本身和运算规则有关，而与原始数据集合中的其他值无关。数据标准

化也是通过某一运算规则将原始数据转化成新的数值。但其新的数值的大小除依赖原始数据自身外，也与原始数据集合中的其他数值有关。

一、数据简缩

数据简缩的过程要考虑研究的目的和使用的方法，下面以生态学分析为例来进行探讨。在多元分析中一般是减少种类，即删除两个极端的种。一是极端多的种，如二元数据中，如果一个种存在于所有的样方中，那么它对于分类和排序不能提供有用的信息，应该删去。二是极端少的种，如有些种仅出现在一个样方中，即所谓的“孤种”（对于群落关系它提供的信息非常少，可以淘汰）。此外，也可以用概率来确定极端多和极端少的种，如出现在 95%以上样方中的种可以认为是极端多的种，出现在 5%以下样方中的种可以认为是极端少的种。

对于样方一般较少进行简缩处理，如果进行数据简缩有两种可能：一是代表性较差的样方，可以删去；二是在系统取样时，有时会出现两个样方所记录的种类及其观测值完全相同，可以淘汰其中之一。在数据不太多的情况下，第二种情况也可以保留。

在格局分析中，一般不进行数据简缩，因为连续样方不能去掉任何一个。而种类是我们所感兴趣的，一般是事先选定的，多为群落优势种。

二、数据转换

数据转换的目的：一是改变数据的结构，使其能更好地反映变量间的关系，或者更好地适合某些特殊分析方法。例如，非线性关系的数据通过平方根转换可以变成线性结构。二是缩小属性间的差异，由于属性的量纲不同，不同属性间的数据差异往往很大。例如，不同的环境因子测量值，通过对数转换可使数据值趋向一致。三是从统计学上考虑，如果抽取的样品偏离正态分布太远，可以进行适当转换。数据转换是通过某一运算规则实现的，依运算规则的不同，有如下几种类型。

（一）对数转换

对数转换即取原始数据的对数值，可以是自然对数 $\ln X$，也可以是以 10 为底的对数 $\lg X$，在有 0 值的情况下，可以先将原始数据全部加上 1，对结果影响不大，即 $\ln(X+1)$或 $\lg(X+1)$。对数转换是最常用的方法，它可以使不同属性间的差异缩小，在实验植物群落学中，对数转换可以使实验结果的趋势更加明显。

（二）平方根转换

平方根转换也是最常用的转换方法之一，是将原始数据开平方，即$\sqrt{X}$，可以使二次函数的数据结构趋向于线性化，同时减少极大值或极小值的影响，数据较小时采用$\sqrt{X+1}$。

（三）立方根转换

立方根转换是将原始数据开立方，即$\sqrt[3]{X}$，它可以将原始数据之间的差值缩小，使其趋向一致。

（四）倒数转换

倒数转换是取原始数据的倒数，即 $1/X$。倒数转换同样可以使属性间的差异缩小。

（五）反正弦转换

如果数据是比例数或以百分率表示的，其分布趋向于二项分布，可作反正弦转换，转换后的数值是以度为单位的角度，因此也称为角度转换。转换的公式为

$$\theta=\sin^{-1}\sqrt{P}$$

另外，还有不少其他转换方法，研究者可自行选择。是否需要数据转换，采用哪种转换方法较好，不能一概而论，它取决于所研究的数据类型和变化幅度。现在国际通用软件一般都将转换方法编入程序，使用者可以选择不同的方法，以比较它们的结果。

三、数据标准化

数据标准化是统计学上常用的方法，是为了消除不同属性或样方间的不齐性，或者使得同一样方内不同属性间或同一属性在不同样方内的方差减小，有时是为了限制数据的取值范围，如[0，1]闭区间等。有些数量分析方法要求特殊的标准化过程，并将标准化作为其分析方法的一部分，如主成分分析（PCA）一般要求中心化，对应分析（CA）则要求对排序坐标进行标准化等。这些方法在应用前不必专门进行标准化。标准化过程也是通过某一计算将原始数据变成新的数值，但它与原始数据集合中的其他数值有关而不同于数据转换。下面介绍一些常用的标准化方法。

（一）数据中心化

数据中心化就是将原始数据减去平均值。如果对观测（数据行）中心化就分

别减去各个种在所有样方中的平均值 $\bar{X}_i$，对原始数据矩阵而言，它是每一行的平均值；若对指标（数据列）中心化，则分别减去一个样方内所有种的平均值 $\overline{X_j}$，在原始数据矩阵中，它是每一列的平均值，用公式表示：

对观测标准化：　　$\hat{X}_{ij} = X_{ij} - \bar{X}_i$　　$i=1,2,\cdots,m$

对指标标准化：　　$\hat{X}_{ij} = X_{ij} - \bar{X}_j$　　$j=1,2,\cdots,n$

经中心化的数据易于计算各观测（数据行）间或指标（数据列）间的方差和协方差。有时对观测和指标同时进行中心化，称为双重中心化。

（二）离差标准化

离差标准化实际上是经过中心化的数据再除以离差，即对观测（数据行）标准化：

$$\hat{X}_{ij} = \frac{X_{ij} - \bar{X}_i}{\sqrt{\sum_{j=1}^{n}\left(X_{ij} - \bar{X}_i\right)^2}}$$

对指标（数据列）标准化：

$$\hat{X}_{ij} = \frac{X_{ij} - \bar{X}_j}{\sqrt{\sum_{i=1}^{m}\left(X_{ij} - \bar{X}_j\right)^2}}$$

式中字母的含义同数据中心化，经离差标准化的数据易于计算观测（数据行）间或指标（数据列）间的相关系数。

（三）数据正规化

数据正规化就是用标准差进行标准化。标准差等于离差除以自由度 $n-1$ 或 $m-1$，所以正规化公式如下。

对种类正规化：

$$\hat{X}_{ij} = \frac{X_{ij} - \bar{X}_i}{\sqrt{\dfrac{\sum_{j=1}^{n}\left(X_{ij} - \bar{X}_i\right)^2}{(n-1)}}}$$

对样方正规化：

$$\hat{X}_{ij} = \frac{X_{ij} - \bar{X}_j}{\sqrt{\frac{\sum_{i=1}^{m}\left(X_{ij} - \bar{X}_j\right)^2}{(m-1)}}}$$

对种类正规化后的数据，每行的平均值为 0，方差为 1；对样方正规化后，每列的平均值为 0，方差也为 1。

（四）其他标准化

还有一些标准化方法，其做法是将原始数据除以某一数值，如将原始数据除以行或列的和，称为总和标准化；如将原始数据除以每行或每列中的最大值，称为最大值标准化；如将原始数据除以行或者列的和的平方根，则称为模标准化。

以上是主要标准化方法的基本计算，在实践中，标准化往往还需要考虑权重，以更好地反映变量关系，如在对应分析（CA）坐标值标准化中，一般以原始数据矩阵列之和作为权重。

第四章　描述性统计分析

描述性统计是将研究中所获得的数据加以整理、归类、简化或绘制成图表，以此描述和归纳数据的特征及变量之间关系的一种最基本的统计方法。描述性统计主要涉及数据的集中趋势、离散程度分析、图表绘制等。

第一节　集中趋势统计数（参数）

集中趋势是反映一组数据的集中性，集中性是变量在趋势上有着向某一中心聚集，或者说以某一数值为中心而分布的性质。这样的统计数有平均数、中位数和众数等。

一、算术平均数

算术平均数是计量资料的代表值，表示资料中观测数的中心位置，并且可作为资料的代表与另一组资料相比较，以确定二者相差的情况。

总体或样本资料中各个观测数的总和除以观测数的个数所得的商，称为算术平均数。对于一个具有 N 个观测值的有限总体，其观测数为 $x_1,x_2,\cdots,x_n$，则该总体算术平均数为

$$\mu = \frac{x_1 + x_2 + \cdots + x_n}{N} = \frac{1}{N}\sum_{i=1}^{N} x_i$$

对于具有 n 个观测数 $x_1,x_2,\cdots,x_n$ 的样本，其样本算术平均数为

$$\overline{x} = \frac{x_1 + x_2 + \cdots + x_n}{n} = \frac{1}{n}\sum_{i=1}^{n} x_i$$

二、中位数

将试验或调查资料中所有观测值依大小顺序排列，居于中间位置的观测数称为中位数，以 M_d 表示。当观测值个数 n 为奇数时，中位数是第（n+1）/2 位置的观测值；当观测值个数 n 为偶数时，中位数是第 n/2 和 n/2+1 位置的两个观测值之和的 1/2。

三、众数

资料中出现次数最多的观测值或次数最多一组的中点值(组中值),称为众数,以 M_0 表示。

四、几何平均数

资料中有 n 个观测数，其乘积开 n 次方所得数值，称为几何平均数，以 G 表示。几何平均数适用于变量 x 为对数正态分布，经对数转换后呈正态分布的资料。其计算公式为

$$G = \sqrt[n]{x_1 \times x_2 \times \cdots \times x_n} = \sqrt[n]{\prod_{i=1}^{n} x_i}$$

第二节　离散程度统计数（参数）

变量的分布具有集中性和离散性两方面特征，因而只有表示集中性的平均数是不够的，还必须计算变异数以度量其变量的离散程度，称为离散性或变异性。用来表示变异性的指标较多，常用的有极差、标准差、方差和变异系数等，其中以标准差和变异系数应用最为广泛。

一、极差

极差，又称全距，它是变量中最大值和最小值之差，一般用 R 表示。

$$R=\max\{x_1,x_2,\cdots,x_n\}-\min\{x_1,x_2,\cdots,x_n\}$$

二、方差

为了度量变量的变异程度，对于含有 n 个观测值 $x_1,x_2,\cdots,x_n$ 的样本，可以用各观测值离均差的大小来表示，但由于$\sum(x-\bar{x})=0$，不能反映样本的总变异程度。若将离均差先平方再求和，即$\sum(x-\bar{x})^2$，就可消除上述弊病，但离均差平方和常随样本容量大小而改变。为了便于比较，用离均差平方和除以样本容量 $n-1$，得到平均的平方和，简称方差或均方。对于样本来说，其样本方差 s^2 为

$$s^2 = \frac{\sum(x-\bar{x})^2}{n-1}$$

对于总体，其总体方差 σ^2 为

$$\sigma^2 = \frac{\sum(x-\mu)^2}{N}$$

方差是度量资料变异的常用指标，在分析数据资料的变异特征和统计推断中有广泛的应用。

三、标准差

方差虽然能反映变量的变异程度，但由于离均差取了平方值，使得它与原始数据的数值和单位都不相符，需要将方差开方还原，方差的平方根值就是标准差（SD）。样本的标准差 s 为

$$s = \sqrt{\frac{\sum(x-\bar{x})^2}{n-1}}$$

总体标准差 σ 为

$$\sigma = \sqrt{\frac{\sum(x-\mu)^2}{N}}$$

在实际计算时，当遇到数值较大（或较小）的数据资料时，为了简化计算过程，可将各观测值都减去（或加上）某一常数，所得的 s 不变。

标准差是衡量变量资料变异程度的最好指标，它具有以下几个特性。

1）标准差的大小受多个观测值的影响，如果观测值之间差异较大，其离均差也大，因此标准差也大，反之则小。

2）在计算标准差时，在各观测数基础上加上或减去一个常数 a，其标准差不变。如果各观测值乘以或除以一个常数 a，则所得的标准差扩大为原来的 a 倍或缩小为原来的 $1/a$。

3）在正态分布情况下，对一个样本变量的分布情况可作如下估计；在平均数 $\bar{x}$ 两侧的 $1s$ 范围内，即 $\bar{x} \pm s$ 的观测数个数约为观测数总个数的 68.26%；在平均数 $\bar{x}$ 两侧的 $2s$ 范围内，即 $\bar{x} \pm 2s$ 的观测数个数约为观测数总个数的 95.45%，在平均数 $\bar{x}$ 两侧的 $3s$ 范围内，即 $\bar{x} \pm 3s$ 的观测数个数约为观测数总个数的 99.73%。

根据标准差的性质，它具有以下几种作用。

1）表示变量分布的离散程度。标准差小，说明变量比较密集地分布在平均数附近，标准差大，则表明变量的分布比较离散。因此，可以用标准差的大小判断平均数代表性的强弱。

2）利用标准差的大小，可以概括地估计出变量的次数分布及各类观测值在总体中所占的比例。

3）估计平均数的标准误。在估计平均数的标准误时，可用样本标准差代替总

体标准差进行计算。

4）进行平均数的区间估计和变异系数计算。

四、变异系数

标准差是衡量一个样本变量分布变异程度的重要特征数，但当比较两个样本时，由于平均数相差悬殊或单位不同，用标准差来说明它们的变异程度就不合适。为此将样本标准差除以样本平均数，得出的百分比就是变异系数（CV），其计算公式为

$$\mathrm{CV}=\frac{s}{\bar{x}}\times 100\%$$

变异系数是样本变量的相对变异量，是不带单位的纯数。用变异系数可以比较不同样本相对变异程度的大小。

【例 4.1】某品种水稻在大田栽植，其穗粒数为 44.6，标准差为 17.9；而在丰产田栽植，其穗粒数为 65.0，标准差为 18.3，问哪种栽植田水稻穗粒种变异程度大？

将两种栽植田水稻穗粒数的平均数、标准差分别代入变异系数计算式，得出：

大田水稻穗粒数的变异系数为

$$\mathrm{CV}=\frac{s}{\bar{x}}\times 100\%=\frac{17.9}{44.6}\times 100\%=40.13\%$$

丰产田水稻穗粒数的变异系数为

$$\mathrm{CV}=\frac{s}{\bar{x}}\times 100\%=\frac{18.3}{65.0}\times 100\%=28.15\%$$

从两种栽植田水稻穗粒数的变异系数就可看出，虽然大田水稻穗粒数的标准差较小，但其变异要比丰产田大，即丰产田水稻穗粒数的整齐度优于大田。

第三节　次数（频数）分布表

调查或试验所得的数据资料，经过检查与核对后，根据样本资料的多少确定是否分组。一般 30 个以下的小样本不必分组，可直接进行统计分析。如果样本在 30 个以上，就需将数据分成若干组，以便进行统计分析。数据经过分组归类后，可以制成有规则的次数（频数）分布表。

一、计数资料的整理

计数资料基本上采用单项式分组法进行整理，它的特点是用样本变量自然值

进行分组，每组均用一个或几个变量值来表示。分组时，可将数据资料中的每个变量分别归入相应的组内，然后制成次数分布表。例如，从黄花苜蓿种植圃随机选择 130 个花序，对其小花数进行计数，原始数据结果见表 4-1。

表 4-1 黄花苜蓿 130 个花序的小花数

130 个花序的小花数（个）									
8	9	12	7	9	10	10	4	8	10
9	8	10	10	9	15	13	15	7	9
10	12	3	7	3	7	8	7	10	6
8	13	7	10	12	14	7	8	8	4
10	14	9	10	8	11	4	8	11	13
14	9	9	8	9	9	12	6	9	8
12	8	10	8	11	8	8	11	15	10
10	6	9	10	4	7	8	11	9	5
8	10	11	7	10	11	12	9	10	6
9	9	12	9	11	10	10	10	9	9
8	9	6	11	10	8	10	5	5	7
5	9	8	11	9	9	7	7	8	13
3	8	10	8	9	6	12	6	9	10

每个花序小花数为 3～15 个，把 130 个观测值按照每个花序小花数加以归类，共分为 13 组，将各组所属数据进行统计，得出各组次数，计算出各组的频率和累积频率，这样经整理后可得出每个花序小花数的次数分布表（表 4-2）。

表 4-2 黄花苜蓿 130 个花序小花数的次数分布表

花序小花数（个）	次数	频率（%）	累积频率（%）
3	3	2.31	2.31
4	4	3.08	5.38
5	4	3.08	8.46
6	7	5.38	13.85
7	12	9.23	23.08
8	23	17.69	40.77
9	25	19.23	60.00
10	24	18.46	78.46
11	10	7.69	86.15
12	8	6.15	92.31
13	4	3.08	95.38
14	3	2.31	97.69
15	3	2.31	100.00

从表 4-3 可以发现，一堆杂乱无章的原始数据资料，经初步整理后，就可了解这些资料的大概情况，其中以每序小花数为 9 的最多。这样，经过整理的资料也就便于进一步的分析。对于变量较多而变异范围较大的计数资料，若以每一变量值划分一组，则显得组数太多而每组变量数目较少，看不出数据分布的规律性。尽管黄花苜蓿小花数能够呈现一定的规律性，但按一个变量分为一组，需要分为 13 组，显得比较分散。为了使次数分布表展现出规律性，可以将几个变量分为一组，如黄花苜蓿 130 个花序小花数，分为 2～4、5～7、8～10、11～13、14～16 共 5 个组，将黄花苜蓿 130 个花序小花数的资料进行归组，计算出各组的次数、频率和累积频率，结果见表 4-3，就可明显表示出其分布情况，大部分黄花苜蓿小花数为 8～10。

表 4-3　黄花苜蓿 130 个花序小花数的整合次数分布表

花序小花数（个）	次数	频率（%）	累积频率（%）
2～4	7	5.38	5.38
5～7	23	17.69	23.08
8～10	72	55.38	78.46
11～13	22	16.92	95.38
14～16	6	4.62	100.00

二、计量资料的整理

计量资料的整理不可能按计数资料的归组方法进行，一般采用组距式分组法。分组时必须先确定全距、组数、组距、各组上下限等，然后按照观测值的大小来归组。下面以 150 名同学的数学成绩资料（表 4-4）为例，来说明计量资料的整理方法和具体步骤。

表 4-4　150 名同学的数学成绩　　（单位：分）

87	64	75	67	81	70	59	94	64	91
91	80	54	51	78	83	74	60	99	89
89	82	74	98	88	97	84	74	80	83
67	75	76	72	80	92	97	65	64	61
88	62	65	85	58	62	59	86	60	99
52	56	51	94	68	94	93	77	70	87
94	68	91	61	84	52	86	63	94	88
61	91	84	54	94	70	76	84	74	80
70	94	67	94	55	58	97	65	85	81
80	58	63	92	99	59	84	69	97	81
62	77	53	79	95	72	97	75	73	78
98	77	74	77	60	69	71	73	64	86
84	67	66	60	70	95	74	97	71	97
79	76	97	85	97	57	99	71	53	65
91	68	52	84	59	80	56	70	88	65

1）求全距。全距是样本数据资料中最大观测数与最小观测数的差值。它是整个样本的变异幅度。由表 4-4 可以看出，数学成绩最大值为 99 分，最小值为 51 分，因此，全距为 99–51=48（分）。

2）确定组数和组距。组数是根据样本观测值的多少及组距的大小来确定的，同时也考虑到对资料要求的精确度以及进一步的计算是否方便。组数与组距有密切的关系。组数多，组距相应就变小，组数越多所求得的统计数就越精确，但不便于计算；组数减少，组距就相应增大，虽然计算方便，但所计算的统计数的精确度较差。因此组数不宜太多或太少。在确定组数和组距时，应考虑样本容量的大小、全距的大小、是否便于计算、是否能反映出资料的真实面貌等因素。通常划分组数可参照表 4-5 样本容量与分组数的关系来确定。

表 4-5　样本容量与分组数的关系

样本容量	分组数
30～60	5～8
60～100	7～10
100～200	9～12
200～500	10～18
500 以上	15～30

组数确定好后，还必须确定组距。组距是指每组内的上、下限范围。分组时要求各组的距离相同。组距的大小是由全距和组数所确定的：

$$组距=全距/组数$$

表 4-4 数学成绩的样本容量为 150，通过查表 4-5，分组数为 9～12，这里取 10，则组距应为

$$48/10=4.8$$

为了分组方便，以 5 作为组距。

3）确定组限和组中值。组限是指每个组变量值的起止界限。每个组有两个组限，即一个下限和一个上限。在确定最小一组的下限时，必须把资料中最小的数值包括在内，因此，下限要比最小值小一些。为了计算方便，组限可取到 10 分位数或 5 分位数上，如表 4-5 中最小值为 51，第一组的下限可定为 50，上限定为 55，即 50～55 为第一组，凡大于 50 小于 55 的变量均归于这一组，等于或大于 55 的变量列入下一组。确定最大一组的上限时，必须大于资料中的最大值。为了使各组界限明确，避免重叠，目前在写法上，每组只写下限，不写上限，如表 4-6 的组限写成 50～，55～，…，95～。

组中值是下限和上限的中间值。在资料分组时，为了避免第一组中观测值过多，一般第一组的组中值最好接近或等于资料中的最小值。其计算公式为

组中值=（下限+上限）/2

或

组中值=下限+1/2 组距=上限−1/2 组距

表 4-6　150 名学生数学成绩的次数分布表

组限（分）	组中值（分）	次数	频率（%）	累积频率（%）
50～	52.5	9	6.00	6.00
55～	57.5	11	7.33	13.33
60～	62.5	16	10.67	24.00
65～	67.5	15	10.00	34.00
70～	72.5	19	12.67	46.67
75～	77.5	14	9.33	56.00
80～	82.5	19	12.67	68.67
85～	87.5	14	9.33	78.00
90～	92.5	16	10.67	88.67
95～	97.5	17	11.33	100.00

4）分组，编制次数分布表。确定好组数和各组上、下限后，可按原始资料中各观测值的次序，把各个数值归于各组，即进行分组。一般用“正”字计数法或卡片法来计算各组的观测值次数。将全部观测值归组后，即可求出各组的次数、频率和累积频率，制成一个次数分布表（表 4-6）。这种次数分布表不仅便于观察，而且可根据它绘制成次数分布图，计算平均数和标准差等特征数。

第四节　次数（频数）分布图

次数（频数）分布图就是把次数分布数据资料画成统计图形。次数分布图可以更直观地展示各组变量次数分布的情况，形象地把资料特征表达出来。常用的次数分布图有条形图、饼图、直方图、多边形图和散点图等。

一、条形图

条形图又称柱形图，适合于表示计数资料和属性资料的次数分布。作图时，用横坐标表示变量的自然值，用纵坐标表示次数，每一个次数数据在相应自然值的位置分别截取一定的宽度和相应次数高度的长方形。各个长方形之间隔出一定距离，以区别于下面要介绍的直方图。以黄花苜蓿 130 个花序小花数的次数分布为例作条形图（图 4-1）。

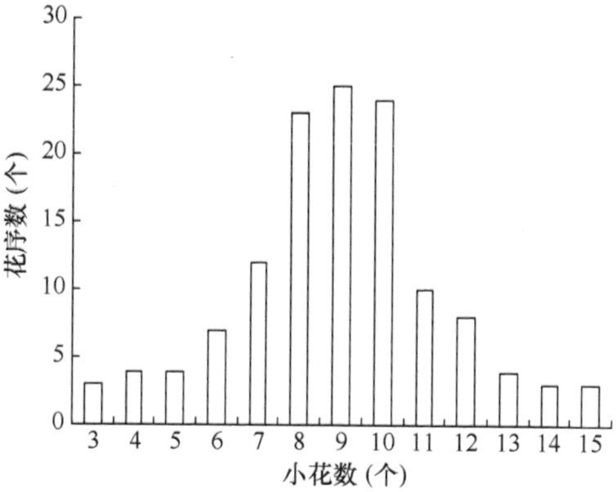

图 4-1　黄花苜蓿 130 个花序小花数的次数分布条形图

二、饼图

饼图适合于表示计数资料和属性资料的次数分布。作图时，把饼图的全部面积看成 1，求出各观测值次数占观测值总数的百分比，即构成比（或频率），按构成比将圆饼分成若干份，以扇形面积大小分别表示各个观测值的比例。以黄花苜蓿 130 个花序小花数的次数分布为例作饼图（图 4-2）。

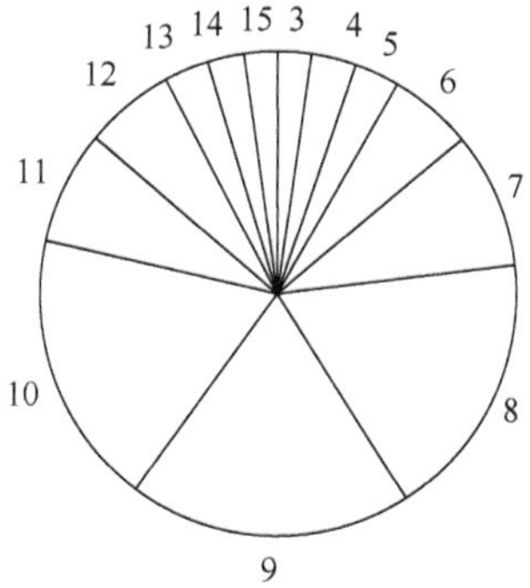

图 4-2　黄花苜蓿 130 个花序小花数的次数分布饼图

三、直方图

直方图又称矩形图，适合于表示计量资料的次数分布。其作图方法与条形图相似，以横坐标表示各组组限，以纵坐标表示次数，截取一定距离代表组限大小和次数多少，用直线连接起来，构成一个个长方形。各组之间一般没有距离，前一组上限与后一组下限可合并共用。以 150 名学生数学成绩的次数分布为例作直方图（图 4-3）。

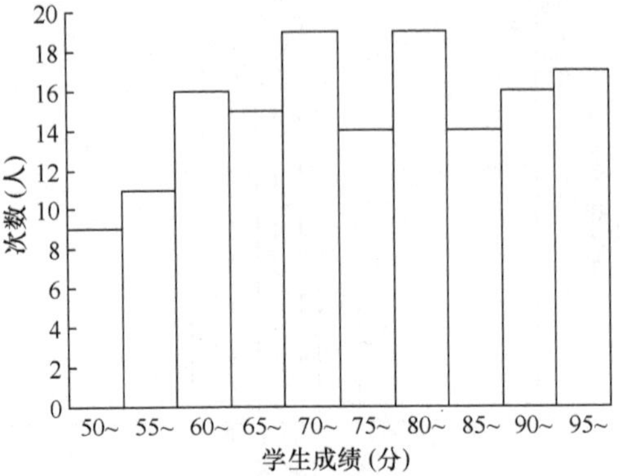

图 4-3　150 名学生数学成绩的次数分布直方图

四、多边形图

多边形图也称折线图，也是表示计量资料次数分布的一种方法。作折线图时，以横坐标表示各组组限，以纵坐标表示次数，在各组组中值的垂线上，按该组次数应占高度标记一个点，把相邻的点用直线段顺次连接起来，即成多边形图。以 150 名学生数学成绩的次数分布为例作多边形图（图 4-4）。

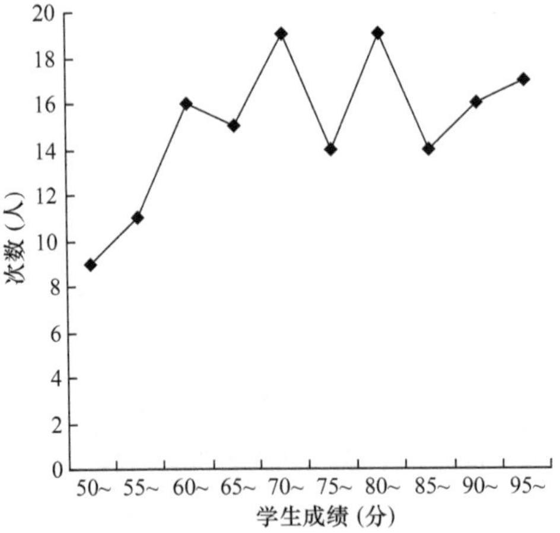

图 4-4　150 名学生数学成绩的次数分布多边形图

五、散点图

散点图又称散布图，适合于表示计数资料和计量资料的次数分布。图中横坐标表示 X 变量，纵坐标表示 Y 变量。它是以点的分布反映变量之间的相关情况，根据图中的各点分布走向和密集程度来判断变量之间的关系。以黄花苜蓿 130 个小花数的次数分布和150名学生数学成绩的次数分布为例作散点图(图4-5,图4-6)。通过以上次数分布图，我们可以更直观地看出各观测资料的变化趋势，各资料的分布中心及变异趋势均可以很直观地得到描述。同样，也可以按照资料分组的频率值绘制成频率分布图。

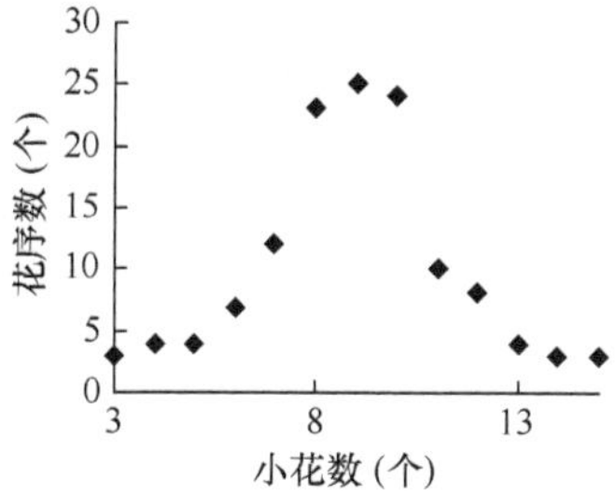

图 4-5　黄花苜蓿小花数的次数分布散点图

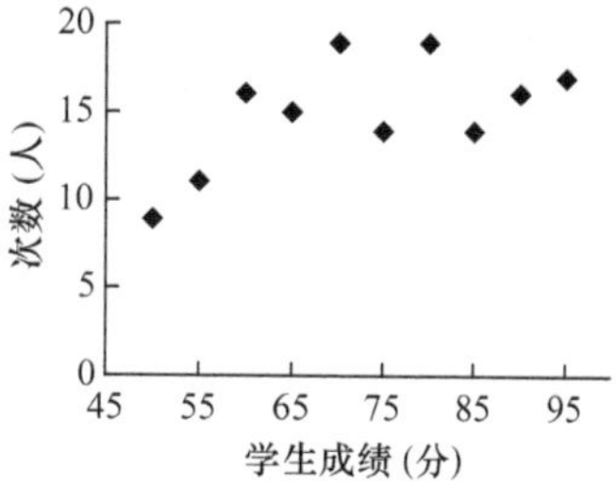

图 4-6　150 名学生数学成绩的次数分布散点图

第五节　Excel 中几种图表的绘制

一、标签图的绘制

标签图在 Excel 中绘制，首先应该将降雨量绘制多边形图(用表 4-7 数据绘制)，然后鼠标右键点击“数据系列格式”，找到“数据标志”，勾选“类别名称”，点击确定（图 4-7）。

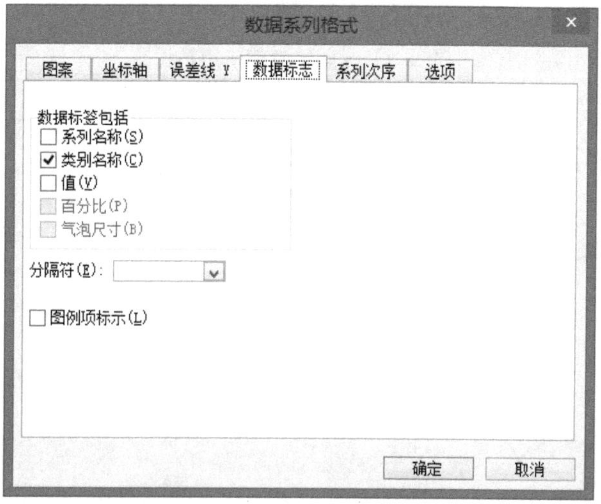

图 4-7　数据系列格式面板

标签图绘制所采用的数据见表 4-7。

表 4-7　标签图的降雨量数据

年份	2001	2002	2003	2004	2005	2006	2007	2008	2009	2010
降雨量（mm）	352.36	456.28	388.56	513.24	456.59	561.57	449.86	395.52	417.86	438.95

然后将类别名称调整颜色、位置（掩盖数据点），美化后的结果见图 4-8。

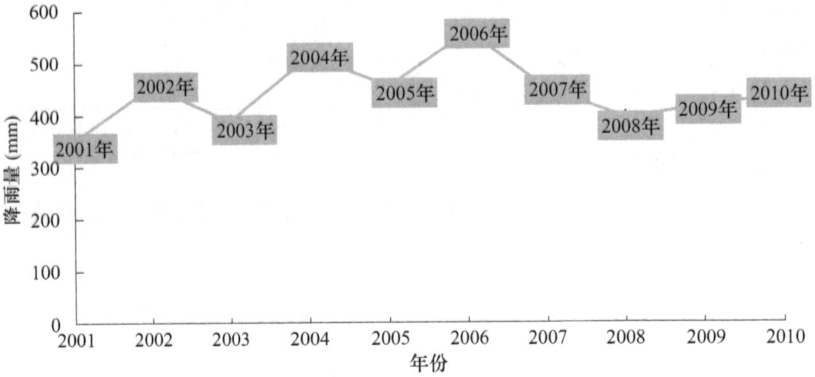

图 4-8　标签图的绘制结果

二、散点聚类图的绘制

散点聚类图的绘制主要是将不同的类绘在同一张图中，谨记不同的类是通过添加序列形式得以实现的。根据表 4-8 的数据绘制散点聚类图。

表 4-8　散点聚类图所用数据

标记	*X*	*Y*	类别
AD	45	53	第一类
AE	56	67	第一类
DG	62	68	第一类
AB	32	43	第一类
FR	54	78	第一类
CG	78	87	第一类
MP	92	187	第二类
WL	132	143	第二类
FG	145	130	第二类
FC	126	134	第二类
FH	137	135	第二类
DS	128	141	第二类

续表

标记	*X*	*Y*	类别
KG	166	87	第三类
TT	178	66	第三类
ZS	189	32	第三类
GH	165	67	第三类
AQ	172	56	第三类
AR	188	53	第三类
OY	179	35	第三类

根据表 4-8 的数据，首先将第一类 X、Y 的数据选中，选择“插入”→“图表”→“XY 散点图”，然后点击“绘图区”→“源数据…”→“系列”，出现图 4-9。

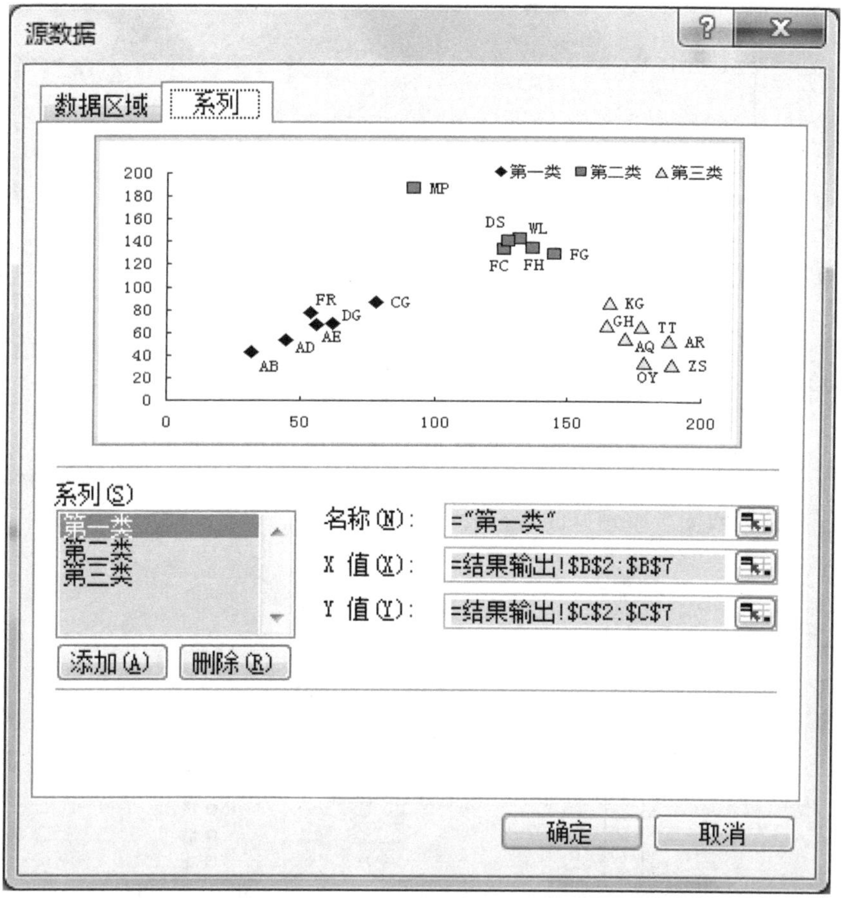

图 4-9　源数据对话框

在图 4-9 中，将“系列 1”更名为“第一类”，然后点击“添加”，将“系列 2”更名为“第二类”，“X 值”选取“B8:B13”，“Y 值”选取“C8:C13”，相应的其会自动变为“=聚类图!$B$8:$B$13”及“=聚类图！$C$8:$C$13”样式。按照这样的操作再把第三类选取即可。通过修改“数据系列格式”最终得到散点聚类图（图 4-10）。

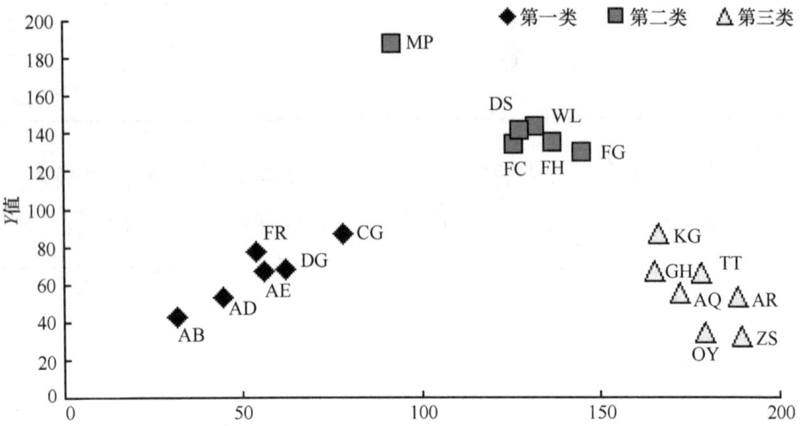

图 4-10　散点聚类图

三、草层结构图的绘制

在绘制单株植物生物量逐层分布时，期望看到沿中轴线生物量的分布情况，据此绘制的图形称为草层结构图，如果单独绘制地上部分，称为茎叶图，也称为草层结构图；如果单独绘制地下部分，称为地下生物量分布图。

图 4-11 的绘制过程比较复杂，这里只介绍数据整理过程，其他图形绘制和修整过程参见箱线图。整理好的数据表见表 4-9。

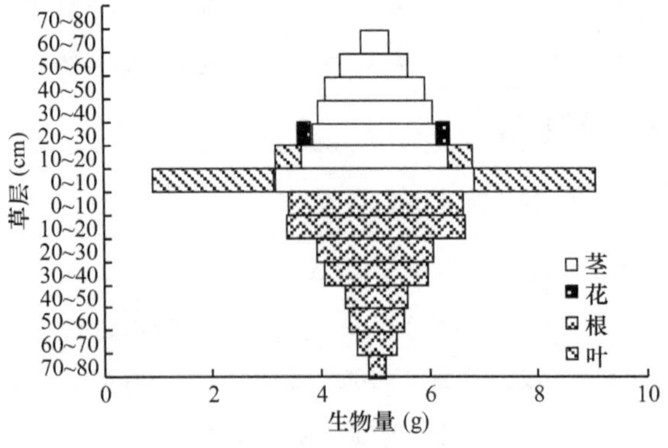

图 4-11　草层结构图

表 4-9　草层结构图数据表

序号	草层（cm）	推移	花（g）	叶（g）	茎/根（g）	叶（g）	花（g）
1	70～80	4.84	0	0	0.32	0	0
2	60～70	4.625	0	0	0.75	0	0
3	50～60	4.51	0	0	0.98	0	0
4	40～50	4.42	0	0	1.16	0	0
5	30～40	4.055	0	0	1.89	0	0
6	20～30	3.925	0	0	2.15	0	0
7	10～20	3.35	0	0	3.3	0	0
8	0～10	3.4	0	0	3.2	0	0
9	0～10	0.925	0	2.225	3.7	2.225	0
10	10～20	3.175	0	0.475	2.7	0.475	0
11	20～30	3.6	0.25	0	2.3	0	0.25
12	30～40	3.95	0	0	2.1	0	0
13	40～50	4.075	0	0	1.85	0	0
14	50～60	4.375	0	0	1.25	0	0
15	60～70	4.75	0	0	0.5	0	0
16	70～80	4.8	0	0	0.4	0	0

第一步是从上到下看图，但数据排列必须是从下到上，因此序号 1 这一行的数据应该是地下 70～80cm 的根生物量，序号 16 是地上 70～80cm 的茎生物量。第二步是将茎生物量和根生物量放在一列，不需要调整数据。第三步是将叶生物量和花生物量除以 2 放置于茎生物量这一列的两侧，即花生物量和叶生物量平分放置两列。第四步是将花、叶、茎/根、叶、花数据加和并求得最大值。选择接近最大值的整数（大于最大值，本例中选的整数为 10）减去各行的累加和，得到的差值再除以 2，最终得到表中的推移数据。

四、箱形图的绘制

（一）箱形图的概念及介绍

箱形图又称为盒须图、盒式图或箱线图，是一种用于显示一组数据分散情况资料的统计图，因形状如箱子而得名。在各种领域经常被使用，常见于品质管理。每组数据均可呈现其最小值、最大值、平均水平，最小值和最大值形成的间距及箱体都可以反映数据的变异程度。

（二）箱形图的绘制过程

箱形图的绘制主要分为以下几步。

1）找出一组数据的 5 个特征值，包括最小值、最大值、中位数、两个四分位数（上四分位数和下四分位数）。

2）连接两个四分位数构成箱子。

3）连接两个极值点与箱子，形成箱形图。

（三）箱形图的实例

【例4.2】为考察植物种群碱韭在不同放牧处理下的株丛变异情况，数据见表4-10。其中放牧处理为 SA1～SA5，每一放牧处理分为 3 个重复区，每一小区内设置 5 个样方，样方采用连续编号。试绘制碱韭在不同放牧处理条件下的箱形图。

表 4-10　碱韭在不同放牧处理下的株丛数　（单位：丛/m^2）

试验小区	样方号	放牧处理				
		SA1	SA2	SA3	SA4	SA5
重复1区	1	4	23	18	14	17
	2	19	12	20	15	17
	3	19	19	4	16	6
	4	28	4	23	13	15
	5	9	19	28	17	16
重复2区	6	12	15	22	4	20
	7	11	10	29	21	16
	8	17	14	21	8	14
	9	17	24	11	19	14
	10	18	10	16	20	22
重复3区	11	18	15	27	13	12
	12	7	20	15	8	14
	13	18	15	18	25	21
	14	8	18	11	19	17
	15	12	6	27	11	13

第一步，计算 5 个特征值，见表 4-11。

表 4-11　碱韭在不同放牧处理下的特征值

标号	参数指标	SA1	SA2	SA3	SA4	SA5
M1	最小值	4	4	4	4	6
M2	上四分位数	10	11	15.5	12	14
M3	中位数	17	15	20	15	16
M4	下四分位数	18	19	25	19	17
M5	最大值	28	24	29	25	22

第二步，整理特征值，见表 4-12。

表 4-12　碱韭在不同放牧处理下特征值的整理结果

数据整理	SA1	SA2	SA3	SA4	SA5
M1	4	4	4	4	6
M2–M1	6	7	11.5	8	8
M3–M2	7	4	4.5	3	2
M4–M3	1	4	5	4	1
M5–M4	10	5	4	6	5

第三步，利用表 4-12 的数据进行初始绘图，见图 4-12。

1）具体操作是在 Excel 2003 中进行的，先选中表 4-12 的数据（数据整理这一列不要选）→点击工具栏中图标→点击条形图→点击堆积条形图→点击“完成”按钮。

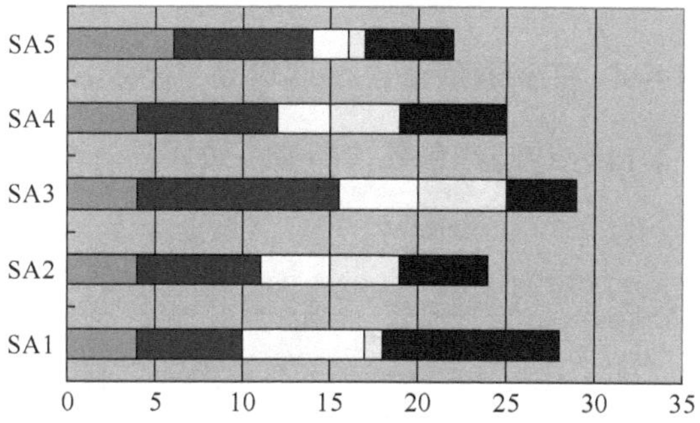

图 4-12　箱形图的初始状态（彩图请扫封底二维码）

2）右键点击最左边蓝色条块→左键单击“数据系列格式”→在“图案”选项页内将“边框”和“内部”中的“无”单选按钮选中→点击“确定”按钮。效果见图 4-13。

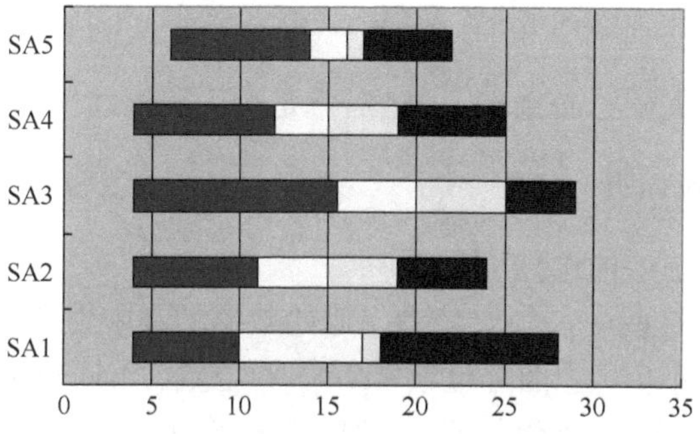

图 4-13　箱形图的左端隐藏结果（彩图请扫封底二维码）

3）右键点击图 4-13 左边暗红色条块→左键单击“数据系列格式”→在“误差线 Y”选项页内将“负偏差”选中→点击“自定义”右边“–”右边的按钮→选中表 4-12 中“M2–M1”行数据→点击“确定”按钮。同时选择蓝色条块，重复相应操作，只是这时选择“正偏差”→点击“自定义”右边“+”右边的按钮→选中表 4-12 中“M5–M4”行数据→点击“确定”按钮。效果见图 4-14。

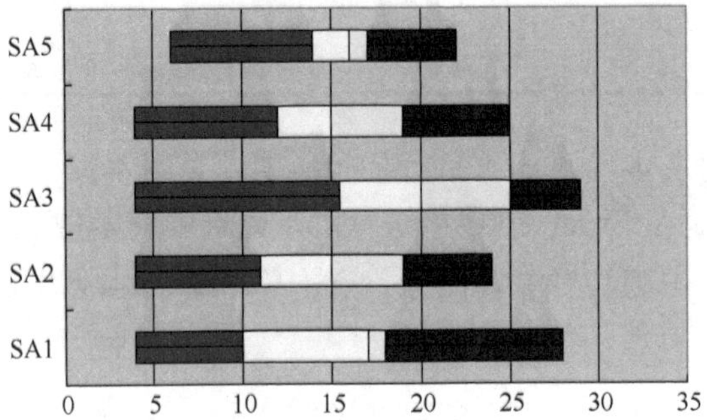

图 4-14　箱形图箱线的添加（彩图请扫封底二维码）

4）右键点击图 4-14 左边暗红色条块和最右边紫色条块，重复 2）的操作，效果见图 4-15。

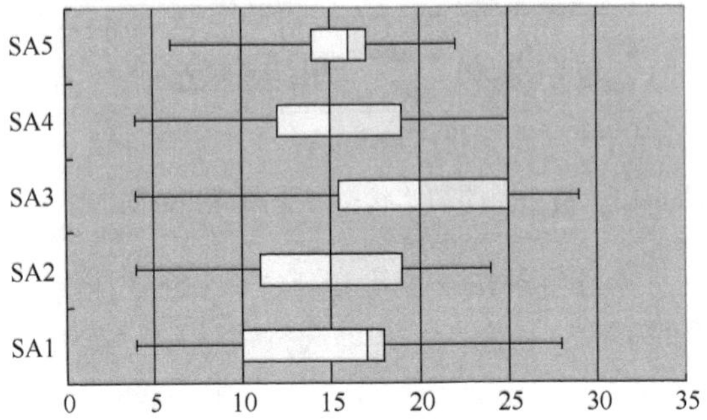

图 4-15　箱形图箱线背景条块的去除（彩图请扫封底二维码）

这样箱线图就大体绘制完毕了，之后就是美化图形过程，最终结果见图 4-16。

（四）箱形图的几点说明

（1）箱形图特征值的选择

在绘制箱形图过程中，如果只考虑原始数据的集中性和离散性变化情况，5 个特征值分别为最小值、上四分位数（Q_1）、中位数、下四分位数（Q_3）、最大值；如果要寻找异常值和极端值情况，此时最小值为 $Q_1-1.5(Q_3-Q_1)$，最大值为 $Q_3+1.5(Q_3-Q_1)$。

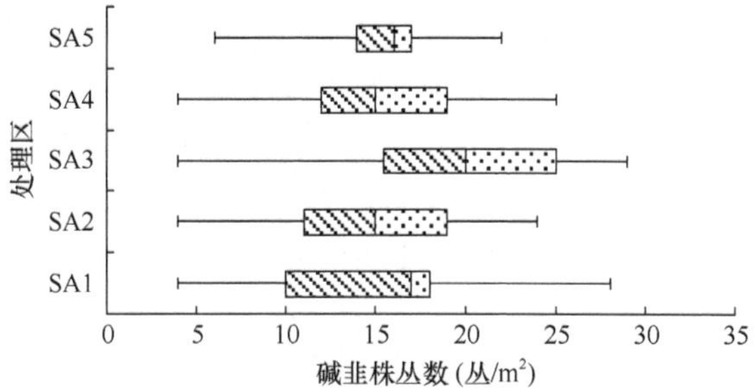

图 4-16　碱韭株丛数在不同处理区内的变化

（2）异常值的判定

这里的异常值又称为离群值，原始数据中，数值在 $Q_1-1.5(Q_3-Q_1)$ 和 $Q_3+1.5(Q_3-Q_1)$ 以外的数据均称为异常值，$Q_1-1.5(Q_3-Q_1)$ 和 $Q_3+1.5(Q_3-Q_1)$ 常被称为箱线图的内限。例 4.2 中表 4-11 的数据结果见表 4-13；此时最小值为 $Q_1-1.5(Q_3-Q_1)$，根据专业知识，碱韭株丛数分布不可能为负值，所以将 SA1 和 SA2 处理的负值改为 0，最大值为 $Q_3+1.5(Q_3-Q_1)$，根据表 4-13 的数据和原始数据可知，SA5 处理区内碱韭株丛数 6 和 22 均为异常值，因为 6 和 22 不在表 4-13 中 SA5 处理区的取值范围内。其他处理区内无异常值。

表 4-13　碱韭的特征值

标号	参数指标	SA1	SA2	SA3	SA4	SA5
M1	最小值	0	0	1.25	1.5	9.5
M2	上四分位数	10	11	15.5	12	14
M3	中位数	17	15	20	15	16
M4	下四分位数	18	19	25	19	17
M5	最大值	30	31	39.25	29.5	21.5

（3）极端值的判定

原始数据中，数值在 $Q_1-3(Q_3-Q_1)$ 和 $Q_3+3(Q_3-Q_1)$ 以外的数据均称为极端值，$Q_1-3(Q_3-Q_1)$ 和 $Q_3+3(Q_3-Q_1)$ 常被称为箱线图的外限。通过计算可知，例 4.2 中没有极端值。通过异常值和极端值判定依据可知，异常值只能出现在 $Q_1-3(Q_3-Q_1)$ 和 $Q_1-1.5(Q_3-Q_1)$ 及 $Q_3+1.5(Q_3-Q_1)$ 和 $Q_3+3(Q_3-Q_1)$ 之间。

（4）其他判定

箱形图是一个重要的探索性数据分析工具，可判定数据分布状态、集中程度及其对影响因子的响应程度等，可观察数据呈正态分布、左偏分布、右偏分布还是其他类型的分布。对于标准正态分布的大样本，只有 0.7%的值是异常值，中位数位于上、下四分位数的中央，箱形图的方盒关于中位线对称。选取不同自由度

的 t 分布的大样本，代表对称重尾分布，t 分布的自由度越小，尾部越重，就有越大的概率观察到异常值。以卡方分布作为非对称分布的例子进行分析，研究发现卡方分布的自由度越小，异常值出现于一侧的概率越大，中位数也越偏离上、下四分位数的中心位置，分布偏态性越强。异常值集中在较小值一侧，则分布呈现左偏态；异常值集中在较大值一侧，则分布呈现右偏态。

第六节　描述性统计在 SAS 和 Excel 中的异同

描述性统计分析是对观测数据进行概括、整理，使人们对数据整体规律基本了解，以便发现其内在的规律，同时也是进一步进行统计推断和分析的基础。其内容主要包括对数据的集中趋势分析、离散程度分析、数据的分布情况以及绘制一些基本的统计图形等。

描述性统计在不同的分析软件中具有不同的统计数集合，它们之间既存在着相同的统计数，也存在不同的统计数，甚至同一统计数具有不同的分析结果。本部分正是在此基础上，采用 Excel 和 SAS 数据处理软件，结合实例探讨描述性统计在 Excel 和 SAS 中的异同，旨在对描述性统计的正确应用及其操作的便捷程度给予说明，同时对同一统计数具有不同分析结果给予理论分析和实例介绍。

一、Excel 和 SAS 中的描述性统计操作及统计数

在 Excel 中进行描述性统计主要有 3 种方法。第一种方法是通过加载宏，在里面选中“分析工具库”等选项，点击确定后（需要原软件安装盘），在“工具”菜单下会有一个“数据分析”选项，单击它会出现一个对话框，对话框内有一个“描述性统计”选项，其属于微软集成的一个统计功能，但输出结果较少，只包含表 4-14 中“置信度”以前的统计数。第二种方法是通过 Excel 集成的函数功能进行计算，部分统计数需要构造表达式或者计算式，详见表 4-14。第三种方法是采用 VBA 编程实现。相对来讲，第一种方法操作最为简单，但结果输出比较单一，很多时候不能满足实际需要；第二种方法比较灵活，但需要一定的统计学知识和相应的 Excel 统计函数等知识；第三种方法比较难，需要一定的编程功底和 VBA 语言基础，但编程成功后，可以一劳永逸，相当于软件集成或者基于 Excel 的二次开发。

在 SAS 中进行描述性统计，主要有 MEANS 过程、UNIVARIATE 过程、SUMMARY 过程，其内部统计数的关键字大部分是相同的，见表 4-14 的 SAS 关键字（常用内容）。MEANS 过程可用来对数值变量计算描述性统计数。它可以通过 VAR 语句指定需要分析的变量，也可以通过 BY 语句将变量进行分组计算，在

BY 组内还可以通过 CLASS 语句进一步分组。UNIVARIATE 过程与 MEANS 过程一样，能计算各种描述性统计量，而且它的功能比 MEANS 过程还要强大，除了可完成 MEANS 过程的基本统计量的计算外，还能生成频率表，以及进行正态性检验和绘制正态概率图、茎叶图和盒形图（箱式图）等。SUMMARY 过程与 MEANS 过程比较接近，不同的是输出文件存在差别。

表 4-14　Excel 和 SAS 的计算结果及对应统计数　　（%）

统计数名称	Excel		SAS	
	函数及计算式	计算结果	关键字	计算结果
平均值	=AVERAGE()	81.15	MEAN	81.15
标准误差	=STDEV()/SQRT(COUNT())	2.83	STDERR	2.83
中位数	=MEDIAN()	86.50	MEDIAN	86.50
众数	=MODE()	89.00	MODE	89.00
标准差	=STDEV()	12.67	STD	12.67
方差	=VAR()	160.45	VAR	160.45
峰度	=SKEW()	−1.24	KURTOSIS	−1.24
偏度	=KURT()	0.52	SKEWNESS	0.52
区域（极差）	=MAX()−MIN()	43.00	RANGE	43.00
最小值	=MIN()	52.00	MIN	52.00
最大值	=MAX()	95.00	MAX	95.00
求和	=SUM()	1 623.00	SUM	1 623.00
观测数	=COUNT()	20.00	N	20.00
最大（1）	=MAX()	95.00	MAX	95.00
最小（1）	=MIN()	52.00	MIN	52.00
置信度（95.0%）	=TINV(0.05，COUNT()−1) *STDEV()/SQRT(COUNT())	5.93	UCLM-MEAN	5.93
上四分位数	=QUARTILE()	89.25	Q3	89.50
下四分位数	=QUARTILE()	77.75	Q1	76.50
四分位数之差	=QUARTILE(array，3)−QUARTILE(array，1)	11.50	QRANGE	13.00
百分位数	=PERCENTILE(array，0.25)	77.75	P25	76.50
百分位数	=PERCENTILE(array，0.50)	86.50	P50	86.50
百分位数	=PERCENTILE(array，0.75)	89.25	P75	89.50
变异系数	=STDEV()/AVERAGE()*100	15.61	CV	15.61
未矫正的平方和	=SUMSQ()	134 755.00	USS	134 755.00
矫正后的平方和	=SUMSQ()−SUM()^2/COUNT()	3 048.55	CSS	3 048.55

由此可以看出，Excel 和 SAS 均能够进行描述性统计，其统计数名称、Excel 函数及表达式、SAS 关键字对应表见表 4-14。

二、Excel 和 SAS 的描述性统计结果

假设一个班有 20 人，其数学成绩分别为 56 分、80 分、52 分、81 分、60 分、87 分、90 分、89 分、90 分、93 分、89 分、69 分、79 分、83 分、92 分、95 分、89 分、74 分、86 分、89 分，采用 Excel 和 SAS 进行描述性统计，统计数结果详见表 4-14。

由表 4-14 可知，Excel 和 SAS 的描述性统计的计算结果几乎相同（四分位数和百分位数除外）。而四分位数和百分位数在 Excel 和 SAS 的计算结果中存在差异表明四分位数和百分位数的计算法则可能存在差别。同时从表中的结果也可以看到，四分位数在 Excel 中函数为 QUARTILE（array，*k*），array 为待分析的数据向量，*k* 为供选参数，取值为 0、1、2、3 和 4。其所对应的百分位数函数为 PERCENTILE（array，*k*），*k* 分别为 0、25%、50%、75%和 100%。

三、四分位数和百分位数在 Excel 和 SAS 中的计算法则

在 Excel 中百分位数的计算法则如下：

$$d = 1 + (n-1)p = j + g$$

$$X_p = X_j + (X_{j+1} - X_j) \times (d - j)$$

第一个式中 n 为样本观测值个数，p 为百分比，其值等同于 Excel 中函数 PERCENTILE（array，*k*）中的 *k* 值。所以 d 值的含义可以表述为百分位数 X_p 的相对排序位置，j 表示 d 值的整数部分，g 表示 d 值的小数部分。第二个式中 X_j 代表 X_p 的相对位置下界（即升序排序后第 j 个 X 值），X_{j+1} 表示 X_p 的相对位置上界（即升序排序后第 j+1 个 X 值）。需要特别指出的是，当 d 值为整数时，其代表的是百分位数 X_p 的绝对排序位置（即 X_p 在数值上等于 X_d）。

在 SAS 中，百分位数的计算共有 5 种算法（虞仁和等，2010），其默认算法基于 $d=np=j+g$，当 $g=0$ 时：$X_p=(X_j+X_{j+1})/2$；当 $g>0$ 时：$X_p=X_{j+1}$。需要特别指出的是，当 $d=0$ 时，$X_p=X_1$；当 $d=\max(j)$时，$X_p=X_{\max(j)}$。其他 4 种算法在此不再一一列举。

在计算法则上，Excel 的百分位数不但与 SAS 的默认算法存在差别，经过实际分析后，Excel 的计算法则与 SAS 的 5 种算法也均存在差别，见表 4-15。这表明在进行描述性统计时，采用哪种软件分析会直接影响四分位数和百分位数的计算结果，不能说哪个软件是对的，也不能说哪个软件是错的，我们只能说因为软件的不同，其构造的算法法则存在差别，或者说其内嵌的算法不同。

表 4-15　Excel 和 SAS 的百分位数计算结果　　（%）

Excel		SAS		不同算法的计算结果					
百分位数	四分位数	百分位数	四分位数	Excel	SAS1	SAS2	SAS3	SAS4	SAS5
0	Q_0	0	Min	52.00	52	52	52	52.00	52.00
25	Q_1	25	Q_1	77.75	74	74	74	75.25	76.50
50	Q_2	50	Median	86.50	86	86	86	86.50	86.50
75	Q_3	75	Q_3	89.25	89	89	89	89.75	89.50
100	Q_4	100	Max	95.00	95	95	95	95.00	95.00

四、四分位数与箱式图

四分位数的统计学意义是判断数据分布状态，即根据四分位点数据，判断变量数据在中位数处是左偏、右偏还是对称。由于四分位数间距不受两端个别极大值或极小值的影响，因此四分位数间距较全距稳定，但仍未考虑全部观察值的变异度。根据前面的计算结果可知，不管是在 Excel 中还是在 SAS 中，其四分位数的计算结果均显示为：20 个人的数学成绩不是对称分布的，都左偏（图 4-17）。同时，根据箱式图的统计学意义，箱体越扁（越长）代表数据越集中，即端线越短代表数据越集中，从图中可以看到，由于算法的差异，同一数据组的数据集中程度表现不同，SAS 中的默认算法 5 与 Excel 的算法更接近。也恰恰是因为算法不同，同一组数据计算结果表达的数据集中程度、偏态状态均存在差别。这在数据的实际分析中，就要求研究者选择适合自己的算法，以满足自己的研究目的，绝对不能套用和固守某种固定的模式，一定要认识到任何统计方法都是为自己所学的专业服务，也就是运用统计学工具，解释和说明自己的专业问题。

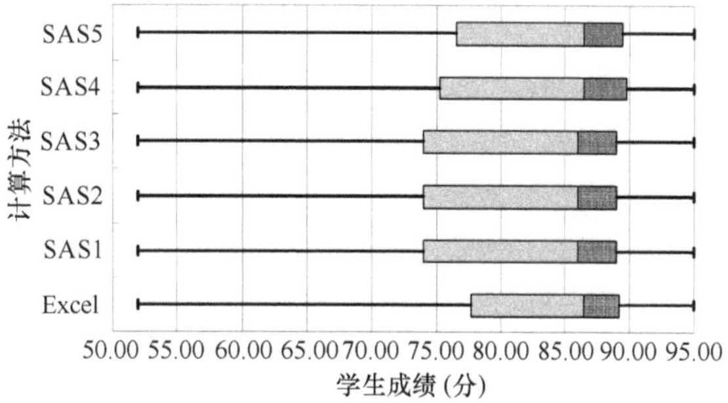

图 4-17　Excel 和 SAS 的箱式图

从图中也可以看到，在变异系数相同的情况下，由于四分位数的算法不同，箱式图也存在很大的差别。这种差别不仅表现在中位数的不同上，也表现在四分位数间距上，同时还表现在箱体的起始点和终止点上（也就是 25%和 75%的百分位点不同)。表明如果选用 Excel 和 SAS 进行描述性统计，箱式图会存在很大差别，主要是因为四分位数算法存在差别。

五、SAS 与 Excel 描述性统计的总结

描述性统计是进行统计推断和分析的基础，但不同的软件会有不同的统计数集合，同一统计数又因算法的不同会有不同的结果，这会给非统计专业研究者带来一定的困惑。因此，为非统计专业的研究者提供描述统计的详情十分必要。Excel 有内部集成、函数和 VBA 编程 3 种操作方法；SAS 有 MEANS、UNIVARIATE 和 SUMMARY 3 个主要过程。

描述性统计在 Excel 和 SAS 中的统计数前者少于后者，但 Excel 既可以通过函数建立表达式或计算式来计算统计数，也可以通过 VBA 编程实现统计数的计算。Excel 四分位数和百分位数的计算与 SAS 的 5 种算法均不同，且 Excel 中的算法只与 SAS 的默认算法 5 最为接近。也正是因为它们之间的算法不同，导致箱式图存在差异，从而导致依据箱式图判断数据集中程度、偏态状态均存在差别。这就要求研究者必须在数据处理过程中灵活运用统计学工具，解决研究问题。

第五章　样本数据的正态性检验

19 世纪德国科学家 Gauss（1777—1855）在研究单个测量误差 ε 的分布时导出了一元正态分布 $N(0, \sigma^2)$，而多元正态分布 $N_p(\mu, \varepsilon)$是由多个测量误差的联合分布导出的。一元正态总体的检验方法很多且相对容易，而进行多元正态总体的检验却并不是一件容易的事情（任雪松和于秀林，2010）。但要检测数据是否来自多元正态总体，倒是有一些简单的办法，如果 p 元随机向量服从正态分布，则它的每一个分量必须服从一元正态分布，因此只要判断各个分量服从一元正态分布，则表明 p 元随机向量也服从正态分布。这样就能够把多元问题转化为一元问题加以解决。

本章介绍了样本数据正态性检验的 4 种检验方法，分别为 Jarque-Bera 检验、Kolmogorov-Smirnov 正态性检验、Shapiro-Wilk 检验和卡方拟合优度检验，同时介绍了 P-P 图、Q-Q 图、直方图和箱线图的正态性图示效果，并结合 SAS 给出了相应的实例。

第一节　正态性检验的假设检验方法

一、Jarque-Bera 检验方法

（一）偏度、峰度系数计算

样本偏度系数计算式定义为

$$S = \frac{n}{(n-1)(n-2)}\sum\left(\frac{x_i - \bar{x}}{s}\right)^3$$

式中，n 为样本容量；x_i 为样本观测数；$\bar{x}$ 为样本均值；s 为样本标准差，当该系数用于检验对称性时，$S>0$ 表明分布呈正偏态，$S<0$ 表明分布呈负偏态。

样本峰度系数计算式定义为

$$K = \left\{\frac{n(n+1)}{(n-1)(n-2)(n-3)}\sum\left(\frac{x_i - \bar{x}}{s}\right)^4\right\} - \frac{3(n-1)^2}{(n-2)(n-3)}$$

式中，n 为样本容量；x_i 为样本观测数；$\bar{x}$ 为样本均值；s 为样本标准差，该系数用于检验峰态，$K>0$ 时为尖峰分布，$K<0$ 时为扁平分布。

当 S=0，K=0 时样本数据呈正态分布。

（二）Jarque-Bera 检验

偏度和峰度的联合分布检验法（称为 Jarque-Bera 检验），其检验统计量为

$$\mathrm{JB}=\frac{n-k}{6}\left(S^2+\frac{1}{4}(K-3)^2\right)\sim\chi^2(2)$$

式中，n 为样本容量；k 为自由度（k 为参数个数，即 k=2）；S 为偏度系数；K 为峰度系数，其服从自由度为 2 的卡方分布。Jarque-Bera 检验不能用于小样本检验，建议样本容量大于 50 时使用。

当检验用于定性判断时，大小样本均比较适用，偏度取值范围在$\left[-2\times\sqrt{6/n},2\times\sqrt{6/n}\right]$，样本符合正态分布，峰度取值范围在$\left[-2\times\sqrt{24/n},2\times\sqrt{24/n}\right]$，样本符合正态分布，这里的 n 值也为样本容量。

二、Kolmogorov-Smirnov 正态性检验

Kolmogorov-Smirnov 正态性检验是以样本数据的累积频数分布与特定理论分布进行比较，若两者间的差距很小，则推论该样本取自某特定分布族。

（一）Kolmogorov-Smirnov 正态性检验的计算过程

1）原始数据定义为“原数据”，用 X_i 表示，首先对原始数据进行从小到大排序，然后按照从小到大顺序选出不重复的数据，定义选出的不重复数据为“观测数”，用 $X_{(i)}$表示。

2）按照不重复数据统计各个数据出现的频率，用 f 表示。

3）计算观测数出现的累积频率，用 F 表示。

4）计算概率值 $F_n(X_{(i)})$、$F_n(X_{(i+1)})$，其中 $F_n(X_{(i)})$的第一项为 0，$F_n(X_{(i+1)})$的第一项为第一个观测数 $X_{(i)}$的概率。

5）计算标准正态分布位置值，计算式为 $z=\dfrac{(X_{(i)}-\bar{X})}{s}$。

6）计算标准正态分布函数的区间点，$f(z;0,1)=\dfrac{1}{\sqrt{2\pi}}\mathrm{e}^{-\frac{z^2}{2}}$。

7）计算理论标准正态分布概率值 $F_0(X_{(i)})$。

8）计算 $F_n(X_{(i)})-F_0(X_{(i)})$和 $F_n(X_{(i+1)})-F_0(X_{(i)})$的值。

9）计算 D_i=max(abs($F_n(X_{(i)})-F_0(X_{(i)})$))，取绝对值 abs($F_n(X_{(i+1)})-F_0(X_{(i)})$)。

10）得到最大 D 值定义为 $D_{\max}$；同时与 $D_{(n,\alpha)}$值进行比较，如果 $D_{\max}<D_{(n,\alpha)}$

说明样本数据符合正态分布，反之成立。

（二）Kolmogorov-Smirnov 正态性检验的应用特点

Kolmogorov-Smirnov 正态性检验在应用于检验样本数据过程中，其要求样本容量较大，即大样本数据采用该方法进行检验，在 SAS 统计软件中，无论样本容量是多少，都会有该项检验，但一般认为样本容量 $n>2000$ 时，正态性假设检验以该项为准，当样本容量≤2000 时，正态性检验以 Shapiro-Wilk 检验为准。但在实际中，这样的单样本数据集较难出现，为了方便实际应用，我们把样本容量大于 50 的称为大样本，可以采用该检验结果进行正态性判断。

三、Shapiro-Wilk 检验（*W* 检验）

（一）Shapiro-Wilk 检验（*W* 检验）介绍

W 检验建立在次序统计量的基础上，将 n 个独立观测值按升序排列，记为 $x_1,x_2,\cdots,x_n$，检验统计量为

$$W=\frac{\left[\sum_{i=1}^{n}(a_i-\overline{a})(x_i-\overline{x})\right]^2}{\sum_{i=1}^{n}(a_i-\overline{a})\sum_{i=1}^{n}(x_i-\overline{x})^2}$$

式中，系数 $a_1,a_2,\cdots,a_n$ 在样本容量为 n 时有特定的值。另外，系数 $a_1,a_2,\cdots,a_n$ 还具有如下性质：$a_i=-a_{n+1-i},i=1,2,\cdots,n,\sum_{i=1}^{n}a_i=0,\sum_{i=1}^{n}a_i^2=1$，据此可将 W 检验简化为

$$W=\frac{\left[\sum_{i=1}^{n}a_i(x_{n+1-i}-x_i)\right]^2}{\sum_{i=1}^{n}(x_i-\overline{x})^2}$$

如果在计算中有 $W>W_\alpha$，则在显著水平为 α 上未落入拒绝域，即可认为该样本数据服从正态分布；若在计算中有 $W\leqslant W_\alpha$，则在显著水平为 α 上落入拒绝域，认为该样本数据不服从正态分布。

（二）W 检验的应用特点

Shapiro-Wilk 检验也称为 W 检验，当 $8\leqslant n\leqslant 50$ 时，该检验效果比较灵敏。样本容量过小（$n<8$）会使偏离正态分布的检验灵敏性降低。

四、卡方拟合优度检验

（一）卡方拟合优度检验介绍

卡方拟合优度检验是基于经验分布函数（ECDF）的检验，检验统计量为

$$\chi^2=\sum_{i=1}^{k}\frac{n}{p_i}\left(\frac{f_i}{n}-p_i\right)^2=\sum_{i=1}^{k}\frac{(f_i-np_i)^2}{np_i}\sim\chi^2(k-1)$$

$$\chi^2=\sum_{i=1}^{k}\frac{n}{\hat{p}_i}\left(\frac{f_i}{n}-\hat{p}_i\right)^2=\sum_{i=1}^{k}\frac{(f_i-n\hat{p}_i)^2}{n\hat{p}_i}\sim\chi^2(k-r-1)$$

若原假设为真时，即 $\chi^2<\chi_\alpha^2$ 时，样本数据符合正态分布，其中 f_i 为样本中 A_i 发生的实际频数；np_i 为 H_0 为真时 A_i 发生的理论频数；k 为样本数据分组数；n 为样本容量；r 为被估计参数个数。

（二）卡方拟合优度检验的应用特点

卡方拟合优度检验在应用时依赖于分组数的划分，同时样本容量要尽可能大，一般情况下，卡方拟合优度检验在实际应用时样本容量最好大于 50。

第二节　正态性检验的图示方法

一、P-P 图

以样本的累积频率作为横坐标，以按照正态分布计算的相应累积概率作为纵坐标，样本值表现为直角坐标系的散点。如果数据服从正态分布，则样本点应围绕第一象限的对角线分布。

二、Q-Q 图

以样本的分位数作为横坐标，以按照正态分布计算的相应分位点作为纵坐标，样本值表现为直角坐标系的散点。如果数据服从正态分布，则样本点应围绕第一象限的对角线分布。Q-Q 图检测样本数据分布正态性比 P-P 图好，效率较高。

三、直方图

直方图图形正态分布呈钟形，一般同时绘制正态性曲线，以查验直方图钟形

分布与正态性曲线的差异情况。

四、箱线图

观察矩形位置和中位数，若矩形位于中间位置且中位数位于矩形的中间位置，则分布较为对称，判定为正态分布，否则是偏态分布。

第六章　统 计 推 断

统计推断是根据总体理论分布，从样本的统计数对总体参数作出推断。统计推断包括假设检验和参数估计。假设检验是在总体理论分布和小概率原理基础上，通过提出假设、确定显著性水平、计算统计数、作出推断等步骤完成的在一定概率上的推断。假设检验会出现两类错误。常见的检验有一个样本平均数的检验、两个样本平均数的检验、频率的检验等。根据条件的不同采用不同的检验方法，如 u 检验、t 检验、χ^2 检验、F 检验等。总体参数估计又分为区间估计和点估计，与假设检验比较，二者的主要区别是表示结果形式不同，其本质是一样的。推广到多元正态总体后，也有相应的 3 个常用的统计量分布，即 Wishart 分布、Hotelling T^2 分布、Wilks 分布，它们分别是一元统计中 χ^2 分布、t 分布和 F 分布的推广。

第一节　假设检验的原理与方法

一、假设检验的概念

在试验和研究中，当进行检验一种试验方法的效果、一个品种的优劣、一种药品的疗效等试验时，所得试验数据往往存在着一定差异，这种差异是由随机误差引起的，还是试验的处理效应所造成的？这个问题必须进行分析才能得出结论。因为试验结果中往往是处理效应和随机误差混淆在一起，从表面上不容易分开，必须通过概率计算，采用假设检验的方法，才能作出正确的推断。

假设检验又称显著性检验，即根据总体的理论分布和小概率原理，对未知或不完全了解的总体提出两种彼此对立的假设，然后由样本的实际结果经过一定的计算，作出在一定概率意义上应该接受哪种假设的推断。如果抽样结果使小概率发生，则拒绝假设；如果抽样结果没有使小概率发生，则接受假设。一般认为小于 0.05 或 0.01 的概率为小概率。通过假设检验，可以正确分析处理效应和随机误差，得出可靠的结论。

二、假设检验的步骤

在进行假设检验时，一般应包括以下 4 个步骤。

（一）提出假设

假设检验首先要对总体提出假设，一般应作两个假设，一个是无效假设或零假设，记作 H_0；另一个是备择假设，记作 H_A。无效假设是直接检验的假设，是对总体提出的一个假想目标。所谓“无效”意指处理效应与总体参数之间没有真实的差异，试验结果中的差异是误差所致。备择假设是和无效假设相反的一种假设，即认为试验结果中的差异是由总体参数不同所引起的。因此，无效假设与备择假设是对立事件，在检验中，如果接受 H_0 就否定 H_A，否定 H_0 则接受 H_A。无效假设的形式是多种多样的，随研究内容不同而不同，但必须遵循两个原则：①无效假设是有意义的；②根据无效假设可算出因抽样误差而获得样本结果的概率。

（二）确定显著性水平

在作出无效假设和备择假设后，要确定一个否定 H_0 的概率标准，这个概率标准称为显著性水平或概率水平，记作 α。α 是人为规定的小概率界限，常取 α=0.05 和 α=0.01 两个显著性水平。

（三）计算概率

在假设 H_0 正确的前提下，根据样本平均数的抽样分布计算出由抽样误差造成的概率。这里需要指出的是，检验所计算的并不是实得差异本身的概率，而是超过实得差异的概率。概率的大小是推断 H_0 是否正确的依据。

（四）推断是否接受假设

根据小概率原理作出是否接受 H_0 的判断。小概率原理指出：如果假设一些条件，并在假设的条件下能够准确地算出事件 A 出现的概率 α 很小，则在假设条件下的 n 次独立重复试验中，事件 A 将按预定的概率发生，而在一次试验中则几乎不可能发生。统计学中，常把概率小于 0.05 或 0.01 作为小概率事件。如果计算的概率大于 0.05 或 0.01，则认为不是小概率事件，H_0 的假设可能是正确的，应该接受，同时否定 H_A；反之，所计算的概率小于 0.05 或 0.01，则否定 H_0，接受 H_A。通常把概率等于或小于 0.05 称为差异显著标准，或差异显著水平；等于或小于 0.01 称为差异极显著标准，或差异极显著水平。一般差异达到显著水平时，则在资料的右上方标“*”，差异达到极显著水平时，则在资料右上方标“**”。对于多重比较，则一般采用字母标记法进行标记。

综上所述，假设检验的步骤如下。

1）对样本所属总体提出无效假设 H_0 和备择假设 H_A。

2）确定检验的显著性水平 α。

3）在 H_0 正确的前提下，计算抽样分布的统计数或相应的概率值。

4）根据小概率原理，进行差异是否显著的推断，并得出结论。

三、双尾检验与单尾检验

进行假设检验时，需要提出无效假设和备择假设。提出的这种假设，在一元统计中，其总体平均数 μ 可能大于 μ_0，也可能小于 μ_0。在样本平均数的抽样分布中，对于 α=0.05 时，落在区间（$\mu-1.96\sigma_{\bar{x}}$，$\mu+1.960\sigma_{\bar{x}}$）的 x 有 95%，落在这一区间之外（即 $\bar{x}\leqslant\mu-1.960\sigma_{\bar{x}}$ 和 $\bar{x}\geqslant\mu+1.960\sigma_{\bar{x}}$）的 $\bar{x}$ 只有 5%。同理，对于 α=0.01 时，落在区间（$\mu-2.58\sigma_x$，$\mu+2.58\sigma_x$）的 $\bar{x}$ 有 99%，落在这一区间之外（即 $\bar{x}\leqslant\mu-2.58\sigma_{\bar{x}}$ 和 $\bar{x}\geqslant\mu+2.58\sigma_{\bar{x}}$）的 $\bar{x}$ 只有 1%。在进行假设检验时，前者相当于接受 H_0 的区域，简称接受区，后者相当于否定 H_0 的区域，简称否定区（图 6-1）。一般将接受区和否定区的两个临界值写作 $\mu\pm\mu_\alpha\sigma_{\bar{x}}$，即当 $\bar{x}$ 在（$\mu-\mu_\alpha\sigma_{\bar{x}}$，$\mu+\mu_\alpha\sigma_{\bar{x}}$）内为 H_0 的接受区，而 $\bar{x}\leqslant\mu-\mu_\alpha\sigma_{\bar{x}}$ 和 $\bar{x}\geqslant\mu+\mu_\alpha\sigma_{\bar{x}}$ 为 H_0 的两个否定区，$\bar{x}\leqslant\mu-\mu_\alpha\sigma_{\bar{x}}$ 为左尾否定区，$\bar{x}\geqslant\mu+\mu_\alpha\sigma_{\bar{x}}$ 为右尾否定区。

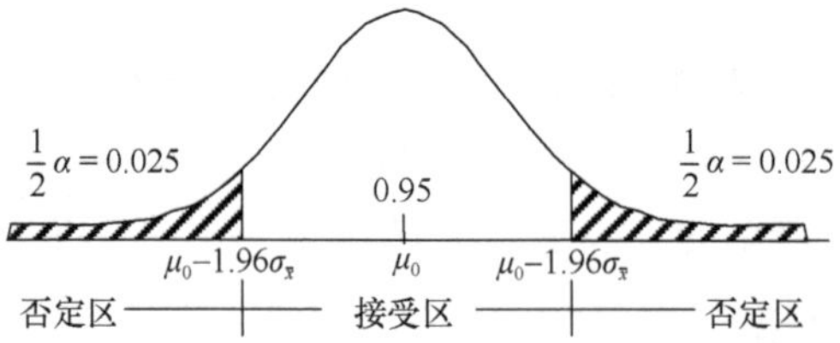

图 6-1　α=0.05 时假设检验的接受区和否定区

上述假设检验的两个否定区，分别位于分布的两尾，称为双层检验。当假设检验的 H_0：$\mu=\mu_0$ 时，则 H_A：$\mu\neq\mu_0$，这时备择假设就有两种可能，$\mu>\mu_0$ 或 $\mu<\mu_0$，也就是说在 $\mu\neq\mu_0$ 的情况下，样本平均数 $\bar{x}$ 有可能落入左尾否定区，也有可能落入右尾否定区，这两种情况都属于 $\mu\neq\mu_0$ 的情况。例如，检验某种新药与旧药的治病疗效是否有差别，即新药疗效比旧药好还是旧药疗效比新药好，两种可能性都存在，相应的假设检验就应该用双尾检验。

但在某些情况下，双尾检验不一定符合实际。例如，我们已经知道新药疗效不可能比旧药差，于是其无效假设 H_0：$\mu\leqslant\mu_0$；备择假设 H_A：$\mu>\mu_0$，这时仅有一种可能性，其否定区只有一个，相应的检验也只能考虑一侧的概率，这种具有左尾或右尾一个否定区的检验称为单尾检验。单尾检验的步骤与双尾检验相同，查 u 分布表或 t 分布表时，需将双尾概率乘以 2，再进行查表。例如，进行 α=0.05

的单尾检验时，对 H_0：$\mu \geqslant \mu_0$，需进行左尾检验，其否定区为 $\bar{x} < \mu - 1.64\sigma_{\bar{x}}$，对 H_0：$\mu \leqslant \mu_0$，需进行右尾检验，其否定区为 $\bar{x} > \mu + 1.64\sigma_{\bar{x}}$。同理，进行 $\alpha=0.01$ 的单尾检验时，对 H_0：$\mu \geqslant \mu_0$，其否定区为 $\bar{x} < \mu - 2.33\sigma_{\bar{x}}$，对 H_0：$\mu \leqslant \mu_0$，其否定区为 $\bar{x} > \mu + 2.33\sigma_{\bar{x}}$。一元统计中，根据检验要求和专业知识的判断，尽量作单尾检验，以提高假设检验的灵敏度。

在进行多元统计中，μ 和 μ_0 不再是一个数值，而是一个向量，均值向量比较一般难以区分大小，只能以是否相等进行区分，此时的假设检验都是双尾的。例如，某引种紫花苜蓿，其株高（x_1）和产量（x_2）与当地品种紫花苜蓿株高（x_1^*）和产量（x_2^*）进行比较时，u 为引种紫花苜蓿株高和产量的均值，μ_0 为当地品种紫花苜蓿株高和产量的均值，二者在比较时，可能出现以下 9 种情况：① $x_1 = x_1^*$，$x_2 = x_2^*$；② $x_1 > x_1^*$，$x_2 = x_2^*$；③ $x_1 < x_1^*$，$x_2 = x_2^*$；④ $x_1 = x_1^*$，$x_2 > x_2^*$；⑤ $x_1 = x_1^*$，$x_2 < x_2^*$；⑥ $x_1 > x_1^*$，$x_2 > x_2^*$；⑦ $x_1 < x_1^*$，$x_2 < x_2^*$；⑧ $x_1 > x_1^*$，$x_2 < x_2^*$；⑨ $x_1 < x_1^*$，$x_2 > x_2^*$。

由此可见，假设检验过程中，只有①、⑥和⑦三种情况可以描述为 $\mu=\mu_0$、$\mu>\mu_0$ 和 $\mu<\mu_0$ 的形式，其他情况难以进行描述。为了简便起见，也为了便于统计推断，同时为了应对不同指标间各种可能出现的组合情况，一般情况下，其无效假设定义为 H_0：$\mu=\mu_0$，备择假设定义为 H_A：$\mu \neq \mu_0$。如果接受无效假设，则认为样本各指标均值与总体各指标均值相等。如果指标数为两个，则就是①的情况。反之，如果接受备择假设，则认为样本各指标均值与总体各指标均值不相等。如果指标数为两个，则就是除①以外的 8 种情况。具体是哪一个指标不等，可以采用一元假设检验进行统计推断。

四、假设检验中的两类错误

假设检验是根据一定概率显著性水平对总体特征进行推断。否定了 H_0，并不等于证明 H_0 不真实；接受了 H_0 也不等于证明 H_0 是真实的。如果 H_0 是真实的，假设检验却否定了它，就犯了一个否定真实假设的错误，这类错误称为第一类错误，或称 α 错误，亦称弃真错误。如果 H_0 不是真实的，假设检验时却接受了 H_0，否定了 H_A，这样就犯了接受不真实的错误，这类错误称为第二类错误，或称 β 错误，亦称纳伪错误。

第一类错误和第二类错误既有区别又有联系。二者的区别是，第一类错误只有在否定 H_0 时才会发生，而第二类错误只有在接受 H_0 时才会发生。二者的联系是，在样本容量相同的情况下，第一类错误减少，第二类错误就会增加；反之，第二类错误减少，第一类错误就会增加（图 6-2）。例如，将概率显著性水平 α 从 0.05 提高到 0.01，就更容易接受 H_0，因此犯第一类错误的概率就会减少，但相应地增加了犯第二类错误的概率。所以显著性水平如果定得太高，虽然在否定 H_0 时减少了犯第一类错误的概率，但在接受 H_0 时却可能增大犯第二类错误的概率。

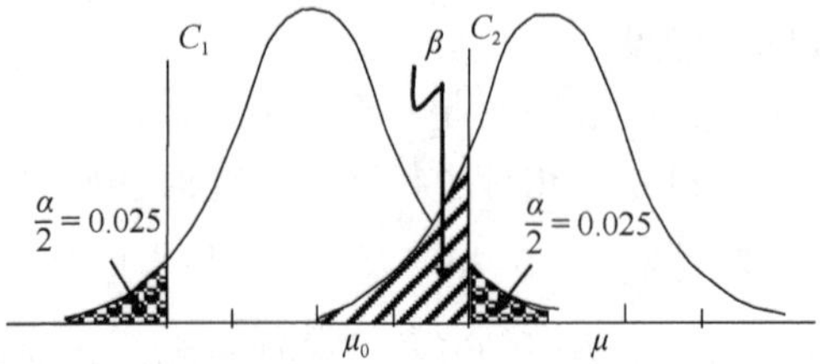

图 6-2　假设检验中两类错误的关系

$C_1 \sim C_2$ 为 H_0 是真时 μ_0 的分布区，β 为纳伪错误区域

以上说明，在进行假设检验时，一个假设的接受或否定，不可能保证百分之百正确，可能会出现一些错误的推断。

第二节　样本均值的假设检验

一、一元样本均值的假设检验

（一）大样本平均数的假设检验——u 检验

当总体方差 σ^2 已知或未知，或者总体方差未知且样本为大样本（$n \geqslant 30$）时，样本平均数的分布服从正态分布，标准化则服从标准正态分布，即 u 分布。因此，用 u 检验法进行假设检验。

1. 一个样本平均数的 u 检验

根据总体方差 σ^2 是否已知，一个样本平均数的 u 检验分为两种情况。

（1）总体方差 σ^2 已知时的检验

当总体方差 σ^2 已知时，检验一个样本平均数 $\bar{x}$ 的总体平均数 μ 是否属于某一平均数为 μ_0 的指定总体，不论其样本容量是否大于 30，均可采用 u 检验法。

（2）总体方差 σ^2 未知时的检验

当总体方差 σ^2 未知时，只要样本容量 $n \geqslant 30$，可用样本方差 s^2 来代替总体方差 σ^2，仍可用 u 检验法。

【例 6.1】某牧户传统饲养羔羊 3 月龄平均体重为 32.0kg，标准差为 2.5kg，为减轻草场压力，采用禁牧舍饲喂养方式，随机抽取 100 只，测得其 3 月龄平均体重为 33.2kg，试问禁牧舍饲喂养方式与传统饲养方式有无显著差异？

解：这里总体 σ=2.5kg，σ^2 已知，故采用 u 检验；采用禁牧舍饲喂养方式的羔羊体重可能高于传统饲养方式，也可能低于传统饲养方式故进行双尾检验。检验步骤如下。

1）假设 H_0：$\mu=\mu_0$=32.0kg，即禁牧舍饲与传统饲养羔羊 3 月龄体重相同。H_A：$\mu\neq\mu_0$。

2）选取显著性水平 α=0.05。

3）检验计算。

$$\sigma_{\bar{x}}=\frac{\sigma}{\sqrt{n}}=\frac{\sigma}{\sqrt{100}}=0.25$$

$$u=\frac{\bar{x}-\mu}{\sigma_{\bar{x}}}=\frac{33.2-32.0}{0.25}=4.8$$

4）推断：u 分布中，当 α=0.05 时，$u_{0.05}$=1.96。实测$|u|$＞1.96，P＜0.05，故在 0.05 显著性水平上否定 H_0，接受 H_A，认为禁牧舍饲方法 3 月龄羔羊体重与传统饲养方法有显著差异。

【例 6.2】某牧户传统饲养羔羊 3 月龄平均体重为 32.0kg，为减轻草场压力，推行禁牧舍饲喂养方式，随机抽取 100 只，测得其 3 月龄平均体重为 33.2kg，标准差为 2.5kg，试问禁牧舍饲喂养方式能否推行？

解：μ_0=32.0kg，$\bar{x}$=33.2kg，s=2.5kg，而总体 σ^2 未知，但由于样本 n=100，属于大样本，故可用 s^2 来代替 σ^2 进行 u 检验；禁牧舍饲能否推行关键看羔羊体重是否显著大于传统饲喂方式，故用单尾检验。

1）假设 H_0：$\mu<\mu_0$，即禁牧舍饲达不到传统饲养羔羊 3 月龄体重。H_A：$\mu\geqslant\mu_0$。

2）选取显著性水平 α=0.05。

3）检验计算。

$$\sigma_{\bar{x}}=\frac{\sigma}{\sqrt{n}}=\frac{\sigma}{\sqrt{100}}=0.25$$

$$u=\frac{\bar{x}-\mu}{\sigma_{\bar{x}}}=\frac{33.2-32.0}{0.25}=4.8$$

4）推断：u 分布中，当 α=0.05 时，$u_{0.05}$=1.64。实测$|u|$＞1.64，P＜0.05，故在 0.05 显著性水平上否定 H_0，接受 H_A，认为禁牧舍饲方法 3 月龄羔羊体重显著高于传统饲养方法，可以推行禁牧舍饲喂养方式。

2. 两个样本平均数比较的 *u* 检验

两个样本平均数比较的 u 检验是检验两个样本平均数 $\bar{x}_1$ 和 $\bar{x}_2$ 所属的总体平均

数 u_1 和 u_2 是否来自同一个总体。在两个样本方差 σ_1^2 和 σ_2^2 已知或 σ_1^2 和 σ_2^2 未知，但两个样本都是大样本，即在 $n_1 \geqslant 30$ 和 $n_2 \geqslant 30$ 时，可用 u 检验法。

在进行两个大样本平均数的比较时，需要计算样本平均数差数的标准误 $\sigma_{\bar{x}_1-\bar{x}_2}$ 和 u 值。当两个样本方差 σ_1^2 和 σ_2^2 已知时，两个样本平均数差数的标准误为

$$\sigma_{\bar{x}_1-\bar{x}_2}=\sqrt{\frac{\sigma_1^2}{n_1}+\frac{\sigma_2^2}{n_2}}$$

当 $\sigma_1^2=\sigma_2^2=\sigma^2$ 时，则为

$$\sigma_{\bar{x}_1-\bar{x}_2}=\sigma\sqrt{\frac{1}{n_1}+\frac{1}{n_2}}$$

当 $n_1=n_2=n$ 时，则为

$$\sigma_{\bar{x}_1-\bar{x}_2}=\sqrt{\frac{\sigma_1^2+\sigma_2^2}{n}}$$

当 $\sigma_1^2=\sigma_2^2=\sigma^2$，且 $n_1=n_2=n$ 时，则为

$$\sigma_{\bar{x}_1-\bar{x}_2}=\sigma\sqrt{\frac{2}{n}}$$

u 值的计算公式为

$$u=\frac{(\bar{x}_1-\bar{x}_2)-(\mu_1-\mu_2)}{\sigma_{\bar{x}_1-\bar{x}_2}}$$

在假设 H_0：$\mu_1=\mu_2=\mu$ 的条件下 u 值为

$$u=\frac{\bar{x}_1-\bar{x}_2}{\sigma_{\bar{x}_1-\bar{x}_2}}$$

当两个样本方差 σ_1^2 和 σ_2^2 未知时，由于两个样本不是大样本，故可用样本平均数差数的标准误 $s_{\bar{x}_1-\bar{x}_2}$ 代替 $\sigma_{\bar{x}_1-\bar{x}_2}$，其计算公式为

$$s_{\bar{x}_1-\bar{x}_2}=\sqrt{\frac{s_1^2}{n_1}+\frac{s_2^2}{n_2}}$$

在假设 H_0：$\mu_1=\mu_2=\mu$ 的情况下，u 值计算公式为

$$u=\frac{\bar{x}_1-\bar{x}_2}{s_{\bar{x}_1-\bar{x}_2}}$$

【例 6.3】根据多年的数据资料，短花针茅荒漠草原建群种单位面积密度的标准差为 2.1 株/m^2，现调查围封区和自由放牧区草地短花针茅密度，其中围封区测得的样方数为 50 个，自由放牧区测得的样方数为 100 个，样方面积为 1m^2，得到

围封区和自由放牧区短花针茅的平均密度分别为 3.5 株/m^2 和 6.8 株/m^2。

解：根据题意，总体方差已知，$\sigma^2=\sigma_1^2=\sigma_2^2$=(2.1 株/m^2)^2，$n_1$=50，$n_2$=100，故用 u 检验；由于事先不知道围封区和自由放牧区短花针茅密度是否相同，需用双尾检验。

1）假设 H_0：$\mu_1=\mu_2$，即围封区和自由放牧区短花针茅密度相同。H_A：$\mu_1\neq\mu_2$。

2）取显著性水平 α=0.05。

3）检验计算。

$$\sigma_{\bar{x}_1-\bar{x}_2}=\sigma\sqrt{\frac{1}{n_1}+\frac{1}{n_2}}=2.1\times\sqrt{\frac{1}{50}+\frac{1}{100}}=0.364$$

$$u=\frac{\bar{x}_1-\bar{x}_2}{\sigma_{\bar{x}_1-\bar{x}_2}}=\frac{3.5-6.8}{0.364}=-9.1$$

4）推断：由于实得$|u|>u_{0.05}$=1.96，$P<0.05$，故在 0.05 显著性水平上接受 H_A、否定 H_0，即围封区和自由放牧区短花针茅密度存在显著差别。

（二）小样本平均数的假设检验——t 检验

当样本容量 $n<30$ 且总体方差 σ^2 未知时，无法使用 u 检验法对样本平均数进行假设检验，这时，要检验样本平均数 $\bar{x}$ 与指定总体平均数 μ_0 的差异显著性，就必须使用 t 检验法。事实上，在生物学研究中，由于试验条件和研究对象的限制，有许多研究的样本容量都很难达到 30，因此 t 检验法在生物学研究中具有重要的意义。

1. 一个样本平均数的 t 检验

这是检验总体方差 σ^2 未知，样本容量 $n<30$ 的平均数 $\bar{x}$ 是否属于平均数为 μ_0 的指定总体的一种方法。因为小样本的 s^2 和 σ^2 相差较大，故 $u=\frac{\bar{x}-\mu}{s_{\bar{x}}}$ 遵循自由度 df=$n-1$ 的 t 分布。

【例 6.4】短花针茅荒漠草原自由放牧区群落地上现存量多年平均为 12.50g/m^2，现在自由放牧区随机布设 10 个样方（1m^2），测定 10 个样方群落地上现存量分别为 12.67g/m^2、11.16g/m^2、10.84g/m^2、13.27g/m^2、14.23g/m^2、12.41g/m^2、14.12g/m^2、12.91g/m^2、13.54g/m^2、12.78g/m^2，试检验该次抽样测定的短花针茅草原自由放牧区地上现存量与多年平均值有无显著差别。

解：此题 σ^2 未知，且 n=10，为小样本，故用 t 检验；又由于测定的短花针茅草原自由放牧区地上现存量可能高于也可能低于多年平均值，故用双尾检验。

1）假设 H_0：$\mu=\mu_0$=12.50g/m^2，即测定的短花针茅草原自由放牧区地上现存量与多年平均值没有显著差别。H_A：$\mu\neq\mu_0$。

2）选取显著性水平 α=0.05。

3）检验计算。

$$\bar{x}=\frac{1}{n}\sum x=\frac{1}{10}(12.67+11.16+\cdots+12.78)=\frac{127.93}{10}=12.79$$

$$s=\sqrt{\frac{\sum x^2-\frac{(\sum x)^2}{n}}{n-1}}=\sqrt{\frac{12.67^2+11.16^2+\cdots+12.78^2-\frac{127.93^2}{10}}{10-1}}=1.119$$

$$s_{\bar{x}}=\frac{s}{\sqrt{n}}=\frac{1.119}{\sqrt{10}}=0.354$$

$$t=\frac{\bar{x}-\mu}{s_{\bar{x}}}=\frac{12.79-12.50}{0.354}=0.82$$

4）推断：查 t 值表，当 df=n−1=9 时，$t_{0.05}$=2.262，实得$|t|<t_{0.05}$，$P>0.05$；故接受 H_0，否定 H_A，认为该次抽样测定的短花针茅草原自由放牧区地上现存量与多年平均地上现存量没有显著差别，$\bar{x}$ 与 μ 相差 0.29g/m^2 属于随机误差。

2. 成组数据平均数比较的 *t* 检验

成组数据平均数比较的假设检验和成对数据平均数比较的假设检验都是检验两个样本平均数 $\bar{x}_1$ 和 $\bar{x}_2$ 所属总体平均数 μ_1 和 μ_2 是否相等的方法。它们经常用于生物学研究中比较不同处理效应的差异显著性。

成组数据资料的特点是指两个样本的各个变量是从各自总体中抽取的，两个样本之间的变量没有任何关联，即两个抽样样本彼此独立。这样，不论两个样本的容量是否相同，所得数据皆为成组数据。两组数据以组平均数进行相互比较，检验其差异的显著性。当总体方差 σ_1^2 和 σ_2^2 已知或总体方差 σ_1^2 和 σ_2^2 未知，但两个样本均为大样本时，采用 u 检验法检验两组平均数的差异显著性。这里，介绍当总体方差 σ_1^2 和 σ_2^2 未知且两样本为小样本（$n_1<30$，$n_2<30$）时，进行两组平均数差异显著性检验的 t 检验法。

（1）两个样本的总体方差 σ_1^2 和 σ_2^2 未知，但可假设 $\sigma_1^2=\sigma_2^2=\sigma^2$ 时的检验

首先，用样本方差 s_1^2 和 s_2^2 进行加权求出平均数差数的方差 s_e^2，作为对 σ^2 的估计，计算公式为

$$s_e^2=\frac{s_1^2(n_1-1)+s_2^2(n_2-1)}{(n_1-1)+(n_2-1)}$$

求得 s_e^2 后，可得出两个样本平均数差数的标准误 $s_{\bar{x}_1-\bar{x}_2}$：

$$s_{\bar{x}_1-\bar{x}_2}=\sqrt{\frac{s_e^2}{n_1}+\frac{s_e^2}{n_2}}$$

当 $n_1=n_2=n$ 时，上式可变为

$$s_{\bar{x}_1-\bar{x}_2}=\sqrt{\frac{2s_e^2}{n}}$$

t 值的计算公式为

$$t=\frac{(\bar{x}_1-\bar{x}_2)-(\mu_1-\mu_2)}{s_{\bar{x}_1-\bar{x}_2}}$$

在假设 H_0：$\mu_1=\mu_2=\mu$ 的条件下，t 值为

$$t=\frac{\bar{x}_1-\bar{x}_2}{s_{\bar{x}_1-\bar{x}_2}}$$

自由度 df=（n_1-1）+（n_2-1）=n_1+n_2-2。

【例 6.5】调查黄花苜蓿耐牧性指标冠幅（m^2/株），得到两个居群冠幅大小如下：

居群 1：0.668，0.494，0.593，0.672，0.482，0.422，0.660，0.529。

居群 2：0.340，0.306，0.488，0.422，0.432，0.336。

试问两个居群黄花苜蓿冠幅是否有差别。

解：本题 σ_1^2 和 σ_2^2 未知，经 F 检验 $\sigma_1^2=\sigma_2^2$ 为小样本，用 t 检验，又由于事先不知道两个居群冠幅高低情况，故用双尾检验。

1）假设 H_0：$\mu_1=\mu_2$，即两个居群冠幅没有差别。H_A：$\mu_1\neq\mu_2$。

2）取显著性水平 $\alpha=0.05$。

3）检验计算。

$$\bar{x}_1=0.565,\quad s_1^2=0.0094,\quad n_1=8$$

$$\bar{x}_2=0.387,\quad s_2^2=0.0050,\quad n_2=6$$

$$s_e^2=\frac{s_1^2(n_1-1)+s_2^2(n_2-1)}{(n_1-1)+(n_2-1)}=\frac{0.0094\times(8-1)+0.0050\times(6-1)}{(8-1)+(6-1)}=0.0076$$

$$s_{\bar{x}_1-\bar{x}_2}=\sqrt{\frac{s_e^2}{n_1}+\frac{s_e^2}{n_2}}=\sqrt{\frac{0.0076}{8}+\frac{0.0076}{6}}=0.0471$$

$$t=\frac{\bar{x}_1-\bar{x}_2}{s_{\bar{x}_1-\bar{x}_2}}=\frac{0.565-0.387}{0.0471}=3.779$$

4）推断：查 t 值表，df=8+6−2=12，$t_{0.05}=2.179$，实测$|t|>t_{0.05}$，故 $P<0.05$；接受 H_A，认为两个居群冠幅存在显著差别。

（2）两个样本的总体方差 σ_1^2 和 σ_2^2 未知，且 $\sigma_1^2\neq\sigma_2^2$（可由 F 检验得知），但

$n_1=n_2=n$ 时的检验

这种情况仍可用 t 检验法。其计算也与假设两个总体方差 $\sigma_1^2=\sigma_2^2$ 的情况一样，只是在查 t 值表时，所用自由度 df=$n-1$，而不是 $2(n-1)$。

【例 6.6】两个玉米品种单穗重（g）的调查结果如下：

品种甲：450，474，425，483，439，457，436，438，484，537。

品种乙：536，498，473，548，436，469，427，515，513，497。

试检验两品种的单穗重有无显著差异。

此题 $n_1=n_2=10$，经 F 检验，得知两个品种单穗重的方差有显著的不同。

1）假设 H_0：$\mu_1=\mu_2$，即两个品种单穗重没有显著差异。H_A：$\mu_1\neq\mu_2$。

2）取显著性水平 $\alpha=0.05$。

3）检验计算。

$$\overline{x}_1=453.3,\quad s_1^2=428.46$$

$$\overline{x}_2=483.2,\quad s_2^2=511.07$$

$$s_e^2=\frac{s_1^2(n_1-1)+s_2^2(n_2-1)}{(n_1-1)+(n_2-1)}=\frac{428.46\times(10-1)+511.07\times(10-1)}{(10-1)+(10-1)}=469.76$$

$$s_{\overline{x}_1-\overline{x}_2}=\sqrt{\frac{s_e^2}{n_1}+\frac{s_e^2}{n_2}}=\sqrt{\frac{2\times469.76}{10}}=9.69$$

$$t=\frac{\overline{x}_1-\overline{x}_2}{s_{\overline{x}_1-\overline{x}_2}}=\frac{453.3-483.2}{9.69}=-3.08$$

4）推断：查 t 值表，df=10−1=9，$t_{0.01}=3.250$，$t_{0.05}=2.262$，实测 $|t|>t_{0.05}$，故 $P<0.05$；否定 H_0，接受 H_A，认为两个品种单穗重有显著差异，品种甲的单穗重显著低于品种乙。

（3）两个样本的总体方差 σ_1^2 和 σ_2^2 未知，且 $\sigma_1^2\neq\sigma_2^2$，$n_1\neq n_2$ 时的检验

这种情况所构成的统计数 $\dfrac{\overline{x}_1-\overline{x}_2}{s_{\overline{x}_1-\overline{x}_2}}$ 不再服从相应的 t 分布，因而只能进行近似的 t 检验。由于 $\sigma_1^2\neq\sigma_2^2$，两个样本平均数差数的标准误不能使用加权方差，需用两个样本方差 s_1^2 和 s_2^2 分别估计总体方差 σ_1^2 和 σ_2^2，即有

$$s_{\overline{x}_1-\overline{x}_2}=\sqrt{\frac{s_1^2}{n_1}+\frac{s_2^2}{n_2}}$$

进行 t 检验时，需先计算 R 和 df′：

$$R = \frac{s_{\bar{x}_1}^2}{s_{\bar{x}_1}^2 + s_{\bar{x}_2}^2}$$

$$\mathrm{df}' = \frac{1}{\dfrac{R^2}{n_1 - 1} + \dfrac{1 - R^2}{n_2 - 1}}$$

$$t_{\mathrm{df}'} = \frac{\bar{x}_1 - \bar{x}_2}{s_{\bar{x}_1 - \bar{x}_2}}$$

上式的 $t_{\mathrm{df}'}$近似服从 t 分布，其自由度为 df′，查 t 值表得 $t_{\alpha(\mathrm{df}')}$临界值。

3. 成对数据平均数比较的 t 检验

成对数据的比较要求两个样本间配偶成对，每一对除随机地给予不同处理外，其他试验条件应尽量一致。成对数据，由于同一配对内两个供试单位的试验条件非常接近，而不同配对间的条件差异又可以通过各个配对差数予以消除，因此可以控制试验误差，具有较高的精确度。在进行假设检验时，只要假设两个样本的总体差数 $\mu_d=\mu_1-\mu_2=0$，而不必假定两个样本的总体方差 σ_1^2 和 σ_2^2 相同。一些成组数据，即使 $n_1=n_2$，也不能用作成对数据的比较，因为成组数据的每一变量都是独立的，没有配对的基础。所以在试验研究中，为了加强对某些试验条件的控制，以成对数据的比较效果较好。

设两个样本的变量分别为 x_1 和 x_2，共配成 n 对，各对的差数为 $d=x_1-x_2$，则样本差数平均数 $\bar{d}$ 为

$$\bar{d} = \frac{\sum d}{n} = \frac{\sum (x_1 - x_2)}{n} = \frac{\sum x_1}{n} - \frac{\sum x_2}{n} = \bar{x}_1 - \bar{x}_2$$

样本差数方差 s_d^2 为

$$s_d^2 = \frac{\sum (d - \bar{d})^2}{n - 1} = \frac{\sum d^2 - \dfrac{(\sum d)^2}{n}}{n - 1}$$

样本差数平均数的标准误为

$$s_{\bar{d}} = \sqrt{\frac{s_d^2}{n}} = \sqrt{\frac{\sum (d - \bar{d})^2}{n(n-1)}} = \sqrt{\frac{\sum d^2 - \dfrac{(\sum d)^2}{n}}{n(n-1)}}$$

因而，t 值为

$$t = \frac{\bar{d} - \mu_d}{s_{\bar{d}}}$$

若设 H_0：μ_d=0，上式则为

$$t = \frac{\bar{d}}{s_{\bar{d}}}$$

自由度 df=n−1。

二、多元样本均值的假设检验

多元样本均值的假设检验是均值向量是否相等的检验，其前提条件是多元样本所对应的总体为多元正态总体。在进行检验之前应先了解 Wishart 分布、Hotelling T^2 分布、Wilks 分布（其相关性质和推导过程请查阅其他相关文献）。

设 $X_{(\alpha)} \sim N_p(0,\Sigma)(\alpha=1,2,\cdots,n)$各向量相互独立，则称随机矩阵$W = \sum_{\alpha=1}^{n} X_{(\alpha)} X'_{(\alpha)} = X'X$ 的分布为 Wishart 分布（威沙特分布），记为 $W \sim W_p(n,\Sigma)$。

设 $X \sim N_p(0,\Sigma)$，随机矩阵 $W \sim W_p(n,\Sigma)(\Sigma>0,n\geqslant p)$，且 X 与 W 相互独立，则称统计量 $T^2=nX'W^{-1}X$ 为 Hotelling T^2 统计量，其分布称为服从 n 个自由度的 T^2 分布，记为 $T^2 \sim T^2(p,n)$。若 $X \sim N_p(\mu,\Sigma)(\mu\neq 0)$，则称 T^2 分布为非中心 Hotelling T^2 分布，记为 $T^2 \sim T^2(p,n,\mu)$。

设 $A_1 \sim W_p(n_1,\Sigma)$，$A_2 \sim W_p(n_2,\Sigma)(\Sigma>0,n_1\geqslant p)$，且 A_1 与 A_2 独立，则称广义方差之比为 Wilks（或 Λ）统计量：

$$\Lambda = \frac{|A_1|}{|A_1 + A_2|}$$

其分布称为 Wilks（威尔克斯）分布，记为 $\Lambda \sim \Lambda(p,n_1,n_2)$或 $\Lambda(p,n_1,n_2)$。在实际应用中，常把 Λ 统计量转化为 T^2 统计量，进而转化为 F 统计量，利用我们熟悉的 F 统计量来解决多元统计分析中有关检验的问题。

设 p 元正态总体 $N_p(\mu,\Sigma)$，从总体中抽取容量为 n 的样本 $X_{(1)},X_{(2)},\cdots,X_{(n)}$，则

$$\bar{X}=\frac{1}{n}\sum_{i=1}^{n} X_{(i)},\quad s = \sum_{i=1}^{n}(X_{(i)} - \bar{X})'(X_{(i)} - \bar{X})$$

（一）单个均值向量的假设检验

1. 当 Σ 已知时均值向量的检验

在假设 H_0：$\mu=\mu_0$ 的前提下，检验统计量为

$$T_0^2=n(\bar{X} - \mu)' \Sigma^{-1}(\bar{X} - \mu) \sim \chi^2(p)$$

按照传统的检验方法，对给定的显著性水平 α，查 χ^2 分布临界值表得 λ_α，使 $P\{T^2>\lambda_\alpha\}=\alpha$，则否定域$\{T^2>\lambda_\alpha\}$。

2. 当 Σ 未知时均值向量的检验

在假设 H_0：$\mu=\mu_0$ 的前提下，检验统计量为

$$T^2=(n-1)[\sqrt{n}(\bar{X}-\mu_0)]'S^{-1}[\sqrt{n}(\bar{X}-\mu_0)]$$
$$=(n-1)n(\bar{X}-\mu_0)'S^{-1}(\bar{X}-\mu_0)\sim T^2(p,n-1)$$

式中，S 为样本离差阵，$S=(X_i-\bar{X})'(X_i-\bar{X})$。

利用 T^2 与 F 分布的关系，检验统计量为

$$F=\frac{(n-1)-p+1}{(n-1)p}T^2\sim F(p,(n-1)-p+1)\sim F(p,n-p)$$

【例 6.7】短花针茅荒漠草原优势种碱韭的高度（X_1）、盖度（X_2）和密度（X_3）测定数据见表 6-1。试检验其与多年高度、盖度和密度均值有无差异（取样面积 1m^2）。已知多年均值向量为 $\mu_0=(15.0\quad 3.5\quad 16)'$。

表 6-1　碱韭植物种群的数量特征记录表

序号	高度（cm）	盖度（%）	密度（株/m^2）	序号	高度（cm）	盖度（%）	密度（株/m^2）
1	17.1	5.0	16	11	17.0	3.8	27
2	15.5	3.0	19	12	12.0	2.0	16
3	16.0	3.8	13	13	18.0	1.5	6
4	17.0	4.0	22	14	22.1	5.0	12
5	17.8	3.8	10	15	21.0	2.0	11
6	12.5	4.5	19	16	21.0	6.5	24
7	12.0	1.5	9	17	18.7	2.5	18
8	13.5	3.0	17	18	15.1	6.0	26
9	10.5	2.9	16	19	15.9	1.8	16
10	14.0	3.1	17	20	19.4	1.7	12

解：本题 Σ 未知，采用的统计量应该为

$$T^2=(n-1)[\sqrt{n}(\bar{X}-\mu_0)]'S^{-1}[\sqrt{n}(\bar{X}-\mu_0)]$$
$$=(n-1)n(\bar{X}-\mu_0)'S^{-1}(\bar{X}-\mu_0)\sim T^2(p,n-1)$$

1）假设 H_0：$\mu=\mu_0$，即今测定的碱韭高度、盖度和密度与多年均值无显著差异。H_A：$\mu\neq\mu_0$。

2）取显著性水平 $\alpha=0.05$。

3）检验计算。

计算所得均值向量：

$\bar{X}=(\bar{X}_1\quad \bar{X}_2\quad \bar{X}_3)'\Rightarrow\mu=(16.3\quad 3.4\quad 16.3)'$，$\mu-\mu_0=(1.3\quad -0.1\quad 0.3)'$

计算所得离差阵：

由于 $S=(X_i-\bar{X})'(X_i-\bar{X})$，因此

$$S=\begin{bmatrix}200.47 & 21.63 & -30.73\\ 21.63 & 41.58 & 94.68\\ -30.73 & 94.68 & 594.2\end{bmatrix}$$

求得离差阵的逆矩阵为

$$S^{-1}=\begin{bmatrix}0.005\,80 & -0.005\,81 & 0.001\,23\\ -0.005\,81 & 0.043\,56 & -0.007\,24\\ 0.001\,23 & -0.007\,24 & 0.002\,90\end{bmatrix}$$

于是有

$$T^2=(n-1)n(\bar{X}-\mu_0)'S^{-1}(\bar{X}-\mu_0)=5.463$$

$$F=\frac{(n-1)-p+1}{(n-1)p}T^2=\frac{17}{19\times 3}\times 5.463=1.629$$

4）查 F 表，得 $F_{3,17(0.05)}=3.2$，$F_{3,17(0.01)}=5.18$，因此，无论是 $P<0.01$ 还是 $P<0.05$ 水平，均应该接受无效假设，即今测定的碱韭高度、盖度和密度与多年均值无显著差异。

（二）两个均值向量的假设检验

设 $X=(X_1,X_2,\cdots,X_p)'\sim N_p(\mu_1,\Sigma)$，$Y=(Y_1,Y_2,\cdots,Y_p)'\sim N_p(\mu_2,\Sigma)$，且两组样本相互独立，$\bar{X}=\frac{1}{n}\sum_{i=1}^{n}X_{(i)}$，$\bar{Y}=\frac{1}{m}\sum_{i=1}^{m}Y_{(i)}$。

1. 有共同已知协方差阵时的检验

有共同已知协方差阵时，检验统计量：$T^2=\frac{nm}{m+n}(\bar{X}-\bar{Y})'\Sigma^{-1}(\bar{X}-\bar{Y})\sim\chi^2(p)$。给出检验水平 α，查 χ^2 分布表，若 $T^2>\chi^2_\alpha$，则否定无效假设 H_0，否则接受 H_0。

2. 有共同未知协方差阵时的检验

有共同未知协方差阵时，检验统计量：

$$F=\frac{(n+m-2)-p+1}{(n+m-2)p}T^2\sim F(p,n+m-p-1)$$

其中 $$T^2=(n+m-2)\frac{nm}{m+n}(\bar{X}-\bar{Y})'(S_1+S_2)^{-1}(\bar{X}-\bar{Y})$$

$$S=S_1+S_2$$

【例 6.8】短花针茅荒漠草原优势种无芒隐子草、碱韭的高度（X_1）、盖度（X_2）和密度（X_3）测定数据见表 6-2。试分析二者的数量特征是否存在差异。

表 6-2　优势种无芒隐子草和碱韭植物种群的数量特征

编号	碱韭			无芒隐子草		
	高度（cm）	盖度（%）	密度（株/m^2）	高度（cm）	盖度（%）	密度（株/m^2）
1	17.1	5.0	16	6.0	3.0	19
2	15.5	3.0	19	4.8	6.0	15
3	16.0	3.8	13	7.8	3.5	16
4	17.0	4.0	22	15.1	7.0	15
5	17.8	3.8	10	5.5	4.0	21
6	12.5	4.5	19	7.5	4.5	27
7	12.0	1.5	9	9.0	4.0	22
8	13.5	3.0	17	7.4	4.6	29
9	10.5	2.9	16	11.2	4.0	23
10	14.0	3.1	17	3.8	6.0	32
11	17.0	3.8	27	7.0	2.5	16
12	12.0	2.0	16	6.9	3.0	32
13	18.0	1.5	6	5.6	3.9	31
14	22.1	5.0	12	6.7	2.8	33
15	21.0	2.0	11	6.0	2.8	19
16	21.0	6.5	24	6.6	2.5	22
17	18.7	2.5	18	7.5	2.3	12
18	15.1	6.0	26	9.0	2.8	28
19	15.9	1.8	16	7.0	2.9	26
20	19.4	1.7	12	4.7	10.0	19

解：本题 Σ 未知，两组样本相互独立，检验统计量为

$$F=\frac{(n+m-2)-p+1}{(n+m-2)p}T^2 \sim F(p,n+m-p-1)\text{。}$$

1）假设 H_0：$\mu_1=\mu_2$，即今测定的碱韭与无芒隐子草的数量特征无显著差异。H_A：$\mu_1\neq\mu_2$。

2）取显著性水平 $\alpha=0.05$。

3）检验计算。

计算所得均值向量：

$$\overline{X}=(\overline{X}_1\quad \overline{X}_2\quad \overline{X}_3)' \Rightarrow \mu_1=(16.31\quad 3.37\quad 16.30)'$$

$$\overline{Y}=(\overline{Y}_1\quad \overline{Y}_2\quad \overline{Y}_3)' \Rightarrow \mu_2=(7.26\quad 4.11\quad 22.85)'$$

$$\mu_1 - \mu_2 = (9.05 \quad -0.73 \quad -6.55)'$$

计算所得离差阵：

由于$S = (X_i - \bar{X})'(X_i - \bar{X})$，因此

$$S_1 = S_X = \begin{bmatrix} 200.47 & 21.63 & -30.73 \\ 21.63 & 41.58 & 94.68 \\ -30.73 & 94.68 & 594.2 \end{bmatrix}$$

$$S_2 = S_Y = \begin{bmatrix} 118.09 & -0.60 & -68.44 \\ -0.60 & 68.57 & -28.19 \\ -68.44 & -28.19 & 812.55 \end{bmatrix}$$

$$S = S_1 + S_2 = \begin{bmatrix} 318.56 & 21.03 & -99.17 \\ 21.03 & 110.15 & 66.49 \\ -99.17 & 66.49 & 1406.75 \end{bmatrix}$$

求得离差阵的逆矩阵为

$$S^{-1} = \begin{bmatrix} 0.003\,27 & -0.000\,79 & 0.000\,27 \\ -0.000\,79 & 0.005\,93 & -0.000\,51 \\ 0.000\,27 & -0.000\,51 & 0.000\,75 \end{bmatrix}$$

于是有

$$T^2 = (n+m-2)\frac{nm}{m+n}(\bar{X}-\bar{Y})'S^{-1}(\bar{X}-\bar{Y}) = 106.21$$

$$F = \frac{(n+m-2)-p+1}{(n+m-2)p}T^2 = 33.54$$

4）查F表，得$F_{3,36(0.05)}$=2.866，$F_{3,36(0.01)}$=4.377，因此，无论是$P<0.01$还是$P<0.05$水平，均应该接受备择假设，即今测定的无芒隐子草与碱韭的数量特征存在显著差异。

第三节　样本频率的假设检验

在生物学研究中，有许多试验或调查结果是用频率（或百分数、成数）表示的。总体或样本中的个体分属两种属性，如药剂处理后害虫的死与活、种子的发芽与不发芽、动物的雌与雄、试验的成功与失败等，类似这些性状组成的总体通常服从二项分布，因此称为二项总体，即由“非此即彼”组成的总体。有些总体中的个体有多个属性，但可根据研究目的经适当的统计处理分为“目标性状”和“非目标性状”两种属性，也可看作二项总体。在二项总体中抽样，样本中的“此”性状出现的情况可用次数表示，也可用频率表示，因此频率的假设检验可按二项

分布进行，即从二项式$(p+q)^n$的展开式中求出“此”性状频率$\hat{p}$的概率，然后作出统计推断。但是，如果样本容量n较大，$0.1 \leqslant p \leqslant 0.9$时，$np$和$nq$又均不小于5，$(p+q)^n$的分布就趋于正态，因此可将频率资料进行正态分布处理，从而作出近似的检验。

一、一个样本频率的假设检验

一个样本频率的假设检验是检验一个样本频率$\hat{p}$与某一理论频率p_0的差异显著性。根据n和p的大小，其检验方法是不一样的。当np或nq小于5时，由二项式$(p+q)^n$的展开式直接进行检验。当$np>5$或$nq<30$时，二项分布趋近正态，可用u检验（$n \geqslant 30$）或t检验（$n<30$），但需进行连续性矫正。当np、nq均大于30时，可不进行连续性矫正，用u检验。

总体频率的标准误$\sigma_{\hat{p}}$为

$$\sigma_{\hat{p}}=\sqrt{\frac{pq}{n}}$$

在不需进行连续性矫正时，u值的计算公式为

$$u=\frac{\hat{p}-p_0}{\sigma_{\hat{p}}}$$

需要进行连续性矫正时，u_c值（或t_c值，$\mathrm{df}=n-1$）的计算公式为

$$u_c=\frac{(\hat{p}-p_0)\mp\frac{0.5}{n}}{\sigma_{\hat{p}}}=\frac{|\hat{p}-p_0|-\frac{0.5}{n}}{\sigma_{\hat{p}}}$$

式中的“$\mp$”表示在$\hat{p}>p$时取“$-$”号，在$\hat{p}<p$时取“$+$”号。

【例6.9】短花针茅荒漠草原建群种出现频率为0.80，现经过自由放牧处理，调查300个$0.25\mathrm{m}^2$样方，共有257个样方发现短花针茅植物种群，试问自由放牧对短花针茅出现频率有无影响。

解：本题中，$p_0=0.80$，$n=300$，由于np和nq都大于30，故不需进行连续性矫正。

1）假设H_0: $p=p_0=0.80$，即自由放牧后短花针茅出现频率仍为0.80。H_A: $p \neq p_0$。

2）确定显著性水平$\alpha=0.05$。

3）检验计算。

$$q=1-p=1-0.80=0.20$$
$$\hat{p}=x/n=257/300=0.86$$

$$\sigma_{\hat{p}}=\sqrt{\frac{pq}{n}}=\sqrt{\frac{0.80\times0.20}{300}}=0.023$$

$$u=\frac{(\hat{p}-p)}{\sigma_{\hat{p}}}=\frac{0.86-0.80}{0.023}=2.61$$

4）推断：由于$|u|>\mu_{0.05}=1.96$，$P<0.05$，故否定H_0，接受H_A，认为自由放牧导致短花针茅植物种群频率增大。

二、两个样本频率的假设检验

适用于检验两个样本频率$\hat{p}_1$和$\hat{p}_2$的差异显著性，一般假定两个样本的方差是相等的，即$\sigma_{\hat{p}_1}=\sigma_{\hat{p}_2}$。这类检验在实际应用中具有更重要的意义。由于在抽样试验中，其理论频率p为未知数，不能对两个样本某属性出现的次数进行比较，只能进行频率的比较。和单个样本频率的假设检验一样，当np或nq小于5时，则按二项分布直接进行检验；当np或nq大于5时，用u检验（$n\geqslant30$）或t检验（$n<30$），并需进行连续性矫正；当np、nq均大于30时，则可不进行连续性矫正，用u检验。

两个样本频率差数标准误$s_{\hat{p}_1-\hat{p}_2}$为

$$s_{\hat{p}_1-\hat{p}_2}=\sqrt{\frac{\hat{p}_1\hat{q}_1}{n_1}+\frac{\hat{p}_2\hat{q}_2}{n_2}}$$

在H_0：$p_1=p_2$的条件下，两个样本频率差数标准误$s_{\hat{p}_1-\hat{p}_2}$为

$$s_{\hat{p}_1-\hat{p}_2}=\sqrt{\overline{pq}\left(\frac{1}{n_1}+\frac{1}{n_2}\right)}$$

式中，$\overline{p}=(x_1+x_2)/(n_1+n_2)$，$\overline{q}=1-\overline{p}$，$x_1$、$x_2$分别代表两个样本中某属性出现的次数，$n_1$、$n_2$分别为两个样本的容量。当$n_1=n_2=n$时，上式可简化为

$$s_{\hat{p}_1-\hat{p}_2}=\sqrt{\frac{2\overline{p}\,\overline{q}}{n}}$$

不需进行连续性矫正的u值为

$$u=\frac{(\hat{p}_1-\hat{p}_2)-(p_1-p_2)}{s_{\hat{p}_1-\hat{p}_2}}$$

需要进行连续性矫正的u_c值（或t_c值，$\mathrm{df}=n_1+n_2-2$）为

$$u_c=\frac{|(\hat{p}_1-\hat{p}_2)-(p_1-p_2)|-\frac{0.5}{n_1}-\frac{0.5}{n_2}}{s_{\hat{p}_1-\hat{p}_2}}$$

【例 6.10】研究地势对林木嫁接成活率的影响，调查低洼地蒙古栎嫁接苗 390 棵，其中成活 345 棵，调查高坡地蒙古栎嫁接苗 375 棵，其中成活 323 棵，试比较不同地势对蒙古栎嫁接苗成活率是否有显著性影响。

本题中 np 和 nq 均大于 30，不需进行连续性矫正。又由于事先不知道两个地势嫁接苗成活率高低情况，故进行双尾检验。

1）假设 H_0：$p_1=p_2$，即地势对成活率没有显著影响。H_A：$p_1 \neq p_2$。

2）确定显著性水平 $\alpha=0.01$。

3）检验计算。

$$\hat{p}_1 = \frac{x_1}{n_1} = 345/390 = 0.8846$$

$$\hat{p}_2 = \frac{x_2}{n_2} = 323/375 = 0.8613$$

$$\overline{p} = \frac{x_1 + x_2}{n_1 + n_2} = \frac{345 + 323}{390 + 375} = 0.8732$$

$$\overline{q} = 1 - \overline{p} = 1 - 0.8732 = 0.1268$$

$$s_{\hat{p}_1 - \hat{p}_2} = \sqrt{\overline{p}\,\overline{q}\left(\frac{1}{n_1} + \frac{1}{n_2}\right)} = \sqrt{0.8732 \times 0.1268 \times \left(\frac{1}{390} + \frac{1}{375}\right)} = 0.024$$

$$u = \frac{\hat{p}_1 - \hat{p}_2}{s_{\hat{p}_1 - \hat{p}_2}} = \frac{0.8846 - 0.8613}{0.024} = 0.971$$

4）推断：由于 $|u| < u_{0.05}=1.96$，$P>0.05$，故接受 H_0，否定 H_A，认为地势对蒙古栎嫁接苗成活率无显著性影响。

第四节　参数的区间估计与点估计

参数估计是统计推断的另一个方面，它是指由样本结果对总体参数在一定概率水平下所作出的估计。参数估计包括区间估计和点估计。

一、参数区间估计与点估计的原理

参数的区间估计和点估计是建立在一定理论基础上的一种方法。由中心极限定理和大数定理得知，只要抽样为大样本，不论其总体是否为正态分布，其样本平均数都近似服从 $N(\mu, \sigma_{\overline{x}}^2)$ 的正态分布，因而，当概率水平 $\alpha=0.05$ 或 0.01 时，即置信度为 $p=1-\alpha=0.95$ 或 0.99 的条件下，有

$$P(\mu - 1.966\,\sigma_{\overline{x}} \leqslant \overline{x} \leqslant \mu + 1.966\,\sigma_{\overline{x}}) = 0.95$$

$$P(\mu-2.586\sigma_{\bar{x}} \leqslant \bar{x} \leqslant \mu+2.586\sigma_{\bar{x}})=0.99$$

由上式可得

$$P(\bar{x}-1.966\sigma_{\bar{x}} \leqslant \mu \leqslant \bar{x}+1.966\sigma_{\bar{x}})=0.95$$

$$P(\bar{x}-2.586\sigma_{\bar{x}} \leqslant \mu \leqslant \bar{x}+2.586\sigma_{\bar{x}})=0.99$$

因此，对于某一概率标准 α，则有通式：

$$P(\bar{x}-\mu_{\alpha}\sigma_{\bar{x}} \leqslant \mu \leqslant \bar{x}+\mu_{\alpha}\sigma_{\bar{x}})=1-\alpha$$

式中，μ_{α} 为正态分布下置信度 $P=1-\alpha$ 时的临界值 u。

上面的式子表明，尽管我们只知道 x 而不知道 μ，但知道区间$(\bar{x}-\mu_{\alpha}\sigma_{\bar{x}}, \bar{x}+\mu_{\alpha}\sigma_{\bar{x}})$内包含 μ 在内的可靠程度为 $1-\alpha$，其中，$(\bar{x}-\mu_{\alpha}\sigma_{\bar{x}}, \bar{x}+\mu_{\alpha}\sigma_{\bar{x}})$称为 μ 的 $1-\alpha$ 置信区间，因此，对于 μ 的 $1-\alpha$ 置信区间的下限 L_1 和上限 L_2 可写作

$$(L_1=\bar{x}-\mu_{\alpha}\sigma_{\bar{x}}, L_2=\bar{x}+\mu_{\alpha}\sigma_{\bar{x}})$$

区间(L_1, L_2)便是用样本平均数 $\bar{x}$ 对总体平均数 μ 的置信度为 $P=1-\alpha$ 的区间估计。那么，可用

$$L=\bar{x}\pm\mu_{\alpha}\sigma_{\bar{x}}$$

表示样本平均数 $\bar{x}$ 对总体平均数 μ 的置信度为 $P=1-\alpha$ 的点估计。

当 $\alpha=0.05$ 时，包含有 μ 的置信度为 0.95 的区间估计和点估计为

$$(L_1=\bar{x}-1.96\sigma_{\bar{x}}, L_2=\bar{x}+1.96\sigma_{\bar{x}})$$

$$L=\bar{x}\pm1.96\sigma_{\bar{x}}$$

当 $\alpha=0.01$ 时，包含有 μ 的置信度为 0.99 的区间估计和点估计为

$$(L_1=\bar{x}-2.58\sigma_{\bar{x}}, L_2=\bar{x}+2.58\sigma_{\bar{x}})$$

$$L=\bar{x}\pm2.58\sigma_{\bar{x}}$$

实际上，参数的区间估计也可用于假设检验，因为置信区间是在一定置信度 $P=1-\alpha$ 下总体参数的所在范围，故对参数所进行的假设如果落在该区间内，就说明这个假设与真实情况没有不同，因而就可以接受 H_0；反之，如果对参数所进行的假设落在区间之外，则说明假设与真实情况有本质的不同，应否定 H_0，接受 H_A。

需要指出的是，无论区间估计还是点估计，都与概率显著性水平 α 的大小联系在一起，α 越小，则相应的置信区间就越大，也就是说用样本平均数对总体平均数估计的可靠程度越高，但这时估计的精度就降低了。在实际应用中，应合理选取概率显著性水平 α 的大小，不能认为 α 取值越小越好。

二、一个总体平均数 μ 的区间估计与点估计

当总体方差 σ^2 已知或总体方差 σ^2 未知但为大样本时，可以利用样本平均数 $\bar{x}$

和总体方差 σ^2 作出在置信度为 P=1−α 的总体平均数 μ 的区间估计为

$$(\bar{x}-\mu_\alpha\sigma_{\bar{x}},\ \bar{x}+\mu_\alpha\sigma_{\bar{x}})$$

置信区间的下限 L_1 和上限 L_2 的计算式如下：

$$(L_1=\bar{x}-\mu_\alpha\sigma_{\bar{x}},\ L_2=\bar{x}+\mu_\alpha\sigma_{\bar{x}})$$

总体平均数 μ 的点估计 L 为

$$L=\bar{x}\pm\mu_\alpha\sigma_{\bar{x}}$$

当样本为小样本且总体方差 σ^2 未知时，σ^2 需由样本方差 s^2 来估计，于是置信度为 P=1−α 的总体平均数 μ 的置信区间可估计为

$$(\bar{x}-t_\alpha s_{\bar{x}},\ \bar{x}+t_\alpha s_{\bar{x}})$$

其置信区间的下限 L_1 和上限 L_2 为

$$(L_1=\bar{x}-t_\alpha s_{\bar{x}},\ L_2=\bar{x}+t_\alpha s_{\bar{x}})$$

总体平均数 μ 的点估计 L 为

$$L=\bar{x}\pm t_\alpha s_{\bar{x}}$$

式中，t_α 为正态分布下置信度 P=1−α 时的临界值 t，df=n−1。

三、两个总体平均数差数 $\mu_1-\mu_2$ 的区间估计与点估计

当两个总体方差 σ_1^2 和 σ_2^2 已知，或总体方差 σ_1^2 和 σ_2^2 未知但为大样本时，在置信度为 P=1−α 下，两个总体平均数差数 $\mu_1-\mu_2$ 的区间估计为

$$[(\bar{x}_1-\bar{x}_2)-\mu_\alpha\sigma_{\bar{x}_1-\bar{x}_2},\ (\bar{x}_1-\bar{x}_2)+\mu_\alpha\sigma_{\bar{x}_1-\bar{x}_2}]$$

其置信区间的下限 L_1 和上限 L_2 为

$$(L_1=(\bar{x}_1-\bar{x}_2)-\mu_\alpha\sigma_{\bar{x}_1-\bar{x}_2},\ L_2=(\bar{x}_1-\bar{x}_2)+\mu_\alpha\sigma_{\bar{x}_1-\bar{x}_2})$$

两个总体平均数差数 $\mu_1-\mu_2$ 的点估计 L 为

$$L=(\bar{x}_1-\bar{x}_2)\pm\mu_\alpha\sigma_{\bar{x}_1-\bar{x}_2}$$

当两个样本为小样本，且两个总体方差 σ_1^2 和 σ_2^2 未知，$\sigma_1\neq\sigma_2$，但 $n_1=n_2=n$ 时，两个总体平均数差数 $\mu_1-\mu_2$ 的区间估计与点估计计算公式同总体方差相等的两个小样本平均数差数的区间估计与点估计，但 t_α 的自由度 df=n−1，而不是 2（n−1）。

当两个样本为小样本，且两个总体方差 σ_1^2 和 σ_2^2 未知，但两个总体方差相等，即 $\sigma_1^2=\sigma_2^2=\sigma^2$ 时，可由两个样本方差 s_1^2 和 s_2^2 估计总体方差 σ_1^2 和 σ_2^2，用 t_α 代替 u_α，其自由度为 df=n_1+n_2-2，在置信度为 P=1−α 下，两个总体平均数差数 $\mu_1-\mu_2$ 的区间估计为

$$[(\bar{x}_1-\bar{x}_2)-t_\alpha s_{\bar{x}_1-\bar{x}_2},\ (\bar{x}_1-\bar{x}_2)+t_\alpha s_{\bar{x}_1-\bar{x}_2}]$$

其置信区间的下限 L_1 和上限 L_2 为

$$(L_1=(\bar{x}_1-\bar{x}_2)-t_\alpha s_{\bar{x}_1-\bar{x}_2},\ L_2=(\bar{x}_1-\bar{x}_2)+t_\alpha s_{\bar{x}_1-\bar{x}_2})$$

两个总体平均数差数 $\mu_1-\mu_2$ 的点估计 L 为

$$L=(\bar{x}_1-\bar{x}_2)\pm t_\alpha s_{\bar{x}_1-\bar{x}_2}$$

当两个样本为小样本，两个总体方差 σ_1^2 和 σ_2^2 未知，且两个总体方差不等，即 $\sigma_1^2\neq\sigma_2^2$ 时，由两个样本方差 s_1^2 和 s_2^2 对总体方差 σ_1^2 和 σ_2^2 的估计而算出的 t 值已不是自由度 $df=n_1+n_2-2$ 的 t 分布，而是近似服从自由度为 df' 的 t 分布。在置信度 $P=1-\alpha$ 下，两个总体平均数差数 $\mu_1-\mu_2$ 的区间估计为

$$[(\bar{x}_1-\bar{x}_2)-t_{\alpha(df')}s_{\bar{x}_1-\bar{x}_2},\ (\bar{x}_1-\bar{x}_2)+t_{\alpha(df')}s_{\bar{x}_1-\bar{x}_2}]$$

其置信区间的下限 L_1 和上限 L_2 为

$$(L_1=(\bar{x}_1-\bar{x}_2)-t_{\alpha(df')}s_{\bar{x}_1-\bar{x}_2},\ L_2=(\bar{x}_1-\bar{x}_2)+t_{\alpha(df')}s_{\bar{x}_1-\bar{x}_2})$$

两个总体平均数差数 $\mu_1-\mu_2$ 的点估计 L 为

$$L=(\bar{x}_1-\bar{x}_2)\pm t_{\alpha(df')}s_{\bar{x}_1-\bar{x}_2}$$

上面三式中，$t_{\alpha(df')}$为置信度 $P=1-\alpha$ 时自由度为 df'的临界值 t。

当两个样本为成对资料时，在置信度 $P=1-\alpha$ 时，两个总体平均数差数 $\mu_1-\mu_2$ 的置信区间可估计为

$$(\bar{d}-t_\alpha s_{\bar{d}},\ \bar{d}+t_\alpha s_{\bar{d}})$$

其置信区间的下限 L_1 和上限 L_2 为

$$(L_1=\bar{d}-t_\alpha s_{\bar{d}},\ L_2=\bar{d}+t_\alpha s_{\bar{d}})$$

两个总体平均数差数 $\mu_1-\mu_2$ 的点估计 L 为

$$L=\bar{d}\pm t_\alpha s_{\bar{d}}$$

其中 t_α 具有自由度 $df=n-1$。

四、一个总体频率 p 的区间估计与点估计

在置信度 $P=1-\alpha$ 下，对一个总体频率 p 的区间估计为

$$(\hat{p}-u_\alpha\sigma_{\hat{p}},\ \hat{p}+u_\alpha\sigma_{\hat{p}})$$

其置信区间的下限 L_1 和上限 L_2 为

$$(L_1=\hat{p}-u_\alpha\sigma_{\hat{p}},\ L_2=\hat{p}+u_\alpha\sigma_{\hat{p}})$$

总体频率 p 的点估计 L 为

$$L=\hat{p}\pm u_\alpha\sigma_{\hat{p}}$$

当样本容量较小或者 np、nq 远小于 30 时，对总体频率 p 进行的区间估计和

点估计需要作连续性矫正，其矫正公式为

$$(L_1=\hat{p}-u_\alpha\sigma_{\hat{p}}-\frac{0.5}{n}, L_2=\hat{p}+u_\alpha\sigma_{\hat{p}}+\frac{0.5}{n})$$

总体频率 p 的点估计 L 为

$$L=\hat{p}\pm u_\alpha\sigma_{\hat{p}}\pm\frac{0.5}{n}$$

五、两个总体频率差数 p_1-p_2 的区间估计与点估计

在进行两个总体频率差数 p_1-p_2 的区间估计和点估计时，一般应明确两个频率有显著差异才有意义。在置信度 $P=1-\alpha$ 下，两个总体频率差数 p_1-p_2 的区间估计为

$$[(\hat{p}_1-\hat{p}_2)-u_\alpha\sigma_{\hat{p}_1-\hat{p}_2},\ (\hat{p}_1-\hat{p}_2)+u_\alpha\sigma_{\hat{p}_1-\hat{p}_2}]$$

其置信区间的下限 L_1 和上限 L_2 为

$$[L_1=(\hat{p}_1-\hat{p}_2)-u_\alpha\sigma_{\hat{p}_1-\hat{p}_2}, L_2=(\hat{p}_1-\hat{p}_2)+u_\alpha\sigma_{\hat{p}_1-\hat{p}_2}]$$

两个总体频率差数 p_1-p_2 的点估计 L 为

$$L=(\hat{p}_1-\hat{p}_2)\pm u_\alpha\sigma_{\hat{p}_1-\hat{p}_2}$$

第五节　假设检验的实例分析

一提到数据整理分析，很多研究者和学生就从方差分析开始，很少有人想到假设检验也可以很好地解决问题。本实例主要结合下一章的卡方检验进行实际问题的解决。

一、研究问题的提出

蒙古栎（*Quercus mongolica*）是国家二级珍贵树种，是中国东北林区中主要的次生林树种。生于海拔 200～2100m 的山地，在东北地区常生于海拔 600m 以下，在华北常生于海拔 800m 以上，常在阳坡、半阳坡形成小片纯林或与桦树等组成混交林。俄罗斯、朝鲜、日本也有分布。蒙古栎是营造防风林、水源涵养林及防火林的优良树种，孤植、丛植或与其他树木混交成林均好。其叶片可饲喂柞蚕；木材可作车船、建筑、坑木等用材，压缩木可作机械零件；种子可酿酒或作饲料；树皮入药有收敛止泻及治痢疾之效，同时其也是很好的生物质能源材料。因此，国内外对蒙古栎的研究文献较多（李文英和顾万春，2005；程徐冰等，2011；吴家兵等，2006；张杰等，2007；张杰，2005；周晓峰等，2002；Miyaki and Kikuzawa，

1998；Imada et al.，1990；Ueno et al.，2008）。

对蒙古栎种子育苗技术的研究，国内研究者暴咏冬（2006）、刘文祥等（2008）、张智勇（2012）、李峰等（2011）、宋瑞丰和邓丽娟（2012）分别作了尝试，介绍了育苗方法和相应的田间管理经验。张才厚和孙良岩（2010）、黄文锦（1982）对蒙古栎种子贮藏、发芽和播种情况进行了报道。张锦波（2012）和高晗（2004）对蒙古栎直播造林和种子园建设进行了介绍。在蒙古栎嫁接育苗的研究方面，霍锡敏等（2007）、寇锦等（2009）、高晗（2004）等进行了报道，但其只对嫁接技术进行了阐述，对不同嫁接试验处理涉及很少。

为了探明蒙古栎秋播育苗和嫁接育苗技术，本研究采用田间对比试验的方法，对秋播育苗和嫁接育苗技术进行了研究，旨在为提高蒙古栎秋播和嫁接育苗的出苗率及成活率提供理论依据与技术支持。

二、试验地点及研究内容与方法

（一）试验地点

试验地点位于呼伦贝尔市草业科学研究所，其地理位置处于大兴安岭东麓扎兰屯市西郊的雅鲁河西岸，东与雅鲁河相依，西与务大哈气群山相伴，南与河西办事处岭北村毗邻，北接呼伦贝尔市农业研究所。经 110 国道与扎兰屯市中心相连。

（二）试验内容

1. 秋播育苗

主要研究秋季播种育苗不同覆土厚度、薄膜覆盖和不同苗床高度对出苗率的影响，播种时间为 2011 年 10 月 20 日，播种后浇水；见苗时间为 2012 年 6 月 9 日。

2. 嫁接育苗

主要研究不同的接穗采集时间、待接穗储藏方式和嫁接时间对成活率的影响。

（三）试验方法

1. 试验设计

本研究采用田间对比试验，具体试验设计如下。

（1）秋播育苗试验设计

试验共设 3 个处理，分别为覆土厚度处理、薄膜覆盖处理和苗床高度处理。其中覆土厚度处理分为 3 个水平，覆土厚度分别为 1cm、3cm 和 5cm，苗床高度处理也分为 3 个水平，分别为−20cm（低于地面 20cm）、0cm 和 20cm（高于地面 20cm），覆土厚度均采用 3cm。薄膜覆盖处理只有一个水平，覆土厚度为 3cm，苗床高度为 0cm。

试验小区面积为 1.5m×5m，播种量为 2600g，种子粒数为 1201 粒，种子不作任何处理。其他水肥等条件基本一致。

（2）嫁接育苗试验设计

试验共设 3 个处理方式，分别为接穗采集时间、待接穗储藏方式和嫁接时间。其中接穗采集时间分别在 2012 年的 3 月 25 日、4 月 5 日和 4 月 15 日，待接穗储藏方式分别为沙埋储藏、冷库储藏，嫁接时间分别为 5 月 15 日、5 月 22 日和 5 月 29 日。

2. 嫁接育苗主要技术

（1）接穗的选择与贮藏

首先选择生长良好的蒙古栎作为接穗截取的母株，其次选取生长健壮的一年生枝条，每株采集 50～60 段穗条，其长度保留 10～15cm。采集时注意分捆扎束，用保鲜膜包装，贴上标签，注明采集时间和地点。将采集到的待接穗立即运回，并分别采用沙埋储藏和冷库储藏。温度均为−1～4℃，平均为−2.54℃。空气相对湿度均为 70%～80%，平均为 76.9%。

（2）砧木的选择与嫁接

选用普通的实生柞最为嫁接的砧木，在离地面 10cm 左右处将实生柞剪平，剪口要平滑，然后用嫁接刀直切劈开，开口长 2.5～3.0cm，将接穗插入砧木的劈口内，保证至少有一侧的韧皮部对接上，然后用塑料薄膜缠紧，接穗上剪口处要用油漆涂抹，防止水分流失。每株嫁接后都要作好标记，挂上标签。

3. 数据采集与分析

对秋播育苗试验各处理条件下的小区内出苗数进行汇总统计，同时对嫁接成活株数进行汇总统计，将统计的数据汇总录入 Excel 表格内。然后采用卡方检验和双样本平均数检验（李喜春等，2008）分析并比较不同试验处理方法对蒙古栎秋播育苗和嫁接育苗的影响。

三、秋播育苗

（一）不同覆土厚度对出苗的影响

将不同覆土厚度条件下蒙古栎出苗数进行汇总（表 6-3）。表 6-3 中括号内为理论出苗数，如覆土厚度为 1cm 的理论出苗数为 939×1201÷3603=313 株，未出苗数为 2664×1201÷3603=888 株。

表 6-3　不同覆土厚度条件下蒙古栎出苗的 2×3 列联表

覆土厚度（cm）	出苗数（株）	未出苗数（株）	总和（株）
1	289（313）	912（888）	1201
3	346（313）	855（888）	1201
5	304（313）	897（888）	1201
总和	939	2664	3603

对表 6-3 内出苗情况进行卡方检验，计算 χ^2 值如下：

$$\chi^2=\frac{(289-313)^2}{313}+\frac{(346-313)^2}{313}+\frac{(304-313)^2}{313}+\frac{(912-888)^2}{888}+\frac{(855-888)^2}{888}+\frac{(897-888)^2}{888}=7.5445$$

查 χ^2 表，当自由度 df=(2−1)×(3−1)=2 时，$\chi^2_{0.05}$=5.99，现计算得 χ^2=7.5445＞$\chi^2_{0.05}$，因此可知，试验处理的 3 个覆土厚度对蒙古栎出苗数的影响存在显著差异。

（二）不同苗床高度对出苗的影响

不同苗床高度蒙古栎的出苗数和未出苗数汇总结果见表 6-4。表 6-4 中括号内为理论苗数，如苗床高度在地面以下 20cm（−20cm）的理论出苗数 909×1201÷3603=303 株，未出苗数为 2694×1201÷3603=898 株。

表 6-4　不同苗床高度条件下蒙古栎出苗的 2×3 列联表

苗床高度	出苗数（株）	未出苗数（株）	总和（株）
−20cm	261（303）	940（898）	1201
0cm	346（303）	855（898）	1201
+20cm	302（303）	899（898）	1201
总和	909	2694	3603

对表 6-4 内出苗情况进行卡方检验，计算 χ^2 值如下：

$$\chi^2=\frac{(261-303)^2}{303}+\frac{(346-303)^2}{303}+\frac{(302-303)^2}{303}+\frac{(940-898)^2}{898}+\frac{(855-898)^2}{898}+\frac{(899-898)^2}{898}=15.9519$$

查 χ^2 表，当自由度 df=(2−1)×(3−1)=2 时，$\chi^2_{0.01}$=9.21，现计算得 χ^2=15.9519＞$\chi^2_{0.01}$，

因此可知，试验处理的 3 个苗床高度对蒙古栎出苗数的影响存在极显著差异。

（三）薄膜覆盖对出苗的影响

将薄膜覆盖处理和覆土厚度 3cm（苗床高度同为 0cm）的蒙古栎出苗率进行比对，其出苗率见表 6-5。

表 6-5　薄膜覆盖与对照（覆土 3cm）出苗率统计表

处理	播下种子数（粒）	出苗率（%）
对照（覆土 3cm）	1201	28.81
薄膜覆盖	1201	36.14

根据双样本频率假设检验原理，假定两种处理方式方差相同，由于播下种子粒数均为 n=1201 粒，且存在出苗情况 np 分别为 1201×0.2881=346 株和 1201×0.3614=434 株，未出苗情况 nq 分别为 1201×0.7119=855 株和 1201×0.6386=767 株，即同时满足 $np>5$ 和 $nq\geqslant 30$，可以利用 u 检验进行假设推断。

经计算 u=3.8344，由于 $u_{0.01}$=2.58，$u=3.8344>u_{0.01}$，因此可以推断出覆土 3cm 和薄膜覆盖间存在极显著差异，即薄膜覆盖对提高蒙古栎出苗率十分有利。由于薄膜覆盖是建立在覆土出苗率较高的水平上，也是建立在出苗率较高的 0cm 苗床上，因此采用薄膜覆盖、覆土 3cm、苗床高度 0cm 对蒙古栎秋播育苗十分有利，其出苗率提高幅度达到 7.33%，且这一提高水平达到了统计学的极显著水平。

四、嫁接育苗

（一）不同储藏方式对嫁接成活率的影响

将待嫁接枝条采用沙埋储藏和冷库储藏两种方式进行保存，到嫁接时间进行集中嫁接，然后统计嫁接后蒙古栎的成活率（表 6-6）。

表 6-6　不同储藏方式嫁接成活率统计表

储藏方式	嫁接数（n）	成活率（%）
沙埋储藏	200	56
冷库储藏	200	39

根据双样本频率假设检验原理，假定两种储藏方式方差相同，由于嫁接数均为 n=200 株，且存在 np 分别为 200×0.56=112 株和 200×0.39=78 株，nq 分别为 200×0.44=88 株和 200×0.61=122 株，即同时满足 $np>5$ 和 $nq\geqslant 30$，可以利用 u 检验进行假设推断。

经计算 u=3.4043，由于 $u_{0.01}$=2.58，$u=3.4043>u_{0.01}$，因此可以推断出沙埋储

藏和冷库储藏间存在极显著差异，即沙埋储藏对提高蒙古栎嫁接成活率十分有利。

（二）不同嫁接时间对嫁接成活率的影响

根据统计学双样本频率假设检验原理，将 3 个嫁接时间两两配对，进行统计推断。经计算得知样本容量 n 与成活率 p 的乘积均大于 5，可以采用 u 检验。原始信息见表 6-7。

表 6-7　不同嫁接时间嫁接成活率统计表

嫁接时间	嫁接数（n）	成活率（%）
5 月 15 日	200	47
5 月 22 日	400	56
5 月 29 日	200	49

首先 5 月 15 日的嫁接成活情况与 5 月 22 日的嫁接情况进行 u 检验，计算得 u=2.0822，由于 $u_{0.05}$=1.96，u=2.0822＞$u_{0.05}$，因此可以推断出 5 月 15 日嫁接成活率和 5 月 22 日嫁接成活率间存在显著差异，即 5 月 22 日的嫁接情况对提高蒙古栎嫁接成活率比较有利。其次 5 月 22 日的嫁接成活情况与 5 月 29 日的嫁接情况进行 u 检验，计算得 u=1.6209，由于 $u_{0.05}$=1.96，u=1.6209＜$u_{0.05}$，因此可以推断出 5 月 22 日的嫁接成活率和 5 月 29 日的嫁接成活率间不存在显著差异。最后将 5 月 15 日的嫁接成活情况与 5 月 29 日的嫁接情况进行 u 检验，计算得 u=0.4003，由于 $u_{0.05}$=1.96，u=0.4003＜$u_{0.05}$，因此可以推断出 5 月 15 日的嫁接成活率和 5 月 29 日的嫁接成活率间不存在显著差异。

综合来看，5 月 22 日的嫁接成活率较高，其显著高于 5 月 15 日的嫁接成活率，因此在实际生产中，应该避开 5 月 15 日的嫁接时间，选择 5 月 22 日的嫁接时间比较合理。

五、针对问题讨论

1）秋播育苗和嫁接育苗是两种不同的育苗方法，前者是为了大面积造林，需要提供大量实生苗所进行的苗木培育。后者是为了优良单株定植，建立蒙古栎种子园，为缩短蒙古栎的结实年限等进行的苗木培育。因此育苗方法的选择应根据实际需求确定。

2）蒙古栎秋播出苗率在薄膜覆盖条件下最高，为 36.14%，这与刘文祥等（2008）的研究结果存在差别。刘文祥等研究发现，未作任何处理的蒙古栎种子出苗率分别为 12.7%（种源来自小兴安岭植物园）和 49.4%（种源来自汤旺河）；在不同年际研究发现，2002 年的出苗率为 87%左右（采用的是床播），2004 年的出苗率为 23%（采用的是垄播双行），2005 年的出苗率为 27.9%（采用的是垄播双行）。由此可见，不同种源、不同播种方式和不同年份间播种均可能导致蒙古栎出苗率产生差异。

六、针对育苗的结论

1）秋播育苗中薄膜覆盖对于提高出苗率有利，其集合了覆土 3cm 和床高 0cm 的有利因素，出苗率达到 36.14%。

2）沙埋储藏和 5 月中下旬嫁接对提高蒙古栎嫁接育苗的成活率有利，其嫁接成活率均为 56%。

3）在实际需求中，应根据育苗目的选择相应的育苗方法。

第七章　χ^2检验

χ^2检验主要有 3 种用途，分别为样本方差的同质性检验（又称方差齐性检验）、适合性检验和独立性检验，其基本原理是通过 χ^2 值的大小来检验实际观测值与理论值之间的偏离程度（李春喜等，2011）。在数量生态学中，2×2 列联表常用于种间亲和性的种间联结分析。

第一节　χ^2检验的基本原理和方法

一、χ^2检验的计算过程

（一）χ^2计算式的确定

χ^2的原意是从方差为 σ^2 的正态总体中，随机抽取 k 个独立样本，分别计算出 k 个样本方差 s^2，在研究样本方差的分布时，通常将它标准化，得到一个不带有任何单位的纯数，计算公式如下：

$$\chi^2 = \sum_{i=1}^{k}\left(\frac{x-\mu}{\sigma}\right)^2 = \frac{1}{\sigma^2}\sum_{i=1}^{k}(x-\mu)^2$$

当用 $\overline{x}$ 估计 μ 时，有

$$\chi^2 = \frac{1}{\sigma^2}\sum_{i=1}^{k}(x-\overline{x})^2$$

由于 $s^2 = \dfrac{\sum_{i=1}^{k}(x-\overline{x})^2}{k-1}$，可得

$$\chi^2 = \frac{\mathrm{df}s^2}{\sigma^2} = \frac{(k-1)s^2}{\sigma^2}$$

这是随自由度 df=k−1 变化而变化的连续型分布。

对计数资料或属性资料进行 χ^2 检验，其基本原理是应用理论值（E）与观测值（O）之间的偏离程度来决定其 χ^2 值的大小。理论值与实际值之间偏差越大，χ^2 值越大；偏差越小，χ^2 值越小，若两个数值完全相等，表明理论值与实际值完全符合。其计算公式如下：

$$\chi^2 = \sum_{i=1}^{k} \frac{(O_i - E_i)^2}{E_i}$$

式中，O 为实际观测值；E 为理论推算值。

（二）χ^2 检验的步骤

1）提出无效假设 H_0：观测值与理论值的差异由抽样误差引起，即观测值=理论值。同时给出相应的备择假设 H_A：观测值与理论值的差值不等于 0，即观测值≠理论值。

2）确定显著性水平 α。一般可确定为 0.01 或 0.05。

3）计算样本的 χ^2；求得各个理论次数 E_i，并根据各实际次数 O_i，代入相应的计算公式，计算样本的 χ^2。

4）进行统计推断。由于 df=k−1，从 χ^2 值表查出 χ^2_α 值，如果实得 $\chi^2 < \chi^2_\alpha$，即表明 $P > \alpha$，应接受 H_0，否定 H_A，则表明在 α 显著性水平下理论值与实际值差异不显著，二者之间的差异是由抽样误差引起的。如果实得 $\chi^2 > \chi^2_\alpha$，即表明 $P < \alpha$，应否定 H_0，接受 H_A，则表明在 α 显著性水平下理论值与实际值差异是显著的，二者之间的差异是真实存在的。

在计算 χ^2 时应注意以下两个问题。

1）任何一组的理论次数 E_i 都必须大于 5，如果 $E_i \leqslant 5$，统计量会明显偏离 χ^2 分布，则需要并组或增大样本容量，以满足 $E_i > 5$。

2）在自由度 df=1 时，需进行连续性矫正，其矫正的 χ^2_c 为

$$\chi^2_c = \sum_{i=1}^{k} \frac{(|O_i - E_i| - 0.5)^2}{E_i}$$

二、方差同质性检验

（一）一个样本方差的同质性检验

χ^2 计算式为

$$\chi^2 = \frac{(k-1)s^2}{\sigma^2}$$

式中，k 表示已测定的样本数；s^2 为样本方差；σ^2 为总体方差（已知的方差），其服从自由度 k−1 的 χ^2 分布，在显著性水平 α=0.05 时，$\chi^2 > \chi^2_\alpha$ 认为样本方差和总体方差不同质，反之成立。

（二）两个样本方差的同质性检验

两个样本方差的同质性检验并不是 χ^2 检验，而是 F 检验，其计算式如下：

$$F = \frac{s_1^2}{s_2^2}$$

式中，s_1^2 和 s_2^2 分别为第一个样本和第二个样本的方差，如果其样本容量分别为 n_1 和 n_2，则其自由度分别为 $df_1 = n_1 - 1$ 和 $df_2 = n_2 - 1$。在显著性水平 $\alpha = 0.05$ 时，$F > F_\alpha$ 认为样本方差不是同质的，反之成立。

（三）多个样本方差的同质性检验

多个样本方差的同质性检验采用的是巴特利特检验法（Bartlett test）。需要计算合并方差 s_p^2、矫正数 C 和 χ^2。

$$s_p^2 = \frac{\sum_{i=1}^{k} s_i^2 (n_i - 1)}{\sum_{i=1}^{k} (n_i - 1)}$$

$$C = 1 + \frac{1}{3(k-1)} \left(\sum_{i=1}^{k} \frac{1}{n_i - 1} - \frac{1}{\sum_{i=1}^{k} (n_i - 1)} \right)$$

$$\chi^2 = \frac{2.3026}{C} \left(\lg s_p^2 \sum_{i=1}^{k} (n_i - 1) - \sum_{i=1}^{k} (n_i - 1) \lg s_i^2 \right)$$

式中，k 为样本个数；s_i^2 为第 i 个样本的方差；n_i 为第 i 个样本的样本容量。在显著性水平 $\alpha = 0.05$ 时，$\chi^2 > \chi_\alpha^2$ 认为样本方差不是同质的，反之成立。χ^2 分布的自由度为 $k-1$。

三、适合性检验

适合性检验的卡方计算式因适合性的理论比率不同而不同（表 7-1），表 7-1 中是遗传学显性、隐性比率及对应的 χ^2 计算式。

表 7-1　检验两组资料与某种理论比率符合度的 χ^2 值公式

理论比率（显性：隐性）	χ^2 计算公式
1：1	$\frac{(\lvert A-a\rvert-1)^2}{n}$
2：1	$\frac{(\lvert A-2a\rvert-1.5)^2}{2n}$
3：1	$\frac{(\lvert A-3a\rvert-2)^2}{3n}$
15：1	$\frac{(\lvert A-15a\rvert-8)^2}{15n}$
9：7	$\frac{(\lvert 7A-9a\rvert-8)^2}{63n}$
r：1	$\frac{\left(\lvert A-ra\rvert-\frac{r+1}{2}\right)^2}{rn}$
r：m	$\frac{\left(\lvert mA-ra\rvert-\frac{r+m}{2}\right)^2}{rmn}$

注：A 为显性实际观察值，a 为隐性实际观察值，$n=A+a$。参见李春喜等（2013）

四、独立性检验

（一）2×2 列联表检验

2×2 列联表数据表格样式见表 7-2，其中 r_1 和 r_2 分别代表随机试验 A 的两个事件（情况），c_1 和 c_2 分别代表随机试验 B 的两个事件（情况），O_{11}、O_{12}、O_{21} 和 O_{22} 表示 A 和 B 两因素在某种条件组合下的观测数据。

表 7-2　2×2 列联表的一般形式

A	B		总和
	c_1	c_2	
r_1	O_{11}	O_{12}	$R_1=O_{11}+O_{12}$
r_2	O_{21}	O_{22}	$R_2=O_{21}+O_{22}$
总和	$C_1=O_{11}+O_{21}$	$C_2=O_{12}+O_{22}$	T

表 7-2 的卡方计算式为

$$\chi_c^2=\sum_{i=1}^{2}\sum_{j=1}^{2}\frac{(\lvert O_{ij}-E_{ij}\rvert-0.5)^2}{E_{ij}}$$

理论值 $E_{ij}=\frac{C_{.j}R_{i.}}{T}$，其中 i=1, 2，j=1, 2。

（二）$2\times c$ 列联表检验

$2\times c$ 列联表数据表格样式见表 7-3，其中 1 和 2 分别代表随机试验因素 A 的两个事件（情况），$A_1,A_2,\cdots,A_c$ 分别代表随机试验 A 的若干事件（情况），$O_{11},O_{12},\cdots,O_{2c}$ 表示在 A 因素两种条件组合下的观测数据。

表 7-3　$2\times c$ 列联表的一般形式

状态	因素				总和
	A_1	A_2	$\cdots$	A_c	
1	O_{11}	O_{12}	$\cdots$	O_{1c}	R_1
2	O_{21}	O_{22}	$\cdots$	O_{2c}	R_2
总和	C_1	C_2	$\cdots$	C_c	T

表 7-3 的卡方计算式为

$$\chi^2=\sum_{i=1}^{2}\sum_{j=1}^{c}\frac{(O_{ij}-E_{ij})^2}{E_{ij}}$$

理论值 $E_{ij}=\dfrac{C_{\cdot j}R_{i\cdot}}{T}$，其中 i=1、2，$j=1,2,\cdots,c$。

（三）$r\times c$ 列联表检验

$r\times c$ 列联表数据表格样式见表 7-4，其中 $1,2,\cdots,r$ 分别代表随机试验因素 A 的 r 个事件（情况），$A_1,A_2,\cdots,A_c$ 分别代表随机试验 A 的 c 个事件（情况），$O_{11},O_{12},\cdots,O_{rc}$ 表示在 A 因素两种条件组合下的观测数据。

表 7-4　$r\times c$ 列联表的一般形式

状态	因素				总和
	A_1	A_2	$\cdots$	A_c	
1	O_{11}	O_{12}	$\cdots$	O_{1c}	R_1
2	O_{21}	O_{22}	$\cdots$	O_{2c}	R_2
$\vdots$	$\vdots$	$\vdots$	$\ddots$	$\vdots$	$\vdots$
r	O_{r1}	O_{r2}	$\cdots$	O_{rc}	R_r
总和	C_1	C_2	$\cdots$	C_c	T

表 7-4 的卡方计算式为

$$\chi^2=\sum_{i=1}^{r}\sum_{j=1}^{c}\frac{(O_{ij}-E_{ij})^2}{E_{ij}}=T\left[\sum_{i=1}^{r}\sum_{j=1}^{c}\left(\frac{O_{ij}^2}{R_iC_j}\right)-1\right]$$

理论值 $E_{ij}=\dfrac{C_{\cdot j}R_{i\cdot}}{T}$，其中 i=1,2,$\cdots$,r，j=1,2,$\cdots$,c。

第二节　方差同质性检验

一、一个样本方差

（一）短花针茅植物种群围封年限对其密度方差的影响

【例 7.1】1999 年对内蒙古锡林浩特市西苏旗短花针茅荒漠草原进行围封，于 2000 年 7 月随机选取 1m×1m 样方进行调查，得到的建群种短花针茅密度方差为（9.66 丛/m^2）^{2}，2005 年 7 月在原固定样方进行调查，10 个样方的短花针茅密度分别为 2 丛/m^2、7 丛/m^2、2 丛/m^2、3 丛/m^2、5 丛/m^2、6 丛/m^2、9 丛/m^2、4 丛/m^2、1 丛/m^2 和 2 丛/m^2，方差为（6.77 丛/m^2）^{2}，试问短花针茅荒漠草原围封 6 年是否会导致其方差发生变化。

根据一个样本方差的同质性检验公式计算：

$$\chi^2=\frac{(k-1)s^2}{\sigma^2}=\frac{(10-1)\times 6.77}{9.66}=6.31$$

在显著性水平 α=0.05 时，$\chi^2<\chi^2_{\alpha}$=16.92，认为 2005 年短花针茅密度方差和 2000 年密度方差同质，不存在显著差异。由于方差代表离散性指标，说明 6 年围封并没有导致草地建群种密度空间分布的离散性（异质性）发生显著性变化。

（二）一个样本方差同质性检验的 Excel 操作

方差同质性检验在 Excel 中的操作过程见图 7-1。首先在 A 列 A1 单元格输入“现有数据”几个字，B1 和 B2 分别输入“原数据方差 σ_1”和“现有数据方差 σ_2”，将例 7-1 中 2000 年的方差 9.66 输入到 C1 单元格，在 C2 单元格输入公式“=VAR（A:A）”。

假设检验步骤如下。

1）提出无效假设 H_0：$\sigma_1=\sigma_2$；备择假设 H_A：$\sigma_1\neq\sigma_2$。

2）确定显著性水平分别为 α=0.05 和 α=0.01，并给出自由度。在 D8 单元格输入“=CHIINV(D7,$F8)”，在 E8 单元格输入“=CHIINV(E7,$F8)”，在 F8 单元格输入“=COUNT(A:A)−1”。

3）计算卡方值，在 D10 单元格输入“=(F8)*C2/C1”。

4）结论，分为 α=0.05 水平和 α=0.01 水平，然后在对应的后面单元格 D15 输入“=IF(D10＞D8,"否定" & C6 & ",接受" & E6,"接受" & C6 & ",否定" & E6)”，

在 D16 输入“=IF(D10＞E8,"否定" & C6 & ",接受" & E6,"接受" & C6 & ",否定" & E6)”。

至此，不但解决了一个样本方差同质性检验问题，同时点击保存之后，也制成了一个样本方差同质性检验的 Excel 分析模版。

	A	B	C	D	E	F
1	现有数据	原数据方差σ_1	9.66			
2	2	现有数据方差σ_2	6.77			
3	7					
4	2					
5	3					
6	5	1	无效假设	$\sigma_1=\sigma_2$	备择假设	$\sigma_1\neq\sigma_2$
7	6	2	显著性水平	0.05	0.01	自由度
8	9			16.92	21.67	9
9	4					
10	1	3	计算卡方值	6.304348		
11	2					
12						
13						
14		4	结论	判定结果		
15			0.05	接受无效假设，否定备择假设		
16			0.01	接受无效假设，否定备择假设		

图 7-1　一个样本方差同质性检验的 Excel 操作

二、两个样本方差

（一）自由放牧对建群种短花针茅密度方差的影响

2010 年在内蒙古锡林浩特市苏尼特右旗短花针茅荒漠草原自由放牧区和对照区分别选取 10 个样方（1m×1m）进行测定，测得自由放牧区短花针茅密度分别为 6 丛/m^2、12 丛/m^2、8 丛/m^2、8 丛/m^2、3 丛/m^2、10 丛/m^2、6 丛/m^2、8 丛/m^2、11 丛/m^2 和 5 丛/m^2，对照区分别为 4 丛/m^2、3 丛/m^2、0 丛/m^2、2 丛/m^2、2 丛/m^2、1 丛/m^2、0 丛/m^2、4 丛/m^2、1 丛/m^2 和 1 丛/m^2，试分析自由放牧区与对照区短花针茅密度方差是否同质。

根据两个样本方差的计算公式可知：

$$F=\frac{s_1^2}{s_2^2}=\frac{7.79}{2.18}=3.57$$

式中，s_1^2 和 s_2^2 分别为自由放牧区样本和对照区样本的方差，其样本容量均为 10，则其自由度均为 10−1=9。在显著性水平 α=0.05 时，$F>F_{\alpha=0.05}=3.18$，认为样本方差不是同质的；当显著性水平 α=0.01 时，$F<F_{\alpha=0.01}=5.35$，认为样本方差是同质的。同样，由于方差是表征离散性统计数，因此在 $P<0.05$ 显著水平条件下，

自由放牧导致短花针茅密度变异性大于对照区；在 $P<0.01$ 极显著水平下，自由放牧区与对照区的短花针茅密度变异性没有差异。

（二）两个样本方差同质性检验的 Excel 操作

方差同质性检验在 Excel 中的操作过程见图 7-2。首先在 A 列 A1 单元格输入“自由放牧”几个字，在 B1 单元格输入“对照”二字，在 D1 和 D2 单元格分别输入“自由放牧方差 s_1^2 ”和“对照方差 s_2^2 ”，在 E1 和 E2 单元格分别输入公式“=VAR(A:A)”和“=VAR(B:B)”。

假设检验步骤如下。

1）提出无效假设 H_0：$s_1^2=s_2^2$；备择假设 H_A：$s_1^2 \neq s_2^2$。

2）确定显著性水平分别为 $\alpha=0.05$ 和 $\alpha=0.01$，并给出自由度。在 E6 单元格输入“=FINV(E5,G6,H6)”，在 F6 单元格输入“=FINV(F5,G6,H6)”，在 G6 单元格输入“=COUNT(A:A)−1”，在 H6 单元格输入“=COUNT(B:B)−1”。

3）计算卡方值，在 E7 单元格输入“=E1/E2”。

4）结论，分为 $\alpha=0.05$ 水平和 $\alpha=0.01$ 水平，然后在对应的后面单元格 F9 输入“=IF(E7>E6,"否定" & D4 & ",接受" & F4,"接受" & D4 & ",否定" & F4)”，在 F10 输入“=IF(E7>F6,"否定" & D4 & ",接受" & F4,"接受" & D4 & ",否定" & F4)”。

	A	B	C	D	E	F	G	H
1	自由放牧	对照		自由放牧方差s_1^2	7.79			
2	6	4		对照方差s_2^2	2.18			
3	12	3	计算步骤:					
4	8	0	1	无效假设	$s_1^2=s_2^2$	备择假设	$s_1^2\neq s_2^2$	
5	8	2	2	显著性水平	0.05	0.01	自由度df_1	自由度df_2
6	3	2			3.179	5.351	9	9
7	10	1	3	计算F值	3.5765			
8	6	0	4	结论				
9	8	4		检验结果	0.05	否定无效假设，接受备择假设		
10	11	1			0.01	接受无效假设，否定备择假设		
11	5	1						

图 7-2　两个样本方差同质性检验的 Excel 操作

三、多个样本方差

（一）不同轮牧时间对无芒隐子草密度方差的影响

从 2000 年开始，苏尼特右旗荒漠草原在早期（5 月 1 日）、中期（5 月 22 日）、晚期（6 月 12 日）进行固定时间的轮牧，每次放牧 7 天，至 2010 年 8 月，测定其密度变化情况见表 7-5。试分析不同轮牧时间是否对其方差产生显著性影响

（$P<0.05$）。

表 7-5　不同轮牧时间无芒隐子草密度　　（单位：株/m^2）

重复	对照	早期	中期	晚期
1	6	7	8	4
2	10	2	13	6
3	7	4	15	2
4	9	12	9	4
5	3	7	9	8
6	6	5	11	6
7	4	13	6	3
8	3	11	18	7
9	5	6	15	9
10	3	12	6	4

采用巴特利特检验法，分别计算合并方差 s_p^2 、矫正数 C 和 χ^2 ：

$$s_p^2=\frac{\sum_{i=1}^{k}s_i^2(n_i-1)}{\sum_{i=1}^{k}(n_i-1)}=10.76$$

$$C=1+\frac{1}{3(k-1)}\left[\sum_{i=1}^{k}\frac{1}{n_i-1}-\frac{1}{\sum_{i=1}^{k}(n_i-1)}\right]=1.05$$

$$\chi^2=\frac{2.3026}{C}\left[\lg s_p^2\sum_{i=1}^{k}(n_i-1)-\sum_{i=1}^{k}(n_i-1)\lg s_i^2\right]=4.44$$

在显著性水平 α=0.05 时， $\chi^2<\chi^2_{\alpha=0.05}$=7.82，认为样本方差是同质的。

（二）多个样本方差同质性检验的 Excel 操作

首先，将“Sheet1”工作表命名为“多样本方差的同质性检验”，然后在该工作表内按照图 7-3 的样式排布数据（数据组最多可到 100 组，当然也可以更多）。

	A	B	C	D	E	F	G
1	第1组数	第2组数	第3组数	第4组数	第5组数	第6组数	第7组数
2	6	7	8	4			
3	10	2	13	6			
4	7	4	15	2			
5	9	12	9	4			
6	3	7	9	8			
7	6	5	11	6			
8	4	13	6	3			
9	3	11	18	7			
10	5	6	15	9			
11	3	12	6	4			
12							

图 7-3　数据装载表设计

其次，将“Sheet2”工作表命名为“结果输出”，在 A1～H1 列输入相关的文字内容（图 7-4），A1～A101 输入相关的文字内容（为了以后能够容纳更多的样本数），将每一组与“多样本方差的同质性检验”工作表内的数据组依次对应。在图 7-4 中 B2 单元格输入“=IF(COUNT(多样本方差的同质性检验!A:A)＞=2,VAR(多样本方差的同质性检验!A:A),"")”，在 B3 单元格输入“=IF(COUNT(多样本方差的同质性检验!B:B)＞=2,VAR(多样本方差的同质性检验!B:B),"")”，依次类推，在 B101 单元格输入“=IF(COUNT(多样本方差的同质性检验!CV:CV)＞=2,VAR(多样本方差的同质性检验!CV:CV),"")”。在 C2 单元格输入“=IF(B2＜ ＞"",LOG(B2)，"")”，然后向下拖（注意光标放在该单元格右下角且变为黑色实心十字光标），直到 C101 单元格。在 D2 单元格输入“=COUNT(多样本方差的同质性检验!A:A)”，在 D3 单元格输入“=COUNT(多样本方差的同质性检验!B:B)”，依次类推，直到 D101 单元格输入“=COUNT(多样本方差的同质性检验!CV:CV)”。在 E2 单元格输入“=IF(D2＞0,D2−1,"")”，在 F2 单元格输入“=IF(B2＜ ＞"",E2*B2,"")”，在 G2 单元格输入“=IF(C2＜ ＞"",C2*E2,"")”，在 H2 单元格输入“=IF(B2＜ ＞"",1/E2,"")”，然后选中 E2～H2 向下拖，直到第 101 行。

	A	B	C	D	E	F	G	H
1	数据组	方差	方差对数	样本数	样本数减1	乘值1	乘值2	倒数
2	第1组	6.267	0.797037	10	9	56.40	7.1733	0.111
3	第2组	14.77	1.169282	10	9	132.90	10.524	0.111
4	第3组	16.89	1.227601	10	9	152.00	11.048	0.111
5	第4组	5.122	0.709458	10	9	46.10	6.3851	0.111
6	第5组			0				
7	第6组			0				
8	第7组			0				
9	第8组			0				
10	第9组			0				
11	第10组			0				

图 7-4　多样本方差同质性检验的计算过程

最后，按照合并方差s_p^2、矫正数C和χ^2的计算公式进行计算并作统计推断。在“结果输出”工作表I1～I8单元格内输入相关的文字内容（图7-5）。在J1单元格内输入“=SUM(F:F)/SUM(E:E)”，在J2单元格内输入“=1+1/（3*(COUNT(B:B)−1))*(SUM(H:H)−1/SUM(E:E))”，在J3单元格内输入“=2.3026/J2*((LOG(J1)*SUM(E:E))−(SUM(G：G)))”，在J4单元格内输入“=COUNT(B:B)−1”，在J5和K5单元格分别输入0.05和0.01，然后在J6和K6单元格分别输入“=ROUND(CHIINV(J5,J4),3)”和“=ROUND(CHIINV(K5,J4),3)”，在J7和J8单元格分别输入0.05和0.01，在K7和K8分别输入“=IF(J3＞J6，"样本方差不是同质的"，"样本方差是同质的")”和“=IF(J3＞K6，"样本方差不是同质的"，"样本方差是同质的")”。

	I	J	K	L
1	合并方差 s^2_p=	10.76111		
2	计算C值C=	1.046296		
3	计算卡方值χ^2=	4.43763		
4	自由度df=	3		
5	卡方表值	0.05	0.01	
6		7.815	11.345	
7	结论	0.05	样本方差是同质的	
8		0.01	样本方差是同质的	

图7-5　多样本方差计算结果输出

四、方差同质性检验的统计学意义及其应用角度分析

（一）统计学意义

方差同质性检验（方差齐性检验）是方差分析前提假设的3个必备条件之一（另外两个为模型的线性可加性和样本观测数据分布的正态性），同质性检验结果认为不同样本具有相同的方差，首先承认各样本方差来自同一总体；其次是保证方差分析过程中均值比较差异是由试验因素或水平导致的，而不是总体不同导致的。当方差同质性检验不通过时，认为各样本方差来自不同总体，方差分析过程的均值比较差异（显著性水平$P<0.05$或$P<0.01$）无法解释，无法区分这种差异究竟是总体不同导致的还是试验因素或水平不同导致的。因此，对于方差分析来讲，主要是保证各样本来源于同一总体。

（二）应用角度分析

方差同质性检验采用的是样本观测的方差，其在表征数据集中性和离散性方

面属于离散性（也叫变异性），对于不同样本的不同观测数据，尽管存在变异系数这一表征离散性指标，但由于变异系数缺乏相应的统计学检验方法，因此可用该方法检验不同样本观测数据的变异程度。样本方差的计算公式为

$$s^2 = \frac{\sum (x - \overline{x})^2}{n-1}$$

因此，单样本方差的同质性检验（同质）可理解为样本观测离均差与总体一样，即其数据变异程度与总体的变异程度相同，反之，如果检验未通过，当样本方差小于待比方差时，认为样本观测数据的变异程度较低，否则认为样本观测数据的变异程度较高。两个样本方差检验是同质的，则认为两个样本数据的变异程度相同，多个样本方差检验与该解释相同。

第三节　适合性检验

比较观测数与理论数是否符合的假设检验称为适合性检验。这种方法是先通过一定的理论分布推算出样本的理论值，然后将实际观测值与理论值进行比较，从而得出实际观测值与理论值之间是否吻合的结论，因此适合性检验也称为吻合性检验或拟合优度检验。

一、大豆花色是否符合 3∶1 的比率

进行大豆花色的遗传研究时，共观测 F_2 代 289 抹，其中紫色 208 抹，白色 81 株。试检验大豆花色分离是否符合 3∶1 的分离规律（李春喜等，2013）。

根据表 7-1 计算统计数 χ^2 值：

$$\chi^2 = \frac{(|A - 3a| - 2)^2}{3n} = \frac{(|208 - 3 \times 81| - 2)^2}{3 \times 289} = 1.256$$

在 0.05 显著性水平下，$\chi^2 < \chi^2_{\alpha=0.05} = 3.84$，因此认为大豆花色 F_2 代性状分离符合 3∶1 比率。

二、应用角度分析

根据遗传学特性，观测某一性状或植物学特征是否符合某一遗传比率，采用观测计数，分析其 F_2 代的性状分离特性，通过表型性状分析遗传性状，进而得到相关的遗传信息，为后续在遗传方面的研究提供数据信息。

第四节　独立性检验

一、2×2 列联表

（一）短花针茅与无芒隐子草种间关联分析

2011 年 8 月，在荒漠草原内选择一个代表性样地，按机械取样方法进行正方形取样，每 10m 设置 1 个 1 m×1m 样方，样方数为 100 个，即取样面积为 8100m²，调查每一样方内建群种短花针茅和优势种无芒隐子草株丛数。试分析两个种群之间是否存在种间关联（数据见表 7-6）。

根据 2×2 列联表卡方计算式的计算结果如下：

$$\chi_c^2=\sum_{i=1}^{2}\sum_{j=1}^{2}\frac{(|O_{ij}-E_{ij}|-0.5)^2}{E_{ij}}=4.04$$

在显著性水平（$P<0.05$=条件下，$\chi_c^2>\chi_{\alpha=0.05}^2=3.84$，认为短花针茅与无芒隐子草存在显著性的种间关联；在极显著性水平（$P<0.01$）条件下，$\chi_c^2<\chi_{\alpha=0.01}^2=6.63$，认为短花针茅与无芒隐子草不存在极显著性的种间关联。

表 7-6　种群存在与否的列联表　（单位：丛/m²）

短花针茅	无芒隐子草		总和
	存在	不存在	
存在	60（56.1）	6（9.9）	66
不存在	25（28.9）	9（5.1）	34
总和	85	15	100

注：括号内为理论值

2×2 列联表本身是判断两个事件之间是否存在关联性，但具体是正关联还是负关联难以判断，因此如果仅是判断有无关联性，可直接采用经典的 2×2 列联表卡方计算式进行计算，若要判断正负关联则需改进计算过程。

（二）种间关联分析的 2×2 列联表

正负关联主要是根据观测值和理论值之间的差异进行判断，正关联强度和负关联强度可通过显著性水平来判定。在《数量生态学》中，张金屯（2011）指出，依据物种 A 和物种 B 均存在的样方数来判定，如果观测值大于计算得到的理论值，两个事件的关联性为正关联，否则为负关联。关联强度的判定标准为 $P\leqslant0.01$ 认为存在极显著的关联，$0.01<P\leqslant0.05$ 认为存在显著的关联，$P>0.05$ 认为存在关联，此外还有一种无关联情况，根据张金屯给的示例应该是 P−1 的检验标准。

作者认为，种间关联的正负性判断依然采用张金屯《数量生态学》中的判定标准，即依据物种 A 和物种 B 均存在的样方数来判定，如果观测值大于计算得到的理论值，两个种群的关联性为正关联，否则为负关联。关联强度的判定与其有所不同，在分开正负关联的条件下，$P \leqslant 0.01$ 认为存在极显著的关联，$0.01 < P \leqslant 0.05$ 认为存在显著的关联，$0.05 < P \leqslant 0.50$ 认为存在关联，$P > 0.05$ 则认为无关联（根据统计检验的概率水平划分）。因此种对关系可以分为 7 种，极显著正关联（种间关系上常称为种间联结）、显著正关联、存在正关联、极显著负关联、显著负关联、存在负关联和无关联。

根据上述实例可知，因为观测值（60）大于理论值（56.1），所以短花针茅植物种群与无芒隐子草植物种群存在种间正关联，又由于卡方计算结果 4.04 大于 $\chi^2_{\alpha=0.05}=3.84$，同时小于 $\chi^2_{\alpha=0.01}=6.63$，因此短花针茅植物种群与无芒隐子草植物种群存在显著关联，结合正负关联和显著差异，同时依据专业术语，认为短花针茅植物种群与无芒隐子草植物种群存在显著的种间正联结（$P<0.05$），即其密度空间分布存在显著的正关联关系（$P<0.05$）。

（三）2×2 列联表的 Excel 和 SAS 操作

1. 2×2 列联表的 Excel 设计

首先在相关的文字部位输入文字内容（图 7-6）；在 D3 单元格输入“=SUM(B3:C3)”，在 D4 单元格输入“=SUM(B4:C4)”；在 B5 单元格输入“=SUM(B3:B4)”，在 C5 单元格输入“=SUM(C3:C4)”；在 D5 单元格输入“=SUM(B5:C5)”。

其次理论值计算部分输入内容分别如下：在 B8 单元格输入“=D3*B5/D5”，在 B9 单元格输入“=B5*D4/D5”，在 C8 单元格输入“=D3*C5/D5”，在 C9 单元格输入“=C5*D4/D5”，在 D8 单元格输入“=SUM(B8:C8)”，在 D9 单元格输入“=SUM(B9:C9)”，在 B10 单元格输入“=SUM(B8:B9)”，在 C10 单元格输入“=SUM(C8:C9)”，在 D10 单元格输入“=SUM(B8:C9)”。

最后，在 F2 单元格直接输入 1，在 F3、F4、G3 和 G4 单元格分别输入图 7-6 中的内容，在 G6 单元格输入“=(abs(B3−B8)−0.5)^2/B8+(abs(C3−C8)−0.5)^2/C8+(abs(B4−B9)−0.5)^2/B9+(abs(C4−C9)−0.5)^2/C9”，在 G7 单元格输入“=(abs(B3*C4−C3*B4)−D5/2)^2*D5/(D3*D4*B5*C5)”，其中 G7 单元格的计算公式如下。

$$\chi^2 = \sum \frac{(|O_{11}O_{22} - O_{12}O_{21}| - T/2)^2 T}{R_1 R_2 C_1 C_2}$$

在 G9 单元格输入“=IF(G6>F4，"A 与 B 存在显著的相关性"，"A 与 B 不存在显著的相关性")”，在 G10 单元格输入“=IF(G6>G4，"A 与 B 存在极显著的相关性","A 与 B 不存在极显著的相关性")”。

点击 Excel 保存按钮后，就制作成了 2×2 列联表的 Excel 模版，每次只是在 B3、B4、C3 和 C4 单元格输入数据，其他均自动计算，结果一目了然。但是，对于植物种群种间联结计算过程，模版操作略显不足，这是因为 15 个植物种群的种间联结需要计算 105 次 2×2 列联表，即使存在模版操作，也会导致计算过程的可操作性降低，此时 VBA 编程技术就会显示出其优越性。

	A	B	C	D	E	F	G	H	I
1	原始数据								
2	条件AB	有A	无A	总和	自由度:	1			
3	有B	60	6	66		0.05	0.01		
4	无B	25	9	34	卡方表值	3.84	6.63		
5	总和	85	15	100					
6	理论值				卡方值	计算1	4.040404		
7	条件AB	有A	无A	总和		计算2	4.040404		
8	有B	56.1	9.9	66					
9	无B	28.9	5.1	34	结论	0.05	A与B存在显著的相关性		
10	总和	85	15	100		0.01	A与B不存在极显著的相关性		

图 7-6　2×2 列联表的 Excel 设计

2. 2×2 列联表的 SAS 程序设计

（1）SAS 程序设计

```
DATA GG;
INPUT A$ B$ C;
CARDS;
1   1   60
1   2   25
2   1   6
2   2   9
;
PROC FREQ;
TABLES B*A/MEASURES NOPCT NOCOL NOROW CHISQ EXPECTED;
WEIGHT C;
RUN;
```

（2）SAS 结果输出

```
                SAS 系统
            FREQ PROCEDURE
              表 - B * A(1)
B          A
频数      |
期望      |1          |2          |   合计
------------+-----------+-----------+
1           |        60 |         6 |    66
            |      56.1 |       9.9 |
```

```
------------+----------+-----------+
2           |     25 |      9 |     34
            |   28.9 |    5.1 |
------------+----------+-----------+
合计            85        15       100
```

表 (B * A) 的统计量(2)

统计量	自由度	值	概率
卡方	1	5.3161	0.0211
似然比卡方	1	5.0312	0.0249
连续校正卡方	1	4.0404	0.0444
Mantel-Haenszel 卡方	1	5.2630	0.0218
Phi 系数		0.2306	
列联系数		0.2247	
Cramer V 统计量		0.2306	

Fisher 精确检验(3)

单元格 (1,1) 频数 (F)	60
左侧 Pr <= F	0.9945
右侧 Pr >= F	0.0244
表概率 (P)	0.0188
双侧 Pr <= P	0.0358

统计量(4)	值	渐近标准误差
Gamma	0.5652	0.1968
Kendall Tau-b	0.2306	0.1043
Stuart Tau-c	0.1560	0.0757
Somers D C|R	0.1738	0.0835
Somers D R|C	0.3059	0.1358
Pearson 相关系数	0.2306	0.1043
Spearman 相关系数	0.2306	0.1043
Lambda 非对称 C|R	0.0000	0.0000
Lambda 非对称 R|C	0.0882	0.1088
Lambda 对称	0.0612	0.0758
不确定系数 C|R	0.0595	0.0525
不确定系数 R|C	0.0392	0.0353
不确定系数对称	0.0473	0.0421

相对风险的估计值（行 1/行 2）(5)

研究类型	值	95% 置信限	
案例对照（优比）	3.6000	1.1589	11.1831
Cohort（第 1 列风险）	1.2364	0.9966	1.5339

Cohort（第 2 列风险）	0.3434	0.1333	0.8849

样本大小 = 100(6)

SAS 输出结果说明如下。

1）卡方统计的观测数据和理论数据汇总表。

2）列联表的统计量，TABLES 选项“/”后 CHISQ 关键字输出结果。

3）Fisher 精确检验，TABLES 选项“/”后 CHISQ 关键字输出结果。

4）对每层的二维表计算一系列关联指标及相应的标准误，TABLES 选项“/”后 MEASURES 关键字输出结果。

5）相对风险的估计值，TABLES 选项“/”后 MEASURES 关键字输出结果。

6）输出总样本大小。

（四）关联分析在种间关系中的应用

1. 试验设计

放牧试验从 2010 年开始，设 2 种放牧方式（SA1、SA2），SA1 为春季休牧（5、6 月）+夏季（7、8 月）重度放牧+秋季（9、10 月）适度放牧；SA2 为春季（5、6 月）休牧+夏季（7、8 月）适度放牧+秋季（9、10 月）重度放牧；另设一个对照处理（CK，全年禁牧或全年未放牧），各处理均设 3 个重复小区，随机安排在 3 个不同的区组内。放牧试验地总面积为 23.4hm^2，每个试验小区（重复区）面积为 2.6hm^2。其中休牧、适度放牧和重度放牧小区分别放牧苏尼特羊 0 只、5 只和 8 只，折算成载畜率分别为 0.00 只/（hm^2·a）、0.96 只/（hm^2·a）和 1.54 只/（hm^2·a）。

2. 取样方法

于 2013 年 8 月在各放牧区代表性地段内随机选取 20 个 1m×1m 样方，共 60 个样方，统计各植物种群出现的频度，并对各种群进行频度检验。

3. 种间关联分析方法

（1）种间关联分析

种间关系的定性分析采用种对间关联分析法（张金屯，2011），并根据列联表（表 7-7）计算。

表 7-7　两个物种存在与否的 2×2 列联表

种 *A*	种 *B*		总和
	出现的样方数	不出现的样方数	
出现的样方数	*a*	*b*	*a*+*b*
不出现的样方数	*c*	*d*	*c*+*d*
总和	*a*+*c*	*b*+*d*	*a*+*b*+*c*+*d*

a、b、c、d 理论值的计算：$a'=\frac{(a+b)(a+c)}{N}$，$b'=\frac{(a+b)(b+d)}{N}$，$c'=\frac{(a+c)(c+d)}{N}$，$d'=\frac{(a+d)(c+d)}{N}$，N为样方总数。如果 $a>a'$，则两个物种为正关联；若 $a<a'$，则两个物种为负关联。其显著性检验卡方值计算如下：

卡方值的计算：$\chi^2=\frac{(a-a')^2}{a'}+\frac{(b-b')^2}{b'}+\frac{(c-c')^2}{c'}+\frac{(d-d')^2}{d'}$，根据卡方值判断种对关联的显著性。

（2）群落总体关联性分析

总体关联性分析（张金屯，2011）是指一个群落中所有物种的关系，其计算式为：$\mathrm{VR}=\frac{S_T^2}{\sigma_T^2}$，其中，$\sigma_T^2=\sum_{i=1}^{S}P_i(1-P_i)$，$S_T^2=\frac{1}{n}\sum_{i=1}^{N}(T_j-t)^2$，$P_i=\frac{n_i}{N}$，这里 S 为调查地区总物种数，N 为总样方数，n_i 为物种 i 出现的样方数，P_i 为物种出现的频度，T_j 为样方 j 出现的物种总数，t 为全部样方中物种的平均数，S_T^2 为所有样方物种数的方差，σ_T^2 为所有物种出现频度的方差。VR 为期望值，若 VR＞1，种间总体呈正关联；若 VR=1，种间总体无关联；若 VR＜1，种间总体呈负相关。其显著性检验 W 值计算式为：W=VR×N。W 服从卡方分布（df=N−1）。

4. 种间关联结果分析

（1）不同处理区植物种群的存在状况

对各处理区内的植物种群进行调查，结果如表 7-8 所示。共发现植物种群 27 种，这些植物种群以不同的组合方式出现在不同的处理区内。在 SA1 处理区内，共发现植物种群 23 种，比研究系统总植物种群数少 4 种，这 4 种植物种群分别为冷蒿、冬青叶、兔唇花、画眉草和细叶鸢尾。在 SA2 处理区内，共发现植物种群 22 种，未出现植物种群 5 种，分别是蒺藜、戈壁天门冬、拐轴鸦葱、扁蓿豆和细叶鸢尾。在 CK 处理区内，共发现植物种群 21 种，比研究系统总植物种群数少 6 种，分别为蒺藜、冬青叶、兔唇花、画眉草、扁蓿豆、糙隐子草和米果芹。从各处理区内平均物种数来看，每平方米植物种群为 7～10 种，经 ANOVA 方差分析发现，物种数由多到少依次为 SA1＞SA2＞CK（P＜0.05），表明经过春季休牧后，不管放牧强度如何变化均会使处理区内单位面积的物种数增加，且 SA1 的放牧方式下单位面积植物种群数最多。

（2）不同放牧方式下植物种群出现频率

为了探讨春季休牧后放牧对处理区内植物种群种间关系的影响，选择各处理区内均存在的 15 种植物种群进行频率统计，结果如表 7-9 所示。建群种短花针茅

表 7-8　不同处理区内植物种群存在状况

植物种群	处理区		
	SA1	SA2	CK
短花针茅 *Stipa breviflora*	√	√	√
无芒隐子草 *Cleistogenes songorica*	√	√	√
碱韭 *Allium polyrhizum*	√	√	√
银灰旋花 *Convolvulus ammannii*	√	√	√
寸草苔 *Carex duriuscula*	√	√	√
狗尾草 *Setaria viridis*	√	√	√
黄耆 *Astragalus membranaceus*	√	√	√
蒺藜 *Tribulus terrestris*	√	×	×
狭叶锦鸡儿 *Caragana stenophylla*	√	√	√
冷蒿 *Artemisia frigida*	×	√	√
蒙古韭 *Allium mongolicum*	√	√	√
野韭 *Allium tuberosum*	√	√	√
木地肤 *Kochia prostrata*	√	√	√
戈壁天门冬 *Asparagus gobicus*	√	×	√
冬青叶兔唇花 *Lagochilus ilicifolius*	×	√	×
细叶韭 *Allium tenuissimum*	√	√	√
栉叶蒿 *Neopallasia pectinata*	√	√	√
猪毛菜 *Salsola collina*	√	√	√
阿尔泰狗娃花 *Heteropappus altaicus*	√	√	√
茵陈蒿 *Artemisia capillaris*	√	√	√
画眉草 *Eragrostis pilosa*	×	√	×
拐轴鸦葱 *Scorzonera divaricata*	√	×	√
扁蓿豆 *Medicago ruthenica*	√	×	×
糙隐子草 *Cleistogenes squarrosa*	√	√	×
米果芹 *Sphallerocarpus gracilis*	√	√	×
细叶鸢尾 *Iris tenuifolia*	×	×	√
克氏针茅 *Stipa krylovii*	√	√	√
平均物种数（种/m^2）	9.35±1.87a	8.15±1.60b	7.06±1.40c

注：不同小写字母表示多重比较结果差异显著（P<0.05），下同

表 7-9　植物种群在样方中出现的频率

序号	植物种群	植物种群在调查样方中出现的频率（%）		
		SA1	SA2	CK
1	短花针茅 *Stipa breviflora*	85.00a	88.33a	66.67b
2	无芒隐子草 *Cleistogenes songorica*	96.67a	86.67a	85.00a
3	碱韭 *Allium polyrhizum*	98.33a	81.67b	98.33a

续表

序号	植物种群	植物种群在调查样方中出现的频率（%）		
		SA1	SA2	CK
4	银灰旋花 *Convolvulus ammannii*	95.00a	86.67a	66.67b
5	寸草苔 *Carex duriuscula*	55.00a	15.00b	36.67a
6	黄耆 *Astragalus membranaceus*	75.00a	55.00b	15.00c
7	狭叶锦鸡儿 *Caragana stenophylla*	61.67a	26.67b	51.67a
8	蒙古韭 *Allium mongolicum*	15.00a	15.00a	11.67a
9	野韭 *Allium tuberosum*	33.33a	15.00b	13.33b
10	木地肤 *Kochia prostrata*	21.67a	38.33a	35.00a
11	细叶韭 *Allium tenuissimum*	43.33b	38.33b	75.00a
12	栉叶蒿 *Neopallasia pectinata*	61.67a	63.33a	46.67a
13	猪毛菜 *Salsola collina*	46.67c	73.33b	98.33a
14	阿尔泰狗娃花 *Heteropappus altaicus*	33.33a	23.33ab	13.33b
15	茵陈蒿 *Artemisia capillaris*	93.33a	85.00a	11.67b

出现的频率在各处理区内的变动范围为66.67%～88.33%，变动幅度为21.66个百分点。优势种群无芒隐子草在不同处理区出现频率的变动范围为85.00%～96.67%，变动幅度为11.67个百分点。优势种群碱韭在不同处理区出现频率的变动范围为81.67%～98.33%，变动幅度为16.66个百分点，因此变动幅度为短花针茅＞碱韭＞无芒隐子草。从不同处理区之间的频率假设检验来看，春季休牧较对照频率显著增加的植物种群有短花针茅、银灰旋花、黄耆和茵陈蒿；出现频率较对照无显著变化的植物种群有无芒隐子草、蒙古韭、木地肤和栉叶蒿；出现频率较对照显著降低的植物种群有细叶韭和猪毛菜；其他植物种群出现频率因春季休牧后放牧强度不同而存在差异。由此可见，不同植物种群对春季休牧后放牧的响应不同。

（3）种间关联半矩阵图

对以上15种植物种群进行种间关联计算，绘制种间关联半矩阵图（图7-7）。主要植物种群短花针茅、无芒隐子草和碱韭的种间关联表现如下，春季休牧后无论放牧强度如何变化，短花针茅与碱韭均存在一定程度的负关联（$0.05<P\leqslant0.50$）；短花针茅与无芒隐子草只有在CK处理区内存在正关联（$0.01<P\leqslant0.50$），其他试验处理条件下两个物种均未表现出种间关联性；无芒隐子草和碱韭的种间关联性比较特殊，正关联（CK）、无关联（SA2）和负关联（SA1）均出现，表明不同放牧方式下无芒隐子草和碱韭的种间关联性可以转化。

综合来看，3个主要植物种群种间关联性整体表现如下：建群种短花针茅与优势种无芒隐子草受放牧干扰后，种间关联性消失；建群种短花针茅与优势种碱

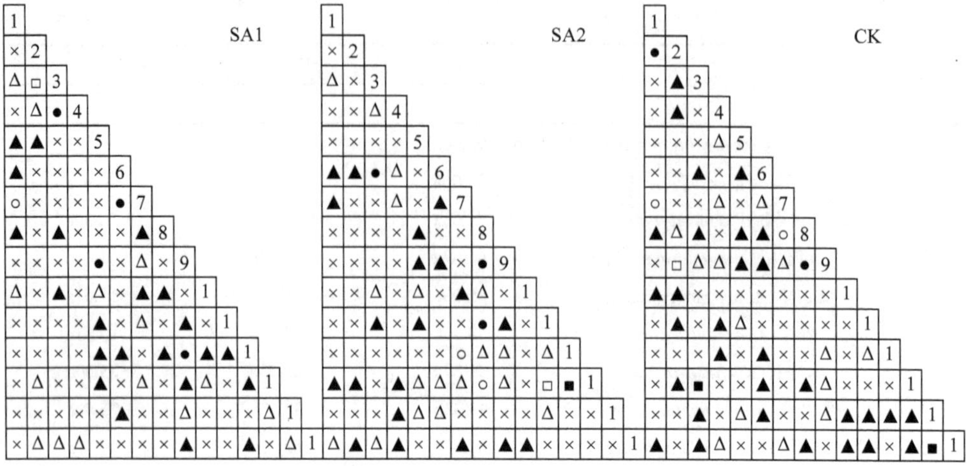

图 7-7　种间关联半矩阵图

“■”表示极显著正关联，$P\leqslant0.01$；“●”表示显著正关联，$0.01<P\leqslant0.05$；“▲”表示存在正关联，$0.05<P\leqslant0.50$。“□”表示极显著负关联，$P\leqslant0.01$；“○”表示显著负关联，$0.01<P\leqslant0.05$；“Δ”表示存在负关联，$0.05<P\leqslant0.50$

韭受放牧影响呈现出弱的负关联，优势种无芒隐子草与优势种碱韭种间关联性受放牧影响可在竞争与亲和作用间进行转化。相对于 CK 而言，SA1 处理区种间关联性无变化的种对有 39 对，关联性消失的种对有 31 对，在竞争与亲和作用间转化的种对有 13 对，关联性增强或弱化的种对有 22 对；SA2 处理区种间关联性无变化的种对有 40 对，关联性消失的种对有 30 对，在竞争与亲和作用间转化的种对有 11 对，关联性增强或弱化的种对有 24 对，但 SA1 和 SA2 处理区种对种间关联的响应并不完全一致。由此可见，种间关联性的变化因植物种对和放牧利用方式不同而表现复杂。

（4）种间关联的种对数

将种间关联的种对数进行汇总（表 7-10）。达到显著性水平（$P\leqslant0.05$）的正关联种对数在 SA1、SA2 和 CK 处理区内分别为 4 对、4 对和 4 对，如果将显著性水平放大到 $P\leqslant0.50$，则各处理区内正关联的种对数分别为 26 对、24 对和 35 对，这一结果表明，经春季休牧后，无论放牧强度如何变化，均会使正关联的种对数减少，且 SA2 处理区较 SA1 处理区正关联的种对数下降幅度大。

表 7-10　种间关联的种对数

处理区	正关联			负关联			无关联
	$P\leqslant0.01$	$0.01<P\leqslant0.05$	$0.05<P\leqslant0.50$	$P\leqslant0.01$	$0.01<P\leqslant0.05$	$0.05<P\leqslant0.50$	$P>0.50$
SA1	0	4	22	1	1	15	62
SA2	1	3	20	1	2	19	59
CK	2	2	31	1	2	15	52

在 SA1、SA2 及 CK 处理区内，达到显著性水平（$P \leqslant 0.05$）的负关联种对数分别为 2 对、3 对和 3 对，如果将显著性水平同样放大到 $P \leqslant 0.50$，则各处理区内负关联的种对数分别为 17 对、22 对和 18 对，由此可知，SA2 处理会导致负关联的种对数明显增多。

SA1、SA2 和 CK 处理区内，无关联的种对数分别为 62 对、59 对和 52 对。结合正关联和负关联的种对数可以看出，SA1 处理方式无关联的种对数最多，SA2 处理方式负关联的种对数最多，CK 处理方式正关联的种对数最多，这说明春季休牧以后，无论放牧强度如何变化，均会导致群落物种正关联的种对数减少，由于正关联代表亲和性（负关联代表竞争性），且正关联的种对数 SA2＜SA1（负关联的种对数 SA2＞SA1），说明 SA2 处理较 SA1 处理更能够导致植物种群种间激烈竞争。

（5）种间总体关联性

根据植物种群数据计算物种数方差、频度方差和总体联结指数（表 7-11）。SA1 和 SA2 处理区呈显著正关联性，表明春季休牧使植物群落总体呈正关联；CK 处理区总体关联性指数为 0.89，物种总体呈负关联。这说明春季休牧后，无论放牧强度如何变化，群落物种总体关联性都会增强，即种间亲和作用会增加；另外，SA2 处理区群落总体关联指数略大于 SA1 处理区，但未达到显著性水平，说明 SA2 处理下更需要群落种群通过协同作用来抵御放牧干扰。

表 7-11 植物种群总体关联性

处理区	总体参数		总体关联性 VR
	物种数方差 S_T^2	频度方差 σ_T^2	
SA1	3.49	2.62	1.33*
SA2	3.97	2.74	1.45*
CK	1.94	2.17	0.89

5. 关于种间关联的探讨

关于荒漠草原种间关系的研究，有以下几个观点：首先，荒漠草原植物种群旱生化明显，种间关联性较弱，群落稳定性较低且处于演替过程之中（锡林塔娜，2009；李潮等，2013）；其次，荒漠草原植物种群在低放牧强度和划区轮牧条件下，种间关系相对稳定（方楷等，2012；希吉日塔娜等，2013）；最后，植物种群种间关系存在不对称性，种间关系会因外界干扰不同产生不同程度的响应和结果（锡林塔娜等，2008；方楷等，2012；希吉日塔娜等，2013）。本研究结果显示，无论放牧方式如何，种间关联呈显著相关的种对数较少，因此印证了荒漠草原种间关联性较弱这一观点，其与李潮等（2013）和锡林塔娜等（2008）的研究结果一致。植物群落物种总体关联性在 SA1 和 SA2 处理区表现显著；而在 CK 处理区内不显著，且呈现弱的负关联，说明春季休牧可维持种间关系相对稳定，这与前人的研究成果一致（锡林塔娜等，2008；方楷等，2012；希吉日塔娜等，2013）。种间关系存在不对称性（希吉日塔娜等，2013），不仅与分析方法有关，也与植物种群本身的生物学特性和资源竞争能力有关，但这不是本研究关注的重点。

3 个主要植物种群的种间关系受放牧影响，其种间关联存在多种变化形式，这与吕世杰等（2014）的研究结果一致，他认为植物种群的种间关系首先存在密度效应，在受到外界干扰的情况下，密度效应可能消失；因植物种对或干扰条件不同，植物种间关系可以有多种表现形式。本研究采用种群频度分析种间关联度，尽管不能查验密度效应，但同样得出植物种间关系可以有多种表现形式这一结论。根据春季休牧可维持种间关系相对稳定这一结论（锡林塔娜等，2008；方楷等，2012；希吉日塔娜等，2013），结合本研究结果可以得出，休牧后的放牧强度、利用方式等也会导致群落物种种间关联的种对数、群落物种总体联结性发生变化，因此单纯从春季休牧与否判定种间关系是否稳定应该慎重。

对植物种对间的关联性进行研究，得到 CK 处理区植物种群间主要以弱的正关联为主，春季休牧后 SA1 放牧方式下无关联的种对数较多，SA2 放牧方式下负关联的种对数较多。然而，植物种群总体关联性却在 CK 处理区表现出弱的负关联（总体关联指数小于 1），即种群间总体上呈竞争关系，但 SA1 处理区和 SA2 处理区种群间总体上呈显著的正关联（$P<0.05$），即种群总体上呈亲和关系，且在数值上 SA2 处理区大于 SA1 处理区。主要原因是，不存在放牧干扰时，群落内植物种群生长限制主要来自资源限制，无放牧干扰会使植物群落种群因占有资源能力不同而产生竞争作用，群落种群总体表现竞争作用；春季休牧后，当存在放牧干扰时，家畜的选择性采食、践踏、游走等牧食行为成为限制植物种群生长的关键因素，资源的限制作用降低，植物种群为维持其在群落中的地位和作用，在长期的进化过程中形成了协同促进作用来抵御放牧干扰，使得群落种群总体上呈正的关联性，即亲和关系得以体现；这与吕世杰等（2014）的研究结果一致。尽管如此，SA2 处理区群落物种表现出更高的亲和关系和更多的种对竞争关系，仍然对草地可持续利用不利，原因是首先植物种群会消耗更多的能量来维持这种特殊的种间关系，其次秋季重牧会导致部分植物种群有性繁殖能力消失，所以单纯的春季休牧不是保护草地可持续利用的有效方法；休牧后选择合适的放牧方式，才是制定草地可持续利用方案的优选途径。

二、2×*c* 列联表

（一）不同覆土厚度对蒙古栎出苗的影响

试验地位于呼伦贝尔市蚕业科学研究所，为考察覆土厚度对蒙古栎出苗的影响，采用 3 个土层厚度（分别为 1cm、2cm 和 3cm）对其进行考察，试验小区面积设置为 1.5m×5m，播种量为 2600g，种子粒数为 1201 粒，种子不作任何处理。其他水肥等条件基本一致。测定数据见表 6-3，试分析 3 个土层厚度的蒙古栎出苗情况是否存在显著差异（计算过程及结果参见表 6-3 分析过程）。

具体各土层之间的差异情况，可以采用样本频率假设检验进行进一步分析，也可以拆分为 3 个 2×2 列联表检验其关联性是否显著。

（二）2×*c* 列联表检验的 Excel 操作

首先，进行原始数据区域设计。在相应的单元格输入文字信息。在 D3～D32 单元格分别输入“=IF(Bn＜＞"",SUM(Bn:Cn),"")”，其中 n=3,4,…,32；在 B33 和 C33 单元格分别输入“=IF(COUNT(B3:B32)＞1，SUM(B3:B32))”和“=IF(COUNT(C3:C32)＞1，SUM(C3:C32))”；在 D33 单元格输入“=IF(COUNT(D3:D32)＞1，SUM(D3:D32))”。因此此数据表最多可分析 2×30 列（图 7-8）。

	A	B	C	D
1	原始数据			
2	因素	出现状况	未出现状况	总和
3	因素1	289	912	1201
4	因素2	346	855	1201
5	因素3	304	897	1201
33	总和	939	2664	3603

图 7-8　2×*c* 列联表原始数据排布

其次，理论值计算及中间过程计算。先按照图 7-9 输入相关的文字内容。在 G3～G32 单元格分别输入“=IF(Bn＜＞"",Dn*B$33/$D$33,"")”，在 H3～H32 单元格分别输入“=IF(Cn＜＞"",Dn*C$33/$D$33,"")”，其中 n=3,4,…,32；在 I3～I32 输入“=IF(Gn＜＞"",SUM(Gn:Hn),"")” n=3,4,…,32；在 J3～J32 和 K3～K32 单元格分别输入“=IF(AND(Bn＜＞"",Gn＜＞""),(Bn−Gn)^2/Gn,"")”和“=IF(AND(Cn＜＞"",Hn＜＞""),(Cn−Hn)^2/Hn,"")”，其中 n=3,4,…,32；在 L3～L32 单元格输入“=IF(Bn＜＞"",Bn^2/Dn,"")”，其中 n=3,4,…,32。

	F	G	H	I	J	K	L
1	理论值				中间值1		中间值2
2	因素	出现状况	未出现状况	总和			
3	因素1	313.0000	888.0000	1201	1.8403	0.6486	69.54
4	因素2	313.0000	888.0000	1201	3.4792	1.2264	99.68
5	因素3	313.0000	888.0000	1201	0.2588	0.0912	76.95
33	总和	939.0000	2664.0000	3603			

图 7-9　2×*c* 列联表理论值及中间过程计算

最后，先按照图 7-10 输入相关的文字内容。在 O5 单元格输入“=CHIINV(O4,Q5),3”，在 P5 单元格输入“=CHIINV(P4,Q5),3”，在 Q5 单元格输入“=COUNT(B3:B32)−1”，在 O6 单元格输入“=SUM(J3:K32)”，在 O7 单元格输入“=D33^2/(B33*C33)*(SUM(L3:L32)−B33^2/D33)”，在 P8 单元格输入“=IF(O6>O5，"接受备择假设，即各因素之间存在差别"，"接受无效假设，即各因素之间无差异")”，在 P9 单元格输入“=IF(O6>P5，"接受备择假设，即各因素之间存在差别"，"接受无效假设，即各因素之间无差异")”。

	M	N	O	P	Q	R	S
1							
2	1	无效假设	因素之间无差异				
3		备择假设	因素之间存在差异				
4	2	显著性水平	0.05	0.01	自由度		
5			5.991	9.210	2		
6	3	计算法1	7.5445				
7		计算法2	7.5445				
8	4	结论	0.05	接受备择假设，即各因素之间存在差别			
9			0.01	接受无效假设，即各因素之间无差异			

图 7-10　2×*c* 列联表统计推断结果

（三）2×*c* 列联表检验的 SAS 操作

1. SAS 程序

```
DATA GG;
INPUT A$ B$ C;
CARDS;
1    1    289
1    2    912
2    1    346
2    2    855
3    1    304
3    2    897
;
PROC FREQ;
TABLES A*B/NOPCT NOCOL NOROW CHISQ EXPECTED;
WEIGHT C;
RUN;
```

2. SAS 输出结果

SAS 系统

FREQ 过程

A * B 表

A　　　　B

频数 期望值	1	2	合计
1	289 313	912 888	1201
2	346 313	855 888	1201
3	304 313	897 888	1201
合计	939	2664	3603

A * B 表的统计量

统计量	自由度	值	概率
卡方	2	7.5445	0.0230
似然比卡方	2	7.4891	0.0236
Mantel-Haenszel 卡方	1	0.4860	0.4857
Phi 系数		0.0458	
列联系数		0.0457	
Cramer 的 V		0.0458	

样本大小 = 3603

综合来看，试验处理的 3 个覆土厚度对蒙古栎出苗数的影响存在显著差异，这种表述是基于 3 个土层厚度的影响强度，由于是列联表分析，更为准确的表述应该为：不同覆土厚度与蒙古栎出苗数存在显著关联性，但具体 3 个覆土厚度对蒙古栎出苗数的影响大小，不能仅凭出苗数判断。如果要分析三者之间的差异，建议采用双样本频率检验，不建议采用 2×2 列联表，从表述上和统计学意义来看，列联表只是判断关联性，尽管列联表也能显示出差异性，但与分析目标和表述情况相违背，所以采用双样本频率检验更符合实际指导意义。

三、$r \times c$ 列联表

（一）不同利用方式对荒漠草原株丛大小的影响

2005 年对锡林浩特市苏尼特右旗荒漠草原进行调查，主要植物种群短花针茅按照大（基部丛径＞10cm）、中（基部丛径 5～10cm）、小丛（基部丛径≤5cm）计数（表 7-12），每个小区调查 1 个样带，样带面积为 $10m^2$，试分析不同利用方式对其株丛大小是否存在显著影响。

表 7-12 短花针茅植物种群在不同利用方式下的株丛变化（单位：株/10m^2）

株丛	休牧	自由放牧	禁牧
大丛	10	7	84
中丛	9	8	24
小丛	26	26	36

根据 $r\times c$ 列联表卡方计算式的计算结果如下：

$$\chi^2=\sum_{i=1}^{r}\sum_{j=1}^{c}\frac{(O_{ij}-E_{ij})^2}{E_{ij}}=T\left[\sum_{i=1}^{r}\sum_{j=1}^{c}\left(\frac{O_{ij}^2}{R_iC_j}\right)-1\right]=36.54$$

查 χ^2 表，当自由度 df=（3−1）×（3−1）=4 时，$\chi^2_{0.05}$ =9.49，现计算得 $\chi^2>\chi^2_{0.05}$，因此可知，不同利用方式与短花针茅株丛大小之间存在关联性。具体放牧之间的差异情况，可以拆为 $2\times c$ 列联表进行分析。

如果分析是否影响大、中丛数量变化，卡方计算式如下：

$$\chi^2=\sum_{i=1}^{2}\sum_{j=1}^{c}\frac{(O_{ij}-E_{ij})^2}{E_{ij}}=9.86$$

查 χ^2 表，当自由度 df=（2−1）×（3−1）=2 时，$\chi^2_{0.05}$ =5.99，现计算得 $\chi^2>\chi^2_{0.05}$，因此可知，3 种利用方式对短花针茅大、中丛数量存在显著影响。其余分析过程依次类推。

（二）$r\times c$ 列联表检验的 SAS 操作

1. SAS 程序

```
DATA GG D12 D13 D23 C12 C13 C23;
INPUT A$ B$ C; OUTPUT GG;
IF B IN（1，2）THEN OUTPUT D12;
IF B IN（1，3）THEN OUTPUT D13;
IF B IN（2，3）THEN OUTPUT D23;
IF A IN（1，2）THEN OUTPUT C12;
IF A IN（1，3）THEN OUTPUT C13;
IF A IN（2，3）THEN OUTPUT C23;
CARDS;
1    1    10
1    2    7
1    3    84
2    1    9
2    2    8
2    3    24
3    1    26
```

```
3    2    26
3    3    36
;
PROC FREQ DATA=GG;
TABLES A*B/NOPCT NOCOL NOROW CHISQ EXPECTED;
WEIGHT C;
RUN;
PROC FREQ DATA=D12;
TABLES A*B/NOPCT NOCOL NOROW CHISQ EXPECTED;
WEIGHT C;
RUN;
PROC FREQ DATA=D13;
TABLES A*B/NOPCT NOCOL NOROW CHISQ EXPECTED;
WEIGHT C;
RUN;
PROC FREQ DATA=D23;
TABLES A*B/NOPCT NOCOL NOROW CHISQ EXPECTED;
WEIGHT C;
RUN;
PROC FREQ DATA=C12;
TABLES A*B/NOPCT NOCOL NOROW CHISQ EXPECTED;
WEIGHT C;
RUN;
PROC FREQ DATA=C13;
TABLES A*B/NOPCT NOCOL NOROW CHISQ EXPECTED;
WEIGHT C;
RUN;
PROC FREQ DATA=C23;
TABLES A*B/NOPCT NOCOL NOROW CHISQ EXPECTED;
WEIGHT C;
RUN;
```

2. SAS 输出结果

SAS 系统（DATA=GG）

FREQ PROCEDURE

表 — A * B

A 频数 期望	B 1	2	3	合计
1	10 19.761	7 18.004	84 63.235	101
2	9 8.0217	8 7.3087	24 25.67	41

```
3         |      26 |      26 |      36 |      88
          |  17.217 |  15.687 |  55.096 |
---------+--------+--------+--------+
合计             45        41       144        230
```

"A * B"表的统计量

统计量	自由度	值	概率
卡方	4	36.5380	<.0001
似然比卡方	4	38.2139	<.0001
Mantel-Haenszel 卡方	1	28.3435	<.0001
Phi 系数		0.3986	
列联系数		0.3702	
Cramer V 统计量		0.2818	

样本大小 = 230

表 — A * B

```
A           B
频数      |
期望      |1          |2          |   合计
------------+-----------+-----------+
1           |        10 |         7 |     17
            |    8.8953 |    8.1047 |
------------+-----------+-----------+
2           |         9 |         8 |     17
            |    8.8953 |    8.1047 |
------------+---------+-----------+
3           |        26 |        26 |     52
            |    27.209 |    24.791 |
------------+-----------+-----------+
合计                45          41         86
```

"A * B"表的统计量

统计量	自由度	值	概率
卡方	2	0.4031	0.8175
似然比卡方	2	0.4049	0.8167
Mantel-Haenszel 卡方	1	0.3874	0.5337
Phi 系数		0.0685	
列联系数		0.0683	
Cramer V 统计量		0.0685	

样本大小 = 86

表 — A * B

```
A           B
频数      |
期望      |1          |3          |   合计
```

```
------------+-----------+-----------+
1           |        10 |        84 |      94
            |    22.381 |    71.619 |
------------+-----------+-----------+
2           |         9 |        24 |      33
            |    7.8571 |    25.143 |
------------+-----------+-----------+
3           |        26 |        36 |      62
            |    14.762 |    47.238 |
------------+-----------+-----------+
合计                 45         144        189
```

"A * B"表的统计量

统计量	自由度	值	概率
卡方	2	20.4366	<.0001
似然比卡方	2	20.7609	<.0001
Mantel-Haenszel 卡方	1	20.3140	<.0001
Phi 系数		0.3288	
列联系数		0.3124	
Cramer V 统计量		0.3288	

样本大小 = 189

表 — A * B

```
A           B
频数        |
期望        |2          |3          |    合计
------------+-----------+-----------+
1           |         7 |        84 |      91
            |    20.168 |    70.832 |
------------+-----------+-----------+
2           |         8 |        24 |      32
            |    7.0919 |    24.908 |
------------+-----------+-----------+
3           |        26 |        36 |      62
            |    13.741 |    48.259 |
------------+-----------+-----------+
合计                 41         144        185
```

"A * B"表的统计量

统计量	自由度	值	概率
卡方	2	25.2467	<.0001
似然比卡方	2	26.0363	<.0001
Mantel-Haenszel 卡方	1	25.1097	<.0001
Phi 系数		0.3694	
列联系数		0.3465	
Cramer V 统计量		0.3694	

样本大小 = 185

表 —A * B

A 频数 期望	B 1	 2	 3	合计
1	10	7	84	101
	13.514	10.669	76.817	
2	9	8	24	41
	5.4859	4.331	31.183	
合计	19	15	108	142

"A * B"表的统计量

统计量	自由度	值	概率
卡方	2	9.8611	0.0072
似然比卡方	2	9.2565	0.0098
Mantel-Haenszel 卡方	1	7.7687	0.0053
Phi 系数		0.2635	
列联系数		0.2548	
Cramer V 统计量		0.2635	

样本大小 = 142

表 —A * B

A 频数 期望	B 1	 2	 3	合计
1	10	7	84	101
	19.238	17.635	64.127	
3	26	26	36	88
	16.762	15.365	55.873	
合计	36	33	120	189

"A * B"表的统计量

统计量	自由度	值	概率
卡方	2	36.5291	<.0001
似然比卡方	2	37.8609	<.0001
Mantel-Haenszel 卡方	1	28.5499	<.0001
Phi 系数		0.4396	
列联系数		0.4025	
Cramer V 统计量		0.4396	

样本大小 = 189

表 —A * B

A　　B

```
频数        |
期望        |1          |2          |3          |    合计
------------+-----------+-----------+-----------+
2           |         9 |         8 |        24 |     41
            |    11.124 |    10.806 |     19.07 |
------------+-----------+-----------+-----------+
3           |        26 |        26 |        36 |     88
            |    23.876 |    23.194 |     40.93 |
------------+----------+-----------+----------+
合计               35          34          60        129
                    “A * B”表的统计量
统计量                              自由度         值        概率
----------------------------------------------------------------------
卡方                                   2        3.5313     0.1711
似然比卡方                             2        3.5423     0.1701
Mantel-Haenszel 卡方                   1        2.5261     0.1120
Phi 系数                                        0.1655
列联系数                                        0.1632
Cramer V 统计量                                 0.1655
                         样本大小 = 129
```

根据 SAS 程序设计可知，当 DATA=GG 时，分析的是利用方式与短花针茅株丛大小是否存在关联性，即 3 种利用方式是否对株丛大小产生了显著性影响，通过输出结果可知，χ^2=36.5380，且概率小于 0.001（P<0.01），因此判定 3 种不同利用方式对短花针茅株丛大小存在显著性的影响（也可以说表现出显著的关联性）。但要判断利用方式之间是否存在差异，需要进一步分析株丛大小对利用方式响应的敏感性。

程序中 DATA=D12、DATA=D13 和 DATA=D23 主要是探讨利用方式之间的差异，经分析可知，χ_{12}^2=0.4031、χ_{13}^2=20.4366 和 χ_{23}^2=25.2467，再根据其后面的概率可知，休牧与自由放牧两种利用方式对短花针茅植物种群株丛大小没有显著性影响（P>0.05），但休牧与禁牧及自由放牧与禁牧均对短花针茅植物种群株丛大小构成极显著性影响（P<0.01）。根据 3 种利用方式可知，在禁牧条件下，短花针茅植物种群株丛数量显著高于休牧与自由放牧。

同理，程序中 DATA=C12、DATA=C13 和 DATA=C23 主要是探讨短花针茅株丛对利用方式的响应差异，经分析可知，χ_{12}^2=9.8611、χ_{13}^2=36.5291 和 χ_{23}^2=3.5313，再根据输出卡方值右侧的概率可知，大丛和中丛短花针茅对 3 种利用方式存在极显著性响应（P<0.01），大丛和小丛短花针茅对 3 种利用方式也存在极显著性响应（P<0.01），中丛和小丛短花针茅对 3 种利用方式不存在显著性响应（P>0.05）。根据株丛大小对利用方式的响应关系可知，大丛和中丛短花针茅对利用方式响应敏感，且已达到极显著水平。

结合白永飞等（1999）的研究结果，认为放牧强度增加、家畜过度践踏导致克氏针茅株丛破碎化，破碎的株丛可脱离母株进行营养繁殖，使种群密度增加。采用卡方列联表分析显示，短花针茅株丛大小与利用方式存在极显著的关联，首先放牧导致株丛密度下降，其次大丛和中丛短花针茅数量下降比较明显。

第八章　方 差 分 析

方差分析是对两个或多个独立样本平均数进行差异显著性检验的方法。它是将测量数据的总变异按照变异来源分为处理效应和试验误差，并作出数量估计。常用的多重比较方法有最小显著差数法和最小显著极差法。方差分析必须满足正态性、可加性和方差同质性 3 个基本假定，如果数据不符合这 3 个假定，需要对数据进行转换。方差分析又称为变量分析，是英国著名统计学家 R. A. Fisher 于 1923 年提出的。方差分析是将所有处理的观测值作为一个整体，一次比较就对所有各组间样本平均数是否有差异作出判断。如果差异不显著，则认为它们都是相同的；如果差异显著，再进一步比较哪组数据与其他数据不同。

方差分析按因素可以分为单因素、双因素和多因素方差分析；当因素在两个因素以上时，又可分为有重复和无重复方差分析，且相对不同因素又可分为固定效应和随机效应的方差分析。按照试验设计方案的不同，可以根据不同试验方案进行方差分析；按照指标数的多少，可以分为一元和多元方差分析；按照是否需要对初始均值进行校正以及是否具有协变量，可以分为方差和协方差分析。本章根据这些划分，详细解释方差分析的应用角度与实践特点。

第一节　方差分析的基本原理

一、相关术语

（一）试验因素

试验中所研究的影响试验指标的原因或原因组合称为试验因素或处理因素，简称为因素或因子。按照性质不同，试验因素可以分为可控因素和非可控因素。

在试验中可以人为控制的因素称为可控因素或固定因素。该因素的水平可准确控制，且水平被控制后，其效应也可固定，同时在进行重复试验时可以得到相同的结果。例如，研究 3 种温度对胰蛋白酶水解产物的影响，因为温度是可以严格控制的，所以在重复该试验时对于相同的温度其水解产物的量也是固定的。温度在此例中为固定因素。

在试验中不能人为控制的因素称为非可控因素或随机因素。该因素的水平不能严格控制，或虽然水平能控制，但其效应仍为随机变量，同时在进行重复试验时不易得到相同的结果。例如，研究农家肥不同施用量对作物产量的影响，由于农家肥的有效成分较为复杂，不能像控制温度那样，将农家肥有效成分严格地控制在一个固定值上，因此在进行重复试验时即使施用相同数量的农家肥，也无法得到一个固定的效应值。农家肥在此例中为随机因素。

试验因素常用大写字母 A、B、C 等来表示。

（二）因素水平

每个试验因素的不同状态（处理的某种特定状态或数量上的差别）称为因素水平，简称为水平。例如，研究温度对某种酶活性的影响，所设置的 15℃、20℃、25℃、30℃分别称为温度因素的一个水平。可见，因素是一个抽象的概念，而水平则是一个较为具体的概念。水平常用代表该因素的字母添加下标 1、2、3 等来表示，如 $A_1,A_2,\cdots A_n$，$B_1,B_2,\cdots,B_n$。

（三）试验处理

试验处理通常也称为处理，指对受试对象给予的某种外部干预（或措施），是试验实施因子水平的一个组合，根据所涉及的因素数可以分为单因素处理和多因素处理。

当试验中涉及的因素只有一个时，称为单因素处理。在单因素处理中，在试验单位上实施的具体项目就是试验因素的某一水平。例如，饲料的比较试验，在试验单位（某种畜禽）上实施的具体项目就是饲喂某一种饲料。进行单因素试验时，试验因素的一个水平就是一个处理。

如果试验中涉及两个或两个以上的因素，则称为多因素处理。可依处理因素数进行具体命名，如二因素试验处理、三因素试验处理等。在多因素试验处理中，在试验单位上实施的具体项目是各因素的某一水平组合。例如，3 种播种密度对 4 个小麦品种的产量影响试验就是一个二因素试验处理，试验共有 12 个（3×4）水平组合，在试验单位（小麦）上实施的具体项目就是某个种植密度与某个小麦品种的组合。进行多因素试验时，试验因素的一个水平组合就是一个处理。相对于单因素试验，多因素试验不仅可以研究因素的主效，同时也可以研究因素之间的交互作用。

（四）试验单位

试验单位是指在试验中能接受不同试验处理的独立的试验载体，实际上就是根据研究目的而确定的观测总体。例如，植物个体、动物个体以及不同的组织、器官等都可以作为试验单位。

（五）重复

重复是指在试验中，将一个处理实施在两个或两个以上的试验单位上。处理实施的试验单位数为处理的重复数。例如，研究某种饲料对猪的增重效果，将该种饲料饲喂 5 头猪，则表明这个处理（饲料）有 5 次重复。

二、方差分析的基本思想

在一个试验中，可以得到一系列不同的观测值。造成观测值不同的原因是多方面的，可能是由处理因素不同引起的，即处理效应；也可能是试验过程中偶然性因素的干扰和测量误差所致，即误差效应。方差分析的基本思想就是将测量数据的总变异按照变异原因不同分为处理效应和误差效应，并作出数量估计。

反映测量数据变异性的指标有多个，在方差分析中选用方差即均方来度量资料的变异程度。要正确认识观测值的变异是由处理效应还是误差效应引起的，我们可以分别计算出处理效应的均方和误差效应的均方，在一定的显著性水平下进行比较，如果二者相差较大，处理效应比试验误差大得多，则说明试验处理影响很大，不可忽视。

三、数学模型

方差分析的数学模型，就是指试验资料的数据结构，或者说是每一观测值的线性组成。假定有 k 组观测数据，每组有 n 个观测值，则共有 nk 个观测值。这类试验资料的数据模式可用表 8-1 来表示。

表 8-1　每组具 n 个观测值的 k 组样本符号表

处理	A_1	A_2	…	A_i	…	A_k	
重复	x_{11}	X_{21}	…	x_{i1}	…	x_{k1}	
	x_{12}	x_{22}	…	x_{i2}	…	x_{k2}	
	⋮	⋮		⋮		⋮	
	x_{1j}	x_{2j}	…	x_{ij}	…	x_{kj}	
	⋮	⋮		⋮		⋮	
	x_{1n}	x_{2n}	…	x_{in}	…	x_{kn}	
总和 $T_{i\cdot}$	$T_{1\cdot}$	$T_{2\cdot}$	…	$T_{i\cdot}$	…	$T_{k\cdot}$	$T=\sum x_{ij}$
平均 $\bar{x}_{i\cdot}$	$\bar{x}_{1\cdot}$	$\bar{x}_{2\cdot}$	…	$\bar{x}_{i\cdot}$	…	$\bar{x}_{k\cdot}$	$\bar{x}_{\cdot\cdot}$

表 8-1 中，x_{ij} 是在第 i 次处理下的第 j 次观测值（i=1,2,⋯,k；j=1,2,⋯,n），对于 x_{ij} 可用线性可加模型来进行描述，即

$$x_{ij}=\mu_i+\varepsilon_{ij}$$

式中，μ_i 为第 i 个处理观测值的总体平均数；ε_{ij} 为试验误差，要求 ε_{ij} 是相互独立的，且服从正态分布 $N(0,\sigma^2)$。

对于总体平均数 μ，有

$$\mu=\frac{1}{k}\sum_{i=1}^{k}\mu_i$$

令 τ_i 为第 i 次处理的效应，则

$$\tau_i=\mu_i-\mu$$

将式 $\tau_i=\mu_i-\mu$ 代入式 $x_{ij}=\mu_i+\varepsilon_{ij}$ 中则有

$$x_{ij}=\mu+\tau_i+\varepsilon_{ij}$$

同理，对于由样本估计的线性模型为

$$\overline{x}_{ij}=\overline{x}+t_i+e_{ij}$$

式中，$\overline{x}$ 为样本平均数；t_i 为样本的处理效应；e_{ij} 为试验误差。

依据对 τ_i 的不同假定，将数学模型分为固定模型、随机模型和混合模型。

（一）固定模型

固定模型是指各个处理的效应值 τ_i 是一个固定的常量，是由固定因素引起的效应，且 $\sum\tau_i=0$。在试验中，我们只能讨论参加试验的个体而不是随机选择样本，也就是说除去随机误差之后每个处理所产生的效应是固定的，分析的目的在于研究 τ_i。试验因素的各水平常常是根据试验目的事先主观选定的，而不是随机选定的。例如，不同温度下小麦籽粒的发芽试验、不同月龄小白鼠抗药性的试验等。在这些试验中，处理的水平是特意选择的，得到的结论仅适合于方差分析中所选定的几个水平。

（二）随机模型

随机模型是指各处理的效应值 τ_i 不是一个常量，是由随机因素引起的效应。这里 τ_i 是一个随机变量，是从 $N(0,\sigma^2)$ 的正态总体中得到的一个随机变量，研究的目的不仅是处理效应 τ_i，还有 τ_i 的变异程度。例如，将从美国引进的黑核桃品种在不同纬度生态条件下试种，观察该品种对不同地理条件的适应情况，这时各地的气候、水肥、土壤条件是无法人为控制的，属于随机因素，需要用随机模型来处理。由试验所得出的结论可以推广到随机因素的所有水平上。

（三）混合模型

在多因素试验中，若既包括固定效应的试验因素，又包括随机效应的试验因素，则该试验对应于混合模型。例如，为推断全国 6～7 岁男性儿童的身高发育是

否平衡，从所有省（自治区、直辖市）中随机抽取 3 个省，每个省又分为农村和城市两类地区，各抽取 20 例数据进行分析。其中城市与农村两个水平组成的地区是固定因素，省份的 3 个水平是通过抽样确定的，是随机因素。

不同的模型在平方和及自由度的计算上是相同的，但在进行假设检验时 F 值的计算公式是不同的。另外，模型分析的侧重点也不完全相同。固定模型侧重于效应值 τ_i 的估计和比较，而随机模型则侧重于效应方差的估计和检验。对于单因素方差分析来说，固定模型和随机模型无太大区别。

四、平方和与自由度的分解

表 8-1 中全部观测值的总变异可以用总体方差来度量。方差即均方，是离均差平方和除以自由度所得的商，因此，要把一个试验资料的总变异依据变异来源分为相应的变异，首先要将总平方和与总自由度分解为各个变异来源的相应部分。

（一）平方和的分解

从方差分析的基本指导思想出发，导致观测值出现变异的原因有处理效应和试验误差。处理间平均数的差异由处理效应所致；同一处理内的变异则由随机误差引起，根据线性可加模型，对于任一观测值 x_{ij} 与总平均数 $\overline{x}_{..}$ 之差可以表示为

$$(x_{ij}-\overline{x}_{..})=(x_{ij}-\overline{x}_{i.})+(\overline{x}_{i.}-\overline{x}_{..})$$

等式两边平方：

$$\begin{aligned}(x_{ij}-\overline{x}_{..})^2&=[(x_{ij}-\overline{x}_{i.})+(\overline{x}_{i.}-\overline{x}_{..})]^2\\&=(x_{ij}-\overline{x}_{i.})^2+2(x_{ij}-\overline{x}_{i.})(\overline{x}_{i.}-\overline{x}_{..})+(\overline{x}_{i.}-\overline{x}_{..})^2\end{aligned}$$

每一处理 n 个观测值离均差平方和累加，有

$$\sum_{j=1}^{n}\left(x_{ij}-\overline{x}_{..}\right)^2=\sum_{j=1}^{n}\left(x_{ij}-\overline{x}_{i.}\right)^2+2\sum_{j=1}^{n}\left(x_{ij}-\overline{x}_{i.}\right)\left(x_{i.}-\overline{x}_{..}\right)+\sum_{j=1}^{n}\left(x_{i.}-\overline{x}_{..}\right)^2$$

由于 $2\sum_{j=1}^{n}\left(x_{ij}-\overline{x}_{i.}\right)\left(x_{i.}-\overline{x}_{..}\right)=2\left(x_{i.}-\overline{x}_{..}\right)\sum_{j=1}^{n}\left(x_{ij}-\overline{x}_{i.}\right)=0$，则

$$\sum_{i=1}^{n}\left(x_{ij}-\overline{x}_{..}\right)^2=\sum_{j=1}^{n}\left(x_{ij}-\overline{x}_{i.}\right)^2+\sum_{j=1}^{n}\left(x_{i.}-\overline{x}_{..}\right)^2=2\sum_{j=1}^{n}\left(x_{ij}-\overline{x}_{i.}\right)+n\left(x_{i.}-\overline{x}_{..}\right)^2$$

把 k 个处理的离均差平方再累加，得

$$\sum_{i=1}^{k}\sum_{j=1}^{n}(x_{ij}-\overline{x}_{..})^2=\sum_{i=1}^{k}\sum_{j=1}^{n}(x_{ij}-\overline{x}_{i.})^2+n\sum_{i=1}^{k}(\overline{x}_{i.}-\overline{x}_{..})^2$$

上式可简写为

$$\sum_1^k\sum_1^n(x_{ij}-\overline{x}_{..})^2=\sum_1^k\sum_1^n(x_{ij}-\overline{x}_{i.})^2+n\sum_1^k(\overline{x}_{i.}-\overline{x}_{..})^2$$

式中，$\sum_1^k\sum_1^n(x_{ij}-\overline{x}_{..})^2$ 表示总平方和，用 SS_T 表示；$n\sum_1^k(\overline{x}_{i.}-\overline{x}_{..})^2$ 表示处理间或组间平方和，用 SS_t 表示；$\sum_1^k\sum_1^n(x_{ij}-\overline{x}_{i.})^2$ 表示处理内或组内平方和，用 SS_e 表示。

因此，上式还可以写为

$$SS_T=SS_t+SS_e$$

即总平方和=处理间平方和+处理内平方和。

实际计算时 SS_T 及 SS_t 可用下面的推导公式：

$$\begin{aligned}SS_T&=\sum_1^k\sum_1^n\left(x_{ij}-\overline{x}_{..}\right)^2\\&=\sum\left(x_{ij}\right)^2-2\sum\left(x_{ij}\right)\overline{x}_{..}+\sum\left(\overline{x}_{..}\right)^2\\&=\sum\left(x_{ij}\right)^2-\frac{\left(\sum x_{ij}\right)^2}{nk}=\sum\left(x_{ij}\right)^2-\frac{T^2}{nk}\end{aligned}$$

令矫正数 $C=T^2/(kn)$，则

$$SS_T=\sum x_{ij}^2-C$$

$$\begin{aligned}SS_t&=n\sum_1^k(\overline{x}_{i.}-\overline{x}_{..})^2\\&=n\sum_1^k(\overline{x}_{i.}^2-2\overline{x}_{i.}\overline{x}_{..}+\overline{x}_{..}^2)\\&=n\sum_1^k\overline{x}_{i.}^2-2nk\overline{x}_{..}^2+nk\overline{x}_{..}^2\\&=n\sum_1^k\overline{x}_{i.}^2-nk\overline{x}_{..}^2\\&=n\sum_1^k\left(\frac{T_{i.}}{n}\right)^2-nk\left(\frac{T}{nk}\right)^2\\&=\frac{\sum_1^k T_{i.}^2}{n}-C\end{aligned}$$

即

$$SS_t=\frac{1}{n}\sum T_{i.}^2-C$$

$$SS_e=SS_T-SS_t$$

（二）自由度的分解

总自由度也可分解为处理间自由度和处理内自由度，即总自由度=处理间自由度+处理内自由度，用公式表示为

$$df_T=df_t+df_e$$

式中，df_T表示总自由度；df_t表示处理间自由度；df_e表示处理内自由度。

其中

$$df_T=nk-1$$

$$df_t=k-1$$

$$df_e=df_T-df_t=(nk-1)-(k-1)=k(n-1)$$

（三）计算方差

根据各变异部分的平方和与自由度，计算处理间方差s_t^2和处理内方差s_e^2：

$$s_t^2=SS_t/df_t$$

$$s_e^2=SS_e/df_e$$

【例 8.1】某草原站为引种紫花苜蓿的 4 个品种，选取了土地条件基本相同的小区 20 个（面积为 4m×5m），随机分成 5 组，待第二年 8 月收获苜蓿干草，测定其蛋白质含量（%），各小区苜蓿蛋白质含量资料列于表 8-2，试进行方差分析。

表 8-2　不同品种紫花苜蓿蛋白质含量的资料　（%）

重复	紫花苜蓿品种				
	A_1	A_2	A_3	A_4	
1	16.77	16.96	11.42	14.33	
2	14.64	13.75	11.85	14.98	
3	16.18	14.31	14.83	15.44	
4	14.90	14.84	12.58	12.78	
5	17.95	14.32	12.88	14.43	
总和 $T_{i.}$	80.44	74.18	63.56	71.96	T=290.14
平均数 $\bar{x}_{i.}$	16.09	14.84	12.71	14.39	$\bar{x}_{..}=14.51$

本例中，品种数 k=4，重复数 n=5，观测数据总数 nk=5×4=20。

1）平方和计算：

$$C=T^2/kn=(290.14)^2/20=4209.06$$

$$\begin{aligned}\mathrm{SS}_T &= \sum x_{ij} - C \\ &= 16.77^2 + 14.64^2 + \cdots + 14.43^2 - 4209.06 \\ &= 4262.95 - 4209.06 \\ &= 53.89\end{aligned}$$

$$\begin{aligned}\mathrm{SS}_t &= \frac{1}{n}\sum T_{i\cdot}^2 - C \\ &= 1/5 \times \left(80.44^2 + 74.18^2 + 63.56^2 + 71.96^2\right) - C \\ &= 4238.28 - 4209.06 \\ &= 29.22\end{aligned}$$

$$\mathrm{SS}_e = \mathrm{SS}_T - \mathrm{SS}_t = 53.89 - 29.22 = 24.67$$

2）自由度计算：

$$\mathrm{df}_T = nk-1 = 5\times4-1 = 19$$

$$\mathrm{df}_t = k-1 = 4-1 = 3$$

$$\mathrm{df}_e = \mathrm{df}_T - \mathrm{df}_t = k(n-1) = 4\times(5-1) = 16$$

3）方差计算：

$$s_t^2 = \mathrm{SS}_t / \mathrm{df}_t = 29.22/3 = 9.74$$

$$s_e^2 = \mathrm{SS}_e / \mathrm{df}_e = 24.67/16 = 1.54$$

五、统计假设的显著性检验——*F* 检验

例 8.1 中处理内（即紫花苜蓿品种内）方差可以估计误差方差，而处理间（即紫花苜蓿品种间）方差则可以估计品种间蛋白质的差异，为了比较不同品种间蛋白质含量有无差别，可应用 F 分布进行 F 检验。

在方差分析中进行 F 检验的目的在于推断处理间（品种间）的差异是否存在。因此在计算 F 值时，总是以被检验因素的均方（即处理间均方 s_t^2）作为分子，以误差均方（即处理内均方 s_e^2）作为分母。无效假设是假设各个处理的变量来自同一总体，认为处理间的方差 s_t^2 与误差方差 s_e^2 相等，即 H_0：$s_t^2 = s_e^2$，同时给出 H_A：$s_t^2 > s_e^2$。

无效假设是否成立，取决于计算的 F 值在 F 分布中出现的概率。本例中，F 值为

$$F = s_t^2 / s_e^2 = 9.74/1.54 = 6.325$$

根据确定的显著性水平 α 从 F 值表中查出在 df_t 和 df_e 下的 F_α 值。如果所计算的 $F \leqslant F_{0.05}$，$P > 0.05$，则接受 H_0，说明处理间差异不显著，在 F 值上方标记“ns”

或不标记符号；若 $F>F_{0.05}$，$P<0.05$，否定 H_0，接受 $s_t^2>s_e^2$，说明处理间差异达到显著水平，在计算的 F 值的右上角标上“*”；如果 $F>F_{0.01}$，$P<0.01$，说明处理间差异达到极显著水平，在 F 值的右上角标上“**”。如果处理间方差小于误差方差，则可不必进行检验即可得出接受 H_0 的结论。

本例 $df_t=3$，$df_e=16$，查 F 值表得 $F_{0.05}=3.24$，$F_{0.01}=5.29$，所以 $F>F_{0.01}$，应否定 H_0：$s_t^2=s_e^2$，接受 H_A：$s_t^2>s_e^2$，说明不同品种紫花苜蓿蛋白质含量差异达到极显著水平。

将方差分析结果列成方差分析表（表 8-3）。

表 8-3　不同品种紫花苜蓿蛋白质含量的方差分析表

差异源	df	SS	MS	F	$F_{0.05}$	$F_{0.01}$
组间	3	29.19	9.73	6.312**	3.24	5.29
组内	16	24.67	1.54	6.325		
总计	19	53.86				

注：SS 为平方和，MS 为均方，“**”代表 $F>F_{0.01}$

从上述例子的分析过程中可以很清楚地看到方差分析的基本思想，那就是不再对数据进行一对一对的比较，而是将总体的方差进行分解，通过一次检验即完成了多组处理之间的差异显著性检验。

六、多重比较

F 检验如果否定了 H_0：$s_t^2=s_e^2$，接受了 H_A：$s_t^2>s_e^2$，表明试验的总变异主要来源于处理间的变异。这也仅说明 k 个处理的平均数间有显著（或极显著）差异。但并不意味着每两个处理平均数间的差异都是显著（或极显著）的，也不能具体说明哪些平均数间有显著（或极显著）差异。例如，例 8.1 中不同品种紫花苜蓿蛋白质含量有极显著差异，但并不是说所有品种间蛋白质含量差异都达到极显著水平，有些品种间可能差异显著，有些品种间可能差异不显著。要比较不同处理平均数两两间差异的显著性，每个处理的平均数都要与其他处理的平均数进行比较。统计上把多个平均数两两间的相互比较称为多重比较。

多重比较的方法很多，常用的有最小显著差数法（LSD 法）和最小显著极差法（LSR 法）。

（一）最小显著差数法（LSD 法）

由统计学家 R. A. Fisher 提出的最小显著差数法（Fisher LSD 或 LSD）是最早用于检验所有总体均数间两两相等假设的方法，其实质是两个平均数相比较的 t

检验法。

检验的方法是首先计算出达到显著差异的最小差数，记为 LSD，然后用两个处理平均数的差值与 LSD 比较，若$|\bar{x}_1-\bar{x}_2|$＞LSD，即为在给定的 α 水平上差异显著，反之，差异不显著。

由$t=\dfrac{\bar{x}_1-\bar{x}_2}{s_{\bar{x}_1-\bar{x}_2}}$得

$$\bar{x}_1-\bar{x}_2=t_{\alpha}\times s_{\bar{x}_1-\bar{x}_2}$$

如果上式的 t 值为 $t_{0.05}$ 或 $t_{0.01}$，则 $\bar{x}_1-\bar{x}_2$ 为两个样本平均数的差异达到显著或极显著水平的最小值，记为 LSD，即

$$\mathrm{LSD}_{0.05}=t_{0.05}\times s_{\bar{x}_1-\bar{x}_2}$$

$$\mathrm{LSD}_{0.01}=t_{0.01}\times s_{\bar{x}_1-\bar{x}_2}$$

若$|\bar{x}_1-\bar{x}_2|>\mathrm{LSD}_{0.05}$，或$|\bar{x}_1-\bar{x}_2|>\mathrm{LSD}_{0.01}$，则认为两个样本平均数的差异达到显著或极显著水平。

平均数差数标准误的计算公式是

$$s_{\bar{x}_1-\bar{x}_2}=\sqrt{\frac{s_1^2}{n_1}+\frac{s_2^2}{n_2}}=\sqrt{s_e^2\left(\frac{1}{n_1}+\frac{1}{n_2}\right)}$$

上式中 s_e^2 为误差方差（即处理内误差方差），n 为每一处理观察次数（即重复数）。

当 n_1=n_2 时：

$$s_{\bar{x}_1-\bar{x}_2}=\sqrt{\frac{2s_e^2}{n}}$$

根据上式，例 8.1 中资料平均数差数的标准误为

$$s_{\bar{x}_1-\bar{x}_2}=\sqrt{\frac{2s_e^2}{n}}=\sqrt{\frac{2\times1.54}{5}}=0.785$$

查 t 值表，当误差自由度 df_e=16 时，$t_{0.05}$=2.120，$t_{0.01}$=2.921，则：

$$\mathrm{LSD}_{0.05}=t_{0.05}\times s_{\bar{x}_1-\bar{x}_2}=2.120\times0.785=1.664$$

$$\mathrm{LSD}_{0.01}=t_{0.01}\times s_{\bar{x}_1-\bar{x}_2}=2.921\times0.785=2.293$$

多重比较结果的表示有多种方法，最常用的方法是标记字母法和梯形法。

标记字母法：首先将全部平均数从大到小依次排列，然后在最大的平均数上标字母 a，将该平均数与其他各平均数相比，凡相差不显著的（＜$\mathrm{LSD}_{0.05}$）都标上字母 a，直至某个与之相差显著的则标上字母 b。再以该标有 b 的平均数为标准，与比它大的各个平均数比较，凡差异不显著的在字母 a 的右边加标字母 b。然后

再以标 b 的最大平均数为标准与其他未曾标有字母的平均数比较，凡差异不显著的继续标上字母 b，差异显著的平均数标上字母 c，再与上面的平均数比较。如此重复进行，直至最小的平均数有了标记字母，并与上面的平均数比较后为止。这样各平均数间，凡有一个相同标记字母的即表示为差异不显著，凡具有不同标记字母的即表示差异显著。差异极显著的标记方法同上，差数与 $LSD_{0.01}$ 相比较，用大写字母标记。

对例 8.1 中资料用字母标记法表示其多重比较的结果。先将各平均数按大小顺序排列，并在“A_1”行上标 a，“A_1”与“A_2”相比不存在显著差异，故在“A_2”行上标 a。“A_1”与“A_4”相比有显著差异，故在“A_4”行上标 b。然后“A_4”与“A_2”相比无显著差异，在“A_2”行上标 b。最后以“A_2”为标准，与“A_3”相比有显著差异，在“A_3”行上标 c。差异极显著的结果用大写字母标记，其多重比较结果列于表 8-4。

表 8-4　不同品种紫花苜蓿蛋白质含量的差异显著性（LSD 检验，标记字母法）

品种	平均数（$\bar{x}_i$）	差异显著性	
		α=0.05	α=0.01
A_1	16.09	a	A
A_2	14.84	ab	AB
A_4	14.39	b	AB
A_3	12.71	c	B

多重比较还可用梯形法表示。这种方法是将各处理的平均数差数按梯形列于表中，并将这些差数和 LSD 值比较。若差数＞$LSD_{0.05}$ 说明处理平均数间的差异达到显著水平，在差数的右上角标上“*”；若差数＞$LSD_{0.01}$ 说明处理平均数间的差异达到极显著水平，在差数的右上角标上“**”；若差数≤$LSD_{0.05}$ 说明差异不显著。表 8-5 是用梯形法表示的例 8.1 资料中不同品种紫花苜蓿蛋白质含量的差异显著性结果。表中各个平均数差数构成一个三角形阵列，故又称为三角形法。该方法的优点是简便直观，缺点是所占篇幅较大。

表 8-5　不同品种紫花苜蓿蛋白质含量的差异显著性（LSD 检验，梯形法）

品种	平均数	差异显著性		
		$\bar{x}_{i.}-12.71$	$\bar{x}_{i.}-14.39$	$\bar{x}_{i.}-14.84$
A_1	16.09	3.38^{**}	1.70^{*}	1.25
A_2	14.84	2.13^{*}	0.45	
A_4	14.39	1.68^{*}		
A_3	12.71			

多重比较结果表明，A_1 品种紫花苜蓿蛋白质含量极显著高于 A_3，显著高于 A_4；A_2 品种紫花苜蓿蛋白质含量显著高于 A_3；A_1 与 A_2、A_2 与 A_4 品种紫花苜蓿蛋白质含量差异不显著。

综上，利用 LSD 法进行多重比较，可以分三步进行。

1）计算最小显著差数 $LSD_{0.05}$ 和 $LSD_{0.01}$。

2）列出平均数的多重比较表，表中各处理按其平均数从大到小依次排列。

3）将两两平均数的差数与 $LSD_{0.05}$ 和 $LSD_{0.01}$ 进行比较，作出统计推断。

对于多个处理平均数所有可能的两两比较，LSD 法的优点是比较简单，克服了 t 检验法的某些缺点，但是由于没有考虑相互比较的处理平均数值大小排列上的秩次，故仍有推断可靠性低、犯 α 错误（第一类错误）概率增加的问题。自 20 世纪 50 年代以来，统计学家提出了各种新的检验法，应用较多的有最小显著极差法（LSR 法）。

（二）最小显著极差法（LSR 法）

最小显著极差法（LSR 法）是在一定的显著性水平 α 上，根据极差范围内所包含的处理数据（也称为秩次距）M 的不同而采取不同的显著差数标准进行比较。LSR 检验又可分为新复极差检验和 q 检验。

1. 新复极差检验

新复极差检验是由邓肯（Duncan）于 1955 年提出的，又称 Duncan 法，也称为 SSR 法。无效假设为 H_0：$\mu_A-\mu_B=0$，具体的检验步骤如下。

1）按相比较的样本容量计算平均数标准误：当 $n_1=n_2=n$ 时，有

$$s_{\bar{x}}=\sqrt{\frac{s_e^2}{n}}$$

2）查 s_e^2 所具有的自由度 df_e 和比较所含平均数个数 M 时的 SSR 值，然后计算最小显著极差：

$$LSR_\alpha = SSR_\alpha \, s_{\bar{x}}$$

3）将各平均数按大小顺序排列，用各个秩次距 M 值的 LSR_α 值即可检验各平均数间差异的显著性。

对【例 8.1】中的各平均数作新复极差检验：

$$s_{\bar{x}}=\sqrt{\frac{s_e^2}{n}}=\sqrt{\frac{1.54}{5}}=0.555$$

查 SSR 表，当 $df_e=16$，$M=2$ 时，$SSR_{0.05}=3.00$，$SSR_{0.01}=4.13$，故：

$$SSR_{0.05}=0.555\times3.00=1.665$$

$$SSR_{0.01}=0.555\times4.13=2.292$$

当 M=3、M=4 时按同理计算，将结果列于表 8-6。

表 8-6　不同品种紫花苜蓿蛋白质含量的 LSR 值（SSR 检验）

M	2	3	4
$SSR_{0.05}$	3.00	3.14	3.24
$SSR_{0.01}$	4.13	4.31	4.42
$LSR_{0.05}$	1.665	1.743	1.798
$LSR_{0.01}$	2.292	2.392	2.453

用表 8-6 中的 LSR_α 值即可进行不同 M 的平均数间差异显著性的检验。例如，A_1 与 A_2 进行比较，M=2，差值（1.25）＜1.665，所以 A_1 与 A_2 差异达未到显著水平。A_1 与 A_4 进行比较，M=3，差值（1.70）＜1.743，差异也未达到显著水平。A_1 与 A_3 进行比较，M=4，差值（3.38）＞2.453，差异达到极显著水平。用 SSR 法比较 4 种紫花苜蓿蛋白质含量差异显著性结果列于表 8-7。

表 8-7　不同品种紫花苜蓿蛋白质含量的差异显著性（SSR 检验）

紫花苜蓿	平均数（$\overline{x}_i$）	差异显著性	
		α=0.05	α=0.01
A_1	16.09	a	A
A_2	14.84	a	AB
A_4	14.39	a	AB
A_3	12.71	b	B

由表 8-7 可以看出，A_1 与 A_3 之间的差异达到极显著水平，与 LSD 的检验结果相同。而 A_1 与 A_4 之间的差异没有达到显著水平，这与 LSD 检验的结果不同。

2. *q* 检验

q 检验法也称为 SNK 检验，是以统计量 q 的概率分布为基础的，方法与新复级差检验类似，其区别仅在于计算最小显著极差 LSR_α 时不是查 SSR_α，而是查 q_α 值。

$$LSR_\alpha = s_{\overline{x}} \times q_\alpha$$

查 q 值表，df_e=16，M=2、3、4 时，$q_{0.05}$、$q_{0.01}$ 的值列于表 8-8，由上式计算出最小显著极差 LSR：

$$LSR_{0.05}= q_{0.05} \times s_{\overline{x}}$$

$$LSR_{0.01}= q_{0.01} \times s_{\overline{x}}$$

计算结果列于表 8-8。

表 8-8 不同品种紫花苜蓿蛋白质含量的 LSR 值（q 检验）

M	2	3	4
$q_{0.05}$	3.00	3.65	4.05
$q_{0.01}$	4.13	4.78	5.19
$LSR_{0.05}$	1.665	2.026	2.248
$LSR_{0.01}$	2.292	2.653	2.880

根据表 8-8，利用 q 检验对本例资料进行差异显著性检验，结果列于表 8-9。

表 8-9 不同品种紫花苜蓿蛋白质含量的差异显著性（q 检验）

紫花苜蓿	平均数（$\bar{x}_i$）	差异显著性	
		α=0.05	α=0.01
A_1	16.09	a	A
A_2	14.84	a	AB
A_4	14.39	a	AB
A_3	12.71	b	B

表 8-9 的差异显著性比较结果表明，q 检验结果与 SSR 检验结果是一致的。

对比所用的 3 种检验方法，可以发现在样本数（处理数）k=2 时，LSD 法、SSR 法和 q 检验法的显著尺度是相同的。当 M≥3 时，3 种检验方法的显著尺度不同，LSD 法最低，SSR 法次之，q 检验法最高。即这 3 种检验方法的检验尺度关系为：LSD 法≤SSR 法≤q 法。用 LSD 法检验显著的差数，用 SSR 法和 q 法检验则未必差异显著；而用 q 法检验显著的差数，用 LSD 方法进行检验差异必然显著。在实际研究工作中，对于要求高的试验应用 q 检验法，一般试验可以用 SSR 检验法，试验中各个处理皆与对照相比的试验资料可用 LSD 检验法。

应当注意，无论采取何种方法表示多重比较结果，都应注明采用的是哪一种多重比较方法。

综上所述，方差分析的基本步骤如下。

1）将样本数据的总平方和与总自由度分解为各变异因素的平方和与自由度。

2）列方差分析表进行 F 检验，分析各变异因素在总变异中的重要程度。

3）若 F 检验显著，对各处理平均数进行多重比较。

第二节 方差分析的基本假定和数据转换

一、方差分析的基本假定

对试验数据进行方差分析是有条件的，即方差分析的有效性建立在一些基本假定上，如果分析的数据不符合这些基本假定，得出的结论就不正确。一般来说，在进行试验设计时，就应考虑到方差分析的条件。

（一）正态性

试验误差应当是服从正态分布 $N(0,\sigma^2)$ 的独立的随机变量。因为方差分析只能估计随机误差，顺序排列或顺序取样资料不能进行方差分析。应用方差分析的资料应服从正态分布，即每一观测值 x_{ij} 应围绕相应的平均数呈正态分布，非正态分布的资料进行适当数据转换后，亦能进行方差分析。

（二）可加性

处理效应与误差效应该是可加的，并服从方差分析的数学模型，即 $x_{ij}=\mu+\alpha_i+\varepsilon_{ij}$，这样才能将试验的总变异分解为各种原因所引起的变异，以确定各变异在总变异中所占的比例，对试验结果作出客观评价。可加性是否显著有专门的统计方法。

（三）方差同质性

所有试验的误差方差应具备同质性，即不同处理不能影响随机误差的方差，也称为方差的齐性，即 $\sigma_1^2=\sigma_2^2=\cdots=\sigma_n^2$。因为方差分析是将各个处理的试验误差合并以得到一个共同误差方差，所以必须假定资料中存在这样一个共同方差。误差异质将使假设检验中某些处理效应得出不正确的结果。方差的同质性检验前面已介绍过。如果发现有这种现象时，可将变异特别明显的数据剔除，剔除数据时应十分小心，以免丢失某些信息。或者将试验分成几个部分进行分析，使每一部分具有同质的方差。

二、数据转换

在生物学中有时会遇到一些样本，其所来自的总体和上面提到的方差分析基本假定不符，这些数据在进行方差分析之前必须经过适当处理即数据转换来变更测量标尺。样本的非正态性、不可加性和方差的异质性通常连带出现，主要考虑处理效应与误差效应的可加性，其次才考虑方差同质性。常用的转换方法如下。

（一）平方根转换

有些生物学观测数据为泊松分布而非正态分布，如一定面积上某种杂草株数或昆虫头数等，样本平均数与其方差有比例关系，采用平方根转换可以对方差进行降缩，减少极端大的变量对方差的影响，可获得同质的方差。一般将原观测值转换成$\sqrt{x}$，数据较小时采用$\sqrt{x+1}$。

（二）对数转换

如果已知资料中的效应成比例而不是可加的，或者标准差（或极差）与平均数大体成比例时，可以使用对数变换。一般是将原数据转换为对数，从而使方差一致而且使效应由相乘性变成相加性。如果原始数据包括 0，可以采用 lg（x+1）转换的方法。

通常情况下，对数转换对于削弱大变数的作用要比平方根转换强。例如，1、10、100 进行平方根转换是 1、3.16、10，进行对数转换则为 0、1、2。

（三）反正弦转换

如果数据是比例数或以百分率表示的，其分布趋向于二项分布，进行方差分析时应作反正弦转换，转换后的数值以度为单位，因此也称为角度转换。转换的公式为

$$\theta=\sin^{-1}\sqrt{P}$$

式中，P 为百分数资料；θ 为相应的角度值。

无论采用何种数据转换方法，在对转换后的数据进行方差分析时，若经检验差异显著，在进行平均数的多重比较时需用转换后数据进行计算。但在解释分析其最终结果时，应还原为原来的数值。

以上为数据转换常用的 3 种方法。对于一般非连续性的数据，最好在方差分析前先检验各处理平均数与相应处理内均方是否存在相关性和各处理内均方间的差异是否较大。如果存在相关性或者差异较大，则应考虑对数据进行转换。有时要确定适当的转换方法并不容易，可事先在试验中选取几个平均数为大、中、小的试验处理作转换，哪种方法能使处理平均数与其均方的相关性最小，哪种方法就是最合适的转换方法。另外还可以使用其他数据转换方法，如当各处理标准差与其平均数的平方成比例时，可以进行倒数转换。

第三节　按照试验处理因素划分的方差分析

一、单因素方差分析

单因素试验资料的方差分析是比较简单的一种，目的在于正确判断该试验因素各水平的相对结果。在单因素方差分析中，根据组内观测数目（重复数）是否相同，可分为组内观测次数相等和组内观测次数不等的方差分析。

（一）组内观测次数相等的方差分析

k 组资料中，每一处理都含有 n 个观测值，其方差分析方法前面已作介绍，这里以方差分析表的形式给出有关计算公式（表 8-10）。

表 8-10　组内观测次数相等的单因素方差分析

变异来源	df	SS	s^2	F
处理间	$k-1$	SS_t	s_t^2	$\frac{s_t^2}{s_e^2}$
处理内	$k(n-1)$	SS_e	s_e^2	
总变异	$kn-1$	SS_T		

计算过程如下。

1）整理数据：首先计算出$\sum x$、$\overline{x}$ 及$\sum x^2$。

2）计算出离均差平方和与自由度。

3）计算方差。

4）进行 F 检验。

$$F=\frac{SS_t}{SS_e}$$

【例 8.2】为了考察不同地区黄花苜蓿始花期花序数差别，在不同地区随机选择黄花苜蓿 5 株，测定其花序数（表 8-11），试进行方差分析。

表 8-11　不同地区黄花苜蓿始花期花序数　　（单位：个）

A1	A2	A3	A4	A5
65	61	84	42	62
64	74	81	50	57
57	71	78	46	50
51	68	68	52	63
59	63	63	36	65

根据题意和单因素方差分析计算过程，黄花苜蓿的方差分析结果见表 8-12。

表 8-12　黄花苜蓿花序数方差分析结果

变异来源	自由度	平方和	均方	F 值	$F_{0.05}$	$F_{0.01}$
处理间	4	2433.20	608.30	13.91**	2.866	4.431
处理内	20	874.80	43.74			
总变异	24	3308.00				

由表 8-11 中数据可知，不同地区黄花苜蓿花序数存在显著差异。对其进行多重比较，结果见图 8-1。

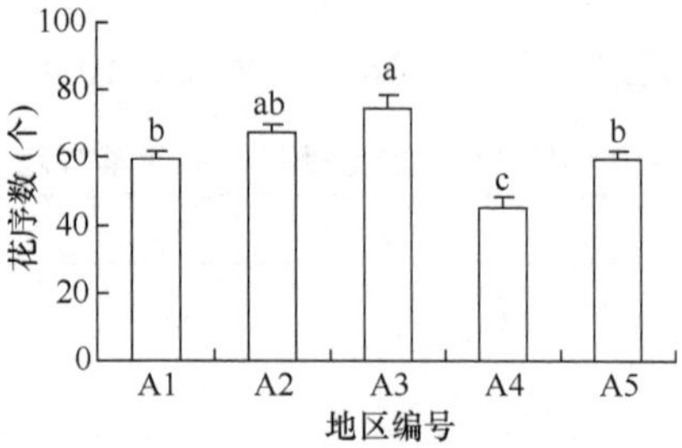

图 8-1　不同地区黄花苜蓿花序数差别

由图 8-1 可知，不同地区黄花苜蓿花序数存在显著差异，其中 A3 地区黄花苜蓿花序数最多，平均为 74.8 个（$P<0.05$）；A2 与 A3 之间无显著差异，A2 地区黄花苜蓿花序数平均为 67.4 个（$P>0.05$）；A1 和 A5 地区黄花苜蓿花序数显著低于 A3，平均值分别为 59.2 个和 59.4 个（$P<0.05$），且 A1 和 A5 地区与 A2 地区之间无显著差异（$P>0.05$）；A4 地区黄花苜蓿花序数最低，平均为 45.2 个（$P<0.05$）。SAS 分析程序如下：

```
DATA DH;
DO CHF=1 TO 5;
  DO YD=1 TO 5;
  INPUT YY@@;OUTPUT;
  END;
END;
CARDS;
65  61  84  42  62
64  74  81  50  57
57  71  78  46  50
51  68  68  52  63
59  63  63  36  65
;
PROC SORT DATA=DH OUT=DD;
BY YD;
RUN;
PROC ANOVA DATA=DD;
CLASS YD;
MODEL YY=YD;
MEANS YD/DUNCAN ALPHA=0.05;
RUN;
```

（二）组内观测次数不等的方差分析

有时由于试验条件的限制，不同处理的观测次数不同，k 个处理的观测次数

依次是 $n_1,n_2,\cdots,n_k$ 的单因素分组资料，上面所述的方差分析方法仍然可用，但由于总观测次数不是 kn，而是 $\sum_{i=1}^{k} n_i$，在计算平方和时公式稍有改变（表 8-13）。

表 8-13 组内观测次数不等的单因素方差分析

变异来源	df	SS	s^2	F
处理间	$k-1$	$SS_t = \frac{\sum T_i^2}{n_i} - C$	s_t^2	$\frac{s_t^2}{s_e^2}$
处理内	$\sum n_i - k$	$SS_e = SS_T - SS_t$	s_e^2	
总变异	$\sum n_i - 1$	$SS_T = \sum x^2 - C$		

在作多重比较时，首先应计算平均数的标准误。由于各组内观测次数不等，无法直接套用自由度分解公式，需先计算各 n_i 的平均数 n_0：

$$n_0 = \frac{(\sum n_i)^2 - \sum n_i^2}{(\sum n_i)(k-1)}$$

然后有 $s_{\bar{x}} = \sqrt{\frac{s_e^2}{n_0}}$，或 $s_{\bar{x}_1 - \bar{x}_2} = \sqrt{\frac{2s_e^2}{n_0}}$。

计算过程如下。

1）整理数据：首先计算出 $\sum x$、$\bar{x}$ 及 $\sum x^2$。

2）计算出离均差平方和与自由度。

$$C = \frac{(\sum T_i)^2}{\sum n_i}$$

$$SS_T = \sum x^2 - C$$

$$SS_t = \sum \frac{T_i^2}{n_i} - C$$

$$SS_e = SS_T - SS_t$$

3）计算方差。

$$s_t^2 = SS_t / df_t$$

$$s_e^2 = SS_e / df_e$$

4）进行 F 检验。

$$F = \frac{SS_t}{SS_e}$$

【例 8.3】为了考察不同放牧制度对短花针茅荒漠草原建群种密度的影响，我们于 2006 年 6 月在不同处理区内随机选取 10 个样方，测定短花针茅密度，数据见表 8-14，试进行方差分析。

表 8-14 短花针茅在不同处理区的密度 （单位：株/m²）

RG1	RG2	RG3	RG4	RG5	RG6	RG7	RG8	CG	CK
10	5	.	1	3	3	1	5	11	3
14	4	.	3	2	.	3	2	6	3
8	.	1	1	.	3	3	5	8	.
9	.	2	3	.	1	3	4	6	1
9	3	1	4	.	1	1	7	4	3
4	.	1	7	5	1	4	2	6	1
9	.	3	4	2	.	3	2	11	.
10	.	5	1	.	.	4	3	5	3
6	1	1	2	3	.	4	2	6	3
6	1	2	3	.	1	3	1	9	3

注：“.” 表示无此植物类群

根据题意和单因素方差分析计算过程，短花针茅种群密度的方差分析结果见表 8-15。

表 8-15 短花针茅密度方差分析结果

变异来源	自由度	平方和	均方	F 值	$F_{0.05}$	$F_{0.01}$
处理间	9	428.56	47.62	14.28**	2.013	2.664
处理内	72	240.13	3.34			
总变异	81	668.70				

由表 8-14 中数据可知，不同处理的短花针茅密度存在显著差异。对其进行多重比较，结果见图 8-2。

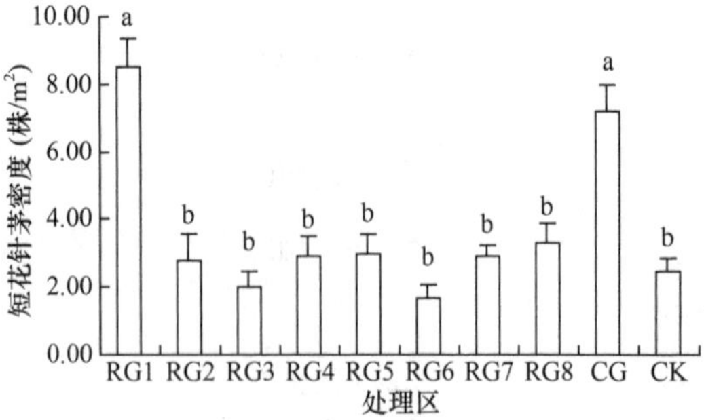

图 8-2 2006 年 6 月短花针茅密度在不同放牧制度下的差异

主要植物种群短花针茅在不同放牧制度下的密度变化见表 8-14，2006 年 6 月，短花针茅密度 RG1 和 CG 区显著大于其他各个试验处理区（$P<0.05$），短花针茅密度在 RG1 与 CG 试验处理区之间无显著差异（$P>0.05$），RG2～RG8 及 CK 处理区之间也无显著差异（$P>0.05$）。

SAS 分析程序如下：

```
DATA DD;
DO CHF=1 TO 10;
 DO CHL=1 TO 10;
 INPUT YY@@;OUTPUT;
 END;
END;
CARDS;
10   5    .    1    3    3    1    5    11   3
14   4    .    3    2    .    3    2    6    3
8    .    1    1    .    3    3    5    8    .
9    .    2    3    .    1    3    4    6    1
9    3    1    4    .    1    1    7    4    3
4    .    1    7    5    1    4    2    6    1
9    .    3    4    2    .    3    2    11   .
10   .    5    1    .    .    4    3    5    3
6    1    1    2    3    .    4    2    6    3
6    1    2    3    .    1    3    1    9    3
;
PROC GLM;
CLASS CHL;
MODEL YY=CHL;
MEANS CHL/DUNCAN ALPHA=0.05;
RUN;
```

要尽量避免组内观测次数不等的试验，因为这样的试验数据不仅计算麻烦，而且降低了分析的灵敏度。值得注意的是，平均数 n_0 的计算方法会因软件不同、教材不同而存在差异，在 SAS 软件中 n_0 的计算方法如下：

$$n_0 = \frac{k}{\sum \frac{1}{n_i}}$$

式中，k 为样本数（或者说处理个数）；n_i 为第 i 个样本的样本容量。

二、双因素方差分析

在实际工作中经常会遇到两种因素共同影响试验结果的情况。在双因素试验方差分析中，需要对因素的主效应和因素间的交互效应进行分析。因素间的交互作用显著与否关系到主效应的利用价值，有时交互作用相当大，甚至可以忽略主效应。两种因素之间是否存在交互作用可根据专门的统计方法或专业知识进行判断。

（一）无重复观测值的双因素方差分析

依据经验或专业知识，判断两种因素无交互作用时，每个处理可只设一个观测值，即假定 A 因素有 a 个水平，B 因素有 b 个水平，每个处理组合只有一个观测值。每个观测值既受到 A 因素的影响，又受到 B 因素的影响。双因素方差分析的线性模型可以单因素模型为基础导出。若因素间不存在交互作用则双因素方差分析观测值的线性模型是：$x_{ij}=\mu+\alpha_i+\beta_j+\varepsilon_{ij}$，$\mu$ 是均值；α_i 和 β_j 是 A 因素和 B 因素的效应（其中 $i=1,2,\cdots,a$，$j=1,2,\cdots,b$），可以是固定的，也可以是随机的，且 $\sum\alpha_i=\sum\beta_j=0$，$\varepsilon_{ij}$ 是随机误差，彼此独立且服从 $N(0,\sigma^2)$。

无重复观测值的双因素方差分析通过平方和与自由度的分解，整理结果见表 8-16。

表 8-16　无重复观测值的双因素方差分析

变异来源	df	SS	s^2	F	期望方差 $E(s^2)$		
					固定模型	随机模型	混合模型*
A 因素	$a-1$	SS_A	s_A^2	$\frac{s_A^2}{s_e^2}$	$\sigma^2+b\eta_\alpha^2$	$\sigma^2+b\sigma_\alpha^2$	$\sigma^2+b\eta_\alpha^2$
B 因素	$b-1$	SS_B	s_B^2	$\frac{s_B^2}{s_e^2}$	$\sigma^2+a\eta_\beta^2$	$\sigma^2+a\sigma_\beta^2$	$\sigma^2+a\sigma_\beta^2$
误差	$(a-1)(b-1)$	SS_e	s_e^2		σ^2	σ^2	σ^2
总变异	$ab-1$	SS_T					

* A 因素固定，B 因素随机

计算过程如下。

1）平方和的计算。

$$C=T^2/ab$$
$$SS_T=\sum x^2-C$$
$$SS_A=\sum T_{i\cdot}^2/b-C$$
$$SS_B=\sum T_{j\cdot}^2/a-C$$
$$SS_e=SS_T-SS_A-SS_B$$

2）自由度的计算。

$$df_T=ab-1$$
$$df_A=a-1$$
$$df_B=b-1$$
$$df_e=(a-1)(b-1)$$

3）列方差分析表，并进行 F 检验。

4）计算方差。

$$s_A^2 = \mathrm{SS}_A/\mathrm{df}_A$$

$$s_B^2 = \mathrm{SS}_B/\mathrm{df}_B$$

$$s_e^2 = \mathrm{SS}_e/\mathrm{df}_e$$

5）进行 F 检验。

$$F_A = \frac{\mathrm{SS}_A}{\mathrm{SS}_e}$$

$$F_B = \frac{\mathrm{SS}_B}{\mathrm{SS}_e}$$

【例 8.4】为了考察短花针茅植物种群密度在不同放牧制度、不同月份下的差异，我们于 2006 年 6～10 月，在不同处理区随机选取 10 个样方，测定短花针茅密度，数据见表 8-17，试进行方差分析。

表 8-17　不同试验处理区短花针茅密度在放牧季内的变化（单位：株/m^2）

月份	RG1	RG2	RG3	RG4	RG5	RG6	RG7	RG8	CG	CK
6	8.50	2.80	2.00	2.90	3.00	1.67	2.90	3.30	7.20	2.50
7	12.40	3.40	2.71	3.00	3.00	2.33	5.80	3.40	7.30	2.38
8	13.80	4.00	1.71	3.67	1.83	2.67	6.20	3.70	8.57	1.25
9	12.60	4.11	3.29	2.80	1.57	1.75	8.30	4.30	7.71	1.25
10	10.20	3.90	7.93	2.80	2.40	1.60	5.20	2.86	6.71	2.56

考虑试验因素存在两个，即月份和放牧处理，二者均属于可控因素，属于固定效应，因此采用双因素固定效应模型进行方差分析。方差分析结果见表 8-18。

表 8-18　不同试验处理区短花针茅密度在放牧季内的方差分析结果

变异来源	自由度	平方和	均方	F 值	$F_{0.05}$	$F_{0.01}$
方差模型	13	414.72	31.90	19.18**	2.00	2.67
月份	4	8.22	2.06	1.24	2.63	3.89
放牧处理	9	406.50	45.17	27.16**	2.15	2.95
误差	36	59.87	1.66			
总变异	49	474.59				

根据表 8-18 可知，方差模型是极显著，可以用此线性可加模型进行方差分析；同时可以看出，月份和放牧处理两个因素对短花针茅密度的影响不同，放牧处理更容易使短花针茅植物种群密度发生显著性变化。

将差异显著的影响因素进行绘图，结果见图8-3，短花针茅植物种群密度在RG1区表现最大，其次为CG区，RG7区第三，且三者两两之间存在显著差异（$P<0.05$）；其余各处理之间无显著差异（$P>0.05$），但均显著低于RG7处理区（$P<0.05$）。

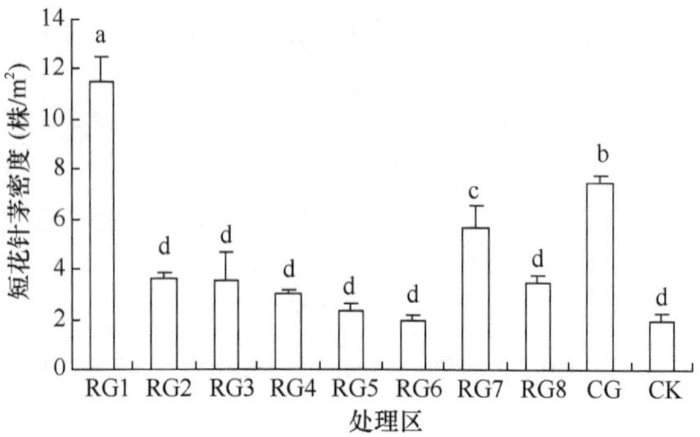

图8-3　2006年6～10月短花针茅密度在不同放牧制度下的差异

SAS分析程序如下：

```
DATA DD;
DO YF=1 TO 5;
 DO CHL=1 TO 10;
 INPUT YY@@;OUTPUT;
 END;
END;
CARDS;
8.50    2.80  2.00  2.90  3.00  1.67  2.90  3.30  7.20  2.50
12.40   3.40  2.71  3.00  3.00  2.33  5.80  3.40  7.30  2.38
13.80   4.00  1.71  3.67  1.83  2.67  6.20  3.70  8.57  1.25
12.60   4.11  3.29  2.80  1.57  1.75  8.30  4.30  7.71  1.25
10.20   3.90  7.93  2.80  2.40  1.60  5.20  2.86  6.71  2.56
;
PROC ANOVA;
CLASS YF CHL;
MODEL YY=YF CHL;
MEANS YF CHL/DUNCAN ALPHA=0.05;
RUN;
```

（二）具有重复观测值的双因素方差分析

以上调查资料是两个因素的作用结果，所估计的误差实际上是这两个因素的相互作用，这是在两个因素不存在互作或互作很小的情况下进行估计的。但是，如果存在两个因素的互作，在进行方差分析时，就需要将互作项和误差项的平方和与自由度分解。因此，进行两因素或多因素试验时，一般应设重复。具有重复观测值的双因素试验的典型设计是：假定 A 因素有 a 水平，B 因素有 b 水平，则每一次重复都包括 ab 次试验，设试验重复 n 次，则试验总观测次数为 abn 次。

具有重复观测值的方差分析可用线性模型来描述：$x_{ijk}=\mu+\alpha_i+\beta_j+(\alpha\beta)_{ij}+\varepsilon_{ijk}$，式中 x_{ijk} 表示 A 因素第 i 水平，B 因素第 j 水平和第 k 次重复的观测值（其中 i=1,2,⋯,a；j=1, 2,⋯,b；k=1,2,⋯,n）；μ 为总平均值；α_i 是 A 因素第 i 水平的效应；β_j 是 B 因素第 j 水平的效应；$(\alpha\beta)_{ij}$ 是 α_i 和 β_j 的交互作用，且有 $\sum\alpha_i=\sum\beta_i=\sum(\alpha\beta)_{ij}=0$；$\varepsilon_{ijk}$ 是随机误差，彼此独立且服从 N（$0,\sigma^2$）。

方差分析步骤和前面介绍的相类似，唯一不同的是 F 检验的方法。具有重复观测值的双因素分组资料方差分析见表 8-19。

表 8-19 具有重复观测值的双因素分组资料方差分析表

变异来源	SS	df	s^2
因素 A	SS_A	$a-1$	s_A^2
因素 B	SS_B	$b-1$	s_B^2
$A\times B$	SS_{AB}	（$a-1$）（$b-1$）	s_{AB}^2
误差	SS_e	ab（$n-1$）	s_e^2
总变异	SS_T	$abn-1$	

变异来源	固定模型		随机模型		混合模型（A 固定，B 随机）	
	F	期望方差	F	期望方差	F	期望方差
因素 A	$\frac{s_A^2}{s_e^2}$	$\sigma^2+bn\eta_\alpha^2$	$\frac{s_A^2}{s_{AB}^2}$	$\sigma^2+n\sigma_{\alpha\beta}^2+bn\sigma_\alpha^2$	$\frac{s_A^2}{s_{AB}^2}$	$\sigma^2+n\sigma_{\alpha\beta}^2+b\eta\sigma_\alpha^2$
因素 B	$\frac{s_B^2}{s_e^2}$	$\sigma^2+an\eta_\beta^2$	$\frac{s_B^2}{s_{AB}^2}$	$\sigma^2+n\sigma_{\alpha\beta}^2+an\sigma_\beta^2$	$\frac{s_A^2}{s_e^2}$	$\sigma^2+an\sigma_\beta^2$
$A\times B$	$\frac{s_{AB}^2}{s_e^2}$	$\sigma^2+n\eta_{\alpha\beta}^2$	$\frac{s_{AB}^2}{s_e^2}$	$\sigma^2+n\sigma_{\alpha\beta}^2$	$\frac{s_{AB}^2}{s_e^2}$	$\sigma^2+n\sigma_{\alpha\beta}^2$
误差		σ^2		σ^2		σ^2

具有重复观测值的双因素分组资料方差分析过程如下。

1）平方和的计算。

$$C=T^2/abn$$

$$SS_T=\sum x^2-C$$

$$SS_A=\sum T_{i\cdot}^2/bn-C$$

$$SS_B=\sum T_{\cdot j}^2/an-C$$

$$SS_{AB}=\sum T_{ij}^2/n-C-SS_A-SS_B$$

$$SS_e=SS_T-SS_A-SS_B-SS_{AB}$$

2）自由度的计算。

$$\mathrm{df}_T=abn-1$$
$$\mathrm{df}_A=a-1$$
$$\mathrm{df}_B=b-1$$
$$\mathrm{df}_{AB}=(a-1)(b-1)$$
$$\mathrm{df}_e=ab(n-1)$$

3）各项方差的计算。

$$s_A^2=\mathrm{SS}_A/\mathrm{df}_A$$
$$s_B^2=\mathrm{SS}_B/\mathrm{df}_B$$
$$s_{AB}^2=\mathrm{SS}_{AB}/\mathrm{df}_{AB}$$
$$s_e^2=\mathrm{SS}_e/\mathrm{df}_e$$

4）F 检验。

固定模型：在固定模型中，α_i、β_j 及$(\alpha\beta)_{ij}$ 均为固定效应。在进行 F 检验时，A 因素、B 因素和 A 与 B 互作项均以 s_e^2 作为分母。

随机模型：对于随机模型，α_i、β_j、$(\alpha\beta)_{ij}$ 和 ε_{ijk} 是相互独立的随机变量，都遵从正态分布。进行 F 检验时，检验 A 与 B 互作时，F 值为 $F_{AB}=s_{AB}^2/s_e^2$；检验 A、B 时，F 值为 $F_A=s_A^2/s_{AB}^2$，$F_B=s_B^2/s_{AB}^2$。

混合模型（以 A 为固定因素，B 为随机因素为例）：在混合模型中，A 和 B 的效应为非可加性，α_i 为固定效应，β_j 及$(\alpha\beta)_{ij}$ 为随机效应。对 A 进行检验时同随机模型，对 B 和 A 与 B 互作进行检验时同固定模型。即 $F_A=s_A^2/s_{AB}^2$，$F_B=s_B^2/s_e^2$，$F_{AB}=s_{AB}^2/s_e^2$。

在实际应用中，固定模型应用最多，随机模型和混合模型相对较少。

【例 8.5】为了研究短花针茅植物种群密度在不同月份和不同处理之间的差异，我们于 2006 年 6～10 月在各个试验处理区随机选择 3 个 1m×1m 样方，得到的密度数据结果列于表 8-20 中，试对该资料进行方差分析。

由于月份和放牧处理都属于可控因素，为固定因素，可依据固定模型分析。又因为数据表中存在重复测量，所以采用具有重复观测值的双因素方差分析，结果见表 8-21。

根据方差分析表可知，不同月份间、不同处理间以及月份与放牧处理的交互作用对短花针茅植物种群的密度均存在极显著的影响。分别对月份及放牧处理的短花针茅密度进行多重比较，结果如下。

表 8-20　有重复试验处理区短花针茅密度在放牧季内的变化　（单位：丛/m^2）

月份	重复	RG1	RG2	RG3	RG4	RG5	RG6	RG7	RG8	CG	CK
6	1	9	3	2	3	3	2	3	3	7	3
	2	8	4	2	3	3	2	3	4	6	2
	3	7	3	2	3	4	2	2	3	6	3
7	1	12	3	3	3	3	2	6	3	7	2
	2	11	3	3	3	3	3	8	3	5	2
	3	12	3	3	4	3	2	9	3	6	2
8	1	14	4	2	4	2	3	6	4	9	1
	2	17	3	2	4	2	2	7	3	9	1
	3	17	3	2	4	2	3	6	3	11	1
9	1	13	4	3	3	2	2	8	4	8	1
	2	17	4	3	2	1	2	10	4	8	1
	3	18	4	4	2	1	2	10	4	7	1
10	1	10	4	8	3	2	2	5	3	7	3
	2	11	4	7	3	2	2	6	3	7	2
	3	10	4	9	2	2	1	5	3	7	3

表 8-21　有重复试验处理区短花针茅密度在放牧季内的方差分析结果

变异来源	自由度	平方和	均方	F 值	$F_{0.05}$	$F_{0.01}$
方差模型	49	1789.53	36.52	72.08**	1.48	1.74
月份处理	4	39.69	9.92	19.59**	2.46	3.51
放牧处理	9	1436.19	159.58	314.95**	1.97	2.59
月份×放牧处理	36	313.64	8.71	17.20**	1.54	1.83
误差	100	50.67	0.51			
总变异	149	1840.19				

由图 8-4 可知，在不同月份间，8 月和 9 月短花针茅植物种群密度最大，7 月和 10 月短花针茅植物种群密度次之，6 月短花针茅植物种群密度最小（$P<0.05$）。8 月和 9 月之间以及 7 月和 10 月之间，短花针茅植物种群密度无显著差异（$P>0.05$）。

在不同处理间，短花针茅植物种群密度 RG1 处理区最大，CG 处理区次之，RG7 处理区第三，RG3 处理区排第四位（$P<0.05$）。RG2 和 RG8 处理区之间的短花针茅植物种群密度无显著差异（$P>0.05$），其与 RG3 和 RG4 处理区也无显著差异（$P>0.05$）。RG4 处理区的短花针茅植物种群密度显著高于 RG5、RG6 和 CK 处理区（$P<0.05$）。RG5、RG6 和 CK 处理区之间的短花针茅植物种群密度无显著差异（$P>0.05$）。

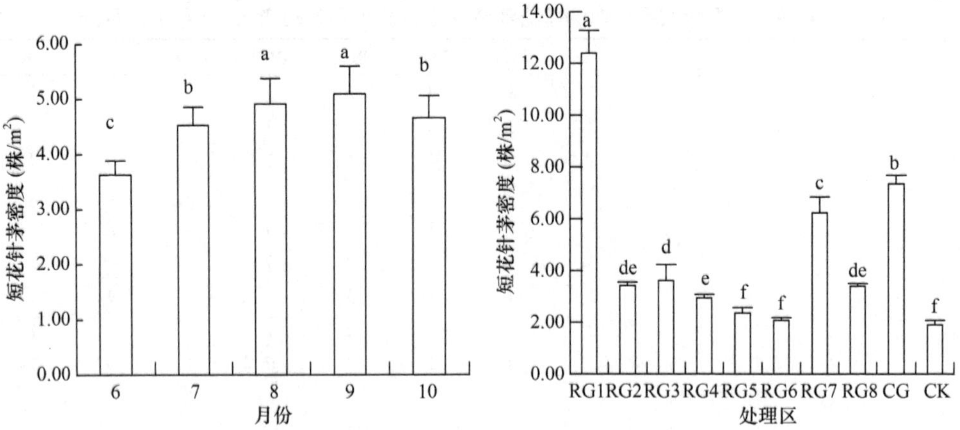

图 8-4　2006 年短花针茅密度在不同月份及放牧处理下的差异

SAS 程序如下：

```
DATA DD;
DO YF=1 TO 5;
 DO CHF=1 TO 3;
  DO CHL=1 TO 10;
   INPUT YY@@;OUTPUT;
  END;
 END;
END;
CARDS;
9    3    2    3    3    2    3    3    7    3
8    4    2    3    3    2    3    4    6    2
7    3    2    3    4    2    2    3    6    3
12   3    3    3    3    2    6    3    7    2
11   3    3    3    3    3    8    3    5    2
12   3    3    4    3    2    9    3    6    2
14   4    2    4    2    3    6    4    9    1
17   3    2    4    2    2    7    3    9    1
17   3    2    4    2    3    6    3    11   1
13   4    3    3    2    2    8    4    8    1
17   4    3    2    1    2    10   4    8    1
18   4    4    2    1    2    10   4    7    1
10   4    8    3    2    2    5    3    7    3
11   4    7    3    2    2    6    3    7    2
10   4    9    2    2    1    5    3    7    3
;
PROC ANOVA;
CLASS YF CHL;
MODEL YY=YF CHL YF*CHL;
MEANS YF CHL YF*CHL/DUNCAN ALPHA=0.05;
RUN;
```

在输出结果中，我们发现尽管我们把月份和放牧处理的交互作用也放在多重比较语句 MEANS 中，但是输出结果未能显示比较结果，而是给出所有可能的处理组合及其均值和标准差，也就是说无论在 ANOVA 过程还是在 GLM 过程，无法对交互作用进行多重比较。但是在这一输出结果中，我们可以找到感兴趣的处理组合，如何时哪个处理区短花针茅植物种群密度较大，经过查找发现，8 月和 9 月的 RG1 处理区短花针茅植物种群密度较大，但是 8 月和 9 月的标准差分别为 1.73 和 2.65，因此对比来看，RG1 处理区 8 月短花针茅植物种群密度分布较 9 月更为均匀。

如果一定要查看交互作用的差异情况，首先应该把 ANOVA 过程改为 GLM 过程，且添加 LSMEANS 语句，具体程序如下（请注意，数据的第一列是 RG1～RG8 平均取整后的结果）。

```
DATA DDS;
DO YF=1 TO 5;
 DO CHF=1 TO 3;
  DO CHL=1 TO 3;
   INPUT YY@@;OUTPUT;
  END;
 END;
END;
CARDS;
3    7   3
3    6   2
3    6   3
5    7   2
5    5   2
5    6   2
5    9   1
5    9   1
5    11  1
5    8   1
5    8   1
6    7   1
5    7   3
5    7   2
5    7   3
;
PROC GLM;
CLASS YF CHL;
MODEL YY=YF CHL YF*CHL;
MEANS YF CHL YF*CHL/DUNCAN ALPHA=0.05;
LSMEANS YF*CHL/ADJUST=TUKEY  PDIFF TDIFF;
RUN;
```

LSMEANS 语句输出的是两两比较的结果，如果也需要改为字母标记法，可根据字母标记法原理进行重新整理。如果需要查看不同月份条件下各个处理之间的差异情况，可以分为两种情况，一种情况是认为月份没有影响，只是处理间有差异；另一种是月份有影响，处理之间的差异受月份的影响。也就是说前者可认为是单因素方差分析，后者是存在交互作用的方差分析。SAS 程序设计如下。

```
DATA DDS;
DO YF=1 TO 5;
 DO CHF=1 TO 3;
  DO CHL=1 TO 3;
   INPUT YY@@;OUTPUT;
  END;
 END;
END;
CARDS;
3    7    3
3    6    2
3    6    3
5    7    2
5    5    2
5    6    2
5    9    1
5    9    1
5    11   1
5    8    1
5    8    1
6    7    1
5    7    3
5    7    2
5    7    3
;
PROC GLM;
CLASS YF CHL;
MODEL YY=YF CHL YF*CHL;
MEANS YF CHL YF*CHL/DUNCAN ALPHA=0.05 ;
LSMEANS YF*CHL/SLICE=YF;
RUN;
PROC GLM;
CLASS YF CHL;
MODEL YY=CHL;
MEANS CHL/DUNCAN ALPHA=0.05 ;
BY YF;
RUN;
```

第一种情况为程序中后面的 GLM 过程，采用 BY 语句进行分析；第二种情况是程序中前面的 GLM 过程，需要考虑交互作用，采用 SLICE 关键字限制需要固定的变量。

三、多因素方差分析

实际工作中，往往需要考察 3 个或多个因素的效应。这相当于把双因素方差分析扩展到一般情况。本部分仅对三因素的情况进行分析。例如，在一个试验中，A 因素有 a 水平，B 因素有 b 水平，C 因素有 c 水平，假设每一处理都有 n 次重复，那么总观测次数为 $abcn$ 次。

设有一个三因素方差分析模型，各取了 a、b、c 个水平，每一处理有 n 次重复。对观测值 x_{ijkl}，其三因素方差分析的线性数学模型为

$$x_{ijkl}=\mu+\alpha_i+\beta_j+\gamma_k+(\alpha\beta)_{ij}+(\alpha\gamma)_{ik}+(\beta\gamma)_{jk}+(\alpha\beta\gamma)_{ijk}+\varepsilon_{ijkl}$$

式中，x_{ijkl} 表示 A 因素第 i 水平，B 因素第 j 水平，C 因素第 k 水平第 l 次重复的观测值（其中 i=1,2,⋯,a；j=1，2,⋯,b；k=1,2,⋯,c；l=1,2,⋯,n）；μ 为总体平均数；α_i、β_j、γ_k 分别表示 A 因素、B 因素、C 因素的效应：$(\alpha\beta)_{ij}$、$(\alpha\gamma)_{ik}$、$(\beta\gamma)_{jk}$ 分别表示 $A\times B$、$A\times C$、$B\times C$ 的交互效应；$(\alpha\beta\gamma)_{ijk}$ 表示三因素的交互效应（$A\times B\times C$）；ε_{ijkl} 表示试验误差。

同时，应满足条件：①$\sum\alpha_i=\sum\beta_j=\sum\gamma_k=0$；②$\sum(\alpha\beta)_{ij}=\sum(\alpha\gamma)_{ik}=\sum(\beta\gamma)_{jk}=0$；③$\sum(\alpha\beta\gamma)_{ijk}=0$；④$\varepsilon_{ijkl}$ 是独立分布，服从 $N(0,\sigma^2)$。

实际分析时，可列出 3 个两向表，把三因素方差分析转化为双因素方差分析。

三因素方差分析模型列于表 8-22。表中三因素交叉分组有两种可能的情况，一是 A 固定，B 和 C 随机；二是 A 和 B 固定，C 随机，表中仅列出了其中一种。

表 8-22　三因素方差分析表

变异来源	SS	df	s^2	固定模型	
				F	期望方差
A	SS_A	$a-1$	s_A^2	$\frac{s_A^2}{s_e^2}$	$\sigma^2+bcn\eta_\alpha^2$
B	SS_B	$b-1$	s_B^2	$\frac{s_B^2}{s_e^2}$	$\sigma^2+acn\eta_\beta^2$
C	SS_C	$c-1$	s_C^2	$\frac{s_C^2}{s_e^2}$	$\sigma^2+abn\eta_\gamma^2$
$A\times B$	SS_{AB}	$(a-1)(b-1)$	s_{AB}^2	$\frac{s_{AB}^2}{s_e^2}$	$\sigma^2+cn\eta_{\alpha\beta}^2$
$A\times C$	SS_{AC}	$(a-1)(c-1)$	s_{AC}^2	$\frac{s_{AC}^2}{s_e^2}$	$\sigma^2+bn\eta_{\alpha\gamma}^2$
$B\times C$	SS_{BC}	$(b-1)(c-1)$	s_{BC}^2	$\frac{s_{BC}^2}{s_e^2}$	$\sigma^2+an\eta_{\beta\gamma}^2$
$A\times B\times C$	SS_{ABC}	$(a-1)(b-1)(c-1)$	s_{ABC}^2	$\frac{s_{ABC}^2}{s_e^2}$	$\sigma^2+n\eta_{\alpha\beta\gamma}^2$
误差	SS_e	$abc(n-1)$	s_e^2		σ^2

续表

变异来源	随机模型		混合模型（假设 *A*、*B* 固定，*C* 随机）	
	F	期望方差	*F*	期望方差
A		$\sigma^2+bcn\sigma_\alpha^2+cn\sigma_{\alpha\beta}^2+bn\sigma_{\alpha\gamma}^2+n\sigma_{\alpha\beta\gamma}^2$	$\frac{s_A^2}{s_{AC}^2}$	$\sigma^2+bcn\eta_\alpha^2+bn\sigma_{\alpha\gamma}^2$
B		$\sigma^2+acn\sigma_\beta^2+cn\sigma_{\alpha\beta}^2+an\sigma_{\beta\gamma}^2+n\sigma_{\alpha\beta\gamma}^2$	$\frac{s_B^2}{s_{BC}^2}$	$\sigma^2+acn\eta_\beta^2+an\sigma_{\beta\gamma}^2$
C		$\sigma^2+abn\sigma_\gamma^2+bn\sigma_{\alpha\gamma}^2+an\sigma_{\beta\gamma}^2+n\sigma_{\alpha\beta\gamma}^2$	$\frac{s_C^2}{s_e^2}$	$\sigma^2+abn\sigma_\gamma^2$
A×*B*	$\frac{s_{AB}^2}{s_{ABC}^2}$	$\sigma^2+cn\sigma_{\alpha\beta}^2+n\sigma_{\alpha\beta\gamma}^2$	$\frac{s_{AB}^2}{s_e^2}$	$\sigma^2+cn\eta_{\alpha\beta}^2+n\sigma_{\alpha\beta\gamma}^2$
A×*C*	$\frac{s_{AC}^2}{s_{ABC}^2}$	$\sigma^2+bn\sigma_{\alpha\gamma}^2+n\sigma_{\alpha\beta\gamma}^2$	$\frac{s_{AC}^2}{s_e^2}$	$\sigma^2+bn\sigma_{\alpha\gamma}^2$
B×*C*	$\frac{s_{BC}^2}{s_{ABC}^2}$	$\sigma^2+an\sigma_{\beta\gamma}^2+n\sigma_{\alpha\beta\gamma}^2$	$\frac{s_{BC}^2}{s_e^2}$	$\sigma^2+an\sigma_{\beta\gamma}^2$
A×*B*×*C*	$\frac{s_{ABC}^2}{s_e^2}$	$\sigma^2+n\sigma_{\alpha\beta\gamma}^2$	$\frac{s_{ABC}^2}{s_e^2}$	$\sigma^2+n\sigma_{\alpha\beta\gamma}^2$
误差		σ^2		σ^2

具有重复观测值的三因素分组资料方差分析过程如下。

1）平方和的计算。

$$C=T^2/abcn$$

$$\mathrm{SS}_T=\sum\sum\sum\sum x_{ijkl}^2-C$$

$$\mathrm{SS}_t=\sum\sum\sum T_{ijk}^2/n-C$$

$$\mathrm{SS}_A=\sum T_{i\cdot\cdot}^2/bcn-C$$

$$\mathrm{SS}_B=\sum T_{\cdot j\cdot}^2/acn-C$$

$$\mathrm{SS}_C=\sum T_{\cdot\cdot k}^2/abn-C$$

$$\mathrm{SS}_{AB}=\sum\sum T_{ij\cdot}^2/cn-C-\mathrm{SS}_A-\mathrm{SS}_B$$

$$\mathrm{SS}_{AC}=\sum\sum T_{i\cdot k}^2/bn-C-\mathrm{SS}_A-\mathrm{SS}_C$$

$$\mathrm{SS}_{BC}=\sum\sum T_{\cdot jk}^2/an-C-\mathrm{SS}_B-\mathrm{SS}_C$$

$$\mathrm{SS}_{ABC}=\sum\sum T_{ijk}^2/n-C-\mathrm{SS}_A-\mathrm{SS}_B-\mathrm{SS}_C-\mathrm{SS}_{AB}-\mathrm{SS}_{AC}-\mathrm{SS}_{BC}$$

$$\mathrm{SS}_e=\mathrm{SS}_T-\mathrm{SS}_t$$

2）自由度的计算。

$$df_T=abcn-1$$
$$df_A=a-1$$
$$df_B=b-1$$
$$df_C=c-1$$
$$df_{AB}=(a-1)(b-1)$$
$$df_{AC}=(a-1)(c-1)$$
$$df_{BC}=(b-1)(c-1)$$
$$df_{ABC}=(a-1)(b-1)(c-1)$$
$$df_e=abc(n-1)$$

3）各项方差的计算。

$$s_A^2=SS_A/df_A$$
$$s_B^2=SS_B/df_B$$
$$s_C^2=SS_C/df_C$$
$$s_{AB}^2=SS_{AB}/df_{AB}$$
$$s_{AC}^2=SS_{AC}/df_{AC}$$
$$s_{BC}^2=SS_{BC}/df_{BC}$$
$$s_{ABC}^2=SS_{ABC}/df_{ABC}$$
$$s_e^2=SS_e/df_e$$

F 检验的计算公式详见表 8-22。

【例 8.6】为了研究短花针茅植物种群密度在不同年份、不同月份和不同处理之间的差异，在 2006～2008 年的 7～9 月，于 10 个试验处理区南北（作为样点重复）各随机选择 6 个 1m×1m 样方，然后将随机的 6 个计算均值，得到的密度数据结果列于表 8-23 中，试对该资料进行方差分析。

表 8-23　三因素方差分析表　　（单位：丛/m^2）

年份	月份	重复	RG1	RG2	RG3	RG4	RG5	RG6	RG7	RG8	CG	CK
2006	7	1	12.40	3.40	2.71	3.00	3.00	2.33	5.80	3.40	7.30	2.38
		2	11.26	3.10	2.87	3.11	3.41	2.07	6.01	2.99	7.28	2.37
	8	1	13.80	4.00	1.71	3.67	1.83	2.67	6.20	3.70	8.57	1.25
		2	12.66	4.05	2.08	3.35	1.75	2.70	5.89	3.22	9.04	1.05
	9	1	12.60	4.11	3.29	2.80	1.57	1.75	8.30	4.30	7.71	1.25
		2	11.03	3.70	3.51	2.81	1.75	1.40	7.67	4.43	8.61	1.30

续表

年份	月份	重复	RG1	RG2	RG3	RG4	RG5	RG6	RG7	RG8	CG	CK
2007	7	1	12.40	3.33	2.14	3.20	2.33	2.33	5.20	3.56	7.60	2.50
		2	12.39	3.24	2.22	2.91	2.34	1.75	4.85	3.88	6.77	2.07
	8	1	10.80	4.56	3.00	4.40	3.00	2.50	7.20	4.20	6.90	2.00
		2	11.27	3.86	3.19	5.16	2.85	2.41	7.35	4.61	8.84	2.17
	9	1	7.90	3.00	2.00	5.70	3.57	1.60	4.90	3.10	5.20	2.00
		2	8.06	2.46	1.59	4.80	3.61	1.79	4.44	2.99	6.32	1.84
2008	7	1	10.90	2.57	2.71	3.40	2.75	1.50	5.80	5.00	9.40	4.13
		2	10.43	2.33	2.72	3.89	3.00	1.78	6.19	4.40	9.16	3.94
	8	1	11.30	1.67	2.63	3.60	4.25	2.00	6.40	3.90	6.20	1.71
		2	11.60	1.71	2.70	4.58	4.14	2.24	7.31	3.51	6.62	1.51
	9	1	9.10	4.11	2.33	5.10	3.13	1.80	4.40	4.20	4.00	3.00
		2	9.80	3.98	2.49	4.40	3.10	1.38	4.81	3.31	4.12	2.56

由于年份、月份和放牧处理都属于可控因素，为固定因素，可依据固定模型分析。又因为数据表中存在重复测量，所以采用具有重复观测值的多因素方差分析，结果见表 8-24。

表 8-24　短花针茅密度的三因素方差分析结果

变异来源	自由度	平方和	均方	F 值	$F_{0.05}$	$F_{0.01}$
方差模型	89	1489.32	16.73	126.88**	1.42	1.64
年份处理	2	1.61	0.81	6.12**	3.10	4.85
月份处理	2	8.46	4.23	32.06**	3.10	4.85
放牧处理	9	1326.18	147.35	1117.25**	1.99	2.61
年份×月份处理	4	11.27	2.82	21.36**	2.47	3.53
年份×放牧处理	18	40.47	2.25	17.05**	1.72	2.14
月份×放牧处理	18	37.60	2.09	15.84**	1.72	2.14
年份×月份×放牧处理	36	63.74	1.77	13.42**	1.55	1.85
误差	90	11.87	0.13			
总变异	179	1501.19				

根据方差分析表可知，不同年份间、不同月份间、不同处理间以及年份、月份与放牧处理的交互作用对短花针茅植物种群的密度均存在极显著的影响。分别对年份、月份及放牧处理的短花针茅密度进行多重比较，结果如下。

由图 8-5 可知，在不同年份间，2006 年短花针茅密度最大（$P<0.05$），2007 年和 2008 年短花针茅密度无显著差异（$P>0.05$），且显著低于 2006 年（$P<0.05$）。

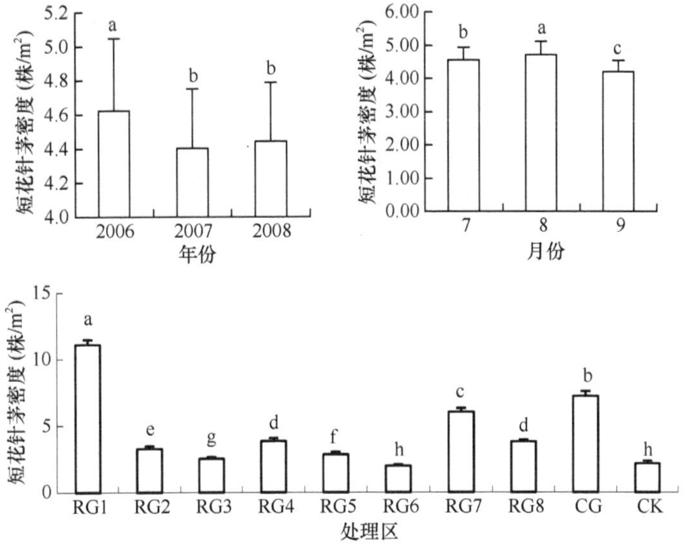

图 8-5 2006～2008 年短花针茅密度在不同月份及放牧处理下的差异

在不同月份间，8 月短花针茅植物种群密度最大，7 月短花针茅植物种群密度次之，9 月短花针茅密度最小（$P<0.05$）。

在不同处理间，短花针茅植物种群密度 RG1 处理区最大，CG 处理区次之，RG7 处理区第三，RG4 和 RG8 处理区排第四位（$P<0.05$）。RG4 和 RG8 处理区之间的短花针茅植物种群密度无显著差异（$P>0.05$），其与 RG2 处理区存在显著差异（$P<0.05$）；RG2 处理区的短花针茅植物种群密度显著高于 RG5 处理区（$P<0.05$）；RG5 处理区的短花针茅植物种群密度显著高于 RG3 处理区（$P<0.05$）。RG3 处理区的短花针茅植物种群密度显著高于 RG6 和 CK 处理区（$P<0.05$），RG6 和 CK 处理区之间的短花针茅植物种群密度无显著差异（$P>0.05$）。

SAS 程序如下：

```
DATA FF;
DO NF=1 TO 3;
  DO YF=1 TO 3;
    DO CHF=1 TO 2;
        DO CHL=1 TO 10;
 INPUT YY@@;OUTPUT;
           END;
       END;
  END;
END;
CARDS;
12.40  3.40  2.71  3.00  3.00  2.33  5.80  3.40  7.30  2.38
11.26  3.10  2.87  3.11  3.41  2.07  6.01  2.99  7.28  2.37
13.80  4.00  1.71  3.67  1.83  2.67  6.20  3.70  8.57  1.25
```

```
12.66  4.05  2.08  3.35  1.75  2.70  5.89  3.22  9.04  1.05
12.60  4.11  3.29  2.80  1.57  1.75  8.30  4.30  7.71  1.25
11.03  3.70  3.51  2.81  1.75  1.40  7.67  4.43  8.61  1.30
12.40  3.33  2.14  3.20  2.33  2.33  5.20  3.56  7.60  2.50
12.39  3.24  2.22  2.91  2.34  1.75  4.85  3.88  6.77  2.07
10.80  4.56  3.00  4.40  3.00  2.50  7.20  4.20  6.90  2.00
11.27  3.86  3.19  5.16  2.85  2.41  7.35  4.61  8.84  2.17
7.90   3.00  2.00  5.70  3.57  1.60  4.90  3.10  5.20  2.00
8.06   2.46  1.59  4.80  3.61  1.79  4.44  2.99  6.32  1.84
10.90  2.57  2.71  3.40  2.75  1.50  5.80  5.00  9.40  4.13
10.43  2.33  2.72  3.89  3.00  1.78  6.19  4.40  9.16  3.94
11.30  1.67  2.63  3.60  4.25  2.00  6.40  3.90  6.20  1.71
11.60  1.71  2.70  4.58  4.14  2.24  7.31  3.51  6.62  1.51
9.10   4.11  2.33  5.10  3.13  1.80  4.40  4.20  4.00  3.00
9.80   3.98  2.49  4.40  3.10  1.38  4.81  3.31  4.12  2.56
;
PROC ANOVA;
CLASS NF YF CHL;
MODEL YY=NF YF CHL NF*YF NF*CHL YF*CHL NF*YF*CHL;
MEANS NF YF CHL/DUNCAN ALPHA=0.05;
RUN;
```

第四节　按照试验设计划分的方差分析

试验设计是科学研究不可或缺的手段，常用的试验设计包含对比设计、随机区组设计、裂区设计、拉丁方设计和正交设计，其中由于对比设计小区排列为顺序排列，未能体现试验设计的随机原则，不能正确地估计出无偏的试验误差，因此理论上试验结果不能采用方差分析的方法进行显著性检验。所以对比设计试验结果一般采用百分比法与对照相比较进行分析。首先设对照为100%，邻比试验是将各处理和相邻对照相比求出百分数；间比试验是将各处理与前后两个对照的平均数相比求出百分数。回归正交设计、“3414”正交设计和均匀设计一般不进行方差分析，由于其试验设计本身不是从对比角度出发，而是回归模型角度，其重点是放在趋势变化条件下的最优处理组合，同时由于试验水平的不平衡导致处理区的不平衡性，获得的数据集属于非平衡试验设计的数据集，所以会导致方差分析结果的灵敏度下降；同时由于个别试验处理区属于单处理区试验，出现假重复现象，使得方差分析应用于伪重复数据集，这在统计学上是不允许的（如“3414”正交设计的最高水平均为单处理区试验）。

一、随机区组设计的方差分析

在单因素随机处理试验中，设试验有 k 个处理，n 个区组，整个试验共有 nk

个观测值，每一观测值 x_{ij} 的线性模型为

$$x_{ij} = \mu + \alpha_i + \beta_j + \varepsilon_{ij}$$

式中，μ 为总体平均数；α_i 为处理效应（i=1,2,⋯,k）；β_j 为区组效应（j=1,2,⋯,n）；ε_{ij} 为误差，来自总体 N（$0,\sigma^2$）。

根据 x_{ij} 的线性模型，总平方和与总自由度均可分解为区组、处理和误差的相应部分，即

$$\mathrm{SS}_T = \mathrm{SS}_r + \mathrm{SS}_t + \mathrm{SS}_e$$

$$\mathrm{df}_T = \mathrm{df}_r + \mathrm{df}_t + \mathrm{df}_e$$

式中，T 表示总和；r 表示区组；t 表示处理；e 表示随机误差。则各部分平方和的计算公式如下：

$$\text{矫正数}\ C = \frac{T^2}{nk}$$

$$\text{总平方和}\ \mathrm{SS}_T = \sum_1^k \sum_1^n (x - \bar{x})^2 = \sum_1^{nk} x^2 - C$$

$$\text{区组平方和}\ \mathrm{SS}_r = k\sum_{i=1}^n (\bar{x}_r - \bar{x})^2 = \frac{\sum_1^n T_r^2}{k} - C$$

$$\text{处理平方和}\ \mathrm{SS}_t = n\sum_{i=1}^k (\bar{x}_t - \bar{x})^2 = \frac{\sum_1^n T_t^2}{n} - C$$

$$\text{误差平方和}\ \mathrm{SS}_e = \sum_1^k \sum_1^n (x - \bar{x}_r - \bar{x}_t + \bar{x})^2 = \mathrm{SS}_T - \mathrm{SS}_r - \mathrm{SS}_t$$

各部分自由度的计算公式如下：

$$\text{总自由度}\ \mathrm{df}_T = nk - 1$$

$$\text{区组自由度}\ \mathrm{df}_r = n - 1$$

$$\text{处理自由度}\ \mathrm{df}_t = k - 1$$

$$\text{误差自由度}\ \mathrm{df}_e = (n-1)(k-1)$$

【例 8.7】为了考察放牧强度对草地土壤碳氮比（C/N）的影响，采用随机区组设计，其中放牧强度为不放牧、适度放牧和重度放牧，放牧压分别为 0.00 只/（hm^2·a）、0.96 只/（hm^2·a）、1.54 只/（hm^2·a），区组数为 3 个。区组及处理区均采用随机方式排列，得到的试验设计表及数据表见表 8-25。

表 8-25　单因素随机区组设计及数据资料

试验设计表			放牧压	重复	C/N 数据表		
Ⅰ	Ⅱ	Ⅲ			Ⅰ	Ⅱ	Ⅲ
1	3	2	1	1	3.56	3.05	3.63
				2	3.57	3.30	3.86
				3	3.13	3.46	2.96
				4	3.32	3.82	3.29
				5	3.30	3.46	3.38
3	2	1	2	1	3.78	3.38	3.48
				2	3.06	3.39	3.26
				3	3.75	3.60	3.61
				4	3.11	3.72	3.80
				5	3.78	3.28	3.38
2	1	3	3	1	3.21	3.67	3.32
				2	3.12	2.98	3.17
				3	3.28	3.10	3.28
				4	3.27	3.23	3.14
				5	3.23	2.97	3.23

从表 8-25 中可以看到，试验设计表中Ⅰ～Ⅲ代表区组，1～3 分别代表不放牧、适度放牧和重度放牧，在每一放牧区选取 5 个 1m×1m 的样方，测定土壤的 C/N。在进行方差分析时，我们应该首先分析该试验设计有多少个影响因素，首先放牧压是一个影响因素，另一个影响因素是试验条件相对一致的区组条件，因此区组也是一个影响因素，但是在很多应用过程中，人们往往忽视了区组。

首先比较单因素方差分析模型和双因素方差分析模型计算结果的差异，详情见表 8-26。

表 8-26　方差分析模型差异比较

因素数目	变异来源	自由度	平方和	均方	F 值	$F_{0.05}$	$F_{0.01}$
单因素	放牧压	2	0.6109	0.3054	5.89^{**}	3.2199	5.1491
	误差	42	2.1771	0.0518			
	总变异	44	2.7880				
双因素	方差模型	4	0.6164	0.1541	2.84^{*}	2.6060	3.8283
	放牧压	2	0.6109	0.3054	5.63^{**}	3.2317	5.1785
	区组	2	0.0056	0.0028	0.05	3.2317	5.1785
	误差	40	2.1716	0.0543			
	总变异	44	2.7880				

我们看到，单因素和双因素方差分析结果差异很大，在进行单因素方差分析时，方差分析模型是 $x_{ij}=\mu+\alpha_i+\varepsilon_{ij}$，认为如果期望均值 μ 存在差异，是由于受到了处理因素 α_i 的影响，如果差异不显著，则认为期望均值 μ 的差异是由 $\alpha_i+\varepsilon_{ij}$ 引起的，只不过是随机误差效应 ε_{ij} 大于处理 α_i 效应。因此单因素方差分析模型检验与处理效应检验是等同的。

在进行双因素方差分析时，方差分析模型是 $x_{ijk}=\mu+\alpha_i+\beta_j+\varepsilon_{ijk}$，认为如果期望均值 μ 存在差异，是由于受到了处理因素 α_i 的影响，也可能是受到了处理因素 β_j 的影响，如果差异不显著，则认为期望均值 μ 的差异是由 $\alpha_i+\beta_j+\varepsilon_{ijk}$ 引起的，只不过是随机误差效应 ε_{ijk} 大于处理因素 α_i 和 β_j 效应。那么问题是模型检验与处理效应检验的区别在哪里。

对于双因素方差分析，模型检验是检验 $x_{ijk}=\mu+\alpha_i+\beta_j+\varepsilon_{ijk}$ 的线性结构，我们还记得方差分析的 3 个前提假设：正态性、可加性和方差同质性。当模型检验不能通过时，说明观测值采用 $x_{ijk}=\mu+\alpha_i+\beta_j+\varepsilon_{ikj}$ 这一线性结构不能够很好地进行描述，间接说明观测值的线性可加性不能成立。因此，出现上述情况时，要么进行数据转换，要么修改方差分析模型的线性结构，如修改成 $x_{ijk}=\mu+\alpha_i+(\alpha\beta)_{ij}+\varepsilon_{ijk}$。很多研究者采用 SAS 软件进行分析，我们发现无论是方差分析还是回归分析，均存在表 8-15 中的单因素方差分析结构，我们知道在回归分析中，模型检验是指回归模型检验的平方和是否显著大于误差平方和，进一步可理解为单位自由度下的回归模型变异是否大于单位自由度下的误差变异。如果显著大于，则回归模型成立，显著性检验通过，反之成立。回到方差分析中，我们就不难理解多因素方差分析（两因素以上，包含两个因素）模型检验的本质，其依然是检验方差分析线性结构是否成立，如果检验不能通过，说明方差分析模型不成立，也就说明这种多因素影响下的线性结构不成立，没有必要进行下一步的多重比较。但是如果模型显著性检验通过，就可以继续考虑多重比较的结果。

在进行两因素以上的方差分析过程中，会出现模型检验不通过，但是多重比较结果差异显著，这令很多科研工作者甚至统计学专业教师困惑。其实这并不难理解，因为多重比较属于假设检验中均值是否相等的比较分析，在假设检验中关于均值假设检验有比较详细的介绍，期望读者仔细研究。当多因素模型检验不能通过时，是因为存在某一因素不适合采用这一复合线性结构进行解释，而采用多重比较时相当于把多因素模型修改为针对某一因素的单因素方差分析，其多重比较存在差异能够反证单因素方差分析模型成立。

例 8.7 的 SAS 程序如下：

```
DATA DD;
DO FMY=1 TO 3;
  DO CHF=1 TO 5;
   DO QZ=1 TO 3;
```

```
      INPUT YY@@;OUTPUT;
      END;
     END;
   END;
   CARDS;
   3.56  3.05  3.63
   3.57  3.30  3.86
   3.13  3.46  2.96
   3.32  3.82  3.29
   3.30  3.46  3.38
   3.78  3.38  3.48
   3.06  3.39  3.26
   3.75  3.60  3.61
   3.11  3.72  3.80
   3.78  3.28  3.38
   3.21  3.67  3.32
   3.12  2.98  3.17
   3.28  3.10  3.28
   3.27  3.23  3.14
   3.23  2.97  3.23
   ;
   PROC ANOVA;
   CLASS FMY QZ;
   MODEL YY=FMY;
   MEANS FMY/DUNCAN ALPHA=0.05;
   RUN;
   PROC ANOVA;
   CLASS FMY QZ;
   MODEL YY=FMY QZ;
   MEANS FMY QZ/DUNCAN ALPHA=0.05;
   RUN;
```

从方差分析输出程序可以看到 R-Square（决定系数）的值均比较低，说明尽管单因素和双因素方差分析模型均能够通过显著性检验（$P<0.05$），但是这两个模型均不能很好地描述观测变量受单因素或双因素影响的紧密程度，因为 R-Square 可以看作采用方差分析模型线性结构对观测值的拟合程度。

二、拉丁方设计的方差分析

拉丁方试验设计的方差分析模型为 $x_{ijt}=\mu+\alpha_i+\beta_j+\gamma_t+\varepsilon_{ijt}$，式中 ε_{ijt} 为随机误差，并服从正态分布 $N(0,\sigma^2)$；x_{ijt} 为观测值；μ 为期望均值；α_i 为行引起的效应；β_j 为列引起的效应；γ_t 为试验处理引起的效应。

因此，拉丁方设计的总变异可以分为行区组间、列区组间、试验处理间和试验误差 4 个部分，其平方和与自由度可按照下式进行分解：

$$SS_T = SS_{行} + SS_{列} + SS_t + SS_e$$
$$df_T = df_{行} + df_{列} + df_t + df_e$$

现在令 $SS_{行}=SS_r$、$SS_{列}=SS_c$、$df_{行}=df_r$、$df_{列}=df_c$，则平方和及自由度计算公式如下。

$$C = \frac{T^2}{k \times k}$$
$$SS_T = \sum x^2 - C$$
$$SS_c = \frac{1}{k}\sum T_c^2 - C$$
$$SS_r = \frac{1}{k}\sum T_r^2 - C$$
$$SS_t = \frac{1}{k}\sum T_t^2 - C$$
$$SS_e = SS_T - SS_c - SS_r - SS_t$$
$$df_T = k \times k - 1$$
$$df_c = k - 1$$
$$df_r = k - 1$$
$$df_t = k - 1$$
$$df_e = df_T - df_c - df_r - df_t$$

【例 8.8】为了考察某品种苜蓿的耐盐性，设置盐浓度分别为 0、0.15%、0.25%、0.35%和 0.45% 5 个水平，分别标记为 A、B、C、D 和 E。选用 5×5 的标准方，首先进行行随机处理，然后进行列随机处理，最后将 5 个处理排在相应的位置上，15 天后测得其株高数据（数据及试验设计见表 8-27），试分析盐浓度对该苜蓿品种株高的影响。

表 8-27 苜蓿耐盐试验设计及其观测数据

列号	拉丁方设计					数据汇总					
	C1	C2	C3	C4	C5	盐浓度（%）	拉丁方数据				
R1	2	5	1	3	4	0	107.67	109.42	98.16	104.60	110.24
R2	4	3	2	1	5	0.15	77.21	82.19	71.84	82.58	78.32
R3	1	2	4	5	3	0.25	62.30	59.26	59.66	63.00	63.84
R4	5	4	3	2	1	0.35	43.33	39.80	40.15	43.49	44.07
R5	3	1	5	4	2	0.45	29.00	29.66	27.53	27.93	29.95

由表 8-27 可以看到拉丁方设计形式及其数据整理结果。拉丁方设计要求根据

标准拉丁方表进行行随机排列、列随机排列，然后将各处理随机排列其中，因此拉丁方设计在无重复条件下，观测值的误差由行随机、列随机和处理随机误差构成；当存在重复时应该包含行随机、列随机、处理随机及随机观测误差，本例由于已经对观测进行了平均，因此误差应该由行随机、列随机和处理随机误差构成。

从表 8-27 可以看到，测得的数据按照原来的数据分析方法，只进行行和列进行 SAS 数据读入，如果进行行、列和处理三方面的读入数据，需要对数据集进行整理。

SAS 方差分析程序如下：

```
DATA DD;
DO R=1 TO 5;
  DO C=1 TO 5;
  INPUT CHL YY@@;OUTPUT;
  END;
END;
CARDS;
2    77.21   5    29.66   1    98.16   3    63.00    4    44.07
4    43.33   3    59.26   2    71.84   1    104.60   5    29.95
1    107.67  2    82.19   4    40.15   5    27.93    3    63.84
5    29.00   4    39.80   3    59.66   2    82.58    1    110.24
3    62.30   1    109.42  5    27.53   4    43.49    2    78.32
;
PROC ANOVA;
CLASS R C CHL;
MODEL YY=R C CHL;
MEANS R C CHL/DUNCAN ALPHA=0.05;
RUN;
```

由输出结果可知，拉丁方设计中，行随机中各行之间没有显著差异，而列随机中各列之间存在显著差异，其中第三列苜蓿株高显著低于其他各列的苜蓿株高，这在试验设计中应该考虑导致第三列苜蓿株高较低的原因是什么。一般我们进行行随机、列随机设计时，期望行之间、列之间无显著差异，以突出处理之间的效应，所以当行之间、列之间存在显著差异时，就应该考虑导致这种差异的原因及其对处理效应的干扰程度。

本例中，行变异为 29.19、列变异为 102.76、处理变异为 18 461.60、总变异为 18 671.35，因此行变异、列变异和处理变异占总变异的百分比分别为 0.16%、0.55%和 98.88%，所以尽管列之间存在显著差异，但由于处理的变异远大于列变异，因此其对苜蓿株高的影响可以忽略不计，即可以得出这样的结论：随着试验处理盐浓度的增加，苜蓿的株高呈显著下降趋势。

三、裂区设计的方差分析

在裂区试验中，设有 A 和 B 两个试验因素，A 因素为主处理，具 a 个水平，B 因素为副处理，具 b 个水平，区组数为 n，整个试验共有 abn 个观测值。其任一观测值 x_{ijk} 的线性模型为

$$x_{ijk} = \mu + \gamma_k + \alpha_i + \delta_{ik} + \beta_j + (\alpha\beta)_{ij} + \varepsilon_{ijk}$$

式中，μ 为总体平均数；γ_k 为区组效应（k=1,2,⋯,n）；α_i 为主处理效应（i=1,2,⋯,a）；β_j 为副处理效应（j=1,2,⋯,b）；$(\alpha\beta)_{ij}$ 为主副处理互作效应；δ_{ik} 和 ε_{ijk} 分别为主区误差和副区误差，并分别服从 $N(0, \sigma_1^2)$ 和 $N(0, \sigma_2^2)$。

根据线性模型，裂区设计的平方和可分解为

$$\text{SS}_T = \text{SS}_r + \text{SS}_A + \text{SS}_{e_a} + \text{SS}_B + \text{SS}_{AB} + \text{SS}_{e_b}$$

$$\text{df}_T = \text{df}_r + \text{df}_A + \text{df}_{e_a} + \text{df}_B + \text{df}_{AB} + \text{df}_{e_b}$$

其中，

$$\text{SS}_m + \text{SS}_s = \text{SS}_T$$

$$\text{SS}_A + \text{SS}_B + \text{SS}_{AB} = \text{SS}_t$$

$$\text{SS}_A + \text{SS}_r + \text{SS}_{e_a} = \text{SS}_m$$

$$\text{SS}_B + \text{SS}_{AB} + \text{SS}_{e_b} = \text{SS}_s$$

$$\text{SS}_{e_a} + \text{SS}_{e_b} = \text{SS}_e$$

$$\text{df}_m + \text{df}_s = \text{df}_T$$

$$\text{df}_A + \text{df}_B + \text{df}_{AB} = \text{df}_t$$

$$\text{df}_A + \text{df}_r + \text{df}_{e_a} = \text{df}_m$$

$$\text{df}_B + \text{df}_{AB} + \text{df}_{e_b} = \text{df}_s$$

$$\text{df}_{e_a} + \text{df}_{e_b} = \text{df}_e$$

式中，T 表示总和；r 表示区组；t 表示处理；m 表示主处理；s 表示副处理；A 为 A 因素；B 为 B 因素；AB 为两因素互作；e 表示试验误差；e_a 为主区误差（即误差 a）；e_b 为副区误差（即误差 b）。则各部分平方和计算公式如下。

主区部分如下。

矫正数：
$$C = \frac{T^2}{abn}$$

总平方和：
$$\text{SS}_T = \sum x^2 - C$$

主区平方和： $SS_m = \frac{1}{b}\sum T_m{}^2 - C$

A 因素平方和： $SS_A = \frac{1}{bn}\sum T_A{}^2 - C$

区组平方和： $SS_r = \frac{1}{ab}\sum T_r{}^2 - C$

主区误差平方和： $SS_{e_a} = SS_m - SS_A - SS_r$

副区部分如下。

处理间平方和： $SS_t = \frac{1}{n}\sum T_t^2 - C$

副区平方和： $SS_s = \sum x^2 - \frac{1}{b}\sum T_m^2 = SS_T - SS_m$

B 因素平方和： $SS_B = \frac{1}{an}\sum T_B^2 - C$

$A\times B$ 平方和： $SS_{AB} = SS_t - SS_A - SS_B$

副区误差平方和：

$$\begin{aligned} SS_{e_b} &= SS_T - SS_r - SS_A - SS_{e_a} - SS_B - SS_{AB} \\ &= SS_T - SS_r - SS_t - SS_{e_a} \end{aligned}$$

自由度分解如下。

主区部分如下。

区组： $df_r = n-1$

因素 A： $df_A = a-1$

误差 a： $df_{e_a} = (a-1)(n-1)$

主区变异： $df_m = an-1$

副区部分如下。

处理： $df_t = ab-1$

因素 B： $df_B = b-1$

因素 $A\times B$： $df_{AB} = (a-1)(b-1)$

误差 b： $df_{e_b} = a(b-1)(n-1)$

副区变异： $df_s = an(b-1)$

总误差： $df_e = (ab-1)(n-1)$

总变异： $df_T = abn-1$

【例 8.9】为了提高向日葵单盘粒重，研究农家肥作为基肥和追肥的氮肥施用量对其粒重的影响，采用裂区设计（表 8-28）。其中 A 因素代表是否采用农家肥作为基肥，A_1 代表不施用，A_2 代表施用（施用量为 500kg/亩[①]），B 因素代表氮肥，B_1～B_4 追施氮肥量分别为 2.5kg/亩、5.0kg/亩、7.5kg/亩和 10.0kg/亩，待向日葵成熟时，在每一处理小区选取 10 株向日葵单盘粒重称重（干重），结果列于表 8-29。试比较基肥和追肥对向日葵单盘粒重的影响。

表 8-28　试验设计表格

I								II								III							
A_2				A_1				A_1				A_2				A_2				A_1			
B_4	B_3	B_1	B_2	B_2	B_4	B_1	B_3	B_1	B_4	B_3	B_2	B_3	B_1	B_4	B_2	B_4	B_1	B_2	B_3	B_3	B_4	B_2	B_1

表 8-29　向日葵单盘粒重数据　　　　（单位：g）

A 因素	B 因素	单盘粒重		
		I	II	III
A_1	B_1	62.84	61.76	61.53
	B_2	69.02	67.92	71.14
	B_3	96.56	102.36	104.39
	B_4	85.65	84.69	89.31
A_2	B_1	89.43	79.31	93.89
	B_2	102.22	110.35	116.61
	B_3	118.84	115.88	130.06
	B_4	116.41	116.83	129.74

根据表 8-29 可知，观测数据受 A 因素、B 因素和区组因素的影响，在双因素方差分析中，该表中的数据更接近双因素有重复试验数据表；如果根据三因素方差分析表，该表更接近三因素无重复数据分析表。但是无论哪一个，均不是本试验设计的研究主旨，所以为了区别，我们从双因素方差分析、三因素方差分析和裂区设计方差分析进行查验，以便使读者更准确地体会有什么样的试验设计就有什么样的分析方法。

双因素有重复试验设计的方差分析 SAS 程序如下：

```
DATA KK;
DO A=1 TO 2;
  DO B=1 TO 4;
   DO CHF=1 TO 3;
   INPUT YY@@;OUTPUT;
   END;
END;
```

① 1 亩≈666.7m^2

```
END;
CARDS;
62.84    61.76   61.53
69.02    67.92   71.14
96.56    102.36  104.39
85.65    84.69   89.31
89.43    79.31   93.89
102.22   110.35  116.61
118.84   115.88  130.06
116.41   116.83  129.74
;
PROC ANOVA;
CLASS A B;
MODEL YY=A B;
MEANS A B/DUNCAN ALPHA=0.05;
RUN;
```

三因素无重复试验设计的方差分析 SAS 程序如下：

```
DATA KK;
DO A=1 TO 2;
  DO B=1 TO 4;
   DO QZ=1 TO 3;
   INPUT YY@@;OUTPUT;
   END;
  END;
END;
CARDS;
62.84    61.76   61.53
69.02    67.92   71.14
96.56    102.36  104.39
85.65    84.69   89.31
89.43    79.31   93.89
102.22   110.35  116.61
118.84   115.88  130.06
116.41   116.83  129.74
;
PROC ANOVA;
CLASS A B QZ;
MODEL YY=A B QZ;
MEANS A B QZ/DUNCAN ALPHA=0.05;
RUN;
```

按照裂区设计的方差分析 SAS 程序如下：

```
DATA KK;
DO A=1 TO 2;
  DO B=1 TO 4;
   DO QZ=1 TO 3;
   INPUT YY@@;OUTPUT;
```

```
    END;
   END;
  END;
  CARDS;
  62.84    61.76    61.53
  69.02    67.92    71.14
  96.56    102.36   104.39
  85.65    84.69    89.31
  89.43    79.31    93.89
  102.22   110.35   116.61
  118.84   115.88   130.06
  116.41   116.83   129.74
  ;
  PROC GLM;
  CLASS A B QZ;
  MODEL YY=A B QZ A*B A*QZ A*B*QZ;
  TEST H=QZ A E=A*QZ;
  TEST H=B A*B E=A*B*QZ;
  MEANS A/LSD E=A*QZ;
  MEANS B/LSD E=A*B*QZ;
RUN;
```

由输出结果可知，双因素方差分析将区组效应归到误差效应，导致 *A* 因素的效应减弱，*B* 因素的效应减弱；三因素方差分析使得 *A* 因素的效应减弱，*B* 因素的效应减弱，同时区组效应显著；而采用裂区设计的方差分析，区组效应不显著，且 *A* 因素效应较双因素、三因素方差分析减弱，*B* 因素效应较双因素、三因素方差分析增强，这种变化凸显了裂区设计特点，即副区的比较比主区的比较更为精确。

在进行主效效应和副效效应多重比较时，与其他方差分析方法不同，必须指定主效和副效多重比较的误差效应，即 SAS 程序中"MEANS A/LSD E=A*QZ;"这一语句后面的"E=？"，因此裂区设计方差分析相对比较麻烦，读者需要体会其中的差异，以便准确应用。

四、正交设计的方差分析

从应用来讲，正交设计一般采用数学家设计好的正交表，根据正交表选择适合的因素水平安排试验，然后测定数据，进行统计分析。下面以一个实例逐步进行讨论。

某林木育苗公司采用 $L_8(2^7)$ 正交表，选用如下方案进行育苗，详见表 8-30。

表 8-30　林木育苗的因素及水平

行号	因素			
	是否用生根粉溶液浸泡 A	留芽个数 B	枝头封闭处理 C	基质 D
1	1：浸泡	1：留 2 个芽	1：封闭枝头	1：沙土床
2	1：浸泡	1：留 2 个芽	2：不封闭枝头	2：沙床
3	1：浸泡	2：留 3 个芽	1：封闭枝头	2：沙床
4	1：浸泡	2：留 3 个芽	2：不封闭枝头	1：沙土床
5	2：不浸泡	1：留 2 个芽	1：封闭枝头	2：沙床
6	2：不浸泡	1：留 2 个芽	2：不封闭枝头	1：沙土床
7	2：不浸泡	2：留 3 个芽	1：封闭枝头	1：沙土床
8	2：不浸泡	2：留 3 个芽	2：不封闭枝头	2：沙床

【例 8.10】为了考察树苗扦插成活率，现按照试验设计得到育苗的成活率数据，试进行数据分析（表 8-31）。

表 8-31　树苗扦插成活率

行号	因素							成活率（%）
	A	B	$A\times B$	C	$A\times C$	$B\times C$	D	
1	1	1	1	1	1	1	1	73
2	1	1	1	2	2	2	2	66
3	1	2	2	1	1	2	2	87
4	1	2	2	2	2	1	1	86
5	2	1	2	1	2	1	2	42
6	2	1	2	2	1	2	1	53
7	2	2	1	1	2	2	1	58
8	2	2	1	2	1	1	2	76

根据正交表可知，树苗扦插影响因素有 4 个，同时考虑了 A、B 和 C 之间的两两交互作用。因此其数学模型的线性结构为

$$x_{abcd}=\mu+\alpha_a+\beta_b+(\alpha\beta)_{ab}+\gamma_c+(\alpha\gamma)_{ac}+(\beta\gamma)_{bc}+\delta_d+\varepsilon_{abcd}$$

根据正交的数学模型，对其进行平方和与自由度的分解。

$$C=T^2/n$$

$$\mathrm{SS}_T=\sum x^2-C$$

$$SS_A=\mathrm{SS}_B=\mathrm{SS}_C=\mathrm{SS}_D=\mathrm{SS}_{AB}=\mathrm{SS}_{AC}=\mathrm{SS}_{BC}=\frac{n}{k}\sum(\overline{T}_{jk}-\overline{y})^2$$

$$\mathrm{SS}_e=\mathrm{SS}_T-\mathrm{SS}_A-\mathrm{SS}_B-\mathrm{SS}_C-\mathrm{SS}_D-\mathrm{SS}_{AB}-\mathrm{SS}_{AC}-\mathrm{SS}_{BC}$$

$$\mathrm{df}_T=8-1=7$$

$$\mathrm{df}_A=\mathrm{df}_B=\mathrm{df}_C=\mathrm{df}_D=\mathrm{df}_{AB}=\mathrm{df}_{AC}=\mathrm{df}_{BC}=k-1$$

$$df_e=df_T-df_A-df_B-df_C-df_D-df_{AB}-df_{AC}-df_{BC}$$

式中，n 为实验处理数；k 为因子的水平数；$\bar{T}_{jk}$ 为因子不同水平的均值；$\bar{y}$ 为总体均值。

根据正交试验设计表，我们考虑相关的交互作用，其方差分析的 SAS 程序如下：

```
DATA DF;
INPUT X1-X7 YY@@;
CARDS;
1   1   1   1   1   1   1   73
1   1   1   2   2   2   2   66
1   2   2   1   1   2   2   87
1   2   2   2   2   1   1   86
2   1   2   1   2   1   2   42
2   1   2   2   1   2   1   53
2   2   1   1   2   2   1   58
2   2   1   2   1   1   2   76
;
PROC ANOVA;
CLASS X1-X7;
MODEL YY=X1-X7;
RUN;
PROC ANOVA;
CLASS X1-X5 X7;
MODEL YY=X1-X5 X7;
RUN;
PROC ANOVA;
CLASS X1-X2 X4 X5;
MODEL YY=X1-X2 X4 X5;
MEANS X1-X2 X4 X5/DUNCAN ALPHA=0.05;
RUN;
```

SAS 程序设计的方差分析有 3 个 ANOVA 过程，第一个是饱和过程（程序中 X1～X7 代表因素 A、B、$A\times B$、C、$A\times C$、$B\times C$、D 的影响，YY 代表成活率），由于误差项自由度为 0，因此方差分析不能正常进行，但是可以通过平方和（SS）的计算查验各因素及其交互作用对苗木成活率的影响程度。

尽管通过平方和的计算可以查验各因素及其交互作用对苗木成活率的影响程度，但这只是数学角度或者说统计学角度的考量，没有专业上的判断。根据专业可知，留芽个数与枝头是否做封闭处理，二者的交互作用对苗木的成活率影响不大（或者说二者不存在交互作用），所以应该首先将 $B\times C$ 的交互作用即 X6 去掉，这样就构成第二个方差分析过程。

当第二个方差分析过程结束时，我们通过结果看到 $A\times B$ 的交互作用和 D 因素的影响最弱，无论是从 F 值来看，还是从影响作用的平方和来看，都可以考虑将其影响作用置于误差项，以便进一步分析。因此去除 X3、X6 和 X7 的方差分析过程为第三个过程。通过结果输出可以看到，整个模型通过显著性检验，各因素及交互作用的平方和也比较大，同时决定系数达到 98.63%，说明该方差分析模型比较合理。第三个 ANOVA 分析过程结束。

综合试验设计划分的方差分析可以看出，随机区组试验设计的方差分析模型的效应组合中一定是因素效应+区组效应，所以单因素随机区组设计的方差分析模型应该是双因素方差分析模型，双因素随机区组设计的方差分析模型应该是三因素方差分析模型，依次类推。

拉丁方设计的方差分析一定是行效应+列效应+处理效应，所以单因素拉丁方设计应该是三因素方差分析模型，也就是说拉丁方设计在进行方差分析时，除了考虑影响因素的个数，还要加上另外两个效应，一个是行效应，另一个是列效应。

裂区设计的方差分析模型的效应构成首先应该具有区组效应，同时还要考虑主区效应和副区效应，在进行模型设计时，其模型与本节所举例题是一致的，主区效应和副区效应在 SAS 中要指定哪些变量为处理效应，哪些变量为误差效应。同时在进行多重比较时，一定要指明待比较变量均值的误差项。如果是再裂区设计，方差分析模型会更为复杂，读者可以寻找这样的事例尝试分析。

正交设计的方差分析比较麻烦，首先应该从专业角度判断是否选用有无交互作用的正交表，其次判断哪些交互作用不存在或者可以忽略，最后根据统计分析结果，消除作用较弱的影响因素；通过这一系列的调整，最终才能够得到较为合理的方差分析模型。

第五节　多元方差分析

一、多元方差分析的基本原理和解释要点

（一）多元方差分析的基本原理

在多元方差分析中，如果我们观察的不是一个指标（性状），而是 p 个指标，记为向量形式 $X_j=(x_1,x_2,\cdots,x_n)$（$p<n$），那么第 l 水平的第 j 次重复观察值可以表示为 $X_{lj}=(x_{lj1},x_{lj2},\cdots,x_{ljp})$，$l=1,2,\cdots,g$，$j=1,2,\cdots,n$。试验共有 gnp 个数据，并假定 X_{lj} 满足线性模型：

$$\begin{cases} X_{lj}=\mu+\varepsilon_{lj} \\ \varepsilon_{lj}\sim N_p(0,\Sigma) \\ \sum_l \alpha_l=0 \end{cases} \qquad l=1,2,\cdots,g;\ j=1,2,\cdots,n$$

统计假设为 H_0：$u_1=u_2=\cdots=u_g$ 或 $p_1=p_2=\cdots p_g=0$。为了设计 H_0 的检验量，我们采用类似于一元方差分析的做法，把反映试验变异的总离差阵 W 按变异来源分解成水平间离差阵 H 与水平内离差阵 E 之和，即

$$H = n\sum_{l=1}^{g}(\bar{X}_l - \bar{X})(\bar{X}_l - \bar{X})'$$

$$E = \sum_{l=1}^{g}\sum_{j=1}^{n}(X_u - \bar{X}_l)(X_u - \bar{X}_l)'$$

$$W = \sum_{l=1}^{g}\sum_{j=1}^{n}(X_u - \bar{X})(\bar{X}_{lj} - \bar{X})'$$

并有 $W=H+E$，当 H_0 成立时，W 服从自由度 $\mathrm{df}_W=gn-1$ 的 $W_p(gn-1,\Sigma)$分布；E 是 n 个独立样本离差阵之和，服从自由度 $\mathrm{df}_E=gn-g$ 的 $W_p(gn-g,\Sigma)$分布；H 是 k 个独立均值向量的离差阵，其自由度 $\mathrm{df}_H=g-1$，于是，根据广义 Cochran 分解定理得知 $H\sim W_p(g-1,\Sigma)$，且与 E 相互独立。按照 Λ 统计量的定义，如果 $\Lambda<\Lambda_{\alpha(p,gn-g,g-1)}$，则在显著性水平 α 下否定 H_0，即认为各水平均值向量差异显著。

在多元方差分析中进行多重比较，如果 $\Lambda<\Lambda_{\alpha(p,gn-g,g-1)}$，仅表现诸均值向量 p_l（μ_l）不全相等，不能排除其中部分总体均值向量相等的情形。因此，有必要检验两个水平的差异，即检验 H_{0lj}：$\mu_l=\mu_j(l<j$，l，$j=1,2,\cdots,g)$。为此将 g 个样本均值向量 $X_1,X_2,\cdots,X_g$ 两两配对，分别计算它们的 T^2：

$$T^2 = (gn-g)\frac{n_l n_j}{n_l + n_j}(\bar{X}_l - \bar{X}_j)'E^{-1}(\bar{X}_l - \bar{X}_j)$$

T^2 服从于 $T^2_{(p,gn-g)}$，或直接计算 F 量。如果 $F_{lj}>F_{\alpha(p,gn-g-p+1)}$，在显著性水平 α 下否定 H_{0lj}。不难看出，T^2 法相当于一元统计中的最小显著差数法（LSD），一般只适用于未查看数据但已约定要作某些均值间差异比较，如果简单用于事后全体均值间的比较，会增大检验 H_0 的 α 水平。为了确保检验 H_0 的显著性水平 α 稳定，根据 Bonferroni 区间法，可以采用 $\alpha/$（$g-1$）的临界值 $T^2_{b\alpha}=T^2_{[\alpha(g),(p,gn-g)]}$或 $F_{[b\alpha/(g-1),(gn-g-p+1)]}$作为含 k 个水平两两比较的公共显著临界值，如果 $F_{lj}>F_{b\alpha}$，则在 α 水平下否定 H_{0lj}。

（二）多元方差分析的解释要点

1）Wilks 统计量和近似的卡方统计量及其显著水平。这几个统计量类似于一般方差分析中的 F 统计量和显著水平。卡方统计量的显著性水平 $P\leqslant0.05$，则表明各个处理之间的综合效应有显著差异。这时可进一步作处理间两两差异的 Bonferroni 检验。

2）卡方统计量的显著性水平 $P>0.05$，则表明各个处理之间的综合效应没有显著差异。这时应从各个指标单因素方差分析的 F 值的显著水平着手，看哪些因

素在各个处理间差异不显著。可以剔除一个 P 值最大的指标，再进一步作多元方差分析。

3）各个处理间两两差异的 Bonferroni 检验列出了各个处理间差异的 F 值，并标出了其显著性水平（$^{*}\alpha$=0.05；$^{**}\alpha$=0.01）。

二、基于因子的多元方差分析

（一）单因子多元方差分析

考虑 g 个总体分别抽取的随机样本为

总体 1　　$X_{21}, X_{22}, \cdots, X_{1n_1}$

总体 2　　$X_{21}, X_{22}, \cdots, X_{2n_2}$

总体 g　　$X_{g1}, X_{g2}, \cdots, X_{gn_g}$

模型：$X_{lj} = \mu + \tau_l + e_{lj}, l = 1,2,\cdots,g, j = 1,2,\cdots,n_l$

此处 e_{lj} 为独立 $N_p(0,\Sigma)$ 随机变量；参数向量 μ 为总均值向量；τ_l 则代表第 l 个处理效应，且满足 $\sum_{l=1}^{g}\tau_l = 0$ 且 $\sum_{l=1}^{g} n_l = n$。

对数据结构进行假定：① $X_{l1}, X_{l2}, \cdots, X_{ln_l} (l = 1,2,\cdots,g)$ 为来自 p 元总体 $N_p(\mu_l, \Sigma)(l = 1,2,\cdots,g)$ 的随机样本；②这 g 个总体的样本都是相互独立的。讨论这 g 个总体的均值向量是否相等。

要检验 H_0: $\mu_1 = \mu_2 = \cdots = \mu_g \Leftrightarrow H_0$: $\tau_1 = \tau_2 = \cdots = \tau_g$=0，类比单因子一元方差分析的检验方法。

总平方和$\sum_{l=1}^{g}\sum_{j=1}^{n_l}\left(X_{lj} - \bar{X}\right)\left(X_{lj} - \bar{X}\right)' = \sum_{l=1}^{g}\sum_{j=1}^{n_l}\left(X_{lj} - \bar{X}_l + \bar{X}_l - \bar{X}\right)\left(X_{lj} - \bar{X}_l + \bar{X}_l - \bar{X}\right)'$

$$= \sum_{l=1}^{g}\sum_{j=1}^{n_l}(\bar{X}_l - \bar{X})(\bar{X}_l - \bar{X})' + \sum_{l=1}^{g}\sum_{j=1}^{n_l}(X_{lj} - \bar{X}_l)(X_{lj} - \bar{X}_l)'$$

$$= \sum_{l=1}^{g} n_l(\bar{X}_l - \bar{X})(\bar{X}_l - \bar{X})' + \sum_{l=1}^{g}\sum_{j=1}^{n_l}(X_{lj} - \bar{X}_l)(X_{lj} - \bar{X}_l)'$$

令组间平方和 $B = \sum_{l=1}^{g} n_l(\bar{X}_l - \bar{X})(\bar{X}_l - \bar{X})'$，组内平方和

$$W=\sum_{l=1}^{g}\sum_{j=1}^{n_l}(X_{lj}-\bar{X}_l)(X_{lj}-\bar{X}_l)'=(n_1-1)S_1+(n_2-1)S_2+\cdots+(n_g-1)S_g$$

其中，S_g 指每一总体的协差阵。

我们将检验统计量的计算用 MANOVA 表列出（表 8-32）。

表 8-32 总体均值向量比较的 MANOVA 表

变差来源	平方和及交叉乘积和矩阵（SSP）	自由度（df）
处理	$B=\sum_{l=1}^{g}n_l(\bar{X}_l-\bar{X})(\bar{X}_l-\bar{X})'$	$g-1$
残差（误差）	$W=\sum_{l=1}^{g}\sum_{j=1}^{n_l}(X_{lj}-\bar{X}_l)(X_{lj}-\bar{X}_l)'$	$n-g$
总和（修正后的）	$B+W=\sum_{l=1}^{g}\sum_{j=1}^{n_l}(X_{lj}-\bar{X})(X_{lj}-\bar{X})'$	$n-1$

由威尔克斯（Wilks）分布的定义，我们可以构造 Wilks 统计量：

$$\Lambda^*=\frac{|W|}{|B+W|}=\frac{\left|\sum_{l=1}^{g}\sum_{j=1}^{n_l}(X_{lj}-\bar{X}_l)(X_{lj}-\bar{X}_l)'\right|}{\left|\sum_{l=1}^{g}\sum_{j=1}^{n_l}(X_{lj}-\bar{X})(X_{lj}-\bar{X})'\right|}$$

Wilks 统计量的优点是使用方便，而且与似然比准则密切相关，对于表 8-33 所列的一些特殊情况，可导出 Λ^* 的精确分布。对于其他情形和大样本情形，经 Bartlett 修正的 Λ^* 可用于检验 H_0。

表 8-33 变量数与数据的抽样分布

变量数	组数	多元正态数据的抽样分布
$p=1$	$g\geqslant 2$	$\frac{n-g}{g-1}\cdot\frac{1-\Lambda^*}{\Lambda^*}\sim F(g-1,n-g)$
$p=2$	$g\geqslant 2$	$\frac{n-g-1}{g-1}\cdot\frac{1-\sqrt{\Lambda^*}}{\sqrt{\Lambda^*}}\sim F[2(g-1),2(n-g-1)]$
$p\geqslant 1$	$g=2$	$\frac{n-p+1}{p}\cdot\frac{1-\Lambda^*}{\Lambda^*}\sim F(p,n-p+1)$
$p\geqslant 1$	$g=3$	$\frac{n-p-2}{p}\cdot\frac{1-\sqrt{\Lambda^*}}{\sqrt{\Lambda^*}}\sim F[2p,2(n-p-2)]$

若假设 H_0 为真且 $\sum_{l=1}^{g}n_l=n$ 充分大，则

$$-\left(n-1-\frac{p+g}{2}\right)\ln\Lambda^*\sim\chi^2(p(g-1))$$

因此，当$\sum_{l=1}^{g} n_l = n$充分大时，若

$$-\left(n-1-\frac{p+g}{2}\right)\ln \Lambda^* > \chi_\alpha^{\ 2}(p(g-1))$$

我们就以显著性水平α拒绝H_0，其中的$\chi_\alpha^{\ 2}(p(g-1))$为自由度为$p(g-1)$的$\chi^2$分布的上$\alpha$分位数。

【例 8.11】为了比较 2006～2010 年短花针茅荒漠草原建群种高度、盖度和密度在围封（CK）、自由放牧（CG）和划区轮牧（RG）之间是否存在差异，整理 2006～2010 年短花针茅植物种群数据（表 8-34），试进行多元方差分析。

表 8-34　短花针茅植物种群数量特征

CK			CG			RG		
高度	盖度	密度	高度	盖度	密度	高度	盖度	密度
8.00	2.50	2.50	6.30	2.98	7.20	5.20	1.85	2.90
7.13	0.85	2.38	5.15	3.60	7.30	3.50	2.55	5.80
14.44	0.38	1.25	14.29	4.00	8.57	8.72	2.65	6.20
11.25	0.33	1.25	9.29	5.29	7.71	9.40	5.30	8.30
11.47	0.42	2.56	6.57	1.13	6.71	10.46	2.25	5.20
9.43	0.97	2.29	5.35	1.59	5.50	4.56	1.52	2.55
6.00	0.88	2.50	2.85	3.50	7.60	3.30	2.32	5.20
9.60	0.95	2.00	7.23	3.50	6.90	8.50	4.30	7.20
5.71	1.50	2.00	1.85	1.98	5.20	5.00	2.75	4.90
6.38	1.15	1.50	1.00	0.23	3.00	4.70	2.95	5.50
20.56	0.84	2.56	5.50	0.92	4.44	4.00	1.72	2.20
8.25	1.21	4.13	4.70	4.85	9.40	3.80	2.43	5.80
11.29	0.56	1.71	6.00	1.83	6.20	5.55	3.68	6.40
13.30	1.45	3.00	5.38	1.63	4.00	4.30	2.40	4.40
7.00	1.03	2.44	2.22	1.64	6.11	5.40	2.13	4.30
5.50	3.00	2.25	7.00	3.43	7.10	5.90	2.39	5.00
9.38	1.19	4.00	7.00	4.95	9.10	4.00	2.66	6.40
6.00	0.55	3.25	4.00	4.01	6.80	3.20	2.67	5.80
6.25	1.10	2.75	4.10	4.83	9.60	3.80	2.00	3.80
7.80	0.80	4.00	2.80	2.37	8.40	6.10	2.08	5.90
17.00	0.70	1.78	13.40	4.90	7.10	21.80	2.73	5.60
27.63	1.45	2.63	26.90	5.48	5.90	52.30	5.55	6.00
10.75	1.53	2.25	16.70	4.62	7.70	12.50	4.10	5.90
10.71	1.53	2.00	7.00	6.85	6.70	11.20	2.68	4.30
10.00	1.20	2.00	4.40	7.28	7.80	5.70	4.57	5.00

比较 3 个组（$g=3$）的 3 个指标（$p=3$）间有无显著差异，就是检验多个

多元总体均值向量是否相等的问题。设第 l 组为三元正态总体 $N_3(\mu_l,\Sigma)(l=1,2,3)$，来自 3 个总体的样本容量都为 25。

检验 H_0：$\mu_1=\mu_2=\mu_3 \leftrightarrow H_1$：$\mu_1,\mu_2,\mu_3$ 中至少有一对不相等。

$$\Lambda^*=\frac{|W|}{|B+W|}\sim\Lambda^*(p,n-g,g-1)$$

由于 $p=3\geqslant 1$ 且 $g=3$，再利用 Λ 统计量与 F 统计量的关系，取检验统计量为 F 统计量：

$$F=\frac{n-p-2}{p}\cdot\frac{1-\sqrt{\Lambda^*}}{\sqrt{\Lambda^*}}\sim F(2p,2(n-p-2))\,(n=75\,,p=3\,,g=3)$$

由样本计算得：

$$\bar{X}=\begin{bmatrix}8.68\\2.50\\4.85\end{bmatrix},\bar{X}_1=\begin{bmatrix}10.43\\1.12\\2.44\end{bmatrix},\bar{X}_2=\begin{bmatrix}7.08\\3.50\\6.88\end{bmatrix},\bar{X}_3=\begin{bmatrix}8.52\\2.89\\5.22\end{bmatrix}$$

$$B+W=\sum_{l=1}^{3}\sum_{j=1}^{n_l}\left(X_{lj}-\bar{X}\right)\left(X_{lj}-\bar{X}\right)'=\begin{bmatrix}3922.38 & 136.17 & -105.97\\136.17 & 195.21 & 208.14\\-105.97 & 208.14 & 375.55\end{bmatrix}$$

$$W=\sum_{l=1}^{3}\sum_{j=1}^{n_l}(X_{lj}-\bar{X}_l)(X_{lj}-\bar{X}_l)'=\begin{bmatrix}3780.80 & 237.98 & 82.53\\237.98 & 119.23 & 70.95\\82.53 & 70.95 & 123.61\end{bmatrix}$$

进一步计算可得

$$\Lambda^*=\frac{|W|}{|B+W|}=\frac{31\,662\,330.20}{102\,469\,108.60}=0.3090$$

$$F=\frac{n-p-2}{p}\cdot\frac{1-\sqrt{\Lambda^*}}{\sqrt{\Lambda^*}}=\frac{70}{3}\times\frac{1-\sqrt{0.3090}}{\sqrt{0.3090}}=18.64$$

对给定的 $\alpha=0.01$，此时的临界值 $F_{0.01}(6,140)=2.933$，相比较可得 $18.64>2.933$；所以否定 H_0，这表明 3 个组的指标之间有显著差异。

SAS 分析程序如下：

```
DATA GG;
DO CHF=1 TO 25;
  DO CHL=1 TO 3;
    INPUT X1-X3@@;OUTPUT;
  END;
END;
CARDS;
```

```
8.00    2.50   2.50   6.30    2.98   7.20   5.20    1.85   2.90
7.13    0.85   2.38   5.15    3.60   7.30   3.50    2.55   5.80
14.44   0.38   1.25   14.29   4.00   8.57   8.72    2.65   6.20
11.25   0.33   1.25   9.29    5.29   7.71   9.40    5.30   8.30
11.47   0.42   2.56   6.57    1.13   6.71   10.46   2.25   5.20
9.43    0.97   2.29   5.35    1.59   5.50   4.56    1.52   2.55
6.00    0.88   2.50   2.85    3.50   7.60   3.30    2.32   5.20
9.60    0.95   2.00   7.23    3.50   6.90   8.50    4.30   7.20
5.71    1.50   2.00   1.85    1.98   5.20   5.00    2.75   4.90
6.38    1.15   1.50   1.00    0.23   3.00   4.70    2.95   5.50
20.56   0.84   2.56   5.50    0.92   4.44   4.00    1.72   2.20
8.25    1.21   4.13   4.70    4.85   9.40   3.80    2.43   5.80
11.29   0.56   1.71   6.00    1.83   6.20   5.55    3.68   6.40
13.30   1.45   3.00   5.38    1.63   4.00   4.30    2.40   4.40
7.00    1.03   2.44   2.22    1.64   6.11   5.40    2.13   4.30
5.50    3.00   2.25   7.00    3.43   7.10   5.90    2.39   5.00
9.38    1.19   4.00   7.00    4.95   9.10   4.00    2.66   6.40
6.00    0.55   3.25   4.00    4.01   6.80   3.20    2.67   5.80
6.25    1.10   2.75   4.10    4.83   9.60   3.80    2.00   3.80
7.80    0.80   4.00   2.80    2.37   8.40   6.10    2.08   5.90
17.00   0.70   1.78   13.40   4.90   7.10   21.80   2.73   5.60
27.63   1.45   2.63   26.90   5.48   5.90   52.30   5.55   6.00
10.75   1.53   2.25   16.70   4.62   7.70   12.50   4.10   5.90
10.71   1.53   2.00   7.00    6.85   6.70   11.20   2.68   4.30
10.00   1.20   2.00   4.40    7.28   7.80   5.70    4.57   5.00
;
PROC GLM;
CLASS CHL;
MODEL x1-x3=CHL/nouni;
CONTRAST '1 VS 2' CHL 1 -1 0;
CONTRAST '1 VS 3' CHL 1 0 -1;
CONTRAST '2 VS 3' CHL 0 1 -1;
MANOVA H=CHL/PRINTH PRINTE;
RUN;
```

SAS 的输出结果如下：

```
                         SAS 系统
                    The GLM Procedure
                 Class Level Information
              Class        Levels    Values
              CHL               3    1 2 3
          Number of Observations Read        75
          Number of Observations Used        75
            Multivariate Analysis of Variance
                 E = Error SSCP Matrix
                   X1                X2                X3
   X1      3780.798344          237.9796         82.526116
   X2         237.9796        119.229904         70.949972
```

```
     X3         82.526116        70.949972        123.60692
Partial Correlation Coefficients from the Error SSCP Matrix / Prob >
|r|
   DF = 72                X1               X2               X3
   X1            1.000000       0.354450        0.120720
                                  0.0021          0.3090
   X2            0.354450       1.000000        0.584438
                   0.0021                        <.0001
   X3            0.120720       0.584438        1.000000
                   0.3090         <.0001
              Multivariate Analysis of Variance
              H = Type III SSCP Matrix for CHL
                      X1                   X2                 X3
   X1        141.581256        -101.80544       -188.499636
   X2        -101.80544       75.983914667       137.190384
   X3       -188.499636        137.190384        251.943048
               Characteristic Roots and Vectors of: E Inverse * H, where
                   H = Type III SSCP Matrix for CHL
                        E = Error SSCP Matrix
   Characteristic              Characteristic Vector  V'EV=1
           Root     Percent               X1               X2               X3
      2.18060027      99.20  -0.00442965     0.00674931     0.08604316
      0.01751540       0.80   0.00449913    -0.11993700     0.06869997
      0.00000000       0.00   0.01632826    -0.01069405     0.01803976
   MANOVA Test Criteria and F Approximations for the Hypothesis of No
Overall CHL Effect
                 H = Type III SSCP Matrix for CHL
                       E = Error SSCP Matrix
                         S=2    M=0    N=34
Statistic                      Value    F Value   Num DF   Den DF   Pr > F
Wilks' Lambda             0.30899391     18.64        6       140   <.0001
Pillai's Trace            0.70280784     12.82        6       142   <.0001
Hotelling-Lawley Trace 2.19811568     25.47        6    91.577   <.0001
Roy's Greatest Root       2.18060027     51.61        3        71   <.0001
   NOTE: F Statistic for Roy's Greatest Root is an upper bound.
   NOTE: F Statistic for Wilks' Lambda is exact.
                    H = Contrast SSCP Matrix for 1 VS 2
                      X1                   X2                 X3
   X1         140.61645         -99.47964        -186.24762
   X2         -99.47964         70.377248        131.761584
   X3        -186.24762        131.761584        246.686472
   Characteristic Roots and Vectors of: E Inverse * H, where
                H = Contrast SSCP Matrix for 1 VS 2
                       E = Error SSCP Matrix
   Characteristic              Characteristic Vector  V'EV=1
```

Root	Percent	X1	X2	X3
2.13362852	100.00	-0.00436919	0.00514736	0.08695275
0.00000000	0.00	0.01582496	0.00068560	0.01158161
0.00000000	0.00	0.00607921	-0.12048998	0.06894658

Multivariate Analysis of Variance

MANOVA Test Criteria and Exact F Statistics for the Hypothesis of No Overall 1 VS 2 Effect

H = Contrast SSCP Matrix for 1 VS 2

E = Error SSCP Matrix

S=1 M=0.5 N=34

Statistic	Value	F Value	Num DF	Den DF	Pr > F
Wilks' Lambda	0.31911887	49.78	3	70	<.0001
Pillai's Trace	0.68088113	49.78	3	70	<.0001
Hotelling-Lawley Trace	2.13362852	49.78	3	70	.0001
Roy's Greatest Root	2.13362852	49.78	3	70	<.0001

H = Contrast SSCP Matrix for 1 VS 3

	X1	X2	X3
X1	45.964872	-42.340608	-66.703716
X2	-42.340608	39.002112	61.444224
X3	-66.703716	61.444224	96.799698

Characteristic Roots and Vectors of: E Inverse * H, where

H = Contrast SSCP Matrix for 1 VS 3

E = Error SSCP Matrix

Characteristic Root	Percent	Characteristic Vector V'EV=1 X1	X2	X3
0.85480759	100.00	-0.00490595	0.02014775	0.07780217
0.00000000	0.00	0.01579091	0.00242005	0.00934522
0.00000000	0.00	0.00574934	-0.11888235	0.07942314

MANOVA Test Criteria and Exact F Statistics for the Hypothesis of No Overall 1 VS 3 Effect

H = Contrast SSCP Matrix for 1 VS 3

E = Error SSCP Matrix

S=1 M=0.5 N=34

Statistic	Value	F Value	Num DF	Den DF	Pr > F
Wilks' Lambda	0.53913948	19.95	3	70	<.0001
Pillai's Trace	0.46086052	19.95	3	70	<.0001
Hotelling-Lawley Trace	0.85480759	19.95	3	70	<.0001
Roy's Greatest Root	0.85480759	19.95	3	70	<.0001

H = Contrast SSCP Matrix for 2 VS 3

	X1	X2	X3
X1	25.790562	-10.887912	-29.798118
X2	-10.887912	4.596512	12.579768
X3	-29.798118	12.579768	34.428402

Multivariate Analysis of Variance

Characteristic Roots and Vectors of: E Inverse * H, where

H = Contrast SSCP Matrix for 2 VS 3

```
                    E = Error SSCP Matrix
   Characteristic               Characteristic Vector  V'EV=1
          Root    Percent             X1            X2            X3
     0.30873741    100.00   -0.00332267   -0.01999318    0.09912649
     0.00000000      0.00    0.01594654   -0.00300523    0.01489997
     0.00000000      0.00   -0.00641432    0.11889509   -0.04899465
   MANOVA Test Criteria and Exact F Statistics for the Hypothesis of
No Overall 2 VS 3 Effect
                       H = Contrast SSCP Matrix for 2 VS 3
                            E = Error SSCP Matrix
                             S=1    M=0.5    N=34
Statistic                     Value   F Value   Num DF   Den DF  Pr > F
Wilks' Lambda            0.76409522      7.20        3       70  0.0003
Pillai's Trace           0.23590478      7.20        3       70  0.0003
Hotelling-Lawley Trace   0.30873741      7.20        3       70  0.0003
Roy's Greatest Root      0.30873741      7.20        3       70  0.0003
```

本例属于平衡资料（观测数相等），若不使用 CONTRAST 语句进行多个均值向量间的两两比较，可用 ANOVA 过程。

MODEL 语句中的 NOUNI 表示只作多元方差分析，不作一元方差分析。若 MODEL 语句中没有 NOUNI，则先对单项指标进行两两比较，再对多项指标构成的均值向量进行两两比较。

3 个 CONTRAST 语句分别实现 3 对均值向量间的两两比较，因素 b 共有 3 个水平，作任何两个水平之间的比较时，相应的两个水平中一个用“1”表示，另一个用“−1”表示，其他水平用“0”表示。

MANOVA 语句表示要作多元方差分析，$H=b$ 表示要分析的因素为 b，该语句若出现在 CONTRAST 语句之前，则每次只对单项指标进行两两比较。当它出现在 CONTRAST 语句之后，则对变量组进行讨论。

（二）双因子多元方差分析

用类比的方法，我们可以给出由 p 个分量组成的响应向量的双因子固定效应模型：

$$X_{lkr} = \mu + \tau_l + \beta_k + \gamma_{lk} + e_{lkr} (l = 1,2,\cdots,g; k = 1,2,\cdots,b; r = 1,2,\cdots,n)$$

式中，$\sum_{l=1}^{g}\tau_l = \sum_{k=1}^{b}\beta_k = \sum_{l=1}^{g}\gamma_{lk} = \sum_{k=1}^{b}\gamma_{lk} = 0$。所有向量的阶数均为 $p\times 1$，且 e_{lkr} 为独立 $N_p(0,\Sigma)$ 随机变量，于是，响应向量由在因子 1 和因子 2 的每一种可能的水平组合下重复 n 次的 p 个测量值组成。

总的离差阵如下：

$$\sum_{l=1}^{g}\sum_{k=1}^{b}\sum_{r=1}^{n}(X_{lkr}-\bar{X})(X_{lkr}-\bar{X})'$$

$$=\sum_{l=1}^{g}\sum_{k=1}^{b}\sum_{r=1}^{n}(X_{lkr}-\bar{X}_{lk}+\bar{X}_{l\cdot}-\bar{X}+\bar{X}_{\cdot k}-\bar{X}+\bar{X}_{lk}-\bar{X}_{l\cdot}-\bar{X}_{\cdot k}+\bar{X})$$
$$(X_{lkr}-\bar{X}_{lk}+\bar{X}_{l\cdot}-\bar{X}+\bar{X}_{\cdot k}-\bar{X}+\bar{X}_{lk}-\bar{X}_{l\cdot}-\bar{X}_{\cdot k}+\bar{X})'$$

$$=\sum_{l=1}^{g}\sum_{k=1}^{b}\sum_{r=1}^{n}(\bar{X}_{l\cdot}-\bar{X})(\bar{X}_{l\cdot}-\bar{X})'$$
$$+\sum_{l=1}^{g}\sum_{k=1}^{b}\sum_{r=1}^{n}(\bar{X}_{\cdot k}-\bar{X})(\bar{X}_{\cdot k}-\bar{X})'$$
$$+\sum_{l=1}^{g}\sum_{k=1}^{b}\sum_{r=1}^{n}(\bar{X}_{lk}-\bar{X}_{l\cdot}-\bar{X}_{\cdot k}+\bar{X})(\bar{X}_{lk}-\bar{X}_{l\cdot}-\bar{X}_{\cdot k}+\bar{X})'$$
$$+\sum_{l=1}^{g}\sum_{k=1}^{b}\sum_{r=1}^{n}(X_{lkr}-\bar{X}_{lk})(X_{lkr}-\bar{X}_{lk})'$$

$$=\sum_{l=1}^{g}br(\bar{X}_{l\cdot}-\bar{X})(\bar{X}_{l\cdot}-\bar{X})'$$
$$+\sum_{k=1}^{b}gn(\bar{X}_{\cdot k}-\bar{X})(\bar{X}_{\cdot k}-\bar{X})'$$
$$+\sum_{l=1}^{g}\sum_{k=1}^{b}n(\bar{X}_{lk}-\bar{X}_{l\cdot}-\bar{X}_{\cdot k}+\bar{X})(\bar{X}_{lk}-\bar{X}_{l\cdot}-\bar{X}_{\cdot k}+\bar{X})'$$
$$+\sum_{l=1}^{g}\sum_{k=1}^{b}\sum_{r=1}^{n}(X_{lkr}-\bar{X}_{lk})(X_{lkr}-\bar{X}_{lk})'$$

且有 $gbn-1=(g-1)+(b-1)+(g-1)(b-1)+gb(n-1)$，表 8-35 是 MANOVA 表。其中 g 代表因子 1 的个数，b 代表因子 2 的个数，n 为重复次数。

表 8-35　比较因子效应及其交互效应的多元方差分析表

变差来源	平方和及交叉乘积和矩阵（SSP）	自由度（df）
因子 1	$SSP_{因子1}=\sum_{l=1}^{g}br(\bar{X}_{l\cdot}-\bar{X})(\bar{X}_{l\cdot}-\bar{X})'$	$g-1$
因子 2	$SSP_{因子2}=\sum_{k=1}^{b}gn(\bar{X}_{\cdot k}-\bar{X})(\bar{X}_{\cdot k}-\bar{X})'$	$b-1$
交互效应	$SSP_{交互}=\sum_{l=1}^{g}\sum_{k=1}^{b}n(\bar{X}_{lk}-\bar{X}_{l\cdot}-\bar{X}_{\cdot k}+\bar{X})(\bar{X}_{lk}-\bar{X}_{l\cdot}-\bar{X}_{\cdot k}+\bar{X})'$	$(g-1)(b-1)$
残差（误差）	$SSP_{残差}=\sum_{l=1}^{g}\sum_{k=1}^{b}\sum_{r=1}^{n}(X_{lkr}-\bar{X}_{lk})(X_{lkr}-\bar{X}_{lk})'$	$gb(n-1)$
总和（修正的）	$SSP_{总}=\sum_{l=1}^{g}\sum_{k=1}^{b}\sum_{r=1}^{n}(X_{lkr}-\bar{X})(X_{lkr}-\bar{X})'$	$gbn-1$

在多元模型中，给定显著性水平 α，我们首先考虑如下假设。H_0：$\gamma_{12}=\gamma_{13}=\cdots=\gamma_{gb}=0$（无交互效应）。

用 Wilks 统计量检验交互效应采用检验统计量 $\Lambda^*=\left|SSP_{残差}\right|/\left|SSP_{交互}+SSP_{残差}\right|$，在 H_0 成立的情况下，当 $-\left(gb(n-1)+(g-1)(b-1)-\frac{p+(g-1)(b-1)+1}{2}\right)\ln\Lambda^*>\chi_\alpha{}^2(p(g-1)(b-1))$ 时则拒绝 H_0，反之接受 H_0。

其次我们考虑 H_0：$\tau_1=\tau_2=\cdots=\tau_g=0$（无因子 1 效应）。

用 Wilks 统计量检验因子 1 采用检验统计量 $\Lambda^*=\left|SSP_{残差}\right|/\left|SSP_{因子1}+SSP_{残差}\right|$，在 H_0 成立的情况下，当 $-\left(gb(n-1)+(g-1)-\frac{p+(g-1)+1}{2}\right)\ln\Lambda^*>\chi_\alpha{}^2(p(g-1))\cdot\sum_{i=1}^{n}X_i^2$ 时则拒绝 H_0，反之接受 H_0。

最后我们考虑 H_0：$\beta_1=\beta_2=\cdots=\beta_b=0$（无因子 2 效应）。

用 Wilks 统计量检验因子 1 采用检验统计量 $\Lambda^*=\left|SSP_{残差}\right|/\left|SSP_{因子2}+SSP_{残差}\right|$，在 H_0 成立的情况下，当 $-\left(gb(n-1)+(b-1)-\frac{p+(b-1)+1}{2}\right)\ln\Lambda^*>\chi_\alpha{}^2(p(b-1))$ 时则拒绝 H_0，反之接受 H_0。

【例 8.12】为了比较短花针茅荒漠草原建群种高度、盖度和密度在围封（CK）、自由放牧（CG）和划区轮牧（RG）以及不同年份之间是否存在差异，整理 2006～2010 年短花针茅植物种群数据（表 8-36），试进行多元方差分析。

表 8-36 建群种短花针茅在不同放牧处理下的数量特征

年份	CK			CG			RG		
	高度	盖度	密度	高度	盖度	密度	高度	盖度	密度
2006	8.00	2.50	2.50	6.30	2.98	7.20	5.20	1.85	2.90
	7.13	0.85	2.38	5.15	3.60	7.30	3.50	2.55	5.80
	14.44	0.38	1.25	14.29	4.00	8.57	8.72	2.65	6.20
	11.25	0.33	1.25	9.29	5.29	7.71	9.40	5.30	8.30
	11.47	0.42	2.56	6.57	1.13	6.71	10.46	2.25	5.20
2007	9.43	0.97	2.29	5.35	1.59	5.50	4.56	1.52	2.55
	6.00	0.88	2.50	2.85	3.50	7.60	3.30	2.32	5.20
	9.60	0.95	2.00	7.23	3.50	6.90	8.50	4.30	7.20
	5.71	1.50	2.00	1.85	1.98	5.20	5.00	2.75	4.90
	6.38	1.15	1.50	1.00	0.23	3.00	4.70	2.95	5.50

续表

年份	CK			CG			RG		
	高度	盖度	密度	高度	盖度	密度	高度	盖度	密度
2008	20.56	0.84	2.56	5.50	0.92	4.44	4.00	1.72	2.20
	8.25	1.21	4.13	4.70	4.85	9.40	3.80	2.43	5.80
	11.29	0.56	1.71	6.00	1.83	6.20	5.55	3.68	6.40
	13.30	1.45	3.00	5.38	1.63	4.00	4.30	2.40	4.40
	7.00	1.03	2.44	2.22	1.64	6.11	5.40	2.13	4.30
2009	5.50	3.00	2.25	7.00	3.43	7.10	5.90	2.39	5.00
	9.38	1.19	4.00	7.00	4.95	9.10	4.00	2.66	6.40
	6.00	0.55	3.25	4.00	4.01	6.80	3.20	2.67	5.80
	6.25	1.10	2.75	4.10	4.83	9.60	3.80	2.00	3.80
	7.80	0.80	4.00	2.80	2.37	8.40	6.10	2.08	5.90
2010	17.00	0.70	1.78	13.40	4.90	7.10	21.80	2.73	5.60
	27.63	1.45	2.63	26.90	5.48	5.90	52.30	5.55	6.00
	10.75	1.53	2.25	16.70	4.62	7.70	12.50	4.10	5.90
	10.71	1.53	2.00	7.00	6.85	6.70	11.20	2.68	4.30
	10.00	1.20	2.00	4.40	7.28	7.80	5.70	4.57	5.00

根据表中的数据形式，进行 SAS 程序设计，结果如下：

```
DATA GG;
DO NF=1 TO 5;
  DO CHF=1 TO 5;
  DO CHL=1 TO 3;
    INPUT X1-X3@@;OUTPUT;
  END;
  END;
END;
CARDS;
8.00   2.50  2.50  6.30  2.98  7.20  5.20  1.85  2.90
7.13   0.85  2.38  5.15  3.60  7.30  3.50  2.55  5.80
14.44  0.38  1.25  14.29 4.00  8.57  8.72  2.65  6.20
11.25  0.33  1.25  9.29  5.29  7.71  9.40  5.30  8.30
11.47  0.42  2.56  6.57  1.13  6.71  10.46 2.25  5.20
9.43   0.97  2.29  5.35  1.59  5.50  4.56  1.52  2.55
6.00   0.88  2.50  2.85  3.50  7.60  3.30  2.32  5.20
9.60   0.95  2.00  7.23  3.50  6.90  8.50  4.30  7.20
5.71   1.50  2.00  1.85  1.98  5.20  5.00  2.75  4.90
6.38   1.15  1.50  1.00  0.23  3.00  4.70  2.95  5.50
20.56  0.84  2.56  5.50  0.92  4.44  4.00  1.72  2.20
8.25   1.21  4.13  4.70  4.85  9.40  3.80  2.43  5.80
11.29  0.56  1.71  6.00  1.83  6.20  5.55  3.68  6.40
13.30  1.45  3.00  5.38  1.63  4.00  4.30  2.40  4.40
7.00   1.03  2.44  2.22  1.64  6.11  5.40  2.13  4.30
5.50   3.00  2.25  7.00  3.43  7.10  5.90  2.39  5.00
9.38   1.19  4.00  7.00  4.95  9.10  4.00  2.66  6.40
6.00   0.55  3.25  4.00  4.01  6.80  3.20  2.67  5.80
```

```
6.25   1.10  2.75  4.10  4.83  9.60  3.80  2.00  3.80
7.80   0.80  4.00  2.80  2.37  8.40  6.10  2.08  5.90
17.00  0.70  1.78  13.40 4.90  7.10  21.80 2.73  5.60
27.63  1.45  2.63  26.90 5.48  5.90  52.30 5.55  6.00
10.75  1.53  2.25  16.70 4.62  7.70  12.50 4.10  5.90
10.71  1.53  2.00  7.00  6.85  6.70  11.20 2.68  4.30
10.00  1.20  2.00  4.40  7.28  7.80  5.70  4.57  5.00
;
PROC GLM;
CLASS NF CHL;
MODEL x1-x3=NF CHL NF*CHL/nouni;
MANOVA H=NF CHL NF*CHL/PRINTH PRINTE;
RUN;
```

SAS 输出结果如下：

```
                        SAS 系统
                   The GLM Procedure
               Class Level Information
          Class          Levels    Values
          NF                  5    1 2 3 4 5
          CHL                 3    1 2 3
        Number of Observations Read          75
        Number of Observations Used          75
           Multivariate Analysis of Variance
               E = Error SSCP Matrix
                  X1                X2                X3
X1         2259.59392        44.52346          51.96914
X2         44.52346          65.10776          49.99072
 Partial Correlation Coefficients from the Error SSCP Matrix / Prob > |r|
DF = 60             X1               X2               X3
X1          1.000000        0.116080        0.113786
                            0.3730          0.3826
X2          0.116080        1.000000        0.644812
            0.3730                          <.0001
X3          0.113786        0.644812        1.000000
                            0.3826          <.0001
             Multivariate Analysis of Variance
             H = Type III SSCP Matrix for NF
                  X1                X2                X3
X1      1268.1076        175.11477333      1.1018733333
X2      175.11477333     30.246632         7.8711226667
X3      1.1018733333     7.8711226667      16.724781333
Characteristic Roots and Vectors of: E Inverse * H, where
                     H = Type III SSCP Matrix for NF
                       E = Error SSCP Matrix
 Characteristic              Characteristic Vector  V'EV=1
```

Root	Percent	X1	X2	X3
1.17521573	84.69	0.01366317	0.11805092	-0.07438073
0.18046715	13.00	0.00033277	0.00334163	0.10204455
0.03204732	2.31	0.01621703	-0.11147362	0.05142812

MANOVA Test Criteria and F Approximations for the Hypothesis of No Overall NF Effect

H = Type III SSCP Matrix for NF

E = Error SSCP Matrix

S=3 M=0 N=28

Statistic	Value	F Value	Num DF	Den DF	Pr > F
Wilks' Lambda	0.37734982	5.71	12	153.75	<.0001
Pillai's Trace	0.72420540	4.77	12	180	<.0001
Hotelling-Lawley Trace	1.38773020	6.61	12	97.273	<.0001
Roy's Greatest Root	1.17521573	17.63	4	60	<.0001

NOTE: F Statistic for Roy's Greatest Root is an upper bound.

H = Type III SSCP Matrix for CHL

	X1	X2	X3
X1	141.581256	-101.80544	-188.499636
X2	-101.80544	75.983914667	137.190384
X3	-188.499636	137.190384	251.943048

Characteristic Roots and Vectors of: E Inverse * H, where

H = Type III SSCP Matrix for CHL

E = Error SSCP Matrix

Characteristic Root	Percent	Characteristic Vector V'EV=1 X1	X2	X3
2.92437033	98.86	-0.00547920	0.00308983	0.10195507
0.03367275	1.14	-0.00060502	-0.16181504	0.08765656
0.00000000	0.00	0.02047920	-0.01341267	0.02262579

Multivariate Analysis of Variance

MANOVA Test Criteria and F Approximations for the Hypothesis of No Overall CHL Effect

H = Type III SSCP Matrix for CHL

E = Error SSCP Matrix

S=2 M=0 N=28

Statistic	Value	F Value	Num DF	Den DF	Pr > F
Wilks' Lambda	0.24651704	19.61	6	116	<.0001
Pillai's Trace	0.77775788	12.51	6	118	<.0001
Hotelling-Lawley Trace	2.95804307	28.36	6	75.581	<.0001
Roy's Greatest Root	2.92437033	57.51	3	59	<.0001

NOTE: F Statistic for Roy's Greatest Root is an upper bound.

NOTE: F Statistic for Wilks' Lambda is exact.

H = Type III SSCP Matrix for NF*CHL

	X1	X2	X3
X1	253.096824	18.341366667	29.455102667
X2	18.341366667	23.875512	13.088129333
X3	29.455102667	13.088129333	14.565538667

```
Characteristic Roots and Vectors of: E Inverse * H, where
              H = Type III SSCP Matrix for NF*CHL
                E = Error SSCP Matrix
Characteristic              Characteristic Vector  V'EV=1
       Root     Percent             X1             X2             X3
  0.39938592     63.65     -0.00050216     0.15278558    -0.04730657
  0.16263967     25.92      0.01303902    -0.04658098     0.09564191
  0.06544721     10.43     -0.01671876    -0.02933139     0.08488314
MANOVA Test Criteria and F Approximations for the Hypothesis of No Overall
NF*CHL Effect
                H = Type III SSCP Matrix for NF*CHL
                     E = Error SSCP Matrix
                      S=3     M=2     N=28
Statistic                   Value    F Value    Num DF    Den DF   Pr > F
Wilks' Lambda            0.57687993     1.47        24    168.82   0.0838
Pillai's Trace           0.48671611     1.45        24    180      0.0890
Hotelling-Lawley Trace   0.62747279     1.49        24    118.65   0.0842
Roy's Greatest Root      0.39938592     3.00         8    60       0.0068
NOTE: F Statistic for Roy's Greatest Root is an upper bound.
```

由多元方差分析结果可知，短花针茅植物种群的高度、盖度和密度在围封、自由放牧及划区轮牧中存在极显著的差异（其中 F=19.61，P<0.01）；在不同年份间，短花针茅植物种群的高度、盖度和密度也存在极显著差异（其中 F=5.71，P<0.01）。放牧制度（CHL）与年度（NF）的交互作用显示，其对荒漠草原短花针茅高度、盖度和密度的影响差异不显著。

多元方差分析不能比较样本高低、大小和多少，只能检验差异是否存在。这是因为多元方差分析比较的是均值向量。以本节单因素多元方差分析为例：

$$\bar{X}=\begin{bmatrix}8.68\\2.50\\4.85\end{bmatrix},\bar{X}_1=\begin{bmatrix}10.43\\1.12\\2.44\end{bmatrix},\bar{X}_2=\begin{bmatrix}7.08\\3.50\\6.88\end{bmatrix},\bar{X}_3=\begin{bmatrix}8.52\\2.89\\5.22\end{bmatrix}$$

围封区 CK 中，其均值向量短花针茅植物种群高度大于自由放牧区（10.43>7.08），但是围封区盖度和密度均小于自由放牧区（1.12<3.50，2.44<6.88），其余处理之间的比较也存在类似的结果。所以只能证明有差异，无法说明大小。由于所给的实例高度、盖度和密度对一个种群来讲，均是越高越好，所以如果检验差异显著且各指标均是一方大于另一方，可以认为该处理短花针茅的数量特征大于另一处理。如果一定要比较大小进行排序，首先各个指标必须是单向线性结构（即与评价目标正相关或负相关），且单向线性结构方向一致（即均化为正相关或负相关），采用最优母序列关联排序后，再用多元方差分析进行检验。

第六节　协方差分析

一、协方差分析的数学模型

协方差分析的线性数学模型为

$$y_{ij} = \mu_y + \alpha_i + \beta(x_{ij} - \mu_x) + \varepsilon_{ij}$$

式中，μ_y和μ_x分别为y和x的总体平均数；α_i为第i个处理的效应；β是y依x的总体回归系数；ε_{ij}为随机误差。上式移项可得

$$y_{ij} - \alpha_i = \mu_y + \beta(x_{ij} - \mu_x) + \varepsilon_{ij}$$

$$y_{ij} - \beta(x_{ij} - \mu_x) = \mu_y + \alpha_i + \varepsilon_{ij}$$

在$y_{ij} - \alpha_i = \mu_y + \beta(x_{ij} - \mu_x) + \varepsilon_{ij}$中，若令$y'_{ij} = y_{ij} - \alpha_i$，$y'_{ij}$表示在观测值中剔除了处理效应，即误差项，此时协方差分析即为y'_{ij}与x_{ij}的线性回归分析，在$y_{ij} - \beta(x_{ij} - \mu_x) = \mu_y + \alpha_i + \varepsilon_{ij}$中，若令$y''_{ij} = y_{ij} - \beta(x_{ij} - \mu_x)$，$y''_{ij}$表示对观测值进行了回归矫正，此时协方差分析即为$y''_{ij}$的方差分析，并且是消除了$x_{ij}$不一致对$y_{ij}$影响之后的方差分析。由此说明，协方差分析是回归分析与方差分析的结合。

二、协方差分析的基本假定

当应用上述模型检验矫正平均数时，必须满足以下 3 个基本假定。

1）x是固定变量，因而处理效应α_i来源于固定模型。

2）ε_{ij}是独立的（与处理效应无关），且服从N（$0, \sigma^2_{y/x}$）。从样本来说，各处理的离回归方差$s^2_{y/x} = Q_i / (n-2)$没有显著差异，即离回归方差同质。

3）各个处理的（x,y）总体都是线性的，且具有共同的回归系数β，因而各处理总体的回归是一组平行的直线。对于样本来说，即各误差项的回归系数本身具有显著意义，但各个回归系数b_i的差异是不显著的，即误差项的线性回归是显著的，而回归系数b_i的差异是不显著的。

应该注意的是，前面所介绍的协方差分析，并没有检验H_0：$\beta_1 = \beta_2 = \cdots = \beta_k$，即没有检验各处理回归系数之间的差异显著性。而根据协方差分析的基本假定，各处理回归系数b_i间差异不显著时，才能用误差项的回归系数b_i对各处理平均数进行矫正，这是因为我们的目的仅在于明确y和x是否有线性关系，以及当存在这一关系时矫正y的效果，所以省掉了各个回归系数b_i的齐性检验。同时，处理

内回归显著亦包含了 b_i 间差异不显著的部分信息。但是，如果检验各个 b_i 是否同质也是研究的目的，则该步骤不可省略。

三、协方差分析的作用

（一）降低试验误差，实现统计控制

要提高试验的精确度和灵敏度，必须严格控制试验条件的均匀性，使各处理处于尽可能一致的条件下，称为试验控制。但是在某些情况下，试验控制不一定很理想。例如，研究植物生长对减少棉花蕾铃脱落的效应，要求各处理的单株有相同的蕾铃数，而这是不易达到的。如果单株蕾铃数（x）和蕾铃脱落率（y）之间存在直线回归关系，则可以利用这种直线回归关系将各处理 y 的观测值都矫正到 x 相同时的结果，使得各处理 y 的比较能够在相同的 x 基础上进行，从而得出正确的结论，实现统计控制。统计控制是试验控制的一种辅助手段，是用统计方法来矫正因自变量的不同而对依变量所产生的影响。

（二）分析不同变异来源的相关关系

在相关或回归分析中，相关系数可以表示两个相关变量线性相关的性质与程度。对于相关系数的计算公式：

$$r=\frac{\sum(x-\overline{x})(y-\overline{y})}{\sqrt{\sum(x-\overline{x})^2\sum(y-\overline{y})^2}}$$

将该公式的分子和分母同时除以 $(n-1)$，可得

$$r=\frac{\dfrac{\sum(x-\overline{x})(y-\overline{y})}{n-1}}{\sqrt{\dfrac{\sum(x-\overline{x})^2}{n-1}\dfrac{\sum(y-\overline{y})^2}{n-1}}}$$

式中，$\dfrac{\sum(x-\overline{x})^2}{n-1}$ 是 x 的均方，记作 MS_x，它是变量 x 的方差 σ_x^2 的无偏估计量；$\dfrac{\sum(y-\overline{y})^2}{n-1}$ 是 y 的均方，记作 MS_y，它是变量 y 的方差 σ_y^2 的无偏估计量；$\dfrac{\sum(x-\overline{x})\sum(y-\overline{y})}{n-1}$ 是 x 与 y 的平均离均差的乘积和，简称为均积，记作 MP_{xy}。

$$\text{MS}_{xy}=\frac{\sum(x-\bar{x})\sum(y-\bar{y})}{n-1}=\frac{\sum xy-\frac{\sum x\sum y}{n}}{n-1}$$

与均积相应的总体参数称为协方差，记作COV_{xy}或σ_{xy}^2。统计学上已经证明均积MS_{xy}是总体协方差COV_{xy}的无偏估计量。

因此样本相关系数r可用均方MS_x、MS_y，均积MP_{xy}表示

$$r=\frac{\text{MP}_{xy}}{\sqrt{\text{MS}_x\text{MS}_y}}$$

相应的总体相关系数ρ可用x与y的总体方差与总体协方差表示

$$r=\frac{\text{COV}_{xy}}{\sqrt{\sigma_x^2\sigma_y^2}}=\frac{\text{COV}_{xy}}{\sigma_x\sigma_y}$$

在随机模型的方差分析中，根据方差和期望方差的关系，可以得到不同来源的方差组分的估计值。同样，在随机模型的协方差分析中，根据均积和期望均积的关系，可以得到不同变异来源的协方差组分的估计值。有了这些估计值，就可以进一步估算出两个变量x与y之间各个变异来源的相关系数，从而进行相应的总体相关分析。这些分析在遗传、育种、生态和环保等研究方面很有用处。

（三）估计缺失数据

利用方差分析的方法对缺失数据进行估计，是建立在最小误差平方和的基础上的，但处理平方和向上偏倚。如果用协方差分析的方法估计缺失数据，则既可保证误差平方和最小，又能得到无偏的处理平方和。

四、一元协方差分析

有一育肥羊试验，选取3种饲料配方按组进行饲喂（A1，A2，A3），另设一对照组（CK），每组选取大小接近的绵羊8只，饲喂时间为60天，分别测定初始体重和60天后的体重。得到数据（表8-37），试进行协方差分析。

计算各变量的平方和、乘积和与自由度。

（1）始重x的平方和

$$\text{总变异：}\ \text{SS}_{T_x}=\sum x^2-\frac{(\sum x)^2}{nk}$$

$$\text{饲料间：}\ \text{SS}_{t_x}=\frac{\sum T_{x_{i.}}^2}{n}-\frac{(\sum x)^2}{nk}$$

$$误差：\mathrm{SS}_{e_x} = \mathrm{SS}_{T_x} - \mathrm{SS}_{t_x}$$

表 8-37 绵羊育肥数据表

重复	CK		A1		A2		A3	
	始重（x）	终重（y）	始重（x）	终重（y）	始重（x）	终重（y）	始重（x）	终重（y）
1	35.91	41.05	36.91	44.30	33.76	40.39	35.01	39.75
2	32.00	36.89	36.23	43.70	28.85	34.58	33.61	38.54
3	33.15	38.86	33.48	40.49	33.31	39.40	32.48	36.80
4	34.79	40.08	36.53	43.92	34.80	41.25	37.36	42.46
5	35.17	40.26	29.45	36.06	34.42	40.85	32.69	36.93
6	28.40	34.77	33.45	40.16	30.96	37.22	33.67	38.22
7	34.27	39.12	34.22	41.34	36.48	42.89	33.67	38.25
8	36.74	41.82	34.13	41.27	37.84	45.00	38.30	43.47

（2）终重 y 的平方和

$$总变异：\mathrm{SS}_{T_y} = \sum y^2 - \frac{(\sum y)^2}{nk}$$

$$饲料间：\mathrm{SS}_{t_y} = \frac{\sum T_{y_{i.}}^2}{n} - \frac{(\sum y)^2}{nk}$$

$$误差：\mathrm{SS}_{e_y} = \mathrm{SS}_{T_y} - \mathrm{SS}_{t_y}$$

（3）x 与 y 的乘积和

$$总变异：\mathrm{SP}_T = \sum xy - \frac{\sum x \sum y}{nk}$$

$$饲料间：\mathrm{SP}_t = \frac{\sum T_{x_i} T_{y_i}}{n} - \frac{\sum x \sum y}{nk}$$

$$误差：\mathrm{SP}_e = \mathrm{SP}_T - \mathrm{SP}_t$$

（4）相应的自由度

$$总变异：\mathrm{df}_T = nk - 1$$

$$饲料间：\mathrm{df}_t = k - 1$$

$$误差：\mathrm{df}_e = k(n-1)$$

（5）检验 x 与 y 之间是否存在回归关系

首先计算误差项回归系数、回归平方和、离回归平方和与相应的自由度。

误差回归系数：

$$b_e = \frac{\mathrm{SP}_e}{\mathrm{SS}_{e_x}}$$

误差项回归平方和与自由度：

$$U_e = \frac{SP_e^2}{SS_{e_x}}$$

$$df_{e(U)} = 1$$

误差项离回归平方和与自由度：

$$Q_e = SS_{e_y} - U_e = SS_{e_y} \frac{(SP_e)^2}{SS_{e_x}}$$

$$df_{e(Q)} = df_e - df_{e(U)} = k(n-1) - 1$$

检验误差项回归系数 b_e 的显著性（t 检验）：

$$s_{e(y/x)} = \sqrt{\frac{Q_e}{df_{e(Q)}}}$$

$$s_{b_e} = \frac{s_{e(y/x)}}{\sqrt{ss_{e_x}}}$$

$$t = \frac{b_e}{s_{b_e}}$$

（6）计算各矫正增重的平均数

误差项（组内项）回归系数 b_e 表示始重 x 对增重 y 影响的性质和程度，且不包含处理间差异的影响，因此可用 b_e 根据平均始重的不同来矫正每一处理的增重平均值。

矫正平均数 $\overline{y}_{i(x=\overline{x})}$ 的公式为

$$\overline{y}_{i(x=\overline{x})} = \overline{y}_i - b_{e(y/x)}(\overline{x}_i - \overline{x})$$

式中，$\overline{y}_{i(x=\overline{x})}$ 为第 i 处理 y 的矫正平均数；$\overline{y}_i$ 为第 i 处理实际观测值 y 的平均数；$\overline{x}_i$ 为自变量 x 第 i 处理的平均数；$\overline{x}$ 为自变量 x 的总平均数；$b_{e(y/x)}$ 为组内项回归系数。

（7）检验矫正平均数 $\overline{y}_{i(x=\overline{x})}$ 间的差异显著性

误差项（组内项）回归关系显著时，需用误差项回归系数对增重 y 进行矫正，消除始重 x 不同对增重 y 的影响，从而使各种不同的饲料效应处理在始重 x 相同水平的基础上进行比较。也就是说，在消除协变量 x 的影响后，比较各处理矫正 y 值的差异显著性。

检验矫正后 y 值的差异显著性，在进行平方和的计算时，并不需要将各个 y 的矫正值求出后再进行计算。由回归分析可知，依变量 y 的回归平方和是 y 受 x 影响而产生的变异部分，离回归平方和则是 y 除去了 x 影响的部分。统计学上已经证明，矫正后 y 的各项平方和及自由度等于其相应变异项的离回归平方和及自由度。

具体分析过程为：对总变异项作回归分析，求得其离回归平方和 Q'_T 与自由度 $\mathrm{df}'_{T(Q)}$，再由（$Q'_T - Q'_e$）和（$\mathrm{df}'_{T(Q)} - \mathrm{df}'_{e(Q)}$）得到矫正 y 值的平方和及自由度，进而可以矫正平均数 $\bar{y}_{i(x=\bar{x})}$ 间的差异显著性，进行 F 检验。由此可以看出，在对矫正 y 值进行方差分析时，并不需要对各处理的矫正 y 值进行计算。

矫正增重的各项平方和与自由度计算如下：

矫正 y 值的总平方和与自由度，即总离回归平方和及自由度：

$$Q'_T = \mathrm{SS}_{T_y} - \frac{(\mathrm{SP}_T)^2}{\mathrm{SS}_{T_x}}$$

$$\mathrm{df}'_{T(Q)} = (nk-1)-1$$

矫正 y 值得误差项（组内项）平方和与自由度，即误差项离回归平方和与自由度：

$$Q'_e = Q_e = \mathrm{SS}_{e_y} - \frac{(\mathrm{SP}_e)^2}{\mathrm{SS}_{e_x}}$$

$$\mathrm{df}'_{e(Q)} = \mathrm{df}_{e(Q)} = k(n-1)-1$$

矫正 y 值处理项（组内项）的平方和与自由度：

$$Q'_t = Q'_T - Q'_e$$

$$\mathrm{df}'_{t(Q)} = \mathrm{df}'_{T(Q)} - \mathrm{df}'_{e(Q)}$$

（8）矫正平均数间的多重比较

1）t 检验。当矫正平均数误差项自由度小于 20，且变量 x 变异较大时，可采用 t 检验法进行比较。

$$t = \frac{\bar{y}_{i(x=\bar{x})} - \bar{y}_{l(x=\bar{x})}}{s_D}$$

式中，s_D 为两矫正平均数间差数的标准误，其公式为

$$s_D = \sqrt{s^2_{e(y/x)}\left[\frac{1}{n_i} + \frac{1}{n_l} + \frac{(\bar{x}_i - \bar{x}_l)^2}{\mathrm{SS}_{e_x}}\right]}$$

式中，$s^2_{e(y/x)}$ 为误差项离回归方差；n_i、n_l 为两个相比较的样本容量；$\bar{x}_i$、$\bar{x}_l$ 为两个相比较样本的 x 变量各自平均数；SS_{e_x} 为 x 变量的组内项平方和。

如果两个样本容量相同，即 $n_i = n_l = n$ 时，s_D 可以表示为

$$s_D = \sqrt{s_{e(y/x)}^2 \left[\frac{2}{n} + \frac{(\bar{x}_i - \bar{x}_l)^2}{SS_{e_x}} \right]}$$

2）LSD 法。由于每次比较都要分别计算两个矫正平均数差数的标准误 s_D，为简便起见，当误差项自由度在 20 或 20 以上，且 x 变量的变异较小时，可用一个平均数差数的标准误进行比较。此时：

$$s_D = \sqrt{s_{e(y/x)}^2 \left[1 + \frac{SS_{t_x}}{(k-1)SS_{e_x}} \right] (\frac{1}{n_i} + \frac{1}{n_l})}$$

式中，SS_{t_x} 为 x 变量组间平方和；k 为组数。

当 $n_i = n_l = n$ 时，s_D 可以表示为

$$s_D = \sqrt{s_{e(y/x)}^2 \times \left[1 + \frac{SS_{t_x}}{(k-1)SS_{e_x}} \right] \times \frac{2}{n}}$$

按公式 $LSD_\alpha = t_\alpha s_D$，计算出最小显著差数并与各组平均数矫正值的差数进行比较，即可检验它们的差异显著性。

根据协方差分析的步骤，SAS 程序设计如下：

```
DATA DD;
DO CHF=1 TO 8;
  DO CHL=1 TO 4;
    INPUT X Y@@;OUTPUT;
  END;
END;
CARDS;
35.91    41.05    36.91    44.30    33.76    40.39    35.01    39.75
32.00    36.89    36.23    43.70    28.85    34.58    33.61    38.54
33.15    38.86    33.48    40.49    33.31    39.40    32.48    36.80
34.79    40.08    36.53    43.92    34.80    41.25    37.36    42.46
35.17    40.26    29.45    36.06    34.42    40.85    32.69    36.93
28.40    34.77    33.45    40.16    30.96    37.22    33.67    38.22
34.27    39.12    34.22    41.34    36.48    42.89    33.67    38.25
36.74    41.82    34.13    41.27    37.84    45.00    38.30    43.47
;
PROC ANOVA;
CLASS CHL;
MODEL X=CHL;
MEANS CHL/DUNCAN ALPHA=0.05;
RUN;
PROC ANOVA;
CLASS CHL;
MODEL Y=CHL;
```

```
MEANS CHL/DUNCAN ALPHA=0.05;
RUN;
PROC REG;
MODEL Y=X;
RUN;
PROC GLM;
CLASS CHL;
MODEL Y=CHL X/SOLUTION;
LSMEANS CHL/STDERR PDIFF TDIFF ALPHA=0.05;
RUN;
```

SAS 的输出结果如下：

```
                           SAS 系统
                     The ANOVA Procedure
                   Class Level Information
                Class        Levels    Values
                CHL             4      1 2 3 4
             Number of Observations Read          32
             Number of Observations Used          32
Dependent Variable: X
                              Sum of
Source              DF        Squares      Mean Square    F Value    Pr > F
Model               3      3.6981250       1.2327083       0.19     0.9007
Error               28     179.4848250     6.4101723
Corrected Total     31     183.1829500
            R-Square     Coeff Var      Root MSE       X Mean
            0.020188      7.419016      2.531832     34.12625
Source             DF       Anova SS     Mean Square    F Value    Pr > F
CHL                 3     3.69812500     1.23270833      0.19     0.9007
                Duncan's Multiple Range Test for X
NOTE: This test controls the Type I comparisonwise error rate, not the
experimentwise error rate.
               Alpha                             0.05
               Error Degrees of Freedom          28
               Error Mean Square                 6.410172
         Number of Means          2          3         4
         Critical Range         2.593      2.725     2.810
Means with the same letter are not significantly different.
  Duncan Grouping          Mean       N     CHL
             A          34.599       8      4
             A          34.300       8      2
             A          33.804       8      1
             A          33.803       8      3
             Class Level Information
           Class          Levels    Values
           CHL               4      1 2 3 4
         Number of Observations Read          32
         Number of Observations Used          32
```

```
Dependent Variable: Y
                              Sum of
Source               DF       Squares      Mean Square    F Value    Pr > F
Model                3     26.3863594      8.7954531       1.21    0.3240
Error                28    203.3818875     7.2636388
Corrected Total      31    229.7682469
              R-Square     Coeff Var      Root MSE        Y Mean
              0.114839      6.737311      2.695114      40.00281
Source               DF      Anova SS     Mean Square    F Value    Pr > F
CHL                  3    26.38635937    8.79545312       1.21    0.3240
                    Duncan's Multiple Range Test for Y
NOTE: This test controls the Type I comparisonwise error rate, not the
experimentwise error rate.
                      Alpha                            0.05
                      Error Degrees of Freedom         28
                      Error Mean Square                7.263639
               Number of Means          2          3          4
               Critical Range           2.760      2.900      2.991
          Means with the same letter are not significantly different.
     Duncan Grouping          Mean       N     CHL
                A          41.405       8      2
                A          40.198       8      3
                A          39.303       8      4
                A          39.106       8      1
                        Model: MODEL1
                     Dependent Variable: Y
            Number of Observations Read           32
            Number of Observations Used           32
                     Analysis of Variance
                                Sum of
Source               DF        Squares      Mean Square    F Value    Pr > F
Model                1       197.64440     197.64440     184.58    <.0001
Error                30       32.12384       1.07079
Corrected Total      31      229.76825
                     Root MSE            1.03479    R-Square     0.8602
                     Dependent Mean     40.00281    Adj R-Sq     0.8555
                            Coeff Var          2.58680
                     Parameter Estimates
                    Parameter      Standard
 Variable      DF       Estimate         Error     t Value      Pr > |t|
 Intercept     1        4.55509       2.61556       1.74       0.0918
 X             1        1.03872       0.07646      13.59       <.0001
                 Class Level Information
            Class          Levels     Values
            CHL               4       1 2 3 4
          Number of Observations Read           32
          Number of Observations Used           32
```

```
Dependent Variable: Y
                                    Sum of
Source                   DF        Squares       Mean Square    F Value    Pr > F
Model                    4      225.7548547     56.4387137      379.69    <.0001
Error                    27     4.0133922       0.1486442
Corrected Total          31     229.7682469
                    R-Square      Coeff Var       Root MSE        Y Mean
                    0.982533       0.963792       0.385544       40.00281
Source                DF       Type I SS      Mean Square     F Value     Pr > F
CHL                   3      26.3863594      8.7954531       59.17       <.0001
X                     1      199.3684953     199.3684953     1341.25     <.0001
Source                DF      Type III SS     Mean Square     F Value     Pr > F
CHL                   3      28.1104527      9.3701509       63.04       <.0001
X                     1      199.3684953     199.3684953     1341.25     <.0001
                                                   Standard
Parameter               Estimate                    Error     t Value      Pr > |t|
Intercept         2.837618523 B        1.00496879        2.82        0.0088
CHL        1      0.641629426 B        0.19412487        3.31        0.0027
CHL        2      2.417363495 B        0.19296361       12.53        <.0001
CHL        3      1.734196846 B        0.19412911        8.93        <.0001
CHL        4      0.000000000 B         .                 .            .
X                1.053936384         0.02877796       36.62        <.0001
NOTE: The X'X matrix has been found to be singular, and a generalized
inverse was used to solve the normal equations.
Terms whose estimates are followed by the letter 'B' are not uniquely
estimable.
                    Least Squares Means
                                Standard                      LSMEAN
     CHL         Y LSMEAN          Error      Pr > |t|        Number
     1        39.4461445       0.1366260       <.0001             1
     2        41.2218786       0.1364021       <.0001             2
     3        40.5387119       0.1366284       <.0001             3
     4        38.8045151       0.1369869       <.0001             4
                   Least Squares Means for Effect CHL
              t for H0: LSMean(i)=LSMean(j) / Pr > |t|
                        Dependent Variable: Y
      i/j              1             2              3              4
        1                       -9.1864       -5.66767       3.305241
                                <.0001        <.0001         0.0027
        2         9.186403                    3.534177       12.52756
                  <.0001                      0.0015         <.0001
        3         5.667667      -3.53418                     8.933214
                  <.0001        0.0015                       <.0001
        4         -3.30524      -12.5276      -8.93321
                  0.0027        <.0001        <.0001
```

由 SAS 输出结果可知，真正在进行协方差分析过程中，对于其中某一变量的单因素方差分析并不具有实际意义，回归模型的判定意义也不是很大。最后 GLM

过程完全可以给出回归检验，协方差分析模型的检验及多重比较结果。

本例中，初始重量 x 的单因素方差无显著差异，饲喂结束后的体重 y 也没有表现出显著差异，经回归判断，x 与 y 之间存在显著性回归关系。对协方差分析模型检验，饲料配方不同对绵羊体重有显著性影响，经协方差分析表明，第一组和第二组饲料配方对绵羊增重具有显著性作用，显著高于 CK 处理，第三组饲料配方导致绵羊体重显著降低。

五、多元协方差分析

为了考察父母过保护对子女心理压力的影响，现通过调查问卷得到如下数据集，试比较父母过保护是否对子女心理压力有影响，不同性别的子女压力是否一致（表 8-38）。

表 8-38　父母过保护对子女心理压力影响的调查数据

性别	母亲过保护	父亲过保护	心理压力	性别	母亲过保护	父亲过保护	心理压力
1	0.6154	0.5385	0.7143	2	1.3077	1.3077	1.0000
1	1.0769	1.0769	0.8571	2	0.5385	0.5385	0.4286
1	1.3077	1.3077	1.8571	2	1.7692	1.6154	0.1429
1	1.6923	1.3846	0.7143	2	1.7692	1.5385	1.1429
1	1.0000	1.0000	0.7143	2	0.9231	0.9231	1.7143
1	1.6154	1.5385	1.8571	2	0.4615	0.4615	0.2857
1	1.4615	1.3077	1.2857	2	1.0769	1.0769	0.0000
1	0.9231	0.7692	1.4286	2	1.3846	1.0000	0.1429
1	1.0769	1.0000	1.5714	2	0.8462	0.8462	0.8571
1	0.2308	0.2308	0.0000	2	1.0769	0.6154	0.7143
1	1.1538	1.2308	0.4286	2	1.0769	1.0769	0.7143
1	1.6923	1.7692	0.7143	2	0.3077	0.3077	0.0000
1	1.0000	0.6923	0.7143	2	0.8462	0.9231	0.2857
1	0.7692	0.8462	0.4286	2	1.0000	1.0000	0.8571
1	1.0000	1.1538	0.0000	2	0.6154	0.6154	1.0000
1	1.4615	1.4615	1.1429	2	1.1538	1.0769	0.4286
1	1.0000	1.0000	1.8571	2	1.0000	1.1538	0.8571
1	0.7692	0.7692	1.5714	2	1.2308	1.3846	1.0000
1	1.0000	1.0000	1.1429	2	0.6923	0.6923	0.8571
1	1.3846	1.3846	1.1429	2	2.1538	2.1538	0.0000
1	0.8462	0.8462	0.5714	2	2.1538	1.9231	0.1429

注：“1” 代表男孩，“2” 代表女孩

根据表中数据和分析目的应该首先进行回归分析，再进行协方差分析，SAS

程序设计如下：

```
DATA DF;
 INPUT SEX X1 X2 Y@@;
CARDS;
1   0.6154  0.5385  0.7143  2   1.3077  1.3077  1.0000
1   1.0769  1.0769  0.8571  2   0.5385  0.5385  0.4286
1   1.3077  1.3077  1.8571  2   1.7692  1.6154  0.1429
1   1.6923  1.3846  0.7143  2   1.7692  1.5385  1.1429
1   1.0000  1.0000  0.7143  2   0.9231  0.9231  1.7143
1   1.6154  1.5385  1.8571  2   0.4615  0.4615  0.2857
1   1.4615  1.3077  1.2857  2   1.0769  1.0769  0.0000
1   0.9231  0.7692  1.4286  2   1.3846  1.0000  0.1429
1   1.0769  1.0000  1.5714  2   0.8462  0.8462  0.8571
1   0.2308  0.2308  0.0000  2   1.0769  0.6154  0.7143
1   1.1538  1.2308  0.4286  2   1.0769  1.0769  0.7143
1   1.6923  1.7692  0.7143  2   0.3077  0.3077  0.0000
1   1.0000  0.6923  0.7143  2   0.8462  0.9231  0.2857
1   0.7692  0.8462  0.4286  2   1.0000  1.0000  0.8571
1   1.0000  1.1538  0.0000  2   0.6154  0.6154  1.0000
1   1.4615  1.4615  1.1429  2   1.1538  1.0769  0.4286
1   1.0000  1.0000  1.8571  2   1.0000  1.1538  0.8571
1   0.7692  0.7692  1.5714  2   1.2308  1.3846  1.0000
1   1.0000  1.0000  1.1429  2   0.6923  0.6923  0.8571
1   1.3846  1.3846  1.1429  2   2.1538  2.1538  0.0000
1   0.8462  0.8462  0.5714  2   2.1538  1.9231  0.1429
;
PROC GLM;
CLASS SEX;
MODEL Y=SEX X1 X2/SOLUTION;
LSMEANS SEX/STDERR PDIFF TDIFF;
RUN;
```

SAS 输出结果如下：

```
                                  SAS 系统
                           The GLM Procedure
                        Class Level Information
                      Class          Levels    Values
                      SEX                 2    1 2
                 Number of Observations Read          42
                 Number of Observations Used          42
Dependent Variable: Y
                                   Sum of
Source                  DF        Squares    Mean Square   F Value   Pr>F
Model                    4    28.02624795     7.00656199   25.01   <.0001
Error                   38    10.64691127     0.28018188
Uncorrected Total         42    38.67315922
               R-Square     Coeff Var      Root MSE        Y Mean
```

```
                  0.133942      66.78983      0.529322      0.792519
Source          DF      Type I SS     Mean Square    F Value   Pr > F
SEX              2      27.95832556   13.97916278     49.89    <.0001
X1               1      0.06594085    0.06594085      0.24     0.6304
X2               1      0.00198155    0.00198155      0.01     0.9334
Source          DF      Type III SS   Mean Square    F Value   Pr > F
SEX              2      4.15628062    2.07814031      7.42     0.0019
X1               1      0.00136945    0.00136945      0.00     0.9446
X2               1      0.00198155    0.00198155      0.01     0.9334
                                          Standard
Parameter            Estimate              Error     t Value    Pr > |t|
SEX       1       0.8821663857      0.24134848        3.66       0.0008
SEX       2       0.4939876212      0.24191814        2.04       0.0481
X1                0.0426064291      0.60942695        0.07       0.9446
X2                0.0540434854      0.64263040        0.08       0.9334
                           Least Squares Means
                              Standard     H0:LSMEAN=0     H0:LSMean1=LSMean2
SEX          Y LSMEAN          Error         Pr > |t|     t Value    Pr > |t|
1          0.98660843       0.11564301       <.0001        2.37       0.0229
2          0.59842967       0.11564301       <.0001
```

由输出结果可知，父母过保护与子女心理压力并不能构成线性关系的协变量，但是不同性别的心理压力不同，男同学的心理压力大于女同学（$P<0.05$）。

第七节　快速方差分析及 SAS 过程

方差分析是科学试验中的常用统计方法，是生物统计分析的核心内容之一。在科学试验中，试验结果往往是变化的，这种变化大体上由两类因素引起。一类是受随机因素影响而产生的波动，是不可避免的，属于试验中的随机误差；另一类是人为控制因素的影响使试验结果产生变化，是科学研究的内容，属于试验中的处理效应。

方差分析的基本思想就是将测量数据的总变异按照变异原因不同分解为处理效应和试验误差，并作出数量估计。然后根据估计结果判断其是否存在差异，如果不存在差异，则方差分析过程到此结束；如果存在差异，则需要进行方差分析的下一步——多重比较。值得一提的是，在进行方差分析之前，需要检验原始数据集是否符合方差分析要求（其中包括数据分布的正态性、线性可加性和方差同质性，一般只需检验一项即可），如果符合，可以直接进行方差分析，如果不符合，需要对原始数据进行相应的变换。

进行方差分析时所采用的软件一般是 SAS，结合 Excel 列方差分析结果表。很多学生和研究者能够应用方差分析，但总是存在各种问题，如 SAS 过程调用错误、方差分析模型不会建立、SAS 输出结果难以快速成表等。本研究正是基于这些问题，对方差分析的完整应用和快速方差分析进行初步探讨，旨在为广大学生和研究者提供可行的完整快速的方差分析方法。

一、方差分析方法与 SAS 过程的调用

方差分析方法可以通过试验处理因素分为单因素方差分析、双因素方差分析和多因素方差分析，依据模型可以分为固定模型、随机模型和混合模型方差分析（李春喜等，2008）。现在以不同放牧制度下不同植物种群盖度（表 8-39）为原始数据，为了查看不同放牧制度下植物种群间的盖度差异，采用单因素固定模型在 SAS 中进行方差分析，其 SAS 程序如下：

```
DATA DF;                                  /*读入数据集的名称*/
DO CHLQ=1 TO 3;                           /*读取处理区*/
  DO CHF=1 TO 10;                         /*读取重复数*/
     DO CAO=1 TO 10;                      /*读取植物种群*/
     INPUT YY@@;OUTPUT; /*读取数据，并将读取的数据送入名称为DF的数据集内*/
     END;                                 /*结束第三层循环*/
  END;                                    /*结束第二层循环*/
END;                                      /*结束第一层循环*/
CARDS;                                    /*数据集开始标识*/
                                          /*此处放待分析数据集*/
;                                         /*数据集结束标识*/
PROC SORT DATA=DF OUT=DD;/*调用排序过程，排序后数据集输出到名称为DD数据集*/
BY CAO;                       /*指定排序变量*/
RUN;                          /*结束调用过程，并执行过程的所有操作*/
PROC GLM  DATA=DD;            /*调用非平衡试验设计的方差分析过程*/
CLASS CHLQ CHF CAO;           /*对循环变量进行分类*/
MODEL YY=CHLQ;                /*给定方差分析模型*/
MEANS CHLQ/DUNCAN ALPHA=0.05; /*给定多重比较方法，并设定显著性水平，默认
0.05*/
BY CAO;                       /*对植物种群进行分组分析*/
RUN;                          /*结束调用过程，并执行过程的所有操作*/
PROC MEANS N MEAN STD DATA=DD;/*调用描述性统计MEANS过程，给定输出参数*/
CLASS CHLQ;                   /*对处理区进行汇总*/
VAR YY;                       /*指定分析变量*/
BY CAO;                       /*按不同植物种群分组分析*/
RUN;                          /*结束调用过程，并执行过程的所有操作*/
```

由上面的程序可知，此方差分析共分为 5 个部分，第一部分为数据集的命名和读取，当采用循环语句读取数据集时，OUTPUT 关键字必不可少，否则数据集

为空。第二部分为数据集部分，此处有两个标识，“CARDS;”意味着后面跟的是数据集，“;”标识数据集到此结束且不被包含在数据集中。第三部分为 SORT 过程，此过程是针对方差分析（ANOVA 或 GLM）过程的 BY 选项设立的，其功能就是将读入数据集以 BY 选项重新排序分组。第四部分是方差分析过程，此过程关键部分就是 MODEL 关键字和 BY 关键字，前者是方差分析模型，后者是对数据分组进行方差分析。第五部分是描述性统计 MEANS 过程，其作用是输出标准差或标准误。

表 8-39　不同放牧制度下不同植物种群的盖度　　（%）

植物名称	重复	短花针茅	碱韭	无芒隐子草	糙隐子草	阿氏旋花	虱子草	冠芒草	狗尾草	栉叶蒿	细叶韭
自由区	1	3.5	0.1	3.0	.	12.0	3.1	10.0	0.1	0.5	.
	2	6.0	2.0	6.0	0.1	2.5	6.0	8.0	1.0	1.0	.
	3	4.8	1.0	3.5	0.8	3.5	6.0	12.5	2.0	0.8	.
	4	6.0	0.5	7.0	.	4.0	6.0	10.0	2.1	0.5	.
	5	2.5	1.0	4.0	0.3	4.0	5.5	11.0	4.5	1.0	0.1
	6	3.0	1.0	4.5	.	2.5	4.5	14.0	2.4	1.0	.
	7	1.0	1.0	4.0	.	3.5	6.5	14.0	2.1	0.5	0.1
	8	1.5	2.0	4.6	.	2.5	6.0	10.0	1.8	1.0	0.1
	9	1.0	3.0	4.0	0.5	3.0	5.8	11.5	1.5	0.5	0.1
	10	1.0	2.0	10.0	0.8	4.0	5.5	7.0	0.2	1.2	0.2
对照区	1	1.0	3.0	6.0	3.5	0.4	0.8	9.0	0.5	0.7	0.1
	2	1.0	3.8	2.5	2.0	1.0	3.0	7.5	0.4	0.8	0.5
	3	0.8	4.0	3.0	2.3	0.1	2.5	7.0	0.2	0.5	0.1
	4	2.0	3.8	3.9	0.9	0.1	2.3	7.8	2.0	0.6	0.5
	5	2.0	4.5	2.8	1.8	0.8	0.6	7.3	0.3	0.6	.
	6	2.0	1.5	2.8	0.9	0.2	6.0	13.8	0.2	0.6	0.1
	7	1.2	3.0	2.5	0.8	0.2	2.9	11.0	0.4	0.5	0.2
	8	1.3	2.9	2.3	.	0.7	6.2	7.1	0.3	0.9	0.2
	9	0.7	3.1	2.8	0.8	0.3	1.0	7.0	0.4	1.3	0.5
	10	.	3.8	2.9	0.8	0.5	0.6	6.8	0.3	0.7	0.3
轮牧区	1	.	11.0	5.5	0.3	1.9	0.6	0.8	0.2	0.4	1.0
	2	.	8.0	6.0	0.3	1.5	1.8	0.2	0.1	0.8	0.2
	3	0.2	11.0	5.0	.	2.1	1.1	0.8	.	0.7	0.4
	4	0.5	10.5	6.0	.	1.2	1.8	2.8	0.1	1.1	0.7
	5	0.2	11.3	7.0	.	1.3	0.4	0.2	.	.	0.7
	6	0.2	10.7	6.0	0.1	3.0	0.5	0.3	.	0.1	.
	7	0.3	11.0	7.0	0.1	1.8	0.7	0.2	.	0.3	0.2
	8	0.3	11.0	5.7	0.2	2.0	0.5	0.2	0.1	0.3	0.1
	9	.	8.5	5.5	0.1	2.1	0.3	0.7	0.1	0.5	0.4
	10	0.1	6.0	8.0	0.1	2.1	0.8	0.5	.	1.4	0.2

注：表中“.”代表该物种在该样方内未出现

由此可以看到，方差分析不是 SAS 中的一个 ANOVA 或 GLM 过程能够解决问题的，很多情况下需要 SORT 和 MEANS 过程协同完成，还有可能需要 UNIVARIATE 过程或 MANOVA 等关键字协助，UNIVARIATE 过程能够进行数据分布的正态性检验，MANOVA 关键字能够考虑多因变量方差分析。具体调用哪个过程选用哪一个关键字需要根据试验设计和研究内容确定。

二、方差分析列表规则和绘图规则

在方差分析结束后，需要将方差分析结果列表显示，不同专业对方差分析结果的选取或列表内容不同。如果是为了查看模型的灵敏度或者查看不同方差分析方法之间的差异，通常方差分析表和多重比较表都需要列上，如表 8-40 和表 8-41 所示。如果只考虑试验处理之间的差异或者研究对象之间的差别，只需要列多重比较表即可，此时多重比较表表头可以命名为，×××方差分析结果或×××试验处理对×××的影响等。如本例中，可以命名为植物种群盖度在不同放牧制度下的方差分析结果，或放牧制度对植物种群盖度的影响，或植物种群盖度在不同放牧制度下的差异。需要特别指出的是，多重比较表一定要给出显著性水平 α。在生物统计中 α

表 8-40 不同放牧制度下短花针茅的方差分析表（其他植物种群方差分析表在此省略）

变异来源	自由度	平方和	均方	F 值	$F_{0.05}$	$F_{0.01}$
处理间	2	33.47	16.74	10.04	3.42	5.66
处理内	23	38.34	1.67			
总变异	25	71.81				

表 8-41 放牧制度对植物种群盖度的影响

植物种群	自由区	对照区	轮牧区
短花针茅	3.03±0.63a	1.33±0.18b	0.26±0.05b
碱韭	1.36±0.27c	3.34±0.26b	9.90±0.56a
无芒隐子草	5.06±0.66a	3.15±0.34b	6.17±0.28a
糙隐子草	0.50±0.14b	1.53±0.32a	0.17±0.04b
阿氏旋花	4.15±0.89a	0.43±0.10b	1.90±0.16b
虱子草	5.49±0.31a	2.59±0.66b	0.85±0.17c
冠芒草	10.80±0.73a	8.43±0.72b	0.67±0.25c
狗尾草	1.77±0.39a	0.50±0.17b	0.12±0.02b
栉叶蒿	0.80±0.09a	0.72±0.08a	0.62±0.14a
细叶韭	0.12±0.02b	0.28±0.06ab	0.43±0.10a

注：显著性水平 $P<0.05$

通常为 0.05 或 0.01，有的文献中也标记为 P，前者主要指的是概率为 95%和 99%的某自由度下临界表 F 值，后者主要指的是在某自由度下 F 计算值概率分布区间点，是一个非负值。

方差分析中多重比较的本质是对均值进行比较，但是随着近年来研究者对数据信息的需求和研究需要，方差分析列表或者绘图都不局限于均值水平。如表 8-41 中，多重比较表需要加上标准误（金晓明等，2011），实际就是对样本均值的区间估计，也有的文献是加上标准差（赵庆辉等，2011），不管是加标准差还是加标准误，均需注明，便于读者理解。从统计学原理来看，添加标准误更符合统计学原理。因为在统计学中，当样本为大样本，其样本平均数均近似服从 $N(\bar{x},\sigma_{\bar{x}}^2)$的正态分布时，均值的区间估计为 $\bar{x} \pm u_{\alpha/2}\,\sigma_{\bar{x}}$。当置信度分别为 95%或 99%时，$\mu$ 值分别为 1.96 和 2.58。当样本为小样本时，均值的区间估计为 $\bar{x} \pm t_{\alpha/2}\,s_{\bar{x}}$，$t_{\alpha/2}$ 取值与样本数或者自由度有关。

当方差分析采用图 8-6 所示结果时，一般采用柱形图（一般采用纵向），并且在柱形图上添加误差线，单向或者双向，单向误差线添加正偏差，双向误差线添加正负偏差，偏差一般选用标准误数据，和方差分析结果列表选用的数据一样，偏差数据也选取标准差，当然，在统计学角度，选用标准误作误差线比选用标准差更为合适。最后在柱形图上标上显著性标记（字母标记法）。

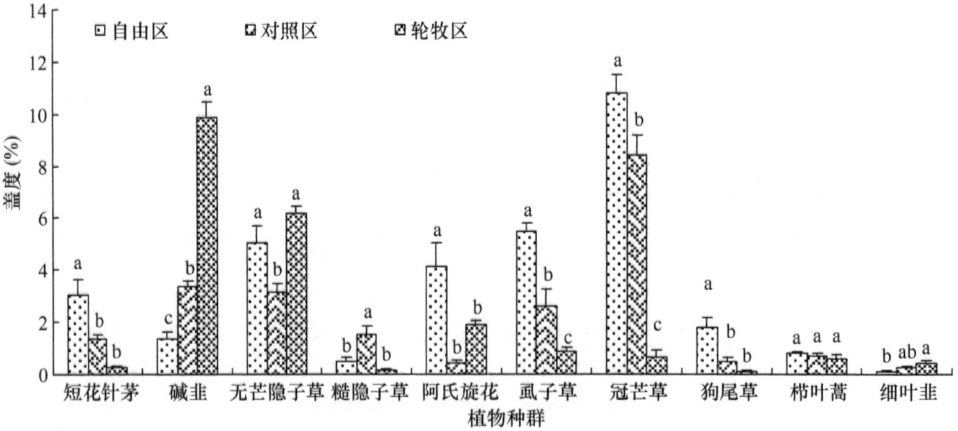

图 8-6　放牧制度对植物种群盖度的影响（$P \leqslant 0.05$）

三、Excel 函数和 VBA 编程

只有了解方差分析的基本原理、SAS 的编程规则、方差分析的列表规则和图示方法、Excel 的函数用法和 VBA 编程等知识，才能够进行完整快速的方差分析，

当然，方差分析的结果分析需要结合自身专业知识。

当采用 SAS 进行方差分析时，其分析结果会以“.lst”保存，属于低级文本文件，可以利用 VBA 编程直接进行读取，这就使方差分析结果快速成表成为可能。VBA 编程需要做的第一步是读取均值比较结果，并按处理区顺序进行调整，同时读取字母标记法，并将字母按 A～Z 的顺序排列，当然在显著性水平为 0.05 时，需要将 SAS 处理结果中的大写字母改为小写字母。第二步是读取进行区间估计的标准误。VBA 读取结果如图 8-7 所示。VBA 程序如下：

```
    Dim tts As String
    nnl = 1                                '读取方差分析多重比较结果
    tts = Worksheets("导出数据操作").Cells(8, 3).Value
    If Trim(tts) = "" Then Exit Sub
    FZTLM = Trim(InputBox("请输入方差分析分组讨论的变量名！注意字母大小写！",
"输入分组讨论的变量名", "CAO"))
    If Trim(FZTLM) = "" Then Exit Sub
    FZTLM1 = FZTLM & "="
    FCFXM = Trim(InputBox("请输入方差分析进行多重比较的变量名！注意字母大小写！
", "输入进行多重比较的变量名", "CHLQ"))
    If Trim(FCFXM) = "" Then Exit Sub
    nn = 1
    Open tts For Input As #1 '打开文件
    Do While Not EOF(1)
    Line Input #1, lne
    If InStr(lne, FZTLM) <> 0 Then
    NAME1 = "CAO=" & Mid(lne, InStr(lne, FZTLM1) + 4, 2)
    CAON = Val(Mid(lne, InStr(lne, FZTLM1) + 4, 2))
    End If
    If Left(Trim(lne), 6) = "Duncan" And Right(Trim(lne), Len(FCFXM))
= FCFXM Then
        For i = 1 To 20
        Line Input #1, lne
        If Left(Trim(lne), 3) = "SAS" Then GoTo XIA1
        If Len(Trim(lne)) > 20 Then
        clq = Val(Trim(Right(Trim(lne), 2)))
        pjzh = Left(Right(Trim(lne), 20), 10)
        zmd = Trim(Left(Trim(lne), Len(Trim(lne)) - 20))
        zm1 = ""
        zm2 = ""
        zm3 = ""
        zm4 = ""
        zm5 = ""
        zm6 = ""
        For j = 1 To Len(zmd) '
            tt = Asc(Mid(zmd, j, 1))
```

```
            If tt = 65 And Mid(zmd, j, 1) <> " " Then zm1 = Chr(tt)
            If tt = 66 And Mid(zmd, j, 1) <> " " Then zm2 = Chr(tt)
            If tt = 67 And Mid(zmd, j, 1) <> " " Then zm3 = Chr(tt)
            If tt = 68 And Mid(zmd, j, 1) <> " " Then zm4 = Chr(tt)
            If tt = 69 And Mid(zmd, j, 1) <> " " Then zm5 = Chr(tt)
            If tt = 70 And Mid(zmd, j, 1) <> " " Then zm6 = Chr(tt)
            DoEvents
        Next
        For k = 1 To 20
        Worksheets(1).Cells(1, CAON + 1).Value = NAME1
        If k = clq Then Worksheets(1).Cells(k + 1, CAON + 1).Value =
Left(Trim(pjzh), InStr(Trim(pjzh), ".") + 3) & zm1 & zm2 & zm3 & zm4 &
zm5 & zm6
        DoEvents
        Next
    End If
    If EOF(1) = True Then
    Close
    Exit Sub
    End If
    DoEvents
    Next
    End If
    XIA1:
    DoEvents
    Loop
    Close

    nnl = 1                 '读取标准误或标准偏差
    Open tts For Input As #1
    Do While Not EOF(1)
    Line Input #1, lne
    If (Left(Trim(lne), Len(FCFXM)) = FCFXM And (Right(Trim(lne), 4) =
"标准偏差" Or Right(Trim(lne), 3) = "STDEV")) Or (Left(Trim(lne),
Len(FCFXM)) = FCFXM And (Right(Trim(lne), 4) = "标准误差" Or
    &_Right(Trim(lne), 3) = "STDERR")) Then
    nnl = nnl + 1
    For j = 1 To 20
    Line Input #1, lne
    If Right(Trim(lne), 2) = "YY" Then GoTo XIA2
    clq1 = Val(Left(Trim(lne), 2))
    bzw = Right(lne, 15)
    For k = 1 To 20
    If k = clq1 Then Worksheets(1).Cells(k + 30, nnl).Value =
Trim(Left(bzw, InStr(bzw, ".") + 3))
    DoEvents
```

```
If EOF(1) = True Then
Close
Exit Sub
End If
Next
DoEvents
If EOF(1) = True Then
Close
Exit Sub
End If
Next
XIA2:
End If
DoEvents
Loop
Close
```

VBA读取		CAO=1	CAO=2	CAO=3	CAO=4	CAO=5	CAO=6	CAO=7	CAO=8	CAO=9	CAO=10
	多种比较	3.030A	1.360C	5.060A	0.500B	4.150A	5.490A	10.800A	1.770A	0.800A	0.120B
		1.333B	3.340B	3.150B	1.533A	0.430B	2.590B	8.430B	0.500B	0.720A	0.277AB
		0.257B	9.900A	6.170A	0.171B	1.900B	0.850C	0.670C	0.120B	0.622A	0.433A
	标准误	0.632	0.274	0.663	0.137	0.894	0.313	0.731	0.394	0.086	0.020
		0.177	0.264	0.344	0.315	0.098	0.655	0.721	0.169	0.075	0.059
		0.048	0.563	0.284	0.035	0.161	0.173	0.249	0.020	0.140	0.101
Excel函数	处理区	短花针茅	碱韭	无芒隐子草	糙隐子草	阿氏旋花	虱子草	冠芒草	狗尾草	栉叶蒿	细叶韭
	自由区	3.03±0.63a	1.36±0.27c	5.06±0.66a	0.50±0.14b	4.15±0.89a	5.49±0.31a	10.80±0.73a	1.77±0.39a	0.80±0.09a	0.12±0.02b
	对照区	1.33±0.18b	3.34±0.26b	3.15±0.34b	1.53±0.32a	0.43±0.10b	2.59±0.66b	8.43±0.72b	0.50±0.17b	0.72±0.08a	0.28±0.06ab
	轮牧区	0.26±0.05b	9.90±0.56a	6.17±0.28a	0.17±0.04b	1.90±0.16b	0.85±0.17c	0.67±0.25c	0.12±0.02b	0.62±0.14a	0.43±0.10a

图 8-7　VBA 读取结果及 Excel 函数制表

采用 Excel 函数可以将多重比较结果和标准误整合到一起。函数如=FIXED(ROUND(VALUE(LEFT(B2,SEARCH(".", B2)+3)),2)，2)& "±" & FIXED(ROUND(B31,2),2)& LOWER(RIGHT(B2,LEN(B2)−SEARCH(".",B2)−3))。整合结果如图 8-7 中 Excel 函数部分所示，将其转置后就成为表 8-41 的样式，当然，也可以在 Excel 中绘制如图 8-6 所示的样式。

此过程是进行快速方差分析的关键，当只有两三个方差分析过程时，Excel 函数和 VBA 编程并不能显示其优越性，当方差分析过程达到数十个甚至数百个（如生态学植物种群的高度、盖度、密度对比分析）时，其汇总结果的正确性和快速性就会显现出来，同时其可移植性和便捷性也使此过程更容易被研究者接受。这一部分已被作者制作为模版，得到很多研究者的认可。

四、讨论与小结

任何数据处理的统计分析都必须了解统计学原理，然后采用相关的软件进行相应的数据分析。在 SAS 中，方差分析操作一定要了解 UNIVARIATE、SORT、ANOVA、GLM、MEANS 等过程。根据 SAS 数据处理结果，方差分析表格和绘图都必须完整，符合研究者的研究目的和研究内容。

很多研究者都需要简化数据处理过程，快速得到数据处理结果。这除了要了解统计学原理和分析软件的操作方法之外，更应该对 Excel 有相对深入的了解，其在方差分析结果汇总中会有很大帮助，不但能够大大减少研究者的工作量，而且能够节省研究者的宝贵时间。

作者对方差分析进行概括如下：方差分析知多少，处理水平重复找。混合模型看随机，试验设计看裂区。一元多元平衡变，初始差异修正看。程序设计看模型，结果输出重比较。

第九章　相 关 分 析

本章主要介绍直线相关、复（多元）相关、偏（净）相关、双序列相关和典型相关。直线相关常用于双变量正态分布的资料。多元相关或复相关是表示多个自变量与依变量总的密切程度的量值，称为依变量 y 与 m 个自变量的多元相关系数。当观测到的成组数据中指标数大于 2 个时，各指标的相关性除了简单相关（这里更多的时候称为总相关）以外，还有两个变量间消除其他变量影响的相关分析，称为净相关或者偏相关。研究某个数列时，按另一现象是否发生将研究数列分为两个，从而探讨研究数列与现象发生与否的联系，此时的相关分析称为双序列相关。当研究两组变量（每组变量应该大于等于一项）之间的相关关系时，常采用典型相关分析。因此，本章主要介绍这些相关分析方法，并给予实例指导。

第一节　直线相关分析

一、相关系数和决定系数

如果两个变量属于平行关系，一般用相关分析来进行研究。在相关分析中，变量 x 和 y 无自变量和依变量之分，且都具有随机误差。两个变量 x 和 y，对于其中任意随机变量的每一个可能的值，另一个随机变量都有一个确定的分布与之对应，则称两个随机变量间存在相关关系。对两个变量间的直线关系进行相关分析称为直线相关或简单相关分析。

如果两个变量间呈线性关系，又不需要由 x 来估计 y，只需了解 x 和 y 相关以及相关的性质，可以通过计算表示 x 和 y 相关程度和性质的统计数——相关系数来进行研究。

直线相关常用于双变量正态分布的资料。设有一双变量总体资料，总个体数为 N，这 N 对观测值在平面直角坐标系中可用坐标点表示。如果将 N 对观测值坐标点的 x 轴和 y 轴平移，使原点位于点（μ_x, μ_y）上，若资料的多数散点在Ⅰ、Ⅲ象限，由于在Ⅰ象限中 $x-\mu_x>0$，$y-\mu_y>0$，在Ⅲ象限中 $x-\mu_x<0$、$y-\mu_y<0$，其离均差的乘积和 $\sum(x-\mu_x)(y-\mu_y)>0$，在Ⅰ、Ⅲ象限散点越多，这个正值的乘积和越大。由于在Ⅱ象限中 $x-\mu_x<0$、$y-\mu_y>0$，在Ⅳ象限中 $x-\mu_x>0$，$y-\mu_y<0$，其离均差的乘积和 $\sum(x-\mu_x)(y-\mu_y)<0$，在Ⅱ、Ⅳ象限散点越多，离均差乘积和的绝对值就越大。若散点均匀地分布在 4 个象限中，由于正负相消，$\sum(x-\mu_x)(y-\mu_y)=0$ 或接近于 0（图 9-1）。

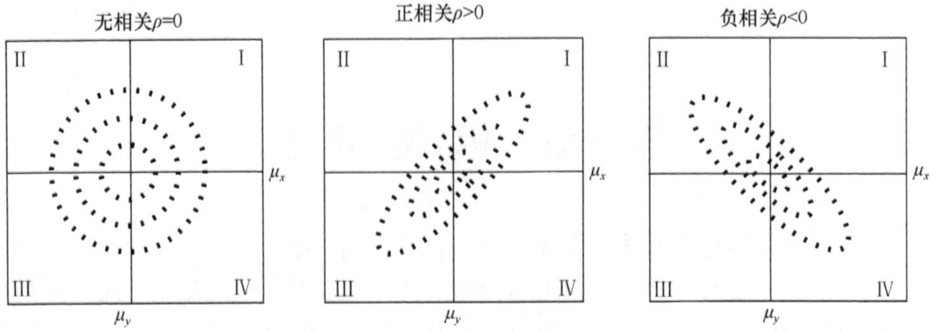

图 9-1　3 种不同的总体相关散点图

由此可见，乘积和可以表示直线相关的两个变量的相关程度和性质。但是，不同的双变量资料乘积和之间无可比性，这是因为 x 和 y 的变异程度及其度量单位、N 的大小都会影响乘积和。要消除这种影响，可将离均差转换成各自的标准差，再除以 N。因此，定义双变量总体的相关系数 ρ：

$$\rho=\frac{1}{N}\sum\left[(\frac{x-\mu_x}{\sigma_x})(\frac{y-\mu_y}{\sigma_y})\right]=\frac{\sum(x-\mu_x)(y-\mu_y)}{\sqrt{\sum(x-\mu_x)^2\sum(y-\mu_y)^2}}$$

式中，ρ 与两个变量的变异程度、度量单位及 N 的大小没有关系，因而可以用来比较不同双变量总体的相关程度和性质。

当研究的是样本资料时，样本相关系数 r 为

$$r=\frac{\sum(x-\bar{x})(y-\bar{y})}{\sqrt{\sum(x-\bar{x})^2\sum(y-\bar{y})^2}}=\frac{\text{SP}}{\sqrt{\text{SS}_x\text{SS}_y}}$$

从上式中可以看出，两个变量在相关系数计算中的地位是平等的，没有自变量和依变量之分，这是与回归分析的主要区别。

统计中还有另一个表示相关程度的统计数——决定系数。决定系数定义为相关系数 r 的平方

$$r^2=\frac{\text{SP}^2}{\text{SS}_x\text{SS}_y}=\frac{b\text{SP}}{\text{SS}_y}=\frac{U}{\text{SS}_y}=1-\frac{Q}{\text{SS}_y}$$

因此，r^2 的含义是变量 x 引起 y 变异的回归平方和占 y 变异总平方和的比率。r^2 的取值范围为[0，1]，它只能表示相关程度而不能表示相关性质。其中，b、U、Q 分别为回归斜率、回归平方和、离回归平方和。r 的取值区间为[−1，1]，r 的绝对值为 1，称为绝对相关或完全相关；r 的绝对值越接近于 1，相关程度越高；r 的绝对值为 0，称为绝对不相关或完全无关或零相关，r 的绝对值越接近于 0，相关程度越低。r 的正与负表示相关性质。r 为正值表示正相关，即 x 增大，y 增大；

r 为负值表示负相关，即 x 增大，y 减小。

二、相关系数的假设检验

由于抽样误差的存在，从 ρ=0 的双变量正态总体中抽出的样本相关系数 r 不一定等于 0。所以，为了判断 r 所代表的总体是否存在直线相关，必须测定 r 来自 ρ=0 总体的概率。因此，需要进行相关系数的假设检验。

相关系数的标准误 s_r 和 t 值为

$$s_r=\sqrt{\frac{1-r^2}{n-2}}\quad t=\frac{r-\rho}{s_r}$$

在 ρ=0 时，$\frac{r}{s_r}$ 服从自由度 df=n–2 的 t 分布，可作统计假设 H_0：ρ=0；H_A：$\rho\neq0$。在无效假设下，t 值计算公式可写为

$$t=\frac{r}{s_r}=\frac{r\sqrt{n-2}}{\sqrt{1-r^2}}$$

三、应用直线相关的注意事项

1）直线相关分析时对变量的要求。直线相关分析所涉及的两个变量应该都服从正态分布。如果资料不符合正态分布，应先通过变量转换，使之正态化，再根据转换值分析其相关关系。

2）相关系数应进行检验。根据公式计算出的相关系数仅是样品相关系数，它是总体相关系数的一个估计值，与总体相关系数之间存在抽样误差，要判断两个事物之间有无相关或相关的密切程度，必须进行假设检验。只有当检验拒绝了无效假设时，才可认为两个事物之间存在着相关关系，然后根据计算出的相关系数的大小来判断相关关系的密切程度。

3）变量应尽可能多。在进行相关分析时，两个变量的成对观测值应尽可能多一些，这是由于在 ρ=0 的总体中所得 r 的抽样分布，在 $n\geqslant5$ 时才逐渐转为钟形，近似正态分布，所以进行相关分析时一般至少有 5 对以上的观测值。

4）正确理解相关系数的含义。相关分析是用相关系数来描述两个变量间相互关系的密切程度和方向，而两个变量之间的关系既可能是因果关系，也可能是平行关系。绝不可以因为两个变量间的相关系数具有统计学意义，就认为两者之间存在因果关系。但是，当两个变量之间的内在联系未被认识之前，相关分析可以在数量上为理论研究提供线索。一个不显著的相关系数并不意味着变量之间没有关系，而只能说明两个变量间没有显著的直线相关关系。

四、直线相关实例分析

【例 9.1】将华北落叶松人工林每木检尺的调查结果按估测树高与准确测量的胸径分组，结果见表 9-1。由表中数据可以看到，华北落叶松树高随着胸径的增大而增大；在不同径阶范围内，林木株数随着树高的增加呈现先增大后减小的变化趋势，近似呈正态分布；在不同树高范围内，林木株数随着径阶的增加也呈现先增大后减小的变化趋势，也近似呈正态分布；在同一径阶范围内，径阶平均树高接近株数最多的树高。

表 9-1　华北落叶松树高与胸径对照表

树高（m）	径阶（cm）																总计
	2	4	6	8	10	12	14	16	18	20	22	24	26	28	30	32	
2		1	2														3
3		1	1		1	2	1										6
4	1	3	5	3		1											13
5		3	12	5	4	4		1									29
6			7	13	16	10	3	1		1							51
7	1	3	4	24	53	52	28	5	2								171
8			4	22	56	56	44	22	7	3							214
9				7	17	34	33	13	1	2	1						108
10			1	3	10	40	49	36	14	5	2	1			1		162
11			1		8	26	25	25	25	15	4	1	1				131
12			1		3	14	42	38	39	49	14	14	3	2	1		220
13						9	10	25	15	15	21	7	3	1		2	108
14						2	24	30	26	13	21	9	7	1			133
15						1	7	24	18	15	6	12	8	2	2	1	96
16								1	4	6	8	10	5	1	1	1	37
17									1		1	2	3	1	1		9
18												1	2	3	1	1	8
19													1	2	1	1	5
20														1	2	1	4
21															1	2	3
22																2	2
总计	2	11	38	77	168	251	266	221	152	124	78	57	33	14	11	11	1512
各径阶平均树高（m）	5.00	4.71	5.70	6.94	7.59	8.62	9.96	11.38	12.18	12.40	13.22	13.77	14.64	15.93	16.55	18.00	

注：表内数据为对应径阶和树高的观测个体数

试对表 9-1 中的数据资料进行树高（m）与胸径（cm）间的简单相关分析，并进行假设检验。

问题解析：这是一种组距式分组法整理原始资料的结果，根据胸径的阶距计算树高的平均值，探讨胸径与树高的关系。

（1）计算相关系数

根据表中数据计算可得

$$r=\frac{\mathrm{SP}}{\sqrt{\mathrm{SS}_x\mathrm{SS}_y}}=\frac{605.1300}{\sqrt{1360.0000\times 271.9451}}=0.9950$$

$$r^2=(0.9950)^2=0.9900$$

以上结果表明，树高与胸径之间呈正相关，即伴随华北落叶松径阶的增大，树高也越来越高。r^2=0.9900 表明 y 的变异有 99.00%可用 x 和 y 二者之间的线性关系来解释。

（2）进行假设检验

首先作统计假设 H_0：$\rho=0$；H_A：$\rho\neq0$。然后计算相关系数的标准误 s_r 和 t 值：

$$s_r=\sqrt{\frac{1-r^2}{n-2}}=\sqrt{\frac{1-0.9950^2}{16-2}}=0.0267$$

$$t=\frac{r}{s_r}=\frac{0.9950}{0.0266}=37.27$$

查 t 值表，$t_{0.01(14)}$=2.977，$|t|>t_{0.01}$，r=0.9950 落在 $\rho=0$ 总体的小概率区间内，说明树高与胸径之间存在着极显著的正相关关系。

前面对回归系数进行的假设检验中，t 值为 37.27，与相关系数所作检验的 t 值是相等的，说明相关的显著性与回归的显著性是一致的，这也可以从二者的计算公式推导出来，即

$$t=\frac{b}{s_b}=\frac{b\sqrt{\mathrm{SS}_x}}{\sqrt{(\mathrm{SS}_y-b\mathrm{SP})/(n-2)}}$$

$$=\frac{b\sqrt{\mathrm{SS}_x}}{\sqrt{\mathrm{SS}_y\left(1-\dfrac{b\mathrm{SP}}{\mathrm{SS}_y}\right)\Big/(n-2)}}$$

$$=\frac{\dfrac{\mathrm{SP}}{\sqrt{\mathrm{SS}_x\mathrm{SS}_y}}}{\sqrt{\left(1-\dfrac{\mathrm{SP}^2}{\mathrm{SS}_x\mathrm{SS}_y}\right)\Big/(n-2)}}$$

$$=\frac{r}{\sqrt{(1-r^2)/(n-2)}}=\frac{r}{s_r}$$

相关系数的假设检验也可以不必计算 t 值，直接从 r 临界值表中查出 df=$n-2$ 的 r_α 临界值，从而作出统计推断。

第二节　复（多元）相关分析

一、基本原理和计算方法

多元相关或复相关为 m 个自变量和依变量的总相关。多元相关系数又称为复相关系数，它是表示多个自变量与依变量总的密切程度的量值，以 R 表示，称为依变量 y 与 m 个自变量的多元相关系数。由于 m 个自变量对 y 的回归平方和为 $U_{y/1,2,\cdots,m}$，$U_{y/1,2,\cdots,m}$ 占 y 平方和 SS_y 的比例越大，则表明 y 和 m 个自变量的总相关越密切，因此定义 $R(R_{y/1,2,\cdots,m})$ 为

$$R=\sqrt{\frac{U_{y/1,2,\cdots,m}}{SS_y}}$$

即多元相关系数为多元回归平方和与总变异平方和之比的平方根。由于 $U_{y/1,2,\cdots,m}$ 为 SS_y 的一部分，故 $R_{y/1,2,\cdots,m}$ 的取值区间为[0，1]。在一定的自由度下，$R_{y/1,2,\cdots,m}$ 值越接近于 1，总相关越密切；越接近于 0，总相关越不密切。由于多元回归平方和一定大于任意一个自变量对 y 的回归平方和，故多元相关系数一定比各自变量和 y 的简单相关系数的绝对值都大。为方便起见，多元相关系数 $R_{y/1,2,\cdots,m}$ 简记为 R。

多元相关系数的假设检验用 F 检验，而不能用 t 检验，检验的假设为 H_0: $\rho=0$；H_A：$\rho\neq0$。其 F 值为

$$F=\frac{df_2R^2}{df_1(1-R^2)}$$

式中，$df_1=m$，$df_2=n-m-1$，n 为观测数（样本容量）；m 为自变量个数。

多元相关系数的显著性与多元回归方程的显著性一致，即 $R_{y/1,2,\cdots,m}$ 显著，多元回归方程必显著。对于同一资料，多元相关与多元回归的假设检验只需要进行一种。

由于在 $df_1=m$，$df_2=n-m-1$ 一定时，给定显著性水平 α 的 F 值也一定，因此将上式移项整理，可得显著性水平为 α 时的 R 临界值：

$$R_\alpha=\sqrt{\frac{df_1F_\alpha}{df_1F_\alpha+df_2}}$$

二、多元相关的实例分析

【例 9.2】表 9-2 是荒漠草原建群种短花针茅、优势种无芒隐子草和碱韭以及群

落地上现存量（g/m^2）的调查结果。试分析建群种和优势种对群落现存量的影响。

表 9-2　短花针茅荒漠草原主要植物种群和群落现存量的调查结果（单位：g/m^2）

短花针茅（x_1）	无芒隐子草（x_2）	碱韭（x_3）	群落（y）
1.41	0.69	9.29	16.14
1.34	0.74	15.29	21.29
0.35	3.44	13.46	21.69
3.10	0.65	19.48	24.33
4.81	3.88	13.95	24.64
0.11	10.68	11.23	24.66
1.25	7.49	12.01	24.84
0.06	9.72	8.70	26.42
2.09	8.33	13.63	27.21
0.31	10.31	9.63	29.35
1.79	7.08	18.24	29.65
4.35	4.03	20.00	29.95
3.80	3.96	13.03	32.02
4.94	3.93	16.67	34.00
2.96	7.26	11.76	34.91
0.16	17.91	11.60	35.65
11.66	2.17	19.63	42.57
4.16	4.25	22.77	44.82

经计算 SS_y=913.96，$U_{y/123}=684.31$，则有

$$R_{y/123}=\sqrt{\frac{U_{y/1,2,\cdots,m}}{SS_y}}=\sqrt{\frac{684.31}{913.96}}=0.8653$$

$$F=\frac{df_2R^2}{df_1(1-R^2)}=\frac{14\times0.8653^2}{3\times(1-0.8653^2)}=13.91^{**}$$

查 F 值表，$F>F_{0.01(3,14)}=5.56$，所以接受 H_A：$\rho\neq0$，推断 $R_{y/123}$ 达极显著水平。

复相关系数 $R_{y/123}=0.8653$ 的显著性也可用 R_α 临界值检验：

$$R_\alpha=\sqrt{\frac{df_1F_{0.01}}{df_1F_{0.01}+df_2}}=\sqrt{\frac{3\times5.56}{3\times5.56+14}}=0.737$$

实得 $R_{y/123}=0.8653$，大于 $R_{0.01}=0.737$，所以 $R_{y/123}$ 达极显著水平。

R_α 也可按自由度 df=$n-m-1$ 和变量的个数 $M=m+1$ 查 R_α 临界值，而不必直接计算。本例中 df=4，M=3+1=4，查 R_α 临界值，得 $R_{0.01}=0.737$，与上述计算结果一致。

多元相关系数的平方称为决定系数。它是多元回归平方和占 y 的总变异平方和的比率。上例的决定系数 R^2=0.7487，表明表 9-2 资料的群落现存量中，74.87%可由短花针茅、无芒隐子草和碱韭植物种群的变异决定。

第三节　偏（净）相关分析

偏相关分析是指当两个变量同时与第三个变量相关时，将第三个变量的影响剔除，只分析另外两个变量之间相关程度的过程。偏相关分析也称为净相关分析，它在控制其他变量线性影响的条件下分析两个变量间的线性相关性，所采用的工具是偏相关系数（净相关系数）。控制变量个数为 1 个时，偏相关系数称为一阶偏相关系数；控制变量个数为 2 个时，偏相关系数称为二阶相关系数；控制变量个数为 0 时，偏相关系数称为零阶偏相关系数，也就是相关系数。

一、偏相关系数的计算与检验

（一）偏相关系数的一般解法

其求解过程可分为三步。

第一步：计算由简单相关系数构成的相关矩阵 R：

$$R=\begin{bmatrix} r_{11} & r_{12} & \cdots & r_{1m} \\ r_{21} & r_{22} & \cdots & r_{2m} \\ \vdots & \vdots & \ddots & \vdots \\ r_{m1} & r_{m2} & \cdots & r_{mm} \end{bmatrix}$$

第二步：求其逆矩阵 R^{-1}：

$$R^{-1}=\begin{bmatrix} c_{11} & c_{12} & \cdots & c_{1m} \\ c_{21} & c_{22} & \cdots & c_{2m} \\ \vdots & \vdots & \ddots & \vdots \\ c_{m1} & c_{m2} & \cdots & c_{mm} \end{bmatrix}$$

第三步：计算偏相关系数 r_{ij}：

$$r_{ij}=\frac{-c_{ij}}{\sqrt{c_{ii}c_{jj}}}$$

（二）偏相关系数的间接解法

当只有 3 个变量时，可以用简单相关系数间接计算偏相关系数。设 3 个变量为 x_i、x_j 和 x_k，则 x_k 保持一定时 x_i 和 x_j 间的偏相关系数为

$$r_{ij\cdot k}=\frac{r_{ij}-r_{ik}r_{jk}}{\sqrt{(1-r_{ik}^2)(1-r_{jk}^2)}}$$

$r_{ik\cdot j}$ 和 $r_{jk\cdot i}$ 可依次类推。

（三）偏相关系数的假设检验

偏相关系数的假设检验可采用 t 检验，同简单相关系数的假设检验类似，检验的假设为 H_0：ρ_{ij}=0；H_A：ρ_{ij}≠0。其 t 值为

$$t=\frac{r_{ij\cdot}}{\sqrt{1-r_{ij\cdot}^2}}\sqrt{n-M}$$

它服从自由度为 df=$n-M=n-m-1$ 的 t 分布。

在实践中，并不需要计算此 t 值，而是将 $r_{ij\cdot}$ 与一定显著水平 α 下的 r_α 临界值相比较，r_α 临界值的计算公式为

$$r_\alpha=\sqrt{\frac{t_\alpha^2}{(n-M)+t_\alpha^2}}$$

这些 r_α 值已被列入 r 临界值表的 M=2 列。因此，只需按自由度 $n-M$ 查临界值表，即可得到 $r_{0.05}$ 和 $r_{0.01}$ 的临界值。若实际算得的$|r_{ij\cdot}|>r_{0.05}$ 或 $r_{0.01}$，则 $r_{ij\cdot}$ 为显著或极显著；若$|r_{ij\cdot}|<r_{0.05}$，则 $r_{ij\cdot}$ 为不显著。

二、偏相关实例解析

【例 9.3】以例 9.2 的数据为待分析数据，试进行偏相关分析。

（一）计算偏相关系数

计算简单相关系数矩阵 R，结果如下。

$$R=\begin{bmatrix}1 & -0.4752 & 0.6181 & 0.5777\\ -0.4752 & 1 & -0.4615 & 0.2042\\ 0.6181 & -0.4615 & 1 & 0.5163\\ 0.5777 & 0.2042 & 0.5163 & 1\end{bmatrix}$$

求相关阵的逆矩阵 R^{-1}，结果如下。

$$R^{-1}=\begin{bmatrix}3.3715 & 2.2428 & 0.2634 & -2.5418\\ 2.2428 & 3.4148 & 1.6615 & -2.8510\\ 0.2634 & 1.6615 & 2.5330 & -1.7993\\ -2.5418 & -2.8510 & -1.7993 & 3.9797\end{bmatrix}$$

根据 $r_{ij}=\frac{-c_{ij}}{\sqrt{c_{ii}c_{jj}}}$ 计算偏相关系数，得到系数矩阵 R^* 如下。

$$R^*=\begin{bmatrix} 1 & -0.6610 & 0.0901 & 0.6939 \\ -0.6610 & 1 & -0.5649 & 0.7734 \\ 0.0901 & -0.5649 & 1 & 0.5667 \\ 0.6939 & 0.7734 & 0.5667 & 1 \end{bmatrix}$$

如 $r_{12}=\frac{-c_{12}}{\sqrt{c_{11}c_{22}}}=\frac{-2.2428}{\sqrt{3.3715\times 3.4148}}=-0.6610$，$r_{24}=\frac{-c_{24}}{\sqrt{c_{22}c_{44}}}=\frac{-(-2.8510)}{\sqrt{3.4148\times 3.9797}}=$ 0.7734，其余依次类推。

（二）偏相关系数的检验

针对偏相关系数 r_{12} 的假设检验，计算 t 值，根据 $t=\frac{r_{ij\cdot}}{\sqrt{1-r_{ij\cdot}^2}}\sqrt{n-M}$，可以求得其 t 值为–3.2960，查 t 值表，$t_{(0.05,14)}=2.145$，$t_{(0.01,14)}=2.977$，因此 $|t|>t_{(0.01,14)}$，所以偏相关系数 r_{12} 是极显著的。当然也可以用 r_α 临界值进行检验，经计算 $r_{0.05}$ 和 $r_{0.01}$ 的临界值分别为 0.3645 和 0.4187，当 r_{ij} 大于 0.3645 时，即认为偏相关系数是显著的，当 r_{ij} 大于 0.4187 时，即认为偏相关系数是极显著的。

三、偏相关与简单相关的区别

将例 9.3 中偏相关系数与简单相关系数进行比较可以看出，偏相关系数与简单相关系数不仅数据有差异，而且符号可能不同。这是因为简单相关系数没有排除其他变量的影响，其中混有其他变量的效应。当其他变量与它呈正相关时，便混有正效应，简单相关系数会高于偏相关系数；当其他变量与它呈负相关时，便混有负效应，简单相关系数会低于偏相关系数。所以，偏相关系数与简单相关系数相比，能反映变量间真实的相关密切程度。因此，对于多变量资料，必须采用偏相关分析。

对表 9-2 进行简单相关和偏相关分析时，需要专业的解释，其代表的专业信息大体如下。从简单相关系数矩阵来看，短花针茅、无芒隐子草和碱韭植物种群对群落地上现存量的影响可以大致理解为无芒隐子草>短花针茅>碱韭，短花针茅与无芒隐子草之间存在显著负相关，表明短花针茅与无芒隐子草之间的种间关系主要呈现负相关关系，表现在现存量上会有显著的此消彼长的现象出现。但是，碱韭和短花针茅存在显著的正相关关系，无芒隐子草和碱韭之间存在显著的负相关关系。

从偏相关系数矩阵来看，短花针茅、无芒隐子草和碱韭植物种群对群落地上现存量的影响可以大致理解为短花针茅>碱韭>无芒隐子草，且这种净相关均是极显著的。短花针茅与无芒隐子草之间存在显著负相关，表明短花针茅与无芒隐子草之间的种间关系主要呈现负相关关系，表现在现存量上会有显著的此消彼长的现象出现；同时应该看到，净相关关系大于简单相关关系，原因是碱韭与短花针茅及群落现存量与短花针茅现存量存在正相关关系，导致短花针茅与无芒隐子草的简单相关关系减弱，即负相关强度下降。碱韭和短花针茅尽管存在正相关关系，但是这种正相关关系未达到显著水平，无芒隐子草和碱韭之间存在显著的负相关关系。

根据简单相关和偏相关，从最终表现形式上看，建群种短花针茅对群落现存量的影响最大，碱韭次之，无芒隐子草最小；且 3 个植物种群体现在现存量上的种间关系为 3 个种对关系，短花针茅与无芒隐子草为相互抑制关系，短花针茅与碱韭为相互促进关系，无芒隐子草与碱韭为相互抑制关系。抛开其他植物种群的影响，只看两个变量间的关系时，无芒隐子草对群落现存量的影响最大，其次为短花针茅，碱韭最小；短花针茅与无芒隐子草依然存在显著的相互抑制关系，但短花针茅与碱韭之间的关系不显著，无芒隐子草与碱韭之间存在显著的负相关关系。因此，除了短花针茅与碱韭之间的关系，简单相关表现出的两个变量之间的关系（或者称总关系）均小于偏相关中两个变量之间的净相关关系。

第四节　双序列相关分析

双序列相关也是比较常用的一种相关分析方法，其目的是检测一种现象出现与否与观测变量之间的关系。也就是说通过观测变量分析观察的现象是否与之有关联。

一、双序列相关的计算过程

首先设测定变量为 X，测定的样本容量为 n，则对应的观测 $X=(x_1,x_2,\cdots,x_n)$，将 X 变量按照观测现象的有无分为两列，两列的均值分别为 M_p 和 M_q，对应出现的频率分别为 p 和 q，同时计算原序列 X 的标准差 s_x，根据以下公式求得双序列相关系数。数据表格样式见表 9-3。

$$r_p = \frac{\left|M_p - M_q\right|}{s_x}\sqrt{pq}$$

采用上式计算的双序列相关系数均为正值，因此只能判断相关强度大小，不能判断相关性质（即正相关还是负相关），所以改进的计算过程如下：

$$r_p = \frac{M_p - M_q}{s_x}\sqrt{pq}$$

表 9-3　双序列相关数据整理表

序号	存在与否	观测变量 x	X 分组	
			p 组（存在）	q 组（不存在）
1	−	x_1		x_1
2	+	x_2	x_2	
3	−	x_3		x_3
4	−	x_4		x_4
5	+	x_5	x_5	
6	−	x_6		x_6
7	+	x_7	x_7	
8	+	x_8	x_8	
9	−	x_9		x_9
10	−	x_{10}		x_{10}
11	−	x_{11}		x_{11}
12	+	x_{12}	x_{12}	
13	+	x_{13}	x_{13}	
14	−	x_{14}		x_{14}
15	−	x_{15}		x_{15}
16	−	x_{16}		x_{16}
17	−	x_{17}		x_{17}
18	+	x_{18}	x_{18}	
19	+	x_{19}	x_{19}	
20	−	x_{20}		x_{20}

双序列相关的检验采用 t 检验，其统计量的计算公式为

$$t = r_p\sqrt{\frac{n-2}{1-r_p^2}}$$

式中，r_p 为双序列相关系数；n 为观测的样本容量。根据计算的 t 统计量进行统计推断，查 t 值表，其自由度为 $n-2$。当 $|t|>t_{(0.05,n-2)}$ 时，认为观测现象与观测变量存在显著的相关性，反之成立；当 $|t|>t_{(0.01,n-2)}$ 时，认为观测现象与观测变量存在极显著的相关性，反之成立。

二、双序列相关的实例分析

【例 9.4】例 9.3 分析结果显示，当采用简单相关和偏相关分析短花针茅与无

芒隐子草的相关性时，发现二者存在极显著的负相关关系。为了进一步查看二者在哪一层次上紧密相关，将无芒隐子草生物量按照序列求取百分位数，下四分位数为 3.55，中位数为 4.14，上四分位数为 8.12，按照是否小于相应的分位数分为 3 组进行讨论，其数据整理结果见表 9-4。

表 9-4 短花针茅和无芒隐子草双序列相关数据整理表

序号	是否大于3.55	短花针茅	分组		是否大于4.14	短花针茅	分组		是否大于8.12	短花针茅	分组	
			M_p	M_q			M_p	M_q			M_p	M_q
1	+	1.41	1.41		+	1.41	1.41		+	1.41	1.41	
2	+	1.34	1.34		+	1.34	1.34		+	1.34	1.34	
3	+	0.35	0.35		+	0.35	0.35		+	0.35	0.35	
4	+	3.10	3.10		+	3.10	3.10		+	3.10	3.10	
5	−	4.81		4.81	−	4.81		4.81	+	4.81	4.81	
6	+	0.11	0.11		+	0.11	0.11		+	0.11	0.11	
7	+	1.25	1.25		+	1.25	1.25		+	1.25	1.25	
8	+	0.06	0.06		+	0.06	0.06		+	0.06	0.06	
9	+	2.09	2.09		+	2.09	2.09		+	2.09	2.09	
10	+	0.31	0.31		+	0.31	0.31		+	0.31	0.31	
11	+	1.79	1.79		+	1.79	1.79		+	1.79	1.79	
12	−	4.35		4.35	−	4.35		4.35	+	4.35	4.35	
13	−	3.80		3.80	+	3.80	3.80		+	3.80	3.80	
14	−	4.94		4.94	−	4.94		4.94	+	4.94	4.94	
15	+	2.96	2.96		+	2.96	2.96		+	2.96	2.96	
16	+	0.16	0.16		+	0.16	0.16		+	0.16	0.16	
17	−	11.66		11.66	−	11.66		11.66	−	11.66		11.66
18	−	4.16		4.16	−	4.16		4.16	+	4.16	4.16	

问题解析：根据无芒隐子草地上现存量计算的 3 个百分位数分别为 3.55、4.14 和 8.12，为了查验短花针茅与无芒隐子草之间地上现存量的此消彼长关系，认为短花针茅如果大于相应的百分位数，其会出现竞争关系（即负相关关系），标记符号为“−”，否则为亲和关系，标记符号为“+”，从而分析两个植物种群究竟是竞争关系还是亲和关系。统计分析结果见图 9-2～图 9-4。

	A	B	C	D	E	F
1	双序列相关系数基本参数计算如下：					
2	P组均值：	1.244167	q组均值：	5.62	X数据标准差：	2.80989
3	P的概率：	0.666667	q的概率：	0.333333	观测数：	18
4	计算的双序列相关系数：	0.734117				
5	计算t值：	4.324548				
6	t(0.05)值：	2.119905	t(0.01)值：	2.920782		

图 9-2 百分位数为 3.55 时的计算结果

	A	B	C	D	E	F
1	双序列相关系数基本参数计算如下：					
2	p组均值：	1.440769	q组均值：	5.984	X数据标准差：	2.80989
3	p的概率：	0.722222	q的概率：	0.277778	观测数：	18
4	计算的双序列相关系数：	0.724202				
5	计算t值：	4.200781				
6	t(0.05)值：	2.119905	t(0.01)值：	2.920782		

图 9-3　百分位数为 4.14 时的计算结果

	A	B	C	D	E	F
1	双序列相关系数基本参数计算如下：					
2	p组均值：	2.175882	q组均值：	11.66	X数据标准差：	2.80989
3	p的概率：	0.944444	q的概率：	0.055556	观测数：	18
4	计算的双序列相关系数：	0.773143				
5	计算t值：	4.876086				
6	t(0.05)值：	2.119905	t(0.01)值：	2.920782		

图 9-4　百分位数为 8.12 时的计算结果

由图 9-2～图 9-4 的分析结果可知，当百分位数分别为 3.55、4.14 和 8.12 时，通过计算得到双序列相关系数分别为 0.7341、0.7242 和 0.7731，由此可见，短花针茅和无芒隐子草之间存在显著相关性，同时根据 M_p 和 M_q 的关系，发现前者小于后者，因此其相关关系应该为负值。所以初步推断出短花针茅和无芒隐子草之间的种间关系主要以负相关为主，且负相关程度较大。

【例 9.5】为了调查草原白蘑与草地土壤湿度之间的关系，现随机选择 20 个样点进行检测，得到的土壤湿度数据及草原白蘑的有无情况见表 9-5。试分析草原白蘑与土壤湿度的相关性。

表 9-5　草原白蘑与土壤湿度双序列相关数据整理表

序号	存在与否	土壤湿度	X 分组	
			p 组（存在）	*q* 组（不存在）
1	−	85.49		85.49
2	+	54.94	54.94	
3	−	91.89		91.89
4	−	57.88		57.88
5	+	55.24	55.24	
6	−	82.46		82.46
7	+	70.68	70.68	
8	+	46.78	46.78	
9	−	54.75		54.75
10	−	94.17		94.17
11	−	88.92		88.92
12	+	29.68	29.68	

续表

序号	存在与否	土壤湿度	X分组	
			p组（存在）	q组（不存在）
13	+	36.88	36.88	
14	−	93.66		93.66
15	−	92.35		92.35
16	−	90.80		90.80
17	−	54.05		54.05
18	+	36.00	36.00	
19	+	42.00	42.00	
20	−	43.18		43.18

由图 9-5 可知，双序列相关系数为 0.7052，计算的 t 统计量为 4.219，t 大于 $t_{0.01}$，同时根据 M_p 和 M_q 的关系，发现前者大于后者，因此草原白蘑的出现不仅与土壤湿度呈现极显著相关性，且为正相关；说明草原白蘑的出现需要相对比较湿润的土壤。因此，雨季下过雨之后或者早晨的晨露均会增加草原白蘑出现的概率。

	A	B	C	D	E	F
1	双序列相关系数基本参数计算如下：					
2	P组均值：	79.59545	q组均值：	47.36111	X数据标准差：	22.74159
3	p的概率：	0.55	q的概率：	0.45	观测数：	20
4	计算的双序列相关系数：	0.705157				
5	计算t值：	4.219336				
6	t(0.05)值：	2.100922	t(0.01)值：	2.87844		

图 9-5　草原白蘑与土壤湿度双序列相关数据整理

三、双序列相关的 Excel 操作

首先将工作表“Sheet1”的名称改为“原始数据”，将数据整理后按照表 9-5 的样式输入数据，特别是表 9-5 的后三列一定要整理完全。然后在另一工作表中按照图 9-5 的形式排布，其中 A 列、C 列和 E 列直接输入相应的文字即可。其余单元格输入内容如下：

B2 单元格输入“=AVERAGE(原始数据!D3:D22)”；

B3 单元格输入“=COUNT(原始数据!D:D)/F3”；

B4 单元格输入“=ABS(B2−D2)/F2*SQRT(B3*D3)”；

B5 单元格输入“=B4*SQRT((F3−2)/(1−B4^2))”；

B6 单元格输入“=TINV(0.05,F3−2)”；

D2 单元格输入“=AVERAGE(原始数据!E3:E22)”;

D3 单元格输入“=COUNT(原始数据!E:E)/F3”;

D6 单元格输入“=TINV(0.01,F3−2)”;

F2 单元格输入“=STDEV(原始数据!C3:C22)”;

F3 单元格输入“=COUNT(原始数据!A:A)”。

按照这样的形式输入，保存为文件，就会形成双序列相关分析的模版，以供日后分析数据时使用。

第五节　典型相关分析

典型相关分析是研究两组变量之间相关关系的一种统计方法。考虑两组具有联合分布的变量 $x_1,x_2,x_3,\cdots,x_p$ 及 $y_1,y_2,y_3,\cdots,y_q$，如果研究其中一组变量与另一组变量之间的相关，一种方法是分别对每个变量进行研究，求出第一组的 p 个变量和第二组的 q 个变量之间的 pq 个相关系数。但是这样做既烦琐又不容易抓住问题的本质。另一种方法是用类似主成分分析的方法，在每一组变量中都选择若干个有代表性的综合指标（变量的线性组合），通过研究两组综合指标之间的关系来反映两组变量间的相关。具体来讲就是在第一组变量中找出一个变量线性组合，在第二组变量中也找出一个变量线性组合，使其具有最大相关，然后在每一组中找出第二个线性组合，使其在与第一个线性组合不相关的线性组合中，两个线性组合之间的相关程度最大，将此程序进行下去，直到两组变量间的相关被提取完毕为止。在自然科学和社会科学的研究实践中，两组变量之间的关系是非常复杂的。运用典型相关分析方法研究两组变量之间的关系，对于阐述两组变量之间复杂多样的互作关系是十分有意义的。

一、典型变量和典型相关系数的概念

设有两组变量：

$$X=(x_1,x_2,\cdots,x_p)'$$

$$Y=(y_1,y_2,\cdots,y_q)'$$

其中 $pq=p+q$。现将两组变量分别组成一个线性组合：

$$U=L_1x_1+L_2x_2+\cdots+L_px_p,$$

$$V=M_1y_1+M_2y_2+\cdots+M_qy_q,$$

式中，L_i 与 M_j 为任意实数（$i=1,2,\cdots,p$；$j=1,2,\cdots,q$）。把这些线性组合写成矩阵形式，即 $U=L'X$，$V=M'Y$，其中：

$$L=\begin{bmatrix}L_1\\L_2\\\vdots\\L_p\end{bmatrix}，\ L' \text{为} L \text{的转置}，\ X=\begin{bmatrix}x_1\\x_2\\\vdots\\x_p\end{bmatrix}$$

$$M=\begin{bmatrix}M_1\\M_2\\\vdots\\M_q\end{bmatrix}，\ M' \text{为} M \text{的转置}，\ Y=\begin{bmatrix}y_1\\y_2\\\vdots\\y_q\end{bmatrix}$$

U 与 V 称为典型变量，它们之间的相关系数为 ρ，称为典型相关系数，并且：

$$\rho=\frac{\mathrm{COV}(U,V)}{\sqrt{\mathrm{VAR}(U)}\sqrt{\mathrm{VAR}(V)}}$$

式中，分子项为 U 与 V 的协方差，分母项是 U 与 V 的标准差的乘积。对于不同的 L_i、M_j 可得到不同的 U 及 V。从许多组系数 L_i 用 M_j 中，即

$$\begin{array}{ll}
L_{(1)}'=\left[L_{(1)1},L_{(1)2},\cdots,L_{(1)p}\right] & M_{(1)}'=\left[M_{(1)1},M_{(1)2},\cdots,M_{(1)q}\right]\\
L_{(2)}'=\left[L_{(2)1},L_{(2)2},\cdots,L_{(2)p}\right] & M_{(2)}'=\left[M_{(2)1},M_{(2)2},\cdots,M_{(2)q}\right]\\
\vdots\qquad\vdots\qquad\vdots & \vdots\qquad\vdots\qquad\vdots\\
L_{(k)}'=\left[L_{(k)1},L_{(k)2},\cdots,L_{(k)p}\right] & M_{(k)}'=\left[M_{(k)1},M_{(k)2},\cdots,M_{(k)q}\right]
\end{array}$$

如何选取最优的线性组合呢？原则是：在所有线性组合 U、V 中，选取使所计算的典型相关系数为最大的 U 和 V。对 $L_{(1)}$和 $M_{(1)}$的选取要使 $U_1=L_{(1)}'$与 $V_1=M_{(1)}'$之间的相关系数达到最大（在所有的 U 和 V 中），然后取 $L_{(2)}$和 $M_{(2)}$，使得 $U_2=L_{(2)}'$与 $V_2=M_{(2)}'$之间的相关系数在与 U_1、V_1 不相关的组合 U 和 V 中为最大。如此继续下去，直到所有的选取分别在与 $U_1,U_2,\cdots,U_k$ 和 $V_1,V_2,\cdots,V_k$ 都不相关的线性组合 U 与 V 中最大为止。此时，k 等于各 x_i 与 y_j 之间的协方差的秩。

所以，典型变量 U_1 和 V_1,U_2 和 $V_2,\cdots,U_k$ 和 V_k 是根据它们的相关系数由大到小逐对提取的，直到两组变量之间的相关性被分解完毕为止。

典型变量和典型相关系数的几何意义可以如此表述：在 $pq(pq=p+q)$维空间中，一个对 $p+q$ 个变量进行观测的样本确定一个 p 维超平面和一个 q 维超平面，两者相交于坐标原点，并且分别包含代表两组的变量点。对 p 个坐标和 q 个坐标进行线性变换，使这两个超平面在新的 p 维空间中尽可能互相平行，两个超平面间夹角的余弦即为典型相关系数。

二、典型变量和典型相关系数的求法

设 x_i 的协方差矩阵为Σ_{11}，y_j 的协方差矩阵为Σ_{22}，x_i 与 y_j 的协方差矩阵为Σ_{12}

（或Σ_{21}），又假定 x_i 与 y_j 的数学期望为零，U 和 V 的方差为 1，即

$$U\text{的方差：}D(U)=E(L'XX'L)=L'E(XX')L=L'\Sigma_{11}L=1$$

$$V\text{的方差：}D(V)=E(M'YY'M)=M'E(YY')M=M'\Sigma_{22}M=1$$

在该条件下，U 与 V 的相关系数 ρ 为

$$\rho=\mathrm{COV}(L'X,M'Y)=E(L'XY'M)=L'E(XY')M=L'\Sigma_{12}M。$$

于是，问题转化为在 $L'\Sigma_{11}L=1$ 和 $M'\Sigma_{22}M=1$ 的条件下求 $\rho=L'\Sigma_{12}M$ 为最大时的 L 及 M，这是微分学中在约束条件下求极值的问题。为此，引进拉格朗日乘数 $l_1/2$ 和 $l_2/2$。上述问题实际上可以表述为

要使：$\theta=L'\Sigma_{12}M-(l_1/2)(L'\Sigma_{11}L-1)-(l_2/2)(M'\Sigma_{22}M-1)$达到最大，故必须：

$$\frac{\partial\theta}{\partial L}=\Sigma_{12}M-\lambda_1\Sigma_{11}L=0$$

$$\frac{\partial\theta}{\partial M}=\Sigma_{21}L-\lambda_2\Sigma_{22}M=0$$

将 $\Sigma_{12}M-\lambda_1\Sigma_{11}L=0$ 公式左边乘以 L'，同时将 $\Sigma_{21}L-\lambda_2\Sigma_{22}M=0$ 公式两边乘以 M'，可得

$$L'\Sigma_{12}M=\lambda_1L'\Sigma_{11}L$$

$$M'\Sigma_{21}L=\lambda_2M'\Sigma_{22}M$$

由条件 $L'\Sigma_{11}L=1$ 和 $M'\Sigma_{22}M=1$，易推得

$$L'\Sigma_{12}M=\lambda_1,\ M'\Sigma_{21}L=\lambda_2$$

显然$\Sigma_{12}=\Sigma_{21}$，所以 $L'\Sigma_{12}M=M'\Sigma_{21}L$，于是 $\lambda_1=\lambda_2=\lambda$，代入上式，得

$$\Sigma_{12}M-\lambda\Sigma_{11}L=0$$

$$\Sigma_{21}L-\lambda\Sigma_{22}M=0$$

将$\Sigma_{12}M-\lambda\Sigma_{11}L=0$ 公式左边乘以$\Sigma_{21}\Sigma_{11}^{-1}$ 并将公式$\Sigma_{21}L-\lambda\Sigma_{22}M=0$ 代入，又将 $0=\Sigma_{21}L-\lambda\Sigma_{22}M$ 公式右边乘以$\Sigma_{21}\Sigma_{22}^{-1}$ 并将$\Sigma_{12}M-\lambda\Sigma_{11}L=0$ 代入，得

$$(\Sigma_{21}\Sigma_{11}^{-1}\Sigma_{12}M-\lambda^2\Sigma_{22})M=0$$

$$(\Sigma_{12}\Sigma_{22}^{-1}\Sigma_{21}L-\lambda^2\Sigma_{11})L=0$$

将$(\Sigma_{21}\Sigma_{11}^{-1}\Sigma_{12}M-\lambda^2\Sigma_{22})M=0$ 公式左边乘以Σ_{22}^{-1} 并将 $0=(\Sigma_{12}\Sigma_{22}^{-1}\Sigma_{21}L-\lambda^2\Sigma_{11})L$ 公式右边乘以Σ_{11}^{-1}：

$$(\Sigma_{22}^{-1}\Sigma_{21}\Sigma_{11}^{-1}\Sigma_{12}M-\lambda^2)M=0$$

$$(\Sigma_{11}^{-1}\Sigma_{12}\Sigma_{22}^{-1}\Sigma_{21}L-\lambda^2)L=0$$

令 $A=\Sigma_{11}^{-1}\Sigma_{12}\Sigma_{22}^{-1}\Sigma_{21}, B=\Sigma_{22}^{-1}\Sigma_{21}\Sigma_{11}^{-1}\Sigma_{12}$，得

$$AL=\lambda^2L$$

$$BM=\lambda^2M$$

根据特征值和特征向量的定义，由公式 $AL=\lambda^2L$ 与 $BM=\lambda^2M$ 可得出以下结论：若 A 和 B 是已知矩阵，L 和 M 分别为列向量，λ^2 是一个数，则 λ^2 是 A 和 B 的特征值，而 L 和 M 分别是相应的特征向量；A 和 B 的非零特征根的个数相等，而且

等于矩阵Σ_{12}的秩。因 $\lambda=L\Sigma_{12}M=\rho$，故 λ 就是线性组合 U 和 V 之间的简单相关系数。由于要求这个相关系数达到最大（习惯上仅考虑正相关），因此取矩阵 A 或 B 的最大特征值 λ^2 的平方根 λ_1 作为相关系数，同时由特征值 λ 所对应的两个矩阵的特征向量 $L_{(1)}$和 $M_{(1)}$可得

$$\begin{cases} U_1 = L_{(1)}X \\ V_1 = M_{(1)}Y \end{cases}$$

这就是我们所要选取的第一对线性组合，它们在所有的线性组合 U 与 V 中有最大的简单相关系数 λ_1。

下一步是选取第二对线性组合 U_2 及 V_2，选取的原则是使 U_2 和 V_2 之间简单相关系数在所有分别与 U_1 和 V_1 不相关的线性组合 U 和 V 中为最大。方法步骤基本同上，但是由于存在与 U_1 和 V_1 不相关的前提条件，所得的函数 θ 也不同。可以证明，L_2 和 M_2 分别是矩阵 A 和 B 的第二大特征值 λ_2^2 的相应特征向量，U_2 和 V_2 的相关系数就是 λ_2^2 的平方根 λ_2。如此重复进行，可得到全部所需要的 k 对线性组合，最后，$\lambda_1 \geqslant \lambda_2 \geqslant \cdots \geqslant \lambda_k (>0)$为原来两组随机变量（$x_i,y_j$）的典型相关系数。

$$\begin{cases} U_1 = L_{(1)}X \\ V_1 = M_{(1)}Y \end{cases} \quad \begin{cases} U_2 = L_{(2)}X \\ V_2 = M_{(2)}Y \end{cases} \quad \begin{matrix} \cdots \\ \cdots \end{matrix} \quad \begin{cases} U_k = L_{(k)}X \\ V_k = M_{(k)}Y \end{cases}$$

上式为（x_i,y_j）的各种典型变量。

三、典型变量的性质

性质 1：由 $x_1,x_2,x_3,\cdots,x_p$ 所组成的典型变量 $U_1,U_2,\cdots,U_k$ 互不相关，并且它们的方差为 1。同样，由 $y_1,y_2,y_3,\cdots,y_q$ 所组成的典型变量 $V_1,V_2,\cdots,V_k$ 也互不相关，方差也为 1，即

$$E(U_i,U_j)=\begin{cases} 1 & (i=j) \\ 0 & (i\neq j) \end{cases} \qquad E(V_i,V_j)=\begin{cases} 1 & (i=j) \\ 0 & (i\neq j) \end{cases}$$

性质 2：由两组不同的变量（x_i,y_j）所构成的各种典型变量之间，当 $i\neq j$ 时，彼此互不相关；当 $i=j$ 时，只有第 k 对相关，且相关系数为 λ_i（$i=1,2,\cdots,k$），即

$$E(U_i,V_j)=\begin{cases} \lambda\neq 0 & (i=j,i=1,2,\cdots,k) \\ 0 & (i\neq j) \\ 0 & (i>k) \end{cases}$$

四、典型相关系数的显著性检验

检验 p 个典型相关系数的显著性可采用巴特利特（Bartlett）关于大样本的卡

方（χ^2）检验。由前面的推导可以看出，如果随机向量 $X_{(1)}$ 和随机向量 $X_{(2)}$ 之间互不相关，即协方差矩阵 Σ_{12} 仅包含零，那么典型相关系数 $\lambda_i=L_{(i)}'\Sigma_{12}M_{(i)}$ 就都变为零。所以，可以将矩阵 A 的 k 个特征值按大小顺序排列即 $\lambda_1^2 \geqslant \lambda_2^2 \geqslant \cdots \geqslant \lambda_k^2$，作乘积 $V_0=(1-\lambda_1^2)(1-\lambda_2^2)\cdots(1-\lambda_k^2)=\prod_{i=1}^{k}(1-\lambda_i^2)$。对于大样本，在随机向量 $X_{(1)}$ 和随机向量 $X_{(2)}$ 之间互不相关的假设之下，有 $Q_0=-[N-1-(p+q+1)/2]\ln(V_0)$，近似地服从自由度为 pq 的 χ^2 分布。因此，在检验水平 α 之下，Q_0 值超过临界值 $\chi^2_{\alpha(pq)}$ 时，至少有第一个典型相关系数 λ_1 为显著相关，这时就取第一个相关系数，将它除去之后，再检验其余 $p-1$ 个典型相关系数的显著性。这时计算 $V_1=(1-\lambda_2^2)(1-\lambda_3^2)\cdots(1-\lambda_k^2)=\prod_{i=1}^{k}(1-\lambda_i^2)$，并有统计量 $Q_1=-[N-2-(p+q+1)/2]\ln(V_1)$ 近似地服从自由度为 $(p-1)(q-1)$ 的 χ^2 分布。在 α 下，如果 Q_1 值超过临界值 $\chi^2_{\alpha[(p-1)(q-1)]}$，则存在第二个典型相关系数 λ_2^2 为显著相关。依次类推，逐个进行检验，直到某一个典型相关系数 λ_k^2 检验不显著时为止，由此找出反映两组变量相互联系的 k 对典型变量。

一般而言，检验第 r 个（$r<k$）典型相关系数的显著性时，统计量 $Q_{r-1}=-[N-r-(p+q+1)/2]\ln(V_{r-1})$ 近似服从自由度为 $(p-r+1)(q-r+1)$ 的 χ^2 分布，其中 $V_{r-1}=(1-\lambda_r^2)(1-\lambda_{r+1}^2)\cdots(1-\lambda_k^2)=\prod_{i=1}^{k}(1-\lambda_i^2)$。

五、典型结构与典型冗余分析

在求出典型变量后，我们可进一步计算原始变量与典型变量之间的相关系数矩阵，即典型结构。$v_i=c_i'X$，$w_i=d_i'Y$，为第 i 对样本典型相关变量；μ_i^2 为第 i 个样本典型相关系数平方。

冗余分析也是典型相关分析的重要内容。

设每组变量都被标准化，从第一组变量提取的典型变量为 $V=(v_1,v_2,\cdots,v_r)'$，从第二组变量提取的典型变量为 $W=(w_1,w_2,\cdots,w_r)'$；原第一组变量为 $X=(x_1,x_2,\cdots,x_p)'$，原第二组变量为 $Y=(y_1,y_2,\cdots,y_q)'$；w_i 与 X 分量的相关系数所构成的向量 $G_i=(\rho_{i1},\cdots,\rho_{ip})'$，$v_i$ 与 Y 分量的相关系数所构成的向量 $H_i=(\delta_{i1},\cdots,\delta_{iq})'$，则第 i 个典型变量 u_i 从第一组变量提取的方差比例为 $G_i'G_i/p$，则第 i 个典型变量 v_i 从第二组变量提取的方差比例为 $H_i'H_i/q$。

令 $R_u^{(i)} = \lambda_i G_i' G_i / p$， $R_v^{(i)} = \lambda_i H_i' H_i / q$，它们称为冗余测度。

冗余测度的大小表示这对典型变量能够与另一组变量相互解释程度的大小，为进一步讨论多对建模提供有用的信息。第一组中的典型变量解释的变差被第二组典型变量重复解释的百分比，简称第一组典型变量的冗余测度；第二组中的典型变量解释的变差被第一组典型变量重复解释的百分比，简称第二组典型变量的冗余测度。

六、典型相关的实例解析

【例 9.6】对父母干预与孩子心理状况进行调查，其数据结果见表 9-6，试进行典型相关分析。

表 9-6　父母干预与孩子心理状况的调查结果

父母影响因素						子女心理变化因素		
母亲过干涉（X_1）	父亲过干涉（X_2）	母亲过保护（X_3）	父亲过保护（X_4）	理解（X_5）	权威（X_6）	压力（Y_1）	焦虑（Y_2）	抑郁（Y_3）
2.3333	2.0000	1.5385	1.6923	4.3750	1.8750	0.4286	0.1429	0.1429
2.0833	1.7500	1.3846	1.3846	5.0000	1.1250	0.7143	0.5714	0.7143
3.0000	3.0000	0.3846	0.3846	5.0000	3.0000	0.1429	0.2857	0.0000
2.8333	2.7500	0.7692	0.6923	5.0000	2.0000	0.1429	0.2857	0.0000
2.1667	2.0833	1.3077	1.3077	4.6250	3.0000	1.0000	1.2857	0.2857
2.6667	2.5833	1.1538	1.0769	5.0000	2.7500	0.5714	0.2857	0.2857
2.9167	2.6667	0.3846	0.2308	5.0000	2.6250	0.0000	0.2857	0.2857
3.0000	3.0000	0.5385	0.3846	5.0000	1.3750	0.1429	0.1429	0.0000
2.9167	2.9167	1.0000	1.0000	5.0000	3.3750	1.4286	0.8571	0.0000
2.5833	2.2500	1.3077	1.1538	4.7500	2.3750	0.7143	0.5714	0.2857
2.4167	2.0833	1.6154	1.4615	4.6250	2.7500	0.8571	0.4286	0.2857
2.8333	2.8333	0.5385	0.5385	5.0000	2.7500	0.4286	0.2857	0.0000
2.7500	2.7500	0.3077	0.3077	5.0000	2.0000	0:4286	0.2857	0.4286
2.6667	2.0833	1.7692	1.6154	5.0000	2.2500	0.1429	0.2857	0.0000
1.9167	1.4167	1.2308	1.2308	4.6250	2.3750	0.7143	0.7143	0.2857
2.7500	2.9167	0.3077	0.3846	5.0000	2.6250	0.1429	0.0000	0.0000
2.9167	3.0000	1.0000	1.0000	5.0000	4.3750	0.0000	0.0000	0.0000
2.3333	2.3333	1.7692	1.5385	5.0000	5.0000	1.1429	0.7143	0.5714
2.7500	2.7500	0.9231	0.9231	4.1250	3.3750	1.7143	2.0000	2.2857
1.7500	1.4167	1.4615	1.3077	4.3750	3.1250	0.5714	0.0000	0.7143
2.2500	2.0833	1.6154	2.0769	5.0000	1.1250	0.5714	0.5714	0.1429

续表

父母影响因素						子女心理变化因素		
母亲过干涉（X_1）	父亲过干涉（X_2）	母亲过保护（X_3）	父亲过保护（X_4）	理解（X_5）	权威（X_6）	压力（Y_1）	焦虑（Y_2）	抑郁（Y_3）
2.8333	2.8333	0.7692	0.6154	5.0000	2.6250	0.2857	1.1429	0.1429
3.0000	3.0000	0.4615	0.4615	5.0000	2.5000	0.2857	0.4286	0.1429
2.0000	1.8333	1.2308	1.2308	3.0000	2.3750	0.4286	0.8571	1.0000
2.7500	2.8333	1.0769	1.0769	4.8750	1.8750	0.0000	0.0000	0.0000
1.5833	2.4167	1.3846	1.0000	5.0000	3.1250	0.1429	0.1429	0.0000
2.5833	2.5833	0.8462	0.8462	5.0000	5.0000	0.8571	0.2857	0.0000
2.4167	2.2500	1.0769	0.5385	5.0000	3.7500	0.7143	1.0000	0.4286
2.5833	2.5000	1.2308	1.2308	4.7500	3.2500	2.1429	1.5714	1.7143
2.7500	1.8333	1.0769	0.6154	5.0000	1.7500	0.7143	0.0000	0.2857
2.7500	2.5833	0.7692	0.6923	5.0000	1.6250	0.1429	0.2857	0.0000
2.7500	2.9167	1.0769	1.0769	4.8750	2.2500	0.0000	0.1429	0.0000
2.8333	2.7500	0.3077	0.3077	4.6250	2.1250	0.0000	0.1429	0.0000
2.6667	2.6667	0.8462	0.9231	5.0000	4.0000	0.2857	1.5714	0.1429
3.0000	3.0000	1.0000	1.0000	5.0000	3.1250	0.8571	1.0000	0.5714
2.2500	2.3333	1.5385	1.3846	4.8750	1.3750	1.1429	0.4286	0.1429
2.6667	2.6667	0.6154	0.6154	5.0000	2.3750	1.0000	0.0000	0.0000
2.4167	2.1667	1.1538	1.0769	4.7500	2.0000	0.4286	0.4286	0.2857
3.0000	1.8333	1.0000	1.1538	4.7500	2.3750	0.8571	0.7143	0.2857
2.6667	1.6667	0.6154	1.1538	5.0000	3.5000	0.8571	0.4286	0.1429
1.5833	1.0833	1.2308	1.3846	5.0000	1.1250	1.0000	1.0000	0.4286
2.4167	2.4167	0.6923	0.6923	5.0000	3.0000	0.8571	0.1429	0.1429
2.5000	2.5833	0.8462	0.8462	4.3750	2.5000	0.5714	0.1429	0.0000
1.8333	1.2500	1.3846	1.0000	5.0000	3.8750	0.2857	0.1429	0.1429
3.0000	3.0000	0.3846	0.3846	5.0000	2.7500	0.2857	0.2857	0.1429
1.5000	1.5000	1.1538	1.1538	4.8750	2.2500	0.5714	0.5714	0.5714
2.9167	2.9167	0.6154	0.6154	4.7500	3.0000	0.2857	0.1429	0.1429
1.9167	1.9167	1.0769	1.0000	4.6250	3.0000	1.0000	0.7143	0.8571
2.4167	2.4167	2.1538	2.1538	5.0000	2.7500	0.0000	0.4286	0.0000
2.4167	2.5833	2.1538	1.9231	5.0000	2.0000	0.1429	0.4286	0.0000
2.7500	2.8333	0.7692	0.6923	4.8750	2.6250	0.1429	0.5714	0.1429
2.1667	1.4167	1.5385	1.6154	5.0000	3.8750	1.5714	2.0000	2.2857
1.3333	1.9167	1.0000	1.0000	5.0000	3.3750	1.1429	1.8571	1.8571
2.5833	2.0000	0.5385	0.4615	4.8750	3.8750	0.7143	1.0000	0.1429

续表

父母影响因素						子女心理变化因素		
母亲过干涉（X_1）	父亲过干涉（X_2）	母亲过保护（X_3）	父亲过保护（X_4）	理解（X_5）	权威（X_6）	压力（Y_1）	焦虑（Y_2）	抑郁（Y_3）
2.5000	2.0833	0.6154	0.5385	5.0000	3.5000	0.7143	0.4286	0.4286
2.4167	2.4167	0.5385	0.4615	5.0000	3.2500	0.1429	0.5714	0.1429
2.9167	2.8333	0.9231	1.0769	5.0000	2.8750	0.8571	0.8571	0.5714
3.0000	3.0000	0.6154	0.5385	5.0000	3.7500	0.4286	0.2857	0.1429
2.6667	2.5833	1.0769	1.0769	4.5000	3.5000	0.8571	0.5714	0.2857
2.7500	2.6667	1.3077	1.3077	4.7500	2.1250	0.0000	0.8571	1.0000
2.4167	2.5000	1.6923	1.3846	5.0000	3.5000	0.7143	1.0000	0.4286
2.8333	2.8333	1.0000	1.0000	5.0000	3.6250	0.0000	0.4286	0.8571
2.6667	2.4167	1.6154	1.5385	4.0000	2.8750	1.8571	0.5714	2.1429
2.1667	1.6667	1.4615	1.3077	4.6250	3.3750	1.2857	2.0000	1.5714
2.5000	2.3333	0.9231	0.7692	5.0000	4.7500	1.4286	0.7143	0.7143
2.5833	2.5833	1.0769	1.0000	4.5000	2.0000	1.5714	1.0000	1.4286
3.0000	3.0000	0.2308	0.2308	5.0000	3.7500	0.0000	0.0000	0.0000
2.5000	2.5000	0.5385	0.6154	5.0000	3.7500	0.4286	0.1429	0.4286
2.2500	2.0000	1.4615	0.5385	4.1250	2.7500	1.5714	0.5714	0.1429
2.6667	2.5000	1.1538	1.2308	5.0000	3.1250	0.4286	0.8571	0.5714
1.8333	1.7500	1.6923	1.7692	4.2500	2.3750	0.7143	0.4286	0.7143
3.0000	2.5000	1.0000	0.6923	5.0000	2.2500	0.7143	0.1429	0.0000
2.5833	2.6667	1.3846	1.3846	4.7500	3.0000	0.8571	0.8571	0.4286
0.5833	2.2500	1.6154	0.2308	4.8750	2.2500	0.0000	0.0000	0.4286
2.0833	1.5000	0.2308	0.2308	4.5000	3.2500	0.7143	0.4286	0.1429
2.4167	2.3333	0.7692	0.8462	4.6250	3.7500	0.4286	0.5714	0.5714
2.5000	2.7500	1.0000	0.9231	5.0000	3.2500	1.0000	0.5714	0.0000
2.9167	2.9167	1.0000	1.1538	5.0000	1.5000	0.0000	0.7143	0.0000
2.0000	1.9167	1.2308	0.8462	4.3750	3.1250	1.8571	1.7143	1.7143
2.1667	2.1667	1.0769	1.0769	5.0000	2.3750	1.2857	1.2857	0.5714
3.0000	3.0000	0.5385	0.5385	5.0000	3.0000	0.5714	0.0000	0.0000
3.0000	3.0000	0.5385	0.5385	5.0000	2.5000	0.2857	0.2857	0.5714
3.0000	3.0000	0.4615	0.4615	5.0000	2.8750	0.2857	0.2857	0.1429
2.2500	2.4167	1.4615	1.4615	5.0000	2.2500	1.1429	1.2857	0.8571
2.6667	2.6667	1.0769	1.0769	5.0000	3.0000	1.4286	1.0000	0.1429
2.5833	2.5833	1.0000	1.0000	5.0000	3.8750	1.8571	0.8571	1.2857
2.6667	2.6667	0.7692	0.7692	4.8750	3.1250	1.5714	0.5714	0.4286

续表

父母影响因素						子女心理变化因素		
母亲过干涉（X_1）	父亲过干涉（X_2）	母亲过保护（X_3）	父亲过保护（X_4）	理解（X_5）	权威（X_6）	压力（Y_1）	焦虑（Y_2）	抑郁（Y_3）
2.5833	2.5833	1.0000	1.0000	4.8750	3.6250	1.1429	1.2857	1.1429
2.5833	1.9167	1.2308	1.9231	4.8750	2.8750	1.8571	0.4286	0.1429
2.9167	2.9167	0.6923	0.6923	5.0000	3.6250	0.0000	0.0000	0.1429
3.0000	2.9167	0.5385	0.5385	4.7500	1.6250	1.2857	0.5714	0.0000
2.8333	2.1667	1.3846	1.3846	4.2500	2.3750	1.1429	0.8571	0.7143
2.8333	2.8333	0.8462	0.8462	4.8750	2.5000	0.5714	0.5714	0.1429
2.1667	2.5000	0.9231	0.8462	4.5000	2.7500	0.7143	0.1429	0.8571
2.8333	2.8333	0.9231	0.9231	4.8750	2.0000	0.0000	0.0000	0.0000
2.5833	2.5000	1.0000	1.0000	5.0000	2.6250	1.8571	1.0000	0.5714
2.8333	2.4167	0.9231	0.7692	5.0000	3.3750	0.4286	0.4286	0.0000
1.3333	1.5000	1.0769	1.2308	5.0000	3.3750	1.4286	1.4286	1.7143
2.9167	3.0000	1.3077	1.3077	5.0000	4.2500	1.0000	1.5714	0.5714
1.6667	1.5833	1.1538	1.5385	4.1250	4.1250	1.0000	1.1429	1.2857

给出（样本）典型相关系数分别是 0.560 767、0.330 566、0.192 316；（样本）典型相关系数平方分别是 0.314 460、0.109 274、0.036 985。第一典型相关系数 0.560 767 远大于两组变量间的单个相关系数。似然比检验表明第一对典型相关是高度显著的（0.0001≤0.01）；第二、第三对典型相关是不显著的（概率分别为 0.1548、0.4715，大于 0.05）。得到原始典型变量的相关系数，第一对典型变量是

$$V_1=-0.7977X_1-0.1850X_2-0.4948X_3+1.994X_4-1.6694X_5+0.5980X_6$$

$$W_1=0.4119Y_1+0.0450Y_2+1.5141Y_3$$

典型相关分析还有很多输出内容和信息，在此不再一一赘述，详见后面的 SAS 操作过程。

第六节　相关分析的 SAS 操作过程

一、直线相关分析过程

例 9.1 的 SAS 程序如下：

```
DATA xf;
   INPUT x1-x2;
CARDS;
2    5
4    4.71
```

```
6    5.70
8    6.94
10   7.59
12   8.62
14   9.96
16   11.38
18   12.18
20   12.40
22   13.22
24   13.77
26   14.64
28   15.93
30   16.55
32   18.00
;
PROC CORR PEARSON SPEARMAN KENDALL HOEFFDING;
VAR x1-x2;
RUN;
```

SAS输出结果如下：

```
                          SAS 系统
                       CORR PROCEDURE
                   2  变量:   x1       x2
                          简单统计量
变量    N      均值       标准差       中位数        最小值       最大值
x1     16   17.00000   9.52190    17.00000     2.00000     32.00000
x2     16   11.03688   4.25790    11.78000     4.71000     18.00000
                  Pearson 相关系数, N = 16
                 当 H0: Rho=0 时, Prob > |r|
                          x1          x2
                 x1      1.00000      0.99504
                                      <.0001
                 x2      0.99504      1.00000
                         <.0001
                  Spearman 相关系数, N = 16
                 当 H0: Rho=0 时, Prob > |r|
                          x1          x2
                 x1      1.00000      0.99706
                                      <.0001
                 x2      0.99706      1.00000
                         <.0001
                Kendall Tau b 相关系数, N = 16
                 当 H0: Tau=0 时, Prob > |tau|
                          x1          x2
                 x1      1.00000      0.98333
                                      <.0001
```

```
x2       0.98333       1.00000
          <.0001
  Hoeffding 相关系数, N = 16
    当 H0: D=0 时, Prob > D
               x1            x2
x1       1.00000       1.00000
                        <.0001
x2       1.00000       1.00000
          <.0001
```

除了简单相关系数（Pearson 相关）以外，还有 Spearman、Kendall 和 Hoeffding 秩相关，后三者属于非参数统计内容，其计算公式如下：

Spearman 秩相关系数：$r = 1 - \dfrac{6\sum_{i=1}^{n} d_i^2}{n(n^2-1)}$

Kendall 秩相关系数：$r = \dfrac{4P}{n(n-1)} - 1$

Hoeffding 秩相关系数：$r = 30\dfrac{(n-2)(n-3)D_1 + D_2 - 2(n-2)D_3}{n(n-1)(n-2)(n-3)(n-4)}$

其中：

$$D_1 = \sum_{i=1}^{n}(Q_i - 1)(Q_i - 2)$$

$$D_2 = \sum_{i=1}^{n}(x_i - 1)(x_i - 2)(y_i - 1)(y_i - 2)$$

$$D_3 = \sum_{i=1}^{n}(x_i - 2)(y_i - 2)(Q_i - 1)$$

式中，n 为样本容量；d 为两变量秩次之差；P 为两变量秩次相同的个数；x_i、y_i 为原变量的秩次；Q_i 为双变量的秩，当 x 与 y 的值分别小于某一点 x_i、y_i 时，该点的值加 1。

二、复（多元）相关分析过程

复（多元）相关一般都是存在某种因果关系的线性回归问题，因此在 SAS 中探讨复相关问题与探讨多元线性回归问题等同，用到的有 GLM、REG、RSREG、STEPWISE 过程，已经或将要在相关章节讲到，这里不再强调其 SAS 语法结构。

例 9.2 的 SAS 分析程序如下：

```
DATA FF;
INPUT X1-X3 Y;
CARDS;
1.41     0.69    9.29    16.14
1.34     0.74    15.29   21.29
0.35     3.44    13.46   21.69
3.10     0.65    19.48   24.33
4.81     3.88    13.95   24.64
0.11     10.68   11.23   24.66
1.25     7.49    12.01   24.84
0.06     9.72    8.70    26.42
2.09     8.33    13.63   27.21
0.31     10.31   9.63    29.35
1.79     7.08    18.24   29.65
4.35     4.03    20.00   29.95
3.80     3.96    13.03   32.02
4.94     3.93    16.67   34.00
2.96     7.26    11.76   34.91
0.16     17.91   11.60   35.65
11.66    2.17    19.63   42.57
4.16     4.25    22.77   44.82
;
PROC REG;
MODEL Y=X1-X3;
RUN;
```

SAS 输出结果如下：

```
                              SAS 系统
                          The REG Procedure
                           Model: MODEL1
                       Dependent Variable: Y
                  Number of Observations Read          18
                  Number of Observations Used          18
                        Analysis of Variance
                            Sum of
   Source          DF       Squares      Mean Square  F Value    Pr > F
   Model            3     684.30705      228.10235     13.91     0.0002
   Error           14     229.65433       16.40388
Corrected Total    17     913.96138
             Root MSE              4.05017    R-Square     0.7487
             Dependent Mean       29.11889    Adj R-Sq     0.6949
             Coeff Var            13.90908
                        Parameter Estimates
                          Parameter      Standard
    Variable      DF       Estimate         Error      t Value    Pr > |t|
    Intercept      1       5.98408        4.87995        1.23      0.2403
```

```
X1          1         1.66664        0.46221        3.61        0.0029
X2          1         1.18853        0.26039        4.56        0.0004
X3          1         0.80171        0.31151        2.57        0.0221
```

由输出结果可知，复相关系数的平方为 0.7487，对其开方得到其相关系数为 0.8653，或者由前面的计算公式求得

$$R_{y/123}=\sqrt{\frac{U_{y/1,2,\cdots,m}}{\mathrm{SS}_y}}=\sqrt{\frac{684.31}{913.96}}=0.8653$$

由此可见，复相关系数的实质是模型的平方和与总平方和的比值再开方，其统计学意义应该是模型承载的变异信息占变量总变异信息的比例情况。

三、偏（净）相关分析过程

偏相关在 SAS 分析过程中仍然采用 CORR 过程，选用 PARTIAL 关键字，由于分析过程可能是采用一阶偏相关、二阶偏相关等（与变量个数有关），因此每次在 CORR 过程中求得偏相关系数为成对变量消除其他变量影响的偏相关系数。

SAS 程序如下：

```
DATA FF;
INPUT X1-X3 Y;
CARDS;
1.41     0.69     9.29     16.14
1.34     0.74     15.29    21.29
0.35     3.44     13.46    21.69
3.10     0.65     19.48    24.33
4.81     3.88     13.95    24.64
0.11     10.68    11.23    24.66
1.25     7.49     12.01    24.84
0.06     9.72     8.70     26.42
2.09     8.33     13.63    27.21
0.31     10.31    9.63     29.35
1.79     7.08     18.24    29.65
4.35     4.03     20.00    29.95
3.80     3.96     13.03    32.02
4.94     3.93     16.67    34.00
2.96     7.26     11.76    34.91
0.16     17.91    11.60    35.65
11.66    2.17     19.63    42.57
4.16     4.25     22.77    44.82
;
PROC CORR;
VAR X1;
WITH Y;
PARTIAL X2 X3;
```

```
RUN;
```

SAS 输出结果如下：

```
                          SAS 系统
                       CORR PROCEDURE
               2 Partial 变量:    X2       X3
               1 With    变量:    Y
               1         变量:    X1
                         简单统计量
变量   N         均值        标准差         总和        最小值        最大值
X2    18      5.91778     4.41947     106.52000     0.65000     17.91000
X3    18     14.46500     4.13502     260.37000     8.70000     22.77000
Y     18     29.11889     7.33229     524.14000    16.14000     44.82000
X1    18      2.70278     2.80989      48.65000     0.06000     11.66000
                         简单统计量
              变量           偏方差        偏标准差
              X2
              X3
              Y           29.52909       5.43407
              X1           5.11895       2.26251
                   Pearson 偏相关系数, N = 18
               当 H0: Partial Rho=0 时, Prob > |r|
                                     X1
                          Y       0.69392
                                  0.0029
```

偏相关分析用SAS一般每次只能分析一对变量，原因是方便计算一阶偏相关、二阶偏相关等；但在数据分析过程中，往往需要所有分析变量中两个变量之间的净相关关系，因此分析过程稍显麻烦。

有能力的研究者可以在 Excel 内进行 VBA 编程计算。本例中所讲的偏相关的 Excel 操作是基于 VBA 程序制作出来的，为了克服在矩阵运算和大量运算过程中产生的误差，该应用程序选择了规避途径，即只告知 Excel 计算公式（调用 Excel 内部函数），计算过程由 Excel 来完成，由于 Excel 是微软开发的大型办公软件，其内部计算过程均进行了优化，能够保证计算结果精度的需要。

VBA 程序在此不再列出（如有需要可以与作者联系），计算结果见图 9-6。

	A	B	C	D	E
8	计算所得偏相关系数矩阵				
9		X1	X2	X3	Y
10	X1	1.0000	-0.6610	-0.0901	0.6939
11	X2	-0.6610	1.0000	-0.5649	0.7734
12	X3	-0.0901	-0.5649	1.0000	0.5667
13	Y	0.6939	0.7734	0.5667	1.0000

图 9-6　Excel 偏相关 VBA 编程计算结果

四、典型相关分析过程

例 9.5 的 SAS 程序如下：

```
DATA DD;
INPUT x1-x6 y1-y3;
CARDS;
数据
;
PROC CANCORR ALL;
VAR x1-x6;
WITH y1-y3;
RUN;
```

SAS 输出结果如下：

```
                SAS 系统
        The CANCORR Procedure
          VAR Variables              6
          WITH Variables             3
          Observations             100
         Means and Standard Deviations
                                         Standard
        Variable            Mean        Deviation
        x1              2.508335         0.451883
        x2              2.408334         0.484828
        x3              1.020000         0.414830
        x4              0.972310         0.430792
        x5              4.822500         0.309865
        x6              2.856250         0.817342
        y1              0.711431         0.547839
        y2              0.612857         0.499546
        y3              0.450007         0.549116
```

以上给出的是原始变量的样本均值、样本标准差。

```
               Correlations Among the Original Variables
                  Correlations Among the VAR Variables
            x1          x2          x3          x4          x5          x6
x1      1.0000      0.7348     -0.4662     -0.2935      0.2474      0.0004
x2      0.7348      1.0000     -0.4335     -0.4159      0.3122      0.0219
x3     -0.4662     -0.4335      1.0000      0.8469     -0.2215     -0.0943
x4     -0.2935     -0.4159      0.8469      1.0000     -0.1966     -0.0897
x5      0.2474      0.3122     -0.2215     -0.1966      1.0000      0.0696
x6      0.0004      0.0219     -0.0943     -0.0897      0.0696      1.0000
                  Correlations Among the WITH Variables
                        y1              y2              y3
            y1      1.0000          0.6030          0.5998
            y2      0.6030          1.0000          0.7009
            y3      0.5998          0.7009          1.0000
```

以上是两组变量的组内样本相关阵。

Correlations Between the VAR Variables and the WITH Variables

	y1	y2	y3
x1	-0.1855	-0.2285	-0.3550
x2	-0.3102	-0.2642	-0.3345
x3	0.2367	0.2681	0.2710
x4	0.2795	0.3211	0.2822
x5	-0.2315	-0.1478	-0.3760
x6	0.2118	0.2502	0.2215

以上给出的是原始变量的组间样本相关阵。

Canonical Correlation Analysis

	Canonical Correlation	Adjusted Canonical Correlation	Approximate Standard Error	Squared Canonical Correlation
1	0.560767	0.513852	0.068899	0.314460
2	0.330566	0.261541	0.089521	0.109274
3	0.192316	0.145054	0.096787	0.036985

以上给出（样本）典型相关系数分别是 0.560 767、0.330 566、0.192 316；（样本）典型相关系数平方分别是 0.314 460、0.109 274、0.036 985。第一典型相关系数 0.560 767 远大于两组变量间单个相关系数。

Eigenvalues of Inv(E)*H =CanRsq/(1-CanRsq)

Test of H0: The canonical correlations in the current row and all that follow are zero

	Eigenvalue	Difference	Proportion	Cumulative	Likelihood Ratio	Approximate F Value	Num DF	Den DF	Pr > F
1	0.4587	0.3360	0.7401	0.7401	0.58804446	2.96	18	257.87	<.0001
2	0.1227	0.0843	0.1979	0.9380	0.85778242	1.47	10	184	0.1548
3	0.0384	0.0620	1.0000		0.96301453	0.89	4	93	0.4715

似然比检验表明第一对典型相关是高度显著的（0.0001≤0.01）；第二、第三对典型相关是不显著的（概率分别为 0.1548、0.4715，大于 0.05）。

Multivariate Statistics and F Approximations

S=3 M=1 N=44.5

Statistic	Value	F Value	Num DF	Den DF	Pr > F
Wilks' Lambda	0.58804446	2.96	18	257.87	<.0001
Pillai's Trace	0.46071877	2.81	18	279	0.0002
Hotelling-Lawley Trace	0.61978854	3.10	18	176.09	<.0001
Roy's Greatest Root	0.45870335	7.11	6	93	<.0001

NOTE: F Statistic for Roy's Greatest Root is an upper bound

多种检验表明两组变量存在极显著相关性。

Canonical Correlation Analysis

Raw Canonical Coefficients for the VAR Variables

	V1	V2	V3
x1	-0.797672151	1.7755009688	-2.877386865

x2	-0.185021201	-1.419473655	2.5653835085
x3	-0.494810694	0.2551853905	-1.384813292
x4	1.1993577074	1.1002868776	2.061473302
x5	-1.669419255	2.0203043099	1.2817122974
x6	0.5980890431	0.4463046079	0.1775148448

Raw Canonical Coefficients for the WITH Variables

	W1	W2	W3
y1	0.4118712347	1.0282892161	-2.137962643
y2	0.0449747728	2.1015968576	2.0871142217
y3	1.5140871028	-2.212875834	0.1694241374

以上给出原始变量典型相关变量的系数，第一对典型变量是

$$V_1=-0.7977X_1-0.1850X_2-0.4948X_3+1.994X_4-1.6694X_5+0.5980X_6$$

$$W_1=0.4119Y_1+0.0450Y_2+1.5141Y_3$$

请注意，这里的 $X=(x_i-\overline{x}_i)$，同样 $Y=(y_i-\overline{y}_i)$。

Canonical Correlation Analysis

Standardized Canonical Coefficients for the VAR Variables

	V1	V2	V3
x1	-0.3605	0.8023	-1.3002
x2	-0.0897	-0.6882	1.2438
x3	-0.2053	0.1059	-0.5745
x4	0.5167	0.4740	0.8881
x5	-0.5173	0.6260	0.3972
x6	0.4888	0.3648	0.1451

Standardized Canonical Coefficients for the WITH Variables

	W1	W2	W3
y1	0.2256	0.5633	-1.1713
y2	0.0225	1.0498	1.0426
y3	0.8314	-1.2151	0.0930

以上给出的是标准化变量典型相关变量的系数，第一对典型变量是

$$V_1=-0.3605X_1-0.0897X_2-0.2053X_3+0.5167X_4-0.5173X_5+0.4888X_6$$

$$W_1=0.2256Y_1+0.0225Y_2+0.8314Y_3$$

注意这里的 $X=x$，$Y=y$。

Canonical Structure

Correlations Between the VAR Variables and Their Canonical Variables

	V1	V2	V3
x1	-0.6101	0.2632	-0.2809
x2	-0.6313	-0.1382	0.2952
x3	0.5077	0.2586	0.1431
x4	0.5437	0.4586	0.1748
x5	-0.6565	0.5184	0.4266
x6	0.4237	0.3411	0.1739

以上给出第一组变量与自己典型变量间的相关系数，即典型结构。

$$G_1=\begin{pmatrix}-0.6101\\-0.6303\\0.5077\\0.5437\\-0.6565\\0.4237\end{pmatrix},\quad G_2=\begin{pmatrix}0.2632\\-0.1382\\0.2586\\0.4586\\0.5184\\0.3411\end{pmatrix},\quad G_3=\begin{pmatrix}-0.2809\\0.2952\\0.1431\\0.1748\\0.4266\\0.1739\end{pmatrix}$$

```
Correlations Between the WITH Variables and Their Canonical Variables
                        W1           W2           W3
        y1          0.7379       0.4676      -0.4867
        y2          0.7412       0.5379       0.4015
        y3          0.9825      -0.1414       0.1212
```

以上给出第二组变量与自己典型变量间的相关系数，即典型结构。

```
Correlations Between the VAR Variables and the Canonical Variables
                      of the WITH Variables
                        W1           W2           W3
        x1         -0.3421       0.0870      -0.0540
        x2         -0.3540      -0.0457       0.0568
        x3          0.2847       0.0855       0.0275
        x4          0.3049       0.1516       0.0336
        x5         -0.3682       0.1714       0.0820
        x6          0.2376       0.1128       0.0334
Correlations Between the WITH Variables and the Canonical Variables
                      of the VAR Variables
                        V1           V2           V3
        y1          0.4138       0.1546      -0.0936
        y2          0.4157       0.1778       0.0772
        y3          0.5510      -0.0468       0.0233
```

以上给出两组变量与对方典型变量间的相关系数。

```
                  Canonical Redundancy Analysis
       Raw Variance of the VAR Variables Explained by
       Their Own                   The Opposite
     Canonical Variables          Canonical Variables
      Canonical
Variable             Cumulative  Canonical              Cumulative
Number   Proportion  Proportion  R-Square  Proportion   Proportion
   1       0.2756      0.2756     0.3145     0.0867       0.0867
   2       0.1106      0.3863     0.1093     0.0121       0.0988
   3       0.0535      0.4397     0.0370     0.0020       0.1007
      Raw Variance of the WITH Variables Explained by
      Their Own                   The Opposite
   Canonical Variables            Canonical Variables
     Canonical
```

Variable Number	Proportion	Cumulative Proportion	Canonical R-Square	Proportion	Cumulative Proportion
1	0.6950	0.6950	0.3145	0.2185	0.2185
2	0.1690	0.8640	0.1093	0.0185	0.2370
3	0.1360	1.0000	0.0370	0.0050	0.2420

以上给出每组原始变量用它们自己的典型变量和用对方的典型变量解释的方差的累计比例。

Canonical Redundancy Analysis

Standardized Variance of the VAR Variables Explained by

Canonical Variable Number	Their Own Canonical Variables Proportion	Cumulative Proportion	Canonical R-Square	The Opposite Canonical Variables Proportion	Cumulative Proportion
1	0.3225	0.3225	0.3145	0.1014	0.1014
2	0.1251	0.4476	0.1093	0.0137	0.1151
3	0.0715	0.5191	0.0370	0.0026	0.1177

以上给出第一组变量 1 个、2 个、3 个典型变量从标准化的第一组变量提取的方差贡献比例$\|G_i\|^2/3$，其分别是 0.3225、0.1251、0.0715。而$R_v^{(i)}$分别是 0.1014、0.1151、0.1177。

Standardized Variance of the WITH Variables Explained by

Canonical Variable Number	Their Own Canonical Variables Proportion	Cumulative Proportion	Canonical R-Square	The Opposite Canonical Variables Proportion	Cumulative Proportion
1	0.6864	0.6864	0.3145	0.2158	0.2158
2	0.1760	0.8624	0.1093	0.0192	0.2351
3	0.1376	1.0000	0.0370	0.0051	0.2402

以上给出第二组变量 1 个、2 个、3 个典型变量从标准化的第二组变量提取的方差贡献比例$\|H_i\|^2/3$，其分别是 0.6864、0.1760、0.1376。而$R_w^{(i)}$分别是 0.2158、0.2351、0.2402。

Canonical Redundancy Analysis

Squared Multiple Correlations Between the VAR Variables and the First M Canonical Variables of the WITH Variables

M	1	2	3
x1	0.1170	0.1246	0.1275
x2	0.1253	0.1274	0.1306
x3	0.0811	0.0884	0.0891
x4	0.0930	0.1160	0.1171
x5	0.1355	0.1649	0.1716
x6	0.0565	0.0692	0.0703

以上给出第一组变量与第二组 1 个、2 个、3 个典型变量相关系数累计平方和。即 $0.1170=(-0.3421)^2,\cdots,0.0565=0.2376^2$。

```
Squared Multiple Correlations Between the WITH Variables
  and the First M Canonical Variables of the VAR Variables
          M            1            2            3
          y1      0.1712       0.1951       0.2039
          y2      0.1728       0.2044       0.2104
          y3      0.3035       0.3057       0.3063
```

以上给出第二组变量与第一组 1 个、2 个、3 个典型变量相关系数累计平方和。

第十章　非参数检验

之前探讨的参数检验是一种在总体分布形式已知的情况下，对总体分布的参数如均值、方差等进行推断的方法。参数检验必须要求事先知道总体的分布，并且对总体参数的检验建立在这种分布基础上。例如，两个样本均值比较的 t 检验和多个样本均值比较的 F 检验，都要求事先知道总体分布为正态分布，进而来推断两个或多个总体的均值是否相等。但是，在实际的数据分析过程中，由于各种原因，人们往往很难知道总体的分布，所以此时的参数检验方法就不再适用。正是基于此，本章引入另一类检验——非参数检验。非参数检验是一种与总体分布状况无关的检验方法，它不依赖于总体分布的形式，应用时不需要考虑被研究的对象服从何种分布以及分布是否已知。非参数检验主要是利用样本数据之间的大小比较及大小顺序，对两个或多个样本所属总体是否相同进行检验，而不对总体分布的参数如平均数、标准差等进行统计推断。当样本观测值的总体分布类型未知或知道甚少时，无法肯定其性质，特别是观测值明显偏离正态分布、不具备参数检验的应用条件时，通常采用非参数检验。非参数检验具有计算简便、直观、易于掌握、检验速度较快等优点。

从实质上讲，非参数检验法只是检验总体分布的位置（中位数）是否相同，所以对于总体分布已知的样本同样也可以采用非参数检验法，但是由于非参数检验不能充分利用样本内的所有数量信息，检验效率一般要低于参数检验方法。例如，非配对资料的秩和检验，其效率为 t 检验的 86.4%，即以相同概率判断出差异显著，t 检验所需的样本个数要少 13.6%。非参数检验的内容相当多，在本章只介绍常用的 3 种：符号检验、秩和检验和等级相关分析。

第一节　符 号 检 验

一、配对资料的符号检验

（一）配对资料符号检验的意义

配对资料符号检验是根据样本各对数据之差的正负符号多少来检验两个总体分布位置是否相同，而不考虑差值的大小。每对数据之差为正值时用“+”表示，负值用“−”表示。可以设想如果两个总体分布位置相同，则“+”或“−”出现的次数应该相等。若不完全相等，至少不应相差过大，否则超过一定的临界值就认为两个样本所属的两个总体差异显著，分布的位置不同。显然这种检验比较的是中位数而不是平均数，当呈对称分布时，中位数与平均数相等。

（二）配对资料符号检验的基本步骤

（1）提出无效假设与备择假设

H_0：甲、乙两个处理差值 d 总体中位数=0。

H_A：甲、乙两个处理差值 d 总体中位数≠0。

此时进行两尾检验。若将 H_A 中的“≠”改为“<”或“>”，则进行的是单尾检验。

（2）计算差值并赋予符号

求甲、乙两个处理的配对数据的差值 d，d>0 者记为“+”，d<0 者记为“−”，d=0 者记为“0”。统计“+”“−”“0”的个数，分别记为 n_+、n_-、n_0，令 $n = n_+ + n_-$。检验的统计量为 K，是 n_+、n_- 中的较小者，即 $K = \min\{n_+, n_-\}$。

（3）统计推断

由 n 查 K 临界值表（表中 $P_{(2)}$表示两尾概率，用于两尾检验，$P_{(1)}$表示一尾概率，用于单尾检验），得临界值 $K_{0.05(n)}$、$K_{0.01(n)}$。如果 $K>K_{0.05(n)}$，$P>0.05$，则不能否定 H_0，表明两个试验处理差异不显著；如果 $K_{0.01(n)}<K\leqslant K_{0.05(n)}$，$0.01<P\leqslant 0.05$，则否定 H_0，接受 H_A，表明两个试验处理差异显著；如果 $K\leqslant K_{0.01(n)}$，$P\leqslant 0.01$，则否定 H_0，接受 H_A，表明两个试验处理差异极显著（注意：当 K 恰好等于临界值 K 时，其确切概率常小于临界值表中列出的相应概率）。

（三）符号检验的注意事项

需要注意的是，虽然符号检验方法简便，但是由于其利用的信息较少，效率较低。当样本的配对数少于 6 个时，不能检验出差别；当样本数在 7～12 个时，检验不敏感；当样本的配对数在 20 个以上时，符号检验才较为有用。

（四）配对资料符号检验的实例分析

【例 10.1】某研究测定了碱韭和无芒隐子草两种植物的种群密度，每种植物测定的样方数为 12 个，结果见表 10-1。问碱韭和无芒隐子草这两种植物的种群密度有无差异？

这是一个配对资料双尾检验的问题。

（1）提出无效假设与备择假设

H_0：碱韭和无芒隐子草的种群密度差值 d 总体中位数=0。

H_A：碱韭和无芒隐子草的种群密度差值 d 总体中位数≠0。

表 10-1　碱韭和无芒隐子草的种群密度　　　　（单位：株/m²）

样方序号	1	2	3	4	5	6	7	8	9	10	11	12
碱韭	38	20	9	2	3	1	7	8	5	15	5	9
无芒隐子草	15	3	4	12	15	18	15	6	6	3	11	3
差值	23	17	5	−10	−12	−17	−8	2	−1	12	−6	6
符号	+	+	+	−	−	−	−	+	−	+	−	+

（2）计算差值并赋予符号

碱韭和无芒隐子草的种群密度的差值及符号列于表 10-1 第 4 行和第 5 行，从而得出 $n_+=6$、$n_-=6$，$n=n_++n_-=6+6=12$，$K=\min\{n_+,n_-\}=6$。

（3）统计推断

当 n=12 时，查临界值表得临界值 $K_{0.05(12)}$=2，$K_{0.01(12)}$=1，因为 $K=6>K_{0.01(15)}$，$P>0.05$，说明不能否定 H_0，表明碱韭和无芒隐子草的种群密度没有显著差异。

二、样本中位数与总体中位数比较的符号检验

（一）样本中位数与总体中位数比较的符号检验的意义

为了判断一个样本是否来自某已知中位数的总体，即样本所在总体的中位数是否等于某已知总体的中位数，就需要进行样本中位数与总体中位数的差异显著性检验。

（二）样本中位数与总体中位数比较的符号检验的基本步骤

（1）提出无效假设与备择假设

H_0：样本所在的总体中位数=已知总体中位数。

H_A：样本所在的总体中位数≠已知总体中位数。

此时进行两尾检验。如果将备择假设 H_A 中的“≠”改为“<”或“>”，则进行单尾检验。

（2）计算差值、确定符号及其个数

将样本各观测值中大于已知总体中位数者记为“+”，小于者记为“−”，等于者记为“0”。统计“+”“−”“0” 的个数，分别记为 n_+、n_-、n_0，令 $n=n_++n_-$。假设检验的统计量 K 为 n_+、n_- 中的较小者，即 $K=\min\{n_+,n_-\}$。

（3）统计推断

由 n 查 K 临界值表，得临界值 $K_{0.05(n)}$、$K_{0.01(n)}$。如果 $K>K_{0.05(n)}$，$P>0.05$，则不能否定 H_0，表明样本中位数与已知总体中位数差异不显著；如果 $K_{0.01(n)}<$

$K \leqslant K_{0.05(n)}$，$0.01<P\leqslant 0.05$，则否定 H_0，接受 H_A，表明样本中位数与已知总体中位数差异显著；如果 $K\leqslant K_{0.01(n)}$，$P\leqslant 0.01$，则否定 H_0，接受 H_A，表明样本中位数与已知总体中位数差异极显著。

（三）样本中位数与总体中位数比较的符号检验实例分析

【例 10.2】已知某草原无芒隐子草种群密度的平均数为 12，现在该地随机测定 15 个样方，测得无芒隐子草的种群密度分别为 4 株/m^2、8 株/m^2、22 株/m^2、10 株/m^2、4 株/m^2、12 株/m^2、15 株/m^2、6 株/m^2、14 株/m^2、5 株/m^2、18 株/m^2、4 株/m^2、20 株/m^2、12 株/m^2、2 株/m^2。问该地无芒隐子草的种群密度与该草原无芒隐子草的种群密度的平均数是否有显著差异？

（1）提出无效假设与备择假设

H_0：该地无芒隐子草的种群密度平均数=12。

H_A：该地无芒隐子草的种群密度平均数≠12。

（2）计算差值、确定符号及其个数

样本各观测值与总体平均数的差值及其符号列于表 10-2 中，并由此得出 $n_+=5$, $n_-=8$, $n=5+8=13$, $K=\min\{n_+,n_-\}=n_+=5$。

表 10-2　无芒隐子草种群密度测定值的符号检验表　　（单位：株/m^2）

样方序号	1	2	3	4	5	6	7	8	9	10	11	12	13	14	15
种群密度	4	8	22	10	4	12	15	6	14	5	18	4	20	12	2
差值	−8	−4	10	−2	−8	0	3	−6	2	−7	6	−8	8	0	−10
符号	−	−	+	−	−	0	+	−	+	−	+	−	+	0	−

（3）统计推断

由 n=13，查 K 临界值表，得 $K_{0.05(13)}=2$、$K_{0.01(13)}=1$，因为 $K=5>K_{0.05(13)}$，$P>0.05$，不能否定 H_0，表明样本平均数与总体平均数差异不显著，可以认为该地无芒隐子草的种群密度平均数与该品种无芒隐子草的种群密度平均数相同。

第二节　秩 和 检 验

秩和检验也称为符号秩和检验，是一种经过改进的符号检验，又称为 Wilcoxon 检验，其统计效率比符号检验高。因为符号秩和检验除了比较各对数据差值的符号外，还要比较各对数据差值大小的秩次高低。方法是通过将观测值按从小到大的顺序排列，编定秩次，求出秩和进行假设检验。秩和检验与符号检验不同，要求差数来自某些对称分布的总体，但并不要求每一差数来自相同的分布。

一、配对试验资料的符号秩和检验

（一）Wilcoxon 配对法的基本步骤

（1）提出无效假设与备择假设

H_0：差值 d 总体的中位数=0。

H_A：差值 d 总体的中位数≠0。

此时进行双尾检验。若将 H_A 中的“≠”改为“<”或“>”，则进行单尾检验。

（2）编秩次、定符号

先求配对数据的差值 d，然后按 d 的绝对值从小到大编秩次，再根据原差值正负在各秩次前标上正负号，若差值 d=0，则舍去不记，若有若干个差值 d 的绝对值相等，则取其平均秩次。

（3）确定统计量 T

分别计算正秩次及负秩次的和，并以较小的秩和绝对值作为检验的统计量 T。

（4）统计推断

记正、负差值的总个数为 n，根据 n 查 T 临界值表，得到 $T_{0.05(n)}$、$T_{0.01(n)}$。如果 $T>T_{0.05(n)}$，$P>0.05$，则不能否定 H_0，表明两个试验处理差异不显著；如果 $T_{0.01(n)}<T\leqslant T_{0.05(n)}$，$0.01<P\leqslant 0.05$，则否定 H_0，接受 H_A，表明两个试验处理差异显著；如果 $T\leqslant T_{0.01(n)}$，$P\leqslant 0.01$，则否定 H_0，接受 H_A，表明两个试验处理差异极显著（注意：当 T 恰好等于临界值 T 时，其确切概率常小于 T 临界值表中列出的相应概率）。

（二）配对试验资料的符号秩和检验实例分析

【例 10.3】某试验用绵羊来研究放牧强度与羊体重增长的关系，先将绵羊配成 8 对，再把每对中的两只绵羊随机分配到适度放牧组和重度放牧组，试验结束后测定绵羊体重的增量如表 10-3 所示。试检验两组绵羊体重增量是否有显著差异。

表 10-3　不同放牧强度绵羊体重增量　　（单位：kg/只）

绵羊对别	1	2	3	4	5	6	7	8
适度放牧组	14.04	15.94	16.76	16.98	18.29	18.42	20.67	20.70
重度放牧组	13.07	13.38	13.61	14.63	15.13	15.75	16.38	16.62
差值 d_i	0.97	2.56	3.15	2.35	3.16	2.67	4.29	4.08
秩次	+1	+3	+5	+2	+6	+4	+8	+7

（1）提出无效假设与备择假设

H_0：差值 d 总体的中位数=0。

H_A：差值 d 总体的中位数≠0。

（2）编秩次、定符号

计算表 10-3 中配对数据差值 d_i，将 d=0 的舍去，共有差值 n=8 个。按绝对值从小到大排列秩次并标上相应的符号，结果见表 10-3。

（3）确定统计量 T

此例中，正号有 8 个，其秩次为 1、2、3、4、5、6、7、8，秩次和为 1+2+3+4+5+6+7+8=36；没有负号，秩次和等于 0。所以检验的统计量 T=0。

（4）统计推断

由 n=8 查 T 临界值表得，$T_{0.05(8)}=3$, $T_{0.01(8)}=0$，所以 $T=T_{0.01(8)}$，因为当 T 恰好等于临界值 T 时，其确切概率常小于 T 临界值表中列出的相应概率，所以 $P<0.01$，我们有理由否定 H_0，接受 H_A，推断两个试验处理差异极显著。

二、非配对试验资料的秩和检验

非配对试验资料的秩和检验（Wilcoxon 非配对法）是关于分别抽自两个总体的两个独立样本之间秩和的成组比较，它比配对资料秩和检验的应用更为普遍。

（一）Wilcoxon 非配对法的基本步骤

（1）提出无效假设与备择假设

H_0：甲样本所在的总体的中位数=乙样本所在的总体的中位数。

H_A：甲样本所在的总体的中位数≠乙样本所在的总体的中位数。

此时进行两尾检验。若将 H_A 中的“≠”改为“<”或“>”，则进行单尾检验。

（2）求两个样本合并后数据的秩次

假设两个样本的样本量分别为 n_1 和 n_2，则将两个样本的观测值合并后，总的样本量为 n_1+n_2 个。将合并后的数据按从小到大的顺序排列，与每个数据对应的序号为该数据的秩次，最小数值的秩次为“1”，最大数值的秩次为“n_1+n_2”。当不同样本的观测值相同时，其秩次取原秩次的平均秩次，但是同一样本内出现相同的观测值时则不必求平均秩次，秩次谁先谁后都可以。

（3）确定统计量 T

将两个样本重新分开，并计算各自的秩和。将较小的样本含量作为 n_1，其秩和作为检验的统计量 T。若 $n_1=n_2$，则任取一组的秩和为 T。

（4）统计推断

由 n_1、n_2-n_1 查临界值表，得到接受区域 $T'_{0.05}\sim T_{0.05}$、$T'_{0.01}\sim T_{0.01}$。若 T 在 $T'_{0.05}\sim T_{0.05}$ 之内，$P>0.05$，则不能否定 H_0，表明两个试验处理差异不显著；若 T 在 $T'_{0.05}\sim T_{0.05}$ 之外但在 $T'_{0.01}\sim T_{0.01}$ 之内，$0.01<P\leqslant0.05$，则否定 H_0，接受 H_A，表明两个试验处理差异显著；若 T 在 $T'_{0.01}\sim T_{0.01}$ 之外，$P<0.01$，则否定 H_0，接受 H_A，

表明两个试验处理差异极显著。

（二）非配对试验资料的符号秩和检验实例分析

【例 10.4】研究两种不同浓度盐处理对黄花苜蓿株高的影响，其中一组用清水浇灌，另一组用 0.15%的盐水浇灌，数据资料如表 10-4 所示。检验两种不同盐处理对黄花苜蓿株高的影响有无差异。

表 10-4　两种不同浓度盐处理的黄花苜蓿株高及秩和检验

盐处理	黄花苜蓿株高（cm）									秩和及样本数
清水	52	65	86	47	66	56	44	—	—	n_1=7
秩次	6	9.5	14	4	11	7	3	—	—	T_1=54.5
0.15%盐水	128	70	70	65	20	51	38	122	62	n_2=9
秩次	16	12	13	9.5	1	5	2	15	8	T_2=81.5

（1）提出无效假设与备择假设

H_0：清水处理的黄花苜蓿株高的总体中位数=0.15%的盐水处理的黄花苜蓿株高的总体中位数。

H_A：清水处理的黄花苜蓿株高的总体中位数≠0.15%的盐水处理的黄花苜蓿株高的总体中位数。

（2）编秩次

将两组样本的数据混合并从小到大排列为秩次。在 0.15%的盐水处理组中，有两个“70”，不求平均秩次，其秩次分别为 12 和 13；在清水和 0.15%的盐水处理组中有一对数据为“65”，需要求它们的平均秩次：(9+10)/2=9.5。结果见表 10-4。

（3）确定统计量 T

以较小样本的秩次和为统计量 T，即 $T=T_1=54.5$。

（4）统计推断

由 $n_1=7$，$n_2-n_1=9-7=2$ 查临界值表，得 $T'_{0.05}\sim T_{0.05}$ 为 40~79，$T'_{0.01}\sim T_{0.01}$ 为 35~84。$T=54.5$ 在 $T'_{0.05}\sim T_{0.05}$ 之内，即 $P>0.05$，没有理由否定 H_0，所以接受 H_0，认为两种不同盐处理对黄花苜蓿株高的影响无差异。

三、多个样本比较的秩和检验

当样本含量超过两个，达到 3 个或 3 个以上时称为多样本比较，多个样本比较时采用 Kruskal-Wallis 秩和检验。Kruskal-Wallis 秩和检验法也称为 H 检验法。Kruskal-Wallis 秩和检验法的前提是假设抽样总体是连续的和相同的，利用多个样本的秩和来推断它们分别代表的总体的分布位置是否相同。

（一）Kruskal-Wallis 秩和检验的基本步骤

（1）提出无效假设与备择假设

H_0：各个样本分别代表的各总体分布位置相同。

H_A：各个样本分别代表的各总体分布位置不完全相同。

（2）编秩次、求秩和

将各个样本的所有观测值混合后，按照由小到大的顺序排成 $1,2,\cdots,n$ 个秩次。不同样本的相同观测值取平均秩次，一个样本内的相同观测值不用求平均秩次。按样本把每个观测值的秩次一一相加，求出各样本的秩和。

（3）求统计量 H 值

$$H=\frac{12}{n(n+1)}\sum\frac{R_i^2}{n_i}-3(n+1)$$

式中，R_i 为第 i 个样本的秩次之和；n_i 为第 i 个样本的含量；$n=\sum n_i$。

（4）统计推断

根据 n、n_i 查临界值表，得临界值 $H_{0.05}$、$H_{0.01}$。若 $H<H_{0.05}$，$P>0.05$，不能否定 H_0，可以认为各样本代表的各总体分布位置相同；若 $H_{0.05}\leqslant H<H_{0.01}$，$0.01<P\leqslant 0.05$，否定 H_0，接受 H_A，表明各样本所代表的各总体分布位置显著不同；若 $H\geqslant H_{0.01}$，$P\leqslant 0.01$，表明各样本所代表的各总体分布位置极显著不同。

当样本数 $k>3$，$n_i>5$ 时，不能从临界值表中查得 H 值。这时 H 近似呈自由度为 $k-1$ 的 χ^2 分布，可对 H 进行 χ^2 检验。

当相同的秩次较多时，按求 H 值的公式计算的 H 值常常偏低，此时应按下式求校正的 H 值 H_c：

$$H_c=\frac{H}{\left[1-\frac{\sum(t_j^3-t_j)}{n^3-n}\right]}$$

式中，t_j 表示某个数重复的次数。

（二）多个样本比较的秩和检验实例分析

【例 10.5】某试验研究 3 种不同浓度盐处理对黄花苜蓿株高增长的影响效果，用 11 株黄花苜蓿做试验，分为 3 组。每株黄花苜蓿事先测其株高，之后分别使用 0.15%的盐水、0.25%的盐水、0.35%的盐水进行浇灌处理，一段时间后，再次测定其株高，记录黄花苜蓿株高增长量。实验结果如表 10-5 所示。试检验 3 种不同浓度盐处理对黄花苜蓿株高增长的影响效果有无差异。

表 10-5　3 种不同浓度盐处理的黄花苜蓿株高增长量及秩和检验

0.15%的盐水（a）		0.25%的盐水（b）		0.35%的盐水（c）	
株高增长量（cm）	秩次	株高增长量（cm）	秩次	株高增长量（cm）	秩次
54	8	45	7	55	9
56	10	42	6	40	5
35	3	30	1	65	11
34	2	—		—	
37	4	—		—	
n_i	5		3		3
R_i	27		14		25

（1）提出无效假设与备择假设

H_0：3 种不同浓度盐处理的黄花苜蓿株高增长量总体分布位置相同。

H_A：3 种不同浓度盐处理的黄花苜蓿株高增长量总体分布位置不完全相同。

（2）编秩次、求秩和

3 组观测值混合后的秩次如表 10-5 所示，最后一行为各组秩次之和。

（3）求 H 值

由计算 H 值的公式，得 $H=\left[\frac{12}{11\times(11+1)}\times\left(\frac{27^2}{5}+\frac{14^2}{3}+\frac{25^2}{3}\right)\right]-3\times(11+1)=2.13$。

（4）统计推断

当 n=11、n_1=5、n_2=3、n_3=3 时，查临界值表得 $H_{0.05}$=5.65，$H_{0.01}$=7.08。因为 $H<H_{0.05}$，$P>0.05$，不能否定 H_0，表明 3 种不同浓度盐处理对黄花苜蓿株高增长的影响效果差异不显著。

四、多个样本两两比较的秩和检验

（一）多个样本两两比较的秩和检验思想

类似于方差分析中的多重比较，当多组计量资料或等级资料经多个样本比较的秩和检验，认为各个总体的分布位置不完全相同时，常需要进一步作两两比较的秩和检验（Nemenyi-Wilcoxson-Wilcox 法），来推断哪两个总体的分布位置不同，哪两个总体的分布位置相同。两两比较常用 q 法：

$$q=\frac{R_i-R_j}{s_{R_i-R_j}}$$

式中，$s_{R_i-R_j}$ 为秩和差异标准误，计算公式为

$$s_{R_i-R_j}=\sqrt{\frac{n(nk)(nk+1)}{12}}$$

式中，n 为样本含量即处理的重复数；k 为比较的两秩和差数范围内所包含的处理数。由上式可知，这里的 q 法只适用于重复数相等的试验资料。

计算 q 值后，以 df=∞和 k 查临界值表，得临界值 $q_{\alpha(\infty,k)}$，作出统计推断。

（二）多个样本两两比较的秩和检验实例分析

【例 10.6】某试验研究 3 种不同浓度盐处理对黄花苜蓿株高增长的影响效果，用 18 株黄花苜蓿做试验，分为 3 组。每株黄花苜蓿事先测其株高，之后分别使用 0.15%的盐水、0.25%的盐水、0.35%的盐水进行浇灌处理，一段时间后，再次测定其株高，记录黄花苜蓿株高增长量。实验结果如表 10-6 所示。试检验 3 种不同浓度盐处理对黄花苜蓿株高增长的影响效果有无差异。

表 10-6　3 种不同浓度盐处理的黄花苜蓿株高增长量及秩和检验

0.15%的盐水（a）		0.25%的盐水（b）		0.35%的盐水（c）	
株高增长量（cm）	秩次	株高增长量（cm）	秩次	株高增长量（cm）	秩次
178	17	80	7	86	8
142	15	192	18	65	6
64	5	152	16	53	1
140	13.5	122	12	55	2.5
55	2.5	140	13.5	60	4
100	9	105	11	101	10
n_i	6		6		6
R_i	62		77.5		31.5

（1）提出无效假设与备择假设

H_0：3 种不同浓度盐处理对黄花苜蓿株高增长的影响效果无差异。

H_A：3 种不同浓度盐处理对黄花苜蓿株高增长的影响效果有差异。

（2）编秩次、求秩和

3 组观测值混合后的秩次如表 10-6 所示，最后一行为各组秩次之和。

（3）求 H 值

由计算 H 值的公式，得 $H=\left[\frac{12}{18\times(18+1)}\times\left(\frac{62^2}{6}+\frac{77.5^2}{6}+\frac{31.5^2}{6}\right)\right]-3\times(18+1)=6.41$。

（4）统计推断

此例中，n=18，n_1=6，n_2=6，n_3=6 时，当样本数 k>3，n_i>5 时，不能从临界值表中查得 H 值。此时 H 近似呈自由度为 $k-1$ 的 χ^2 分布，对 H 进行 χ^2 检验，查 χ^2 检验临界值表，可得 $\chi^2_{0.05}=5.99$。因为 $H>H_{0.05}$，$P<0.05$，所以否定 H_0，表明 3 种不同浓度盐处理对黄花苜蓿株高增长的影响效果差异显著。

（5）多个样本的两两比较

列出两两比较表（表 10-7）。

表 10-7　3 种不同浓度盐处理的黄花苜蓿株高增长量秩和两两比较

比较（1）	差数 R_i-R_j（2）	秩次距 k（3）	$s_{R_i-R_j}$（4）	q 值（5）	临界值 q α=0.05（6）	临界值 q α=0.01（7）	检验结果（8）
a 与 b	15.5	2	8.8318	1.7550	2.77	3.64	—
a 与 c	30.5	3	13.0767	2.3324	3.32	4.12	—
b 与 c	46	2	8.8318	5.2085	2.77	3.64	**

注：表中**表示差异极显著

用表 10-6 中相应的秩和 R 求秩和差数 R_i-R_j，见表 10-7 第（2）栏；确定秩次距 k。例如，a 与 c 的比较，其秩和差数在 30.5 范围内有 3 个处理，k=3；a 与 b 的比较，其秩和差数在 15.5 范围内有 2 个处理，k=2，依次类推，见表 10-7 第（3）栏。利用 $s_{R_i-R_j}$ 计算各秩和差异标准误，见第（4）栏。

$$k=3\text{ 时，}\quad s_{R_i-R_j}=\sqrt{\frac{6\times(6\times3)\times(6\times3+1)}{12}}=13.0767$$

$$k=2\text{ 时，}\quad s_{R_i-R_j}=\sqrt{\frac{6\times(6\times2)\times(6\times2+1)}{12}}=8.8318$$

计算 q 值，即（2）/（4）得（5）栏。然后根据 df=∞和 k 查临界值 q，列于第（6）、（7）栏。当 q<1 时，差异不显著，该行的临界值 q 不必列出。最后将各 q 值与相应的临界值 q 比较，作出统计推断。检验结果表明：a 与 b、c 的差异不显著，b 与 c 之间的差异极显著。

第三节　等级相关分析

等级相关也是一种相关分析方法。之前所述的相关分析方法适用于变量为正态分布的资料。在实际工作中，经常遇到有些资料并不呈正态分布，或者有些资料是具有等级顺序的数据，对于这些资料的分析只能用非参数法。分析两个变量间是否相关的非参数法，最常用的是等级相关分析。

等级相关是一种分析 x、y 两个变量的等级间是否相关的方法。先按 x、y 两个变量的大小次序，分别由小到大编等级（秩次），再看两个变量的等级间是否相关。等级相关程度的大小和相关性质用等级相关系数表示。等级相关系数也称为秩相关系数。样本等级相关系数记为 r_s，它是总体等级相关系数 ρ_s 的估计值。等级相关系数 r_s 具有与相关系数 r 相同的特性，它的值介于−1 与 1 之间，r_s 为正表示两个变量正相关，r_s 为负表示两个变量负相关，r_s 等于零为零相关。常用的等级相关分析方法有 Spearman 等级相关、Kendall 等级相关等。本节主要介绍 Spearman 等级相关。

一、Spearman 等级相关

Spearman 等级相关的分析步骤如下。

（1）计算等级相关系数 r_s

先将变量 x、y 分别由小到大列出等级，相邻两个数据相同时，取平均等级；再求出每对等级之差 d，利用下式计算等级相关系数：

$$r_s = 1 - \frac{6\sum d^2}{n(n^2-1)}$$

式中，n 为变量的对数；d 为秩次差。

当相同秩次较多时，会影响 $\sum d^2$ 值，应采用下式计算校正的等级相关系数 r_s'：

$$r_s' = \frac{\dfrac{n^3-3}{6} - (t_x + t_y) - \sum d^2}{\sqrt{\left(\dfrac{n^3-n}{6} - 2t_x\right)\left(\dfrac{n^3-n}{6} - 2t_y\right)}}$$

式中，t_x、t_y 的计算公式相同，均为 $\sum \frac{t_i^3 - t_i}{12}$。在计算 t_x 时，t_i 为 x 变量的相同秩次数；在计算 t_y 时，t_i 为 y 变量的相同秩次数。

（2）r_s 的显著性检验

1）提出无效假设与备择假设。H_0：$\rho_s=0$；H_A：$\rho_s \neq 0$。

2）统计推断。根据 n 查临界值表，得临界值 $r_{s(\alpha)}$。若 $|r_s| < r_{s(0.05)}$，$P>0.05$，不能否定 H_0，表明两个变量 x、y 等级相关不显著；若 $r_{s(0.05)} \leqslant |r_s| < r_{s(0.01)}$，$0.01<P\leqslant$

0.05，否定 H_0，接受 H_A，表明两个变量 x、y 等级相关显著；若 $|r_s| \geq r_{s(0.01)}$，$P \leq 0.01$，否定 H_0，接受 H_A，表明两个变量 x、y 等级相关极显著。

二、Spearman 等级相关实例分析

【例 10.7】研究某草原上碱韭和无芒隐子草两种植物种群密度的关系，碱韭和无芒隐子草的种群密度见表 10-8，试分析碱韭的种群密度和无芒隐子草的种群密度之间有无相关。

表 10-8 碱韭和无芒隐子草的种群密度及等级相关分析表

样方号	变量 x		变量 y		秩次差 d	秩次差平方 d^2
	碱韭的种群密度（株/m^2）	秩次	无芒隐子草的种群密度（株/m^2）	秩次		
1	20	6	11	10	−4	16
2	12	3	7	9	−6	36
3	23	7	2	2.5	4.5	20.25
4	5	2	1	1	1	1
5	2	1	6	7.5	−6.5	42.25
6	13	4	4	4	0	0
7	24	8	2	2.5	5.5	30.25
8	29	10	5	5.5	4.5	20.25
9	27	9	6	7.5	1.5	2.25
10	16	5	5	5.5	−0.5	0.25
合计						168.5

（1）计算等级相关系数 r_s

将表 10-8 中碱韭的种群密度和无芒隐子草的种群密度数据分别从小到大排列秩次，对数值相同的数据则取平均秩次，如无芒隐子草种群密度为 2 株/m^2 的平均秩次为（2+3）/2=2.5。求出碱韭种群密度和无芒隐子草种群密度的秩次差 d 和秩次差平方 d^2。利用下式，得

$$r_s = 1 - \frac{6\sum d^2}{n(n^2-1)} = 1 - \frac{6 \times 168.5}{10 \times (10^2 - 1)} = -0.021$$

（2）r_s 的显著性检验

此例中 n=10，通过查临界值表得 $r_{s(0.05)}$=0.648，因为 $|r_s| < r_{s(0.05)}$，P>0.05，不能否定 H_0，所以两个变量 x、y 等级相关不显著，即碱韭的种群密度和无芒隐子草的种群密度之间不存在明显的等级相关性。

【例 10.8】研究某草原上短花针茅和碱韭两种植物种群密度的关系，短花针茅

和碱韭的种群密度见表 10-9，试分析短花针茅的种群密度和碱韭的种群密度之间有无相关。

表 10-9　短花针茅和碱韭的种群密度及等级相关分析表

样方号	变量 x		变量 y		秩次差 d	秩次差平方 d^2
	短花针茅的种群密度（株/m^2）	秩次	碱韭的种群密度（株/m^2）	秩次		
1	1	2.5	9	4	−1.5	2.25
2	4	7.5	6	2	5.5	30.25
3	4	7.5	25	9.5	−2	4
4	2	4.5	18	5.5	−1	1
5	2	4.5	23	8	−3.5	12.25
6	5	9.5	18	5.5	4	16
7	5	9.5	25	9.5	0	0
8	0	1	20	7	−6	36
9	3	6	8	3	3	9
10	1	2.5	0	1	1.5	2.25
合计						113

（1）计算等级相关系数 r_s

将表 10-9 中短花针茅的种群密度和碱韭的种群密度数据分别从小到大排列秩次，然后求出短花针茅的种群密度和碱韭的种群密度的秩次差 d 和秩次差平方 d^2。

在本例中，短花针茅的种群密度秩次有 2 个 2.5，2 个 4.5，2 个 7.5，2 个 9.5；碱韭的种群密度秩次有 2 个 5.5，2 个 9.5。

由于本例中相同的秩次较多，所以用校正公式 r_s' 计算等级相关系数。

先计算 t_x 和 t_y，对于 t_x，t_1=2，t_2=2，t_3=2，t_4=2；对于 t_y，t_1=2，t_2=2：

$$t_x=\sum\frac{t_i^3-t_i}{12}=\frac{(2^3-2)+(2^3-2)+(2^3-2)+(2^3-2)}{12}=2$$

$$t_y=\sum\frac{t_i^3-t_i}{12}=\frac{(2^3-2)+(2^3-2)}{12}=1$$

于是：

$$r_s'=\frac{\dfrac{10^3-3}{6}-(2+1)-113}{\sqrt{\left(\dfrac{10^3-10}{6}-2\times2\right)\times\left(\dfrac{10^3-10}{6}-2\times1\right)}}=\frac{50.166\,67}{\sqrt{(165-4)\times(165-2)}}=0.3097$$

（2）r_s' 的显著性检验

本例中 n=10，通过查临界值表得 $r_{s(0.05)}$=0.648，因为 $|r_s|<r_{s(0.05)}$，P>0.05，不

能否定 H_0，所以两个变量 x、y 等级相关不显著，即短花针茅的种群密度和碱韭的种群密度之间不存在明显的等级相关性。

第四节　非参数检验的 SAS 操作过程

一、符号检验

例 10.1 的 SAS 程序如下：

```
data density ;
input  jj wmyzc;
d=jj-wmyzc;
cards;
38  15
20  3
9   4
2   12
3   15
1   18
7   15
8   6
5   6
15  3
5   11
9   3
;
proc univariate data=density;
var  d;
run;
```

此例中，对碱韭和无芒隐子草种群密度的差值进行单变量分析，所以用到赋值语句“d=jj-wmyzc;”。Univariate 过程在默认状态下输出关于待分析变量的符号检验和符号秩检验结果。提交执行以上程序。

SAS 输出结果如下：

SAS 系统
UNIVARIATE PROCEDURE
变量： d
矩

N	12	权重总和	12
均值	0.91666667	观测总和	11
标准差	12.2508503	方差	150.083333
偏度	0.3700981	峰度	-0.7140547
未校平方和	1661	校正平方和	1650.91667
变异系数	1336.4564	标准误差均值	3.53651586

```
                    基本统计测度
            位置                        变异性
    均值      0.916667        标准差          12.25085
    中位数    0.500000        方差           150.08333
    众数       .              极差            40.00000
                              四分位极差       18.00000
                    位置检验: Mu0=0
检验           --统计量---      -------P 值-------
Student t   t     0.2592    Pr > |t|     0.8003
符号         M          0    Pr >= |M|    1.0000
符号秩       S        1.5    Pr >= |S|    0.9233
                    分位数（定义 5）
            分位数          估计值
            100%   最大值    23.0
            99%              23.0
            95%              23.0
            90%              17.0
            75% Q3            9.0
            50%    中位数     0.5
            25% Q1           -9.0
            10%             -12.0
            5%              -17.0
            1%              -17.0
            0%     最小值   -17.0
                    极值观测
        ---最小值---          ---最大值---
          值         观测         值        观测
          -17          6           5          3
          -12          5           6         12
          -10          4          12         10
          -8           7          17          2
          -6          11          23          1
```

SAS 输出结果中标有“位置检验：Mu0=0”的部分，即为我们所要的结果，其中第一行为参数检验的 t 检验结果，后两行则分别为符号检验和符号秩检验的分析结果。

结果说明：符号检验统计量 M(Sign)=0，对应的 P 值为 1.000，所以在显著性水平设定为 0.05 时，接受 H_0，认为碱韭和无芒隐子草的种群密度没有显著差异。

例 10.2 的 SAS 程序如下：

```
data  density ;
input wwyzc @@;
cards;
4 8 22 10 4 12 15 6 14 5 18 4 20 12 2
;
proc univariate mu0=12 loccount;
var  wwyzc;
```

```
run;
```

SAS 输出结果如下：

```
                    SAS 系统
             UNIVARIATE PROCEDURE
                变量:   wwyzc
                      矩
N                 15      权重总和              15
均值              10.4      观测总和             156
标准差      6.38972389      方差          40.8285714
偏度        0.44263824      峰度           -1.011379
未校平方和        2194      校正平方和         571.6
变异系数    61.4396528      标准误差均值  1.64981961
                  基本统计测度
          位置                      变异性
    均值      10.40000     标准差        6.38972
    中位数    10.00000     方差         40.82857
    众数       4.00000     极差         20.00000
              四分位极差      11.00000
              位置检验: Mu0=12
   检验          --统计量---      -------P 值-------
   Student t   t   -0.9698     Pr > |t|     0.3486
   符号         M      -1.5     Pr >= |M|    0.5811
   符号秩       S     -13.5     Pr >= |S|    0.3711
              位置计数: Mu0=12.00
           计数                        值
           Num Obs > Mu0                5
           Num Obs ^= Mu0              13
           Num Obs < Mu0                8
              分位数（定义 5）
           分位数          估计值
           100%     最大值      22
           99%                  22
           95%                  22
           90%                  20
           75% Q3               15
           50%      中位数      10
           25% Q1                4
           10%                   4
           5%                    2
           1%                    2
           0%       最小值       2
                  极值观测
        ---最小值--         ---最大值---
        值       观测        值       观测
        2         15        14          9
```

```
                    4          12             15          7
```

SAS 输出结果中标有“位置检验：Mu0=12”的部分，即为我们所要的结果。从输出结果可以看出，符号检验统计量 M(Sign)=−1.5，对应的 P 值为 0.5811，所以在显著性水平设定为 0.05 时，接受 H_0，认为该地无芒隐子草的种群密度平均数与无芒隐子草的种群密度平均数相同。

二、符号秩和检验

例 10.3 的 SAS 程序如下：

```
data weight ;
input  m1 m2;
d= m1-m2;
cards;
14.04  13.07
15.94  13.38
16.76  13.61
16.98  14.63
18.29  15.13
18.42  15.75
20.67  16.38
20.70  16.62
;
proc univariate data=weight normal;
var d;
run;
```

SAS 输出结果如下：

```
                              SAS 系统
                        UNIVARIATE PROCEDURE
                             变量：  d
                                矩
      N                       8    权重总和                 8
      均值              2.90375    观测总和             23.23
      标准差         1.04542455    方差             1.0929125
      偏度           -0.5219899    峰度             0.7573096
      未校平方和        75.1045    校正平方和       7.6503875
      变异系数       36.0025675    标准误差均值     0.3696134
                            基本统计测度
                     位置                       变异性
           均值      2.903750     标准差             1.04542
           中位数    2.910000     方差               1.09291
           众数       .           极差               3.32000
                                  四分位极差         1.16500
                          位置检验：Mu0=0
          检验          --统计量---      -------P 值-------
```

```
Student t   7.856182    Pr > |t|    0.0001
符号     M   4           Pr >= |M|   0.0078
符号秩   S   18          Pr >= |M|   0.0078

符号秩          Pr >= |S|   0.0078
```

正态性检验

检验	----统计量----		--------P 值--------	
Shapiro-Wilk	W	0.944571	Pr < W	0.6565
Kolmogorov-Smirnov	D	0.173164	Pr > D	>0.1500
Cramer-von Mises	W-Sq	0.041028	Pr > W-Sq	>0.2500
Anderson-Darling	A-Sq	0.273219	Pr > A-Sq	>0.2500

分位数（定义 5）

分位数	估计值
100% 最大值	4.290
99%	4.290
95%	4.290
90%	4.290
75% Q3	3.620
50% 中位数	2.910
25% Q1	2.455
10%	0.970
5%	0.970
1%	0.970
0% 最小值	0.970

极值观测

----最小值----		----最大值----	
值	观测	值	观测
0.97	1	2.67	6
2.35	4	3.15	3
2.56	2	3.16	5
2.67	6	4.08	8
3.15	3	4.29	7

从 SAS 输出结果中标有“位置检验：Mu0=0”的部分可看出，Wilcoxon 符号秩统计量 S(Sgn Rank)=18，对应的 P 值为 0.0078，所以在显著性水平设定为 0.05 时，拒绝 H_0，认为适度放牧组和重度放牧组绵羊体重增量是有显著差异的。

例 10.4 的 SAS 程序如下：

```
data height;
do group=1 to 2;
input n;
  do i=1 to n;
  input x @@;
 output;
```

```
end;
end;
cards;
7
52   65   86   47   66   56   44
9
128  70   70   65   20   51   38   122 62
;
proc npar1way data=height Wilcoxon;
class group;
var x;
run;
```

建立名为 height 的数据集，数据的输入和成组 t 检验相同，先输入每一组数据的总数，然后输入组中每个数据。分组变量为 group，共有两组，取值分别为 1 和 2。输入变量为 x，存放每组中的数据。过程步调用 npar1way 过程，后面用选择项 Wilcoxon，要求进行 Wilcoxon 秩和检验。要注意的是，如果两组样本是配对样本，应该使用配对 t 检验或 Wilcoxon 符号检验，因为使用 Wilcoxon 秩和方法将损失配对信息。class 语句后给出分组变量名 group，var 语句后给出要分析的变量 x。

SAS 输出结果如下：

```
                         SAS 系统
                  The NPAR1WAY Procedure

          Wilcoxon Scores (Rank Sums) for Variable x
                Classified by Variable group
                     Sum of      Expected       Std Dev         Mean
group       N        Scores      Under H0       Under H0        Score
---------------------------------------------------------------------
 1          7         54.50         59.50       9.433319     7.785714
 2          9         81.50         76.50       9.433319     9.055556

              Average scores were used for ties.

                  Wilcoxon Two-Sample Test

                 Statistic              54.5000

                    Normal Approximation

                 Z                      -0.4770
                 One-Sided Pr <  Z       0.3167
                 Two-Sided Pr > |Z|      0.6333
```

```
                t Approximation
        One-Sided Pr <  Z       0.3201
        Two-Sided Pr > |Z|      0.6402

 Z includes a continuity correction of 0.5.

            Kruskal-Wallis Test
        Chi-Square             0.2809
        DF                          1
        Pr > Chi-Square        0.5961
```

从 SAS 输出结果中可看出：组 1 和组 2 的秩和分别为 54.5 和 81.5。H_0（清水处理的黄花苜蓿株高的总体中位数与 0.15%的盐水处理的黄花苜蓿株高的总体中位数相同）为真时，期望秩值分别为 59.5 和 76.5。每组平均得分分别为 7.79 和 9.06。Wilcoxon 两样本秩和统计量（较小的秩和）S=54.5，正态近似检验统计量 Z=−0.477（连续性修正因子为 0.5，加在分子上），正态分布的双尾 P 值之和为 0.6333，不能拒绝 H_0，即认为两种不同浓度盐处理对黄花苜蓿株高的影响无差异。

例 10.5 的 SAS 程序如下：

```
data liti105 ;
do group=1 to 3;
input n;
   do i=1 to n;
   input x @@;
  output;
end;
end;
cards;
5
54 56 35 34 37
3
45 42 30
3
55 40 65
;
proc npar1way data=liti105 Wilcoxon;
class group;
var x;
run;
```

本例中，建立名为 liti105 的数据集，数据的输入和例 10.4 中的数据输入完全相同，先输入本组数据的总数，然后输入组中每个数据。分组变量为 group，共有 3 组，取值分别为 1、2 和 3。输入变量为 x，存放每组中的数据。过程步同样调用 npar1way 过程，后面用选择项 Wilcoxon，当样本数大于两个时，系统自动进行多样本的 Kruskal-Wallis 秩和检验。class 语句后给出分组变量名 group，var 语句后给出要分析的变量 x。

SAS 输出结果如下：

```
                          SAS 系统
                   The NPAR1WAY Procedure

          Wilcoxon Scores (Rank Sums) for Variable x
                 Classified by Variable group

                     Sum of      Expected      Std Dev         Mean
group        N       Scores      Under H0      Under H0        Score
-------------------------------------------------------------------
1            5        27.0         30.0       5.477226      5.400000
2            3        14.0         18.0       4.898979      4.666667
3            3        25.0         18.0       4.898979      8.333333

                      Kruskal-Wallis Test
                    Chi-Square           2.1333
                    DF                   2
                    Pr > Chi-Square      0.3442
```

从 SAS 输出结果中可看出：Kruskal-Wallis Test 检验的统计量值为 2.1333，对应的 P 值为 0.3442，在 0.05 的显著性水平下，不能拒绝 H_0，即认为 3 种不同浓度盐处理对黄花苜蓿株高增长的影响效果差异不显著。

例 10.6 的 SAS 程序如下：

```
data study;
do group=1 to 3;
input n;
   do i=1 to n;
   input x @@;
  output;
end;
end;
cards;
6
178  142 64  140 55  100
6
80   192 152 122 140 105
6
86   65  53  55  60  101
;
proc npar1way data=study Wilcoxon;
class group;
var x;
run;
```

```
                          SAS 系统
                    The NPAR1WAY Procedure
          Wilcoxon Scores (Rank Sums) for Variable x
                  Classified by Variable group
                     Sum of      Expected       Std Dev          Mean
 group        N      Scores      Under H0      Under H0         Score
--------------------------------------------------------------------------
  1           6      62.00          57.0      10.666054      10.333333
  2           6      77.50          57.0      10.666054      12.916667
  3           6      31.50          57.0      10.666054       5.250000
               Average scores were used for ties.
                     Kruskal-Wallis Test
                     Chi-Square          6.4197
                     DF                       2
                     Pr > Chi-Square     0.0404
```

首先对 3 种处理进行 Kruskal-Wallis Test 检验，从 SAS 输出结果可以看出，Kruskal-Wallis Test 检验的统计量值为 6.4197，对应的 P 值为 0.0404，小于显著性水平 0.05，所以认为 3 种不同浓度盐处理对黄花苜蓿株高增长的影响效果差异显著。但各处理之间是否存在显著差异，还需进一步进行两两比较。

处理 a 与处理 b 之间的两两比较：

```
data study;
do group=1 to 2;
input n;
  do i=1 to n;
  input x @@;
 output;
end;
end;
cards;
6
178 142 64  140 55  100
6
80  192 152 122 140 105
;
proc npar1way data=study Wilcoxon;
class group;
var x;
run;
```

```
                    The NPAR1WAY Procedure
          Wilcoxon Scores (Rank Sums) for Variable x
                  Classified by Variable group
                     Sum of      Expected       Std Dev          Mean
 group        N      Scores      Under H0      Under H0         Score
--------------------------------------------------------------------------
```

```
1          6        34.50          39.0     6.234071         5.750
2          6        43.50          39.0     6.234071         7.250
                Average scores were used for ties.
                    Wilcoxon Two-Sample Test
                  Statistic             34.5000
                     Normal Approximation
                  Z                      -0.6416
                  One-Sided Pr <  Z       0.2606
                  Two-Sided Pr > |Z|      0.5211
                         t Approximation
                  One-Sided Pr <  Z       0.2671
                  Two-Sided Pr > |Z|      0.5343
```

处理 *a* 与处理 *c* 之间的两两比较：

```
data study;
do group=1 to 2;
input n;
  do i=1 to n;
  input x @@;
 output;
end;
end;
cards;
6
178  142 64  140 55  100
6
86   65  53  55  60  101
;
proc npar1way data=study Wilcoxon;
class group;
var x;
run;
                    The NPAR1WAY Procedure
         Wilcoxon Scores (Rank Sums) for Variable x
                 Classified by Variable group

                  Sum of      Expected      Std Dev         Mean
group       N     Scores      Under H0      Under H0        Score
-------------------------------------------------------------------
1           6      48.50        39.0      6.234071      8.083333
2           6      29.50        39.0      6.234071      4.916667
               Average scores were used for ties.
                    Wilcoxon Two-Sample Test
                  Statistic             48.5000
                     Normal Approximation
                  Z                       1.4437
```

```
One-Sided Pr >  Z       0.0744
Two-Sided Pr > |Z|      0.1488
      t Approximation
One-Sided Pr >  Z       0.0883
Two-Sided Pr > |Z|      0.1767
```

处理 b 与处理 c 之间的两两比较：

```
data study;
do group=1 to 2;
input n;
  do i=1 to n;
  input x @@;
 output;
end;
end;
cards;
6
80  192 152 122 140 105
6
86  65  53  55  60  101
;
proc npar1way data=study Wilcoxon;
class group;
var x;
run;
```

```
                The NPAR1WAY Procedure
     Wilcoxon Scores (Rank Sums) for Variable x
            Classified by Variable group
                 Sum of     Expected      Std Dev          Mean
group      N     Scores     Under H0     Under H0         Score
-----------------------------------------------------------------
 1         6      55.0        39.0       6.244998      9.166667
 2         6      23.0        39.0       6.244998      3.833333
              Wilcoxon Two-Sample Test
             Statistic            55.0000
                Normal Approximation
             Z                     2.4820
             One-Sided Pr >  Z     0.0065
             Two-Sided Pr > |Z|    0.0131
                   t Approximation
             One-Sided Pr >  Z     0.0152
             Two-Sided Pr > |Z|    0.0305
```

检验结果表明：a 与 b、c 差异不显著，b 与 c 之间的差异极显著。

三、等级相关

例 10.7 的 SAS 程序如下：

```
data ex8;
input x y @@;
cards;
20 12 23 5 2 13 24 29 27 16
11 7  2  1 6 4  2  5  6  5
proc corr Spearman;
var x ;
with y;
run;
```

SAS 输出结果如下：

```
                          SAS 系统
                       CORR PROCEDURE
                       1 With 变量:    y
                       1      变量:    x
                          简单统计量
变量     N        均值         标准差       中位数       最小值       最大值
y       10      9.70000     8.23340    6.00000    1.00000    9.00000
x       10     12.30000    10.14396    8.50000    2.00000   27.00000
                   Spearman 相关系数, N = 10
                  当 H0: Rho=0 时, Prob > |r|
                           x      0.59190
                           y      0.0714
```

从 SAS 输出结果中可看出：x 与 y 的 Spearman 相关系数为 0.5919，所对应的 P 值为 0.0714，在 0.05 的显著性水平下，相关系数不显著，则认为碱韭的种群密度和无芒隐子草的种群密度之间不存在明显的等级相关性。

例 10.8 的 SAS 程序如下：

```
data ex8;
input x y @@;
cards;
1 4 4  2  2  5  5  0  3 1
9 6 25 18 23 18 25 20 8 0
proc corr Spearman;
var x ;
with y;
run;
```

SAS 输出结果如下：

```
                          SAS 系统
                       CORR PROCEDURE
                       1 With 变量:    y
                       1      变量:    x
```

简单统计量

变量	N	均值	标准差	中位数	最小值	最大值
y	10	7.40000	8.04432	4.50000	0	20.00000
x	10	10.50000	9.86858	6.50000	1.00000	25.00000

Spearman 相关系数，N = 10
当 H0：Rho=0 时，Prob > |r|

	x
y	0.59633 0.0688

从 SAS 输出结果中可看出：x 与 y 的 Spearman 相关系数为 0.596 33，所对应的 P 值为 0.0688，在 0.05 的显著性水平下，相关系数不显著，则认为短花针茅的种群密度和碱韭的种群密度之间不存在明显的等级相关性。

第十一章　回 归 分 析

统计上常用回归的方法探讨两个或多个变量之间的关系。直线回归是最基本和最简单的回归分析方法。常采用最小二乘法建立直线回归方程，变量 y 的离差平方和可以分解为回归平方和 U 和离回归平方和 Q，通过 F 检验或 t 检验的方法检验直线回归关系的显著性。直线回归方程既可以描述两个变量间的依存关系，又可以用来进行预测和控制。

在本章中，首先介绍直线回归的建立和检验方法及相关注意事项等内容，然后介绍可转化为直线回归的函数关系，进而讨论一对多的回归关系；同时对趋势面回归和响应面回归进行详细阐述，尽可能通过本章内容，让读者对回归分析有一个较为全面的认识。

第一节　直线回归分析

变量间的相互关系，常见的有因果关系和平行关系。因果关系是指一个变量的变化受另一个变量或多个变量的制约，如微生物的繁殖速度受温度、湿度、光照等因素的影响，子女的身高受父母身高的影响。平行关系是指两个或两个以上变量之间共同受到其他因素的影响，如人的身高与体重之间的关系、兄弟身高之间的关系等。

对于两个变量，一个变量用 x 表示，另一个变量用 y 表示，如果通过试验或调查获得两个变量的成对观测值，可表示为$(x_1,y_1), (x_2,y_2), \cdots, (x_n,y_n)$。为了直观看出 x 和 y 的变化关系，可将每一对观测值在平面直角坐标系中表示成一个点，做成散点图。从散点图可以看出：①两个变量间关系的性质和程度；②两个变量间关系的类型是直线型还是曲线型；③是否有异常观测值的干扰等。图 11-1 是三幅两个变量的散点图，从中可以看出，图 11-1a 和图 11-1b 都是直线型的，但图 11-1a 中两个变量的关系较图 11-1b 密切，且是正向的，即 x 增加，y 也增加，图 11-1b 是负向的，图 11-1c 中两个变量之间的关系是曲线型的。由散点图表示两个变量之间的关系只是定性研究，为了探讨它们之间的规律，必须根据观测值将其理论关系推导出来。

如果两个变量间的关系属于因果关系，一般用回归分析来研究。表示原因的变量称为自变量，用 x 表示。自变量是固定的（试验时预先确定的），没有随机误

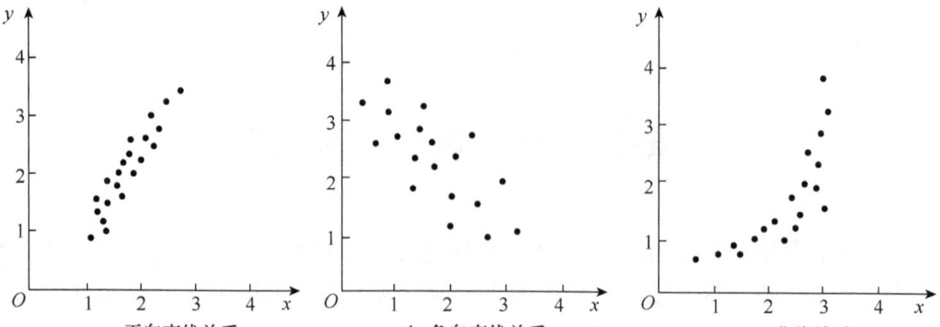

a. 正向直线关系　b. 负向直线关系　c. 曲线关系

图 11-1　x 与 y 之间的关系

差。表示结果的变量称为因变量或依变量，用 y 表示，y 随 x 的变化而变化，并且有随机误差。例如，作物施肥量和产量之间的关系，前者是表示原因的变量，为事先确定的，是自变量，后者是表示结果的变量，为依变量，且具有随机误差。对于 x 的每一个可能值 x_i，都有随机变量 y_i 的一个分布与之相对应，则称随机变量 y 与变量 x 存在回归关系。研究“一因一果”，即一个自变量与一个依变量的回归分析称为一元回归分析；研究“多因一果”，即多个自变量与一个依变量的回归分析称为多元回归分析。一元回归可分为直线回归与曲线回归两种；多元回归可分为多元线性回归与多元非线性回归两种。回归分析是揭示呈因果关系的变量之间的联系形式，建立回归方程，利用所建立的回归方程由自变量来预测和控制依变量。

一、直线回归方程的建立

研究回归分析时，对每一个 x 的取值 x_i，都有 y 的一个分布与之相对应，而不是一个确定的 y_i 与之对应。当 $x=x_i$ 时，y_i 的平均数 $\mu_{y/x=x_i}$ 与之相对应。在这种情况下，我们可以利用直线回归方程来描述 x 与 y 的均值关系，其一般形式为

$$\hat{y}=a+bx$$

上式读作“y 依 x 的直线回归方程”。其中，x 是自变量；$\hat{y}$ 是与 x 值相对应的依变量 y 的总平均数的点估计值；a 是当 x=0 时的 $\hat{y}$ 值，即直线在 y 轴上的截距，称为回归截距；b 是回归直线的斜率，称为回归系数，其含义是自变量 x 改变一个单位，依变量 y 平均增加或减少的单位数。

如果两个变量在离散图上呈线性关系，就可以用直线回归方程来进行描述。为了使 $\hat{y}=a+bx$ 能较好地反映 y 和 x 两个变量间的数量关系，根据最小二乘法，a、b 应使回归估计值与观测值的离均差平方和最小，即

$$Q=\sum_{1}^{n}(y-\hat{y})^2=\sum_{1}^{n}(y-a-bx)^2=\text{最小值}$$

根据微积分学中的极值原理，必须使 Q 对 a、b 的一阶偏导数值为 0。

$$\frac{\partial Q}{\partial a}=-2\sum(y-a-bx)=0$$

$$\frac{\partial Q}{\partial b}=-2\sum(y-a-bx)x=0$$

整理得正规方程组：

$$\begin{cases} an+b\sum x=\sum y \\ a\sum x+b\sum x^2=\sum xy \end{cases}$$

解方程组，得

$$a=\overline{y}-b\overline{x}$$

$$b=\frac{\sum xy-(\sum x)(\sum y)/n}{\sum x^2-(\sum x)^2/n}=\frac{\sum(x-\overline{x})(y-\overline{y})}{\sum(x-\overline{x})^2}=\frac{\text{SP}}{\text{SS}_x}$$

式中，分子 $\sum(x-\overline{x})(y-\overline{y})$ 是 x 的离均差和 y 的离均差的乘积和，简称乘积和，记作 SP 或 SS_{xy}。分母 $\sum(x-\overline{x})^2$ 是 x 的离均差平方和，记作 SS_x。

回归直线在直角坐标系中的位置取决于 a、b 的取值。由图 11-2 可以看出，$a>0$，表示回归直线在第一象限与 y 轴相交；$a<0$，表示回归直线在第一象限与 x 轴相交。$b>0$，表示 y 随 x 的增加而增加；$b<0$，表示 y 随 x 的增加而减少；$b=0$ 或与 0 差异不显著时，表示 y 的变化与 x 的取值无关，两个变量之间不存在直线回归关系。这只是对 a 和 b 的统计学解释，对于具体资料，a 和 b 通常还有专业上的实际意义。

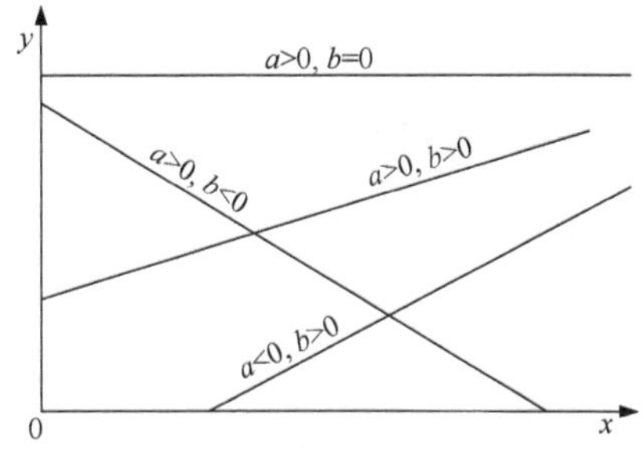

图 11-2　直线回归方程 $\hat{y}=a+bx$ 图像

将 x 的取值代入直线回归方程，可计算出 $\hat{y}$ 值，研究 y 和 $\hat{y}$ 之间的关系，可以发现回归方程的 3 个基本性质。

性质 1：$Q=\sum(y-\hat{y})^2$=最小值。

性质 2：$\sum(y-\hat{y})=0$。

性质 3：回归直线必须通过中心点（$\bar{x},\bar{y}$）。

将公式 $a=\bar{y}-b\bar{x}$ 代入公式 $\hat{y}=a+bx$，得到直线回归方程的另一种形式：

$$\hat{y}=\bar{y}-b\bar{x}+bx=\bar{y}+b(x-\bar{x})$$

【例 11.1】某紫花苜蓿品种，在纸基培养皿中发芽，于第 8 天开始，每天测定发芽种子的根长（mm）与苗长（mm），见表 11-1，试对其进行回归分析。

表 11-1　紫花苜蓿根长与苗长

记录指标	测得的数据						
发芽天数	8	9	10	11	12	13	14
根长（x）（mm）	10.6	12.1	15.5	16.7	19.0	26.8	33.0
苗长（y）（mm）	20.2	21.2	25.4	27.1	30.1	36.0	42.9

问题分析：对紫花苜蓿根长与苗长进行回归分析，其中根长为自变量，苗长为因变量，主要考察紫花苜蓿萌发后的成活能力；根长成长较快，有利于幼苗迅速把根扎牢并提供植株生长所必需的水分和养分；苗长成长较快，有利于幼苗迅速出土，并尽快形成较为高大的地上冠幅，保障植株地上空间占有能力和争取光照的能力。因此，考查二者的关系就是考察幼苗的竞争能力。

$$\mathrm{SS}_x=\sum x^2-\frac{(\sum x)^2}{n}=2946.15-\frac{133.70^2}{7}=392.48$$

$$\mathrm{SS}_y=\sum y^2-\frac{(\sum y)^2}{n}=6279.47-\frac{202.90^2}{7}=398.27$$

$$\mathrm{SP}=\sum xy-\frac{(\sum x)(\sum y)}{n}=4269.31-\frac{133.70\times 202.90}{7}=393.92$$

$$\bar{x}=\frac{\sum x}{n}=\frac{133.70}{7}=19.1$$

$$\bar{y}=\frac{\sum y}{n}=\frac{202.90}{7}=29.0$$

计算 b 和 a 的值：

$$b=\frac{\mathrm{SP}}{\mathrm{SS}_x}=\frac{393.92}{392.48}=1.0037$$

$$a=\bar{y}-b\bar{x}=29.0-1.0037\times 19.1=9.8293$$

建立苗长与根长的直线回归方程：

$$\hat{y}=9.8293+1.0037x$$

或

$$\hat{y}=29.0+1.0037\times(x-19.1)$$

从回归方程可知，紫花苜蓿根长每增加 1mm，苗长平均增加 1.0037mm，当根长为 0mm，苗长约为 9.8mm。但是，由于本例 x 的取值只为 10.6～33.0mm，x=0 不在此区间，是否符合 $\hat{y}=9.8293+1.0037x$ 的变化规律，有待实践进一步验证。

图 11-3 是该资料直线回归方程的图形。从图中可以看出，尽管 $\hat{y}=9.8293+1.0037x$ 可作为该资料的回归方程，但并不是所有的散点均恰好落在回归直线上，而是比较靠近回归直线，这说明用 x 估计 y 是有随机误差的，因此必须根据回归的数学模型对随机误差进行估计，并对回归方程进行检验。

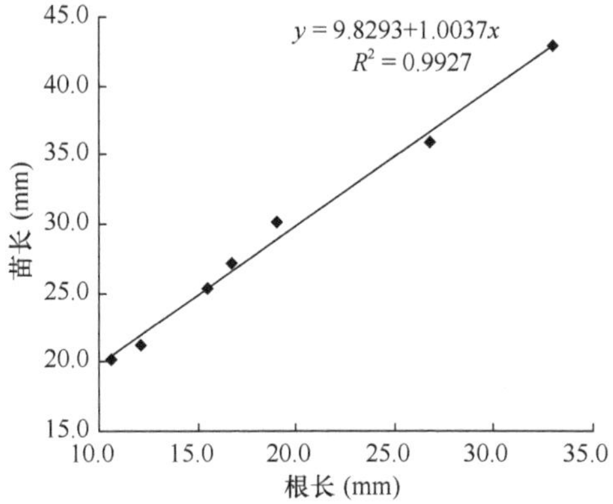

图 11-3　紫花苜蓿根长与苗长的关系

二、直线回归的数学模型和基本假定

（一）直线回归的数学模型

在直线回归中，y 总体的每一个观测值可分解为三部分，即 y 的总体平均数 μ_y、因 x 引起 y 的变异 $\beta(x-\mu_x)$以及 y 的随机误差 ε。因此，直线回归的数学模型为

$$y=\mu_y+\beta(x-\mu_x)+\varepsilon$$

或

$$y=\alpha+\beta x+\varepsilon$$

以上两式为总体资料的数学模型，其各部分含义如下。

1）常量 α：α 为总体回归截距，是回归直线在纵坐标的截距，它是 y 的本底水平，即 x 对 y 没有任何作用时，y 的数量表现。它属于不能用 x 来估量的部分。

2）βx 部分：β 为总体回归系数，βx 表示依变量 y 的取值改变中，由 y 与自变

量 x 的线性相关关系所引起的变化部分，即可以由 x 直接估计的部分。

3）回归估计误差 ε：ε 为随机误差，也称为回归估计误差或残差、剩余。它表示依变量 y 的取值改变中由自变量 x 以外的其他所有未进入该模型或未知但可能与之有关的随机或非随机因素共同引起的变化部分，即不能由 x 进行直接估计的部分。也就是说，在回归直线方程中，第 i 个观察对象的残差 ε_i 是其依变量 y 的实测值 y_i 与其估测值 $\hat{y}_i$ 之差。

如果是样本资料，直线回归的数学模型为

$$y=\overline{y}-b(x-\overline{x})+e$$

或

$$y=a+bx+e$$

式中，a、b、e 分别估计 α、β、ε。

（二）直线回归的基本假定

按上述直线回归模型进行回归分析，应符合如下基本假定。

1）x 是没有误差的固定变量，至少和 y 比较，x 的误差小到可以忽略，而 y 是随机变量，且具有随机误差。

2）x 的任一值都对应着一个 y 总体，且呈正态分布。其平均数 $\mu_{y/x}=\alpha+\beta x$，方差 $\sigma^2_{y/x}$ 受偶然因素的影响，不因 x 的变化而改变。

3）随机误差 ε 是相互独立的，且呈正态分布，服从 $N(0,\sigma_e^2)$。

直线回归分析建立在以上这些基本假定之上，如果试验资料不满足这些假定，就不能进行直线回归分析，但有些资料可作适当处理后再进行分析，下文将作讨论。

三、直线回归的假设检验

任何两个变量之间都可以通过前面的方法建立一个直线回归方程。该方程是否有意义，关键在于回归是否达到显著水平。我们知道，即使 x、y 所在的总体回归系数 β=0，由于抽样误差，其样品回归系数 b 也不一定为 0，因此需要方差分析或 t 检验进行 β 是否为零的假设检验。在讨论假设检验之前，我们先来分析依变量 y 的变异来源。

（一）直线回归的变异来源

在直线回归中，依变量 y 是随机变量，y 的总变异（$y-\overline{y}$）可以分解为两部分，即由 x 变异引起的变异（$\hat{y}-\overline{y}$）和由误差引起的变异（$y-\hat{y}$）。

$$\sum(y-\overline{y})^2=\sum[(\hat{y}-\overline{y})+(y-\hat{y})]^2$$
$$=\sum(\hat{y}-\overline{y})^2+\sum(y-\hat{y})^2+2\sum(\hat{y}-\overline{y})(y-\hat{y})$$

由直线回归方程

$$\hat{y}=\overline{y}+b(x-\overline{x})$$

因此

$$\sum(\hat{y}-\overline{y})(y-\hat{y})=\sum b(x-\overline{x})[(y-\hat{y})-b(x-\overline{x})]$$
$$=\sum b(x-\overline{x})(y-\hat{y})-b^2\sum(x-\overline{x})^2$$
$$=b\mathrm{SP}-b^2\mathrm{SS}_x$$
$$=b\mathrm{SP}-b\mathrm{SP}=0$$

则有

$$\sum(y-\overline{y})^2=\sum(\hat{y}-\overline{y})^2+\sum(y-\hat{y})^2$$

式中，$\sum(y-\overline{y})^2$ 为依变量 y 的离均差的平方和，称为离均差平方和或总平方和，记作 SS_y 或 $\mathrm{SS}_{总}$，表明未考虑 x 和 y 的回归关系时 y 的总变异。

$\sum(\hat{y}-\overline{y})^2$ 为由 x 变异引起 y 变异的平方和，称为回归平方和，记作 U 或 $\mathrm{SS}_{回归}$。它反映了在 y 的总变异中由于 x 与 y 的直线关系而产生 y 变异的部分，也就是在总平方和中可以用 x 解释的部分。U 越大，说明回归效果越好。

$\sum(y-\hat{y})^2$ 为由误差因素引起的平方和，称为离回归平方和或残差平方和（剩余平方和），记作 Q、$\mathrm{SS}_{离回归}$ 或 $\mathrm{SS}_{剩余}$。它反映了除去 y 和 x 的直线回归关系外的其他因素使 y 变异的大小，即反映 x 对 y 线性影响之外的其他因素对 y 变异的作用，也就是在总平方和中无法用 x 解释的部分。在散点图上，各实测点离回归直线越近，Q 值越小，说明直线的估计误差越小。

因此上式也可记作：

$$\mathrm{SS}_y=U+Q$$

其中，

$$U=\sum(\hat{y}-\overline{y})^2$$
$$=\sum[\overline{y}+b(x-\overline{x})-\overline{y}]^2$$
$$=b^2\sum(x-\overline{x})^2$$
$$=b^2\mathrm{SS}_x=b\mathrm{SP}=\frac{(\mathrm{SP})^2}{\mathrm{SS}_x}$$

$$Q=\mathrm{SS}_y-U$$

由于直线回归只涉及一个自变量，因此回归平方和的自由度为 1，离回归平

方和的自由度为 $n-1-1=n-2$，离回归平方和除以相应自由度即为离回归方差，记作 $s^2_{y/x}$，$s^2_{y/x}$ 的平方根值即为离回归标准差或残差标准差，习惯上称为回归估计标准误，即

$$s_{y/x}=\sqrt{\frac{Q}{n-2}}$$

【例 11.2】试计算例 11.1 资料的回归平方和、离回归平方和以及回归估计标准误。根据前面的计算结果，可得

$$U=b\text{SP}=1.0037\times393.92=395.38$$

$$Q=\text{SS}_y-U=398.27-395.38=2.89$$

$$s_{y/x}=\sqrt{\frac{Q}{n-2}}=\sqrt{\frac{2.89}{7-2}}=0.7603$$

（二）F 检验

两个变量是否存在线性关系，可采用 F 检验法进行。假设 H_0：两个变量间无线性关系；H_A：两个变量有线性关系。在无效假设下，回归方差与离回归方差的比值服从 $\text{df}_1=1$ 和 $\text{df}_2=n-2=5$ 的 F 分布，可用下式来检验直线回归关系的显著性。

$$F=\frac{U/1}{Q/(n-2)}=\frac{U}{Q}\times(n-2)$$

【例 11.3】用 F 检验的方法检验例 11.1 资料直线回归关系的显著性。

假设 H_0：根长 x 与苗长 y 之间无线性关系；H_A：二者存在线性关系。

将 F 检验结果列于表 11-2。

表 11-2　例 11.1 资料回归关系的假设检验

变异来源	df	SS	s^2	F	$F_{0.05}$	$F_{0.01}$
回归	1	395.37	395.37	680.89**	6.61	16.26
离回归	5	2.90	0.58			
总变异	6	398.27				

$F>F_{0.01}$，说明紫花苜蓿根长与苗长之间有着极显著的直线回归关系。

（三）t 检验

采用 t 检验也可以检验线性回归关系的显著性。假设 H_0：$\beta=0$；H_A：$\beta\neq0$。该方法是检验样本回归系数 b 是否来自 $\beta=0$ 的双变量总体，以推断线性回归的显著性。

回归系数的标准误 s_b 和 t 值为

$$s_b=\sqrt{\frac{\sum(y-\hat{y})^2}{(n-2)\sum(x-\overline{x})^2}}=\frac{s_{y/x}}{\sqrt{\mathrm{SS}_x}}$$

$$t=\frac{b-\beta}{s_b}=\frac{b}{s_b}$$

上式遵循 df=n−2 的 t 分布，由 t 值可得出样本回归系数 b 落在 β=0 总体中的区间概率。

【例 11.4】用 t 检验法检验例 11.1 资料回归关系的显著性。

前面已经计算出 $s_{y/x}$=0.7603，SS_x=392.48，b=1.0037，所以：

$$s_b=\frac{s_{y/x}}{\sqrt{\mathrm{SS}_x}}=\frac{0.7603}{\sqrt{392.48}}=0.0384$$

$$t=\frac{b}{s_b}=\frac{1.0037}{0.0384}=26.14$$

查 t 值表，当 df=n−2=7−2=5 时，$t_{0.01}$=4.032，$|t|$=26.14>$t_{0.01}$，应否定 H_0：β=0，接受 H_A：$\beta\neq0$，认为紫花苜蓿根长与苗长间有真实的直线回归关系。

上述 t 检验和 F 检验都是对直线回归关系的假设检验，二者的检验结果是完全一致的。因为在同一概率值下，df_1=1，df_2=n−2 的一尾 F 值为 df=n−2 的两尾 t 值的平方，且计算出的 F 值也是 t 值的平方，本例中 $t^2=(26.14)^2$=683.30 与 F=680.89 的微小差异是在计算过程中有效位数的不同造成的。由下式也可以看出：

$$t^2=\left(\frac{b}{s_b}\right)^2=\frac{b^2}{s_{y/x}^2/\mathrm{SS}_x}=\frac{b^2\mathrm{SS}_x}{s_{y/x}^2}=\frac{U}{Q/(n-2)}=F$$

四、直线回归的区间估计

当直线回归关系显著时，既可用样本统计数 a、b 来估计总体参数 α、β，又可利用回归方程估计某一 x 值对应 y 总体的平均数和预测单个 y 值所在的区间。

（一）回归截距和回归系数的置信区间

根据公式 $a=\overline{y}-b\overline{x}$，得到回归截距 a 的方差为

$$s_a^2=s_{y/x}^2\left(\frac{1}{n}+\frac{\overline{x}^2}{\mathrm{SS}_x}\right)$$

因而回归截距 a 的标准误 s_a 和 t 值为

$$s_a=s_{y/x}\sqrt{\frac{1}{n}+\frac{\overline{x}^2}{\mathrm{SS}_x}}$$

$$t = \frac{a-\alpha}{s_a}$$

由于$(a-\alpha)/s_a$服从 df=$n-2$ 的 t 分布，因此总体回归截距 α 的置信区间为

$$\left.\begin{aligned} L_1 = a - t_a s_a \\ L_2 = a + t_a s_a \end{aligned}\right\}$$

由于$(b-\beta)/s_b$ 服从 df=$n-2$ 的 t 分布，故总体回归系数 β 的置信区间为

$$\left.\begin{aligned} L_1 = b - t_a s_b \\ L_2 = b + t_a s_b \end{aligned}\right\}$$

【例 11.5】试计算例 11.1 资料回归截距和回归系数的 95%置信区间。

由 s_a 的计算公式求得

$$s_a = s_{y/x}\sqrt{\frac{1}{n}+\frac{\overline{x}^2}{\mathrm{SS}_x}} = 0.7603\times\sqrt{\frac{1}{7}+\frac{19.1^2}{392.48}} = 0.7873$$

查 t 值表，$t_{0.05(5)} = 2.571$，根据回归截距置信区间求解公式，所得回归截距的 95%置信区间为

$$L_1 = a - t_{0.05}s_a = 9.8293 - 2.571\times 0.7873 = 7.8052$$
$$L_2 = a + t_{0.05}s_a = 9.8293 + 2.571\times 0.7873 = 11.8535$$

表明在研究紫花苜蓿苗长与根长关系时，将有 95%的总体回归截距落在（7.8052，11.8535）这一区间内。

同理，根据回归系数置信区间求解公式，所求回归系数的 95%置信区间为

$$L_1 = b - t_{0.05}s_b = 1.0037 - 2.571\times 0.0384 = 0.905$$
$$L_2 = b + t_{0.05}s_b = 1.0037 + 2.571\times 0.0384 = 1.102$$

这说明紫花苜蓿苗长和根长的总体回归系数在（0.905，1.102）区间的可靠度为 95%。

（二）$\mu_{y/x}$的置信区间和单个 y 的预测区间

由于 x 的任一值对应 y 总体的平均数 $\mu_{y/x}$ 的样本估计值为：$\hat{y} = \overline{y} + b(x-\overline{x})$，它不包含随机误差；如果由回归方程预测 x 为某一值时 y 的观测值所在区间，则 y 的观测值不仅受到 $\overline{y}$ 和 b 的影响，还受到随机误差的影响。对于给定的 x，预测总体的平均数 $\mu_{y/x}$ 时 $\hat{y}$ 的方差为

$$s_{\hat{y}}^2 = s_{y/x}^2\left[\frac{1}{n}+\frac{(x-\overline{x})^2}{\mathrm{SS}_x}\right]$$

于是，$\hat{y}$ 的标准误为

$$s_{\hat{y}} = s_{y/x}\sqrt{\frac{1}{n}+\frac{(x-\overline{x})^2}{\mathrm{SS}_x}}$$

而且 $\dfrac{\hat{y}-\mu_{y/x}}{s_{\hat{y}}}$ 服从 df=n−2 的 t 分布，所以 $\mu_{y/x}$ 的置信区间为

$$\left.\begin{aligned} L_1 &= \hat{y} - t_a s_{\hat{y}} \\ L_2 &= \hat{y} + t_a s_{\hat{y}} \end{aligned}\right\}$$

预测单个 y 观测值的方差为

$$s_y^2 = s_{y/x}^2\left[1+\frac{1}{n}+\frac{(x-\overline{x})^2}{\mathrm{SS}_x}\right]$$

单个 y 值的标准误为

$$s_y = s_{y/x}\sqrt{1+\frac{1}{n}+\frac{(x-\overline{x})^2}{\mathrm{SS}_x}}$$

而且 $\dfrac{y-\hat{y}}{s_y}$ 近似服从 df=n−2 的 t 分布，所以某一 x 值对应 y 观测值的预测区间为

$$\left.\begin{aligned} L_1 &= \hat{y} - t_a s_y \\ L_2 &= \hat{y} + t_a s_y \end{aligned}\right\}$$

【例 11.6】试根据例 11.1 资料，估计紫花苜蓿平均根长为 19.1mm 时苗长为多少毫米（取 95%置信概率，即求 $\hat{y}$ 的估计值置信区间）。若紫花苜蓿平均根长为 19.1mm，该紫花苜蓿的苗长为多少毫米（取 95%置信概率，即求 y 的观测值置信区间）。

根据题意可知，第一个问题是估计 x=19.1 时 y 总体平均数估计值的置信区间，第二个问题是估计 x=19.1 时对应 y 总体平均值观测值所在的预测区间。

当 x=19.1 时，有

$$\hat{y} = a+bx = 9.8293+1.0037\times 19.1 = 29$$

根据上式，有

$$s_{\hat{y}} = s_{y/x}\sqrt{\frac{1}{n}+\frac{(x-\overline{x})^2}{\mathrm{SS}_x}} = 0.7603\times\sqrt{\frac{1}{7}+\frac{(19.1-29)^2}{392.48}} = 0.4764$$

$$s_y = s_{y/x}\sqrt{1+\frac{1}{n}+\frac{(x-\overline{x})^2}{\mathrm{SS}_x}} = 0.7603\times\sqrt{1+\frac{1}{7}+\frac{(19.1-29)^2}{392.48}} = 0.8972$$

所以，由 $\mu_{y/x}$ 的置信区间公式可知，当 x=19.1 时，$\mu_{y/x}$ 的 95%置信区间为

$$L_1=\hat{y}-t_{0.05}s_{\hat{y}}=29-2.571\times0.4764=27.78$$
$$L_2=\hat{y}+t_{0.05}s_{\hat{y}}=29+2.571\times0.4764=30.22$$

即当紫花苜蓿平均根长为 19.1mm 时，苗长平均长度估计值的 95%置信区间为（27.78，30.22）。

由 y 观测值置信区间公式可知，x=19.1 时，对应 y 观测值的 95%置信区间为

$$L_1=\hat{y}-t_{0.05}s_y=29-2.571\times0.8972=26.69$$
$$L_2=\hat{y}+t_{0.05}s_y=29+2.571\times0.8972=31.31$$

即紫花苜蓿平均根长为 19.1mm 时，该紫花苜蓿平均苗长观测值的 95%置信区间为（26.69，31.31）。

（三）$\mu_{y/x}$ 和单个 y 观测值置信区间图示

可以看出，$s_{\hat{y}}$ 和 s_y 都与 $(x-\overline{x})^2$ 有关，它们之间是变形的双曲线关系，所以 $s_{\hat{y}}$ 和 s_y 的估计值因 x 的不同而异，当 $x=\overline{x}$ 时取最小值，即 $\mu_{y/x}$ 和单个 y 的估计区间最小。如果将置信区间制作成图，便可从图上进行推断和预测。

【例 11.7】试制作例 11.1 资料 $\mu_{y/x}$ 的 95%置信区间和单个 y 的 95%预测区间图。

首先根据 x 的取值范围选取间距为 1 的 9 个 x 值，将各个 x 值代入回归方程 $\hat{y}$=57.0400–2.5317x，得到相应的 $\hat{y}$ 值，然后计算相应的 $s_{\hat{y}}$ 和 s_y 值以及 $t_{0.05}s_{\hat{y}}$ 和 $t_{0.05}s_y$ 值，从而估计出 $\mu_{y/x}$ 和单个 y 的 95%预测区间，计算结果见表 11-3。

表 11-3　例 11.1 资料 $\mu_{y/x}$95%置信区间与单个 y 的 95%预测区间

(1)x	(2) $\hat{y}$	$\mu_{y/x}$ 的 95%置信区间的计算				y 的 95%预测区间的计算			
		(3) $s_{\hat{y}}$	(4) $t_{0.05}s_{\hat{y}}$	(5) $[L_1,L_2]$		(6) s_y	(7) $t_{0.05}s_y$	(8) $[L_1,L_2]$	
10.60	20.45	0.44	1.12	19.34	21.57	0.88	2.26	18.20	22.71
12.10	21.96	0.39	1.01	20.95	22.97	0.86	2.20	19.76	24.17
15.50	25.37	0.32	0.82	24.55	26.19	0.83	2.12	23.25	27.50
16.70	26.58	0.30	0.78	25.80	27.35	0.82	2.11	24.47	28.68
19.00	28.89	0.29	0.74	28.15	29.63	0.81	2.09	26.79	30.98
26.80	36.71	0.41	1.06	35.65	37.78	0.87	2.23	34.49	38.94
33.00	42.94	0.61	1.56	41.38	44.50	0.97	2.50	40.43	45.44

将表 11-3 中的（1）列 x 值分别以（5）列的 L_1 和 L_2 在坐标系中做成散点，分别连接 x 与 L_1、x 与 L_2 的点，得到两条曲线，这两条曲线中间的区域即为 $\mu_{y/x}$ 的 95%置信区间，简称 $\mu_{y/x}$ 的 95%置信带。将表 11-3 中的（1）列 x 值分别以（8）列的 L_1 和 L_2 在坐标系中做成散点，分别连接 x 与 L_1、x 与 L_2 的点，也得到两条曲线，这两条曲线中间的区域即为单个 y 的 95%预测区间，简称单个 y 的 95%置信带。由图 11-4 可以看出，单个 y 的置信带要比 $\mu_{y/x}$ 的置信带宽，x 偏离 $\overline{x}$ 越远，

置信带越宽，预测效果越差。通过图 11-4 中 $\mu_{y/x}$ 与单个 y 的 95%置信带，就可由紫花苜蓿根长直接对苗长进行预测。在实际应用中，往往是由地上部分预测地下部分，因为地上指标更容易获得，而地下指标难以获得，因此由容易测得的指标来预测不易测得的指标，也是回归分析预测研究中的一个重点。

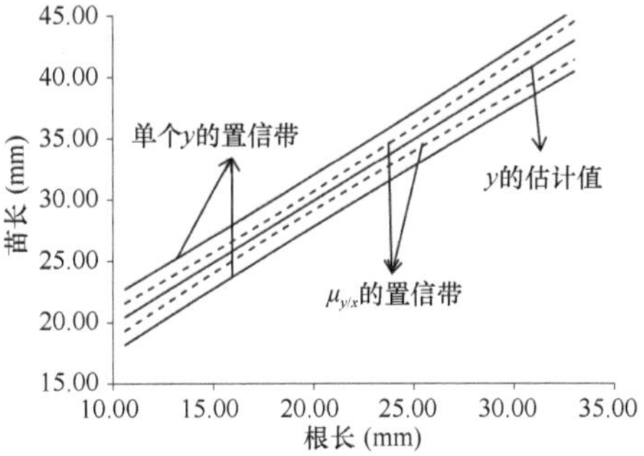

图 11-4　$\mu_{y/x}$ 与单个 y 的 95%置信带

五、直线回归的应用及注意问题

（一）直线回归的应用

直线回归方程主要应用于以下 3 个方面。

1. 描述两个变量的依存关系

通过回归系数的假设检验，若认为两个变量间存在直线回归关系，则可以利用直线回归方程描述 x 和 y 两个变量之间的关系。

2. 进行预测

在变量 x 的观测范围内对依变量 y 进行估计，就是把自变量 x 代入回归方程对依变量 y 进行估计。一般常用区间估计求出当 x 取某定值时 y 值的波动范围，从而进行预测。

3. 进行控制

利用回归方程进行逆运算，控制自变量 x 的取值来限制依变量 y 在一定范围内波动。

（二）应用直线回归时需要注意的问题

1. 进行回归分析要有意义

变量间是否存在直线回归关系，求出的直线回归方程是否有意义，都必须由各个具体学科决定，并且要在实践中进行检验。回归只能作为一种统计手段，帮助认识和解释事物的客观规律，不能把不相关的资料凑到一起进行分析，否则将会得出错误结论。

2. 回归变量分清因果

如果两个有内在联系的变量之间是一种依存因果关系，应该以“因”的变量为 x，以“果”的变量为 y。如果变量之间并无因果关系，则应以易于测定、较为稳定或变异性较小的变量作为自变量 x。在研究两个变量之间的关系时，要求其余变量尽量保持在同一水平，否则，回归分析就会不可靠甚至产生完全虚假的结果。例如，单位体积的长方体，高度一定时，长度增加，宽度一定减小，反之成立。

3. 观测值要尽可能多

在进行回归分析时，两个变量观测值应尽可能多一些，这样可以提高分析的准确性。一般至少有 5 对以上的观测值，同时变量 x 的取值范围要尽可能大一些。

4. 回归方程必须检验

回归方程建立后必须作假设检验，只有经检验拒绝了无效假设，回归方程才有意义。一个不显著的回归系数并不意味着变量之间没有回归关系，而只能说明两个变量之间没有显著的直线回归关系，并不排除有能够更好地描述它们关系的非线性方程的存在。

5. 预测和外推要谨慎

使用回归方程计算估计值时，一般不可估计的范围扩大到建立方程时的自变量的取值范围之外。如果超出这个取值范围，变量间的关系类型可能会发生改变，所以回归预测必须限制自变量 x 的取值范围，外推要谨慎，否则会得出错误的结果。

六、可直线化的非线性回归分析

（一）曲线类型的确定

生物学中变量间的曲线关系通常有倒数函数曲线、指数函数曲线、对数函数曲线、幂函数曲线、“S”形曲线等多种形式，但是要想找出两个变量间恰当的非线性回归方程形式很不容易，这往往需要借助于相关专业知识进行推断。例如，单细胞生物生长初期按指数函数增长，但若考虑到生长时间相当长，后期生长受到抑制，则会变为“S”形曲线；酶促反应动力学中的米氏方程是一种双曲线等。这些推断要经过专业实践的验证，而且求出的方程的统计数即由此导出的统计数，不应和有关专业实践结果相矛盾，并可从专业理论中得到解释。所以，未必总能找出反映双变量间固有关系的最恰当曲线类型。但是，只要研究工作者对所研究的变量具备足够的专业知识和实践经验，借助于散点图和直线化的数据转换，可以选出一条符合要求的曲线。

确定曲线类型是非线性回归分析的关键。通常的方法如下。

1）图示法。根据所获得的试验资料的自然尺度绘出散点图，然后按照散点图的趋势绘出能够反映它们之间变化规律的曲线，并与已知曲线相比较，找出与之较为相似的曲线图形，该曲线即为选定的类型。

2）直线化法。根据散点图进行直观的比较。选出一种曲线类型，并将原始数据进行转换，将曲线方程直线化，用转换后的数据绘出散点图，若该图形为直线趋势，即表明选取的曲线类型是恰当的，否则需要重新进行选择。

确定曲线类型时，往往需要多方面慎重考虑。曲线的好坏，通常以所配置的曲线与实测点吻合程度的高低来衡量，这取决于离回归平方和 $\sum(y-\hat{y})^2$ 占 y 的总平方和 $\sum(y-\overline{y})^2$ 的比例大小。若这个比例小，说明所配置的曲线与实测点吻合程度高，反之则低。我们把 1 与这个比值之差定义为曲线回归的相关指数，记为 R^2，即

$$R^2=1-\frac{\sum(y-\hat{y})^2}{\sum(y-\overline{y})^2}$$

相关指数 R^2 的大小反映了回归直线拟合度的高低，表示利用直线回归方程进行估测的可靠程度的高低。

对于同一组实测数据，根据散点图的形状，可以用若干相近的曲线进行拟合，同时建立若干曲线回归方程，然后根据 R^2 的大小和生物学等专业知识，选择既符合生物学规律、拟合度又较高的曲线回归方程来描述两个变量间的曲线回归关系。

（二）数据变换的方法

在进行非线性回归曲线的直线化时，对原数据进行转换的方法通常有两种。

1）直接引入新变量。这种方法是直接引入新的变量，使变量间为直线关系，如对数函数曲线方程为

$$\hat{y}=a+b\lg x$$

直接引入新变量 x'，令 $x'=\lg x$，原方程式转换为直线形式，即

$$\hat{y}=a+bx'$$

2）方程变换后再引入新变量。这种方法是将原曲线方程进行一定的数学变换后再引入新的变量，使变量间的关系变为直线关系，如幂函数曲线方程为

$$\hat{y}=ax^b$$

两边取对数，得

$$\lg\hat{y}=\lg a+b\lg x$$

若令 $y'=\lg\hat{y}$，$a'=\lg a$，$x'=\lg x$，则原方程式变为

$$\hat{y}'=a'+bx'$$

几种常用的曲线方程的直线化方法见表 11-4。

表 11-4　常用曲线模型的直线化方法

曲线回归方程	经尺度转换的新变量及参数			直线化的方程
	y'	x'	a'	
$\hat{y}=\frac{a+bx}{x}$	$y'=yx$			$\hat{y}'=a+bx$
$\hat{y}=\frac{1}{a+bx}$	$y'=\frac{1}{y}$			$\hat{y}'=a+bx$
$\hat{y}=\frac{x}{a+bx}$	$y'=\frac{x}{y}$			$\hat{y}'=a+bx$
$\hat{y}=ax+bx^2$	$y'=\frac{y}{x}$			$\hat{y}'=a+bx$
$\hat{y}=a+b\ln x$		$x'=\ln x$		$\hat{y}=a+bx'$
$\hat{y}=a+b\lg x$		$x'=\lg x$		$\hat{y}=a+bx'$
$\hat{y}=ax^b$	$y'=\ln y$	$x'=\ln x$	$a'=\ln a$	$\hat{y}'=a'+bx'$
$\hat{y}=ae^{bx}$	$y'=\ln y$		$a'=\ln a$	$\hat{y}'=a'+bx$
$\hat{y}=axe^{bx}$	$y'=\ln\frac{y}{x}$		$a'=\ln a$	$\hat{y}'=a'+bx$
$\hat{y}=\frac{1}{ax^b}$	$y'=\ln\frac{1}{y}$	$x'=\ln x$	$a'=\ln a$	$\hat{y}'=a'+bx'$

统计学上已经表明，对于倒数函数曲线、指数函数曲线、对数函数曲线、幂函数曲线和逻辑斯谛生长曲线这几种曲线方程，只要变量转换以后的直线化回归关系显著，变量反转后得到的曲线回归关系就较好。

应用 $\hat{y}=\dfrac{a+bx}{x}$ 的条件如下。

1）x 的观测值无 0 值。

2）y_x 应具有专业意义，而不是抽象量。

3）以 y'（$y'=y_x$）和 x 为坐标绘制出散点图有明显的直线性。

4） y' 和 x 的相关系数显著。

逻辑斯谛生长曲线最初由比利时数学家 P. F. Verhult 于 1838 年推导出来，但

长期被忽视，直到 20 世纪 20 年代才被 R. Pearl 和 L. J. Reed 重新发现，目前它已广泛应用于动植物的饲养、栽培、资源、生态、环保等方面的模拟研究。其特点是开始增长速度缓慢，而在之后的某一范围内迅速增长，达到某一限度后，增长速度又缓慢下来，曲线略呈拉长的“S”，因此，也称为 S 形曲线。

逻辑斯谛生长曲线方程为

$$\hat{y}=\frac{K}{1+ae^{-bx}}$$

曲线的图形如图 11-5 所示。逻辑斯谛生长曲线的基本特征如下。

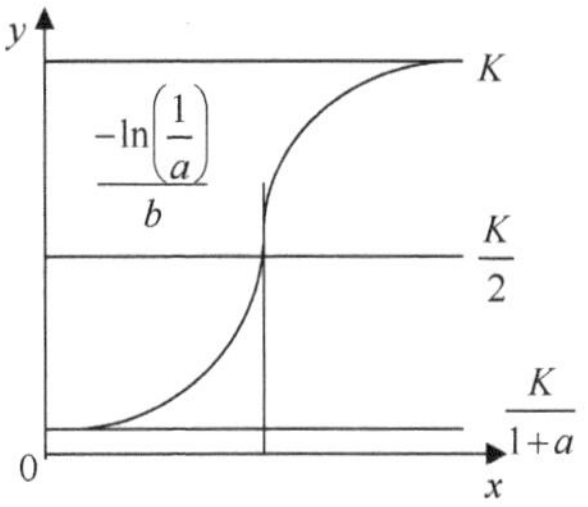

图 11-5　逻辑斯谛生长曲线 $\hat{y}=\frac{K}{1+ae^{-bx}}$ 的图像

1）当 x=0 时，$\hat{y}=\frac{K}{1+a}$；当 $x\to\infty$时，$\hat{y}=K$。所以时间为 0 的起始量是 $\frac{K}{1+a}$，时间无限延长的终极量是 K。

2）逻辑斯谛生长曲线方程的二阶导数 $\frac{\mathrm{d}^2y}{\mathrm{d}x^2}=0$ 时，$x=-\ln(\frac{1}{a})/b$，$\hat{y}=\frac{K}{2}$，这说明 y 随 x 的增加而增加，当 $x=-\ln\left(\frac{1}{a}\right)/b$ 时，曲线有一个拐点，这时的 $\hat{y}=\frac{K}{2}$ 恰为终极量 K 的一半。所以，x 在 $\left[0,x=-\ln\left(\frac{1}{a}\right)/b\right]$ 区间内，曲线下凹；x 在 $\left[x=-\ln\left(\frac{1}{a}\right)/b,\infty\right]$ 区间内，曲线上凸。

第二节　多元回归分析

多元线性回归是指两个或两个以上自变量（且自变量均为一次项）与依变量之间的回归。多元线性回归也可以像直线回归一样利用最小二乘法通过建立正规方程组，求出偏回归系数，建立多元线性回归方程。通过计算回归估计标准误，可对多元线性回归方程进行 F 检验，偏回归系数的假设检验则是通过计算各自系数的标准误，进行 F 检验或 t 检验。

一、多元线性回归模型

多元回归有多种模型，这里仅讨论其中最基本的模型——多元线性回归模型。多元线性回归是指具有一个依变量和两个及两个以上自变量，且各自变量均为一次项的回归。设自变量 $x_1,x_2,\cdots,x_m$，与依变量 y 皆呈线性关系。则一个 m 元线性回归的数学模型可表示为

$$y_i=\mu_y+\beta_{y1/2,3,\cdots,m}(x_1-\mu_{x_1})+\beta_{y2/1,3,\cdots,m}(x_2-\mu_{x_2})+\cdots+\beta_{ym/1,2,\cdots,(m-1)}(x_m-\mu_{x_m})+\varepsilon_i$$

式中，$\mu_y,\mu_{x_1},\mu_{x_2},\cdots,\mu_{x_m}$ 依次为 $y,x_1,x_2,\cdots,x_m$ 的总体平均数，其样本估计值依次为 $y,x_1,x_2,\cdots,x_m$；$\beta_{y1/2,3,\cdots,m}$ 为 $x_2,x_3,\cdots,x_m$ 固定不变时，x_1 每变动一个单位，y 平均变动的相应单位数，称为 $x_2,x_3,\cdots,x_m$ 固定不变时 x_1 对 y 的偏回归系数，简记作 β_1，其样本估计值简记作 b_1，余下类推；ε_i 为随机误差，服从 $N(0,\sigma_{y/x_1,x_2,\cdots,x_m})$ 的正态分布。$\sigma_{y/x_1,x_2,\cdots,x_m}$ 为离回归方差，其平方根为离回归标准差或者称为回归估计标准误。

若令 $\alpha=\mu_y-\beta_1\mu_{x_1}-\beta_2\mu_{x_2}-\cdots-\beta_m\mu_{x_m}$，则多元线性回归的数学模型为

$$y_i=\alpha+\beta_1x_1+\beta_2x_2+\cdots+\beta_mx_m+\varepsilon_i$$

于是样本多元线性回归方程为

$$\hat{y}=\overline{y}+b_1(x_1-\overline{x}_1)+b_2(x_2-\overline{x}_2)+\cdots+b_m(x_m-\overline{x}_m)$$

或

$$\hat{y}=a+b_1x_1+b_2x_2+\cdots+b_mx_m$$

上式中，a 为 α 的样本估计值，a 可由下式求出：

$$a=\overline{y}-b_1\overline{x}_1-b_2\overline{x}_2-\cdots-b_m\overline{x}_m$$

二、多元线性回归方程的建立

同直线回归一样，多元线性回归方程也可根据最小二乘法建立，必须使：

$$\begin{aligned}Q&=\sum(y-\hat{y})^2\\&=\sum\left[y-\overline{y}-b_1(x_1-\overline{x}_1)-b_2(x_2-\overline{x}_2)-\cdots-b_m(x_m-\overline{x}_m)\right]^2=\min\end{aligned}$$

令 $Y=y-\overline{y}$, $X_1=x_1-\overline{x}_1$, $X_2=x_2-\overline{x}_2$, $\cdots$, $X_m=x_m-\overline{x}_m$，则有

$$Q=\sum\left(Y-b_1X_1-b_2X_2-\cdots-b_mX_m\right)^2=\min$$

要使 Q 达到最小，就必须使 $b_1,b_2,\cdots,b_m$ 的偏微分方程皆等于 0，即有

$$\frac{\partial Q}{\partial b_1} = -2\sum\left(Y - b_1X_1 - b_2X_2 - \cdots - b_mX_m\right)X_1 = 0$$
$$\frac{\partial Q}{\partial b_2} = -2\sum\left(Y - b_1X_1 - b_2X_2 - \cdots - b_mX_m\right)X_2 = 0$$
$$\vdots \qquad\qquad \vdots \qquad\qquad \vdots$$
$$\frac{\partial Q}{\partial b_m} = -2\sum\left(Y - b_1X_1 - b_2X_2 - \cdots - b_mX_m\right)X_m = 0$$

经整理，得到如下正规方程组：

$$b_1\sum X_1^2 + b_2\sum X_1X_2 + \cdots + b_m\sum X_1X_m = \sum X_1Y$$
$$b_1\sum X_1X_2 + b_2\sum X_2^2 + \cdots + b_m\sum X_2X_m = \sum X_2Y$$
$$\vdots \qquad\qquad \vdots \qquad\qquad \vdots \qquad\qquad \vdots$$
$$b_1\sum X_1X_m + b_2\sum X_2X_m + \cdots + b_m\sum X_m^2 = \sum X_mY$$

由于 $\mathrm{SS}_1 = \sum X_1^2$, $\mathrm{SS}_2 = \sum X_2^2$, $\cdots$, $\mathrm{SS}_m = \sum X_m^2$ ； $\mathrm{SP}_{12} = \sum X_1X_2$, $\cdots$, $\mathrm{SP}_{1m} = \sum X_1X_m$, $\mathrm{SP}_{2m} = \sum X_2X_m$, $\cdots$； $\mathrm{SP}_{1y} = \sum X_1Y$, $\mathrm{SP}_{2y} = \sum X_2Y$, $\cdots$, $\mathrm{SP}_{my} = \sum X_mY$ ，则可建立下列方程组：

$$\left.\begin{array}{c} b_1\mathrm{SS}_1 + b_2\mathrm{SP}_{12} + \cdots + b_m\mathrm{SP}_{1m} = \mathrm{SP}_{1y} \\ b_1\mathrm{SP}_{12} + b_2\mathrm{SS}_2 + \cdots + b_m\mathrm{SP}_{2m} = \mathrm{SP}_{2y} \\ \vdots \qquad \vdots \qquad \vdots \qquad \vdots \\ b_1\mathrm{SP}_{1m} + b_2\mathrm{SP}_{2m} + \cdots + b_m\mathrm{SS}_m = \mathrm{SP}_{my} \end{array}\right\}$$

这个正规方程组可用矩阵表示为

$$\begin{bmatrix} \mathrm{SS}_1 & \mathrm{SP}_{12} & \cdots & \mathrm{SP}_{1m} \\ \mathrm{SP}_{12} & \mathrm{SS}_2 & \cdots & \mathrm{SP}_{2m} \\ \vdots & \vdots & \ddots & \vdots \\ \mathrm{SP}_{1m} & \mathrm{SP}_{2m} & \cdots & \mathrm{SS}_m \end{bmatrix} \times \begin{bmatrix} b_1 \\ b_2 \\ \vdots \\ b_m \end{bmatrix} = \begin{bmatrix} \mathrm{SP}_{1y} \\ \mathrm{SP}_{2y} \\ \vdots \\ \mathrm{SP}_{my} \end{bmatrix}$$

若系数矩阵用 A 表示，未知元矩阵用 b 表示，常数矩阵用 K 表示，则上式可写为

$$Ab=K$$

为求解上式中的 b，一般应先求出 A 的逆矩阵 A^{-1}，令：

$$A^{-1} = (c_{ij}) = \begin{bmatrix} c_{11} & c_{12} & \cdots & c_{1m} \\ c_{21} & c_{22} & \cdots & c_{2m} \\ \vdots & \vdots & \ddots & \vdots \\ c_{m1} & c_{m2} & \cdots & c_{mm} \end{bmatrix}$$

式中，A^{-1} 是一个 m 阶的对称矩阵，即有 $c_{ij}=c_{ji}$，由于 A^{-1} 是 A 的逆矩阵，故有

$$A^{-1}A=I$$

式中，I 为单位矩阵，即

$$I=\begin{bmatrix}1 & 0 & \cdots & 0\\ 0 & 1 & \cdots & 0\\ \vdots & \vdots & \ddots & \vdots\\ 0 & 0 & \cdots & 1\end{bmatrix}$$

式 $Ab=K$ 两边同乘以 A^{-1}，可得

$$b=A^{-1}K$$

即

$$\begin{bmatrix}b_1\\ b_2\\ \vdots\\ b_m\end{bmatrix}=\begin{bmatrix}c_{11} & c_{12} & \cdots & c_{1m}\\ c_{21} & c_{22} & \cdots & c_{2m}\\ \vdots & \vdots & \ddots & \vdots\\ c_{m1} & c_{m2} & \cdots & c_{mm}\end{bmatrix}\times\begin{bmatrix}\mathrm{SP}_{1y}\\ \mathrm{SP}_{2y}\\ \vdots\\ \mathrm{SP}_{my}\end{bmatrix}$$

由此可见，求算偏回归系数建立多元回归方程，首先要解出系数矩阵 A 的逆矩阵 A^{-1}，然后由 A^{-1} 求出 b_i 和 a。A^{-1} 可采用表解法求得。

利用表解法求系数矩阵的逆矩阵 A^{-1} 的步骤如下（见后文实例分析）。

第一步：将系数矩阵抄入算阵 A，将其右边的 K_1、K_2、K_3 列入一个单位矩阵。

第二步：由算阵 A 计算算阵 B 的各个值，其算法按 b_{ij} 所处位置不同分为两种类型。

类型Ⅰ是算阵 B 主对角线及主对角线以下（$i\geqslant j$）的元素，b_{ij} 等于 a_{ij} 减去 b_{ij} 所在行左边（次序由左到右）的 $b_{i\cdot}$ 与所在列上边（由上向下）的 $b_{\cdot j}$ 的依次乘积和，即

$$b_{ij}=a_{ij}-\sum b_{i\cdot}b_{\cdot j}$$

当 b_{ij} 左边或上边无数字时，则视为 0。

类型Ⅱ是算阵 B 主对角线以上（$i<j$）的元素，b_{ij} 等于 a_{ij} 减去所在行左边的 $b_{i\cdot}$ 与所在列上边的 $b_{\cdot j}$ 的依次乘积和除以主对角线元素 b_{ii}，即

$$b_{ij}=\frac{a_{ij}-\sum b_{i\cdot}b_{\cdot j}}{b_{ii}}$$

算阵 B 第 1 列元素 b_{ij} 属于类型Ⅰ，由于其左边无数字，故 $b_{i\cdot}=0$，$\sum b_{i\cdot}b_{\cdot j}=0$，从而有 $b_{i1}=a_{1i}$。其余按两种类型一般求法计算。

三、多元回归的假设检验和置信区间

（一）多元线性回归方程的估计标准误

在建立多元线性回归方程时，由于实际观测值 y 与多元回归方程的点估计值 $\hat{y}$ 存在差异，其差值的平方和称为多元回归方程的离回归平方和，记为 $Q_{y/1,2,\cdots,m}$。因为在计算多元回归方程时，已用 $a,b_1,b_2,\cdots,b_m$ 共 $m+1$ 个统计数，所以 $Q_{y/1,2,\cdots,m}$ 的自由度 df=$n-$（$m+1$）=$n-m-1$，因此，多元回归方程的估计标准误可定义为

$$s_{y/12,\cdots,m}=\sqrt{\frac{Q_{y/1,2,\cdots,m}}{n-m-1}}$$

与直线回归分析类似，多元回归中依变量 y 的总平方和（SS_y）也可分解为离回归平方和与回归平方和（$U_{y/1,2,\cdots,m}$），即

$$Q_{y/1,2,\cdots,m}=SS_y-U_{y/1,2,\cdots,m}$$

$$U_{y/1,2,\cdots,m}=b_1SP_{1y}+b_2SP_{2y}+\cdots+b_mSP_{my}$$

（二）多元线性回归方程的假设检验

多元线性回归关系假设检验的原理和方法与直线回归关系的假设检验是一样的。其假设为 H_0：$\beta_1=\beta_2=\cdots=\beta_m=0$；$H_A$：$\beta_1,\beta_2,\cdots,\beta_m$ 不全为 0。可通过 F 检验来实现：

$$F=\frac{U_{y/1,2,\cdots,m}/m}{Q_{y/1,2,\cdots,m}/(n-m-1)}$$

式中，分子自由度 $df_1=m$，分母自由度 $df_2=n-m-1$。

（三）偏回归系数的假设检验

偏回归系数的假设检验是逐个分别计算各偏回归系数 b_i 来自 $\beta_i=0$ 的总体的概率。所作的假设为 H_0：$\beta_i=0$；H_A：$\beta_i\neq0$。偏回归系数的假设检验有 t 检验和 F 检验两种。

1．*t* 检验

偏回归系数 b_i 的标准误为

$$s_{b_i}=s_{y/1,2,\cdots,m}\sqrt{c_{ii}}$$

由于 $(b_i-\beta_i)/s_{b_i}$ 符合 df=$n-m-1$ 的 t 分布，故在 H_0：$\beta_i=0$ 的假设下，由

$$t = \frac{b_i}{s_{b_i}}$$

可知 b_i 抽自 β_i 的总体的概率。

2. *F* 检验

在多元回归中，$U_{y/1,2,\cdots,m}$ 总是随着 m 的增多而有所增大，不会减少（这是应用最小平方和法的缘故），如果去掉一个自变量 x_i，则 $U_{y/1,2,\cdots,(m-1)}$ 要比 $U_{y/1,2,\cdots,m}$ 减少 U_i：

$$U_i = \frac{b_i^2}{c_{ii}}$$

这个 U_i 称为 y 在 x_i 上的偏回归平方和。显然，U_i 就是因添入 x_i 而增加的回归部分平方和，具有一个自由度。因此，由

$$F = \frac{U_i}{Q_{y/1,2,\cdots,m}/(n-m-1)}$$

可确定 b_i 来自 $\beta_i=0$ 的总体的概率。

这里也有两个问题值得注意。

1）由于对各偏回归系数的 F 检验中分子自由度为 1，故其平方根值等于相应的 t 值，数学证明如下：

$$\sqrt{F} = \sqrt{\frac{U_{pi}}{Q_{y/1,2,\cdots,m}/(n-m-1)}} = \sqrt{\frac{b_i^2/c_{ii}}{s_{y/1,2,\cdots,m}^2}} = \sqrt{\frac{b_i^2}{s_{b_i}^2}} = |t|$$

从以上计算的各偏回归系数 t 值和 F 值来看，其各自的 t^2 值和 F 值基本一样（其误差是四舍五入所致），所以对偏回归系数的 t 检验和 F 检验结果是完全一样的，实际应用时可任选一种。

2）在实际分析过程中，各偏回归平方和的总和不等于多元回归的平方和，这并非计算错误，它表明该多元回归方程中的各个自变量并非完全独立，即 $r_{ij} \neq 0$。一般而言，在 m 元线性回归中，如果各个自变量间没有相关，即 $r_{ij}=0$（i，$j=1,2,\cdots,m$），则：

$$U_{y/1,2,\cdots,m} = \sum_{i=1}^{m} U_i$$

但是，如果各个自变量间有着不同程度的相关。即 $r_{ij} \neq 0$，则：

$$U_{y/1,2,\cdots,m} \neq \sum_{i=1}^{m} U_i$$

这是由于自变量间的相关使其对 y 的作用发生了变化。以两个自变量 x_1 和 x_2 为例，若其相关系数等于 0，即 $r_{12}=0$，则一定是

$$U_{y/12}=U_1+U_2$$

若 $r_{12}>0$，则：

$$U_{y/12}>U_1+U_2$$

若 $r_{12}<0$，则：

$$U_{y/12}<U_1+U_2$$

（四）多元线性回归的区间估计

多元线性回归中依变量 y 的估计一般有两种：一种是对各自变量的一组取值所对应的 y 总体平均数 $\mu_{y/1,2,\cdots,m}$ 的估计；另一种是对各自变量的一组取值所对应的单个 y 的估计。$\mu_{y/1,2,\cdots,m}$ 的置信区间可用下式估计：

$$\hat{y}\pm t_{\alpha(n-m-1)}s_{y/1,2,\cdots,m}\sqrt{\frac{1}{n}+\sum_{i}c_{ii}(x_i-\overline{x}_i)^2+2\sum_{i<j}c_{ij}(x_i-\overline{x}_i)(x_j-\overline{x}_j)}$$

单个 $\hat{y}$ 的置信区间可用下式估计：

$$\hat{y}\pm t_{\alpha(n-m-1)}s_{y/1,2,\cdots,m}\sqrt{1+\frac{1}{n}+\sum_{i}c_{ii}(x_i-\overline{x}_i)^2+2\sum_{i<j}c_{ij}(x_i-\overline{x}_i)(x_j-\overline{x}_j)}$$

（五）多元线性回归的实例分析

【例 11.8】调查荒漠草原建群种短花针茅、优势种无芒隐子草和碱韭以及群落地上现存量（g/m^2）。试分析建群种和优势种对群落现存量的影响（表 11-5）。

表 11-5　短花针茅荒漠草原主要植物种群对群落现存量的影响

序号	短花针茅（x_1）	无芒隐子草（x_2）	碱韭（x_3）	群落（y）
1	1.41	0.69	9.29	16.14
2	1.34	0.74	15.29	21.29
3	0.35	3.44	13.46	21.69
4	3.10	0.65	19.48	24.33
5	4.81	3.88	13.95	24.64
6	0.11	10.68	11.23	24.66
7	1.25	7.49	12.01	24.84
8	0.06	9.72	8.70	26.42
9	2.09	8.33	13.63	27.21
10	0.31	10.31	9.63	29.35

续表

序号	短花针茅（x_1）	无芒隐子草（x_2）	碱韭（x_3）	群落（y）
11	1.79	7.08	18.24	29.65
12	4.35	4.03	20.00	29.95
13	3.80	3.96	13.03	32.02
14	4.94	3.93	16.67	34.00
15	2.96	7.26	11.76	34.91
16	0.16	17.91	11.60	35.65
17	11.66	2.17	19.63	42.57
18	4.16	4.25	22.77	44.82

1）计算一级、二级数据。

一级数据：

$\sum x_1=48.65$，$\sum x_2=106.52$，$\sum x_3=260.37$，

$\sum y=524.14$，$\sum x_1^2=265.7133$，$\sum x_2^2=962.4010$，$\sum x_3^2=4056.9243$，

$\sum y^2=16\,176.3358$，$\sum x_1x_2=187.5759$，$\sum x_1x_3=825.8158$，$\sum x_2x_3=1397.4479$，

$\sum x_1y=1618.9811$，$\sum x_2y=3214.2428$，$\sum x_3y=7487.8142$，$n=18$

二级数据：

$SS_1=134.22$，$SS_2=332.04$，$SS_3=290.67$，$SS_y=913.96$，$SP_{12}=-100.32$，$SP_{13}=122.09$，$SP_{23}=-143.36$，$SP_{1y}=202.35$，$SP_{2y}=112.50$，$SP_{3y}=266.13$，$\bar{x}_1=2.70$，$\bar{x}_2=5.92$，$\bar{x}_3=14.47$，$\bar{y}=29.12$

2）建立三元正规方程组：

$$\begin{cases} 134.22b_1-100.32b_2+122.09b_3=202.35 \\ -100.32b_1+332.04b_2-143.36b_3=112.50 \\ 122.09b_1-143.36b_2+290.67b_3=266.13 \end{cases}$$

其系数矩阵 A 为

$$A=\begin{bmatrix} 134.22 & -100.32 & 122.09 \\ -100.32 & 332.04 & -143.36 \\ 122.09 & -143.36 & 290.67 \end{bmatrix}$$

3）利用表解法求系数矩阵的逆矩阵 A^{-1}（表 11-6）。

表 11-6　资料 A^{-1} 的求解

说明	$i\backslash j$	1	2	3	K_1	K_2	K_3
算阵 A（a_{ij}）	1	134.22	−100.32	122.09	1	0	0
	2	−100.32	332.04	−143.36	0	1	0
	3	122.09	−143.36	290.67	0	0	1
算阵 B（b_{ij}）	1	134.22	−0.747 43	0.909 63	0.007 45	0	0
	2	−100.32	257.05	−0.202 71	0.002 91	0.003 89	0
	3	122.09	−52.11	169.05	−0.004 48	0.001 20	0.005 92

续表

说明	$i\backslash j$	1	2	3	K_1	K_2	K_3
	1	0.013 02	0.002 00	−0.004 48			
A^{-1}（c_{ij}）	2	0.002 00	0.004 13	0.001 20			
	3	−0.004 48	0.001 20	0.005 92			

因而算阵 B 的数值计算如下：

$b_{11}=a_{11}=134.22$

$b_{21}=a_{21}=-100.32$

$b_{31}=a_{31}=122.09$

$$b_{12}=\frac{a_{12}}{b_{11}}=\frac{-100.32}{134.22}=-0.747\ 43$$

$$b_{13}=\frac{a_{13}}{b_{11}}=\frac{122.09}{134.22}=0.909\ 63$$

$$b_{1K_1}=\frac{a_{1K_1}}{b_{11}}=\frac{1}{134.22}=0.007\ 45$$

$$b_{1K_2}=\frac{a_{1K_2}}{b_{11}}=\frac{0}{134.22}=0$$

$$b_{1K_3}=\frac{a_{1K_3}}{b_{11}}=\frac{0}{134.22}=0$$

$b_{22}=a_{22}-b_{21}b_{12}=332.04-(-100.32)\times(-0.747\ 43)=257.05$

$b_{32}=a_{32}-b_{31}b_{12}=-143.36-122.09\times(-0.747\ 43)=-52.11$

$$b_{23}=\frac{a_{23}-b_{21}b_{13}}{b_{22}}=\frac{-143.36-(-100.32)\times 0.909\ 63}{257.05}=-0.202\ 71$$

$b_{33}=a_{33}-b_{31}b_{13}-b_{32}b_{23}$

$=290.67-122.09\times 0.909\ 63-(-52.11)\times(-0.202\ 71)=169.05$

$$b_{2K_1}=\frac{a_{2K_1}-b_{21}b_{1K_1}}{b_{22}}=\frac{0-(-100.32)\times 0.007\ 45}{257.05}=0.002\ 91$$

$$b_{3K_1}=\frac{a_{3K_1}-b_{31}b_{1K_1}-b_{32}b_{2K_1}}{b_{33}}=\frac{0-122.09\times 0.007\ 45-(-52.11)\times 0.002\ 91}{169.05}$$

$$=-0.004\ 48$$

$$b_{2K_2}=\frac{a_{2K_2}-b_{21}b_{1K_2}}{b_{22}}=\frac{1-(-100.32)\times 0}{257.05}=0.003\ 89$$

$$b_{3K_2}=\frac{a_{3K_2}-b_{31}b_{1K_2}-b_{32}b_{2K_2}}{b_{33}}=\frac{0-122.09\times 0-(-52.11)\times 0.003\ 89}{169.05}=0.001\ 20$$

$$b_{2K_3}=\frac{a_{2K_3}-b_{21}b_{1K_3}}{b_{22}}=\frac{0-(-100.32)\times 0}{257.05}=0$$

$$b_{3K_3}=\frac{a_{3K_3}-b_{31}b_{1K_3}-b_{32}b_{2K_3}}{b_{33}}=\frac{1-122.09\times 0-(-52.11)\times 0}{169.05}=0.005\,92$$

4）计算逆矩阵 A^{-1} 各元素 c_{ij} 值，可由矩阵 B 和 K_1、K_2、K_3 直接解得 c_{ij}。

i. 由算阵 B 主对角线上方元素和 K_1 得

$$\begin{cases} c_{11}-0.747\,43c_{12}+0.909\,63c_{13}=0.007\,45 \\ c_{12}-0.202\,71c_{13}=0.002\,91 \\ c_{13}=-0.004\,48 \end{cases}$$

解之，得

$$c_{13}=b_{3K_1}=-0.004\,48$$

$$c_{12}=b_{2K_1}-b_{23}c_{13}=0.002\,91-0.202\,71\times 0.004\,48=0.002\,00$$

$$\begin{aligned} c_{11}&=b_{1K_1}-b_{12}c_{12}-b_{13}c_{13} \\ &=0.007\,45-(-0.747\,43)\times 0.002\,00-0.909\,63\times 0.004\,48=0.013\,02 \end{aligned}$$

ii. 由算阵 B 主对角线上方元素和 K_2 得

$$\begin{cases} c_{21}-0.747\,43c_{22}+0.909\,63c_{23}=0 \\ c_{22}-0.202\,71c_{23}=0.003\,89 \\ c_{23}=0.001\,20 \end{cases}$$

解之，得

$$c_{23}=b_{3K_2}=0.001\,20$$

$$c_{22}=b_{2K_2}-b_{23}c_{23}=0.003\,89+0.202\,71\times 0.001\,20=0.004\,13$$

$$\begin{aligned} c_{21}&=b_{1K_2}-b_{12}c_{22}-b_{13}c_{23} \\ &=0-(-0.747\,43)\times 0.004\,13-0.909\,63\times 0.001\,20 \\ &=0.002\,00 \end{aligned}$$

iii. 由算阵 B 主对角线上方元素和 K_3 得

$$\begin{cases} c_{31}-0.747\,43c_{32}+0.909\,63c_{33}=0 \\ c_{32}-0.202\,71c_{33}=0 \\ c_{33}=0.005\,92 \end{cases}$$

解之，得

$$c_{33}=b_{3K_3}=0.005\,92$$

$$c_{32}=b_{2K_3}-b_{23}c_{33}=0-(-0.202\,71)\times 0.005\,92=0.001\,20$$

$$\begin{aligned} c_{31}&=b_{1K_3}-b_{12}c_{32}-b_{13}c_{33}=0-(-0.747\,43)\times 0.001\,20-0.909\,63\times 0.005\,92 \\ &=-0.004\,48 \end{aligned}$$

因而可以得到，

$$A^{-1}=\begin{bmatrix}0.013\,02 & 0.002\,00 & -0.004\,48\\ 0.002\,00 & 0.004\,13 & 0.001\,20\\ -0.004\,48 & 0.001\,20 & 0.005\,92\end{bmatrix}$$

5）求偏回归系数和回归截距，写出多元回归方程。有

$$\begin{bmatrix}b_1\\ b_2\\ b_3\end{bmatrix}=\begin{bmatrix}0.013\,02 & 0.002\,00 & -0.004\,48\\ 0.002\,00 & 0.004\,13 & 0.001\,20\\ -0.004\,48 & 0.001\,20 & 0.005\,92\end{bmatrix}\begin{bmatrix}202.35\\ 112.50\\ 266.13\end{bmatrix}$$

解之，得：b_1=1.6667，b_2=1.1885，b_3=0.8017。因此可得

$$\begin{aligned}a&=\bar{y}-b_1\bar{x}_1-b_2\bar{x}_2-b_3\bar{x}_3\\&=29.12-1.6667\times 2.70-1.1885\times 5.92-0.8017\times 29.12\\&=5.9841\end{aligned}$$

把 a、b_1、b_2、b_3 代入方程，得出主要植物种群对群落地上现存量的多元线性回归方程：

$$\hat{y}=5.9841+1.6667x_1+1.1885x_2+0.8017x_3$$

【例 11.9】试计算例 11.8 所建立的三元一次回归方程的估计标准误。

前面已经求得：b_1=1.6667，b_2=1.1885，b_3=0.8017，SS_y=913.96，SP_{1y}=202.35，SP_{2y}=112.50，SP_{3y}=266.13，因而有

$$\begin{aligned}U_{y/123}&=b_1SP_{1y}+b_2SP_{2y}+b_3SP_{3y}\\&=1.6667\times 202.35+1.1885\times 112.50+0.8017\times 266.13=684.31\end{aligned}$$

$$Q_{y/123}=SS_y-U_{y/123}=913.96-684.31=229.65$$

$$s_{y/123}=\sqrt{\frac{Q_{y/123}}{n-m-1}}=\sqrt{\frac{229.65}{18-3-1}}=4.05$$

【例 11.10】试对例 11.8 资料作多元线性回归关系的假设检验。

根据前面已经计算的结果，列方差分析表（表 11-7）。

表 11-7 例 11.8 资料多元线性回归关系的方差分析

变异来源	df	SS	s^2	F	$F_{0.05}$	$F_{0.01}$
回归	3	684.31	228.10	13.91**	3.344	5.564
离回归	14	229.65	14.60			
总变异	17	913.96				

$$F=\frac{U_{y/1,2,\cdots,m}/m}{Q_{y/1,2,\cdots,m}/(n-m-1)}=\frac{684.31/3}{229.65/(18-3-1)}=13.91^{**}$$

由于所得 $F>F_{0.01}$，故应拒绝 H_0，接受 H_A，所作推断为：群落地上现存量依短花针茅、碱韭和无芒隐子草地上现存量的三元线性回归方程达到极显著水平。

这里应注意两个问题：第一，多元线性回归关系显著不排除有更合理的多元非线性回归方程的存在；第二，多无线性回归关系显著也不排除其中存在着与依变量 y 无线性关系的自变量，因此有必要对各偏回归系数逐个进行假设检验。因为 H_A 是 $\beta_1,\beta_2,\cdots,\beta_m$ 不全为 0，它并未肯定所有的 $\beta_i\neq0$，所以必须逐一对各偏回归系数作假设检验，才能发现和剔除 $\beta=0$ 的自变量。一般来说，只有当多元回归方程的自变量的偏回归系数均达到显著时，多元回归检验的 F 值才有确定的意义。

【例 11.11】试检验例 11.8 资料所建立的多元回归方程中的 3 个偏回归系数（$b_1=1.6667$，$b_2=1.1885$，$b_3=0.8017$）的显著性。

t 检验：由前面计算已知，$c_{11}=0.013\ 02$，$c_{22}=0.004\ 13$，$c_{33}=0.005\ 92$，$s_{y/123}=4.05$。

对 b_1：$s_{b_1}=s_{y/123}\sqrt{c_{11}}=4.05\times\sqrt{0.013\ 02}=0.4621$

$$t=\frac{b_1}{s_{b_1}}=\frac{1.6667}{0.4621}=3.6068^{**}$$

对 b_2：$s_{b_2}=s_{y/123}\sqrt{c_{22}}=4.05\times\sqrt{0.004\ 13}=0.2603$

$$t=\frac{b_2}{s_{b_2}}=\frac{1.1885}{0.2603}=4.5659^{**}$$

对 b_3：$s_{b_3}=s_{y/123}\sqrt{c_{33}}=4.05\times\sqrt{0.005\ 92}=0.3116$

$$t=\frac{b_3}{s_{b_3}}=\frac{0.8017}{0.3116}=2.5728^{*}$$

查 t 值表得 $t_{0.05(14)}=2.145$，$t_{0.01(14)}=2.977$，由于检验 b_1 的 t 值绝对值均大于 $t_{0.01}$，b_2 的 t 值绝对值大于 $t_{0.01}$，b_3 的 t 值绝对值大于 $t_{0.05}$，故否定 H_0：$\beta_1=0$、$\beta_2=0$、$\beta_3=0$；推断短花针茅、无芒隐子草植物种群对荒漠草原群落地上现存量的偏回归系数达到极显著水平，碱韭植物种群对荒漠草原群落地上现存量的偏回归系数达到显著水平。

F 检验：首先计算各自变量的偏回归平方和。

x_1 的偏回归平方和：$U_{p1}=\dfrac{b_1^2}{c_{11}}=\dfrac{1.6667^2}{0.013\ 02}=213.36$

x_2 的偏回归平方和：$U_{p2}=\dfrac{b_2^2}{c_{22}}=\dfrac{1.1885^2}{0.004\ 13}=342.02$

x_3 的偏回归平方和：$U_{p3}=\dfrac{b_3^2}{c_{33}}=\dfrac{0.8017^2}{0.005\ 92}=108.57$

得方差分析表 11-8，从中看出，x_1 的偏回归系数的 F 值达到了极显著水平，x_2 的偏回归系数的 F 值达极显著水平，x_3 的偏回归系数的 F 值显著，这与上述的 t 检验结果是相同的。

表 11-8　例 11.8 资料偏回归关系的方差分析

变异来源	df	SS	s^2	F	$F_{0.05}$	$F_{0.01}$
三元线性回归	3	684.31	228.10	13.91	3.34	5.56
因 x_1 的偏回归	1	213.34	213.34	13.01	4.60	8.86
因 x_2 的偏回归	1	342.04	342.04	20.85	4.60	8.86
因 x_3 的偏回归	1	108.57	108.57	6.62	4.60	8.86
离回归	14	229.65	16.40			
总变异	17	913.96				

【例 11.12】对例 11.8 资料在 95%的置信概率下估计出当 x_1=3.0，x_2=10.0，x_3=13.0 时群落生物量的置信区间；若某年份的 3 个影响因素为 x_1~x_3 时，求其群落生物量的置信区间。

首先将 x_1=3.0，x_2=10.0，x_3=13.0 代入群落生物量方程，得

$$A^{-1}=\begin{bmatrix} 0.013\,02 & 0.002\,00 & -0.004\,48 \\ 0.002\,00 & 0.004\,13 & 0.001\,20 \\ -0.004\,48 & 0.001\,20 & 0.005\,92 \end{bmatrix}$$

$$\hat{y}=5.9841+1.6667\times3.0+1.1885\times10.0+0.8017\times13.0=33.29$$

$$\begin{aligned}\sum c_{ij}(x_i-\overline{x}_i)^2 &= 0.013\,02\times(3.0-2.70)^2+0.004\,13\times(10.0-5.92)^2 \\ &\quad +0.005\,92\times(13.0-14.47)^2=0.0827\end{aligned}$$

$$\begin{aligned}2\sum_{i<j}c_{ij}(x_i-\overline{x}_i)(x_j-\overline{x}_j) &= 2\times0.002\,00\times(3.0-2.70)\times(10.0-5.92) \\ &\quad +2\times(-0.004\,48)\times(3.0-2.70)\times(13.0-14.47) \\ &\quad +2\times0.001\,20\times(10.0-5.92)\times(13.0-14.47) \\ &=-0.0056\end{aligned}$$

查 t 值表，得 $t_{0.05\,(18-3-1)}$=2.145，因此有

$$\hat{y}\pm t_{0.05}s_{y/123}\sqrt{\frac{1}{n}+\sum_i c_{ii}(x_i-\overline{x}_i)^2+2\sum_{i<j}c_{ij}(x_i-\overline{x}_i)\ (x_j-\overline{x}_j)}$$

$$=33.29\pm2.145\times4.05\times\sqrt{\frac{1}{18}+0.0827-0.0056}$$

$$=33.29\pm3.16$$

$$\hat{y} \pm t_{0.05} s_{y/123} \sqrt{1+\frac{1}{n}+\sum_{i} c_{ii}(x_i-\bar{x}_i)^2+2\sum_{i<j} c_{ij}(x_i-\bar{x}_i)(x_j-\bar{x}_j)}$$

$$= 33.29 \pm 2.145 \times 4.05 \times \sqrt{1+\frac{1}{18}+0.0827-0.0056}$$

$$= 33.29 \pm 9.25$$

即当 x_1=3.0，x_2=10.0，x_3=13.0 时，短花针茅荒漠草原群落生物量的 95%置信区间为（30.13，36.45）；而当某年份的影响因素为 x_1~x_3 时，该年份的短花针茅荒漠草原群落生物量 95%置信区间为（24.04，42.54）。

第三节　趋势面分析与回归设计

趋势面分析是拟合数学面的一种统计方法。具体的方法就是用数学方法计算出一个数学曲面来拟合数据中区域性变化的“趋势”，这个数学面称为趋势面，利用该方法分析的过程称为趋势面分析。趋势面分析是利用数学曲面模拟系统要素在空间上的分布及变化趋势的一种数学方法，实质上是通过回归分析原理，运用最小二乘法拟合一个二元非线性函数，模拟系统要素在空间上的分布规律，展示系统要素在空间上的变化趋势，其常用在地理、地质空间分布特征数据解析方面。

回归设计又称为响应曲面法（RSM），是一种优化生物过程的统计学试验设计，采用该方法以建立连续变量曲面模型，对影响生物过程的因子及其交互作用进行评价，确定最佳水平范围，而且所需要的试验组数相对较少，可以节省人力和物力，因此该方法已经被成功应用于各种各样的生物过程优化中。

回归设计分为回归正交设计和回归旋转设计，回归正交设计将正交设计和回归分析的优势统一起来，不仅有合理的试验设计和较少的试验次数，还能建立有效的数学模型。它可以在因素试验范围内选择适当的试验点，用较少的试验建立一个精度高、统计性好的回归方程，并且能解决试验优化的问题。所谓旋转性是指在试验因素空间中心与试验中心距离相等的球面上各处理组合的预测值 $\hat{y}$ 的方差具有几乎相等的特性，具有这种性质的回归设计称为回归旋转设计。利用具有旋转性的回归方程进行预测时，对于同一球面上的点可直接比较其预测值的好坏，从而找出预测值较优的区域。

一、趋势面分析的数学原理与方法

（一）趋势面分析的原理简介

趋势面分析是拟合数学面的一种统计分析方法，它可以通过一般线性模型用最小二乘法来拟合所观测的数据，实质上它是一种二维高次非线性回归分析。在某些研究领域，数学模型多为非线性模型，而且寻求这些非线性模型的函数表达式一般比较困难，在这种情况下可采用多项式形式来拟合回归方程。在利用趋势面分析拟合回归模型时，所选择的趋势面模型必须使剩余值比较小，回归平方和比较大，这样才能使拟合度较高，结果才能达到足够的准确性。例如，粮食产量与气温和降雨量等自然因素的关系是非线性关系，可采用趋势面分析来拟合回归模型，从而预测粮食产量。

趋势面分析的观测面由趋势面部分和残差部分组成。趋势面部分反映区域性大范围内的变化情况，残差部分是实测值与趋势函数对应值之差，反映局部变化情况，二者结合有助于深入分析。空间趋势面分析是从地理要素分布的实际数据中分解出趋势值和剩余值，从而揭示地理要素空间分布的趋势与规律。对于变化较缓和的资料，可用低阶次的趋势面进行分析；而对于变化复杂、起伏较多的资料，可用多项式阶次高的趋势面。

（二）趋势面模型的建立

设有观测数据 z_i、x_i、y_i（$i=1,2,\cdots,n$），通常用回归分析方法求出 z 的回归方程，则有

$$z_i(x_i,y_i)=\hat{z}_i(x_i,y_i)+\varepsilon$$

趋势面分析的核心：从实际观测值出发推算趋势面，一般采用回归分析方法，使得残差平方和趋于最小，即

$$Q=\sum_{i=1}^{n}\varepsilon_i^2=\sum_{i=1}^{n}[z_i(x_i,y_i)-\hat{z}(x_i,y_i)]^2\to\min$$

这就是在最小二乘意义下的曲面拟合问题。

用于计算趋势面的数学表达式有多项式函数和傅里叶级数，最常用的是多项式函数。任何函数在一个适当的范围内都可以用多项式来逼近，而且调整多项式的次数，可以使所求回归方程满足需要。多项式形式包括：一次函数 $f(x,y)=b_0+b_1x+b_2y$；二次函数 $f(x,y)=b_0+b_1x+b_2y+b_3x^2+b_4xy+b_5y^2$；三次函数 $f(x,y)=b_0+b_1x+b_2y+b_3x^2+b_4xy+b_5y^2+b_6x^3+b_7x^2y+b_8xy^2+b_9y^3$。

根据高斯-马尔可夫定理，最小二乘法给出多项式系数的最佳线性无偏估计值，这些估计值使残差平方和达到最小。所以，回归拟合就是根据观测值 z_i、x_i、$y_i(i=1,2,\cdots,n)$确定多项式的系数 $b_0,b_1,\cdots,b_p$ 并使残差平方和最小。

令 $x=x_1$，$y=x_2$，$x^2=x_3$，$xy=x_4$，$y^2=x_5\cdots$

则 $\hat{Z}=b_0+b_1x_1+b_2x_2+\cdots+b_px_p$

由此，多项式回归分析问题转化为多元线性回归问题。根据最小二乘原理，可以求出参数 b_i（$i=0,2,\cdots,p$）。由于其正规方程组的系数矩阵 $X'X$ 中矩阵元素的大小和级次相差悬殊（特别对一个次数很高的趋势面作分析时），当矩阵中元素在

[0，1]区间上时，高次多项式作最小二乘拟合，系数矩阵接近奇异矩阵，故系统采用正交变换法解正规方程。

设多元线性方程为

$$z = b_0 + b_1 x_1 + b_2 x_2 + \cdots + b_p x_p$$

$$b_0 = \overline{z} - b_1 \overline{x}_1 - b_2 \overline{x}_2 - \cdots - b_p \overline{x}_p$$

将 b_0 代入，则有

$$z - \overline{z} = b_1(x_1 - \overline{x}_1) + b_2(x_2 - \overline{x}_2) + \cdots + b_p(x_p - \overline{x}_p)$$

该式可用矩阵表示，并作中心化变换，变为 $Z=XB$，其中：

$$Z = \begin{bmatrix} z_1 - \overline{z} \\ z_1 - \overline{z} \\ \vdots \\ z_n - \overline{z} \end{bmatrix}, X = \begin{bmatrix} x_{11} - \overline{x}_1 & x_{21} - \overline{x}_2 & \cdots & x_{p1} - \overline{x}_p \\ x_{12} - \overline{x}_1 & x_{22} - \overline{x}_2 & \cdots & x_{p2} - \overline{x}_p \\ \vdots & \vdots & \ddots & \vdots \\ x_{1n} - \overline{x}_1 & x_{2n} - \overline{x}_2 & \cdots & x_{pn} - \overline{x}_p \end{bmatrix}, B = \begin{bmatrix} b_1 \\ b_2 \\ \vdots \\ b_p \end{bmatrix}$$

所以有如下正规方程组：

$$X'XB = X'Z$$

设 U 为 $p \times p$ 正交阵，并且 $UU' = I$，即有：$X'XU'UB = X'Z$。

用 U' 两边都乘上式得：$(U'X'XU)U'B = (U'X')Z$。

令 $Y=XU$，$b^* = U'B$，则有：$Y'Yb^* = Y'Z$。

这就是正交变换后的新正规方程组，对 Y 进行回归分析可得到新的回归系数 b^*。取：

$$U = \begin{bmatrix} a_{11} & a_{21} & \cdots & a_{p1} \\ a_{12} & a_{22} & \cdots & a_{p2} \\ \vdots & \vdots & \ddots & \vdots \\ a_{1p} & a_{2p} & \cdots & a_{pp} \end{bmatrix}$$

其中 $a_i = \begin{bmatrix} a_{i1} \\ a_{i2} \\ \vdots \\ a_{ip} \end{bmatrix}$ 为 $A = X'X$ 所对应特征值 λ_i 的特征向量。于是 $Y=XU$ 可表示为

$$\begin{bmatrix} y_{11} & y_{21} & \cdots & y_{p1} \\ y_{12} & y_{22} & \cdots & y_{p2} \\ \vdots & \vdots & \ddots & \vdots \\ y_{1n} & y_{2n} & \cdots & y_{pn} \end{bmatrix} = \begin{bmatrix} x_{11} & x_{21} & \cdots & x_{p1} \\ x_{12} & x_{22} & \cdots & x_{p2} \\ \vdots & \vdots & \ddots & \vdots \\ x_{1n} & x_{2n} & \cdots & x_{pn} \end{bmatrix} \times \begin{bmatrix} a_{11} & a_{21} & \cdots & a_{p1} \\ a_{12} & a_{22} & \cdots & a_{p2} \\ \vdots & \vdots & \ddots & \vdots \\ a_{1p} & a_{2p} & \cdots & a_{pp} \end{bmatrix}$$

其中，$y_{ki}=\sum_{i=1}^{p}a_{ki}x_{ji}$（$k$=1,2,…,$p$；$i$=1,2,…,$n$），并且$\sum_{i=1}^{p}a_{ij}a_{kj}=\delta_{ik}=\begin{cases}0(i\neq k)\\1(i=k)\end{cases}$，亦即每一个特征向量的长度为 1，并且任意两个不同的特征向量互相正交。对称矩阵经正交变换后，可使之对角化，所以有

$$\begin{bmatrix}\lambda_1 & & & \\ & \lambda_2 & & \\ & & \ddots & \\ & & & \lambda_p\end{bmatrix}\times\begin{bmatrix}b_1^*\\ b_2^*\\ \vdots\\ b_p^*\end{bmatrix}=\begin{bmatrix}\sum_{i=1}^{p}y_{1i}z_i\\ \sum_{i=1}^{p}y_{2i}z_i\\ \vdots\\ \sum_{i=1}^{p}y_{pi}z_i\end{bmatrix}$$

即 $b_k^*=(\sum_{i=1}^{p}y_{ki}z_i)/\lambda_k$。

用 U 两边都乘以 $b^*=U'b$，得 $Ub^*=UU'b=b$，因而有 $b=Ub^*$，即

$$\begin{bmatrix}b_1\\ b_2\\ \vdots\\ b_p\end{bmatrix}=\begin{bmatrix}a_{11} & a_{21} & \cdots & a_{p1}\\ a_{12} & a_{22} & \cdots & a_{p2}\\ \vdots & \vdots & \ddots & \vdots\\ a_{1p} & a_{2p} & \cdots & a_{pp}\end{bmatrix}\times\begin{bmatrix}b_1^*\\ b_2^*\\ \vdots\\ b_p^*\end{bmatrix}$$

所以 $b_k=\sum_{i=1}^{p}a_{ik}b_i^*$，$b_0=\overline{z}-\sum_{i=1}^{p}\overline{x}_ib_i$。

（三）趋势面模型的适度检验

趋势面的适度问题关系到趋势面分析的应用效果。从统计学观点来看，趋势面分析拟合程度的高低是回归效果好坏的关键。常用 F 检验来检验趋势面的拟合度，其方法是将 z 的总离差平方和分解为两部分，即

$$\mathrm{SS}_T=\sum_{i=1}^{n}(z_i-\hat{z}_i)^2+\sum_{i=1}^{n}(\hat{z}_i-\overline{z})^2=\mathrm{SS}_D+\mathrm{SS}_R$$

其中，$\mathrm{SS}_D=\sum_{i=1}^{n}(z_i-\hat{z}_i)^2$，$\mathrm{SS}_R=\sum_{i=1}^{n}(\hat{z}_i-\overline{z})^2$。

$$R^2=\frac{\mathrm{SS}_R}{\mathrm{SS}_T}=1-\frac{\mathrm{SS}_D}{\mathrm{SS}_T}$$

式中，SS_D 为剩余平方和，它表示随机因素对 z 的离差的影响；SS_R 为回归平方和，它表示 p 个自变量对因变量 z 的离差的总影响；SS_T 为总离差平方和。

SS_R 越大（或 SS_D 越小）就表示因变量与自变量的关系越密切，回归的规律性越强、效果越好。R^2 越大，趋势面的拟合度就越高。

$$F=\frac{SS_R/p}{SS_D/(n-p-1)}$$

式中，p 为趋势面中除常数项外的系数个数；n 为观测点个数。

在显著性水平 α 下，查 F 分布表的 F_α。若计算的 F 值大于 F_α，则认为趋势面方程显著；反之则不显著，需要进行高次趋势面分析。

（四）趋势面分析实例及 SAS 操作

【例 11.13】先调查荒漠草原封育区内碱解氮的空间变化情况，选取较具代表性的正方形样地 100m×100m。按机械取样法，每间隔 10m 选取 1 个 1m×1m 样方，共选取 100 个样方。样方间最小间距为 10m，最大间距为 127.28m。每一样方内按相对坐标编号，数据见表 11-9。

表 11-9　封育区碱解氮含量变化

横坐标（x）	纵坐标（y）	碱解氮含量（z）（mg/kg）	横坐标（x）	纵坐标（y）	碱解氮含量（z）（mg/kg）	横坐标（x）	纵坐标（y）	碱解氮含量（z）（mg/kg）	横坐标（x）	纵坐标（y）	碱解氮含量（z）（mg/kg）
1	1	139.29	3	1	104.80	5	1	109.86	7	1	113.18
1	2	182.68	3	2	98.25	5	2	108.69	7	2	115.69
1	3	154.62	3	3	117.75	5	3	163.32	7	3	105.40
1	4	163.26	3	4	116.47	5	4	135.32	7	4	101.33
1	5	154.88	3	5	110.56	5	5	118.44	7	5	110.56
1	6	163.30	3	6	136.44	5	6	98.94	7	6	106.00
1	7	169.03	3	7	122.86	5	7	137.92	7	7	108.64
1	8	162.48	3	8	130.14	5	8	130.69	7	8	111.28
1	9	162.50	3	9	117.71	5	9	111.92	7	9	98.18
1	10	131.34	3	10	102.63	5	10	130.20	7	10	103.96
2	1	117.79	4	1	123.03	6	1	109.99	8	1	90.97
2	2	109.99	4	2	112.45	6	2	102.70	8	2	109.11
2	3	127.56	4	3	97.59	6	3	98.27	8	3	109.77
2	4	137.22	4	4	103.31	6	4	111.33	8	4	129.92
2	5	150.36	4	5	98.27	6	5	84.50	8	5	141.07
2	6	118.45	4	6	104.18	6	6	105.28	8	6	121.00
2	7	98.24	4	7	154.93	6	7	110.01	8	7	117.75
2	8	175.43	4	8	121.49	6	8	85.20	8	8	113.07
2	9	96.89	4	9	136.56	6	9	78.70	8	9	108.65
2	10	116.44	4	10	104.70	6	10	102.84	8	10	117.09

续表

横坐标（x）	纵坐标（y）	碱解氮含量（z）（mg/kg）	横坐标（x）	纵坐标（y）	碱解氮含量（z）（mg/kg）	横坐标（x）	纵坐标（y）	碱解氮含量（z）（mg/kg）	横坐标（x）	纵坐标（y）	碱解氮含量（z）（mg/kg）
9	1	107.32	9	6	109.36	10	1	96.17	10	6	111.80
9	2	109.23	9	7	105.38	10	2	96.92	10	7	113.12
9	3	111.13	9	8	93.02	10	3	96.91	10	8	115.68
9	4	96.17	9	9	98.84	10	4	100.14	10	9	113.15
9	5	110.48	9	10	104.02	10	5	114.39	10	10	98.82

1. 一次函数

$$f(x,y)=b_0+b_1x+b_2y$$

程序如下：

```
DATA DD;
INPUT X Y Z@@;
CARDS;
数据集
;
PROC GLM;
MODEL Z=X Y/PREDICTED;
RUN;
PROC GCONTOUR;/*绘制等高线图*/
PLOT X*Y=Z/AUTOLABEL=(check=1);
RUN;
PROC G3D;   /*绘制三维立体图*/
PLOT X*Y=Z/ ROTATE=45 CBOTTOM=blue CTOP=green;
RUN;
```

输出结果如下：

```
                              SAS 系统
                        The GLM Procedure
      Dependent Variable: Z
                                            Sum of
  Source          DF      Squares      Mean Square     F Value      Pr > F
  Model           2     13456.66224   6728.33112      21.16        <.0001
  Error           97    30847.43920    318.01484
Corrected Total 99      44304.10144
        R-Square       Coeff Var      Root MSE       Z Mean
        0.303734       15.22278       17.83297      117.1466
  Source          DF     Type I SS     Mean Square     F Value      Pr > F
  X               1     13440.52582   13440.52582     42.26        <.0001
  Y               1        16.13642      16.13642      0.05        0.8223
  Source          DF    Type III SS    Mean Square    F Value      Pr > F
```

```
X              1       13440.52582  13440.52582    42.26      <.0001
Y              1          16.13642     16.13642     0.05      0.8223
                                Standard
   Parameter       Estimate        Error         t Value     Pr > |t|
   Intercept     138.5769333    5.14793516       26.92       <.0001
       X          -4.0362788    0.62086434       -6.50       <.0001
       Y           0.1398545    0.62086434        0.23       0.8223
```

由以上分析结果可知，一次函数模型显著，$SS_D=\sum_{i=1}^{n}(z_i-\hat{z}_i)^2=30\,847.44$，$SS_R=\sum_{i=1}^{n}(\hat{z}_i-\overline{z})^2=13\,456.66$，由于 SS_R 越大（或 SS_D 越小）就表示因变量与自变量的关系越密切，回归的规律性越强、效果越好；因此，一次函数模型表征的因变量与自变量的关系较弱。R^2 越大，趋势面的拟合度就越高，$R^2=\dfrac{SS_R}{SS_T}=1-\dfrac{SS_D}{SS_T}=0.3037$，所以本模型尽管检验结果显著，但回归效果一般，趋势面拟合度仅为 30.37%。

依据原始数据绘制的等高线图如图 11-6 所示。

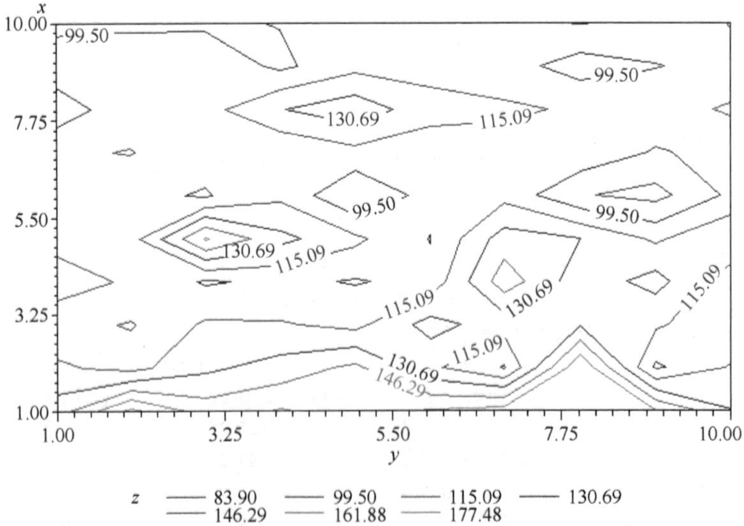

图 11-6 例 11.13 原始数据等高线图（彩图请扫封底二维码）

依据原始数据绘制的三维立体图如图 11-7 所示。

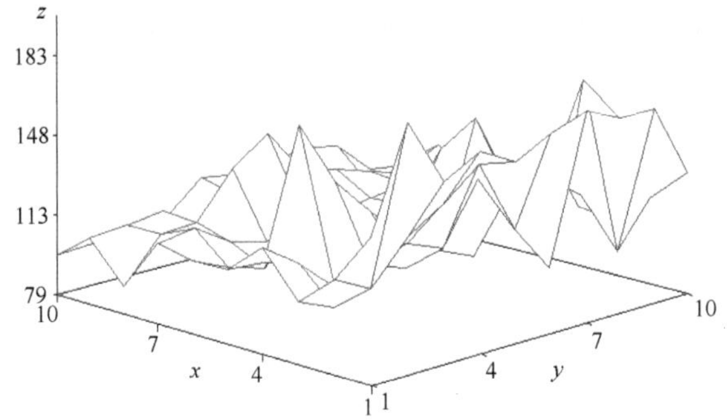

图 11-7　例 11.13 原始数据三维立体图（彩图请扫封底二维码）

采用一次函数模型绘制等高线图和三维立体图，程序如下。

```
DATA DD;
DO X=1 TO 10;
  DO Y=1 TO 10;
   Z=138.5769-4.0363*X+0.1399*Y;
   OUTPUT;
 END;
END;
PROC GCONTOUR;/*绘制等高线图*/
PLOT X*Y=Z/AUTOLABEL=(check=1);
RUN;
PROC G3D;   /*绘制三维立体图*/
PLOT X*Y=Z/ ROTATE=45 CBOTTOM=blue CTOP=green;
RUN;
```

采用一次函数模型绘制的等高线图如图 11-8 所示。

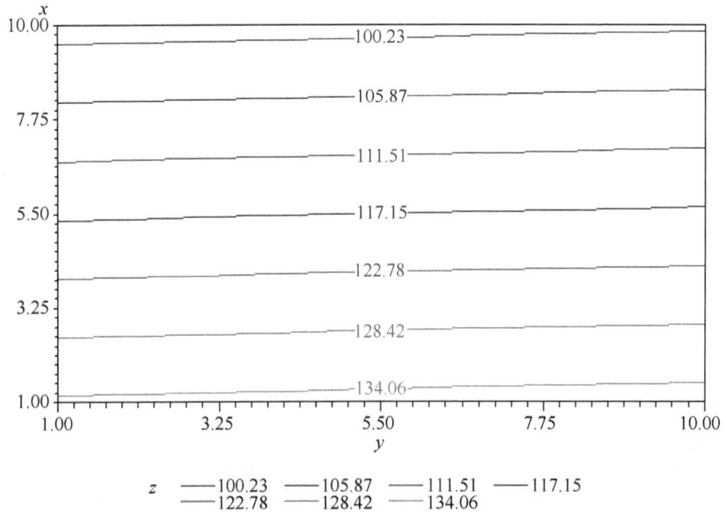

图 11-8　例 11.13 一次函数模型等高线图（彩图请扫封底二维码）

采用一次函数模型绘制的三维立体图如图 11-9 所示。

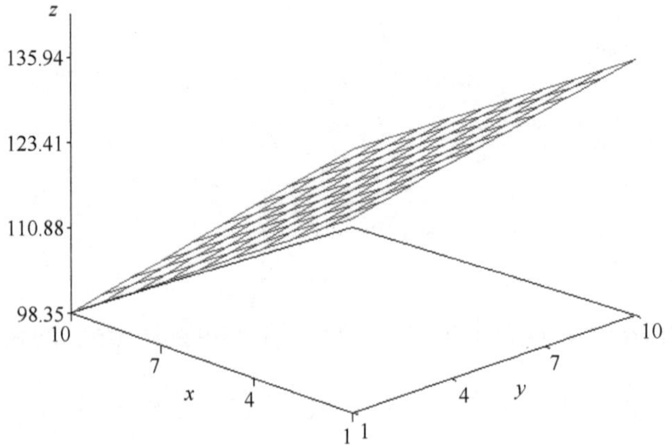

图 11-9 例 11.13 一次函数模型三维立体图（彩图请扫封底二维码）

2. 二次函数

$$f(x,y)=b_0+b_1x+b_2y+b_3x^2+b_4xy+b_5y^2$$

程序设计如下：

```
DATA DD;
INPUT X Y Z@@;
x1=x;
x2=y;
x3=x*x;
x4=x*y;
x5=y*y;
CARDS;
数据集
;
PROC GLM;
MODEL Z=x1-x5/PREDICTED;
RUN;
```

输出结果如下：

```
                    The GLM Procedure
Dependent Variable: Z
                                     Sum of
Source          DF         Squares      Mean Square     F Value    Pr > F
Model           5      19434.56367     3886.91273       14.69      <.0001
Error           94     24869.53777      264.56955
Corrected Total           99          44304.10144
             R-Square      Coeff Var       Root MSE       Z Mean
             0.438663      13.88482        16.26559      117.1466
Source          DF        Type I SS     Mean Square     F Value    Pr > F
x1               1      13440.52582     13440.52582     50.80      <.0001
```

```
x2            1       16.13642         16.13642      0.06    0.8055
x3            1     4677.59835       4677.59835     17.68    <.0001
x4            1        6.90766          6.90766      0.03    0.8720
x5            1     1293.39542       1293.39542      4.89    0.0295
Source        DF    Type III SS     Mean Square    F Value  Pr > F
x1            1     7424.399014     7424.399014     28.06    <.0001
x2            1     1023.913709     1023.913709      3.87    0.0521
x3            1     4677.598353     4677.598353     17.68    <.0001
x4            1        6.907658        6.907658      0.03    0.8720
x5            1     1293.395422     1293.395422      4.89    0.0295
                                   Standard
    Parameter       Estimate          Error        t Value     Pr > |t|
    Intercept     149.3590389     10.30154292     14.50       <.0001
      x1          -14.5649949      2.74947399     -5.30       <.0001
      x2            5.4089301      2.74947399      1.97       0.0521
      x3            0.9412273      0.22384787      4.20       <.0001
      x4            0.0318575      0.19715872      0.16       0.8720
      x5           -0.4949356      0.22384787     -2.21       0.0295
```

由以上分析结果可知，二次函数模型显著，$\text{SS}_D=\sum_{i=1}^{n}(z_i-\hat{z}_i)^2=24\,869.54$，$\text{SS}_R=\sum_{i=1}^{n}(\hat{z}_i-\bar{z})^2=19\,434.56$，由于 SS_R 越大（或 SS_D 越小）就表示因变量与自变量的关系越密切，回归的规律性越强、效果越好；因此，二次函数模型表征因变量与自变量的关系较弱。R^2 越大，趋势面的拟合度就越高，$R^2=\dfrac{\text{SS}_R}{\text{SS}_T}=1-\dfrac{\text{SS}_D}{\text{SS}_T}=0.4387$，所以本模型尽管检验结果显著，回归效果较一次函数好，但趋势面拟合度仅为 43.87%。

采用二次函数模型绘制等高线图和三维立体图，程序如下：

```
DATA DD;
DO X=1 TO 10;
  DO Y=1 TO 10;
  Z=149.3590-14.5650*X+5.4089*Y+0.9412*X*X+0.0319*X*Y-0.4949*Y*Y;
   OUTPUT;
 END;
END;
PROC GCONTOUR;/*绘制等高线图*/
PLOT X*Y=Z/AUTOLABEL=(check=1);
RUN;
PROC G3D;   /*绘制三维立体图*/
PLOT X*Y=Z/ ROTATE=45 CBOTTOM=blue CTOP=green;
RUN;
```

采用二次函数模型绘制的等高线图如图 11-10 所示。

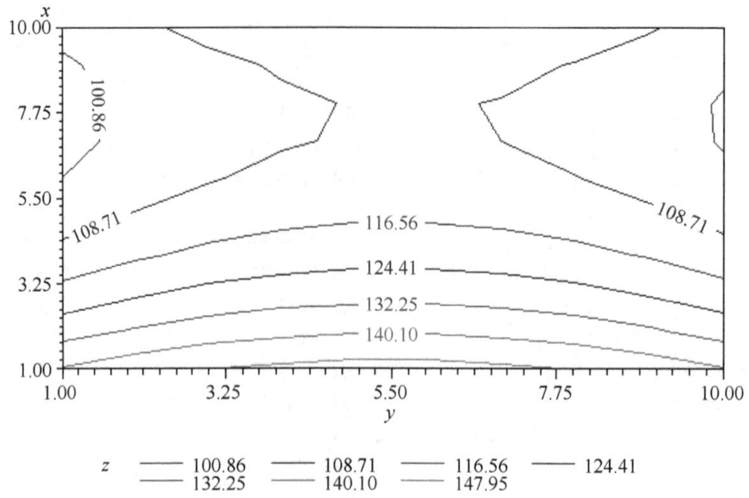

图 11-10 例 11.13 二次函数模型等高线图（彩图请扫封底二维码）

采用二次函数模型绘制的三维立体图如图 11-11 所示。

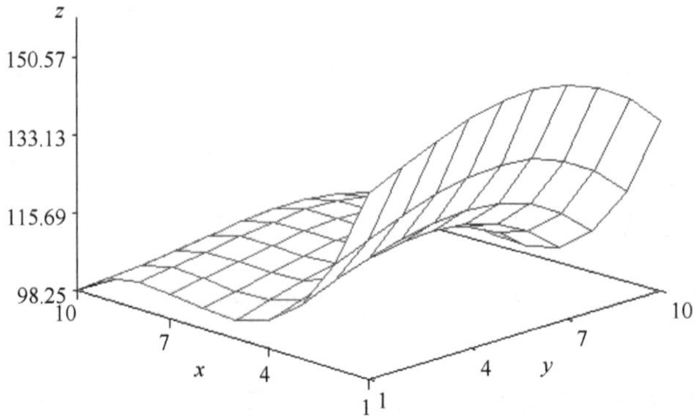

图 11-11 例 11.13 二次函数模型三维立体图（彩图请扫封底二维码）

3. 三次函数

$$f(x,y)=b_0+b_1x+b_2y+b_3x^2+b_4xy+b_5y^2+b_6x^3+b_7x^2y+b_8xy^2+b_9y^3$$

程序如下：

```
DATA DD;
INPUT X Y Z@@;
x1=x;
x2=y;
x3=x*x;
x4=x*y;
x5=y*y;
```

```
x6=x*x*x;
x7=x*x*y;
x8=x*y*y;
x9=y*y*y;
CARDS;
数据集
;
PROC GLM;
MODEL Z=x1-x9/PREDICTED;
RUN;
```

程序输出结果如下：

The GLM Procedure

Dependent Variable: Z

Source	DF	Sum of Squares	Mean Square	F Value	Pr > F
Model	9	21851.41234	2427.93470	9.73	<.0001
Error	90	22452.68910	249.47432		
Corrected Total	99	44304.10144			

R-Square	Coeff Var	Root MSE	Z Mean
0.493214	13.48290	15.79476	117.1466

Source	DF	Type I SS	Mean Square	F Value	Pr > F
x1	1	13440.52582	13440.52582	53.88	<.0001
x2	1	16.13642	16.13642	0.06	0.7998
x3	1	4677.59835	4677.59835	18.75	<.0001
x4	1	6.90766	6.90766	0.03	0.8682
x5	1	1293.39542	1293.39542	5.18	0.0252
x6	1	2173.11208	2173.11208	8.71	0.0040
x7	1	7.42052	7.42052	0.03	0.8635
x8	1	145.93210	145.93210	0.58	0.4464
x9	1	90.38396	90.38396	0.36	0.5487

Source	DF	Type III SS	Mean Square	F Value	Pr > F
x1	1	3433.277823	3433.277823	13.76	0.0004
x2	1	82.966054	82.966054	0.33	0.5656
x3	1	2837.740820	2837.740820	11.37	0.0011
x4	1	98.220245	98.220245	0.39	0.5319
x5	1	0.648055	0.648055	0.00	0.9595
x6	1	2173.112084	2173.112084	8.71	0.0040
x7	1	7.420517	7.420517	0.03	0.8635
x8	1	145.932103	145.932103	0.58	0.4464
x9	1	90.383962	90.383962	0.36	0.5487

Parameter	Estimate	Standard Error	t Value	Pr > |t|
Intercept	168.1754833	19.66431288	8.55	<.0001
x1	-32.6870837	8.81119124	-3.71	0.0004

x2	5.0812659	8.81119124	0.58	0.5656
x3	5.2459740	1.55543796	3.37	0.0011
x4	-0.7483976	1.19273726	-0.63	0.5319
x5	0.0792767	1.55543796	0.05	0.9595
x6	-0.2652444	0.08987068	-2.95	0.0040
x7	0.0130519	0.07567789	0.17	0.8635
x8	0.0578804	0.07567789	0.76	0.4464
x9	-0.0540942	0.08987068	-0.60	0.5487

由以上分析结果可知，三次函数模型显著，$\mathrm{SS}_D=\sum_{i=1}^{n}(z_i-\hat{z}_i)^2=22\,452.69$，$\mathrm{SS}_R=\sum_{i=1}^{n}(\hat{z}_i-\overline{z})^2=21\,851.41$，由于 SS_R 越大（或 SS_D 越小）就表示因变量与自变量的关系越密切，回归的规律性越强、效果越好；因此，三次函数模型较二次函数表示的因变量与自变量的关系更为密切。R^2 越大，趋势面的拟合度就越高，$R^2=\dfrac{\mathrm{SS}_R}{\mathrm{SS}_T}=1-\dfrac{\mathrm{SS}_D}{\mathrm{SS}_T}=0.4932$，所以本模型尽管检验结果显著，回归效果较二次函数好，但趋势面拟合度仅为 49.32%。

采用三次函数模型绘制等高线图和三维立体图（图 11-12，图 11-13），程序如下：

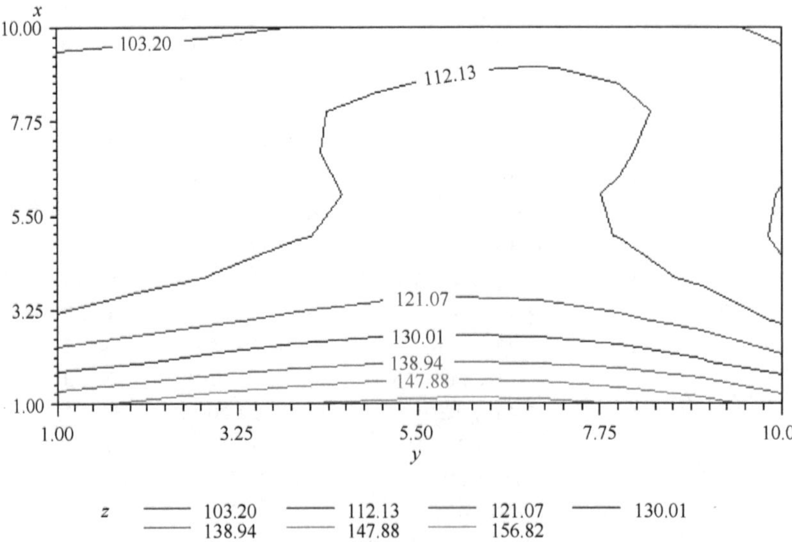

图 11-12　例 11.13 三次函数模型等高线图（彩图请扫封底二维码）

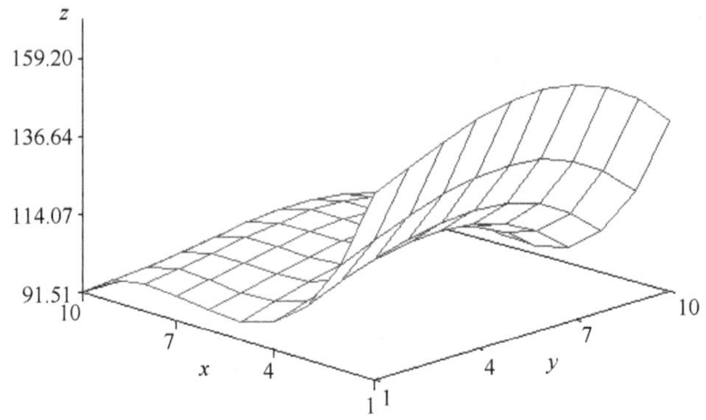

图 11-13　例 11.13 三次函数模型三维立体图（彩图请扫封底二维码）

```
DATA DD;
DO X=1 TO 10;
  DO Y=1 TO 10;
   Z=168.1755-32.6871*X+5.0813*Y+5.2460*X*X-0.7484*X*Y+0.0793*Y*Y
     -0.2652*x*x*x+0.0131*x*x*y+0.0579*x*y*y-0.0541*y*y*y;
   OUTPUT;
 END;
END;
PROC GCONTOUR;
PLOT X*Y=Z/AUTOLABEL=(check=1);
RUN;
PROC G3D;
PLOT X*Y=Z/ ROTATE=45 CBOTTOM=blue CTOP=green;
RUN;
```

4. 四次函数

$$f(x,y)=b_0+b_1x+b_2y+b_3x^2+b_4xy+b_5y^2+b_6x^3+b_7x^2y+b_8xy^2+b_9y^3+b_{10}x^4+ b_{11}x^3y+b_{12}x^2y^2+b_{13}xy^3+b_{14}y^4$$

程序如下：

```
DATA DD;
INPUT X Y Z@@;
x1=x;
x2=y;
x3=x*x;
x4=x*y;
x5=y*y;
x6=x*x*x;
x7=x*x*y;
x8=x*y*y;
x9=y*y*y;
x10=x*x*x*x;
```

```
x11=x*x*x*y;
x12=x*x*y*y;
x13=x*y*y*y;
x14=y*y*y*y;
CARDS;
数据集
;
PROC GLM;
MODEL Z=x1-x14/PREDICTED;
RUN;
```

程序输出结果如下：

The GLM Procedure

Dependent Variable: Z

Source	DF	Sum of Squares	Mean Square	F Value	Pr > F
Model	14	23653.01830	1689.50131	6.95	<.0001
Error	85	20651.08314	242.95392		
Corrected Total	99	44304.10144			

R-Square	Coeff Var	Root MSE	Z Mean
0.533879	13.30553	15.58698	117.1466

Source	DF	Type I SS	Mean Square	F Value	Pr > F
x1	1	13440.52582	13440.52582	55.32	<.0001
x2	1	16.13642	16.13642	0.07	0.7972
x3	1	4677.59835	4677.59835	19.25	<.0001
x4	1	6.90766	6.90766	0.03	0.8665
x5	1	1293.39542	1293.39542	5.32	0.0235
x6	1	2173.11208	2173.11208	8.94	0.0036
x7	1	7.42052	7.42052	0.03	0.8617
x8	1	145.9321	145.93210	0.60	0.4405
x9	1	90.38396	90.38396	0.37	0.5435
x10	1	743.00950	743.00950	3.06	0.0839
x11	1	514.77762	514.77762	2.12	0.1492
x12	1	367.51214	367.51214	1.51	0.2221
x13	1	133.86275	133.86275	0.55	0.4600
x14	1	42.44396	42.44396	0.17	0.6770

Source	DF	Type III SS	Mean Square	F Value	Pr > F
x1	1	2283.589486	2283.589486	9.40	0.0029
x2	1	23.195193	23.195193	0.10	0.7581
x3	1	1859.665626	1859.665626	7.65	0.0069
x4	1	0.005054	0.005054	0.00	0.9964
x5	1	7.447673	7.447673	0.03	0.8614
x6	1	1281.873479	1281.873479	5.28	0.0241
x7	1	71.031780	71.031780	0.29	0.5901
x8	1	4.101211	4.101211	0.02	0.8969
x9	1	9.686188	9.686188	0.04	0.8422

x10	1	743.009498	743.009498	3.06	0.0839
x11	1	514.777622	514.777622	2.12	0.1492
x12	1	367.512137	367.512137	1.51	0.2221
x13	1	133.862749	133.862749	0.55	0.4600
x14	1	42.443956	42.443956	0.17	0.6770

Parameter	Estimate	Standard Error	t Value	Pr > |t|
Intercept	200.1681278	36.78017020	5.44	<.0001
x1	-74.2289484	24.21175358	-3.07	0.0029
x2	7.4810625	24.21175358	0.31	0.7581
x3	19.3385860	6.98987224	2.77	0.0069
x4	0.0228903	5.01871950	0.00	0.9964
x5	-1.2238201	6.98987224	-0.18	0.8614
x6	-1.9899392	0.86632168	-2.30	0.0241
x7	-0.3291642	0.60876297	-0.54	0.5901
x8	0.0790938	0.60876297	0.13	0.8969
x9	0.1729791	0.86632168	0.20	0.8422
x10	0.0671588	0.03840322	1.75	0.0839
x11	0.0449457	0.03087735	1.46	0.1492
x12	-0.0363080	0.02952079	-1.23	0.2221
x13	0.0229197	0.03087735	0.74	0.4600
x14	-0.0160514	0.03840322	-0.42	0.6770

由以上分析结果可知，四次函数模型显著，$\mathrm{SS}_D=\sum_{i=1}^{n}(z_i-\hat{z}_i)^2=20\,651.08$，$\mathrm{SS}_R=\sum_{i=1}^{n}(\hat{z}_i-\overline{z})^2=23\,653.02$，由于 SS_R 越大（或 SS_D 越小）就表示因变量与自变量的关系越密切，回归的规律性越强、效果越好；由此可见，四次函数模型表示因变量与自变量的关系较三次函数密切。R^2 越大，趋势面的拟合度就越高，$R^2=\frac{\mathrm{SS}_R}{\mathrm{SS}_T}=1-\frac{\mathrm{SS}_D}{\mathrm{SS}_T}=0.5339$，所以本模型尽管检验结果显著，回归效果较三次函数好，但趋势面拟合度仅为 53.39%。

采用四次函数模型绘制等高线图和三维立体图（图 11-14，图 11-15），程序如下：

```
DATA DD;
DO X=1 TO 10;
  DO Y=1 TO 10;
  Z=200.1681-74.2289*X+7.4811*Y+19.3386*X*X+0.0229*X*Y-1.2238*Y*Y
     -1.9899*x*x*x-0.3292*x*x*y+0.0791*x*y*y+0.1730*y*y*y
     +0.0672*x*x*x*x+0.0449*x*x*x*y-0.0363*x*x*y*y+0.0229*x*y*y*y
     -0.0161*y*y*y*y;
   OUTPUT;
 END;
END;
PROC GCONTOUR;
```

```
PLOT X*Y=Z/AUTOLABEL=(check=1);
RUN;
PROC G3D;
PLOT X*Y=Z/ ROTATE=45 CBOTTOM=blue CTOP=green;
RUN;
```

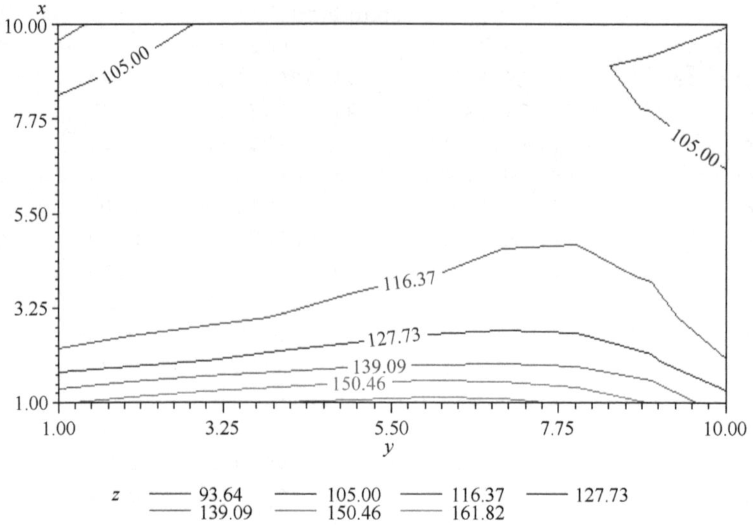

图 11-14　例 11.13 四次函数模型等高线图（彩图请扫封底二维码）

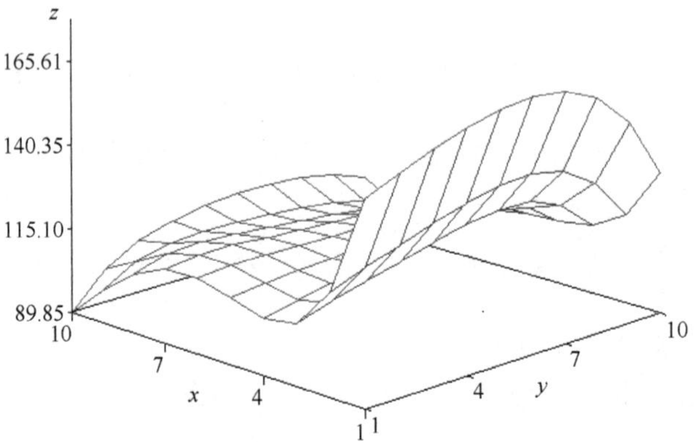

图 11-15　例 11.13 四次函数模型三维立体图（彩图请扫封底二维码）

5. 五次函数

$$f(x,y)=b_0+b_1x+b_2y+b_3x^2+b_4xy+b_5y^2+b_6x^3+b_7x^2y+b_8xy^2+b_9y^3+b_{10}x^4+b_{11}x^3y+b_{12}x^2y^2+b_{13}xy^3+b_{14}y^4+b_{15}x^5+b_{16}x^4y+b_{17}x^3y^2+b_{18}x^2y^3+b_{19}xy^4+b_{20}y^5$$

程序如下：

```
DATA DD;
```

```
INPUT X Y Z@@;
x1=x;
x2=y;
x3=x*x;
x4=x*y;
x5=y*y;
x6=x*x*x;
x7=x*x*y;
x8=x*y*y;
x9=y*y*y;
x10=x*x*x*x;
x11=x*x*x*y;
x12=x*x*y*y;
x13=x*y*y*y;
x14=y*y*y*y;
x15=x*x*x*x*x;
x16=x*x*x*x*y;
x17=x*x*x*y*y;
x18=x*x*y*y*y;
x19=x*y*y*y*y;
x20=y*y*y*y*y;
CARDS;
数据集
;
PROC GLM;
MODEL Z=x1-x20/PREDICTED;
RUN;
```

输出结果如下：

```
                        The GLM Procedure
Dependent Variable: Z
                                 Sum of
Source           DF        Squares       Mean Square    F Value    Pr > F
Model            20     25258.62957      1262.93148      5.24      <.0001
Error            79     19045.47188      241.08192
Corrected Total  99     44304.10144
                 R-Square      Coeff Var      Root MSE        Z Mean
                 0.570119       13.25417      15.52681      117.1466
Source           DF        Type I SS      Mean Square      F Value    Pr > F
  x1             1       13440.52582      13440.52582        55.75    <.0001
  x2             1          16.13642         16.13642         0.07    0.7965
  x3             1        4677.59835       4677.59835        19.40    <.0001
  x4             1           6.90766          6.90766         0.03    0.8660
  x5             1        1293.39542       1293.39542         5.36    0.0231
  x6             1        2173.11208       2173.11208         9.01    0.0036
  x7             1           7.42052          7.42052         0.03    0.8612
```

x8	1	145.93210	145.93210	0.61	0.4389
x9	1	90.38396	90.38396	0.37	0.5421
x10	1	743.00950	743.00950	3.08	0.0830
x11	1	514.77762	514.77762	2.14	0.1479
x12	1	367.51214	367.51214	1.52	0.2206
x13	1	133.86275	133.86275	0.56	0.4584
x14	1	42.44396	42.44396	0.18	0.6759
x15	1	971.72429	971.72429	4.03	0.0481
x16	1	27.28197	27.28197	0.11	0.7375
x17	1	4.82257	4.82257	0.02	0.8879
x18	1	44.93180	44.93180	0.19	0.6671
x19	1	487.49864	487.49864	2.02	0.1590
x20	1	69.35199	69.35199	0.29	0.5932

Source	DF	Type III SS	Mean Square	F Value	Pr > F
x1	1	1657.443787	1657.443787	6.88	0.0105
x2	1	275.814396	275.814396	1.14	0.2881
x3	1	1579.115314	1579.115314	6.55	0.0124
x4	1	9.180409	9.180409	0.04	0.8458
x5	1	275.489752	275.489752	1.14	0.2883
x6	1	1338.411932	1338.411932	5.55	0.0209
x7	1	29.193693	29.193693	0.12	0.7288
x8	1	119.961967	119.961967	0.50	0.4826
x9	1	218.904368	218.904368	0.91	0.3435
x10	1	1131.173592	1131.173592	4.69	0.0333
x11	1	35.751629	35.751629	0.15	0.7012
x12	1	1.424484	1.424484	0.01	0.9389
x13	1	259.997703	259.997703	1.08	0.3022
x14	1	144.345563	144.345563	0.60	0.4414
x15	1	971.724293	971.724293	4.03	0.0481
x16	1	27.281970	27.281970	0.11	0.7375
x17	1	4.822570	4.822570	0.02	0.8879
x18	1	44.931804	44.931804	0.19	0.6671
x19	1	487.498636	487.498636	2.02	0.1590
x20	1	69.351992	69.351992	0.29	0.5932

Parameter	Estimate	Standard Error	t Value	Pr > |t|
Intercept	216.5263611	70.17048785	3.09	0.0028
x1	-163.8506381	62.49007644	-2.62	0.0105
x2	66.8401165	62.49007645	1.07	0.2881
x3	66.8107893	26.10489815	2.56	0.0124
x4	-3.3847116	17.34494690	-0.20	0.8458
x5	-27.9056668	26.10489815	-1.07	0.2883
x6	-12.2594345	5.20304834	-2.36	0.0209
x7	-1.1378393	3.26978157	-0.35	0.7288
x8	2.3065252	3.26978157	0.71	0.4826
x9	4.9579570	5.20304834	0.95	0.3435

x10	1.0624382	0.49048006	2.17	0.0333
x11	0.1245988	0.32355523	0.39	0.7012
x12	0.0219248	0.28522655	0.08	0.9389
x13	-0.3360090	0.32355523	-1.04	0.3022
x14	-0.3795253	0.49048006	-0.77	0.4414
x15	-0.0352959	0.01758065	-2.01	0.0481
x16	-0.0044804	0.01331868	-0.34	0.7375
x17	0.0017196	0.01215823	0.14	0.8879
x18	-0.0052489	0.01215823	-0.43	0.6671
x19	0.0189394	0.01331868	1.42	0.1590
x20	0.0094294	0.01758065	0.54	0.5932

由以上分析结果可知，五次函数模型显著，$\mathrm{SS}_D=\sum_{i=1}^{n}(z_i-\hat{z}_i)^2=19\,045.47$，$\mathrm{SS}_R=\sum_{i=1}^{n}(\hat{z}_i-\overline{z})^2=25\,258.63$，由于 SS_R 越大（或 SS_D 越小）就表示因变量与自变量的关系越密切，回归的规律性越强、效果越好；由此可见，五次函数较四次函数表示因变量与自变量的关系密切，但增加幅度小。R^2 越大，趋势面的拟合度就越高，$R^2=\frac{\mathrm{SS}_R}{\mathrm{SS}_T}=1-\frac{\mathrm{SS}_D}{\mathrm{SS}_T}=0.5701$，所以本模型尽管检验结果显著，回归效果较四次函数好，但趋势面拟合度仅为 57.01%。

采用五次函数模型绘制等高线图和三维立体图（图 11-16，图 11-17），程序如下：

```
DATA DD;
DO X=1 TO 10;
 DO Y=1 TO 10;
 Z=216.5264-163.8506*X+66.8401*Y+66.8108*X*X-3.3847*X*Y-27.9057*Y*Y
    -12.2594*x*x*x-1.1378*x*x*y+2.3065*x*y*y+4.9580*y*y*y
    +1.0624*x*x*x*x+0.1246*x*x*x*y+0.0219*x*x*y*y-0.3360*x*y*y*y
    -0.3795*y*y*y*y-0.0353*x*x*x*x*x-0.0045*x*x*x*x*y+0.0017*x*x*x
    *y*y-0.0052*x*x*y*y*y+0.0189*x*y*y*y*y+0.0094*y*y*y*y*y;
  OUTPUT;
 END;
END;
PROC GCONTOUR;
PLOT X*Y=Z/AUTOLABEL=(check=1);
RUN;
PROC G3D;
PLOT X*Y=Z/ ROTATE=45 CBOTTOM=blue CTOP=green;
RUN;
```

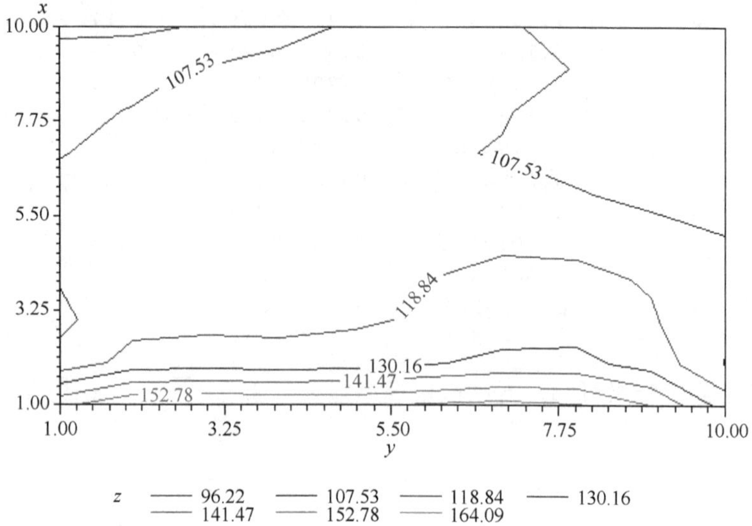

图 11-16　例 11.13 五次函数模型等高线图（彩图请扫封底二维码）

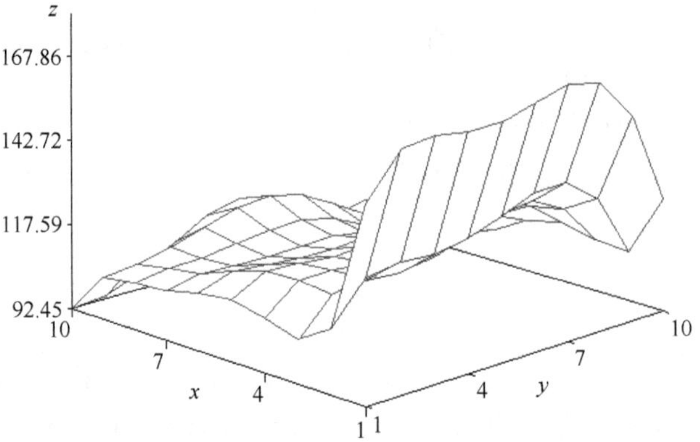

图 11-17　例 11.13 五次函数模型三维立体图（彩图请扫封底二维码）

二、回归正交设计

（一）回归设计的基本概念

试验设计中有一类问题是希望建立指标 y 与各因子 $z_1,z_2,\cdots,z_p$ 间相关关系的定量表达式，以便通过该表达式找出使指标满足要求的各因子的范围。例如，在炼钢时，如何控制钢水中碳的含量（z_1）、冶炼温度（z_2）等使钢材的强度（y）达到质量要求。

由于在生产过程中，除了要控制的 $z_1,z_2,\cdots,z_p$ 外，还存在一些不可控制的随机因素，从而在 $z_1, z_2, \cdots, z_p$ 不变的情况下，质量指标 y 也不完全相同，因此可以假定 y 与 $z_1, z_2, \cdots, z_p$ 间有如下关系：

$$y = f(z_1, z_2, \cdots, z_p) + \varepsilon$$

这里 $f(z_1, z_2, \cdots, z_p)$ 是 $z_1, z_2, \cdots, z_p$ 的一个函数，常称为响应函数，其图形称为响应曲面；ε 是随机误差，通常假定它服从均值为 0，方差为 σ^2 的正态分布。在上述假定下，$f(z_1, z_2, \cdots, z_p)$ 可以看作在取定工艺参数后质量指标的均值，即

$$E(y) = f(z_1, z_2, \cdots, z_p)$$

在回归设计中，称 $z_1, z_2, \cdots, z_p$ 为因子（或自变量），但与正交设计中不同，它们都是定量因子，不是定性因子。称 $z = (z_1, z_2, \cdots, z_p)'$ 的可能取值的空间为因子空间。我们的任务便是从因子空间中寻找一个点 $z^0 = (z_1^0, z_2^0, \cdots, z_p^0)'$ 使 $E(y)$满足质量要求。

当 f 的函数形式已知时，可以通过最优化的方法寻找 z^0，然而在许多情况下并不知道 f 的形式，这时常常用一个多项式逼近它，即假定：

$$y = \beta_0 + \sum_j \beta_j z_j + \sum_j \beta_{jj} z_j^2 + \sum_{i<j} \beta_{ij} z_i z_j + \cdots + \varepsilon$$

这里 $\beta_0, \beta_j, \beta_{jj}, \beta_{ij}$ 等为未知参数，也称为回归系数，通常需要通过收集数据对它们进行估计，若分别用 b_0, b_j, b_{jj}, b_{ij} 等表示相应的估计，则称

$$y = \beta_0 + \sum_j \beta_j z_j + \sum_j \beta_{jj} z_j^2 + \sum_{i<j} \beta_{ij} z_i z_j + \cdots + \varepsilon$$

为 y 关于 $z_1, z_2, \cdots, z_p$ 的多项式回归方程。在实际中常用的是如下的一次与二次回归方程（也称一阶与二阶模型）：

$$\hat{y} = b_0 + \sum_j b_j z_j$$

$$\hat{y} = b_0 \sum_j b_j z_j + \sum_j b_{jj} z_j^2 + \sum_{i<j} b_{ij} z_i z_j$$

回归设计便是一种通过少量试验获得数据、估计参数、有效地建立回归方程的方法，因此响应曲面设计也称为回归设计。它是由英国统计学家 G. Box 在 20 世纪 50 年代初针对化工生产提出的，之后又用于钢铁、制药、农业等部门，如今该方法应用面很广。

根据建立的回归方程的次数不同，回归设计有一次回归设计、二次回归设计等，根据设计的性质又有正交设计、旋转设计等。本章仅介绍一次回归的正交设计与二次回归的组合设计（包括正交设计与旋转设计）。

（二）一次回归的正交设计

建立一次回归方程的回归设计方法有多种，这里介绍一种常用的方法，它是利用二水平正交表来安排试验的设计方法。下面通过一个例子来叙述试验设计的步骤与数据的分析方法。

1. 确定因子水平

设影响指标 y 的因子有 p 个，即 $z_1,z_2,\cdots,z_p$，希望通过试验建立 y 关于 $z_1,z_2,\cdots,z_p$ 的一次回归方程，首先需要确定每个因子的变化范围，设因子 z_j 的取值范围为$[z_{1j},z_{2j}]$，即

$$z_{1j}\leqslant z_j\leqslant z_{2j},j=1,2,\cdots,p$$

并称 z_{1j} 为因子 z_j 的范围下限，z_{2j} 为范围上限。

2. 对每一个因子进行编码

记因子 z_j 的零水平为 $z_{0j}=(z_{1j}+z_{2j})/2$，称 $\Delta_j=(z_{2j}-z_{1j})/2$ 为因子的变化半径，称 x_j 为因子 z_j 的编码值。

$$x_j=\frac{z_j-z_{0j}}{\Delta_j}\qquad j=1,2,\cdots,p$$

这样一来，不管 z_j 原来的实际取值范围和量纲如何，采用编码值后，x_j 为无量纲的量，其取值范围总是$-1\leqslant x_j\leqslant 1$，即以$-1$ 为其下水平，以 1 为其上水平。从而使寻找最优条件 z^0 可转化为先寻找其最优编码值 x^0，因为有了 x^0 便可通过上式转化为 $z^0=(z_1^0,z_2^0,\cdots,z_p^0)'$，其中 $z_j^0=z_{0j}+\Delta_j x_j^0$，$j=1,2,\cdots,p$。

今后称 $(x_1,x_2,\cdots,x_p)$ 的取值空间为编码空间，我们可以先建立指标 y 关于 $x_1,x_2,\cdots,x_p$ 的回归方程：

$$\hat{y}=b_0+b_1x_1+\cdots+b_px$$

进一步，可转化为 y 关于 $z_1,z_2,\cdots,z_p$ 的回归方程。

3. 选择适当的二水平正交表安排试验

将每个因子的上水平与下水平看成因子的两个水平，如同正交设计中一样选择合适的二水平正交表来安排试验，并将二水平正交表中的“1”与“2”分别改为“1”与“-1”。这样一来，正交表中的两个水平不仅表示了因子水平的不同取值状态，还表示了水平的数值大小。此外，因子间的交互作用可以通过因子所在列的水平的乘积获得，如原正交表 $L_8(2^7)$改造后变成表 11-10，这样就不再需要交

互作用列表。

表 11-10　改造后的 L_8（2^7）正交表

试验号 \ 列号	1	2	3	4	5	6	7
	x_1	x_2	x_1x_2	x_3	x_1x_3	x_2x_3	$x_1x_2x_3$
1	1	1	1	1	1	1	1
2	1	1	1	−1	−1	−1	−1
3	1	−1	−1	1	1	−1	−1
4	1	−1	−1	−1	−1	1	1
5	−1	1	−1	1	−1	1	−1
6	−1	1	−1	−1	1	−1	1
7	−1	−1	1	1	−1	−1	1
8	−1	−1	1	−1	1	1	−1

由于在一次回归正交设计中，有

$$\sum_{i=1}^{n} x_{ij} = 0, \quad j = 1,2,\cdots,p\,,$$

$$\sum_{k=1}^{n} x_{ki}x_{kj} = 0, \quad i \neq j,\ i,j = 1,2,\cdots,p$$

$$\sum_{i=1}^{n} x_{ij}^2 = n, \quad j = 1,2,\cdots,p$$

具备以上两个性质的设计称为正交设计，正交设计还具备如下性质。

$$\sum_{j=1}^{n} y_i = B_0,\ \sum_{i=1}^{n} x_{ij}y_i = B_j,\ j = 1,2,\cdots,p$$

（三）一次回归正交设计的模型

1. 无交互作用的模型

在一次回归正交设计中记第 i 号试验结果为 y_i，i=1,2,⋯,n，此时的回归模型为

$$\begin{cases} y_i = \beta_0 + \sum_j \beta_j x_{ij} + \varepsilon_i & i = 1,2,\cdots,n \\ \text{各}\varepsilon_i\text{相互独立分布}\sim N(0,\sigma^2) \end{cases}$$

此时要建立的 y 关于 $z_1, z_2, \cdots, z_p$ 的一次回归方程为

$$\hat{y} = b_0 + \sum_j b_j x_j$$

2. 含交互作用的模型

当变量间存在交互作用时，一般考虑建立含两个因子交互作用的模型，其交互作用用两个因子编码值的乘积表示，则回归模型为

$$y_i = \beta_0 + \sum_j \beta_j x_j + \sum_{i<j} \beta_{ij} x_i x_j + \varepsilon_i$$

这时要建立的回归方程为

$$\hat{y} = b_0 + \sum_j b_j x_j + \sum_{i<j} b_{ij} x_i x_j$$

（四）一次回归正交设计的实例分析

【例 11.14】马铃薯糖化、酒化正交试验共设 4 个影响因素，分别为辅料添加量（A）、料水比（B）、接种量（C）和温度（D）。每一个试验因素共设 4 个水平，采用 L_{16}（4^5）正交表，最后一列因未设影响因素，以空白列处理。试验设计的因素和水平见表 11-11。

表 11-11　马铃薯糖化、酒化正交试验设计的因素和水平

试验水平	试验因素			
	A（%）	B	C（%）	D（℃）
1	50	1∶2.0	2.0	26
2	55	1∶2.5	2.5	28
3	60	1∶3.0	3.0	30
4	65	1∶3.5	3.5	32

硝基蒽醌中某物质的含量 y 与以下 3 个因子有关：x_1 为亚硝酸钠（g），x_2 为硫代硫酸钠（g），x_3 为反应时间（h），为了提高该物质的含量（或者寻找最佳反应条件），需要建立 y 关于变量 x_1、x_2、x_3 的回归方程。数据见表 11-12。

表 11-12　试验设计及试验结果

试验号	x_1（亚硝酸钠：g）	x_2（硫代硫酸钠：g）	x_3（反应时间：h）	试验结果 y
1	1（9）	1（4.5）	1（3）	92.35
2	1（9）	1（4.5）	−1（1）	86.10
3	1（9）	−1（2.5）	1（3）	89.58
4	1（9）	−1（2.5）	−1（1）	87.05
5	−1（5）	1（4.5）	1（3）	85.70
6	−1（5）	1（4.5）	−1（1）	83.26
7	−1（5）	−1（2.5）	1（3）	83.95
8	−1（5）	−1（2.5）	−1（1）	83.38

注：1，−1 表示正交试验设计的水平编码，括号内数字为实施水平

从表 11-12 中可以看到，x_1、x_2和 x_3 均为两个水平，根据正交试验设计和编码规则，高水平用“1”代替，低水平用“-1”代替。

在 SAS 中的操作程序如下：

```
   DATA DD;
   INPUT X1-X3 Y@@;
   CARDS;
   1    1    1    92.35
   1    1    -1   86.10
   1    -1   1    89.58
   1    -1   -1   87.05
   -1   1    1    85.70
   -1   1    -1   83.26
   -1   -1   1    83.95
   -1   -1   -1   83.38
   ;
   PROC GLM;
   MODEL Y=X1-X3;
RUN;
```

程序输出结果如下：

```
                    The GLM Procedure
             Number of observations    8
                  The GLM Procedure
   Dependent Variable: y
                           Sum of
Source             DF       Squares      Mean Square    F Value    Pr > F
Model               3    62.99633750    20.99877917      9.88     0.0254
Error               4     8.49995000     2.12498750
Corrected Total     7    71.49628750
              R-Square     Coeff Var      Root MSE       y Mean
              0.881113      1.686777      1.457734      86.42125
Source             DF     Type I SS     Mean Square     F Value     Pr > F
  x1                1   44.13301250    44.13301250     20.77       0.0104
  x2                1    1.48781250     1.48781250      0.70       0.4498
  x3                1   17.37551250    17.37551250      8.18       0.0460
Source             DF   Type III SS     Mean Square    F Value     Pr > F
  x1                1   44.13301250    44.13301250     20.77       0.0104
  x2                1    1.48781250     1.48781250      0.70       0.4498
  x3                1   17.37551250    17.37551250      8.18       0.0460
                                     Standard
  Parameter         Estimate          Error         t Value      Pr > |t|
  Intercept      86.42125000       0.51538669      167.68        <.0001
    x1            2.34875000       0.51538669        4.56        0.0104
    x2            0.43125000       0.51538669        0.84        0.4498
    x3            1.47375000       0.51538669        2.86        0.0460
```

由输出结果可知，建立 y 关于变量 x_1、x_2、x_3 的回归方程为

$$\hat{y} = 86.42 + 2.35x_1 + 0.43x_2 + 1.47x_3$$

从模型检验来看，Pr>F 值为 0.0254，说明模型（回归方程）是有意义的，其显著性水平为 0.05。在正交回归设计中回归平方和恰好是各变量偏回归平方和相加，即 63.00=44.13+1.49+17.38，而这在一般的回归分析中不成立。在正交回归设计中，当某一变量不显著时，可以直接将它删去，而不会改变其他回归系数，这是正交回归设计的一个优点。因此将 x_2 从回归方程中删去，最后得各因子均为显著的回归方程是

$$\hat{y} = 86.42 + 2.35x_1 + 1.47x_3$$

因为此时是编码值建立后的回归方程，如果要转换为原数据的回归方程，则根据编码规则可知，z_j 的零水平为 $z_{0j} = (z_{1j} + z_{2j})/2$，此例中 $z_{01} = (z_{11} + z_{21})/2 = (5+9)/2=7$，因子的变化半径 $\Delta_j = (z_{2j} - z_{1j})/2 = (9-5)/2 = 2$，所以 x_1 和 x_3 的编码式为 x_1=（z_1−7）/2，x_3=z_3−2，将编码式带入回归方程得

$$\hat{y} = 86.42 + 2.35 \times \frac{z_1 - 7}{2} + 1.47(z_3 - 2) = 75.255 + 1.175z_1 + 1.47z_3$$

采用原数据回归方程进行响应面分析，程序如下：

```
data SS;
DO Z1=5 TO 9 BY 0.5;
  DO Z3= 1 TO 3 BY 0.5;
  Y=75.255+1.175*Z1+1.47*Z3;
  OUTPUT;
  END;
END;
PROC GCONTOUR;
PLOT Z1*Z3=Y/AUTOLABEL=(check=1);
RUN;
PROC G3D;
PLOT Z1*Z3=Y/ROTATE=45 CBOTTOM=blue CTOP=green;
RUN;
```

采用回归模型绘制等高线图和三维立体图（图 11-18，图 11-19）。

（五）二次回归的中心组合设计

建立二次回归方程有多种设计方法，在这里仅介绍一种中心组合设计方案，它的优点是可以在一次回归正交设计的基础上补充若干点得到二次回归方程，当然也可以直接使用设计参数进行二次回归的中心组合设计。

（1）中心组合设计方案

中心组合设计中的试验点由三部分组成。

1）将编码值−1 与 1 看成每个因子的两个水平，如同一次回归正交设计那样，采用二水平正交表安排试验，可以是全因子试验，也可以是全因子 1/2 试验处理、全因子 1/4 试验处理等。记其试验次数为 m_c，则 $m_c=2^p$，或2^{p-1}、2^{p-2} 等。

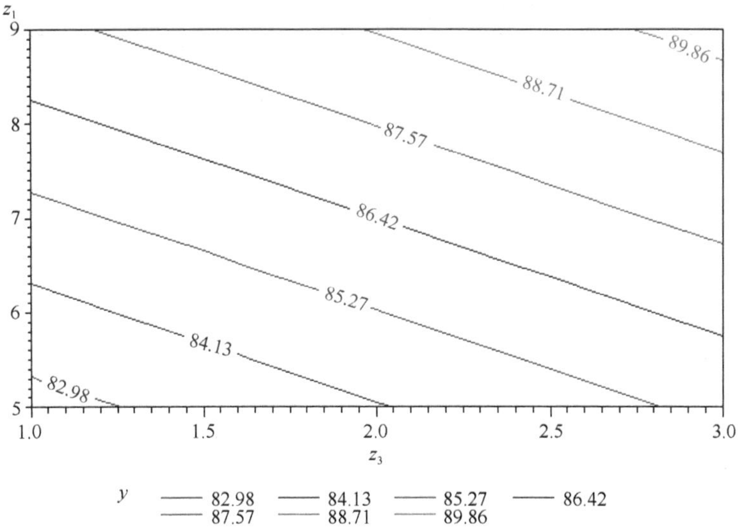

图 11-18　例 11.14 的等高线图（彩图请扫封底二维码）

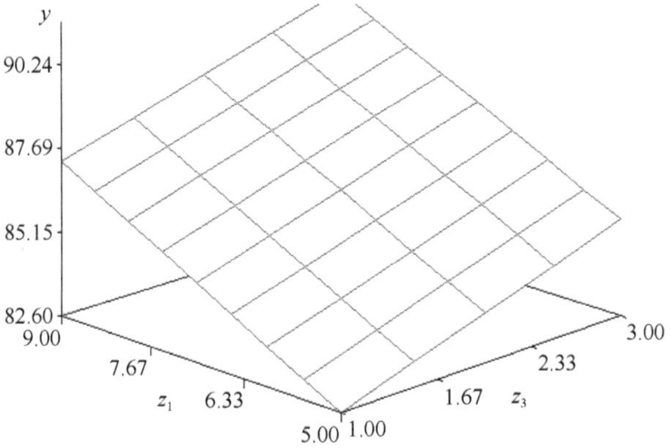

图 11-19　例 11.14 的三维立体图（彩图请扫封底二维码）

2）在每一因子的坐标轴上取两个试验点，该因子的编码值分别为$-\gamma$与γ，其他因子的编码值为 0。由于有 p 个因子，因此这部分试验点共有 2^p 个。常称这种试验点为星号点。

3）在试验区域的中心进行 m_0 次重复试验，这时每个因子的编码值均为 0。

p=2 与 p=3 的中心组合设计方案分别如表 11-13 与表 11-14 所示，图 11-20 给出了 p=2 时试验点的分布。

（2）中心组合设计方案的特点

1）中心组合设计方案试验的总次数 $n=m_c+2p+m_0$。

表 11-13　p=2 的中心组合设计方案

试验号	x_1	x_2	
1	1	1	用 $L_4(2^3)$，$m_c=2^2=4$
2	1	−1	
3	−1	1	
4	−1	−1	
5	γ	0	星号点 $2p=4$
6	$-\gamma$	0	
7	0	γ	
8	0	$-\gamma$	
9	0	0	中心点 m_0
⋮	⋮	⋮	
n	0	0	

表 11-14　p=3 的中心组合设计方案

试验号	x_1	x_2	x_3	
1	1	1	1	用 $L_8(2^7)$，$m_c=2^3=8$
2	1	1	−1	
3	1	−1	1	
4	1	−1	−1	
5	−1	1	1	
6	−1	1	−1	
7	−1	−1	1	
8	−1	−1	−1	
9	γ	0	0	星号点 $2p=6$
10	$-\gamma$	0	0	
11	0	γ	0	
12	0	$-\gamma$	0	
13	0	0	γ	
14	0	0	$-\gamma$	
15	0	0	0	中心点 m_0
⋮	⋮	⋮	⋮	
n	0	0	0	

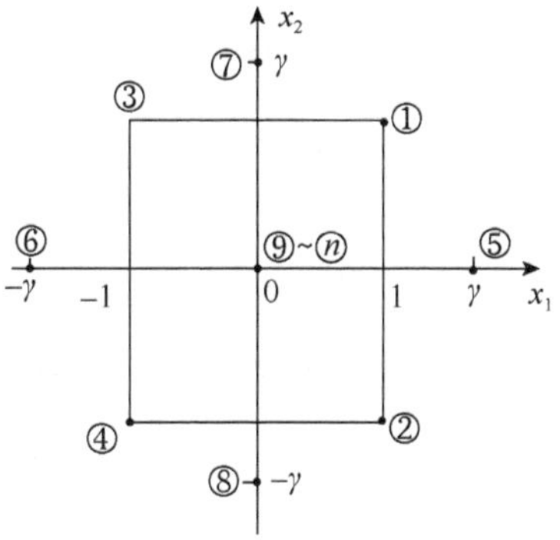

图 11-20　p=2 的中心组合设计方案试验点的分布

图中圈码与表 11-13 的试验号对应

2）每个因子（变量）都可以取 5 个水平，故该方案的试验点范围较广。

3）γ 与 m_0 可以看作中心组合设计方案的参数，它们将根据对试验的其他要求（如要求设计具有正交性或要求设计具有旋转性）来确定，并已将常用的参数制成表格以便查用。

4）中心点 m_0 次重复，使较为准确地估计试验误差成为可能，从而为方程与系数的检验提供了可靠的依据。

（六）二次回归正交设计

如果一个设计具有正交性，则数据分析将十分方便，又由于所得的回归系数的估计间互不相关，因此删除某些因子时不会影响其他回归系数的估计，从而很容易写出所有显著因子的回归方程。

为了使设计具有正交性，只需适当选取 m_0 与 γ 的值即可，对不同的因子个数 p，m_0 值与 γ 值见表 11-15。譬如在 p=3 时，在 m_0 可以做 5 次重复，则在表 11-15 中 γ 取 1.471，根据这几个参数即获得一个二次回归正交设计。

表 11-15　二次回归正交设计的参数 γ 值表

m_0	p=2	p=3	p=4	p=5（1/2 实施）
1	1.000	1.215	1.414	1.546
2	1.077	1.285	1.483	1.606
3	1.148	1.353	1.546	1.664
4	1.214	1.414	1.606	1.718
5	1.267	1.471	1.664	1.772
6	1.320	1.525	1.718	1.819

续表

m_0	p=2	p=3	p=4	p=5（1/2 实施）
7	1.369	1.575	1.772	1.868
8	1.414	1.623	1.819	1.913
9	1.457	1.668	1.868	1.957
10	1.498	1.711	1.913	2.000

（七）二次回归正交设计的实例分析

【例 11.15】为了提高钻头的使用寿命，在数控机床上进行试验，考察钻头的寿命与钻头轴向振动频率 F 及振幅 A 的关系。在试验中，F 和 A 的变动范围分别为[125Hz，375Hz]和[1.5μm，5.5μm]，采用二次回归正交组合设计，并在中心点重复进行 3 次试验。

（1）对因子的取值进行编码

本例中 p=2，在中心点位置需要进行 3 次试验，即 m_0=3，查表 11-15 可知，此二次回归正交组合设计中的 γ 值为 1.148，本例中 F 和 A 的零水平分别为 $z_{01}=(125+375)/2=250$，$z_{02}=(1.5+5.5)/2=3.5$，其变化半径分别为

$$\varDelta_1=(375-125)/(2\times 1.148)=108.88\approx 109$$

$$\varDelta_2=(5.5-1.5)/(2\times 1.148)=1.74$$

由此可以看到，二次回归正交设计和一次回归正交设计因子变化半径的求法存在差异，前者为 $\varDelta_j=(z_{2j}-z_{1j})/2\gamma$，后者为 $\varDelta_j=(z_{2j}-z_{1j})/2$。

因此本例中因子的编码情况见表 11-16。

表 11-16　例 11.15 的因子编码表

因子	F	A
零水平（0）	250	3.5
变化半径	109	1.74
$-\gamma$	125	1.5
−1	141	1.76
0	250	3.5
1	359	5.24
γ	375	5.5

（2）试验计划与试验结果见表 11-17。

表 11-17　例 11.15 的试验计划与试验结果

试验号	编码值		实际值		试验结果（寿命）
	x_1	x_2	F	A	y
1	1	1	359	5.24	161
2	1	−1	359	1.76	129
3	−1	1	141	5.24	166
4	−1	−1	141	1.76	135
5	1.148	0	375	3.5	187
6	−1.148	0	125	3.5	170
7	0	1.148	250	5.5	174
8	0	−1.148	250	1.5	146
9	0	0	250	3.5	203
10	0	0	250	3.5	185
11	0	0	250	3.5	230

（3）SAS 操作

程序如下：

```
DATA DD;
INPUT X1-X2 Y@@;
CARDS;
1        1       161
1       -1       129
-1       1       166
-1      -1       135
1.148    0       187
-1.148   0       170
0        1.148   174
0       -1.148   146
0        0       203
0        0       185
0        0       230
;
PROC GLM;
MODEL Y=X1-X2 X1*X2 X1*X1 X2*X2;
RUN;
```

输出结果如下：

```
                              The GLM Procedure
   Dependent Variable: y
                              Sum of
Source          DF          Squares      Mean Square    F Value     Pr > F
Model            5      7558.108348      1511.621670       6.21     0.0333
Error            5      1216.618925       243.323785
```

```
Corrected Total     10      8774.727273
        R-Square      Coeff Var      Root MSE        y Mean
        0.861350       9.097944      15.59884      171.4545
 Source     DF       Type I SS      Mean Square     F Value     Pr > F
   x1        1      10.928926       10.928926       0.04        0.8405
   x2        1      1364.171588     1364.171588     5.61        0.0641
 x1*x2       1      0.250000        0.250000        0.00        0.9757
 x1*x1       1      1675.105422     1675.105422     6.88        0.0469
 x2*x2       1      4507.652412     4507.652412     18.53       0.0077
 Source     DF      Type III SS     Mean Square     F Value     Pr > F
   x1        1      10.928926       10.928926       0.04        0.8405
   x2        1      1364.171588     1364.171588     5.61        0.0641
 x1*x2       1      0.250000        0.250000        0.00        0.9757
 x1*x1       1      1679.994564     1679.994564     6.90        0.0467
 x2*x2       1      4507.652412     4507.652412     18.53       0.0077
                                    Standard
    Parameter        Estimate         Error         t Value     Pr > |t|
    Intercept      206.4675063     8.55531265       24.13       <.0001
    x1               1.2833403     6.05543541        0.21       0.8405
    x2              14.3379676     6.05543541        2.37       0.0641
    x1*x2            0.2500000     7.79941961        0.03       0.9757
    x1*x1          -22.0012999     8.37310784       -2.63       0.0467
    x2*x2          -36.0387412     8.37310784       -4.30       0.0077
```

由上述分析结果可知，建立的二次回归方程为

$$\hat{y} = 206.47 + 1.283x_1 + 14.338x_2 + 0.250x_1x_2 - 22.001x_1^2 - 36.039x_2^2$$

从方程系数检验结果来看，x_1、x_1x_2 项检验结果不显著，因此可以直接去除，此方程变为 $\hat{y} = 206.47 + 14.338x_2 - 22.001x_1^2 - 36.039x_2^2$，再根据编码规则：

$$x_1 = \frac{F-250}{109}, \quad x_2 = \frac{A-3.5}{1.74}$$

得到原数据方程：

$$\hat{y} = -86.91 + 0.9405F - 0.0018F^2 + 91.3935A - 11.8797A^2$$

（4）采用原数据回归方程进行响应面分析

程序如下：

```
DATA SS;
DO F=125 TO 375 BY 5;
  DO A= 1.5 TO 5.5 BY 0.1;
  Y=-86.91+0.9405*F-0.0018*F*F+91.3955*A-11.8797*A*A;
  OUTPUT;
  END;
END;
PROC GCONTOUR;
PLOT F*A=Y/AUTOLABEL=(check=1);
RUN;
```

```
PROC G3D;
PLOT F*A=Y/ROTATE=45;
RUN;
```

采用回归模型绘制等高线图和三维立体图（图 11-21，图 11-22）。

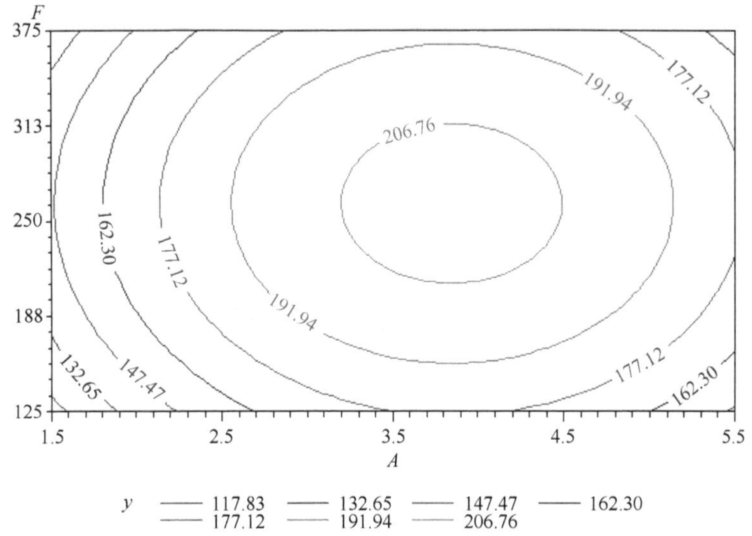

图 11-21　例 11.15 的等高线图（彩图请扫封底二维码）

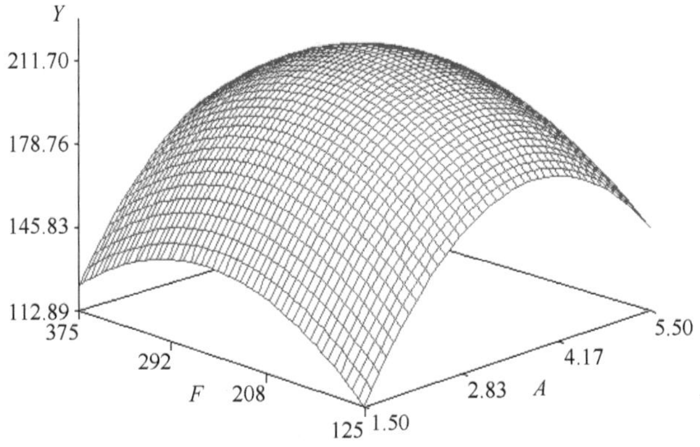

图 11-22　例 11.15 的三维立体图（彩图请扫封底二维码）

三、回归旋转设计

回归正交设计具有试验处理数比较少，计算简便，消除了回归系数之间的相关性等优点。但它也存在一定的缺点，即二次回归预测值 $\hat{y}$ 的方差随试验点在因子空间的位置不同而呈现较大的差异。由于误差的干扰，不易根据预测值寻找最优区域。为了克服这个缺点，人们通过进一步研究，提出了回归旋转设计。

如何才能使试验设计具有旋转性呢？这就需要弄清楚旋转性对试验设计的要求以及获得旋转性必须满足的基本条件。首先必须明确的是：在旋转设计中，试验处理的预测值 $\hat{y}$ 的方差仅与因素空间中从试验点到试验中心的距离 ρ 有关而与方向无关，从而克服了通常因为不知道最优点在何处的缺陷。

所以，所谓一个设计具有旋转性是指在离设计中心距离相等的点上，其预测值的方差相等。由于方差相等可减少对预测的干扰，因此旋转性颇受人们的关注。

（一）一次回归正交设计的旋转性

在一次回归正交设计中，可以证明 $\mathrm{VAR}(b_0)=\mathrm{VAR}(b_j)=\dfrac{\sigma^2}{n}, j=1,2,\cdots,p$，因此预测值的方差为

$$\mathrm{VAR}(\hat{y})=\mathrm{VAR}(b_0)+\sum_{j=1}^{p}x_j^2\mathrm{VAR}(b_j)=\frac{\sigma^2}{n}\left(1+\sum_{j=1}^{p}x_j^2\right)$$

现在编码空间中心点的坐标为（0,0,···, 0），记点（$x_1,x_2,\cdots,x_\mathrm{p}$）离中心的距离为 ρ，则

$$\rho^2=\sum_{j=1}^{p}x_j^2$$

从而在离中心距离为 ρ 的点上预测值的方差相等，仅与 ρ 有关，其值为

$$\mathrm{VAR}(\hat{y})=\frac{\sigma^2}{n}(1+\rho^2)$$

这就表明一次回归的正交设计具有旋转性。

（二）二次回归正交设计的旋转性

1. 旋转性条件

在一个 p 元 d 次回归中，其特点如下。

$X'X$ 为 $C_{p+d}^{d}\times C_{p+d}^{d}$ 阶对称矩阵；其信息阵元素的一般形式为 $\sum_{i=1}^{n}x_{i1}^{a_1}x_{i2}^{a_2}\cdots x_{ip}^{a_p}$

其中指数 $a_1,a_2,\cdots,a_p\geqslant 0$，且满足 $\sum a_j\leqslant 2d$；同时信息阵元素需要满足如下条件。

1）当 $a_1,a_2,\cdots,a_p$ 都是偶数时，

$$\sum_{i=1}^{n} x_{i1}^{a_1} x_{i2}^{a_2} \cdots x_{ip}^{a_p} = \frac{\lambda_a n \prod_{i=1}^{k} (a_i)!}{2^{a/2} \prod_{i=1}^{k} \left(\frac{a_i}{2}\right)!}$$

式中，n 为试验次数；$a=\sum a_i$；λ_a 是待定参数；下标 a 必为偶数，且 $\lambda_0 = 1$。

2）当 $a_1, a_2, \cdots, a_p$ 至少有一个为奇数时，$\sum_{i=1}^{n} x_{i1}^{a_1} x_{i2}^{a_2} \cdots x_{ip}^{a_p} = 0$。

旋转设计中 A 的具体结构是旋转设计的基本要求，称为旋转性条件。线性回归的旋转设计必然是正交设计。

2. 非退化条件

为了获得二次回归方程的回归系数的最小二乘估计，要求 $A^{-1} = (X'X)^{-1}$，还要求 $|A| = |X'X| \neq 0$。则有

$$\left|\frac{1}{n} X'X\right| = \lambda_2^p \lambda_4^{\frac{p(p-1)}{2}} \begin{vmatrix} 1 & \lambda_2 & \lambda_2 & \cdots & \lambda_2 \\ \lambda_2 & 3\lambda_4 & \lambda_4 & \cdots & \lambda_4 \\ \lambda_2 & \lambda_4 & 3\lambda_4 & \cdots & \lambda_4 \\ \vdots & \vdots & \vdots & \ddots & \vdots \\ \lambda_2 & \lambda_4 & \lambda_4 & \cdots & 3\lambda_4 \end{vmatrix}$$

$$= \lambda_2^p \lambda_4^{\frac{p(p-1)}{2}} \begin{vmatrix} 3\lambda_4 - \lambda_2^2 & \lambda_4 - \lambda_2^2 & \cdots & \lambda_4 - \lambda_2^2 \\ \lambda_4 - \lambda_2^2 & 3\lambda_4 - \lambda_2^2 & \cdots & \lambda_4 - \lambda_2^2 \\ \vdots & \vdots & \ddots & \vdots \\ \lambda_4 - \lambda_2^2 & \lambda_4 - \lambda_2^2 & \cdots & 3\lambda_4 - \lambda_2^2 \end{vmatrix}$$

$$= \lambda_2^p \lambda_4^{\frac{p(p-1)}{2}} \left((p+2)\lambda_4 - p\lambda_2^2\right) \begin{vmatrix} 1 & \lambda_4 - \lambda_2^2 & \cdots & \lambda_4 - \lambda_2^2 \\ 1 & 3\lambda_4 - \lambda_2^2 & \cdots & \lambda_4 - \lambda_2^2 \\ \vdots & \vdots & \ddots & \vdots \\ 1 & \lambda_4 - \lambda_2^2 & \cdots & 3\lambda_4 - \lambda_2^2 \end{vmatrix}$$

$$= \lambda_2^p \lambda_4^{\frac{p(p-1)}{2}} \left((p+2)\lambda_4 - p\lambda_2^2\right) (2\lambda_4)^{p-1}$$

使 $|A| = |X'X| \neq 0$ 的充分条件为 $(p+2)\lambda_4 - p\lambda_2^2 \neq 0$，即

$$\frac{\lambda_4}{\lambda_2^2} \neq \frac{p}{p+2}$$

称为二次回归设计旋转性的非退化条件。

3. 二次回归正交旋转设计

最简单的情况是把 N 个试验点分布在 2 个或 3 个半径不等的球面上，如 m_0 个点分布在半径为 0 的球面上（即在中心点重复 m_0 次试验），另外 $m_1=N-m_0$ 个点均匀分布在半径为 ρ（$\rho\neq 0$）的球面上。

为了获得 m 元二次旋转设计方案，既要满足旋转性条件，又要满足非退化条件。满足旋转性条件是旋转设计的必要条件，满足非退化条件是使旋转性成为可能的充分条件。两者结合起来才能使旋转性设计得以实现。实际操作上主要借助于组合设计来实现。因为组合设计中 N 个试验点（$N=m_c+m_\gamma+m_0$）分布在 3 个半径不相等的球面上。即

1）m_c 个点分布在半径 $\rho_c=\sqrt{p}$ 的球面上。

2）$m_\gamma=2p$ 个点分布在半径 $\rho_\gamma=\gamma$ 的球面上。

3）m_0 个点分布在半径 $\rho_0=0$ 的球面上。

因此，采用组合设计选取的试验点完全能够满足非退化条件，即信息矩阵 A 不会退化。此外，采用组合设计，其信息矩阵 A 的元素中

$$\sum_{k=1}^{n}x_{kj}=\sum_{k=1}^{n}x_{ki}x_{kj}=\sum_{k=1}^{n}x_{ki}^{2}x_{kj}=0$$

而它的偶次方元素

$$\sum_{i=1}^{n}x_{ij}^{2}=m_c+2\gamma^{2}=\lambda_2 n$$

$$\sum_{i=1}^{n}x_{ij}^{4}=m_c+2\gamma^{4}=3\lambda_4 n$$

$$\sum_{i=1}^{n}x_{ij}^{2}x_{ik}^{2}=m_c=\lambda_4 n$$

均不等于零，完全符合旋转性要求。可以看到 $m_c+2\gamma^4=3m_c$，即只需要满足 $\gamma^4=m_c$。

当要求一个设计不仅具有旋转性，还要保持正交性，或至少是近似正交时，将 m 个因素不同实施情况下的 γ 值列于表 11-18。

表 11-18　二次回归正交旋转组合设计参数

M	m_c	m_γ	m_0	N	γ
2	4	4	8	16	1.414
3	8	6	9	23	1.682
4	16	8	12	36	2.000
5	32	10	17	59	2.378

续表

M	m_c	m_γ	m_0	N	γ
5（1/2 实施）	16	10	10	36	2.000
6（1/2 实施）	32	12	15	59	2.378
6（1/4 实施）	16	12	8	36	2.000
7（1/2 实施）	64	14	22	100	2.828
7（1/4 实施）	32	14	13	59	2.378
8（1/2 实施）	128	16	33	177	3.364
8（1/4 实施）	64	16	20	100	2.828
8（1/8 实施）	32	16	11	59	2.374

当一个设计既要具有旋转性又要具有通用性时，设计中的参数γ与 m_0 见表 11-19。试验处理次数为 N，$m_0=N-m_c-m_\gamma$。

表 11-19 二次回归通用旋转组合设计参数

M	m_c	m_γ	γ	N	m_0
2	4	4	1.414	13	5
3	8	6	1.682	20	6
4	16	8	2.000	31	7
5（1/2 实施）	16	10	2.000	32	6
6（1/2 实施）	32	12	2.378	53	9
7（1/2 实施）	64	14	2.828	92	14
8（1/2 实施）	128	16	3.364	165	21
8（1/4 实施）	64	16	2.828	93	13
9（1/4 实施）	64	16	3.828	93	13

（三）实例分析及 SAS 操作

【例 11.16】超声波换能器设计中要求灵敏度余量 y 尽量大，而这一指标与以下两个因子有关。

z_1：保护膜厚度，取值范围为 0.2～0.6（mm）。

z_2：吸收材料之比，取值范围为 4∶1～7∶1。

为了减少试验次数并建立精度较高的回归方程，决定采用二次回归通用旋转组合设计，下面分别叙述试验的设计方法与数据分析方法。

（1）对因子的取值进行编码

在 p=2 时，从表 11-19 中查得设计参数为：γ =1.414，m_0=5，共需进行 13 次试验。在直接进行二次回归设计时，设因子的取值范围为

$$z_{1j} \leqslant z_j \leqslant z_{2j}\text{，}j=1,2,\cdots,p$$

令 z_{1j}、z_{2j} 的编码值分别为 $-\gamma$、γ，则零水平为

$$z_{0j}=(z_{1j}+z_{2j})/2\text{，}j=1,2,\cdots,p$$

变化半径为

$$\Delta_j=\frac{z_{2j}-z_{1j}}{2\gamma},\quad j=1,2,\cdots,p$$

那么编码值-1 与 1 分别对应于：

$$z_{0j}-\Delta_j \text{ 与 } z_{0j}+\Delta_j,\quad j=1,2,\cdots,p$$

本例中的因子编码值见表 11-20。

表 11-20　因子编码表

因子	z_1	z_2
零水平 $z_0(0)$	0.4	5.5：1
变化半径 Δ	0.1414	1.0607：1
$-\gamma$	0.2	4：1
−1	0.2586	4.4393：1
0	0.4	5.5：1
1	0.5414	6.5607：1
γ	0.6	7：1

（2）试验计划

本例用编码值表示的试验计划见表 11-21，试验结果列在该表的最右边一列。

表 11-21　编码值表示的试验计划与试验结果

试验号	x_1	x_2	z_1	z_2	y
1	1	1	0.5414	6.5607	57
2	1	−1	0.5414	4.4393	58
3	−1	1	0.2586	6.5607	54.5
4	−1	−1	0.2586	4.4393	55
5	1.4142	0	0.6000	5.5000	54.5
6	−1.4142	0	0.2000	5.5000	52.5
7	0	1.4142	0.4000	7.0000	57
8	0	−1.4142	0.4000	4.0000	58
9	0	0	0.4000	5.5000	56.5
10	0	0	0.4000	5.5000	57.5
11	0	0	0.4000	5.5000	57
12	0	0	0.4000	5.5000	56.5
13	0	0	0.4000	5.5000	57.5

（3）SAS 操作

程序如下：

```
DATA DD;
INPUT X1-X2 Y@@;
CARDS;
1        1         57.00
1        -1        58.00
-1       1         54.50
-1       -1        55.00
1.4142   0         54.50
-1.4142  0         52.50
0        1.4142    57.00
0        -1.4142   58.00
0        0         56.50
0        0         57.50
0        0         57.00
0        0         56.50
0        0         57.50
;
PROC GLM;
MODEL Y=X1-X2 X1*X2 X1*X1 X2*X2;
RUN;
```

输出结果如下：

```
                              SAS 系统
                        The GLM Procedure
                 Number of observations    13
                              SAS 系统
                        The GLM Procedure
                     Dependent Variable: Y
                          Sum of
Source              DF    Squares       Mean Square    F Value    Pr > F
Model               5     30.13332972   6.02666594     15.77      0.0011
Error               7      2.67436259   0.38205180
Corrected Total     12    32.80769231
              R-Square     Coeff Var     Root MSE      Y Mean
              0.918484     1.098475      0.618103      56.26923
Source              DF    Type I SS     Mean Square    F Value    Pr > F
  X1                1     8.67036397    8.67036397     22.69      0.0021
  X2                1     1.06158039    1.06158039     2.78       0.1395
X1*X2               1     0.06250000    0.06250000     0.16       0.6979
X1*X1               1     19.19072089   19.19072089    50.23      0.0002
X2*X2               1     1.14816448    1.14816448     3.01       0.1266
Source              DF    Type III SS   Mean Square    F Value    Pr > F
  X1                1     8.67036397    8.67036397     22.69      0.0021
  X2                1     1.06158039    1.06158039     2.78       0.1395
X1*X2               1     0.06250000    0.06250000     0.16       0.6979
X1*X1               1     17.66981586   17.66981586    46.25      0.0003
X2*X2               1     1.14816448    1.14816448     3.01       0.1266
```

Parameter	Estimate	Standard Error	t Value	Pr > |t|
Intercept	56.99999520	0.27642424	206.20	<.0001
X1	1.04105998	0.21853360	4.76	0.0021
X2	-0.36427849	0.21853360	-1.67	0.1395
X1*X2	-0.12500000	0.30905169	-0.40	0.6979
X1*X1	-1.59377098	0.23435327	-6.80	0.0003
X2*X2	0.40626738	0.23435327	1.73	0.1266

由分析结果可知，建立的二次回归方程为

$$\hat{y}=57.00+1.0411x_1-0.3643x_2-0.1250x_1x_2-1.5938x_1^2+0.4063x_2^2$$

从方程系数检验结果来看，x_2、x_1x_2和x_2^2项检验结果不显著，因此可以删除，然后重新进行计算，得到此方程为$\hat{y}=57.28+1.0411x_1-1.6468x_1^2$，再根据编码规则：

$$x_1=\frac{z_1-0.4}{0.1414}$$

得到原数据方程：

$$\hat{y}=41.162+73.239z_1-82.347z_1^2$$

采用方程$\hat{y}=57.00+1.0411x_1-0.3643x_2-0.1250x_1x_2-1.5938x_1^2+0.4063x_2^2$进行响应面绘制（图 11-23，图 11-24），程序如下：

```
DATA SS;
DO x1=-1.4142 TO 1.4142 BY 0.01;
   DO x2=-1.4142 TO 1.4142 BY 0.01;
   Y=57.00+1.0411*x1-0.3643*x2-0.1250*x1*x2-1.5938*x1*x1+0.4063*x2*x2;
   OUTPUT;
   END;
END;
PROC GCONTOUR;
PLOT x1*x2=Y/AUTOLABEL=(check=1);
RUN;
PROC G3D;
PLOT x1*x2=Y/ROTATE=45 CBOTTOM=blue CTOP=green;
RUN;
```

采用方程$\hat{y}=57.28+1.0411x_1-1.6468x_1^2$进行响应面绘制(图 11-25，图 11-26)，程序如下：

```
DATA SS;
DO x1=-1.4142 TO 1.4142 BY 0.01;
  DO x2=-1.4142 TO 1.4142 BY 0.01;
   Y=57.28+1.0411*x1-1.6468*x1*x1;
   OUTPUT;
  END;
END;
PROC GCONTOUR;
PLOT x1*x2=Y/AUTOLABEL=(check=1);
```

```
RUN;
PROC G3D;
PLOT x1*x2=Y/ROTATE=45 CBOTTOM=blue CTOP=green;
RUN;
```

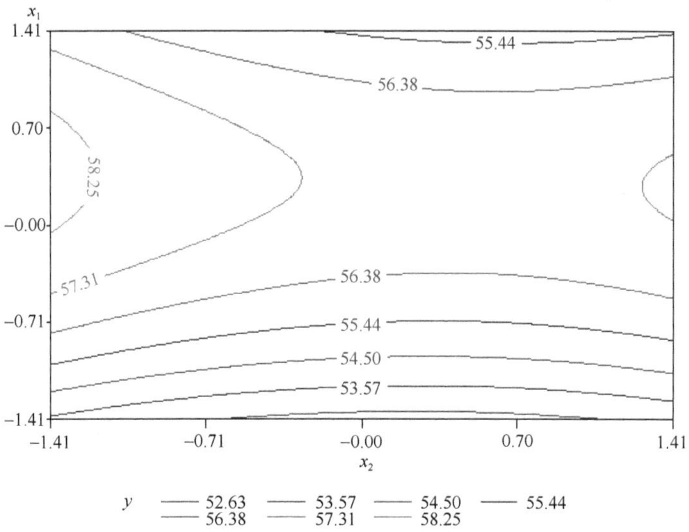

图 11-23　例 11.16 的等高线图（彩图请扫封底二维码）

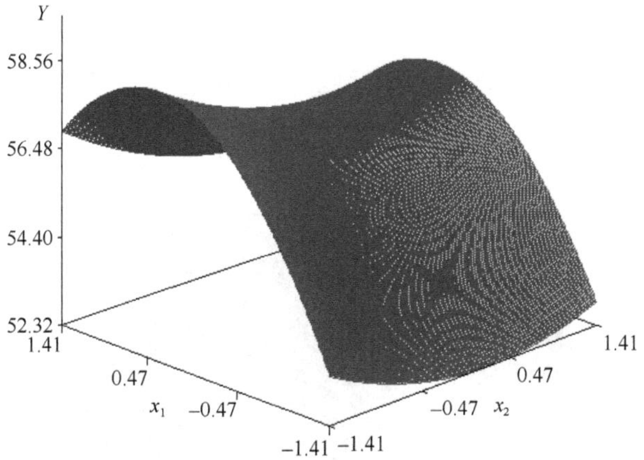

图 11-24　例 11.16 的三维立体图（彩图请扫封底二维码）

采用方程 $\hat{y}=41.162+73.239z_1-82.347z_1^2$ 进行响应面绘制(图 11-27,图 11-28)，程序如下：

```
DATA SS;
DO Z1=0.2 TO 0.6 BY 0.01;
  DO Z2=0.2 TO 0.6 BY 0.01;
   Y=41.162+73.239*Z1-82.347*Z1*Z1;
```

```
    OUTPUT;
  END;
END;
PROC GCONTOUR;
PLOT Z1*Z2=Y/AUTOLABEL=(check=1);
RUN;
PROC G3D;
PLOT Z1*Z2=Y/ROTATE=45CBOTTOM=blue CTOP=green;
RUN;
```

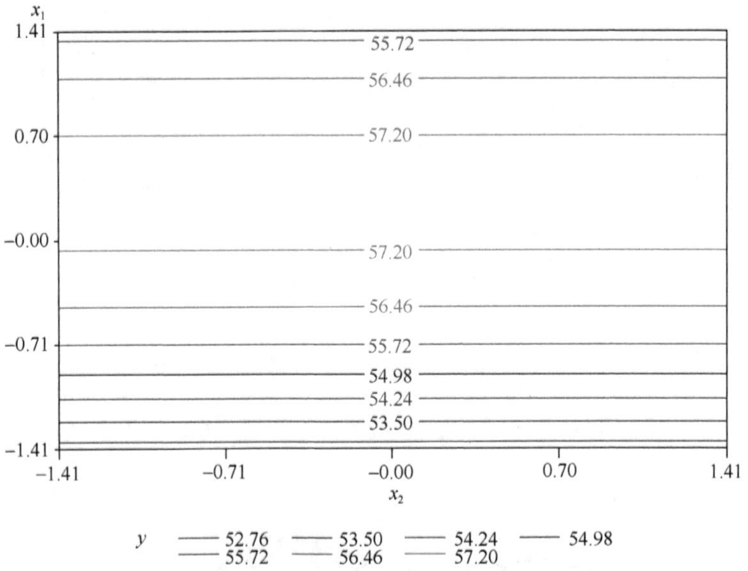

图 11-25　例 11.16 的等高线图（彩图请扫封底二维码）

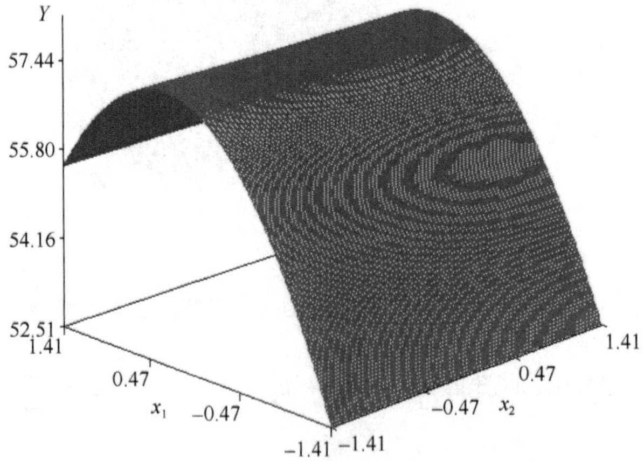

图 11-26　例 11.16 的三维立体图（彩图请扫封底二维码）

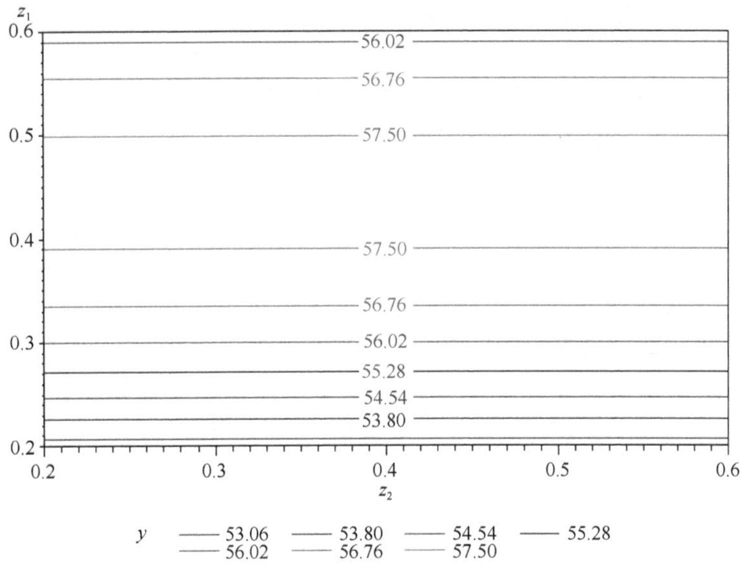

图 11-27 例 11.16 的等高线图（彩图请扫封底二维码）

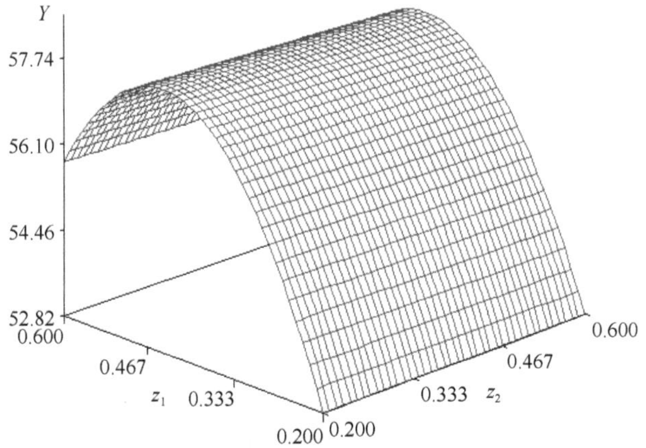

图 11-28 例 11.16 的三维立体图（彩图请扫封底二维码）

第四节 回归分析的应用实例

生物量是生态系统最基本的数量特征之一（韩彬等，2006），草地植物群落地上生物量是指草地某一时刻单位面积内各个物种地上生物量的总和，受放牧家畜及野生食草动物的影响，草地植物群落某一时刻的生物量实际是一种现存量（卫智军等，2013），因此探讨放牧强度季节调控下的草地地上生物量变化，本质是在某一特定时间探讨草地地上现存量的变化。

荒漠草原地上现存量在不同放牧制度下，轮牧区的草地地上现存量较自由放牧区高（闫瑞瑞，2008；刘红梅，2011；卫智军等，2011；希吉日塔娜等，2013）；在不同放牧强度下，一般随放牧强度的增加呈下降趋势（马红彬和谢应忠，2008；焦树英和韩国栋，2012；张虎等，2012；张鲜花等，2014；安钰和安慧，2015）；春季休牧能够增加草地地上现存量，但休牧时间阈值一般在40～50天（和平等，2008；褚文彬等，2008；运向军等，2010；Wang et al.，2014）。关于放牧强度季节调控下的草地地上现存量变化比较复杂，吴艳玲（2012）和孙世贤（2014）认为所有放牧季采用适度放牧时草地地上现存量较高。这些研究多集中在特定时间内放牧处理的比较，缺乏放牧处理、年份间及其交互作用的对比分析。

在不同放牧制度、放牧强度、春季休牧以及放牧强度季节调控下，草地地上现存量研究主要集中在对比研究上（刘红梅，2011；焦树英和韩国栋，2012；张鲜花等，2014；安钰和安慧，2015），基于数学建模研究草地地上现存量变化相对较少（杨婷婷等，2013），且多集中在某一区域或草地类型的分析上（渠翠平等，2008；王莺等，2009；孙晓芳等，2013；赵明伟等，2014）；因此基于放牧强度季节调控探讨荒漠草原草地地上现存量变化的数学模型不但能够填补研究空白，同时对草地放牧利用的预测分析具有实际的指导意义。

本研究在放牧强度季节调控试验研究基础上，对2010～2014年获得的9月初试验数据进行整理分析，采用双因素试验设计分析处理间及年份间草地地上现存量的差异，同时假设3个前提条件，采用回归分析建立数学模型，揭示草地地上现存量在不同放牧强度季节调控下的变化规律，为草地地上现存量的动态变化特点及草地的可持续利用提供数据支撑和理论依据。

一、研究地区与研究方法

（一）研究区概况

研究区位于内蒙古高原荒漠草原亚带南侧呈条状分布的短花针茅草原的东南部，行政区划属于锡林郭勒盟苏尼特右旗赛汉塔拉镇哈登呼舒嘎查，地理位置42°16′26.2″N、112°47′16.9″E，海拔1100～1150m。平均气温为4.3℃，最高38.7℃，最低−38.8℃。无霜期130天左右，年平均降雨量170～190mm，年蒸发量2700mm，雨热同期。土壤为淡栗钙土，地表沙化，腐殖质含量为1.0%～1.8%（吕世杰等，2014）。植被以亚洲中部荒漠草原种占主导地位，短花针茅（*Stipa breviflora*）为建群种，无芒隐子草（*Cleistogenes songorica*）和碱韭（*Allium polyrhizum*）为优势种，构成了短花针茅+无芒隐子草+碱韭的荒漠草原群落类型。主要伴生种有银灰旋花（*Convolvulus ammannii*）、木地肤（*Kochia prostrata*）、阿尔泰狗娃花（*Heteropappus altaicus*）、栉叶蒿（*Neopallasia pectinata*）和猪毛菜（*Salsola collina*）

等。草地草层低矮，高度一般为 10～35cm，盖度为 10%～50%（吕世杰等，2014）。

（二）试验设计

放牧试验始于 2010 年，共设 6 个处理，采用随机区组设计，分为 3 个区组，每一区组均有 6 个放牧试验小区（表 11-22）。放牧试验地总面积为 94hm^2，各小区面积分别约为 5.2hm^2。未放牧、适度放牧和重度放牧区分别放牧苏尼特羊 0 只、6 只和 9 只，折算载畜率分别为 0hm^2/（羊·a）、0.87hm^2/（羊·a）和 0.58hm^2/（羊·a）。

表 11-22 放牧处理及重复区

处理	春季（5～6 月）	夏季（7～8 月）	秋季（9～10 月）	重复
CK	未放牧	未放牧	未放牧	CK1/CK2/CK3
SA1	未放牧	重度放牧	适度放牧	SA11/SA12/SA13
SA2	未放牧	适度放牧	重度放牧	SA21/SA22/SA23
SA3	重度放牧	重度放牧	重度放牧	SA31/SA32/SA33
SA4	重度放牧	重度放牧	适度放牧	SA41/SA42/SA43
SA5	适度放牧	适度放牧	适度放牧	SA51/SA52/SA53

注：表中 SA11～SA53 代表处理和重复区，其中 SA 代表放牧处理，SA 后的第一个数字表示处理编号，第二个数字表示重复编号，即区组编号；CK1～CK3 中，CK 代表对照（禁牧区），1～3 代表区组号

（三）研究方法

草地地上现存量的测定：2010 年至 2014 年 9 月初（地上现存量达到年度内最高峰），分别在各处理的重复区内选取 5 个 1m×1m 的样方，采用齐地面剪割法测定其地上现存量鲜重，阴干至恒重后称其重量，得到群落地上现存量干重。

1. 对比分析

将 2010～2014 年得到的 9 月地上现存量干重数据进行整理，将放牧处理和年份作为影响因素，结合重复区进行双因素有重复试验表格的汇总。然后在 SAS 9.2 中调用 ANOVA 过程进行方差分析。

2. 模型的建立与优化

1）自变量的设定。放牧季春、夏和秋分别作为变量 x_1～x_3，其中每一变量均可采取未放牧、适度放牧和重度放牧，取值为 1、2、3。

2）自变量特点的考虑。由于春、夏和秋均有 3 个放牧强度，首先假设放牧强度（自变量）增加，地上现存量（因变量）呈线性变化；其次考虑到生态学中度

干扰假说和补偿性生长理论，适当放牧会增加草地植物群落地上现存量，因此认为每一自变量变化均会导致因变量呈抛物线变化；最后考虑春、夏和秋之间只存在交互作用，即前一放牧过程地上现存量的多少影响后面的放牧过程，因此，第一类线性变化变量为 $x_1 \sim x_3$（线性组），第二类抛物线变化春、夏和秋变量分别为 x_1^2、x_2^2 和 x_3^2（抛物线组），分别用 x_4、x_5 和 x_6 表示，第三类纯交互作用引起的变化变量为 $x_1 \times x_2$、$x_1 \times x_3$ 和 $x_2 \times x_3$，分别用 x_7、x_8 和 x_9 表示（交叉项组）。

3）模型选择依据。根据试验设计特点（春、夏和秋均包含未放牧、适度放牧和重度放牧），在 SAS 9.2 中调用 REG 过程，采用拟合率和变量逐步选择法进行模型筛选。

4）虚拟变量的考虑。由于在草地放牧利用方面，众多研究者（汪诗平等，1999；朱立博等，2008；买小虎等，2014）认为春季放牧对草地的影响较大，且这种影响导致草地后期的可持续利用能力下降，因此本研究针对春季未放牧、适度放牧和重度放牧对后期的影响引入虚拟变量，且认为主要影响的是回归模型截距（即常数项），采用虚拟变量加法回归模型进行模拟，未放牧和适度放牧采用虚拟变量 x_{n1}，取值 0 和 1，适度放牧和重度放牧采用虚拟变量 x_{n2}，取值为 0 和 1；因此两个虚拟变量均是 0 时为春季未放牧，前者是 1 后者是 0 时为春季适度放牧，二者均为 1 时是春季重度放牧。

5）回归模型模拟的意义。首先可分析不同季节放牧强度对草地的影响程度，其次可考察春季放牧强度变化对后期的影响程度，最后可根据建立的回归模型预测本试验所有处理组合地上现存量的表现情况，寻找最优的放牧处理组合，并建立通用模型且加以检验。同时，根据虚拟变量加法回归模型，在 Excel 中采用 VBA 编程，选用步长为 0.05，按照春季放牧强度变化，每一放牧强度可以得到 1681 个组合，同时能够找到春、夏和秋 3 种放牧强度构成的 27 种处理组合方式的地上现存量变化情况。

6）模型预测结果检验。分别采用总相对误差（RS）和平均相对误差（E）进行检验，检验公式如下：

$$\mathrm{RS} = \frac{\sum_{i=1}^{n} y_i - \sum_{i=1}^{n} \hat{y}_i}{\sum_{i=1}^{n} \hat{y}_i} \times 100\%$$

$$E = \frac{1}{n} \sum_{i=1}^{n} \frac{y_i - \hat{y}_i}{\hat{y}_i}$$

式中，y_i 为观测值；$\hat{y}_i$ 为模型模拟值；n 为观测值自由度。

二、分析结果汇总与阐释

（一）荒漠草原放牧强度季节调控下地上现存量的比较分析

2010～2014 年 9 月各处理区地上现存量方差分析（表 11-23）结果显示，方差分析模型、各处理（放牧强度季节调控处理组合）间、年份间以及放牧强度季节调控处理组合与年份的交互作用均通过统计学的显著性检验（检验水平超过了极显著水平，$P<0.01$），这表明短花针茅荒漠草原草地地上现存量受放牧以及年份间水温差异处理的影响有极显著性的变化。处理、年份及处理和年份的交互作用的平方和与均方依次递减，这不仅说明在总变异的基础上三者对总变异的贡献率逐渐减小，也说明试验的处理效应对草地地上现存量的影响大于年份间水温变化的影响。

表 11-23　地上现存量的方差分析结果

变异来源	自由度	平方和	均方	*F* 值	*P* 值
模型	29	39 108.10	1 348.56	16.24	<0.000 1
处理	5	21 640.89	4 328.18	52.13	<0.000 1
年份	4	10 509.90	2 627.47	31.65	<0.000 1
处理×年份	20	6 957.32	347.87	4.19	<0.000 1
误差	60	4 981.31	83.02		
总变异	89	44 089.41			

由图 11-29 可知，整个生长季不放牧的 CK 处理区草地地上现存量最高（$P<0.05$），达到 89.98g/m^2；SA1、SA2 和 SA5 处理区的地上现存量仅次于 CK（$P<0.05$），分别为 57.92g/m^2、61.48g/m^2 和 55.32g/m^2；SA4 处理区的地上现存量显著高于 SA3 处理区（$P<0.05$），分别为 47.70g/m^2 和 40.73g/m^2。由此可见，春、夏季实行重度放牧的 SA3 和 SA4 处理区草地地上现存量较低，CK 处理区草地地上现存量最高，其余放牧区草地地上现存量居于 SA3、SA4 处理区与 CK 处理区之间。因此，不管年份间水温如何变化，放牧处理差异导致草地地上现存量发生显著性的变化，即放牧强度季节调控对草地地上现存量存在显著性的影响。

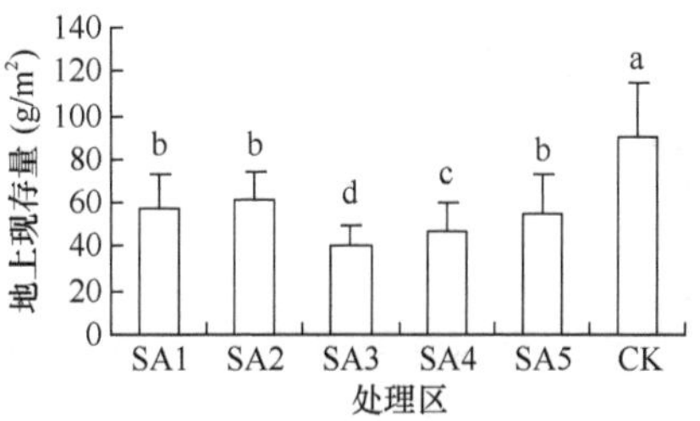

图 11-29　不同处理区地上现存量差异

由图 11-30 可知，2013 年 9 月草地地上现存量最高（$P<0.05$），2012 年表现次之（$P<0.05$），其余年份草地地上现存量处于同一显著性检验水平，但都低于 2012 年（$P<0.05$）。这说明无论放牧处理如何，受年份间水温变化的影响，草地地上生物量会发生显著性的变化。

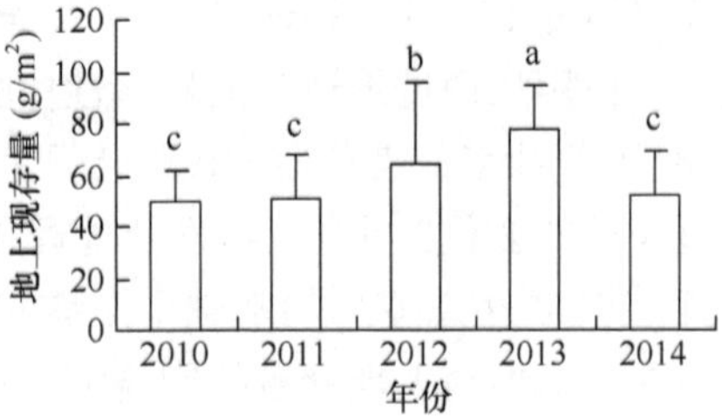

图 11-30　地上现存量的年份间差异

（二）地上现存量的回归模拟寻优分析

根据 SAS 中的 REG 过程，选取拟合率、变量个数参数逐一进行模拟。由于试验处理数为 6 个，没有常数项变量引入至多为 5 项，有常数项变量引入至多为 4 项，得到的变量组合数及其拟合率变动范围见表 11-24。在不保留常数项筛选过程中，当只引入一个变量时，拟合率变动范围为 0.3726～0.7465，随着变量个数的增加，拟合率变动范围逐渐减小，但拟合效果越来越好，最终稳定在 0.9469，此时引入的变量个数为 5 项。根据回归模型的指导意义，其拟合率应大于 85%，所以得到的 110 个变量组合回归模型均大于 85%。在保留常数项时，当引入一个变量时，拟合率变动范围为 0.3769～0.7647，这与不保留常数项相比，其拟合率有所增加，随着变量个数增加，拟合率也在增加，当引入最多的变量个数 4 个时，其拟合率变动范围为 0.7348～0.9458，变量组合数为 124 个，其中拟合率大于 85% 的组合数为 103 个。这说明受试验处理数的影响，保留常数项得不到稳定的拟合率，并且最高拟合率低于不保留常数项的变量组合，这意味着放牧强度季节调控对草地地上现存量不存在回归截距的影响或者影响很小，也可能是春、夏、秋放牧强度不同，其回归截距并不是统一的。

表 11-24　回归模型参数选择

常数项	变量数	拟合率	变量组合总数	拟合率大于 85%的组合数
不保留	1	0.3726～0.7465	9	0
	2	0.4788～0.9400	36	3
	3	0.5884～0.9454	84	32
	4	0.6319～0.9469	124	99
	5	0.9469	110	110

续表

常数项	变量数	拟合率	变量组合总数	拟合率大于 85%的组合数
保留	1	0.3769～0.7647	9	0
	2	0.5247～0.8539	36	2
	3	0.6779～0.9415	84	37
	4	0.7348～0.9458	124	103

根据最高拟合率原则和回归模型实际指导意义原则，结合 3 种假设，整理的变量组合及其拟合率见表 11-25。在不保留常数项的条件下，引入 5 个变量时其拟合率均为 0.9469，即 94.69%，线性模型组共有 8 组，变量 x_1～x_3 作为必要引入项时，二次项均可被引入模型中，当二次项引入 x_4 时，交叉项 x_7 不能进入模型中，x_7 所代表的意义为春季放牧地上现存量对夏季放牧的影响；但是当考虑抛物线模型和交叉项模型时，其他变量均可被引入模型中；这说明 3 种假设的模型均可得到较好的回归拟合方程。在保留常数项的条件下，线性模型中可以引入任意一个二次项变量或交叉项变量，其拟合率最低为 90.77%；抛物线模型只能引入线性变量中的任何一个，而交叉项不能被引入其中，拟合率最低为 93.47%；当考虑交叉项模型时，只有线性变量可被引入模型中，拟合率最低为 87.26%。这说明不保留常数项能够得到拟合率最高的模型，且 3 种假设条件下的回归模型均具有实际指导意义；当考虑常数项时，线性模型、抛物线模型和交叉项模型符合条件的组合数逐渐减少；结合是否考虑常数项可知，线性模型和抛物线模型会有更为丰富的模型组合，且二者之间的联系强于它们与交叉项的联系。

表 11-25　模型变量的优化与筛选

常数项	组别	拟合率	变量名				
不保留	线性组	0.9469	x_1	x_2	x_3	x_4	x_8
		0.9469	x_1	x_2	x_3	x_4	x_9
		0.9469	x_1	x_2	x_3	x_5	x_7
		0.9469	x_1	x_2	x_3	x_5	x_8
		0.9469	x_1	x_2	x_3	x_5	x_9
		0.9469	x_1	x_2	x_3	x_6	x_7
		0.9469	x_1	x_2	x_3	x_6	x_8
		0.9469	x_1	x_2	x_3	x_6	x_9
	抛物线组	0.9469	x_1	x_4	x_5	x_6	x_7
		0.9469	x_1	x_4	x_5	x_6	x_9
		0.9469	x_1	x_4	x_5	x_6	x_8
		0.9469	x_2	x_4	x_5	x_6	x_7
		0.9469	x_2	x_4	x_5	x_6	x_9
		0.9469	x_2	x_4	x_5	x_6	x_8
		0.9469	x_3	x_4	x_5	x_6	x_7

续表

常数项	组别	拟合率	变量名				
不保留	抛物线组	0.9469	x_3	x_4	x_5	x_6	x_9
		0.9469	x_3	x_4	x_5	x_6	x_8
	交叉项组	0.9469	x_1	x_4	x_7	x_8	x_9
		0.9469	x_1	x_5	x_7	x_8	x_9
		0.9469	x_1	x_6	x_7	x_8	x_9
		0.9469	x_2	x_4	x_7	x_8	x_9
		0.9469	x_2	x_5	x_7	x_8	x_9
		0.9469	x_2	x_6	x_7	x_8	x_9
		0.9469	x_3	x_4	x_7	x_8	x_9
		0.9469	x_3	x_5	x_7	x_8	x_9
		0.9469	x_3	x_6	x_7	x_8	x_9
保留	线性组	0.9455	x_1	x_2	x_3	x_4	—
		0.9383	x_1	x_2	x_3	x_5	—
		0.9383	x_1	x_2	x_3	x_6	—
		0.9455	x_1	x_2	x_3	x_7	—
		0.9077	x_1	x_2	x_3	x_8	—
		0.9193	x_1	x_2	x_3	x_9	—
	抛物线组	0.9401	x_1	x_4	x_5	x_6	—
		0.9347	x_2	x_4	x_5	x_6	—
		0.9347	x_3	x_4	x_5	x_6	—
	交叉项组	0.9398	x_1	x_7	x_8	x_9	—
		0.8726	x_2	x_7	x_8	x_9	—

根据 3 种假设和是否保留常数项，对 2010～2014 年 9 月的平均地上现存量进行回归模型拟合，结果见表 11-26。单纯基于 3 种假设，不保留常数项得到的回归模型参数难以通过统计学的显著性检验（$P>0.05$）；当保留常数项时，线性组和抛物线组回归模型参数通过显著性检验（$P<0.05$），但拟合率相对于 REG 筛选过程偏低。这说明 3 种假设间可能存在常数项影响，所以是否引入这一常数项，就需要进一步考虑。

表 11-26　不同模型检验结果

常数项	模型	变量名	参数值	误差	t 值	P 值	决定系数	复相关系数
不保留	线性组	x_1	−2.98	10.66	−0.28	0.7832	0.7544	0.8685
		x_2	9.27	13.61	0.68	0.5061		
		x_3	16.02	11.97	1.34	0.2006		
	抛物线组	x_4	−1.99	3.42	−0.58	0.5695	0.6297	0.7935
		x_5	4.76	3.50	1.36	0.1942		
		x_6	4.58	3.11	1.47	0.1617		
	交叉项组	x_7	0.52	7.83	0.07	0.9484	0.6293	0.7933
		x_8	−5.07	10.79	−0.47	0.6451		
		x_9	11.74	4.90	2.39	0.0302		
保留	线性组	截距	110.98	5.04	22.03	<0.0001	0.8993	0.9483
		x_1	−5.98	1.85	−3.23	0.0060		
		x_2	−10.23	2.52	−4.06	0.0012		
		x_3	−7.98	2.34	−3.41	0.0043		

续表

常数项	模型	变量名	参数值	误差	t 值	P 值	决定系数	复相关系数
保留	抛物线组	截距	89.29	4.26	20.96	<0.0001	0.8327	0.9125
		x_4	−1.40	0.62	−2.25	0.0410		
		x_5	−2.46	0.72	−3.40	0.0043		
		x_6	−1.90	0.64	−2.95	0.0105		
	交叉项组	截距	89.24	4.24	21.03	<0.0001	0.8336	0.9130
		x_7	−2.27	1.43	−1.60	0.1330		
		x_8	0.76	1.98	0.38	0.7078		
		x_9	−4.30	1.17	−3.67	0.0025		

根据表 11-26 的分析结果，在不保留常数项回归组引入虚拟变量，结果见表 11-27。3 种假设的 GLM 分析结果中其参数均通过统计学显著性检验；且其拟合率均高达 95%以上，其中线性模型和抛物线模型的拟合率高达 99%以上，这说明回归模型常数项是存在的，且这一常数项与春季放牧强度直接相关，只要保留常数项，基于 3 种假设的任一模型均能够获得拟合率较高、参数检验完全通过、模型检验也均能通过的优化模型。

表 11-27　虚拟变量回归模型检验结果

模型	变量名	参数值	误差	t 值	P 值	决定系数	复相关系数
线性组	x_1	109.84	4.26	25.81	<0.0001	0.9963	0.9981
	x_2	−12.05	2.00	−6.03	<0.0001		
	x_3	−7.98	1.79	−4.46	0.0006		
	x_{n1}	−124.31	5.56	−22.36	<0.0001		
	x_{n2}	−104.92	4.26	−24.65	<0.0001		
抛物线组	x_4	94.46	3.02	31.32	<0.0001	0.9959	0.9979
	x_5	−3.18	0.47	−6.71	<0.0001		
	x_6	−2.11	0.40	−5.24	0.0002		
	x_{n1}	−301.37	10.55	−28.57	<0.0001		
	x_{n2}	−462.26	13.63	−33.92	<0.0001		
交叉项组	x_7	79.95	8.72	9.17	<0.0001	0.9576	0.9786
	x_8	49.66	7.37	6.74	<0.0001		
	x_9	−44.46	6.28	−7.08	<0.0001		
	x_{n1}	−285.28	34.71	−8.22	<0.0001		
	x_{n2}	−429.07	43.09	−9.96	<0.0001		

根据表 11-27 的 3 种回归模型进行计算机模拟，结果见图 11-31。图 11-31 中 a 代表春季休牧线性模型模拟结果、b 代表春季适牧线性模型模拟结果，c 代表春

季重牧线性模型模拟结果，图 11-31 中 d、e、f 组和 g、h、i 组分别代表抛物线模型和交叉项模型，其中的各组依次代表春季放牧强度，代表意义与线性模型组相同。

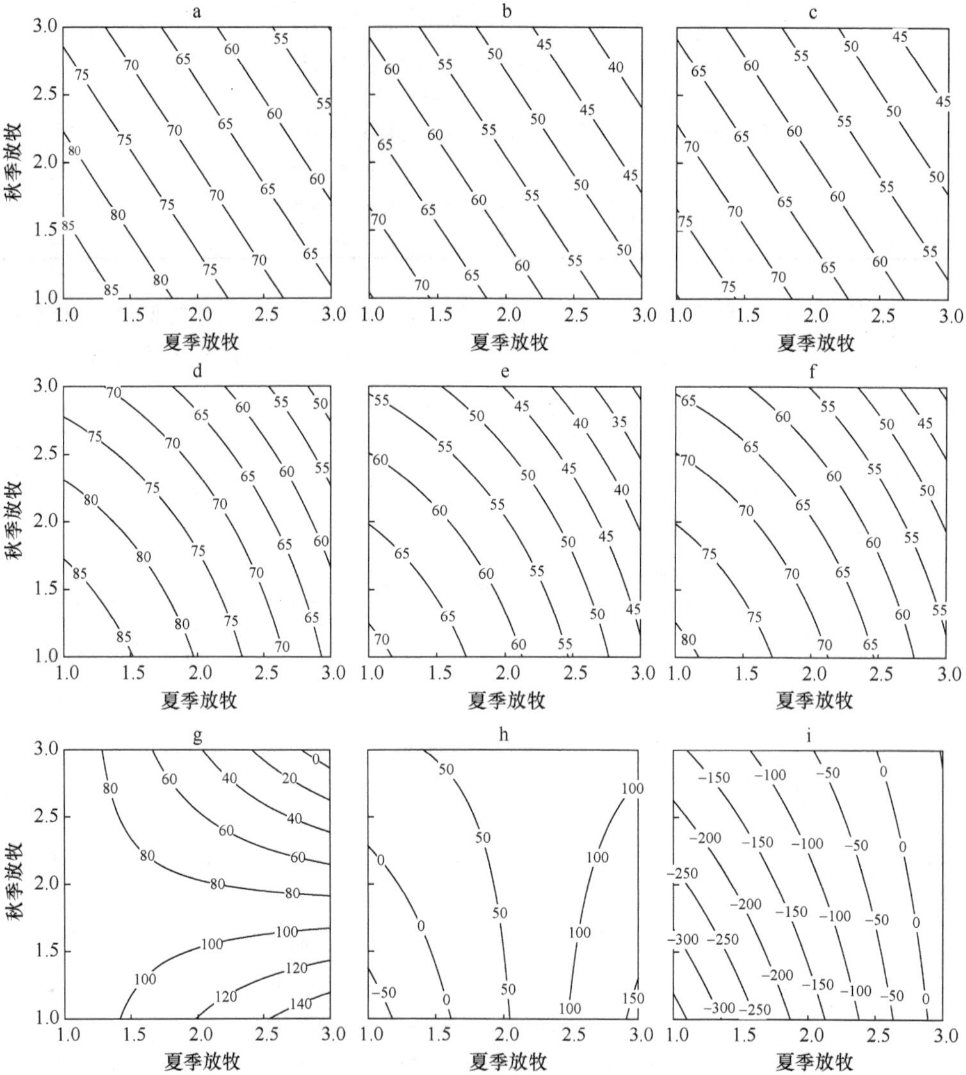

图 11-31　草地地上现存量在放牧强度季节调控下的等高线图

图中 a～c 代表线性模型组，且 a、b、c 分别代表春季休牧、适牧、重牧线性模型模拟结果；d～f 代表抛物线模型组，且 d、e、f 分别代表春季休牧、适牧、重牧抛物线模型模拟结果；g～i 代表交叉项模型组，且 g、h、i 分别代表春季休牧、适牧、重牧交叉项模型模拟结果

由图 11-31 中 a～c 组拟合结果可知，无论春、夏、秋采取何种放牧强度，其地上现存量的变化均呈线性变化，且变化的间距几乎相等，但坐标（1，1）处的地上现存量差别较大；这除了表明线性模型模拟特点之外，还表明春季放牧强度

对地上现存量影响比较明显，考虑回归截距（即常数项）引入虚拟变量比较合理，从图中可知，春季适牧对草地地上现存量影响最大，表现出的等高线值偏小，也就是说春季适牧会导致草地地上现存量比较低。

同样，由图 11-31 中 d～f 组拟合结果可知，无论春、夏、秋采取何种放牧强度，其地上现存量的变化均呈同心圆弧线变化，且变化的间距随放牧强度的增大而减小，坐标（1，1）处的地上现存量差别较大；这除了表明抛物线模型模拟特点之外，还表明春季放牧强度对地上现存量影响比较明显，考虑回归截距（即常数项）引入虚拟变量比较合理，随着放牧强度的增大，草地地上现存量呈指数变化趋势下降；从图中可知，春季适牧对草地地上现存量影响最大，表现出的等高线值偏小，也就是说春季适牧会导致草地地上现存量较低，这与线性模型表现的规律比较一致。

图 11-31 中 g～i 组交叉项模型比较复杂，图 11-31g 为春季休牧交叉项模型模拟结果，其表明春季休牧后，无论夏季的放牧强度如何，存在一个秋季对地上现存量无明显影响的放牧强度；图 11-31h 为春季适牧交叉项模型模拟结果，其表明春季适牧后，不管秋季的放牧强度如何，存在一个夏季对地上现存量无明显影响的放牧强度；当春季采用重度放牧后（图 11-31i），夏、秋季放牧强度变化均会导致地上现存量出现大面积的负值区域，这说明春季重牧对草地地上现存量影响比较严重，而靠近夏、秋重牧区域存在正值只是模型的一种拟合结果。

综合来看，线性模型组和抛物线模型组具有很好的模拟效果，但交叉项模型组在春季适度放牧以下，会得到具有指示意义的某一季节（夏季或秋季）的放牧强度。为了得到通用模型，需要根据线性模型、抛物线模型和交叉项模型进行进一步的分析。

（三）通用模型的建立与检验

根据表 11-27 线性组和抛物线组预测结果，建立的通用模型及检验结果见表 11-28。在通用模型中，引入的变量只包含线性变量和抛物线变量，交叉项变量未能被引入，这说明不同放牧强度的季节调控与草地地上现存量之间存在抛物线关系，引入的虚拟变量 x_{n2} 通过统计学显著性检验，表明春季放牧强度变化对模型存在回归截距的影响，同时也表明放牧强度的季节调控不仅仅是单一线性或抛物线关系，而是二者结合的变化过程，证实了地上现存量伴随放牧强度季节变化的可模拟性和变化规律的可统一性。

（四）通用模型的评价

由表 11-29 可知，通用模型的评价结果比较好，总相对误差几乎为零（−0.0284），平均相对误差也几乎为零（0.000 26）；这表明通用模型的模拟和预测结果非常接近实测结果。因此通用模型可整理如下：

$$\begin{cases} y = 161.34x_1 - 6.02x_2 - 3.99x_3 - 59.19x_1^2 - 1.59x_2^2 - 1.05x_3^2 & \text{（春季休牧或适牧）} \\ y = 161.34x_1 - 6.02x_2 - 3.99x_3 - 59.19x_1^2 - 1.59x_2^2 - 1.05x_3^2 + 142.09 & \text{（春季重牧）} \end{cases}$$

表 11-28 通用模型的模拟结果

变量	参数估计	标准误差	二类平方和	F 值	P 值	变量引入顺序	偏决定系数	模型决定系数
x_1	161.34	0.008 9	2654.57	3.26×10^8	<0.000 1	1	0.777 5	0.777 5
x_2	−6.02	0.004 7	13.30	1 631 737	<0.000 1	6	0.000 1	0.999 9
x_3	−3.99	0.004 7	5.85	717 935	<0.000 1	7	0.000 1	1.000 0
x_4	−59.19	0.003 1	2979.13	3.66×10^8	<0.000 1	2	0.132 1	0.909 6
x_5	−1.59	0.001 2	15.18	1 862 906	<0.000 1	4	0.025 7	0.988 5
x_6	−1.05	0.001 2	6.66	817 867	<0.000 1	5	0.011 3	0.999 8
x_{n2}	142.09	0.007 1	3225.33	3.96×10^8	<0.000 1	3	0.053 2	0.962 8

表 11-29 通用模型的评价结果

放牧处理	观测结果	预测结果	总相对误差	平均相对误差
SA1	57.92	57.60	−0.028 4	0.000 26
SA2	61.48	62.33		
SA3	40.73	39.61		
SA4	47.70	48.85		
SA5	55.32	55.34		
CK	89.99	89.50		

三、讨论与结论

在双因素方差分析中发现，荒漠草原地上现存量在处理之间存在显著差异，且年份之间也存在显著差异，处理引起的方差变异大于年份引起的方差变异，表明试验处理的影响大于年份间水热差异导致的地上现存量变化；由于处理与年份二者之间存在交互作用，说明荒漠草原地上现存量回归模型如果既考虑处理间的差异，又考虑年份间的变化，那么两者之间的交互作用也必须同时考虑（何晓群和刘文卿，2011）。本研究着眼分析放牧强度季节调控下的各个处理（或者是处理组合）地上现存量的变化特点，探讨春、夏、秋分别采用 3 种放牧强度下的草地地上现存量的平均变化趋势，因此没有将各年份间的降雨量和温度变量考虑在内，但这对后期的进一步研究具有重要的指导意义。

草地地上现存量不仅反映放牧家畜对草地的利用强度，也反映了草地对放牧强度响应的敏感程度（白永飞等，1994；薛睿等，2010）。放牧强度季节调控试验设计不仅考虑放牧强度对草地地上现存量的影响，还兼顾了放牧季节对草地地上现存量影响的差异；因此从本试验设计考虑地上现存量的变化趋势和变化过程，有助于了解草地地上现存量对放牧强度季节调控的变化特点（吴艳玲，2012；孙世贤，2014）。本研究根据试验设计特点，基于3种假设，采用逐步修正的方法，建立了荒漠草原草地地上现存量的通用模型，不仅对实际研究的6个处理给出了有效的拟合方式，也对可能出现的27种放牧强度季节调控方式给出了比较满意的预测结果，使荒漠草原草地地上现存量的模拟效果与预测精度得到很好的统一，对认识草地演变过程和动态发展规律具有较强的理论指导作用。

根据3种假设得到通过概率检验的虚拟变量回归模型，根据其绘制的等高线图表现出一个统一的规律，这个规律与春季放牧强度密切相关，且春季适度放牧导致后期荒漠草原可利用地上现存量较低（低于春季休牧和春季重牧）；原因是春季休牧能够最大限度地保证草地地上植物种群的生长发育，其地上现存量较高（朱立博等，2008）；但当采用重度放牧时，春季生长需要保护的植物种群以及多数多年生植物种群的生长发育受到抑制，但其为夏、秋季生长的植物种群及一年生植物种群（特别是夏雨型植物种群）创造了有利条件（买小虎等，2014），使得它们的地上现存量偏高；这说明草地植物群落各植物种群存在不同的生育周期，春季放牧强度变化影响的不仅仅是群落现存量大小，而且影响群落现存量中不同植物种群所占比例的变化（买小虎等，2014；Kurtz et al.，2016），因此春季放牧对草地地上现存量的影响不仅是量上的反映，也是质上的改变，对草地的演替过程影响较大（汪诗平等，1999；买小虎等，2014；Stephenson et al.，2015）。

夏、秋季放牧对草地地上现存量也存在比较明显的影响，根据等高线图可知，夏季草地地上现存量的等高线较秋季密集（图11-31a～c和图11-31d～f），说明夏季草地处于生长发育的旺盛时期，其在本研究的放牧强度下，存在更大的调整空间，也间接显示出夏季具有相对较高的地上现存量，可承载相对较多的放牧家畜（吴艳玲，2012；孙世贤，2014）。根据前一季节的放牧强度对后一季节放牧的影响模型可知，前一季节的放牧强度不仅影响后期草地地上现存量，还影响后期地上现存量的变化趋势（图11-31g～i），如春季休牧（图11-31g）等高线主要呈横向变化，春季适牧（图11-31h）等高线主要呈纵向变化，春季重牧（图11-31i）等高线主要处于负值区域，因此前一季节的放牧强度对后一季节的放牧存在明显影响，当春、夏、秋均实行放牧，可能会存在影响结果的叠加作用，导致前期的影响作用在后期放牧季节被放大，使得草地在重牧后的可恢复能力降低。

第十二章　通径、路径和结构方程

通径、路径和结构方程分析方法近年来受到越来越多研究者的青睐，这 3 种分析方法存在共性，即均是从相关阵或协方差阵出发，分解相关系数，寻找变量间的直接作用、间接作用及总作用。三者之间也存在区别，将在本章逐一介绍。通过实例分析、SAS 程序操作及结果阐释，探讨通径、路径和结构方程分析方法的应用问题。

第一节　通 径 分 析

从多元线性回归分析中我们知道，偏回归系数是依变量 y 随自变量 x_i 变化而变化的反应量。但是由于各个 x_i 单位的不同和 x_i 变异度（标准差）的不同，各个 x_i 对 y 的贡献大小不能直接进行比较。相关分析中，变量之间是平等关系（互为因果），如 x_i 和 y 之间的相关系数大小仅表示 x_i 与 y 两个变量之间关系的密切程度，但无法解释和分析这种关系的构成及来源。

基于相关分析和回归分析的不足，人们需要用分析方法解决问题，于是通径分析方法应运而生。通过通径分析，可将相关系数 r_{iy} 剖分成 x_i 对 y 的直接作用（即直接通径系数）和 x_i 通过与其相关的各个 x_j 对 y 的间接作用（即间接通径系数），也可以说通径分析是分析相关变量间因果关系的一种统计方法。

一、通径图解释及参数估计

从图 12-1 可以看出，图中存在两种路径，一种是表示 x_i 到 y 之间的单向路径（单箭头），即从因到果的路径，我们称为通径；另一种是表示自变量间平行关系的双向路径（双向箭头），即互为因果路径，我们称为相关线。因此，对于 x_{iy} 的通径可称为直接通径，对于包含相关线如 x_ix_{jy} 的通径可称为间接通径。这种用来表示相关变量间因果关系与平行关系的图形称为通径图。

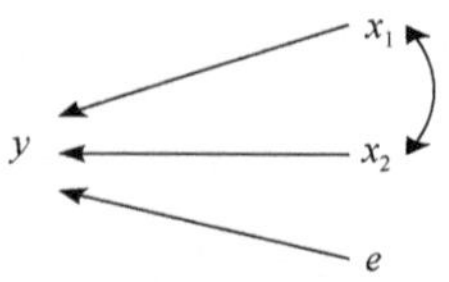

图 12-1　自变量 x_i 与依变量 y 的通径图

为了从数量关系上表示通径的相对重要程度与性质，我们将 x_i 对 y 直接作用的统计量称为通径系数，用 P_{iy} 表示。由于偏回归系数 b_i 带有单位，一般不能直接比较各个变量 x_i 对 y 影响重要程度的大小，因此必须对 y、x_i 和剩余项 e 进行标准化变换，使 y、x_i 和 e 转变为不带单位的相对数据。将通径系数进行平方，我们称为决定系数，用 R^2 表示。决定系数可以用来表示自变量或误差对依变量的相对决定程度。

设依变量 y 与自变量 $x_1,x_2,\cdots,x_m$ 之间存在线性关系，且 $x_1,x_2,\cdots,x_m$ 彼此相关，则有

$$\hat{y}=a+b_1x_1+b_2x_2+\cdots+b_mx_m$$

或

$$y=a+b_1x_1+b_2x_2+\cdots+b_mx_m+e$$

式中，e 为 y 与 $\hat{y}$ 之间的误差，也称为剩余因子，可用图 12-1 表示变量间的关系。

$$\overline{y}=a+b_1\overline{x}_1+b_2\overline{x}_2+\cdots+b_m\overline{x}_m$$

两式相减，可得

$$y-\overline{y}=b_1(x_1-\overline{x}_1)+b_2(x_2-\overline{x}_2)+\cdots+b_m(x_m-\overline{x}_m)+e$$

将上式等号两端各除以 s_y 并作恒等变形，有

$$\frac{y-\overline{y}}{s_y}=b_1\frac{s_1}{s_y}\times\frac{x_1-\overline{x}_1}{s_1}+b_2\frac{s_2}{s_y}\times\frac{x_2-\overline{x}_2}{s_2}+\cdots+b_m\frac{s_m}{s_y}\times\frac{x_m-\overline{x}_m}{s_m}+\frac{s_e}{s_y}\times\frac{e}{s_e}$$

式中，$s_1,s_2,\cdots,s_m$ 和 s_e 分别为 $x_1,x_2,\cdots,x_m$ 和 e 的标准差。

$b_1\dfrac{s_1}{s_y},b_2\dfrac{s_2}{s_y},\cdots,b_m\dfrac{s_m}{s_y}$ 为自变量 $x_1,x_2,\cdots,x_m$ 的通径系数，分别用 $P_{1y},P_{2y},\cdots,P_{my}$ 表示，代表自变量 $x_1,x_2,\cdots,x_m$ 对 y 影响的相对重要程度和性质，即

$$P_{iy}=b_i\sqrt{\frac{\mathrm{SS}_i}{\mathrm{SS}_y}}$$

对于 s_e/s_y 则为剩余项 e 的通径系数，用 P_{ey} 表示，即

$$P_{ey}=\sqrt{\frac{\mathrm{SS}_{ey}}{\mathrm{SS}_y}}$$

二、基于相关阵的正规方程组

根据标准化回归方程可知，标准化回归方程的偏回归系数为通径分析中的直接通径系数，根据相关系数阵，可以求得通径图中的双向路径系数。因此，根据标准化回归方程和简单相关系数阵，可以绘制通径图，并对自变量与因变量之间

的关系进行解释。

由于通径分析可将相关系数 r_{iy} 剖分成 x_i 对 y 的直接作用（即直接通径系数）和 x_i 通过与其相关的各个 x_j 对 y 的间接作用（即间接通径系数），也可以说通径分析是分析相关变量间因果关系的一种统计方法。所以，可以通过相关阵求解直接通径系数，从而得到通径关系图，即通径图。

假设自变量和因变量的相关系数阵 A 如下（其中存在 m 个自变量 $x_i, i=1,2,\cdots,m$，一个因变量 y）：

$$A=\begin{bmatrix} r_{11} & \cdots & r_{1m} & r_{1y} \\ \vdots & \ddots & \vdots & \vdots \\ r_{m1} & \cdots & r_{mm} & r_{my} \\ r_{y1} & \cdots & r_{ym} & r_{yy} \end{bmatrix}$$

相关系数 r_{iy} 剖分成 x_i 对 y 的直接作用和 x_i 通过与其相关的各个 x_j 对 y 的间接作用，所以相关系数 r_{iy} 应该为 x_i 对 y 的总作用，其直接作用和间接作用通过 r_{ii} 和 r_{ij} 建立联系，假设 P_{iy} 为 x_i 对 y 的直接作用，可以构建正规方程组如下：

$$\left.\begin{array}{c} r_{11}P_{1y}+r_{12}P_{2y}+\cdots+r_{1m}P_{my}=r_{1y} \\ r_{12}P_{2y}+r_{22}P_{2y}+\cdots+r_{2m}P_{my}=r_{2y} \\ \vdots \quad\quad \vdots \quad\quad \vdots \quad\quad \vdots \\ r_{1m}P_{1y}+r_{2m}P_{2y}+\cdots+r_{mm}P_{my}=r_{my} \end{array}\right\}$$

由于 r_{ii} 的值为 1，因此建立的正规方程组简化如下：

$$\left.\begin{array}{c} P_{1y}+r_{12}P_{2y}+\cdots+r_{1m}P_{my}=r_{1y} \\ r_{12}P_{2y}+P_{2y}+\cdots+r_{2m}P_{my}=r_{2y} \\ \vdots \quad\quad \vdots \quad\quad \vdots \quad\quad \vdots \\ r_{1m}P_{1y}+r_{2m}P_{2y}+\cdots+P_{my}=r_{my} \end{array}\right\}$$

上式说明，每个自变量 x_i 与因变量 y 的关系数均可剖分为自变量 x_i 对因变量 y 的直接作用与间接作用的代数和，即 x_i 与 y 的相关系数 r_{iy} 等于 x_i 到 y 的直接通径系数 P_{iy} 和通过与其相关的各个 x_j（$j=1,2,\cdots,m$；$j\neq i$）对 y 的所有间接通径系数 $\sum_{(i\neq 1)}^{m} r_{ij}P_{ij}$ 之和。

上式可写成如下矩阵形式：

$$\begin{bmatrix} r_{11} & r_{12} & \cdots & r_{1m} \\ r_{21} & r_{22} & \cdots & r_{2m} \\ \vdots & \vdots & \ddots & \vdots \\ r_{m1} & r_{m2} & \cdots & r_{mm} \end{bmatrix} \times \begin{bmatrix} P_{1y} \\ P_{2y} \\ \vdots \\ P_{my} \end{bmatrix} = \begin{bmatrix} r_{1y} \\ r_{2y} \\ \vdots \\ r_{my} \end{bmatrix}$$

于是，如果将相关系数 r_{ij}、r_{iy} 计算出来，便可以按上式求出所对应的通径系数 P_{iy}。

从以上讨论可知，表示 x_i 对 y 直接作用的通径系数 P_{iy} 既可以通过对偏回归系数 b_i 进行标准化得出，也可以利用相关系数 r_{ij}、r_{iy} 求出，而 x_i 对 y 的间接作用（即间接通径系数）则可由 $r_{ij}P_{iy}$ 算出，从而进行原因对结果的直接作用、间接作用分析。

三、通径分析的假设检验

通径分析的假设检验包括回归方程的检验和通径系数的检验。对于 $\hat{y}=a+b_1x_1+b_2x_2+\cdots+b_mx_m$，式中的依变量 y 和自变量 x_i 分别进行标准化变换，令

$$y'=\frac{y-\bar{y}}{\sqrt{\mathrm{SS}_y}},x_i'=\frac{x_i-\bar{x}_i}{\sqrt{\mathrm{SS}_i}}$$

标准化变量 m 元线性回归方程为

$$\hat{y}'=b_1'x_1'+b_2'x_2'+\cdots+b_m'x_m'$$

式中，$b_i'=b_i\frac{\sqrt{\mathrm{SS}_y}}{\sqrt{\mathrm{SS}_i}}=b_i\frac{s_i}{s_y}(i=1,2,\cdots,m)$，为标准化变量的偏回归系数，即通径系数。令 $P_{iy}=b_i'$，可改为

$$\hat{y}'=P_{1y}x_1'+P_{2y}x_2'+\cdots+P_{my}x_m'$$

对每个直接通径系数 P_{iy} 进行平方，可得出每个自变量 x_i 的直接决定系数 R_i^2，即 $R_i^2=P_{iy}^2$，自变量 x_i 通过 x_j 对依变量 y 的间接决定系数：$R_{ij}^2=2P_{iy}r_{ij}P_{jy}$，而总的决定系数 R^2 等于各个直接与间接决定系数之和，即

$$\begin{aligned}R^2&=P_{1y}r_{1y}+P_{2y}r_{2y}+\cdots+P_{my}r_{my}\\&=\sum_{i=1}^{m}P_{iy}^2+2\sum_{i<j}^{n}P_{iy}r_{ij}P_{jy}\\&=\sum_{i=1}^{m}R_i^2+\sum_{i<j}^{m}R_{ij}^2\end{aligned}$$

对于标准化变量的多元线性回归，其总变差 $r_{yy}=1$，回归平方和为决定系数 R^2，则回归平方和 U'：

$$U'=P_{1y}r_{1y}+P_{2y}r_{2y}+\cdots+P_{my}r_{my}=R^2$$

对于剩余因子 e，假定它与各个 x_i 独立，其通径系数 P_{ey} 为

$$P_{ey}=\sqrt{1-R^2}$$

将剩余因子的通径系数 P_{ey} 平方即为剩余平方和 Q'，也就是剩余因子 P_{ey} 的决定系数 R_e^2。因此，有

$$Q'=R_e^2=P_{ey}^2=1-R^2$$

则对标准化变量多元线性回归方程检验的 F 值为

$$F=\frac{R^2/m}{(1-R^2)/(n-m-1)}$$

上式服从 $df_1=m$，$df_2=n-m-1$ 的 F 分布。

各 x_i 对 y 的通径系数 P_{iy} 的检验可用 F 检验和 t 检验两种方法。其 F_i 值为

$$F_i=\frac{P_{ij}^2/c_{ii}}{(1-R^2)/(n-m-1)}$$

式中，c_{ii} 为相关矩阵 A 的逆矩阵 A^{-1} 的主对角线的元素。上式服从 $df_1=1$，$df_2=n-m-1$ 的 F 分布。

对通径系数作 t 检验时，先求出通径系数的标准误 $s_{P_{iy}}$：

$$s_{P_{iy}}=\sqrt{(1-R^2)/(n-m-1)}\sqrt{c_{ii}}$$

其 t 值为

$$t_i=\frac{P_{iy}}{s_{P_{iy}}}\,(df=n-m-1)$$

注意：这里介绍的 F 检验和 t 检验是等价的，在实际进行通径系数假设检验时，只需选其中一种方法即可。

四、通径分析的实例解析

【例 12.1】调查荒漠草原建群种短花针茅、优势种无芒隐子草和碱韭以及群落地上现存量（g/m^2）。试分析建群种和优势种对群落现存量影响的通径关系（数据参见表 11-5）。

问题思考：荒漠草原建群种和优势种一般对群落地上现存量的影响较大，有文献指出，三者现存量可占群落现存量的 60%～85%，同时由于种群间存在种间关系，种间关系是双向互为因果的，因此完全适合通径分析。

首先，计算该资料的相关系数 A，

$$A=\begin{matrix} & x_1 & x_2 & x_3 & y \\ x_1 & 1.0000 & -0.4752 & 0.6181 & 0.5777 \\ x_2 & -0.4752 & 1.0000 & -0.4615 & 0.2042 \\ x_3 & 0.6181 & -0.4615 & 1.0000 & 0.5163 \\ y & 0.5777 & 0.2042 & 0.5163 & 1.0000 \end{matrix}$$

根据标准正规方程组：

$$\left.\begin{matrix} P_{1y}+r_{12}P_{2y}+\cdots+r_{1m}P_{my}=r_{1y} \\ r_{12}P_{2y}+P_{2y}+\cdots+r_{2m}P_{my}=r_{2y} \\ \vdots \quad \vdots \quad \vdots \quad \vdots \\ r_{1m}P_{1y}+r_{2m}P_{2y}+\cdots+P_{my}=r_{my} \end{matrix}\right\}$$

将相关系数带入正规方程组（带入时，去掉 y 行），结果如下：

$$\begin{cases} P_{1y}-0.4752P_{2y}+0.6181P_{3y}=0.5777 \\ -0.4752P_{1y}+P_{2y}-0.4615P_{3y}=0.2042 \\ 0.6181P_{1y}-0.4615P_{2y}+P_{3y}=0.5163 \end{cases}$$

对上述正规方程组用线性代数理论求解，得到系数矩阵 A_*，

$$A_*=\begin{bmatrix} 1 & -0.4752 & 0.6181 \\ -0.4752 & 1 & -0.4615 \\ 0.6181 & -0.4615 & 1 \end{bmatrix}$$

求系数矩阵的逆矩阵如下：

$$A_*^{-1}=\begin{bmatrix} 1.7481 & 0.4219 & -0.8858 \\ 0.4219 & 1.3724 & 0.3725 \\ -0.8858 & 0.3725 & 1.7195 \end{bmatrix}$$

因此 $P_{iy}=A_*^{-1}r_{iy}$，所以：

$$\begin{bmatrix} P_{1y} \\ P_{2y} \\ P_{3y} \end{bmatrix}=\begin{bmatrix} 1.7481 & 0.4219 & -0.8858 \\ 0.4219 & 1.3724 & 0.3725 \\ -0.8858 & 0.3725 & 1.7195 \end{bmatrix}\times\begin{bmatrix} 0.5777 \\ 0.2042 \\ 0.5163 \end{bmatrix}$$

根据矩阵乘法规则：

$$P_{1y}=1.7481\times0.5777+0.4219\times0.2042-0.8858\times0.5163=0.6387$$

$$P_{2y}=0.4219\times0.5777+1.3724\times0.2042+0.3725\times0.5163=0.7163$$

$$P_{3y}=-0.8858\times0.5777+0.3725\times0.2042+1.7195\times0.5163=0.4521$$

实际上，这些数值就是回归分析中得到的标准偏回归系数，根据以上求得直

接通径系数，可分别得到 6 个间接通径系数：

$$r_{12}P_{2y} = -0.4752 \times 0.7164 = -0.3404$$

$$r_{13}P_{3y} = 0.6181 \times 0.4521 = 0.2794$$

$$r_{21}P_{1y} = -0.4752 \times 0.6387 = -0.3055$$

$$r_{23}P_{3y} = -0.4615 \times 0.4521 = -0.2086$$

$$r_{31}P_{1y} = 0.6181 \times 0.6386 = 0.3944$$

$$r_{32}P_{2y} = -0.4615 \times 0.7164 = -0.3306$$

以上计算结果可用图 12-2 进行说明。通过计算结果和图 12-2 可以看出，3 个自变量对群落现存量 y 的直接影响中，无芒隐子草 x_2 的直接作用最大，P_{2y}=0.7163，其次是短花针茅x_1，P_{1y}=0.6387，碱韭x_3的直接作用最小，P_{3y}=0.4521。对各个间接通径系数的分析发现，碱韭 x_3 通过短花针茅 x_1 对产量 y 所产生的作用较大，$r_{31}P_{1y}$=0.3944。尽管短花针茅 x_1 通过无芒隐子草 x_2 对群落现存量 y 产生一定负的间接作用（$r_{12}P_{2y}$=−0.3404），但由于 P_{1y} 和 $r_{13}P_{3y}$ 的值较大，因此使短花针茅 x_1 对 y 的贡献较大，二者的相关系数（也可说 x_1 对 y 的总作用或最终作用）达到了 0.5777。同时可以看到，无芒隐子草 x_2 对 y 的间接作用，分别为 $r_{21}P_{1y} = -0.3055$，$r_{23}P_{3y} = -0.2086$，连同 x_2 对 y 的直接作用，使得 x_2 与 y 产生了比较小的正向关系，二者之间的相关系数达到了 0.2042。因此短花针茅 x_1 和碱韭 x_3 对增加群落产量具有重要的作用；至于无芒隐子草 x_2，其直接通径系数尽管较大，但间接通径系数抑制其他种群现存量，其对群落现存量的改变总体较小，因此，直接作用较大的种群不一定总作用也表现较大。

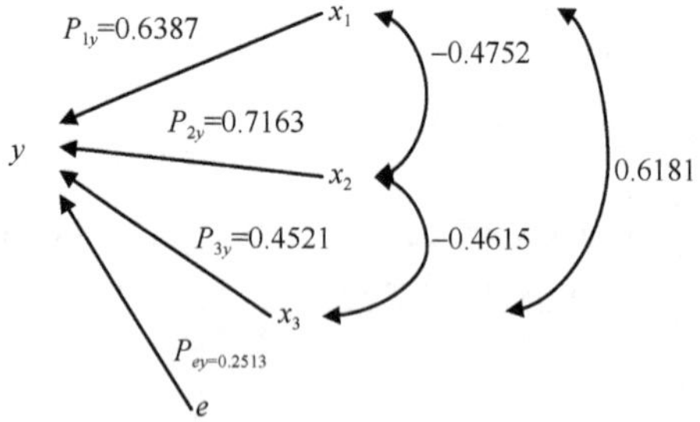

图 12-2　主要种群与群落现存量之间的通径关系

计算各相关路径对 y 的决定系数和决策系数分别为

$$R_1^2 = 0.6387 \times 0.6387 = 0.4079$$

$$R_{12}^2 = 2 \times 0.6387 \times (-0.4752) \times 0.7164 = -0.4349 = R_{21}^2$$

同理，$R_{13}^2 = 0.3570$，$R_{23}^2 = -0.2990$，$R_2^2 = 0.5132$，$R_3^2 = 0.2044$

x_1 对 y 的决策系数为 $R_{(1)}^2 = R_1^2 + R_{12}^2 + R_{13}^2 = 0.4079 - 0.4349 + 0.3570 = 0.3300$

x_2 对 y 的决策系数为 $R_{(2)}^2 = R_{21}^2 + R_2^2 + R_{23}^2 = -0.4349 + 0.5132 - 0.2990 = -0.2207$

x_3 对 y 的决策系数为 $R_{(3)}^2 = R_{31}^2 + R_{32}^2 + R_3^2 = 0.3570 - 0.2990 + 0.2044 = 0.2624$

由此可知，$R_{(1)}^2 > R_{(3)}^2 > R_{(2)}^2$，故短花针茅 x_1 为主要决策变量，无芒隐子草 x_2 为主要限制性变量，如果要提高群落现存量，必须提高短花针茅现存量，限制无芒隐子草现存量，同时保证碱韭现存量基本稳定。

对计算的通径系数进行检验，各通径系数分别为：$P_{1y} = 0.6387$，$P_{2y} = 0.7163$，$P_{3y} = 0.4521$。

根据式 $\hat{y}' = P_{1y}x_1' + P_{2y}x_2' + \cdots + P_{my}x_m'$，可建立标准变量的多元线性回归方程为

$$\hat{y}' = 0.6387x_1' + 0.7163x_2' + 0.4521x_3'$$

由式 $F = \dfrac{R^2/m}{(1-R^2)/(n-m-1)}$，有

$$\begin{aligned} U' = R^2 &= P_{1y}r_{1y} + P_{2y}r_{2y} + P_{3y}r_{3y} \\ &= 0.6387 \times 0.5777 + 0.7163 \times 0.2042 + 0.4521 \times 0.5163 \\ &= 0.7488 \end{aligned}$$

剩余平方和为：$Q' = 1 - R^2 = 1 - 0.7488 = 0.2512$

剩余项的通径系数为

$$P_{ey} = \sqrt{1-R^2} = \sqrt{1-0.7488} = 0.5012$$

因此对上述标准化变量多元线性回归方程检验的 F 值为

$$F = \frac{R^2/m}{(1-R^2)/(n-m-1)} = \frac{0.7488/3}{(1-0.7488)/(18-3-1)} = 13.91^{**}$$

查 F 值表，$F_{0.05(3,14)}$=3.344，$F_{0.01(3,14)}$=5.564，$F>F_{0.01}$，说明短花针茅 x_1、无芒隐子草 x_2、碱韭 x_3 标准化后的多元线性回归方程呈极显著水平。

对于通径系数进行检验，利用相关矩阵的相关系数 r_{ij}，建立相关矩阵 $R_{(3\times3)}$，求其逆矩阵 $R_{(3\times3)}^{-1}$，得 c_{11}=1.7481，c_{22}=1.3724，c_{33}=1.7195，于是，有

$$F_1=\frac{P_{1y}^2/c_{11}}{(1-R^2)/(n-m-1)}=\frac{0.6387^2/1.7481}{(1-0.7488)/(18-3-1)}$$
$$=13.01^{**}$$

$$F_2=\frac{P_{2y}^2/c_{22}}{(1-R^2)/(n-m-1)}=\frac{0.7163^2/1.3724}{(1-0.7488)/(18-3-1)}$$
$$=20.84^{**}$$

$$F_3=\frac{P_{3y}^2/c_{33}}{(1-R^2)/(n-m-1)}=\frac{0.4521^2/1.7195}{(1-0.7488)/(18-3-1)}$$
$$=6.62^{*}$$

查 F 值表，$F_{0.05(1,14)}$=4.60，$F_{0.01(1,14)}$=8.86，F_1，F_2 均大于 $F_{0.01}$，F_3 大于 $F_{0.05}$，说明通径系数 P_{1y}、P_{2y} 均达到极显著水平，P_{3y} 仅达到显著水平。

同样，可用 t 检验法检验通径系数，先求出通径系数的标准误：

$$s_{P_{1y}}=\sqrt{(1-R^2)/(n-m-1)}\sqrt{c_{11}}$$
$$=\sqrt{(1-0.7488)/(18-3-1)}\times\sqrt{1.7481}$$
$$=0.1771$$

$$s_{P_{2y}}=\sqrt{(1-R^2)/(n-m-1)}\sqrt{c_{22}}$$
$$=\sqrt{(1-0.7488)/(18-3-1)}\times\sqrt{1.3724}$$
$$=0.1569$$

$$s_{P_{3y}}=\sqrt{(1-R^2)/(n-m-1)}\sqrt{c_{33}}$$
$$=\sqrt{(1-0.7488)/(18-3-1)}\times\sqrt{1.7195}$$
$$=0.1756$$

再求 t 值：

$$t_1=\frac{P_{1y}}{s_{P_{1y}}}=\frac{0.6387}{0.1771}=3.61^{**}$$

$$t_2=\frac{P_{2y}}{s_{P_{2y}}}=\frac{0.7163}{0.1569}=4.57^{**}$$

$$t_3=\frac{P_{3y}}{s_{P_{3y}}}=\frac{0.4521}{0.1756}=2.57^{*}$$

查 t 值表，$t_{0.05(14)}$=2.145，$t_{0.01(14)}$=2.977，t_1、t_2 均大于 $t_{0.01}$，t_3 大于 $t_{0.05}$，即通径系数 P_{1y} 、P_{2y} 均达到极显著水平，P_{3y} 仅达到显著水平。

从以上数据看出，F 检验和 t 检验是一样的。

五、通径分析的 SAS 操作

通径分析 SAS 程序可以有两种写法，下面逐一给出。

（1）第一类 SAS 程序

```
DATA DD;
INPUT X1-X3 Y@@;
CARDS;
1.41    0.69    9.29    16.14
1.34    0.74    15.29   21.29
0.35    3.44    13.46   21.69
3.10    0.65    19.48   24.33
4.81    3.88    13.95   24.64
0.11    10.68   11.23   24.66
1.25    7.49    12.01   24.84
0.06    9.72    8.70    26.42
2.09    8.33    13.63   27.21
0.31    10.31   9.63    29.35
1.79    7.08    18.24   29.65
4.35    4.03    20.00   29.95
3.80    3.96    13.03   32.02
4.94    3.93    16.67   34.00
2.96    7.26    11.76   34.91
0.16    17.91   11.60   35.65
11.66   2.17    19.63   42.57
4.16    4.25    22.77   44.82
;
PROC REG;
MODEL Y=X1-X3/SELECTION=STEPWISE SLE=0.15 SLS=0.15;
RUN;
PROC CORR;
VAR X1-X3 Y;
RUN;
PROC REG;
MODEL Y=X1-X3/STB;
RUN;
```

采用此过程进行通径分析，首先要根据 REG 过程筛选最优变量进入模型，建立最优回归模型。

SAS 输出结果如下：

```
                              SAS 系统
                         The REG Procedure
                           Model: MODEL1
                       Dependent Variable: Y
              Number of Observations Read          18
                Number of Observations Used        18
                   Stepwise Selection: Step 1
   Variable X1 Entered: R-Square = 0.3338 and C(p) = 23.1201
                       Analysis of Variance
```

Source	DF	Sum of Squares	Mean Square	F Value	Pr > F
Model	1	305.04699	305.04699	8.02	0.0120
Error	16	608.91439	38.05715		
Corrected Total	17	913.96138			

Variable	Parameter Estimate	Standard Error	Type II SS	F Value	Pr > F
Intercept	25.04434	2.04585	5703.03072	149.85	<.0001
X1	1.50754	0.53248	305.04699	8.02	0.0120

Bounds on condition number: 1, 1

Stepwise Selection: Step 2

Variable X2 Entered: R-Square = 0.6298 and C(p) = 8.6238

Analysis of Variance

Source	DF	Sum of Squares	Mean Square	F Value	Pr > F
Model	2	575.65096	287.82548	12.76	0.0006
Error	15	338.31041	22.55403		
Corrected Total	17	913.96138			

Variable	Parameter Estimate	Standard Error	Type II SS	F Value	Pr > F
Intercept	16.89984	2.83004	804.27498	35.66	<.0001
X1	2.27443	0.46589	537.53509	23.83	0.0002
X2	1.02602	0.29621	270.60397	12.00	0.0035

Bounds on condition number: 1.2917, 5.1669

Stepwise Selection: Step 3

SAS 系统

The REG Procedure

Model: MODEL1

Dependent Variable: Y

Stepwise Selection: Step 3

Variable X3 Entered: R-Square = 0.7487 and C(p) = 4.0000

Analysis of Variance

Source	DF	Sum of Squares	Mean Square	F Value	Pr > F
Model	3	684.30705	228.10235	13.91	0.0002
Error	14	229.65433	16.40388		
Corrected Total	17	913.96138			

Variable	Parameter Estimate	Standard Error	Type II SS	F Value	Pr > F
Intercept	5.98408	4.87995	24.66667	1.50	0.2403
X1	1.66664	0.46221	213.28204	13.00	0.0029
X2	1.18853	0.26039	341.76187	20.83	0.0004
X3	0.80171	0.31151	108.65609	6.62	0.0221

Bounds on condition number: 1.7481, 14.52

All variables left in the model are significant at the 0.1500 level.

All variables have been entered into the model.

Summary of Stepwise Selection

Step	Variable Entered	Variable Removed	Number Vars In	Partial R-Square	Model R-Square	C(p)	F Value	Pr > F
1	X1		1	0.3338	0.3338	23.1201	8.02	0.0120
2	X2		2	0.2961	0.6298	8.6238	12.00	0.0035
3	X3		3	0.1189	0.7487	4.0000	6.62	0.0221

SAS 系统

CORR PROCEDURE

4 变量： X1 X2 X3 Y

简单统计量

变量	N	均值	标准差	总和	最小值	最大值
X1	18	2.70278	2.80989	48.65000	0.06000	11.66000
X2	18	5.91778	4.41947	106.52000	0.65000	17.91000
X3	18	14.46500	4.13502	260.37000	8.70000	22.77000
Y	18	29.11889	7.33229	524.14000	16.14000	44.82000

Pearson 相关系数, N = 18

当 H0: Rho=0 时, Prob > |r|

	X1	X2	X3	Y
X1	1.00000	-0.47522	0.61813	0.57772
		0.0463	0.0063	0.0120
X2	-0.47522	1.00000	-0.46147	0.20422
	0.0463		0.0539	0.4163
X3	0.61813	-0.46147	1.00000	0.51633
	0.0063	0.0539		0.0283
Y	0.57772	0.20422	0.51633	1.00000
	0.0120	0.4163	0.0283	

SAS 系统

The REG Procedure

Model: MODEL1

Dependent Variable: Y

Number of Observations Read 18

Number of Observations Used 18

Analysis of Variance

Source	DF	Sum of Squares	Mean Square	F Value	Pr > F
Model	3	684.30705	228.10235	13.91	0.0002
Error	14	229.65433	16.40388		
Corrected Total	17	913.96138			

Root MSE	4.05017	R-Square	0.7487
Dependent Mean	29.11889	Adj R-Sq	0.6949
Coeff Var	13.90908		

Parameter Estimates

Variable	DF	Parameter Estimate	Standard Error	t Value	Pr > |t|	Standardized Estimate
Intercept	1	5.98408	4.87995	1.23	0.2403	0
X1	1	1.66664	0.46221	3.61	0.0029	0.63869

```
X2        1       1.18853     0.26039     4.56     0.0004      0.71638
X3        1       0.80171     0.31151     2.57     0.0221      0.45212
```

（2）第二类 SAS 程序

```
DATA DD;
INPUT X1-X3 Y@@;
CARDS;
数据
;
PROC CALIS METHOD=ML ALL;
LINEQS
Y=A1*X1 +A2*X2 +A3*X3 +E1;
RUN;
```

SAS 输出结果略。

第二节　路 径 分 析

多元回归分析将所有自变量置于相同的位置，其假设过于简单，不能揭示事物之间复杂的因果关系。有研究人员发现在事物之间复杂的因果传递过程中，变量之间的关系更为复杂，某变量既可能是原因变量也可能是结果变量，此时就不能用简单的回归分析表示变量之间的关系，需用相应的路径图来表示复杂的因果关系。

路径分析最早是由遗传学家休厄尔·赖特（Sewall Wright）在解释遗传学中的因果关系时于 1918～1921 年提出来的一种方法，70 年代后开始应用于医学、心理学、社会学、经济学等各种领域。

习惯上，把基于最小乘法的传统路径分析称为路径分析，路径分析的主要内容有两个：一个是画路线图，它将所研究的各变量之间的关系用一个带有方向的框图直观描述出来，并通过计算给出相关性的重要程度，通常由自变量、中间变量、因变量组成并通过单箭头、双箭头连接成一个路径图，称为路径模型。而路径模型有两种类型，即递归模型和非递归模型，两种模型在分析时有所不同。路径分析的另一个主要内容是分解相关系数，即将各变量之间的相关系数分解成直接作用（直接路径系数）和间接作用（间接路径系数）两部分之和，用这些特征使我们能够直接或间接地度量一个变量对另一个变量的效应。

一、路径图解释及参数估计

从图 12-3 可以看出，图中存在两种路径：一种是表示 x_i 到 y 之间的单向路径（单箭头），即从因到果路径，我们称为通径；另一种是表示自变量间平行关系的双向路径（双向箭头），即互为因果路径，我们称为相关线。对于变量存在 3 种，一种是纯因变量（指的是因果关系变量，如 x_1、x_2），另一种是既为因又为果的变量（x_3、x_4），还有一种是果变量（依变量）（y）。这 3 类变量均是可以被观测的，有具体的趋势范围和数据形式。

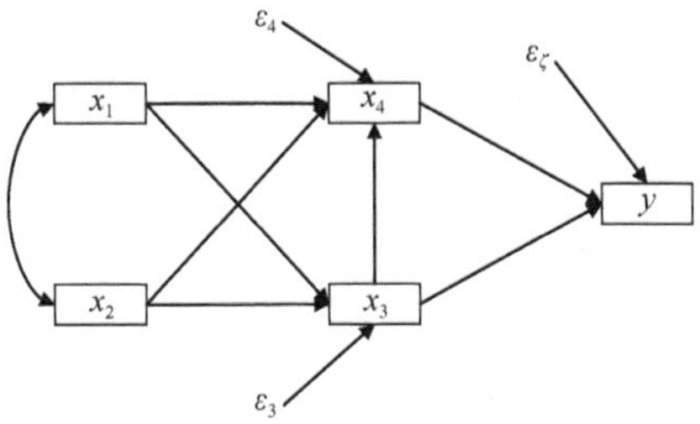

图 12-3　路径图

为了从数量关系上表示各路径的相对重要程度与性质，每一果变量与因变量均应该建立标准化回归模型。这一过程与通径分析比较类似。建立标准化回归模型之前，要考虑闭合回路。寻找闭合回路的方法如下：①寻找果变量，即除双向箭头外，单项箭头指向的变量；②根据果变量寻找影响果变量的因变量，注意只寻找直接的变量；③根据因果变量建立回归模型；④根据建立的回归模型建立方程组。

按照这样的寻找顺序，可以看到图 12-3 中存在 3 个闭合回路，第一个是 x_1、x_2 和 x_3 构成的闭合回路，第二个是 x_1、x_2、x_3、x_4 构成的闭合回路，最后一个是 x_3、x_4 和 y 构成的闭合回路。建立的标准化回归方程组如下：

$$\begin{cases} \dfrac{x_3-\overline{x}_3}{s_{x_3}} = b_1\dfrac{x_1-\overline{x}_1}{s_{x_3}} + b_2\dfrac{x_2-\overline{x}_2}{s_{x_3}} + \dfrac{e_3}{s_{x_3}} \\ \dfrac{x_4-\overline{x}_4}{s_{x_4}} = b_3\dfrac{x_1-\overline{x}_1}{s_{x_4}} + b_4\dfrac{x_2-\overline{x}_2}{s_{x_4}} + b_5\dfrac{x_3-\overline{x}_3}{s_{x_4}} + \dfrac{e_4}{s_{x_4}} \\ \dfrac{y-\overline{y}}{s_y} = b_6\dfrac{x_3-\overline{x}_3}{s_y} + b_7\dfrac{x_4-\overline{x}_4}{s_y} + \dfrac{e_y}{s_y} \end{cases}$$

方程组也可以单独计算进行路径分析，其检验过程同通径分析类似，在此不再赘述。

二、基于相关阵的正规方程组

假设自变量和因变量的相关系数阵 A 如下（其中存在 m 个自变量 x_i, i=1,2,⋯, m，一个因变量 y）：

$$A=\begin{bmatrix} r_{11} & \cdots & r_{1m} & r_{1y} \\ \vdots & \ddots & \vdots & \vdots \\ r_{m1} & \cdots & r_{mm} & r_{my} \\ r_{y1} & \cdots & r_{ym} & r_{yy} \end{bmatrix}$$

相关系数 r_{iy} 剖分成 x_i 对 y 的直接作用和 x_i 通过与其相关的各个 x_j 对 y 的间接作用，所以相关系数 r_{iy} 应该为 x_i 对 y 的总作用，其直接作用和间接作用通过 r_{ii} 和 r_{ij} 建立联系，假设 P_{iy} 为 x_i 对 y 的直接作用。

第一闭合回路对 x_3 的正规方程组如下：

$$\left.\begin{aligned} r_{11}P_{1x_3}+r_{12}P_{2x_3}&=r_{1x_3} \\ r_{21}P_{1x_3}+r_{22}P_{2x_3}&=r_{2x_3} \end{aligned}\right\}$$

第二闭合回路对 x_4 的正规方程组如下：

$$\left.\begin{aligned} r_{11}P_{1x_4}+r_{12}P_{2x_4}+r_{13}P_{3x_4}&=r_{1x_4} \\ r_{21}P_{1x_4}+r_{22}P_{2x_4}+r_{23}P_{3x_4}&=r_{2x_4} \\ r_{31}P_{1x_4}+r_{32}P_{2x_4}+r_{33}P_{3x_4}&=r_{3x_4} \end{aligned}\right\}$$

第三闭合回路对 y 的正规方程组如下：

$$\left.\begin{aligned} r_{33}P_{3y}+r_{34}P_{4y}&=r_{3y} \\ r_{34}P_{3y}+r_{44}P_{4y}&=r_{4y} \end{aligned}\right\}$$

通径分析根据相关阵可写成如下矩阵形式：

$$\begin{bmatrix} r_{11} & r_{12} & \cdots & r_{1m} \\ r_{21} & r_{22} & \cdots & r_{2m} \\ \vdots & \vdots & \ddots & \vdots \\ r_{m1} & r_{m2} & \cdots & r_{mm} \end{bmatrix} \times \begin{bmatrix} P_{1y} \\ P_{2y} \\ \vdots \\ P_{my} \end{bmatrix} = \begin{bmatrix} r_{1y} \\ r_{2y} \\ \vdots \\ r_{my} \end{bmatrix}$$

因此，根据 $P_{iy}=A^{-1}r_{iy}$ 即可求出直接路径系数，那么路径分析是否有同样的矩阵形式呢？答案是肯定的，但需要对矩阵进行分块处理。根据图 12-3 的路径分析图和相关矩阵 A，我们可以得到正规方程组的系数矩阵（假设此矩阵也命名为 A）。

$$A=\begin{bmatrix} r_{11} & r_{12} & 0 & 0 & 0 & 0 & 0 \\ r_{21} & r_{22} & 0 & 0 & 0 & 0 & 0 \\ 0 & 0 & r_{11} & r_{12} & r_{13} & 0 & 0 \\ 0 & 0 & r_{21} & r_{22} & r_{23} & 0 & 0 \\ 0 & 0 & r_{31} & r_{32} & r_{33} & 0 & 0 \\ 0 & 0 & 0 & 0 & 0 & r_{33} & r_{34} \\ 0 & 0 & 0 & 0 & 0 & r_{34} & r_{44} \end{bmatrix}$$

因此，路径分析根据相关阵的矩阵运算形式如下：

$$\begin{bmatrix} r_{11} & r_{12} & 0 & 0 & 0 & 0 & 0 \\ r_{21} & r_{22} & 0 & 0 & 0 & 0 & 0 \\ 0 & 0 & r_{11} & r_{12} & r_{13} & 0 & 0 \\ 0 & 0 & r_{21} & r_{22} & r_{23} & 0 & 0 \\ 0 & 0 & r_{31} & r_{32} & r_{33} & 0 & 0 \\ 0 & 0 & 0 & 0 & 0 & r_{33} & r_{34} \\ 0 & 0 & 0 & 0 & 0 & r_{34} & r_{44} \end{bmatrix} \times \begin{bmatrix} P_{1x_3} \\ P_{2x_3} \\ P_{1x_4} \\ P_{2x_4} \\ P_{3x_4} \\ P_{3y} \\ P_{4y} \end{bmatrix} = \begin{bmatrix} r_{13} \\ r_{23} \\ r_{14} \\ r_{24} \\ r_{34} \\ r_{3y} \\ r_{4y} \end{bmatrix}$$

所以，根据 $P_{ij} = A^{-1}r_{ij}$ 即可求出直接路径系数，间接路径系数可以通过间接通径系数求法求得。

三、路径分析的实例解析

【例 12.2】为了考察父亲对儿童成人后的智商影响，选取了父亲教育程度、父亲职业、儿童早期智商、儿童教育和儿童成人后智商 5 项指标进行调查，调查结果的相关阵见表 12-1，试进行路径分析。

表 12-1　父亲与儿童智商的相关阵

变量名称	父亲教育程度（x_1）	父亲职业（x_2）	儿童早期智商（x_3）	儿童教育（x_4）	儿童成人后智商（y）
父亲教育程度（x_1）	1	0.509	0.300	0.382	0.305
父亲职业（x_2）		1	0.300	0.420	0.314
儿童早期智商（x_3）			1	0.550	0.830
儿童教育（x_4）				1	0.630
儿童成人后智商（y）					1

注：数据来源于任雪松和于秀林（2011）

使用路径分析法研究儿童成人后智商与父亲及儿童早期情况的关系，把父亲的教育 x_1 及职业 x_2 作为因变量，把儿童早期智商 x_3 及儿童教育 x_4 作为中间变量，把儿童成人后智商作为结果变量画出的路径图见图 12-4，此图与图 12-3 是一致的。

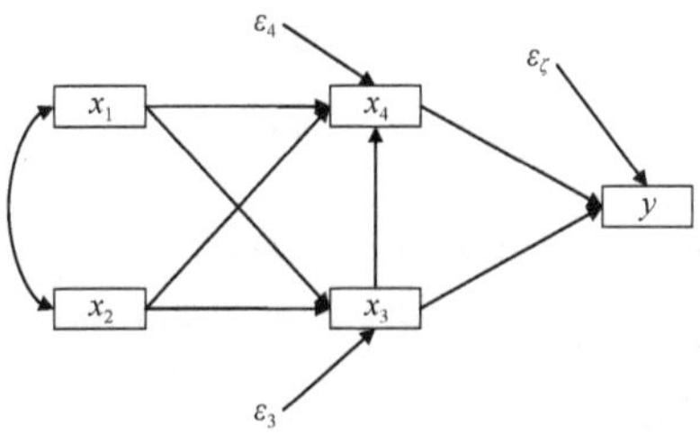

图 12-4　父亲与儿童智商的路径图

关于闭合回路寻找方法前面已经介绍过，图 12-4 路径图存在 3 个闭合回路，将相关系数带入第一个闭合回路方程组，结果如下：

$$\begin{cases} P_{x_3 1} + 0.509 P_{x_3 2} = 0.30 \\ 0.509 P_{x_3 1} + P_{x_3 2} = 0.30 \end{cases}$$

$$P = A^{-1} r$$

$$P_{1x_3} = P_{2x_3} = 0.199$$

复相关系数及残差路径系数计算过程如下：

$$R^2 = P_1 x_3 r_1 x_3 + P_2 x_3 r_2 x_3 = 0.199 \times 0.300 + 0.199 \times 0.300 = 0.119$$

$$P\varepsilon_3 = \sqrt{1 - R^2} = \sqrt{1 - 0.199 \times 0.300 - 0.199 \times 0.300} = 0.938$$

将相关系数带入第二个闭合回路方程组，结果如下：

$$\begin{cases} P_1 x_4 + 0.509 P_2 x_4 + 0.300 P_3 x_4 = 0.382 \\ 0.509 P_1 x_4 + P_2 x_4 + 0.300 P_3 x_4 = 0.420 \\ 0.300 P_1 x_4 + 0.300 P_2 x_4 + P_3 x_4 = 0.550 \end{cases}$$

$$P = A^{-1} r$$

$$P_{1x_4} = 0.139，P_{2x_4} = 0.216，P_{3x_4} = 0.443$$

复相关系数及残差路径系数计算过程如下：

$$\begin{aligned} R^2 &= P_1 x_4 r_1 x_4 + P_2 x_4 r_2 x_4 + P_3 x_4 r_3 x_4 \\ &= 0.139 \times 0.382 + 0.216 \times 0.420 + 0.443 \times 0.550 = 0.387 \end{aligned}$$

$$\begin{aligned} P\varepsilon_4 &= \sqrt{1 - R^2} \\ &= \sqrt{1 - 0.139 \times 0.382 - 0.216 \times 0.420 - 0.443 \times 0.550} = 0.782 \end{aligned}$$

将相关系数带入第三个闭合回路方程组，结果如下：

$$\begin{cases} P_{x_3 y} + 0.550 P_{x_4 y} = 0.830 \\ 0.550 P_{x_3 y} + P_{x_4 y} = 0.630 \end{cases}$$

$$P = A^{-1} r$$

$$P_{x_3 y} = 0.693, P_{x_4 y} = 0.249$$

复相关系数及残差路径系数计算过程如下：

$$R^2 = P_{x_3 y} r_{x_3 y} + P_{x_4 y} r_{x_4 y} = 0.830 \times 0.693 + 0.630 \times 0.249 = 0.732$$

$$P\varepsilon_3 = \sqrt{1 - R^2} = \sqrt{1 - 0.830 \times 0.693 - 0.630 \times 0.249} = 0.517$$

根据计算的路径系数，图 12-4 的路径图就可以表示为图 12-5 的样式。根据路径图 12-5 进行路径分析。

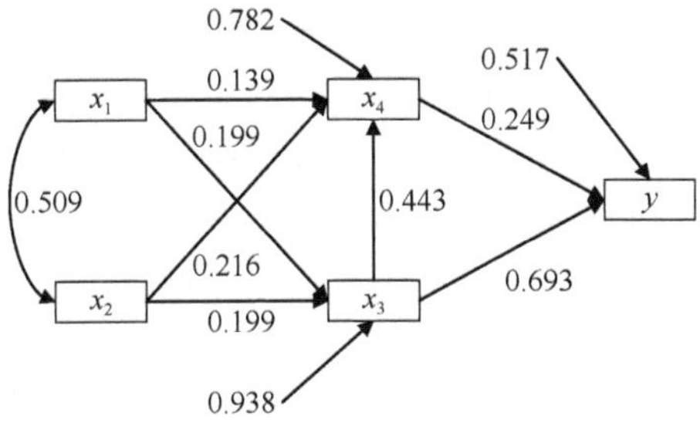

图 12-5　父亲与儿童智商的路径图及具体路径系数

1）在由 x_1、x_2 和 x_3 构成的路径链中，残差 ε_3 的路径系数为 0.938，特别大，起着主要作用，这说明父亲教育程度 x_1 与父亲职业 x_2 对于儿童早期智商 x_3 的直接作用不大，究其原因，可能未把双亲的遗传因素考虑在内。

2）在 x_1、x_2、x_3、x_4 构成的路径链中，3 个路径系数分别为 0.139、0.216、0.443，其中 0.443 最大，说明儿童早期智商 x_3 对于儿童教育 x_4 影响最大，也就是说，儿童本身具有的智商是使儿童受到较多教育的重要原因；此外由于路径系数 0.216 也比较大，这说明父亲职业 x_2 是使儿童受到较多教育的第二个重要原因，比起父亲教育程度 x_1 更重要一些。

3）在由 x_3、x_4 和 y 构成的路径链中，P_{x_3y}=0.693 远大于 P_{x_4y}=0.249，这说明比较儿童早期智商 x_3 与儿童教育 x_4 这两个原因变量所起的作用，可得出儿童早期智商 x_3 对于儿童成人后智商 y 具有更大的影响。

四、递归和非递归模型

递归模型也称因果模型，即模型中变量之间为单向链条关系、无反馈作用。该模型要求误差（残差）相互独立，即无显著性相关。我们所举的实例 12-2 即为非递归模型，具体可参考图 12-6 理解递归模型。

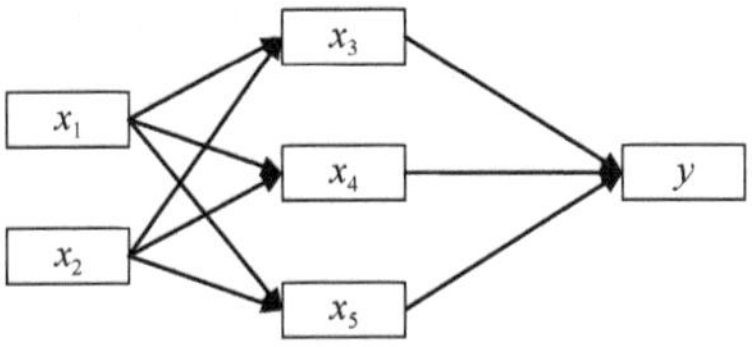

图 12-6　路径分析中递归模型的路径图

由图 12-6 可知，图中每一链条都是单向的，可以说从因变量 x_1 或 x_2 出发，经由中间变量 x_3、x_4 或 x_5 而到达 y 变量。例 12-2 中 x_1 和 x_2 之间存在双向相关路径，判为非递归模型，原因是 x_1、x_2、x_3 这一闭合回路里面存在反馈关系，因此整个模型只要有一个闭合回路存在反馈关系即为非递归模型。

反馈关系的种类在路径图中的样式可参照下图进行判定。从图 12-7 中可以看到，左边的属于双向路径，也可称为直接反馈关系；中间的为循环关系，称为间接反馈关系；右面的是自相关关系，也可称为自反馈。当路径模型存在以下反馈关系的其中一种时，则称该路径模型为非递归模型。

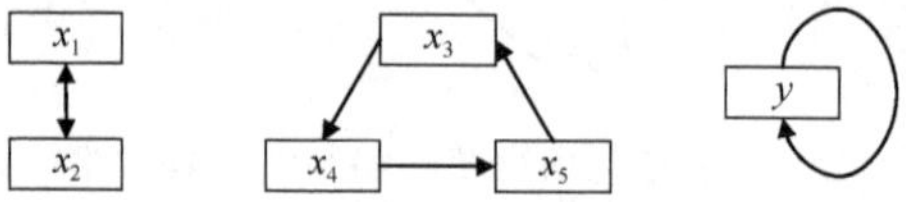

图 12-7　路径图反馈关系的种类

五、路径分析的 SAS 操作

SAS 程序如下：

```
DATA CDF(TYPE='CORR');
_TYPE_='CORR';
INPUT VAR1$ X1-X4 Y@@;
CARDS;
X1   1.000   .     .     .     .
X2   0.509   1.000   .     .     .
X3   0.300   0.300   1.000   .     .
X4   0.382   0.420   0.550   1.000   .
Y    0.305   0.314   0.830   0.630   1.000
;
PROC*CALIS METHOD=ML;
LINEQS
X3= A1*X1+ A2*X2 +E3,
X4= A3*X1+ A4*X2+ A5*X3+E4,
Y=A6*X3+A7*X4 +EY;
RUN;
```

SAS 输出结果如下：

```
                    SAS 系统
              The CALIS Procedure
   Covariance Structure Analysis: Model and Initial Values
              Modeling Information
          Data Set          WORK.CDF
          N Obs             10000
          Model Type        LINEQS
          Analysis          Covariances
             Variables in the Model
       Endogenous    Manifest    X3  X4  Y
                     Latent
       Exogenous     Manifest    X1  X2
                     Latent
                     Error       E3  E4  EY
```

```
          Number of Endogenous Variables = 3
          Number of Exogenous Variables  = 5
        Initial Estimates for Linear Equations
X3 =       .*X1 +      .*X2 +  1.0000 E3
            A1          A2
X4 =       .*X1 +      .*X2 +      .*X3 +  1.0000 E4
            A3          A4          A5
Y  =       .*X3 +      .*X4 +  1.0000 EY
            A6          A7
  Initial Estimates for Variances of Exogenous Variables
   Variable
   Type         Variable    Parameter     Estimate
   Observed      X1          _Add1              .
                 X2          _Add2              .
   Error         E3          _Add3              .
                 E4          _Add4              .
                 EY          _Add5              .
NOTE: Parameters with prefix '_Add' are added by PROC CALIS.
 Initial Estimates for Covariances Among Exogenous Variables
        Var1    Var2    Parameter     Estimate
        X2      X1      _Add6                .
 NOTE: Parameters with prefix '_Add' are added by PROC CALIS.
 Covariance Structure Analysis: Descriptive Statistics
             Simple Statistics
      Variable          Mean      Std Dev
      X1                0         1.00000
      X2                0         1.00000
      X3                0         1.00000
      X4                0         1.00000
      Y                 0         1.00000
    Covariance Structure Analysis: Optimization
           Initial Estimation Methods
          1    Observed Moments of Variables
          2    McDonald Method
          3    Two-Stage Least Squares
               Optimization Start
               Parameter Estimates
      N   Parameter      Estimate      Gradient
      1   A1             0.19881    -1.424E-17
      2   A2             0.19881    -2.555E-17
      3   A3             0.13888    -9.504E-18
      4   A4             0.21627    -1.361E-17
      5   A5             0.44345    -4.394E-17
      6   A6             0.71509    0.11444
      7   A7             0.23684    0.00105
      8   Add1           1.00000    -2.026E-18
```

```
         9     _Add2         1.00000   -2.78E-18
        10     _Add3         0.88072   -2.263E-17
        11     _Add4         0.61221   1.4532E-17
        12     _Add5         0.26828   1.2985E-15
        13     _Add6         0.50900   -3.912E-18
       Value of Objective Function = 0.0012687867
         Covariance Structure Analysis: Optimization
              Levenberg-Marquardt Optimization
                Scaling Update of More (1978)
      Parameter Estimates                           13
      Functions (Observations)                      15
                     Optimization Start
Active Constraints                 0      Objective Function    0.0012687867
Max Abs  Gradient  Element  0.1144404453    Radius                        1
                                                                      Ratio
                                                                    Between
                                                                     Actual
                                          Objective   Max Abs           and
              Function    Active    Objective   Function   Gradient       Predicted
Iter  Restarts  Calls  Constraints  Function    Change    Element   Lambda    Change
  1      0        4         0       0.0000220   0.00125   0.00465     0       1.000
  2      0        6         0       0.0000212  7.779E-7  2.09E-15     0       1.001
                       Optimization Results
Iterations              2  Function Calls                                  9
Jacobian Calls          4  Active Constraints                              0
Objective Function   0.0000212417 Max Abs Gradient Element    2.085614E-15
Lambda                  0          Actual Over Pred Change     1.0008319555
Radius                           0.0024935342
   Convergence criterion (ABSGCONV=0.00001) satisfied.
                              SAS 系统
                         The CALIS Procedure
      Covariance Structure Analysis: Maximum Likelihood Estimation
                            Fit Summary
     Modeling Info     N Observations                          10000
                       N Variables                             5
                       N Moments                               15
                       N Parameters                            13
                       N Active Constraints                    0
                       Baseline Model Function Value           2.2346
                       Baseline Model Chi-Square               22343.3927
                       Baseline Model Chi-Square DF            10
                       Pr > Baseline Model Chi-Square          <.0001
     Absolute Index    Fit Function                            0.0000
                       Chi-Square                              0.2124
                       Chi-Square DF                           2
                       Pr > Chi-Square                         0.8992
```

```
                    Z-Test of Wilson & Hilferty             -1.2460
                    Hoelter Critical N                      282061
                    Root Mean Square Residual (RMSR)        0.0007
                    Standardized RMSR (SRMSR)               0.0007
                    Goodness of Fit Index (GFI)             1.0000
   Parsimony Index  Adjusted GFI (AGFI)                     0.9999
                    Parsimonious GFI                        0.2000
                    RMSEA Estimate                          0.0000
                    RMSEA Lower 90% Confidence Limit        0.0000
                    RMSEA Upper 90% Confidence Limit        0.0086
                    Probability of Close Fit                1.0000
                    ECVI Estimate                           0.0026
                    ECVI Lower 90% Confidence Limit         0.0028
                    ECVI Upper 90% Confidence Limit         0.0029
                    Akaike Information Criterion            26.2124
                    Bozdogan CAIC                           132.9468
                    Schwarz Bayesian Criterion              119.9468
                    McDonald Centrality                     1.0001
   Incremental Index Bentler Comparative Fit Index          1.0000
                    Bentler-Bonett NFI                      1.0000
                    Bentler-Bonett Non-normed Index         1.0004
                    Bollen Normed Index Rho1                1.0000
                    Bollen Non-normed Index Delta2          1.0001
                    James et al. Parsimonious NFI           0.2000
       Covariance Structure Analysis: Maximum Likelihood Estimation
                           Linear Equations
       X3      =    0.1988*X1 +  0.1988*X2 +  1.0000 E3
       Std Err      0.0109 A1    0.0109 A2
       t Value      18.2338      18.2338
       X4      =    0.1389*X1 +  0.2163*X2 +  0.4435*X3 +  1.0000 E4
       Std Err      0.00924 A3   0.00924 A4   0.00834 A5
       t Value      15.0297      23.4052      53.1855
       Y       =    0.6932*X3 +  0.2487*X4 +  1.0000 EY
       Std Err      0.00620 A6   0.00620 A7
       t Value      111.8        40.1314
      Estimates for Variances of Exogenous Variables
Variable                                       Standard
Type      Variable    Parameter    Estimate      Error      t Value
Observed   X1          _Add1        1.00000     0.01414     70.70714
           X2          _Add2        1.00000     0.01414     70.70714
Error      E3          _Add3        0.88072     0.01246     70.70714
           E4          _Add4        0.61221     0.00866     70.70714
           EY          _Add5        0.26794     0.00379     70.70714
                      Covariances Among Exogenous Variables
                                                 Standard
     Var1   Var2   Parameter       Estimate        Error        t Value
```

```
  X2      X1      _Add6          0.50900        0.01122       45.35960
                      Squared Multiple Correlations
                              Error          Total
            Variable        Variance       Variance     R-Square
            X3               0.88072        1.00000       0.1193
            X4               0.61221        1.00000       0.3878
            Y                0.26794        1.00000       0.7321
     Covariance Structure Analysis: Maximum Likelihood Estimation
                Standardized Results for Linear Equations
     X3       =    0.1988*X1 +  0.1988*X2 +  1.0000 E3
     Std Err       0.0107 A1    0.0107 A2
     t Value       18.4975      18.4975
     X4       =    0.1389*X1 +  0.2163*X2 +  0.4435*X3 +  1.0000 E4
     Std Err       0.00920 A3   0.00914 A4   0.00769 A5
     t Value       15.0930      23.6665      57.6561
     Y        =    0.6932*X3 +  0.2487*X4 +  1.0000 EY
     Std Err       0.00526 A6   0.00623 A7
     t Value       131.9        39.9160
      Standardized Results for Variances of Exogenous Variables
Variable                                   Standard
Type        Variable    Parameter Estimate   Error        t Value
Observed     X1          _Add1     1.00000
             X2          _Add2     1.00000
Error        E3          _Add3     0.88072   0.00608     144.76269
             E4          _Add4     0.61221   0.00763     80.28820
             EY          _Add5     0.26794   0.00459     58.43536
     Standardized Results for Covariances Among Exogenous Variables
                                                Standard
   Var1    Var2    Parameter       Estimate       Error        t Value
    X2      X1      _Add6           0.50900       0.00741      68.69503
```

由输出结果可以看到，参照路径图 12-5，直接路径系数均已给出，但是闭合回路的残差并没有直接给出，需要研究者自己计算。在 Standardized Results for Variances of Exogenous Variables 中，Error 变量中 E3、E4 和 EY 对应的 Estimate 下，将 0.880 72、0.612 21 和 0.267 94 开方，即得模型的残差估计。

第三节　结 构 方 程

很多生物学、社会学和心理学等变量，均不能准确地直接度量，这包括耐牧性、耐盐性、儿童智力、社会阶层、学习动机等。我们只好退而求其次，用一些外显指标反映这些潜变量。一般的回归和路径分析方法无法估计潜变量，或者能够估计潜变量但无法估计自变量的误差，因此需要引入一种新的数学方法解决这些问题。

结构方程不仅提供处理自变量测量误差的方法，同时能够采用多个指标反映潜变量，使得估计整个模型因子间的关系较传统回归方法更为准确合理。同时，结构方程还能够很好地比较不同的模型，用于确定最优的结构关系。

一、结构方程的概念及其作用

结构方程模型（SEM）是社会科学研究中的一个非常好的工具，工具在 20 世纪 80 年代就已经成熟，可惜国内了解的人并不多。在社会科学以及经济、市场、管理等研究领域，有时需要处理多个原因、多个结果的关系，或者会碰到不可直接观测的变量（即潜变量），这些都是传统的统计方法不能很好解决的问题。20 世纪 80 年代以来，结构方程模型迅速发展，弥补了传统统计方法的不足，成为多元数据分析的重要工具。

结构方程模型是一种建立、估计和检验因果关系模型的工具。模型中既包含可观测的显在变量，也可能包含无法直接观测的潜在变量。结构方程模型可以替代多重回归、通径分析、因子分析、协方差分析等方法，清晰分析单项指标对总体的作用和单项指标间的相互关系。因此结构方程是一门基于统计分析技术的研究方法，用于复杂的多变量研究数据的探究与分析。

结构方程模型的作用及优点如下。

（1）同时处理多个因变量

结构方程分析可同时考虑并处理多个因变量。在回归分析或路径分析中，即使统计结果的图表中展示了多个因变量，在计算回归系数或路径系数时，仍对每个因变量逐一计算。所以图表看似同时考虑多个因变量，但在计算对某一个因变量的影响或关系时，都忽略了其他因变量的存在及其影响。

（2）允许自变量和因变量含有测量误差

各个观测变量往往含有误差，不能简单地用单一指标测量。结构方程分析允许自变量和因变量均含有测量误差。变量也可用多个指标测量。用传统方法计算的潜变量间的相关系数与用结构方程分析计算的潜变量间的相关系数，可能相差很大。

（3）同时估计因子结构和因子关系

假设要了解潜变量之间的相关性，每个潜变量用多个指标测量，一个常用的做法是对每个潜变量先用因子分析计算潜变量（即因子）与指标的关系（即因子负荷），进而得到因子得分，作为潜变量的观测值，然后再计算因子得分，作为潜变量之间的相关系数。这是两个独立的步骤。在结构方程中，这两步同时进行，即同时考虑因子与指标之间的关系和因子与因子之间的关系。

（4）容许更大弹性的测量模型

传统上，我们只容许每一题目（指标）从属于单一因子，但结构方程分析容许更加复杂的模型。例如，我们用英语书写数学试题，测量学生的数学能力，则测验得分（指标）既从属于数学因子，也从属于英语因子（因为得分也反映英语能力）。但是传统因子分析难以处理一个指标从属于多个因子或者考虑高阶因子等具有比较复杂的从属关系的模型。

（5）估计整个模型的拟合程度

在传统路径分析中，我们只估计每一路径（变量间关系）的强弱。在结构方程分析中，除了上述参数的估计外，我们还可以计算不同模型对同一个样本数据的整体拟合程度，从而判断哪一个模型更能体现数据所呈现的关系。

二、结构方程模型的基本术语及其模型结构

为了更好地对结构方程模型进行说明，同时便于交流，形成了结构方程模型的专业词汇。结构方程模型的专业词汇就是对模型的表示符号、结构特征等进行描述的专业术语。其基本术语组成有以下几个。

1）隐变量（潜变量）：模型中不能度量的变量。

2）外生变量：在模型中是其他变量原因的变量，模型中的其他变量不是它的原因。

3）内生变量：模型中有一个或更多的变量为其原因，它也可能是其他变量的原因。

4）扰动：内生变量无法表示的原因（类似于误差项或残差）。

5）结构模型：用符号描写的一组结构方程。

在结构方程模型（图 12-8）中，其中 e_1～e_4 和 e_6～e_8 为观测变量的误差项；x_1～x_4 和 y_1～y_3 为观测变量；x_1～x_4 常被称为外生观测变量，简称外生变量；y_1～y_3 常被称为内生观测变量，简称内生变量；δ_1、δ_2 和 η_1 称为潜变量，其中 δ_1 和 δ_2 又被称为外生潜变量，η_1 又被称为内生潜变量；d_1 称为内生潜变量 η_1 的残差。

结构方程按照模型结构可以划分为 3 类，即结构模型（路径模型）、确定性因子模型（可包括测量模型）、结构方程模型（全模型）。由此可以看到，全模型应该包括路径模型和确定性因子模型。其相关的模型类型可以用图 12-8 进行解释。在图 12-8 中，e_1、e_2 和 x_1、x_2 及 δ_1 构成了确定性因子载荷模型（其外围有一个矩形虚线框），当其与确定性因子载荷模型（由 e_3、e_4 和 x_3、x_4 及 δ_2 构成）组合就构成了测量模型（其实也可称为因子载荷模型，只是多了两个潜变量的相关路径），二者组合外围有一个大的矩形虚线框。δ_1、δ_2 和 η_1 及 d_1 构成虚拟路径模型，但这不是结构方程中的路径模型，因为路径分析及结构方程中的路径模型均由观测变量（或者说可测量变量）构成，δ_1、δ_2 和 η_1 及 d_1 构成的虚拟路径包含非观测变量，所以称 δ_1、δ_2 和 η_1 及 d_1 所构成的回路为虚拟路径结构，或者称为结构模型。右侧

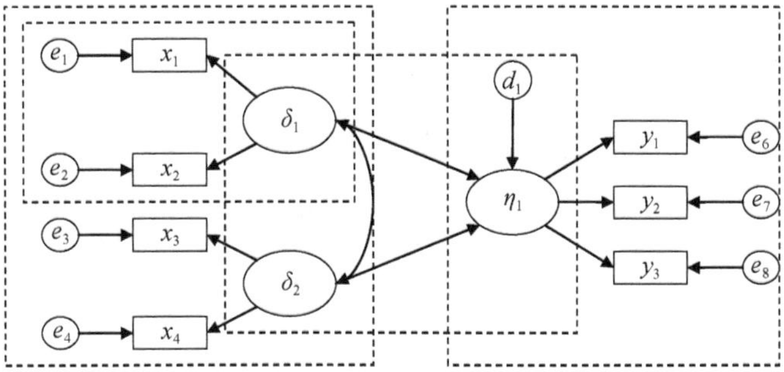

图 12-8　结构方程模型

圆或椭圆表示潜变量或因子；正方形或长方形表示观测变量或指标；单向肩头表示单向影响或效应；双向弧形箭头表示相关；单向箭头指向因子表示内生潜变量未被解释的部分（即残差项）；单向箭头指向指标表示测量误差

部分 y_1～y_3 和 e_6～e_8 及 η_1 和 d_1 构成的体系也称为确定性因子模型，或者称为测量模型，由此可见，测量模型可以包括残差 d_1，也可以不包括。

三、结构方程模型的数学模型

根据图 12-8，先说明一下路径系数，δ_1 到 x_1 的路径系数定义为 λ_{11}，δ_1 到 x_2 的路径系数定义为 λ_{12}；δ_2 到 x_3 的路径系数定义为 λ_{23}，δ_2 到 x_4 的路径系数定义为 λ_{24}；η_1 到 y_1 的路径系数定义为 λ_{1y}，η_1 到 y_2 的路径系数定义为 λ_{2y}，η_1 到 y_3 的路径系数定义为 λ_{3y}；δ_1 到 η_1 的路径系数定义为 γ_{11}，δ_2 到 η_1 的路径系数定义为 γ_{21}。则图 12-8 的结构方程数学模型如下：

$$x_1 = \lambda_{11}\delta_1 + e_1$$

$$x_2 = \lambda_{12}\delta_1 + e_2$$

$$x_3 = \lambda_{23}\delta_2 + e_3$$

$$x_4 = \lambda_{24}\delta_2 + e_4$$

$$y_1 = \lambda_{1y}\eta_1 + e_6$$

$$y_2 = \lambda_{2y}\eta_1 + e_7$$

$$y_3 = \lambda_{3y}\eta_1 + e_8$$

$$\eta_1 = \gamma_{11}\delta_1 + \gamma_{21}\delta_2 + d_1$$

将以上公式写成矩阵形式：

$$x = \lambda_x\delta + e_x$$

$$y = \lambda_y\delta + e_y$$

$$\eta = \gamma\delta + d$$

其中，

$$x = \begin{bmatrix} x_1 \\ x_2 \\ x_3 \\ x_4 \end{bmatrix},\quad \lambda_x = \begin{bmatrix} \lambda_{11} & 0 \\ \lambda_{12} & 0 \\ 0 & \lambda_{23} \\ 0 & \lambda_{24} \end{bmatrix},\quad \delta = \begin{bmatrix} \delta_1 \\ \delta_2 \end{bmatrix},\quad e_x = \begin{bmatrix} e_1 \\ e_2 \\ e_3 \\ e_4 \end{bmatrix}$$

$$y = \begin{bmatrix} y_1 \\ y_2 \\ y_3 \end{bmatrix},\quad \lambda_y = \begin{bmatrix} \lambda_{1y} \\ \lambda_{2y} \\ \lambda_{3y} \end{bmatrix},\quad \eta = [\eta_1],\quad e_y = \begin{bmatrix} e_6 \\ e_7 \\ e_8 \end{bmatrix},\quad \gamma = \begin{bmatrix} \gamma_{11} \\ \gamma_{21} \end{bmatrix},\quad d = [d_1]$$

和路径分析模型一样，结构方程模型也分为递归模型和非递归模型两种。递归性结构方程模型指的是模型结构中的潜在变量只存在单方向的影响，非递归性结构方程模型指的是模型结构中允许潜在变量可以相互影响，包括直接的相互影响或者间接的相互影响，从路径图看，递归性结构方程模型中不存在回路，而非递归性模型中存在回路。图 12-8 给出的结构方程模型属于非递归性结构方程模型。

四、结构方程模型的评价

一般来讲，一个好的结构方程模型就是参数的估计值 ω 使得模型隐含的协方差阵 $\sum(\omega)$ 与样本导出的协方差阵 S 充分接近，即满足事先给定的精确度要求。设 S 是样本协方差阵，$\sum(\omega)$ 是初始模型隐含的协方差阵。令函数 $F = F(S, \sum(\omega))$ 是一个非负的函数，且 F=0 当且仅当 $S=\sum(\omega)$，即模型完全拟合数据。F 被称为拟合函数，对于极大似然估计法（ML）和广义最小二乘法（GLS），它们的公式分别是

$$F_{\text{ML}} = F(S, \sum(\omega)) = \ln\left|\sum(\omega)\right| - \ln|S| + \text{tr}\left[S\sum(\omega)^{-1}\right] - k$$

$$F_{\text{GLS}} = F(S, \sum(\omega)) = \frac{1}{2}\text{tr}\left[S^{-1}(S - \sum(\omega))\right]^2$$

式中，k 是所有观察变量的个数，包括 x 变量和 y 变量；tr 表示取矩阵的主对角线元素之和。

结构方程模型总体拟合优度的统计假设是：H_0：$S=\sum(\omega)$；H_A：$S\neq\sum(\omega)$。

检验上述统计假设的方法和指标有很多，常用的有如下几种。

（1）χ^2 检验

当数据服从多维正态分布，且上述假设成立时，由式：

$$\chi^2 = (n-1)F(S,\sum(\omega))$$

定义的统计量近似地服从自由度 df=$c-p$ 的 χ^2 分布，其中 $c=k(k+1)/2$，k 是所有观察变量的个数，p 是模型中所有待估计的参数个数，n 是样本数。

（2）比值法

比值法使用的指标是

$$\text{ratio} = \frac{\chi^2}{\text{df}}$$

当比值 ratio 较小时，可以认为模型拟合较好，大小没有明确的原则，一般可以取小于 2 或小于 3。

（3）GFI 指标和 AGFI 指标

即拟合优度指标和校正拟合优度指标：

$$\text{GFI} = 1 - \frac{F(S,\sum(\omega))}{F(S,\sum(\omega))}$$

$$\text{AGFI} = 1 - \left(\frac{c}{c-p}\right)(1-\text{GFI})$$

GFI 和 AGFI 两个指标的值都介于 0 和 1 之间。数值越接近于 1，模型拟合数据的程度越好。

（4）ECVI 指标

ECVI 指标的定义如下：

$$\text{ECVI} = F(S,\sum(\omega)) + \frac{2p}{n-1}$$

ECVI 常用于选择模型，ECVI 值越小，模型拟合数据越好。对于确定模型或导出模型，一般将拟合模型的 ECVI 值与饱和模型的 ECVI 值相比较，如果拟合模型 ECVI 值的置信区间的上限小于饱和模型的 ECVI 值，就可以接受该模型。

（5）RMSEA 指标

即近似误差均方根（RMSEA）的计算式为

$$\text{RMSEA} = \sqrt{\max\left\{F(S,\sum(\omega))\frac{c-p}{n-1},0\right\}/(c-p)}$$

如果 RMSEA≤0.05，则可以认为模型与总体是近似的。一般，RMSEA 的最大允许上限是 0.08。

（6）AIC 准则

AIC 准则的计算式为

$$\text{AIC} = \chi^2 + 2k$$

一般用来比较模型，当 AIC 值达到最小时，模型被认为是最好的，也就是说

AIC 值越小越好。

（7）CAIC 准则

CAIC 准则的计算式为

$$\mathrm{CAIC}=\chi^2-\ln(n+1)\mathrm{df}$$

同 AIC 准则判断标准一致，但 CAIC 准则更适合于大样本。

（8）RMR 指标

RMR 表示残差均方根，一个拟合数据好的模型，要求 RMR<0.04。

（9）其他拟合指标

其他拟合指标还有很多，在此不再一一赘述，常见的 NFI、NNFI、CFI、IFI、RFI，与指标 GFI 和 AGFI 相似，其数值介于 0 和 1 之间，数值越接近于 1，模型拟合数据越好。样本临界值 CN 值越大越好，一般 CN>200 时，认为模型是可靠的。

五、结构方程的因子分析

在进行结构方程分析之前，涉及潜变量的结构方程模型通常需要进行探索性因子分析，以便探讨期望的潜变量（或者说预先设计的潜变量）能否在相关的观测变量中得到承载信息，如果不能，则违反结构方程模型的建立准则，需要重新考虑潜变量。如果潜变量能够承载观测变量信息，则可以进行验证性因子分析。

在探索性因子分析过程中，可以采用因子分析过程，也可以采用结构方程查验，根据我们分析数据的经验，采用因子分析过程更为合适。原因是因子分析过程中具有因子旋转过程，能够使变量信息最大限度地被潜变量（因子）承载，而结构方程不能进行因子旋转过程分析，所以采用结构方程进行探索性因子分析，很多时候会误判潜变量对观测变量的信息载荷大小。

下面以两个实例来看探索性因子分析、验证性因子分析在因子分析过程和结构方程模型中的区别与联系。

【例 12.3】3 个指标之间的相关系数，其中 x_1 是孩子的数学成绩，x_2 是孩子的语文成绩，x_3 是孩子的英语成绩。求影响或支配这 3 个成绩指标变量的潜在因子。相关系数阵见表 12-2。

表 12-2　孩子主课成绩相关系数阵

变量	x_1	x_2	x_3
x_1	1		
x_2	0.77	1	
x_3	0.72	0.86	1

根据表 12-3 绘制结构方程的测量模型见图 12-9。

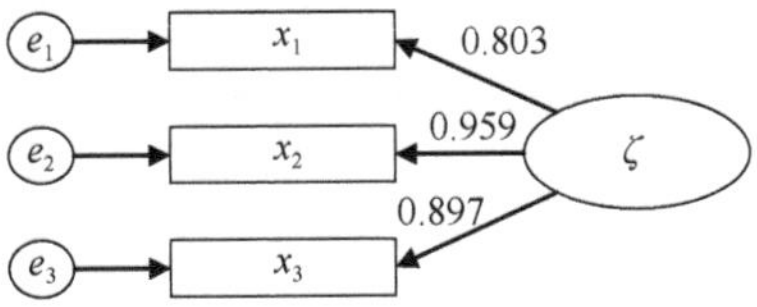

图 12-9　孩子学习成绩的测量模型

数学关系式如下：

$$\begin{cases} x_1 = a_1\xi + \delta_1 \\ x_2 = a_2\xi + \delta_2 \\ x_3 = a_3\xi + \delta_3 \end{cases}$$

如果假设 ξ 是方差为 1 的变量，ξ、δ_1、δ_2、δ_3 相互独立，并且假设指标变量被标准化为方差是 1 的变量 x_1、x_2、x_3，那么，

$$\begin{aligned} \mathrm{COV}(x_1,x_2) &= \mathrm{COV}(a_1\xi,a_2\xi)+\mathrm{COV}(\delta_1,\delta_2)+\mathrm{COV}(a_1\xi,\delta_2)\mathrm{COV}(a_2\xi,\delta_1) \\ &= a_1a_2\mathrm{VAR}(\xi)+0+0+0 \\ &= a_1a_2 \end{aligned}$$

又因为指标被标准化，得

$$a_1a_2 = \mathrm{COV}(x_1,x_2) = \mathrm{CORR}(x_1,x_2) = r_{12} = 0.77$$

得到方程组：

$$\begin{cases} a_1a_2 = 0.77 \\ a_1a_3 = 0.72 \\ a_2a_3 = 0.86 \end{cases}$$

解上述方程组，得到一组解为：a_1=0.803，a_2=0.959，a_3=0.897。此解即为图 12-9 的载荷系数，也可以说是路径系数。从解的情况来看，采用隐变量 ξ 可以反映孩子的数学、语文及英语成绩信息。所以该模型的确定性因子分析可用 SAS 语句进行如下描述。

（1）采用线性方程模型

```
DATA CDF(TYPE='CORR');
_TYPE_='CORR';
INPUT VAR1$ X1-X3@@;
CARDS;
X1   1.00    .    .
X2   0.77    1.00    .
X3   0.72    0.86    1.00
;
PROC CALIS ;
lineqs
```

```
x1=a1 f1+e1,
x2=a2 f1+e2,
x3=a3 f1+e3;
pvar
f1=1.;
RUN;
```

（2）采用因子载荷模型

```
DATA CDF(TYPE='CORR');
_TYPE_='CORR';
INPUT VAR1$ X1-X3@@;
CARDS;
X1   1.00    .    .
X2   0.77    1.00    .
X3   0.72    0.86    1.00
;
PROC CALIS ;
factor
f1===>x1-x3;
pvar
f1=1.;
RUN;
```

这两个过程均可以得到方程组求解的结果。

【例 12.4】研究者调查了 3094 个学生的 4 个指标，x_1 是母亲的学历等级（1～10），x_2 是父亲的学历等级（1～6），x_3 是父母的工资总收入等级（1～10），x_4 是学生的大学学分等级（1～4），x_5 是学生毕业 5 年后的工资等级（1～10）。它们的相关系数列于表 12-3 中，试进行验证（确定）性因子分析。

表 12-3　父母对孩子学习及工作的影响

指标	数据				
n	3094				
STD（标准偏差）	1.229	1.511	2.649	0.777	0.81
x_1	1				
x_2	0.5902	1			
x_3	0.5461	0.4509	1		
x_4	0.2852	0.2377	0.2349	1	
x_5	0.2701	0.2269	0.2203	0.6759	1

根据数据集样式，进行探索性因子分析，SAS 程序如下：

```
DATA CDF(TYPE='CORR');
infile cards missover;
_TYPE_='CORR';
INPUT _name_$ X1-X5;
if _n_=1 then _type_='n';else
```

```
if _n_=2 then _type_='std';else _type_='corr';
CARDS;
n    3094
STD 1.229   1.511   2.649   0.777   0.810
X1   1
X2   0.5902  1
X3   0.5461  0.4509  1
X4   0.2852  0.2377  0.2349  1
X5   0.2701  0.2269  0.2203  0.6759  1
;
proc factor rotate=varimax score;
var x1-x5;
run;
```

SAS 程序输出结果如下：

```
                         SAS 系统
                 The FACTOR Procedure
        Input Data Type                 Correlations
        N Set/Assumed in Data Set               3094
        N for Significance Tests                3094
        Initial Factor Method: Principal Components
          Prior Communality Estimates: ONE
  Eigenvalues of the Correlation Matrix: Total = 5  Average = 1
      Eigenvalue     Difference     Proportion    Cumulative
1     2.50189603     1.26635535      0.5004         0.5004
2     1.23554068     0.68284884      0.2471         0.7475
3     0.55269184     0.16668923      0.1105         0.8580
4     0.38600261     0.06213378      0.0772         0.9352
5     0.32386884     0.0648          1.0000
  2 factors will be retained by the MINEIGEN criterion.
                          Factor Pattern
                           Factor1        Factor2
             X1            0.78364       -0.36683
             X2            0.72305       -0.39284
             X3            0.70219       -0.37800
             X4            0.66711        0.62550
             X5            0.65338        0.64228
                 Variance Explained by Each Factor
                      Factor1        Factor2
                     2.5018960      1.2355407
            Final Communality Estimates: Total = 3.737437
    X1            X2             X3             X4             X5
0.74865700    0.67711980    0.63594765    0.83627782     0.83943444
           Rotation Method: Varimax
       Orthogonal Transformation Matrix
```

```
                         1              2
              1       0.80119        0.59841
              2      -0.59841        0.80119
                 Rotated Factor Pattern
                      Factor1        Factor2
          X1          0.84736        0.17503
          X2          0.81438        0.11794
          X3          0.78878        0.11735
          X4          0.16018        0.90034
          X5          0.13914        0.90558
          Variance Explained by Each Factor
                      Factor1        Factor2
                      2.0484236      1.6890131
        Final Communality Estimates: Total = 3.737437
      X1            X2           X3            X4           X5
0.74865700    0.67711980   0.63594765    0.83627782   0.83943444
                Rotation Method: Varimax
           Scoring Coefficients Estimated by Regression
  Squared Multiple Correlations of the Variables with Each Factor
                  Factor1          Factor2
                 1.0000000        1.0000000
             Standardized Scoring Coefficients
                      Factor1        Factor2
          X1          0.42862       -0.05044
          X2          0.42181       -0.08180
          X3          0.40794       -0.07716
          X4         -0.08932        0.56517
          X5         -0.10184        0.57277
```

由输出结果可知，保留了两个公因子，因子载荷阵显示，所有变量均可由第一公因子承载，但是在旋转后因子载荷和标准化因子得分系数显示，x_1～x_3 由第一公因子承载信息，而 x_4、x_5 由第二公因子承载信息，所以需要两个公因子（潜变量）才能表征 5 个观测变量的信息。有兴趣的读者可以试试下面的程序。

```
DATA CDF(TYPE='CORR');
infile cards missover;
_TYPE_='CORR';
INPUT _name_$ X1-X5;
if _n_=1 then _type_='n';else
if _n_=2 then _type_='std';else _type_='corr';
CARDS;
n   3094
STD 1.229   1.511   2.649   0.777   0.810
X1  1
X2  0.5902  1
X3  0.5461  0.4509  1
```

```
X4   0.2852  0.2377  0.2349  1
X5   0.2701  0.2269  0.2203  0.6759  1
;
PROC CALIS METHOD=ML corr;
factor
f1===>X1-X3,
f2===>X4-X5;
pvar
f1=1.,
f2=1.;
RUN;
```

SAS 程序输出结果如下：

```
                            SAS 系统
                    The CALIS Procedure
 Correlation Structure Analysis: Model and Initial Values
                   Modeling Information
          Data Set            WORK.CDF
          N Obs               3094
          Model Type          FACTOR
          Analysis            Correlations
              Variables in the Model
           Variables    X1  X2  X3  X4  X5
           Factors      f1  f2
              Number of Variables = 5
              Number of Factors   =  2
           Initial Factor Loading Matrix
                        f1             f2
         X1              .              0
                  [_Parm1]
         X2              .              0
                  [_Parm2]
         X3              .              0
                  [_Parm3]
         X4              0              .
                                 [_Parm4]
         X5              0              .
                                 [_Parm5]
          Initial Factor Covariance Matrix
                        f1             f2
         f1         1.0000              .
                                  [_Add1]
         f2              .         1.0000
                   [_Add1]
              Initial Error Variances
         Variable    Parameter     Estimate
```

```
          X1        _Add2              .
          X2        _Add3              .
          X3        _Add4              .
          X4        _Add5              .
          X5        _Add6              .
NOTE: Parameters with prefix '_Add' are added by PROC CALIS.
```

这个部分是基本信息统计、模型结构展示和待估计参数。

```
                              SAS 系统
                        The CALIS Procedure
   Correlation Structure Analysis: Descriptive Statistics
                          Simple Statistics
              Variable          Mean        Std Dev
                 X1                0        1.22900
                 X2                0        1.51100
                 X3                0        2.64900
                 X4                0        0.77700
                 X5                0        0.81000
```

上述程序给出了数据描述性统计的均值和标准差。

```
                              SAS 系统
                         The CALIS Procedure
            Correlation Structure Analysis: Optimization
                     Initial Estimation Methods
                    1    Instrumental Variables Method
                    2    McDonald Method
                        Optimization Start
                        Parameter Estimates
          N   Parameter     Estimate      Gradient
          1   _Parm1         0.83891      -0.00207
          2   _Parm2         0.69686      -0.00631
          3   _Parm3         0.65357       0.00651
          4   _Parm4         0.84482      -0.0004226
          5   _Parm5         0.80005      -0.0003203
          6   _Add2          0.29622       0.00845
          7   _Add3          0.51438       0.00914
          8   _Add4          0.57285      -0.00700
          9   _Add5          0.28628      -0.0005325
          10   _Add6         0.35992      -0.0002977
          11   _Add1         0.40884       0.00392
         Value of Objective Function = 0.0005084375
```

上述程序给出了路径系数和误差的估计值。

```
                         The CALIS Procedure
            Correlation Structure Analysis: Optimization
                Levenberg-Marquardt Optimization
                   Scaling Update of More (1978)
     Parameter Estimates                              11
```

```
         Functions (Observations)                        15
                          Optimization Start
Active Constraints                        0   Objective Function    0.0005084375
Max Abs Gradient Element  0.0091408417   Radius                1
                                                                          Ratio
                                                                        Between
                                                                         Actual
                                 Objective  Max Abs                         and
           Function    Active    Objective  Function  Gradient        Predicted
Iter Restarts Calls Constraints  Function   Change     Element   Lambda    Change
  1     0       4       0        0.0004200 0.000088  0.000236     0      1.019
  2     0       6       0        0.0004199 3.416E-8  4.019E-6     0      1.018
                             Optimization Results
Iterations                             2  Function Calls                       9
Jacobian Calls                         4  Active Constraints                   0
Objective Function    0.0004199206  Max Abs Gradient Element      4.0194087E-6
Lambda                                 0  Actual Over Pred Change     1.0184310832
Radius                                 0.0006324102
   Convergence criterion (ABSGCONV=0.00001) satisfied.
```

上述程序给出了模型的迭代信息及卡方检验信息。

```
                                   SAS 系统
                            The CALIS Procedure
    Correlation Structure Analysis: Maximum Likelihood Estimation
                                Fit Summary
    Modeling Info      N Observations                          3094
                       N Variables                             5
                       N Moments                               15
                       N Parameters                            11
                       N Active Constraints                    0
                       Baseline Model Function Value           1.5437
                       Baseline Model Chi-Square               4774.7413
                       Baseline Model Chi-Square DF            10
                       Pr > Baseline Model Chi-Square          <.0001
    Absolute Index     Fit Function                            0.0004
                       Chi-Square                              1.2988
                       Chi-Square DF                           4
                       Pr > Chi-Square                         0.8616
                       Z-Test of Wilson & Hilferty             -1.0909
                       Hoelter Critical N                      22595
                       Root Mean Square Residual (RMSR)        0.0043
                       Standardized RMSR (SRMSR)               0.0043
                       Goodness of Fit Index (GFI)             0.9998
    Parsimony Index    Adjusted GFI (AGFI)                     0.9994
                       Parsimonious GFI                        0.3999
                       RMSEA Estimate                          0.0000
```

```
                      RMSEA Lower 90% Confidence Limit       0.0000
                      RMSEA Upper 90% Confidence Limit         0.0143
                      Probability of Close Fit                 1.0000
                      ECVI Estimate                            0.0075
                      ECVI Lower 90% Confidence Limit          0.0084
                      ECVI Upper 90% Confidence Limit          0.0092
                      Akaike Information Criterion             23.2988
                      Bozdogan CAIC                            100.7082
                      Schwarz Bayesian Criterion               89.7082
                      McDonald Centrality                      1.0004
Incremental Index     Bentler Comparative Fit Index            1.0000
                      Bentler-Bonett NFI                       0.9997
                      Bentler-Bonett Non-normed Index          1.0014
                      Bollen Normed Index Rho1                 0.9993
                      Bollen Non-normed Index Delta2           1.0006
                      James et al. Parsimonious NFI            0.3999
```

上述程序给出了结构方程导出模型信息及拟合信息。

```
                              SAS 系统
                         The CALIS Procedure
   Correlation Structure Analysis: Maximum Likelihood Estimation
                         Raw Residual Matrix
                X1         X2         X3         X4         X5
       X1    0.0000     0.0014    -0.0003    -0.0036    -0.0035
       X2    0.0014     0.0000    -0.0031    -0.0023    -0.0004
       X3   -0.0003    -0.0031     0.0000     0.0122     0.0094
       X4   -0.0036    -0.0023     0.0122     0.0000     0.0000
       X5   -0.0035    -0.0004     0.0094     0.0000     0.0000
    Average Absolute Residual                            0.002409
    Average Off-diagonal Absolute Residual               0.003614
              Rank Order of the 7 Largest Raw Residuals
                    Var1      Var2        Residual
                    X4        X3           0.01218
                    X5        X3           0.00937
                    X4        X1          -0.00364
                    X5        X1          -0.00345
                    X3        X2          -0.00308
                    X4        X2          -0.00229
                    X2        X1           0.00143
```

上述程序给出了结构方程的相关结构分析。

```
                              SAS 系统
                         The CALIS Procedure
   Correlation Structure Analysis: Maximum Likelihood Estimation
                    Distribution of Raw Residuals
                              Each * Represents 1 Residuals
          ----------Range---------   Freq   Percent
```

```
-0.00527     -0.00264     3     20.00     ***
-0.00264     0            3     20.00     ***
 0           0.00264      7     46.67     *******
 0.00264     0.00527      0     0.00
 0.00527     0.00791      0     0.00
 0.00791     0.01055      1     6.67      *
 0.01055     0.01319      1     6.67      *
```

上述程序给出了相关结构的原始残差分布。

```
                         SAS 系统
                   The CALIS Procedure
  Correlation Structure Analysis: Maximum Likelihood Estimation
        Factor Loading Matrix: Estimate/StdErr/t-value
                        f1                 f2
        X1          0.8418                 0
                    0.0179
                    46.9451
                    [_Parm1]
        X2          0.6994                 0
                    0.0181
                    38.7284
                    [_Parm2]
        X3          0.6491                 0
                    0.0181
                    35.7962
                    [_Parm3]
        X4               0          0.8448
                                    0.0242
                                    34.9564
                                    [_Parm4]
        X5               0          0.8001
                                    0.0236
                                    33.8950
                                    [_Parm5]
      Factor Covariance Matrix: Estimate/StdErr/t-value
                        f1                 f2
        f1          1.0000          0.4062
                                    0.0196
                                    20.7646
                                    [_Add1]
        f2          0.4062          1.0000
                    0.0196
                    20.7646
                    [_Add1]
                    Error Variances
                                      Standard
```

```
Variable    Parameter     Estimate      Error        t Value
X1          _Add2          0.29140      0.01935     15.05680
X2          _Add3          0.51080      0.01814     28.16036
X3          _Add4          0.57869      0.01845     31.35834
X4          _Add5          0.28632      0.03357      8.53011
X5          _Add6          0.35988      0.03078     11.69129
                 Squared Multiple Correlations
                        Error        Total
          Variable      Variance     Variance     R-Square
          X1            0.29140      1.00000      0.7086
          X2            0.51080      1.00000      0.4892
          X3            0.57869      1.00000      0.4213
          X4            0.28632      1.00000      0.7137
          X5            0.35988      1.00000      0.6401
              Factor Scores Regression Coefficients
                         f1            f2
              X1         0.5480        0.0487
              X2         0.2597        0.0231
              X3         0.2128        0.0189
              X4         0.0498        0.5439
              X5         0.0375        0.4099
```

上述程序给出了相关结构下的因子载荷及误差方差分析。

```
                          SAS 系统
                    The CALIS Procedure
   Correlation Structure Analysis: Maximum Likelihood Estimation
    Standardized Factor Loading Matrix: Estimate/StdErr/t-value
                          f1               f2
              X1          0.8418           0
                          0.0118
                          71.0875
                          [_Parm1]
              X2          0.6994           0
                          0.0129
                          54.2395
                          [_Parm2]
              X3          0.6491           0
                          0.0135
                          48.1314
                          [_Parm3]
              X4          0                0.8448
                                           0.0201
                                           42.1024
                                           [_Parm4]
              X5              0            0.8001
                                           0.0195
```

```
                                    41.0854
                                    [_Parm5]
     Factor Correlation Matrix: Estimate/StdErr/t-value
                          f1            f2
          f1           1.0000          0.4062
                                       0.0196
                                       20.7646
                                       [_Add1]
          f2           0.4062          1.0000
                       0.0196
                       20.7646
                       [_Add1]
          Standardized Results for Error Variances
                                          Standard
  Variable    Parameter     Estimate        Error         t Value
   X1          _Add2        0.29140       0.01994        14.61646
   X2          _Add3        0.51080       0.01804        28.31768
   X3          _Add4        0.57869       0.01751        33.05598
   X4          _Add5        0.28632       0.03390        8.44562
   X5          _Add6        0.35988       0.03116        11.54914
```

上述程序给出了结构方程模型标准化的因子载荷及误差方差分析。

需要指出的是，当我们用 FACTOR 过程进行分析时，属于探索性因子分析，当我们用 CALIS 过程分析时，属于验证性因子分析。根据验证性因子分析结果，其结构方程模型的测量模型见图 12-10。

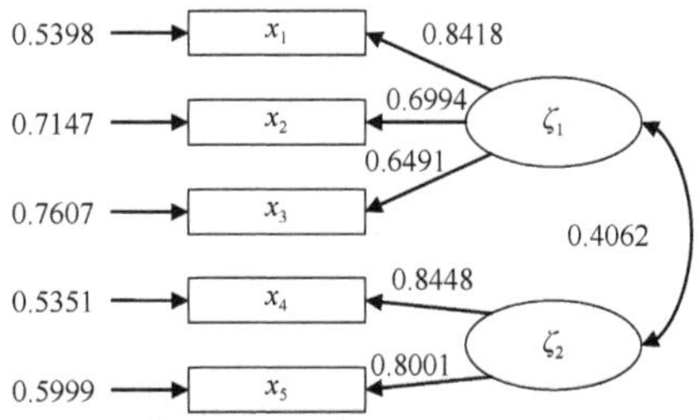

图 12-10　父母对孩子学习及工作影响的测量模型

如果把 CALIS 过程改为如下形式，可进行探索性因子分析。

```
PROC CALIS METHOD=ML corr;
factor
f1===>X1-X5;
RUN;
```

根据输出结果，则会发现与验证性因子分析过程相差甚远。所以在不知潜变量个数时，尽可能用因子分析方法进行探索性因子分析。读者需要了解的是，如果是 SAS9.3 以后（包含 SAS9.3）的版本，所书写的程序均能够正常运行。如果是 SAS9.3 以前的版本，请将 factor 下的“f1===>X1-X5;”修改为“f1>X1-X5;”，否则程序不识别。

由此可见，探索性因子分析与验证性因子分析既有区别又有联系。二者之间的联系为：两种因子分析都是以普通因子分析模型作为理论基础，其主要目的都是提取数据信息，通过对诸多变量的相关性研究，可以用假想的少数几个变量（因子、潜变量）来表示原来变量（观测变量）的主要信息。

二者之间的区别（周晓宏和郭文静，2008）如下。

（1）基本思想不同

探索性因子分析主要是为了找出影响观测变量的因子个数，以及各个因子和各个观测变量之间的相关程度，以试图揭示一组相对比较大的变量的内在结构。验证性因子分析的主要目的是决定事前定义因子的模型拟合实际数据的能力，以试图检验观测变量的因子个数和因子载荷是否与基于预先建立的理论预期一致。

（2）应用前提不同

探索性因子分析没有先验信息，而验证性因子分析有先验信息。探索性因子分析是在事先不知道影响因子的基础上，完全依据样本数据，利用统计软件按一定的原则进行因子分析，最后得出因子的过程。探索性因子分析更适合于在没有理论支持的情况下对数据进行试探性分析。

验证性因子分析则是基于预先建立的理论，要求事先假设因子结构，其先验假设是每个因子都与一个具体的指示变量子集对应，以检验这种结构是否与观测数据一致。

验证性因子分析充分利用了先验信息，在已知因子的情况下检验所搜集的数据资料是否按事先预定的结构方式产生作用。

（3）理论假设不同

探索性因子分析的假设主要包括：①所有的公共因子都相关（或都不相关）；②所有的公共因子都直接影响所有的观测变量；③特殊（唯一性）因子之间相互独立；④所有观测变量只受一个特殊（唯一性）因子的影响；⑤公共因子与特殊因子（唯一性）相互独立。

验证性因子分析的假设主要包括：①公共因子之间可以相关，也可以无关；②观测变量可以只受一个或几个公共因子的影响，而不必受所有公共因子的影响；③特殊因子之间可以相关，还可以出现不存在误差因素的观测变量；④公共因子与特殊因子之间相互独立。

（4）分析步骤不同

探索性因子分析主要有以下 7 个步骤：①收集观测变量；②构造相关矩阵；③确定因子个数；④提取因子；⑤因子旋转；⑥解释因子结构；⑦计算因子得分。

验证性因子分析主要有以下 6 个步骤：①定义因子模型；②收集观测值；

③获得相关系数矩阵；④拟合模型；⑤评价模型；⑥修正模型。

（5）主要应用范围不同

探索性因子分析主要应用于 3 个方面：①寻求基本结构；②数据化简；③建立测量量表。

验证性因子分析主要应用于 3 个方面：①验证量表的维度或面向性；②验证因子的阶层关系；③评估量表的信度和效度。

探索性因子分析和验证性因子分析是因子分析的两个不可分割的重要组成部分，在管理研究的实际应用中，二者不能截然分开，只有结合运用，才能相得益彰，使研究更有深度。在发展理论的过程中，首先应通过探索性因子分析建立模型，再用验证性因子分析检验和修正模型。如果样本容量足够大，可以将数据样本随机分成两半，合理的做法就是先用一半数据进行探索性因子分析，然后把分析取得的因子用在剩下的一半数据中进行验证性因子分析。如果验证性因子分析的拟合效果非常差，那么还必须用探索性因子分析来找出数据与模型之间的不一致。

六、结构方程的实例解析

【例 12.5】为了研究父母教养行为对子女心理健康状况的影响，父母教养行为分为母亲过保护 x_1、母亲过干涉 x_2、父亲过保护 x_3 和父亲过干涉 x_4 共 4 项指标，子女心理健康包括心理压力 y_1、心理焦虑 y_2 和心理抑郁 y_3 共 3 项指标。共得到有效调查问卷 100 份，获得的数据见表 12-4，试进行结构方程分析。

表 12-4　父母教养行为对子女心理健康的影响

母亲过保护	母亲过干涉	父亲过保护	父亲过干涉	压力	焦虑	抑郁	母亲过保护	母亲过干涉	父亲过保护	父亲过干涉	压力	焦虑	抑郁
1.538	2.333	1.692	2.000	0.429	0.143	0.143	1.615	2.667	1.538	2.417	1.857	0.571	2.143
1.385	2.083	1.385	1.750	0.714	0.571	0.714	1.462	2.167	1.308	1.667	1.286	2.000	1.571
1.308	2.167	1.308	2.083	1.000	1.286	0.286	0.923	2.500	0.769	2.333	1.429	0.714	0.714
1.154	2.667	1.077	2.583	0.571	0.286	0.286	1.077	2.583	1.000	2.583	1.571	1.000	1.429
0.385	2.917	0.231	2.667	0.000	0.286	0.286	0.231	3.000	0.231	3.000	0.000	0.000	0.000
1.308	2.583	1.154	2.250	0.714	0.571	0.286	0.538	2.500	0.615	2.500	0.429	0.143	0.429
1.615	2.417	1.462	2.083	0.857	0.429	0.286	1.462	2.250	0.538	2.000	1.571	0.571	0.143
0.538	2.833	0.538	2.833	0.429	0.286	0.000	1.154	2.667	1.231	2.500	0.429	0.857	0.571
0.308	2.750	0.308	2.750	0.429	0.286	0.429	1.692	1.833	1.769	1.750	0.714	0.429	0.714
1.769	2.667	1.615	2.083	0.143	0.286	0.000	1.000	3.000	0.692	2.500	0.714	0.143	0.000
1.231	1.917	1.231	1.417	0.714	0.714	0.286	1.385	2.583	1.385	2.667	0.857	0.857	0.429
1.769	2.333	1.538	2.333	1.143	0.714	0.571	1.231	2.000	0.846	1.917	1.857	1.714	1.714
0.923	2.750	0.923	2.750	1.714	2.000	2.286	1.077	2.167	1.077	2.167	1.286	1.286	0.571
1.462	1.750	1.308	1.417	0.571	0.000	0.714	0.538	3.000	0.538	3.000	0.286	0.286	0.571

续表

母亲过保护	母亲过干涉	父亲过保护	父亲过干涉	压力	焦虑	抑郁	母亲过保护	母亲过干涉	父亲过保护	父亲过干涉	压力	焦虑	抑郁
1.615	2.250	2.077	2.083	0.571	0.571	0.143	0.462	3.000	0.462	3.000	0.286	0.286	0.143
0.769	2.833	0.615	2.833	0.286	1.143	0.143	1.462	2.250	1.462	2.417	1.143	1.286	0.857
0.462	3.000	0.462	3.000	0.286	0.429	0.143	1.077	2.667	1.077	2.667	1.429	1.000	0.143
1.231	2.000	1.231	1.833	0.429	0.857	1.000	1.000	2.583	1.000	2.583	1.857	0.857	1.286
1.077	2.417	0.538	2.250	0.714	1.000	0.429	0.769	2.667	0.769	2.667	1.571	0.571	0.429
1.231	2.583	1.231	2.500	2.143	1.571	1.714	1.000	2.583	1.000	2.583	1.143	1.286	1.143
1.077	2.750	0.615	1.833	0.714	0.000	0.286	1.231	2.583	1.923	1.917	1.857	0.429	0.143
0.769	2.750	0.692	2.583	0.143	0.286	0.000	0.692	2.917	0.692	2.917	0.000	0.000	0.143
1.077	2.750	1.077	2.917	0.000	0.143	0.000	0.538	3.000	0.538	2.917	1.286	0.571	0.000
0.308	2.833	0.308	2.750	0.000	0.143	0.000	1.385	2.833	1.385	2.167	1.143	0.857	0.714
0.846	2.667	0.923	2.667	0.286	1.571	0.143	0.846	2.833	0.846	2.833	0.571	0.571	0.143
1.000	3.000	1.000	3.000	0.857	1.000	0.571	0.923	2.167	0.846	2.500	0.714	0.143	0.857
1.538	2.250	1.385	2.333	1.143	0.429	0.143	1.000	2.583	1.000	2.500	1.857	1.000	0.571
0.615	2.667	0.615	2.667	1.000	0.000	0.000	0.923	2.833	0.769	2.417	0.429	0.429	0.000
1.154	2.417	1.077	2.167	0.429	0.429	0.286	1.077	1.333	1.231	1.500	1.429	1.429	1.714
1.000	3.000	1.154	1.833	0.857	0.714	0.286	1.308	2.917	1.308	3.000	1.000	1.571	0.571
0.615	2.667	1.154	1.667	0.857	0.429	0.143	1.154	1.667	1.538	1.583	1.000	1.143	1.286
1.231	1.583	1.385	1.083	1.000	1.000	0.429	1.385	2.417	1.462	2.417	0.571	0.429	0.429
0.692	2.417	0.692	2.417	0.857	0.143	0.143	1.462	1.500	1.385	2.167	1.857	1.857	2.000
0.846	2.500	0.846	2.583	0.571	0.143	0.000	1.000	1.500	0.923	1.500	2.143	1.571	1.714
1.385	1.833	1.000	1.250	0.286	0.143	0.143	1.615	1.417	1.538	1.583	0.714	1.000	0.714
0.385	3.000	0.385	3.000	0.286	0.286	0.143	0.846	2.083	0.923	2.333	1.286	1.714	1.571
1.154	1.500	1.154	1.500	0.571	0.571	0.571	1.692	1.750	2.000	1.750	1.429	1.000	1.429
0.615	2.917	0.615	2.917	0.286	0.143	0.143	1.000	2.000	0.692	2.000	0.000	0.286	0.429
1.077	1.917	1.000	1.917	1.000	0.714	0.857	1.308	2.417	1.538	1.917	1.571	1.143	0.714
0.769	2.750	0.692	2.833	0.143	0.571	0.143	0.308	2.917	0.462	2.750	0.143	0.286	0.143
1.538	2.167	1.615	1.417	1.571	2.000	2.286	0.615	3.000	0.615	3.000	0.571	0.143	0.000
1.000	1.333	1.000	1.917	1.143	1.857	1.857	1.538	2.333	1.462	2.417	1.143	0.714	0.429
0.538	2.583	0.462	2.000	0.714	1.000	0.143	1.385	2.250	1.462	2.250	1.000	0.429	0.143
0.615	2.500	0.538	2.083	0.714	0.429	0.429	0.692	2.083	0.692	1.167	1.000	0.714	0.143
0.538	2.417	0.462	2.417	0.143	0.571	0.143	0.462	2.750	0.462	2.667	0.143	0.143	0.143
0.923	2.917	1.077	2.833	0.857	0.857	0.571	0.615	2.500	0.615	2.500	0.857	1.286	0.143
0.615	3.000	0.538	3.000	0.429	0.286	0.143	0.923	2.500	0.923	2.583	0.714	0.571	0.571
1.077	2.667	1.077	2.583	0.857	0.571	0.286	1.308	2.500	1.308	2.500	0.714	0.857	0.571
1.692	2.417	1.385	2.500	0.714	1.000	0.429	1.385	0.667	1.385	0.667	0.714	0.714	0.714
1.000	2.833	1.000	2.833	0.000	0.429	0.857	1.000	2.333	1.154	1.333	0.143	0.143	0.000

根据表 12-4 的数据和题意，首先绘制结构方程模型路径图，当我们查验父亲和母亲行为对子女心理健康的影响时，得到的结构方程路径图见图 12-11。

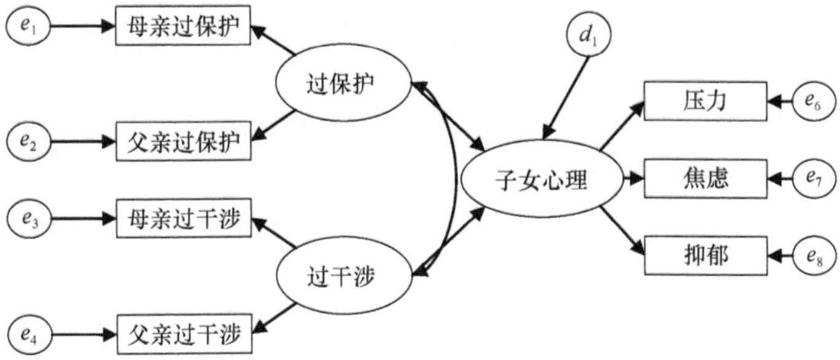

图 12-11　父亲和母亲行为对子女心理健康的影响

当我们查看父母过干涉和父母过保护对子女心理健康的影响时，我们会得到另外一个模型，模型的结构方程如下（图 12-12）。由此可见，同一数据集，关注问题的焦点不同，得到的结构方程模型会有所差别；这也说明，通过结构方程模型可以灵活地查看数据观测变量、潜变量及其相互之间的关系。

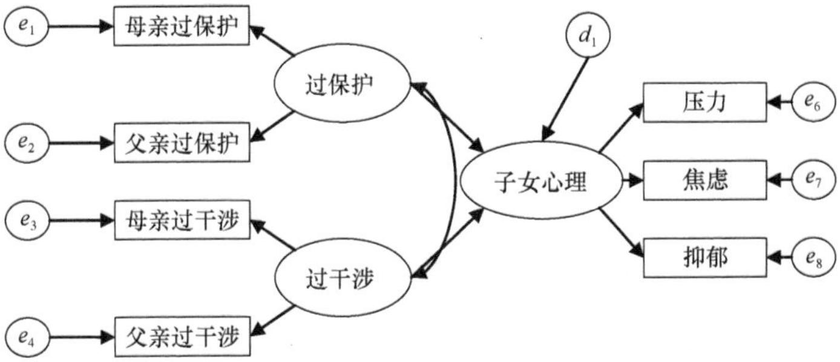

图 12-12　父母过保护和过干涉行为对子女心理健康的影响

在 AMOS 中，结构方程分析过程如下。

首先绘制潜变量、观测变量和误差变量，只要点击一下 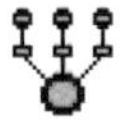 按钮，在右侧矩形空白区域用左键点击一下，就形成一个椭圆形潜变量，然后左键点击一下椭圆形内部区域，会自动添加一个观测变量和相应的误差变量，因此对于母亲和父亲及子女心理这 3 个潜变量，我们只需要在相应位置点击和连击就可以形成相应的验证性因子分析部分。之后点击  按钮，再点击潜变量椭圆内部，调整观测变量和误差变量的位置，调整结果见图 12-13。点击  按钮，绘制父亲和母亲潜

变量的相关路径（请注意一定要先绘制相关路径），再点击 ⟵ 按钮分别绘制母亲与子女心理和父亲与子女心理的因果路径。最后点击 按钮，再在子女心理椭圆形上用左键单击一次，即在此潜变量上添加残差项。

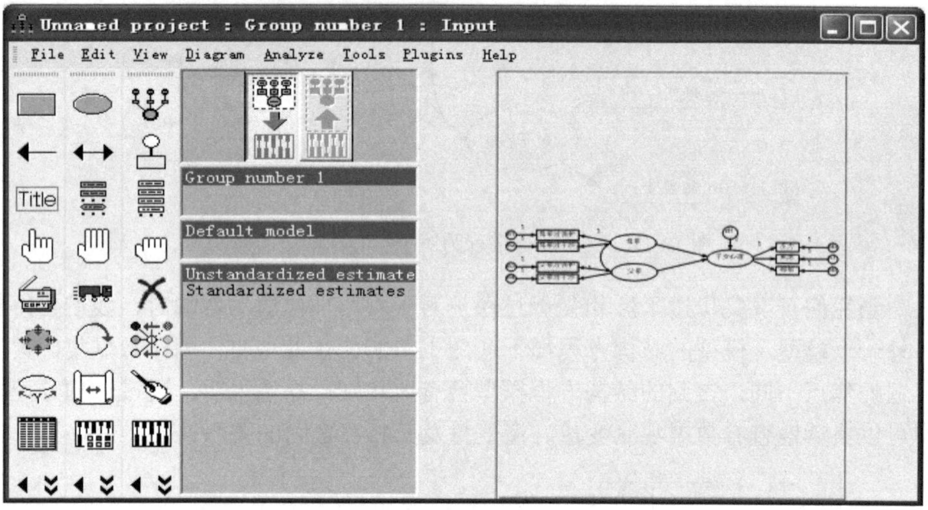

图 12-13　AMOS 绘制的结构方程模型图

点击 出现的对话框见图 12-14。

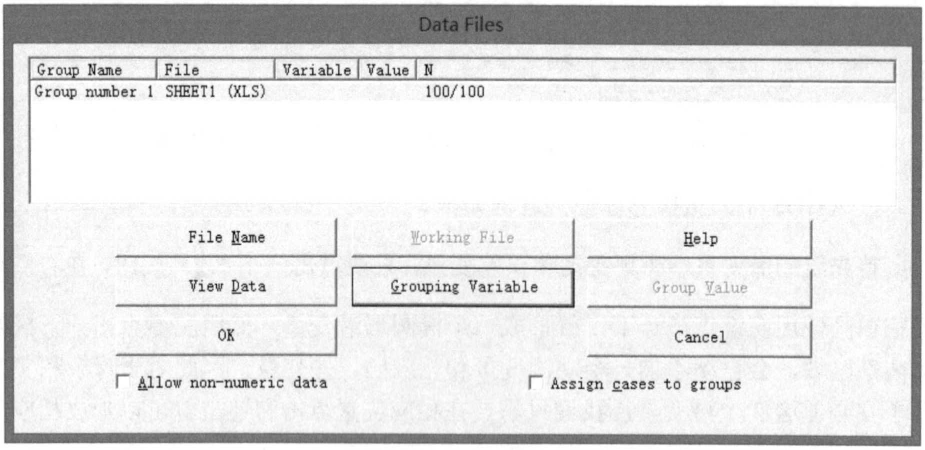

图 12-14　AMOS 绘制的结构方程模型图

点击“File Name”按钮，选择数据文件路径，请注意数据文件的指标命名必须与图 12-13 中观测变量的命名一致。本例数据文件为 Excel 工作簿，数据放在第一个工作表中，观测指标变量的命名按照例题中的命名进行。找到数据文件后，点击“OK”按钮即可。

下一步点击按钮，出现图 12-15 所示的对话框。

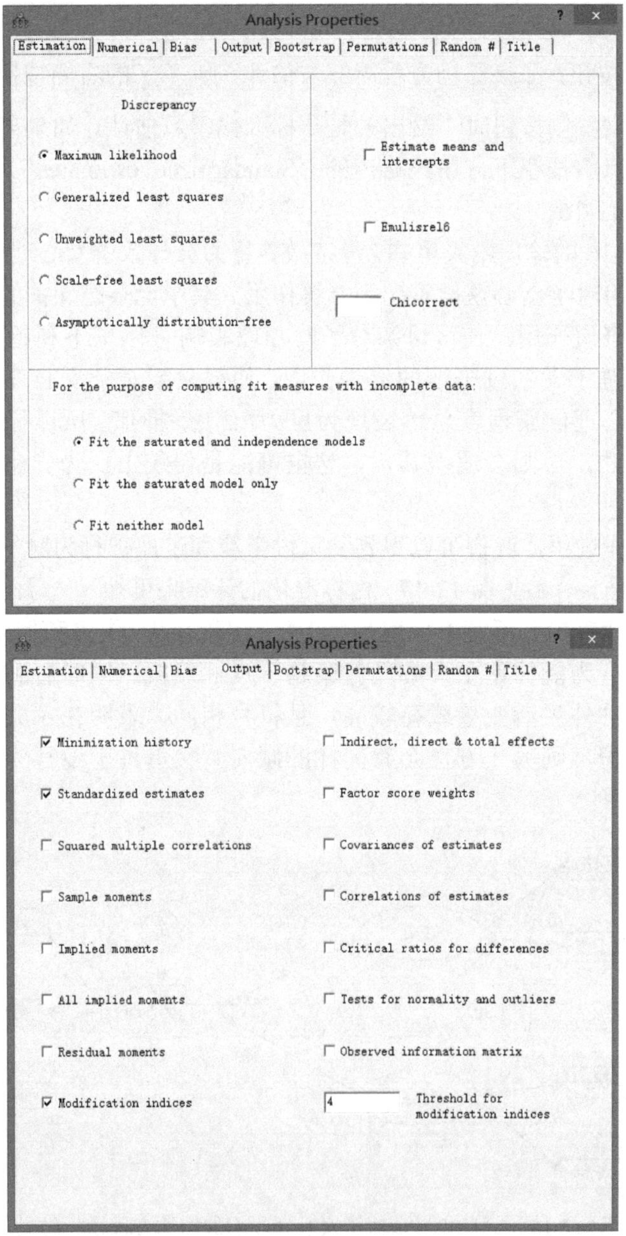

图 12-15　模型估计及输出选项

在 12-15 左图中，Estimation 选项卡下，选择“Maximum likelihood”和“Fit the saturated and independence models”即可，当然也可以根据研究者的需要选择其他选项。右侧 Output 选项卡下，选择“Minimization history”“Standardized estimates”和“Modification indices”，同样，研究者也可以根据自己的需要选择其他选项。

点击按钮，如果结构方程能够被估计，则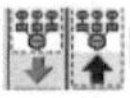的右侧按钮变为可操作状态；当我们点击右侧按钮时，给出的是非标准化参数估计。如果需要查看标准化参数估计，请点击按钮下方第三格内的“Standardized estimates”。各路径标准化参数估计见图 12-16。

根据图 12-16 的输出结果可知，母亲教养行为会导致子女心理健康趋于恶化，而父亲教养行为对子女心理健康起到舒缓作用。其中母亲过保护的恶化作用强于母亲过干涉的舒缓作用，使得母亲对子女心理影响总体呈不利趋势；父亲过保护的舒缓作用强于父亲过干涉的促进作用，使得父亲对子女心理影响总体呈增加趋势。子女心理健康程度总体表现为压力>焦虑>抑郁；所以母亲教养行为应该注重方式方法，否则会适得其反，这也可能是传统上认为“慈母多败儿”的一个例证。

同样的操作过程，我们可以得到父母过干涉和过保护行为对子女心理影响的结构方程模拟结果，参见图 12-17。由标准化估计结果可知，父母的过保护行为容易使子女心理健康趋于不利方向发展，即子女出现压力、焦虑和抑郁等心理状态。但父母过干涉行为能够使子女心理健康趋于良性发展。同时看到父母过保护观测变量在过保护外生潜变量载荷较高，且符号相同，表明在家庭中如果父母一方倾向于过保护，则另一方也会有同样的倾向。父母过干涉行为也表现出同样的规律性。

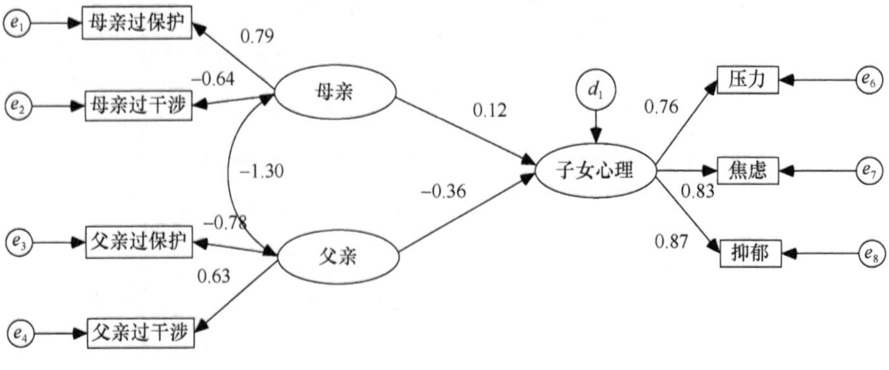

图 12-16　父亲和母亲对子女心理影响的结构方程模拟结果

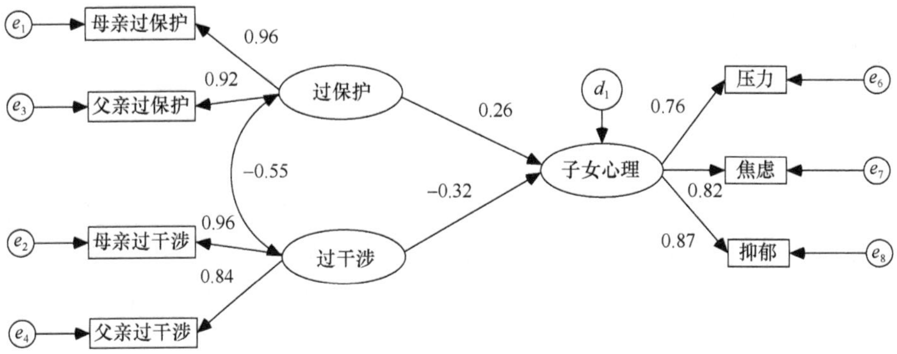

图 12-17　父母过干涉和过保护行为对子女心理影响的结构方程模拟结果

同样根据数据集在 SAS 中进行操作，对图 12-16 的 SAS 程序设计如下：

```
DATA FF21;
INPUT X1-X4 Y1-Y3@@;
CARDS;
数据集
;
PROC CALIS METHOD=ML;
LINEQS
X1=A1 F1+E1,
X2=A2 F1+E2,
X3=A3 F2+E3,
X4=A4 F2+E4,
Y1=A6 F3+E6,
Y2=A7 F3+E7,
Y3=A8 F3+E8,
F3=B1 F1+B2 F2+d_1;
std
f1-f2=2*1;
RUN;
```

同样根据数据集在 SAS 中进行操作，对图 12-17 的 SAS 程序设计如下：

```
DATA FF21;
INPUT X1-X4 Y1-Y3@@;
CARDS;
数据集
;
PROC CALIS METHOD=ML;
LINEQS
X1=A1 F1+E1,
X2=A2 F2+E2,
X3=A3 F1+E3,
X4=A4 F2+E4,
Y1=A6 F3+E6,
```

```
Y2=A7 F3+E7,
Y3=A8 F3+E8,
F3=B1 F1+B2 F2+d_1;
std
f1-f2=2*1;
RUN;
```

由输出结果可知，图 12-16 的 AMOS 估计结果和 SAS 估计结果数值接近，但是涉及符号相反的问题；图 12-17 的 AMOS 估计结果和 SAS 估计结果是比较一致的。产生这个问题的原因是模型检验是否适合。相对来讲，图 12-17 的结构方程模型更为合适。

第十三章　主成分分析

在实际中，我们经常会遇到研究多个变量的问题，而且在多数情况下，多个变量之间常常存在一定的相关性。由于变量个数较多和变量之间的相关性，势必增加了分析问题的复杂性。如何把多个变量综合为少数几个代表性变量，既能够代表原始变量的绝大多数信息，又互不相关，并且在新的综合变量的基础上，可以进一步统计分析，这时就需要进行主成分分析。主成分分析有主成分降维、主成分回归、主成分排序和主成分分类分析。

第一节　主成分分析的原理及模型

一、主成分分析的基本思想

主成分分析是采取一种数学降维的方法，找出几个综合变量来代替原来众多的变量，使这些综合变量尽可能地代表原来变量的信息量，而且彼此之间互不相关。这种将多个变量转化为少数几个互不相关的综合变量的统计分析方法称为主成分分析或主分量分析（PCA）。

主成分分析所要做的就是设法将原来具有一定相关性的众多变量重新组合为一组新的互不相关的综合变量。通常，数学上的处理方法就是将原来的变量进行线性组合，作为新的综合变量，但是这种组合如果不加以限制会有很多，应该如何选择呢？如果将选取的第一个线性组合即第一个综合变量记为 F_1，自然希望它尽可能多地反映原来变量的信息，这里“信息”用方差来测量，即 $\mathrm{VAR}(F_1)$ 越大，表示 F_1 包含的信息越多。因此在所有的线性组合中所选取的 F_1 应该是方差最大的，故称 F_1 为第一主成分。如果第一主成分不足以代表原来 p 个变量的信息，再考虑选取 F_2 即第二个线性组合，为了有效地反映原来的信息，F_1 中已有的信息不需要再出现在 F_2 中，用数学语言表达就是要求 $\mathrm{COV}(F_1,F_2)=0$，称 F_2 为第二主成分，依次类推可以构造出第 3 个、第 4 个……第 p 个主成分。

二、主成分分析的几何解释

假设有 n 个样品，每个样品有两个变量，即在二维空间中讨论主成分的几何意义。设 n 个样品在二维空间中的分布大致为一个椭圆形，如图 13-1 所示。

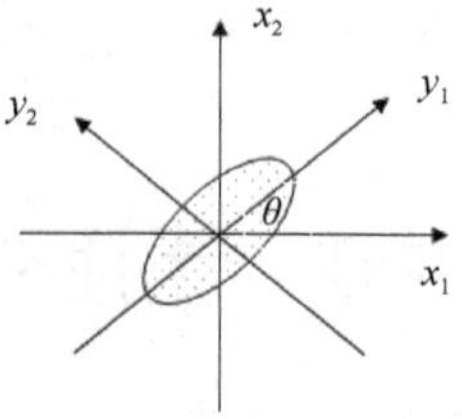

图 13-1 主成分几何解释图

将坐标系进行正交旋转一个角度θ，使其椭圆形长轴方向取坐标y_1，在椭圆形短轴方向取坐标y_2，旋转公式为

$$\begin{cases} y_{1j} = x_{1j}\cos\theta + x_{2j}\sin\theta \\ y_{2j} = x_{1j}(-\sin\theta) + x_{2j}\cos\theta \end{cases}$$

$$j = 1, 2, \cdots, n$$

写成矩阵形式为：$Y = \begin{bmatrix} y_{11} & y_{12} & \cdots & y_{1n} \\ y_{21} & y_{22} & \cdots & y_{2n} \end{bmatrix}$

$$= \begin{bmatrix} \cos\theta & \sin\theta \\ -\sin\theta & \cos\theta \end{bmatrix} \times \begin{bmatrix} x_{11} & x_{12} & \cdots & x_{1n} \\ x_{21} & x_{22} & \cdots & x_{2n} \end{bmatrix} = UX$$

式中，U 为坐标旋转变换矩阵，它是正交矩阵，即有$U' = U^{-1}, UU' = I$，即满足$(\sin\theta)^2 + (\cos\theta)^2 = 1$。

经过旋转变换后，得到图 13-2 所示的新坐标。

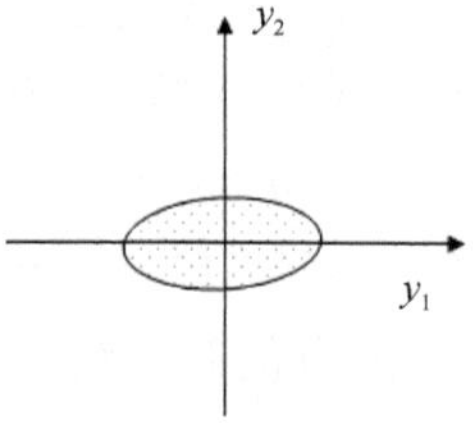

图 13-2 主成分旋转变换后的几何解释图

新坐标$y_1 - y_2$有如下性质。

1）n 个点的坐标y_1和y_2的相关几乎为零。

2）二维平面上的n个点的方差大部分都归结为y_1轴上，而y_2轴上的方差较小。y_1和y_2称为原始变量x_1和x_2的综合变量。由于n个点在y_1轴上的方差最大，因此将二维空间的点用y_1轴上的一维综合变量来代替，所损失的信息量最小，称y_1轴为第一主成分，y_2轴与y_1轴正交，有较小的方差，称它为第二主成分。

一般来说，如果 n 个样品中的每个样品有 p 个指标 $x_1,x_2,\cdots,x_p$，经过主成分分析，将它们综合成 p 个综合变量，即

$$\begin{cases} y_1 = c_{11}x_1 + c_{12}x_2 + \cdots + c_{1p}x_p \\ y_2 = c_{21}x_1 + c_{22}x_2 + \cdots + c_{2p}x_p \\ \quad\vdots \qquad\quad \vdots \qquad\quad \vdots \qquad\qquad \vdots \\ y_p = c_{p1}x_1 + c_{p2}x_2 + \cdots + c_{pp}x_p \end{cases}$$

并且满足 $c_{k1}^2 + c_{k2}^2 + \cdots + c_{kp}^2 = 1$，（$k$=1, 2,$\cdots$, p），其中 c_{ij} 由下列条件决定：① y_i 与 y_j（$i\neq j$；i,j=1,2,$\cdots$,p）相互独立；② y_1 是 $x_1, x_2,\cdots, x_p$ 满足上式的一切线性组合中方差最大者，y_2 是与 y_1 不相关的 $x_1, x_2,\cdots, x_p$ 所有线性组合中方差第二大者，依次类推，y_p 是与 $y_1, y_2,\cdots, y_{p-1}$ 都不相关的 $x_1, x_2,\cdots, x_p$ 所有线性组合中方差最小者。

这样决定的综合指标因子 $y_1, y_2,\cdots, y_p$ 分别被称为原变量的第 1 个、第 2 个……第 p 个主分量，它们的方差依次递减。

三、主成分分析的数学模型

对于一个样本资料，观测 p 个变量 $x_1,x_2,\cdots,x_p$，n 个样品的数据资料阵为

$$X = \begin{pmatrix} x_{11} & x_{12} & \cdots & x_{1p} \\ x_{21} & x_{22} & \cdots & x_{2p} \\ \vdots & \vdots & \ddots & \vdots \\ x_{n1} & x_{n2} & \cdots & x_{np} \end{pmatrix} = \left(x_1, x_2, \cdots, x_p\right)$$

$$\text{其中，}\quad x_j = \begin{pmatrix} x_{1j} \\ x_{2j} \\ \vdots \\ x_{nj} \end{pmatrix}, \qquad j = 1,2,\cdots,p$$

主成分分析就是将 p 个观测变量综合成为 p 个新的变量（综合变量），即

$$\begin{cases} F_1 = a_{11}x_1 + a_{12}x_2 + \cdots + a_{1p}x_p \\ F_2 = a_{21}x_1 + a_{22}x_2 + \cdots + a_{2p}x_p \\ \qquad\qquad \cdots\cdots \\ F_p = a_{p1}x_1 + a_{p2}x_2 + \cdots + a_{pp}x_p \end{cases}$$

简写为

$$F_j = \alpha_{j1}x_1 + \alpha_{j2}x_2 + \cdots + \alpha_{jp}x_p$$
$$j = 1,2,\cdots,p$$

要求模型满足以下条件：① F_i、F_j 互不相关（$i \neq j$，$i, j = 1, 2, \cdots, p$）；② F_1 的方差大于 F_2 的方差大于 F_3 的方差，依次类推；③ ${a_{k1}}^2 + {a_{k2}}^2 + \cdots + {a_{kp}}^2 = 1$，$k = 1, 2, \cdots, p$。

于是，称 F_1 为第一主成分，F_2 为第二主成分，依次类推，有 p 个主成分。主成分又叫主分量。这里我们称 a_{ij} 为主成分系数。

上述模型可用矩阵表示为

$$F = AX$$

其中，$F = \begin{pmatrix} F_1 \\ F_2 \\ \vdots \\ F_p \end{pmatrix} \qquad X = \begin{pmatrix} x_1 \\ x_2 \\ \vdots \\ x_p \end{pmatrix}$

$$A = \begin{pmatrix} a_{11} & a_{12} & \cdots & a_{1p} \\ a_{21} & a_{22} & \cdots & a_{2p} \\ \vdots & \vdots & \ddots & \vdots \\ a_{p1} & a_{p2} & \cdots & a_{pp} \end{pmatrix} = \begin{pmatrix} a_1 \\ a_2 \\ \vdots \\ a_p \end{pmatrix}$$

A 称为主成分系数矩阵。

四、主成分分析的应用

主成分分析概念首先是由 Karl Parson 在 1901 年引入的，但当时只对非随机变量进行讨论。1933 年 Hotelling 将这个概念推广到随机变量。特别是近年来，随着计算机软件的应用，主成分分析的应用也越来越广泛。

主成分分析作为基础数学分析方法，其实际应用十分广泛，如人口统计学、数量地理学、分子动力学模拟、数学建模、数理分析、数量生态学等方面，是一种常用的多变量分析方法。

另外，主成分分析除了用于数据矩阵降维外，还可以与回归分析结合，进行主成分回归分析，以及利用主成分分析挑选变量、选择变量子集合的研究。

第二节　主成分的导出与计算

一、主成分的导出

根据主成分分析数学模型的定义，要进行主成分分析，需要根据原始数据，以及模型的 3 个条件要求，求出主成分系数，以便得到主成分模型。如何求出主成分系数，这就是导出主成分所要解决的问题。

1）根据主成分数学模型的条件①要求主成分之间互不相关，为此主成分之间的协方差阵应该是一个对角阵。即对于主成分，

$$F = AX$$

其协方差阵应为

$$\mathrm{VAR}(F) = \mathrm{VAR}(AX) = (AX)(AX)' = AXX'A'$$

$$= \Lambda = \begin{pmatrix} \lambda_1 & & & \\ & \lambda_2 & & \\ & & \ddots & \\ & & & \lambda_p \end{pmatrix}$$

2）设原始数据的协方差阵为 V，如果对原始数据进行标准化处理，则协方差阵等于相关矩阵，即有

$$V = R = XX'$$

3）再由主成分数学模型条件③和正交矩阵的性质，若能够满足条件③，最好要求 A 为正交矩阵，即满足

$$AA' = I$$

于是，将原始数据的协方差代入主成分的协方差阵公式得

$$\mathrm{VAR}(F) = AXX'A' = ARA' = \Lambda$$

$$ARA' = \Lambda \qquad RA' = A'\Lambda$$

展开上式得

$$\begin{pmatrix} r_{11} & r_{12} & \cdots & r_{1p} \\ r_{21} & r_{22} & \cdots & r_{2p} \\ \vdots & \vdots & \ddots & \vdots \\ r_{p1} & r_{p2} & \cdots & r_{pp} \end{pmatrix} \times \begin{pmatrix} a_{11} & a_{21} & \cdots & a_{p1} \\ a_{12} & a_{22} & \cdots & a_{p2} \\ \vdots & \vdots & \ddots & \vdots \\ a_{1p} & a_{2p} & \cdots & a_{pp} \end{pmatrix} =$$

$$\begin{pmatrix} a_{11} & a_{21} & \cdots & a_{p1} \\ a_{12} & a_{22} & \cdots & a_{p2} \\ \vdots & \vdots & \ddots & \vdots \\ a_{1p} & a_{2p} & \cdots & a_{pp} \end{pmatrix} \times \begin{pmatrix} \lambda_1 & & & \\ & \lambda_2 & & \\ & & \ddots & \\ & & & \lambda_p \end{pmatrix}$$

展开等式两边，根据矩阵相等的性质，这里只根据第一列得出的方程为

$$\begin{cases} (r_{11} - \lambda_1)a_{11} + r_{12}a_{12} + \cdots + r_{1p}a_{1p} = 0 \\ r_{21}a_{11} + (r_{22} - \lambda_1)a_{12} + \cdots + r_{2p}a_{1p} = 0 \\ \qquad\qquad\vdots \\ r_{p1}a_{11} + r_{p2}a_{12} + \cdots + (r_{pp} - \lambda_1)a_{1p} = 0 \end{cases}$$

为了得到该齐次方程的解，要求其系数矩阵行列式为 0，即

$$\begin{vmatrix} r_{11}-\lambda_1 & r_{12} & \cdots & r_{1p} \\ r_{21} & r_{22}-\lambda_1 & \cdots & r_{2p} \\ \vdots & \vdots & \ddots & \vdots \\ r_{1p} & r_{p2} & \cdots & r_{pp}-\lambda_1 \end{vmatrix} = 0$$

$$|R-\lambda_1 I| = 0$$

显然，λ_1 是相关系数矩阵的特征值，$a_1=\left(a_{11},a_{12},\cdots,a_{1p}\right)$ 是相应的特征向量。根据第二列、第三列等可以得到类似的方程，于是 $\lambda_i\,(i=1,2,\cdots,p)$为方程

$$|R-\lambda I| = 0$$

的 p 个根，λ_i 为特征方程的特征根，a_j 是其特征向量的分量。

4）证明主成分的方差依次递减。

设相关系数矩阵 R 的 p 个特征根为 $\lambda_1 \geqslant \lambda_2 \geqslant \cdots \geqslant \lambda_p$，相应的特征向量为 a_j

$$A=\begin{pmatrix} a_{11} & a_{12} & \cdots & a_{1p} \\ a_{21} & a_{22} & \cdots & a_{2p} \\ \vdots & \vdots & \ddots & \vdots \\ a_{p1} & a_{p2} & \cdots & a_{pp} \end{pmatrix} = \begin{pmatrix} a_1 \\ a_2 \\ \vdots \\ a_p \end{pmatrix}$$

相对于 F_1 的方差为

$$\mathrm{VAR}(F_1) = a_1 XX' a_1' = a_1 R a_1' = \lambda_1$$

同样有：$\mathrm{VAR}(F_i)=\lambda_i$，即主成分的方差依次递减。并且协方差为

$$\mathrm{COV}(a_i'X', a_jX) = a_i' R a_j$$

$$= a_i'\left(\sum_{\alpha=1}^{p} \lambda_\alpha a_\alpha a_\alpha'\right) a_j$$

$$= \sum_{\alpha=1}^{p} \lambda_\alpha (a_i' a_\alpha)(a_\alpha' a_j) = 0, \quad i \neq j$$

综上所述，主成分分析中的主成分协方差应该是对角矩阵，其对角线上的元素恰好是原始数据相关矩阵的特征值，而主成分系数矩阵 A 的元素则是原始数据相关矩阵特征值的相应特征向量。矩阵 A 是一个正交矩阵。

于是，变量$\left(x_1,x_2,\cdots,x_p\right)$经过变换后得到新的综合变量：

$$\begin{cases} F_1 = a_{11}x_1 + a_{12}x_2 + \cdots + a_{1p}x_p \\ F_2 = a_{21}x_1 + a_{22}x_2 + \cdots + a_{2p}x_p \\ \qquad\qquad \vdots \\ F_p = a_{p1}x_1 + a_{p2}x_2 + \cdots + a_{pp}x_p \end{cases}$$

新的随机变量彼此不相关，且方差依次递减。

二、主成分的计算

样本观测数据矩阵为

$$X=\begin{pmatrix} x_{11} & x_{12} & \cdots & x_{1p} \\ x_{21} & x_{22} & \cdots & x_{2p} \\ \vdots & \vdots & \ddots & \vdots \\ x_{n1} & x_{n2} & \cdots & x_{np} \end{pmatrix}$$

n 为样本数，p 为变量数。为了使该样本集在降维中所引起的平方误差最小，必须进行两方面的工作：一是进行坐标变换，即用雅可比方法求解正交变换矩阵；二是选取 m（$m<p$）个主成分。

第一步：对原始数据进行标准化处理。

$$x_{ij}^{*}=\frac{x_{ij}-\overline{x}_j}{\sqrt{\mathrm{VAR}(x_j)}}\quad (i=1,2,\cdots,n;j=1,2,\cdots,p)$$

其中，$\overline{x}_j=\frac{1}{n}\sum_{i=1}^{n}x_{ij}$

$$\mathrm{VAR}(x_j)=\frac{1}{n-1}\sum_{i=1}^{n}(x_{ij}-\overline{x}_j)^2\quad (j=1,2,\cdots,p)$$

主成分分析的明显特征是每个主分量依赖于测量初始变量所用的尺度，当尺度改变时，会得到不同的特征值。解决该问题的方法是对初始变量进行上述标准化处理，使其方差为 1。

第二步：计算样本相关系数矩阵。

$$R=\begin{bmatrix} r_{11} & r_{12} & \cdots & r_{1p} \\ r_{21} & r_{22} & \cdots & r_{2p} \\ \vdots & \vdots & \ddots & \vdots \\ r_{p1} & r_{p2} & \cdots & r_{pp} \end{bmatrix}$$

为了方便，假定原始数据标准化后仍用 X 表示，则经标准化处理后的数据的相关系数为

$$r_{ij}=\frac{1}{n-1}\sum_{t=1}^{n}x_{ti}x_{tj}$$

$$(i,j=1,2,\cdots,p)$$

第三步：用雅克比方法求相关系数矩阵 R 的特征值和相应的特征向量。

相关系数矩阵 R 的特征值（$\lambda_1, \lambda_2, \cdots, \lambda_p \geqslant 0$）和相应的特征向量 $a_i = \left(a_{i1}, a_{i2}, \cdots, a_{ip}\right), i = 1, 2, \cdots, p$。且满足 $a_i a_j = \sum_{k=1}^{p} a_k^i a_k^j = \begin{cases} 1 & (i = j) \\ 0 & (i \neq j) \end{cases}$。

第四步：选择重要的主成分，并写出主成分表达式。

主成分分析可以得到 p 个主成分，但是由于各个主成分的方差是递减的，包含的信息量也是递减的，实际分析时，一般不选取 p 个主成分，而是根据主成分累计贡献率的大小选取前 k 个主成分，这里贡献率是指某个主成分的方差占全部方差的比例，实际也就是某个特征值占全部特征值的比例。即

$$\text{贡献率} = \frac{\lambda_i}{\sum_{i=1}^{p} \lambda_i}$$

贡献率越大，说明该主成分所包含的原始变量的信息越多。主成分个数 k 的选取主要由主成分的累积贡献率来决定，即一般要求累计贡献率达到 85%以上，这样才能保证综合变量能包含原始变量的绝大多数信息。

另外，在实际应用中，选择了重要的主成分后，还要注意主成分实际含义的解释。主成分分析中一个很关键的问题是如何给主成分赋予新的意义，给出合理的解释。一般而言，这个解释是根据主成分表达式的系数结合定性分析来进行的。主成分是原来变量的线性组合，在这个线性组合中各变量的系数有大有小，有正有负，有的大小相当，因而不能简单地认为这个主成分是某些原变量属性的组合，线性组合中各变量系数的绝对值大者表明该主成分主要综合了绝对值大的变量，有几个变量系数大小相当时，应认为这一主成分是这几个变量的总和，这几个变量综合在一起应赋予怎样的实际意义，要结合具体实际问题和专业，给出恰当的解释，进而才能达到深刻分析的目的。

第五步：计算主成分得分。

将原始数据进行标准化，按照各个样品，分别代入主成分表达式，就可以得到各主成分下各个样品的新数据，即主成分得分。具体形式如下。

$$\begin{pmatrix} F_{11} & F_{12} & \cdots & F_{1k} \\ F_{21} & F_{22} & \cdots & F_{2k} \\ \vdots & \vdots & \ddots & \vdots \\ F_{n1} & F_{n2} & \cdots & F_{nk} \end{pmatrix}$$

第六步：依据主成分得分，可以进行进一步的统计分析。

其中，常见的应用有主成分回归、排序分析、聚类分析、变量子集合的选择、综合评价等。

第三节　主成分降维分析

【例 13.1】为了研究植物种群生态位对放牧的响应，选择短花针茅荒漠草原 10 个植物种群进行分析，得到的 Smith 生态位宽度数据见表 13-1，试进行主成分分析。

表 13-1　不同植物种群在放牧条件下的生态位宽度

数据状态	植物种群	生态位宽度					生态位总宽度
		早期放牧区（EG）	中期放牧区（MG）	晚期放牧区（LG）	自由放牧区（CG）	围封区（CK）	
原始数据	短花针茅	2.55	1.66	2.30	4.19	1.05	5.76
	碱韭	3.86	5.03	3.99	3.86	3.37	9.08
	无芒隐子草	4.95	4.99	3.96	4.23	2.03	9.33
	阿氏旋花	4.90	4.11	3.51	3.32	2.57	8.42
	栉叶蒿	0.92	0.72	0.72	1.04	1.34	2.18
	寸草苔	2.28	2.62	2.75	3.69	2.00	6.10
	锦鸡儿	0.68	1.42	0.52	0.94	1.10	2.21
	木地肤	0.75	0.83	0.71	0.83	0.93	1.82
	细叶韭	1.81	2.12	2.17	2.35	1.81	4.61
	猪毛菜	3.68	3.41	5.60	3.52	7.60	11.26
标准化数据	短花针茅	−0.0537	−0.6361	−0.1925	1.0041	−0.6702	−0.0939
	碱韭	0.7450	1.4431	0.8148	0.7662	0.4988	0.8900
	无芒隐子草	1.4096	1.4184	0.7969	1.0329	−0.1764	0.9641
	阿氏旋花	1.3791	0.8755	0.5287	0.3770	0.0957	0.6944
	栉叶蒿	−1.0474	−1.2160	−1.1342	−1.2665	−0.5240	−1.1549
	寸草苔	−0.2183	−0.0438	0.0757	0.6437	−0.1915	0.0068
	锦鸡儿	−1.1938	−0.7842	−1.2534	−1.3385	−0.6450	−1.1460
	木地肤	−1.1511	−1.1482	−1.1402	−1.4178	−0.7306	−1.2616
	细叶韭	−0.5048	−0.3523	−0.2700	−0.3222	−0.2872	−0.4348
	猪毛菜	0.6353	0.4436	1.7744	0.5211	2.6303	1.5361

本例由于目标很明确，需要进行主成分降维分析，但是我们需要清楚分析目的，本例的目的就是查看植物种群生态位在放牧条件下的变化情况，即不同放牧处理之间的区别。

一、计算相关阵

我们首先计算其相关阵（不包含生态位总宽度），由相关阵可以看到，不同放牧处理之间存在一定的相关性，由于样本指标属于植物种群生态位，因此放牧处理之间的相关性实际是放牧处理之间不同植物种群所表现的耐受性，或者说是生态位的可塑性。

$$R=\begin{bmatrix} EG & MG & LG & CG & CK \\ 1 & & & & \\ 0.9241 & 1 & & & \\ 0.8571 & 0.8268 & 1 & & \\ 0.8225 & 0.7551 & 0.8050 & 1 & \\ 0.4787 & 0.4709 & 0.8235 & 0.3851 & 1 \end{bmatrix}$$

二、计算特征值

根据相关阵计算的特征值见表 13-2，第一特征值 λ_1=3.9031，第二特征值 λ_2=0.7617，二者的累积贡献率为 93.29%，大于 85.00%。因此，保留两个特征向量就能够代表原变量 93.29%的信息。

表 13-2　特征值及贡献率

主成分编号	特征值	特征值之差	贡献率	累积贡献率
1	3.9031	3.1414	0.7806	0.7806
2	0.7617	0.4986	0.1523	0.9329
3	0.2631	0.1959	0.0526	0.9855
4	0.0672	0.0624	0.0134	0.9989
5	0.0048	0.0010		1.0000

三、计算特征向量

通过特征值和相关阵，计算得到的特征向量见表 13-3。由表可知，变量在第一主成分系数较大的分别是早期放牧区（EG）、中期放牧区（MG）、晚期放牧区（LG）和自由放牧区（CG），系数分别为 0.4753、0.4630、0.4936 和 0.4386；变量在第二主成分系数较大的只有围封区（CK），系数为 0.8232。将第一主成分和第二主成分分别命名为 Prin1 和 Prin2，则其特征向量的形式为

$$Prin1=0.4753EG+0.4630MG+0.4936LG+0.4386CG+0.3517CK$$

$$Prin2=-0.2747EG-0.2598MG+0.2348LG-0.3524CG+0.8232CK$$

由此可见第一主成分主要代表放牧影响信息，第二主成分主要代表围封区信息。

分别以第一主成分为横坐标轴，以第二主成分为纵坐标轴，绘制的散点图见图 13-3。如果以围封区（CK）为参考点，则 LG 与其距离最近，表明各植物种群生态位在晚期放牧区中的变动情况与围封区接近。同时可以看到早

表 13-3　主成分的特征向量

原变量	特征向量	
	第一主成分	第二主成分
EG	0.4753	−0.2747
MG	0.4630	−0.2598
LG	0.4936	0.2348
CG	0.4386	−0.3524
CK	0.3517	0.8232

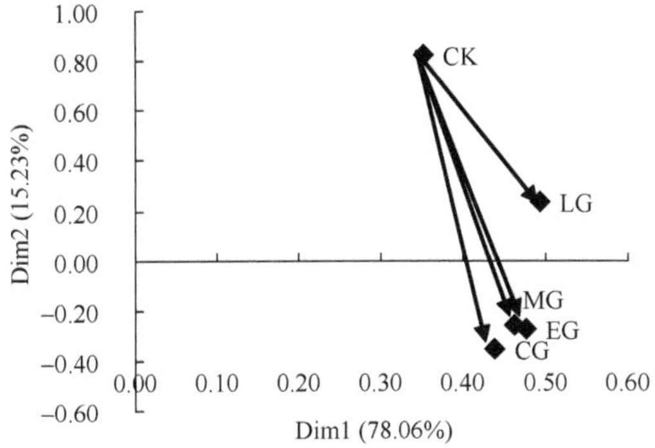

图 13-3　不同放牧处理的主成分散点图

期放牧区（EG）、中期放牧区（MG）和自由放牧区（CG）的坐标点比较靠近，且距离围封区（CK）较远，说明早期放牧区（EG）、中期放牧区（MG）和自由放牧区（CG）内的植物种群生态位比较接近，且与围封区（CK）差别较大。

由此可知，同样是主成分分析，如果只讨论特征向量，则找到的是变量降维情况；但是通过对主成分系数进行散点图绘制，能够得到较为丰富的信息。所以建议主成分降维分析最好采用图表结合分析，能够得到相对较多的信息。至此，主成分降维分析就结束了，所以主成分分析的实质就是基于相关阵或者协方差阵探讨其特征值和特征向量的问题。

四、主成分分析的 SAS 操作

根据题意，SAS 程序如下：

```
DATA DF;
INPUT X1-X5;
CARDS;
2.55     1.66     2.30     4.19     1.05
3.86     5.03     3.99     3.86     3.37
4.95     4.99     3.96     4.23     2.03
```

```
4.90     4.11     3.51     3.32     2.57
0.92     0.72     0.72     1.04     1.34
2.28     2.62     2.75     3.69     2.00
0.68     1.42     0.52     0.94     1.10
0.75     0.83     0.71     0.83     0.93
1.81     2.12     2.17     2.35     1.81
3.68     3.41     5.60     3.52     7.60
;
PROC PRINCOMP  OUT=PRIN;
VAR X1-X5;
RUN;
```

SAS 程序的输出结果如下：

```
                                   SAS 系统
                            The PRINCOMP Procedure
                           Observations          10
                           Variables             5
                            Simple Statistics
             X1            X2              X3              X4             X5
Mean  2.638000000  2.691000000  2.623000000  2.797000000 2.380000000
StD   1.640201885  1.620853342  1.677789882  1.387323963 1.984601835
                            Correlation Matrix
                  X1            X2            X3            X4            X5
          X1    1.0000        0.9241        0.8571        0.8225        0.4787
          X2    0.9241        1.0000        0.8268        0.7551        0.4709
          X3    0.8571        0.8268        1.0000        0.8050        0.8235
          X4    0.8225        0.7551        0.8050        1.0000        0.3851
          X5    0.4787        0.4709        0.8235        0.3851        1.0000
                  Eigenvalues of the Correlation Matrix
                Eigenvalue    Difference    Proportion     Cumulative
          1    3.90312972    3.14142080     0.7806          0.7806
          2    0.76170892    0.49856752     0.1523          0.9330
          3    0.26314140    0.19596097     0.0526          0.9856
          4    0.06718043    0.06234090     0.0134          0.9990
          5    0.00483953                   0.0010          1.0000
                              Eigenvectors
               Prin1          Prin2          Prin3          Prin4          Prin5
     X1     0.475345       -.274672       -.279956       -.770215       0.164306
     X2     0.463006       -.259820       -.573659       0.612285       0.118919
     X3     0.493570       0.234835       0.120519       0.000281       -.828683
     X4     0.438616       -.352384       0.760094       0.178107       0.271988
     X5     0.351678       0.823242       0.016518       0.012419       0.445162
```

第四节　主成分排序分析

一、计算观测的主成分得分

采用特征向量与原始数据的标准化数据集进行主成分得分计算，结果见表 13-4。

由表中数据可知，由于第一主成分表征的是放牧因素，因此各植物种群的主成分得分表征的是放牧对其生态位的影响，所以短花针茅、栉叶蒿、锦鸡儿、木地肤和细叶韭植物种群的生态位宽度应该是减小的（主成分得分为负值），这是受到了放牧的影响；其余植物种群的主成分得分是正值，所以受放牧因素影响，剩余植物种群的生态位宽度增加。同样，第二主成分表征的是围封的影响，所以短花针茅、碱韭、阿氏旋花、无芒隐子草和寸草苔植物种群的生态位宽度降低，剩余植物种群表现出受围封的影响生态位宽度增加。

表 13-4　各植物种群生态位宽度的主成分得分

编号	植物种群	主成分得分		总得分	排序
		第一主成分	第二主成分		
1	短花针茅	−0.2103	−0.7707	−0.9810	7
2	碱韭	1.9360	−0.2476	1.6884	2
3	无芒隐子草	2.1111	−1.0777	1.0334	3
4	阿氏旋花	1.5209	−0.5361	0.9848	4
5	栉叶蒿	−2.3605	0.3522	−2.0083	8
6	寸草苔	0.1283	−0.2954	−0.1670	5
7	锦鸡儿	−2.3631	0.1780	−2.1851	9
8	木地肤	−2.5204	0.2449	−2.2755	10
9	细叶韭	−0.7787	0.0439	−0.7348	6
10	猪毛菜	2.5367	2.1086	4.6453	1

根据主成分总得分发现，在研究系统内（所有的放牧试验处理区，指的是生态位总宽度），建群种短花针茅的生态位宽度主要呈下降趋势，优势种无芒隐子草和碱韭的生态位宽度呈增加趋势。退化草地指示种阿氏旋花的生态位宽度也是增加的，所以可以判断短花针茅荒漠草原总体呈退化趋势。其余植物种群中，猪毛菜的生态位应该是最宽的，木地肤的生态位总宽度应该是最小的。这一点可以从生态位总宽度数据得到验证。

经过与生态位总宽度数据对比发现，主成分得分的排序结果与生态位总宽度数据的排序结果存在一定的差异，但总体上比较接近。采用主成分排序是建立在方差贡献率基础上的，存在信息丢失，此例方差贡献率为 93.29%，损失信息量为 6.71%；所以主成分排序分析与生态位总宽度排序存在一定的差异。

根据主成分得分绘制植物种群散点图（图 13-4），可以看到 10 个植物种群主要是在横轴上下分布，且贴近横轴，这与第一主成分承载信息较多有关。其中最右侧圆形区域内植物种群包含碱韭、无芒隐子草和阿氏旋花，编号分别为 2、3 和 4，其生态位属于放牧干扰增加型植物种群；最左边的植物种群包含栉叶蒿、锦鸡儿和木地肤，编号为 5、7 和 8，其生态位属于放牧干扰缩减型植物种群；而中间圆形区域包含短花针茅、寸草苔和细叶韭，编号分别为 1、6 和 9，其属于过渡类型植物种群，其生态位变化除了受放牧影响，还受到其他因素影响。从该植物种群所处的坐标位置来看，其处于坐标原点附近，这反映了这一类植物种群生态位的相对稳定性。猪毛菜植物种群受放牧影响较小。

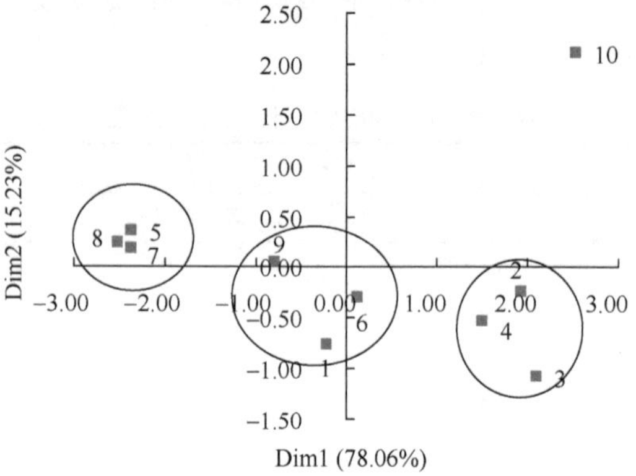

图 13-4　不同植物种群生态位的主成分得分散点图

二、主成分得分的 SAS 操作

主成分得分在主成分分析中已经计算出来，需要调用 SAS 内的 PRINT 过程来实现，将下面的程序代码放在例 13-1 程序代码后面即可。

```
SET PRIN;
PRINZ=PRIN1+PRIN2;
PROC PRINT DATA=PRIN;
VAR PRIN1-PRIN2 PRINZ;
RUN;
```

SAS 的输出结果如下：

Obs	Prin1	Prin2	PRINZ
1	-0.21030	-0.77073	-0.98104
2	1.93595	-0.24758	1.68837
3	2.11111	-1.07773	1.03338
4	1.52085	-0.53614	0.98471
5	-2.36052	0.35217	-2.00836
6	0.12832	-0.29535	-0.16702
7	-2.36310	0.17800	-2.18510
8	-2.52036	0.24487	-2.27549
9	-0.77866	0.04388	-0.73478
10	2.53672	2.10862	4.64534

如果了解计算的详细过程，根据主成分向量形式可以计算出主成分得分的向量形式。

$$Prin1=0.4753EG+0.4630MG+0.4936LG+0.4386CG+0.3517CK$$

$$Prin2=-0.2747EG-0.2598MG+0.2348LG-0.3524CG+0.8232CK$$

短花针茅第一主成分、第二主成分得分的计算过程如下：

$$Prin1=0.4753\times(-0.0537)+0.4630\times(-0.6361)+0.4936\times(-0.1925)+0.4386\times1.0041+0.3517\times(-0.6702)=-0.21030$$

$$Prin2=-0.2747\times(-0.0537)-0.2598\times(-0.6361)+0.2348\times(-0.1925)-0.3524\times1.0041+0.8232\times(-0.6702)=-0.77073$$

由此可见，主成分得分实际就是主成分系数与标准化数据的乘积和。

第五节　主成分分类分析

主成分分类分析包含变量分类和观测分类两部分。

一、变量分类

主成分变量分类根据主成分特征向量能够将变量进行分类，如主成分分析中的放牧影响和围封影响就是通过主成分特征向量进行判断的。但是有时根据主成分特征向量的判断，只是关注了向量内系数较高的变量信息，忽略了其他主成分所呈现的信息。

为了克服这一问题，很多研究者喜欢将主成分尽可能保留 2 或 3 个，然后绘制成图，以便查验变量的降维情况。根据图 13-3 中各个处理区的位置，我们看到 EG、MG、LG 和 CG 这 4 个变量聚集在一起，但第二主成分代表的 CK 变量距离 4 个变量较远。

因此，变量的降维可能应该是 3 类，但是如果划分为 3 类，不能在线性函数关系上加以描述并进行区别，所以主成分向量的线性结构在保证每次提取信息最大的情况下，构造了两个主成分，即 EG、MG、LG 和 CG 为一个主成分，CK 为另一个主成分，变量分为两类，所以数据分析结果与专业背景结合十分重要。

二、观测分类

根据主成分得分绘制植物种群散点图（图 13-4），根据图中各个处理区的位置，观测可以分为 4 类，即图中的 3 个圆形区域及猪毛菜植物种群。

我们根据得分向量也可以进行分类：第一类无论是放牧还是围封，其生态位宽度均呈减小趋势，这样的植物种群只包括短花针茅荒漠草原建群种；第二类是放牧使得生态位宽度增加，围封导致生态位宽度缩减，这样的植物种群包括碱韭、无芒隐子草、阿氏旋花和寸草苔；第三类包括栉叶蒿、锦鸡儿、木地肤和细叶韭，它们的共同点是放牧导致生态位宽度减小，围封使其生态位宽度增加；第四类无论是围封还是放牧，植物种群生态位宽度均在增加。

按照圆形区域划分属于按邻近区域划分，按照方向划分属于按坐标象限划分，按照主成分排序解释，观测分类属于主坐标划分。因此，主成分聚类分析应该是灵活多样的，受研究者的专业水平、数据特征及研究目标的明显影响。

三、观测与变量联合分类

在数量生态学中，PCA 排序分析将主成分特征向量和得分向量进行整理，绘制在同一张图上，形式如图 13-5 所示。这样就形成了对应分析图，不仅可以探讨变量的分类情况，也可以判断观测分类情况，同时可以探讨变量对哪些观测存在密切影响。由于本图未按 PCA 计算坐标绘图，因此不便在此讨论。但是其判读规则更为复杂，提供的信息量也比较丰富。

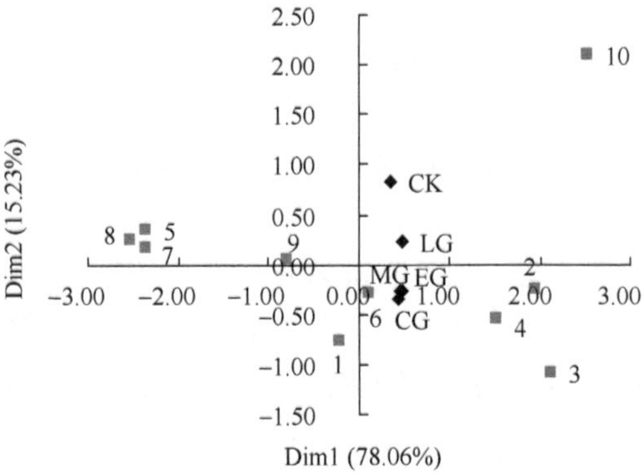

图 13-5　植物种群在不同放牧处理下的 PCA 分析图

第六节　主成分回归分析

主成分回归分析是由 W. F. Massy 于 1965 年提出的。它主要用于自变量高度相关（复共线）的场合，也可以用于剔除变量，其功能近似于岭估计，但处理资料的方法不一样。

主成分回归分析实际上包含两部分：第一部分是先进行主成分分析，以保留的主成分特征向量作为回归分析的变量向量；第二部分是进行回归分析，在回归分析中与多元回归分析没有本质区别，也就是说主成分回归分析属于回归分析。

一、传统主成分回归分析

根据表 13-1 中的数据进行主成分回归分析，最原始的办法是对除因变量以外的自变量进行主成分分析，根据特征值和累积贡献率选择主成分特征向量。然后再用特征向量与原始数据的标准化数据集进行主成分得分计算，根据观测的主成分得分与因变量建立回归模型，形成主成分回归分析。

SAS 程序如下：

```
DATA DF;
INPUT X1-X5 Y;
CARDS;
2.55    1.66    2.30    4.19    1.05    5.76
3.86    5.03    3.99    3.86    3.37    9.08
4.95    4.99    3.96    4.23    2.03    9.33
4.90    4.11    3.51    3.32    2.57    8.42
0.92    0.72    0.72    1.04    1.34    2.18
2.28    2.62    2.75    3.69    2.00    6.10
0.68    1.42    0.52    0.94    1.10    2.21
0.75    0.83    0.71    0.83    0.93    1.82
1.81    2.12    2.17    2.35    1.81    4.61
3.68    3.41    5.60    3.52    7.60    11.26
;
PROC PRINCOMP  OUT=PRIN;
VAR X1-X5;
RUN;
PROC GLM;
MODEL Y=PRIN1-PRIN2;
RUN;
QUIT;
```

SAS 程序的输出结果如下：

```
                     SAS 系统
             The PRINCOMP Procedure
            Observations          10
            Variables             5
               Simple Statistics
        X1          X2          X3          X4          X5
Mean 2.638000000 2.691000000 2.623000000 2.797000000 2.380000000
StD  1.640201885 1.620853342 1.677789882 1.387323963 1.984601835
                  Correlation Matrix
           X1        X2        X3        X4        X5
    X1   1.0000    0.9241    0.8571    0.8225    0.4787
    X2   0.9241    1.0000    0.8268    0.7551    0.4709
    X3   0.8571    0.8268    1.0000    0.8050    0.8235
    X4   0.8225    0.7551    0.8050    1.0000    0.3851
```

X5	0.4787	0.4709	0.8235	0.3851	1.0000

Eigenvalues of the Correlation Matrix

	Eigenvalue	Difference	Proportion	Cumulative
1	3.90312972	3.14142080	0.7806	0.7806
2	0.76170892	0.49856752	0.1523	0.9330
3	0.26314140	0.19596097	0.0526	0.9856
4	0.06718043	0.06234090	0.0134	0.9990
5	0.00483953		0.0010	1.0000

Eigenvectors

	Prin1	Prin2	Prin3	Prin4	Prin5
X1	0.475345	-.274672	-.279956	-.770215	0.164306
X2	0.463006	-.259820	-.573659	0.612285	0.118919
X3	0.493570	0.234835	0.120519	0.000281	-.828683
X4	0.438616	-.352384	0.760094	0.178107	0.271988
X5	0.351678	0.823242	0.016518	0.012419	0.445162

Number of Observations Read 10

Number of Observations Used 10

Dependent Variable: Y

Source	DF	Sum of Squares	Mean Square	F Value	Pr > F
Model	2	102.2660769	51.1330384	1767.27	<.0001
Error	7	0.2025331	0.0289333		
Corrected Total	9	102.4686100			

R-Square	Coeff Var	Root MSE	Y Mean
0.998023	2.799044	0.170098	6.077000

Source	DF	Type I SS	Mean Square	F Value	Pr > F
Prin1	1	101.3591422	101.3591422	3503.20	<.0001
Prin2	1	0.9069347	0.9069347	31.35	0.0008

Source	DF	Type III SS	Mean Square	F Value	Pr > F
Prin1	1	101.3591422	101.3591422	3503.20	<.0001
Prin2	1	0.9069347	0.9069347	31.35	0.0008

Parameter	Estimate	Standard Error	t Value	Pr > |t|
Intercept	6.077000000	0.05378968	112.98	<.0001
Prin1	1.698649268	0.02869930	59.19	<.0001
Prin2	0.363724227	0.06496556	5.60	0.0008

从输出结果可以看到，得到的主成分回归模型为

$$Y=6.077+1.699\,\mathrm{Prin1}+0.364\,\mathrm{Prin2}$$

决定系数 R^2=0.9980，表明采用此模型拟合植物种群生态位宽度的准确率达到99.80%，且模型变量参数及常数项均通过显著性检验。

二、快速主成分回归分析

快速主成分回归分析不必像传统主成分回归那样先进行主成分分析，再进行

回归分析，SAS 中可以调用 REG 过程进行直接分析，SAS 程序如下：

```
DATA DF;
INPUT X1-X5 Y;
CARDS;
2.55    1.66    2.30    4.19    1.05    5.76
3.86    5.03    3.99    3.86    3.37    9.08
4.95    4.99    3.96    4.23    2.03    9.33
4.90    4.11    3.51    3.32    2.57    8.42
0.92    0.72    0.72    1.04    1.34    2.18
2.28    2.62    2.75    3.69    2.00    6.10
0.68    1.42    0.52    0.94    1.10    2.21
0.75    0.83    0.71    0.83    0.93    1.82
1.81    2.12    2.17    2.35    1.81    4.61
3.68    3.41    5.60    3.52    7.60    11.26
;
PROC REG DATA=DF OUTEST=DAT1;
MODEL Y=X1-X5/PCOMIT=1,2;
RUN;
PROC PRINT DATA=DAT1;
RUN;
```

SAS 程序的输出结果如下：

```
                                SAS 系统
                            The REG Procedure
                              Model: MODEL1
                          Dependent Variable: Y
                   Number of Observations Read          10
                   Number of Observations Used          10
                          Analysis of Variance
                             Sum of           Mean
Source                DF     Squares          Square    F Value    Pr > F
Model                  5     102.39189        20.47838  1067.64    <.0001
Error                  4     0.07672          0.01918
Corrected Total        9     102.46861
             Root MSE              0.13850    R-Square      0.9993
             Dependent Mean        6.07700    Adj R-Sq      0.9983
             Coeff Var             2.27901
                          Parameter Estimates
                         Parameter      Standard
       Variable     DF    Estimate        Error     t Value     Pr > |t|
       Intercept    1    -0.18461       0.19496    -0.95       0.3973
        X1          1     0.60231       0.10851     5.55       0.0052
        X2          1     0.33292       0.08960     3.72       0.0206
        X3          1     0.17191       0.32798     0.52       0.6279
        X4          1     0.65407       0.14183     4.61       0.0099
        X5          1     0.62878       0.15052     4.18       0.0139
```

SAS 系统

Obs	_MODEL_	_TYPE_	_DEPVAR_	_RIDGE_	_PCOMIT_	_RMSE_	Intercept	X1	X2	X3	X4	X5	Y
1	MODEL1	PARMS	Y	.	.	0.13850	-0.18461	0.60231	0.33292	0.17191	0.65407	0.62878	-1
2	MODEL1	IPC	Y	.	1	0.14415	0.01155	0.52319	0.27497	0.56199	0.49923	0.45162	-1
3	MODEL1	IPC	Y	.	2	0.15421	-0.02700	0.40424	0.37066	0.56203	0.53175	0.45321	-1

由结果可以看到，采用 REG 进行主成分回归分析，主成分变量已经转化为各个原放牧变量的回归模型，且进行了相关检验。

作者认为，进行主成分回归分析，如果需要考察综合变量（本例是放牧和围封）对因变量的影响，应尽可能采用传统主成分回归分析，并且不进行原变量转化。如果需要考察原变量对因变量的影响，可以采用传统主成分分析，并进行原变量转化；也可以采用 REG 进行快速主成分回归分析。

第十四章　因子分析与对应分析

第一节　因子分析与对应分析概述

因子分析和对应分析是密不可分的，首先因子分析是对应分析的基础，对应分析是因子分析的升华；其次因子分析的本质是一种降维分析过程，对应分析的本质是寻找指标（变量）与样本（观测）的对应特点，如果指标或样本带有梯度性，则可以揭示其他样本或指标的变化规律。那么，因子分析和对应分析的基本内容需要掌握哪些呢？下面逐一进行解释。

一、因子分析

因子分析是寻找对观察结果起支配作用的潜在因子（潜变量）的探索性统计分析方法。利用主要因子描述数据集的内部结构，实际上起着数据降维的作用。因子分子过程中旋转变换的目的是使因子载荷相对集中，便于对因子进行合理解释。按因子载荷阵各列元素的绝对值大小，可以判断因子主要对哪些变量有潜在支配作用。

因子分析能够进行分类，其分类原则主要根据数据分析过程中的对象不同加以区分。如果研究的对象是指标（变量），则采用 R 型因子分析；如果研究的对象是样本（有的教材也称样品或观测），则采用 Q 型因子分析。这两种分析通常是对立的概念，应当予以区分。因此，根据研究对象的不同，因子分析可分为 R 型和 Q 型两大类。

二、对应分析

对应分析（CA）也称关联分析、它是在 R 型和 Q 型因子分析基础上发展起来的一种多元统计分析方法（又称 R-Q 型分析），是近年新发展起来的一种多元相依变量统计分析技术，通过分析由定性变量构成的交互汇总表来揭示变量间的联系，可以揭示同一变量各个类别之间的差异，以及不同变量各个类别之间的对应关系。

对应分析可提供三方面的有用信息。

1）变量间的关系，即用以因子轴为坐标轴的图形上相邻近的一些变量点来表示这些变量的关系密切程度。

2）样品点间的关系，即把具有相似性质的邻近样品点归属于同一类。

3）变量与样品之间的关系，即以邻近变量表征同一类型的样品点。对应分析是将上述 3 种信息在同一张图上表示出来，从而可以进行分类和统计推断解释。

第二节　因子分析的基本原理

一、因子分析的数学模型

设有可观测的 p 维随机向量 $x=(x_1,x_2,\cdots,x_p)'$，假定其均值向量 $E(x)=0$，协方差阵为 $V(x)=\Sigma=(\sigma_{ij})$，$f=(f_1,f_2,\cdots,f_m)'$ 和 $\varepsilon=(\varepsilon_1,\varepsilon_2,\cdots,\varepsilon_p)'$ 都是不可观测的随机向量 $(m<p)$。若存在如下特征：① $E(f)=0$; ② $E(\varepsilon)=0$; ③ $V(f)=\mathrm{diag}(1,1,\cdots,1)=I$, 即$f_1,f_2,\cdots,f_m$互不相关; ④ $V(\varepsilon)=D=\mathrm{diag}(\sigma_1^2,\sigma_2^2,\cdots,\sigma_p^2)$, 即$\varepsilon_1,\varepsilon_2,\cdots,\varepsilon_p$ 互不相关; ⑤ $\mathrm{COV}(f,\varepsilon)=0$, 即$f$与$\varepsilon$互不相关。

则因子分析模型如下：

$$\begin{cases} x_1=a_{11}f_1+a_{12}f_2+\cdots+a_{1m}f_m+\varepsilon_1 \\ x_2=a_{21}f_1+a_{22}f_2+\cdots+a_{2m}f_m+\varepsilon_2 \\ \vdots \\ x_p=a_{p1}f_1+a_{p2}f_2+\cdots+a_{pm}f_m+\varepsilon_p \end{cases}$$

用矩阵表示为

$$\begin{pmatrix} x_1 \\ x_2 \\ \vdots \\ x_p \end{pmatrix}=\begin{pmatrix} a_{11} & a_{12} & \cdots & a_{1m} \\ a_{21} & a_{22} & \cdots & a_{2m} \\ \vdots & \vdots & \ddots & \vdots \\ a_{p1} & a_{p2} & \cdots & a_{pm} \end{pmatrix}\begin{pmatrix} f_1 \\ f_2 \\ \vdots \\ f_p \end{pmatrix}+\begin{pmatrix} \varepsilon_1 \\ \varepsilon_2 \\ \vdots \\ \varepsilon_p \end{pmatrix}$$

简记为

$$x=Af+\varepsilon$$

式中，$f=(f_1,f_2,\cdots,f_m)'$ 称为公共因子向量；$\varepsilon=(\varepsilon_1,\varepsilon_2,\cdots,\varepsilon_p)'$ 称为特殊因子向量；a_{ij} 称为因子载荷；$A=(a_{ij})$ 称为因子载荷矩阵。

二、因子分析的计算过程

因子分析不仅要给出因子模型，而且要得出变量和因子间的相关系数，并由这些相关系数构成“因子结构”。一个完全的因子解包括因子模型和因子结构两个方面，因子结构反映变量与因子间的相关关系，而因子模型则是以回归方程的形式将变量表示为因子的线性组合。因子分析的基本问题是用变量之间的相关系数来决定因子载荷。因子模型的求解过程简述如下。

设原始数据矩阵为：$X=\begin{bmatrix} x_{11} & x_{12} & \cdots & x_{1p} \\ x_{21} & x_{22} & \cdots & x_{2p} \\ \vdots & \vdots & \ddots & \vdots \\ x_{n1} & x_{n2} & \cdots & x_{np} \end{bmatrix}$，$n$ 为样本数，p 为变量数。

将原始数据进行标准化处理。用公式：

$$x_{ij}^{*}=\frac{x_{ij}-\overline{x}_{j}}{\sqrt{\mathrm{VAR}(x_{j})}} \quad (i=1,2,\cdots,n;j=1,2,\cdots,p)$$

$$\text{其中，}\quad \overline{x}_{j}=\frac{1}{n}\sum_{i=1}^{n}x_{ij}$$

$$\mathrm{VAR}(x_{j})=\frac{1}{n-1}\sum_{i=1}^{n}(x_{ij}-\overline{x}_{j})^{2}$$

$$(j=1,2,\cdots,p)$$

经标准化处理之后，x_{ij}^{*} 的均值为零，方差为 1，这样的相关矩阵 R 和协方差矩阵 S 完全一样。这时相关矩阵 $R=XX'$，为了方便起见，将标准化处理后的矩阵仍记为 X。

求解矩阵 R 的特征方程$|R-\lambda I|=0$，记特征值为 $\lambda_1>\lambda_2>\cdots>\lambda_p\geqslant 0$，由特征向量矩阵：

$$U=\begin{bmatrix} u_{11} & u_{12} & \cdots & u_{1p} \\ u_{21} & u_{22} & \cdots & u_{2p} \\ \vdots & \vdots & \ddots & \vdots \\ u_{n1} & u_{n2} & \cdots & u_{np} \end{bmatrix}$$

而得

$$R=U\begin{bmatrix} \lambda_1 & & & 0 \\ & \lambda_2 & & \\ & & \ddots & \\ 0 & & & \lambda_p \end{bmatrix}U'$$

式中，U 为正交矩阵，并且满足 $U'U=UU'=I$，即有

$$XX'=U\begin{bmatrix} \lambda_1 & & & 0 \\ & \lambda_2 & & \\ & & \ddots & \\ 0 & & & \lambda_p \end{bmatrix}U'$$

将上式两边乘以 U'，再乘以 U 得

$$U'XX'U = UU'\begin{bmatrix} \lambda_1 & & & 0 \\ & \lambda_2 & & \\ & & \ddots & \\ 0 & & & \lambda_p \end{bmatrix} U'U = \begin{bmatrix} \lambda_1 & & & 0 \\ & \lambda_2 & & \\ & & \ddots & \\ 0 & & & \lambda_p \end{bmatrix}$$

令 $F=U'X$，于是上式变为

$$F'F = \begin{bmatrix} \lambda_1 & & & 0 \\ & \lambda_2 & & \\ & & \ddots & \\ 0 & & & \lambda_p \end{bmatrix}$$

F 称为主因子阵，并且 $F_a=U'X_a$（$a=1,2,\cdots,n$），即每个 F_a 为第 a 个样品主因子观测值。

在因子分析中，通常只选其中 m 个（$m<p$）主因子。根据变量的相关性选出第一主因子 F_1，使其在各变量公共方差中的贡献最大，然后消除这个因子的影响，再从剩余的相关中选出与 F_1 不相关的因子 F_2，也使其在各个变量剩余因子方差中贡献最大。依次类推，直到各个变量公共因子方差被分解完毕为止。

三、因子分析的几点说明

（一）因子载荷的统计意义

1. 载荷矩阵元素的意义

因子载荷 a_{ij} 是原始变量 x_i 与公因子 f_j 的协方差。若 x 为已标准化的随机变量，则 a_{ij} 是原始变量 x_i 与公因子 f_j 的相关系数，它度量了原始变量 x_i 在公因子 f_j 中的相对重要性。由于历史的原因，心理学家称其为“载荷”，即变量 x_i 在公因子 f_j 中的负荷。

2. 载荷矩阵行元素平方和的意义

因子载荷矩阵 $A=(a_{ij})$ 中第 i 行元素的平方和，对 $x_i = \sum_{\alpha=1}^{m} a_{i\alpha} f_\alpha + \varepsilon_i$ 的两边取方差，有 $V(x_i)=\sigma_{ii}=h_i^2+\sigma_i^2$，$i=1,2,\cdots,p$，其中 $h_i^2 = a_{i1}^2 + a_{i2}^2 + \cdots + a_{im}^2 = \sum_{j=1}^{m} a_{ij}^2$，称 h_i^2 为 x_i 的共性方差（共同度），σ_i^2 是特殊因子 ε_i 对 x_i 的方差贡献，称为特殊方差。注意对应关系：

$$
\begin{array}{ccccccc}
h_i^2 = & a_{i1}^2 & + a_{i2}^2 & + \cdots + & a_{im}^2 \\
\downarrow & \downarrow & \downarrow & & \downarrow \\
x_i & f_1 & f_2 & & f_m
\end{array}
$$

不难看出，共性方差 h_i^2 反映了所有公因子 $f=(f_1,f_2,\cdots,f_m)'$ 对 x_i 的影响（贡献）大小，或者说，h_i^2 度量了所有公因子 f 从 x_i 中提取的信息量大小。若 x 已经被标准化，则 h_i^2 越接近 1，说明公因子 $f=(f_1,f_2,\cdots,f_m)'$ 提取 x_i 的信息越多，由原始变量空间变换到因子变量空间的性质越好。例如，若 $h_i^2=0.9$，则说明 x_i 有 90%的信息被 $f=(f_1,f_2,\cdots,f_m)'$ 提取。特殊因子 ε_i 与 x_i 有关，与 $f=(f_1,f_2,\cdots,f_m)'$ 无关，不能由公共因子解释。若 x 已经被标准化，则 $\sigma_{ii}=1$。

3. 载荷矩阵列元素平方和的意义

因子载荷矩阵 $A=(a_{ij})$ 中第 j 列元素的平方和 g_j^2，称为公因子 f_j 对原始变量 $x=(x_1,x_2,\cdots,x_p)'$ 的方差贡献。g_j^2 表示某一公因子 f_j 对原始变量 x 的各分量 $x_1,x_2,\cdots,x_p$ 所提供的方差之和，它度量了公因子 f_j 对原始变量 x 的重要性。g_j^2 越大，表明公因子 f_j 对原始变量 x 的影响和作用越大。若将所有的 $g_1^2,g_2^2,\cdots,g_m^2$ 都计算出来，并按大小排序，则可依此提取最有影响的公因子。

（二）因子载荷矩阵的旋转条件与方法

当因子模型中的公因子含义不清或没有合理的解释时，可对因子载荷矩阵进行旋转，使因子载荷矩阵的结构简化，便于对公因子进行解释。结构简化使部分变量在公因子上有较大的载荷，而在其余公因子上的载荷较小。变换因子载荷矩阵的方法称为因子旋转。因子旋转有正交旋转和斜交旋转，常用的是正交旋转。

1. 方差最大（极大）的正交旋转

因子分析不仅要找出主因子，更要知道每个主因子的意义，但是用上述方法所求出的主因子解，初始因子载荷矩阵并不满足“简单结构准则”，各因子的典型变量的代表性也不很突出，因而容易使因子意义含糊不清，不便于对因子进行解释。因此需对因子载荷矩阵进行旋转，使因子载荷的平方按列向 0 和 1 两极转化，达到使结构简化的目的。

方差极大旋转方法使因子载荷矩阵中各因子载荷值的总方差达到最大，并将此作为因子载荷矩阵简化的准则。此处强调总方差最大，而不是某一因子的方差极大，也就是说，如果第 i 个变量值在第 j 个公因子的载荷经过“方差极大”旋转后增大或减小，就意味着该变量值在另外一些因子上的载荷要缩小或增大，所以方差极大旋转法可使载荷按列向 0 和 1 两极分化，同时也包含着按行向两极分化。

2. Promax 斜旋转

在方差极大旋转过程中，因子轴互相正交，始终保持初始解中因子间互不相关的特点。然而在生物学、生态学、社会学、经济学、心理学等领域的研究中，斜交因子是普遍现象，即相互影响的各种因素不太可能彼此无关，事物变化的各种内在因素之间始终存在着错综复杂的联系。对这类问题的分析需要引入斜交因子解，即用相关因子对变量进行线性描述，使得到的新因子模型最大程度地模拟自然模型。

（三）参数估计与因子得分

1. 参数估计

参数估计常用的方法有以下 3 种。

（1）主成分法

主成分法因子载荷的估计为

$$\hat{A}=(\sqrt{\lambda_1}t_1,\cdots,\sqrt{\lambda_m}t_m)$$

式中，$\lambda_1 \geqslant \lambda_2 \geqslant \cdots \lambda_p \geqslant 0$ 是Σ的特征根；t_i 是与 λ_i 对应的单位特征向量。

（2）主因子法

以 $\hat{h}_i^2=1-\hat{\sigma}_i^2$，$i=1,2,\cdots,p$ 为初始估计。设 R^* 的前 m 个特征根依次为 $\lambda_1^* \geqslant \lambda_2^* \geqslant \cdots \geqslant \lambda_m^*>0$，相应的正交单位特征向量为 t_1^*，t_2^*，…，t_m^*，则 A 的主因子解为

$$A=(\sqrt{\lambda_1^*}t_1^*\text{，}\sqrt{\lambda_2}t_2^*\text{，}\cdots\text{，}\sqrt{\lambda_m}t_m^*)$$

在此基础上，可重新估计特殊方差 $\hat{\sigma}_i^2$ $(i=1,2,\cdots,p)$，得到新的 R^*。再根据新的 R^*，计算新的特征根和特征向量。重复上述步骤，直至解稳定为止。

（3）最大似然法

设公因子 $f\sim N_m(0,I)$，特殊因子 $\varepsilon\sim N_p(0,D)$，且相互独立，则原始变量 $x\sim N_p(\mu,\Sigma)$，又设 $x_1,x_2,\cdots,x_n$ 是来自总体 x 的样本，则其似然函数是μ和Σ 的函数，记为 $L(\mu,\Sigma)$。因 $\Sigma=AA'+D$，故似然函数 $L(\mu,\Sigma)$ 可表示为 $L(\mu,A,D)$，设 $L(\mu,A,D)$ 的最大似然估计为 $L(\hat{\mu},\hat{A},\hat{D})$，则

$$L(\hat{\mu},\hat{A},\hat{D})=\max\left\{L(\mu,A,D)\right\}$$

因 $\hat{\mu}=\overline{x}$，且 $\hat{A}$ 和 $\hat{D}$ 满足下面的方程组

$$\begin{cases}\hat{\Sigma}\hat{D}^{-1}\hat{A}=\hat{A}(I+\hat{A}'\hat{D}^{-1}\hat{A})\\ \hat{D}=\mathrm{diag}(\hat{\Sigma}-\hat{A}\hat{A}')\end{cases}$$

其中 $\hat{\Sigma}=\dfrac{1}{n}\sum_{i=1}^{n}(x_i-\overline{x})(x_i-\overline{x})'$。上式中的 $\hat{A}$ 和 $\hat{D}$ 可用迭代法得到。因 A 的解不唯一，为得到唯一解，加上唯一性条件：$\hat{A}'\hat{D}^{-1}\hat{A}$ 是对角阵。

注意：对于最大似然解，当因子数增加时，原因子的估计载荷及其对 x 的贡献将发生变化，这与主成分解及因子解不同。

2. 因子得分

1）加权最小二乘法因子（Bartlett）得分 $\hat{f}_i=(\hat{A}\hat{D}^{-1}\hat{A})^{-1}\hat{A}'\hat{D}^{-1}(x_i-\overline{x})$。

2）回归法因子得分 $\overline{f}_i=\hat{A}'(\hat{A}\hat{A}'+\hat{D})^{-1}(x_i-\overline{x})=(I+\hat{A}'\hat{D}^{-1}\hat{A})^{-1}\hat{A}'\hat{D}^{-1}(x_i-\overline{x})$

第三节　因子分析的实例及 SAS 操作

通过实地调查，根据李博（1997）对北方草地退化的分级及其划分标准，在每个样地上选择 4 个退化梯度（对照、轻度、中度和重度），其中草地轻度、中度、重度退化分级标准详见表 14-1。于 2006～2011 年 8 月在每个梯度上随机选择 1m×1m 样方 3 个，齐地面剪割、烘干后粉碎混合均匀，准确称至精度为 0.001g 进行室内养分分析。测定的数据结果见表 14-2，试进行因子分析。

表 14-1　北方草地退化分级及其划分标准

退化等级	植物种类组成	地上生物量与盖度	地被物与地表状况	土壤状况	系统结构	可恢复程度
轻度退化	原生群落组成没有重要变化，优势种个体数量减少，适口性好的物种减少或消失	下降 20%～35%	地被物明显减少	硬度稍增加	可恢复	围封后自然恢复较快
中度退化	建群种与优势种发生明显更替，但仍保留大部分原生物种	下降 35%～60%	地被物消失	土壤硬度增大 1 倍，地表有侵蚀痕迹。低湿地段土壤含盐量增加	无明显变化	围封后可自然恢复
重度退化	原生种类大半消失、种类组成单纯化。低矮、耐践踏的杂草占优势	下降 60%～85%	地表裸露	硬度增加 2 倍，有机质明显降低，表土粗粒增加或明显盐碱化，出现碱斑	围封后自然恢复较快	自然恢复困难，需改良措施

表 14-2 不同退化梯度草地植物群落养分

退化强度	粗蛋白质（%）CP	粗脂肪（%）EE	可消化粗纤维（%）CF	无氮浸出物（%）NFE	总可消化养分（%）TDN	干物质重（g/m^2）DM
对照 CK	9.67	2.04	33.99	48.20	54.73	172.25
轻度 LD	10.35	2.73	29.72	50.76	62.65	107.02
中度 MD	11.87	2.84	27.70	50.92	63.48	79.77
重度 HD	13.50	2.06	26.53	49.37	65.71	48.53

一、因子分析的 SAS 操作

1）因子分析的 SAS 程序如下：

```
DATA YM;
INPUT NAME$ X1-X4;
CARDS;
CP   9.67    10.35   11.87   13.50
EE   2.04    2.73    2.84    2.06
CF   33.99   29.72   27.70   26.53
NFE  48.20   50.76   50.92   49.37
TDN  54.73   62.65   63.48   65.71
DM   172.25  107.02  79.77   48.53
;
PROC FACTOR DATA=YM EV NFACTORS=2 ROTATE=V SCORE OUT=OUTF;
RUN;
```

2）因子分析的 SAS 输出结果如下：

```
                          SAS 系统
                   The FACTOR Procedure
         Initial Factor Method: Principal Components
            Prior Communality Estimates: ONE
  Eigenvalues of the Correlation Matrix: Total = 4  Average = 1
        Eigenvalue     Difference     Proportion     Cumulative
   1    3.55434020     3.10935052       0.8886         0.8886
   2    0.44498968     0.44439791       0.1112         0.9998
   3    0.00059177     0.00051342       0.0001         1.0000
   4    0.00007835                      0.0000         1.0000
     2 factors will be retained by the NFACTOR criterion.
                       Eigenvectors(4)
                           1               2
           x1          0.48072        -0.63323
           x2          0.52558        -0.20157
           x3          0.52825         0.13351
           x4          0.46220         0.73523
                      Factor Pattern(5)
                        Factor1          Factor2
           x1          0.90631        -0.42241
```

```
         x2         0.99087        -0.13446
         x3         0.99590         0.08906
         x4         0.87138         0.49046
          Variance Explained by Each Factor
                Factor1         Factor2
              3.5543402       0.4449897
      Final Communality Estimates: Total = 3.999330
     x1              x2              x3              x4
 0.99982200      0.99989709      0.99975338      0.99985741
                        SAS 系统
                The FACTOR Procedure
              Rotation Method: Varimax
          Orthogonal Transformation Matrix
                              1               2
              1         0.74252         0.66983
              2        -0.66983         0.74252
              Rotated Factor Pattern(9)
                    Factor1         Factor2
         x1         0.95589         0.29342
         x2         0.82580         0.56387
         x3         0.67982         0.73321
         x4         0.31850         0.94785
          Variance Explained by Each Factor
                Factor1         Factor2
              2.1592795       1.8400504
      Final Communality Estimates: Total = 3.999330
     x1              x2              x3              x4
 0.99982200      0.99989709      0.99975338      0.99985741
                        SAS 系统
                The FACTOR Procedure
              Rotation Method: Varimax
      Scoring Coefficients Estimated by Regression
Squared Multiple Correlations of the Variables with Each Factor
                Factor1         Factor2
              1.0000000       1.0000000
          Standardized Scoring Coefficients
                    Factor1         Factor2
         x1         0.82517        -0.53405
         x2         0.40940        -0.03764
         x3         0.07399         0.33629
         x4        -0.55623         0.98260
```

二、因子分析结果解析

（一）特征值及信息量分析

从表 14-3 中可以看到，第一个特征值为 3.5543，其占总信息量的 88.86%，第二个特征值为 0.4450，占总信息量的 11.12%，前两个特征值之和达到 3.9993，占总信息量的 99.98%。因此，完全可以采用双公因子来表示 4 个退化梯度的养分含量信息（一般要求信息量大于 85%）。

表 14-3　特征值及信息量

特征值编号	特征值	特征值之差	特征值信息量	累积信息量
1	3.5543	3.1094	0.8886	0.8886
2	0.4450	0.4444	0.1112	0.9998
3	0.0006	0.0005	0.0001	1.0000
4	0.0001		0.0000	1.0000

（二）特征向量分析

由于分析过程采用默认的主成分分析，其特征向量主要反映的是主成分（表 14-4）。因此，表 14-4 中特征向量 1 即为第一主成分，特征向量 2 即为第二主成分。第一主成分为：$\text{Prin1} = 0.4807\text{CK}^* + 0.5256\text{LD}^* + 0.5283\text{MD}^* + 0.4622\text{HD}^*$，第二主成分为：$\text{Prin2} = -0.6332\text{CK}^* - 0.2016\text{LD}^* + 0.1335\text{MD}^* + 0.7352\text{HD}^*$。根据特征值的大小和递减的变化趋势，第一主成分能够说明草甸草原退化梯度的变化情况。第二主成分特征值比较小（小于 1），且第一主成分的信息已占到 85%以上，采用第一主成分可以说明草地退化梯度信息。

表 14-4　对应特征值的特征向量

退化梯度	特征向量 1 PRIN1	特征向量 2 PRIN2
CK	0.4807	−0.6332
LD	0.5256	−0.2016
MD	0.5283	0.1335
HD	0.4622	0.7352

（三）旋转前公因子分析

未经旋转的公因子模型见表 14-5。由表 14-5 可知，CK 用双公因子可以表示为 $\text{CK} = 0.9063F_1 - 0.4224F_2$，LD 用双公因子可以表示为 $\text{LD} = 0.9909F_1 - 0.1345F_2$，MD 用双公因子可以表示为 $\text{MD} = 0.9959F_1 + 0.0891F_2$，HD 用双公因子可以表示为 $\text{HD} = 0.8714F_1 + 0.4905F_2$。双公因子对 CK 变量的方差贡献为 $\sqrt{0.9063^2 + (-0.4224)^2} = 0.9998$，因此采用 F_1 和 F_2 公因子可以解释 CK 99.98%的信息，同样双公因子可以解释 LD、MD 和 HD 的信息量分别为 100.00%、99.98%和 99.99%。由此可见，

保留 F_1 和 F_2 公因子能够很好地解释草地不同退化梯度信息，但是难以解释不同退化草地的分类信息。

表 14-5　公因子模型

退化梯度	公因子 1	公因子 2	解释信息
CK	0.9063	−0.4224	0.9998
LD	0.9909	−0.1345	1.0000
MD	0.9959	0.0891	0.9998
HD	0.8714	0.4905	0.9999

（四）旋转后公因子分析

根据正交旋转矩阵（表 14-6）计算得到的正交旋转后的双公因子模型见表 14-7。不同退化梯度处理可以采用双公因子进行表示。CK 用双公因子可以表示为 $CK = 0.9559F_1 + 0.2934F_2$，LD 用双公因子可以表示为 $LD = 0.8258F_1 + 0.5639F_2$，MD 用双公因子可以表示为 $MD = 0.6798F_1 + 0.7332F_2$，HD 用双公因子可以表示为 $HD = 0.3185F_1 + 0.9479F_2$。双公因子对 CK 变量的方差贡献为 $\sqrt{0.9559^2 + 0.2934^2} = 0.9998$，因此采用 F_1 和 F_2 公因子可以解释 CK 99.98%的信息，同样双公因子可以解释 LD、MD 和 HD 的信息量分别为 99.99%、99.97%和 100.00%。由此可见，经过正交旋转后的 F_1 和 F_2 公因子能够很好地解释不同退化梯度草地的养分信息。同时，也能很好地反映不同退化梯度信息，首先根据退化梯度在公因子上的相对重要性可知，第一公因子主要承载 CK 和 LD 的信息，第二公因子主要承载 MD 和 HD 的信息，因此可以将退化梯度分为两类，即轻度退化以下的草甸草原和中度退化以上的草甸草原。由于公因子分析基于草地群落养分，因此本分类不仅反映了草地退化程度的分类，也间接地反映了草地群落的养分信息。

表 14-6　正交旋转矩阵

坐标	1	2
1	0.7425	0.6698
2	−0.6698	0.7425

综合正交旋转前后因子模型可知，在没有正交旋转之前，尽管因子模型能够很好地解释不同退化梯度的变量信息，但是难以区分退化梯度上的分类情况；当采用正交旋转之后，退化梯度的分类信息能够被合理解释。因此，正交旋转过程是必要的，通过正交旋转，能够使退化梯度变量信息结构简单化，结构简化能够

使相似退化梯度变量在同一公因子上有较大的载荷，而在其余公因子上的载荷较小，便于对公因子进行解释和变量分类。

表 14-7　正交旋转后的公因子模型

退化梯度	公因子 1	公因子 2	解释信息
CK	0.9559	0.2934	0.9998
LD	0.8258	0.5639	0.9999
MD	0.6798	0.7332	0.9997
HD	0.3185	0.9479	1.0000

（五）旋转前后公因子的承载信息及总信息比较

综合旋转前后公因子的承载信息及总信息，汇总结果见表 14-8。第一公因子旋转前其承载信息占总信息的 3.5543/4=88.86%，旋转后其承载信息占总信息的 2.1593/4=53.98%，承载信息减少。第二公因子旋转前其承载信息占总信息的 0.4450/4=11.13%，旋转后其承载信息占总信息的 1.8401/4=46.00%，承载信息增加。总信息变化不大，旋转前后分别为 99.98%和 99.99%（最后一位存在差别是由于四舍五入造成的）。由此可见，正交旋转后，第二公因子的作用加强，第一公因子的作用减弱，这一变化结果使得公因子对变量的解释和分类作用变得更加明显，但总信息量不会受到较大的影响。

表 14-8　旋转前后公因子对变量的方差贡献

状态	公因子 1	公因子 2	总信息
旋转前	3.5543	0.4450	0.9998
旋转后	2.1593	1.8401	0.9999

（六）退化梯度对草地群落养分的影响强度

变量在各公因子上的标准化得分系数之和反映了变量对观测的影响程度。根据表 14-9 的分析结果，变量在公因子上的总得分依退化程度的增强逐渐增大，这

表 14-9　标准化因子得分系数

变量	公因子 1	公因子 2	总得分
CK	0.8252	−0.5341	0.2911
LD	0.4094	−0.0376	0.3718
MD	0.0740	0.3363	0.4103
HD	−0.5562	0.9826	0.4264

表明退化程度越高，其对草地养分的影响会越大。根据总得分也可以看到，退化程度增加，总得分变化呈对数曲线的变化趋势，即当达到一定退化程度以后，其对草地影响作用增加的幅度在下降。

第四节　对应分析的实例及 SAS 操作

一、对应分析的 SAS 操作

采用表 14-2 中的数据，试分析退化强度与草地植物群落养分含量的对应关系。

1）对应分析的 SAS 程序如下：

```
DATA FG;
 INPUT NAME$ X1-X6@@;
CARDS;
CK   9.67    2.04    33.99   48.20   54.73   172.25
CG   10.35   2.73    29.72   50.76   62.65   107.02
MG   11.87   2.84    27.70   50.92   63.48   79.77
HG   13.50   2.06    26.53   49.37   65.71   48.53
;
OPTION PAGESIZE=80 LINESIZE=200;
PROC CORRESP OUTC=CCC;
VAR X1-X6;
ID NAME;
RUN;
PROC PRINT DATA=CCC;
RUN;
```

2）对应分析的 SAS 输出结果如下：

```
                              The CORRESP Procedure
                   Inertia and Chi-Square Decomposition (1)
Singular Principal  Chi-         Cumulative
 Value   Inertia   Square  Percent Percent  20    40    60   80    100
                                          ----+----+----+----+----+---
0.23069  0.05322  54.6205 99.22    99.22  ************************
0.01958  0.00038  0.3934  0.71     99.93
0.00607  0.00004  0.0378  0.07     100.00
 Total   0.05364  55.0517 100.00
                          Degrees of Freedom (2)  = 15
                              Row Coordinates (3)
                                    Dim1        Dim2
                       CK          -0.2920     0.0143
                       CG          -0.0205    -0.0211
                       MG           0.1255    -0.0181
                       HG           0.3374     0.0254
```

Summary Statistics for the Row Points (4)

	Quality	Mass	Inertia
CK	1.0000	0.3126	0.4982
CG	0.9314	0.2565	0.0044
MG	0.9950	0.2305	0.0695
HG	0.9999	0.2004	0.4278

Partial Contributions to Inertia for the Row Points (5)

	Dim1	Dim2
CK	0.5010	0.1674
CG	0.0020	0.2974
MG	0.0683	0.1968
HG	0.4287	0.3384

Indices of the Coordinates That Contribute Most to Inertia for the Row Points (6)

	Dim1	Dim2	Best
CK	1	0	1
CG	0	2	2
MG	0	2	2
HG	1	1	1

Squared Cosines for the Row Points (7)

	Dim1	Dim2
CK	0.9976	0.0024
CG	0.4533	0.4781
MG	0.9748	0.0202
HG	0.9943	0.0057

Column Coordinates

	Dim1	Dim2
x1	0.2874	0.0552
x2	0.1792	-0.1442
x3	0.0696	0.0148
x4	0.1726	-0.0115
x5	0.2263	-0.0028
x6	-0.2777	0.0003

The CORRESP Procedure

Summary Statistics for the Column Points

	Quality	Mass	Inertia
x1	0.9955	0.0442	0.0709
x2	0.9840	0.0094	0.0094
x3	0.9975	0.1149	0.0109
x4	0.9997	0.1941	0.1083
x5	0.9993	0.2402	0.2296
x6	1.0000	0.3971	0.5709

Partial Contributions to Inertia for the Column Points

	Dim1	Dim2
x1	0.0686	0.3510
x2	0.0057	0.5113

x3	0.0105	0.0655
x4	0.1087	0.0672
x5	0.2312	0.0050
x6	0.5754	0.0001

Indices of the Coordinates That Contribute Most to Inertia for the Column Points

	Dim1	Dim2	Best
x1	0	2	2
x2	0	2	2
x3	0	0	2
x4	0	0	1
x5	1	0	1
x6	1	0	1

Squared Cosines for the Column Points

	Dim1	Dim2
x1	0.9601	0.0354
x2	0.5973	0.3867
x3	0.9544	0.0431
x4	0.9953	0.0044
x5	0.9992	0.0002
x6	1.0000	0.0000

Obs	_TYPE_	NAME	Quality	Mass	Inertia	Dim1	Dim2	Contr1	Contr2	SqCos1	SqCos2	Best1	Best2	Best
1	INERTIA		.		0.05364	.	.	0.05322	0.00038	.	.	.	.	.
2	OBS	CK	0.99997	0.31263	0.49825	-0.29202	0.01433	0.50096	0.16737	0.99757	0.00240	1	0	1
3	OBS	CG	0.93142	0.25646	0.00445	-0.02053	-0.02108	0.00203	0.29738	0.45330	0.47812	0	2	2
4	OBS	MG	0.99502	0.23050	0.06949	0.12554	-0.01809	0.06827	0.19684	0.97477	0.02025	0	2	2
5	OBS	HG	0.99995	0.20041	0.42782	0.33741	0.02544	0.42874	0.33841	0.99429	0.00565	1	1	1
6	VAR	X1	0.99549	0.04422	0.07091	0.28736	0.05516	0.06862	0.35100	0.96012	0.03537	0	2	2
7	VAR	X2	0.98405	0.00942	0.00945	0.17925	-0.14423	0.00569	0.51129	0.59731	0.38674	0	2	2
8	VAR	X3	0.99751	0.11491	0.01087	0.06959	0.01478	0.01046	0.06549	0.95445	0.04306	0	0	2
9	VAR	X4	0.99974	0.19413	0.10833	0.17260	-0.01152	0.10867	0.06715	0.99531	0.00443	0	0	1
10	VAR	X5	0.99931	0.24023	0.22958	0.22631	-0.00281	0.23120	0.00496	0.99915	0.00015	1	0	1
11	VAR	X6	1.00000	0.39709	0.57086	-0.27768	0.00033	0.57536	0.00012	1.00000	0.00000	1	0	1

二、对应分析结果解析

（一）不同退化梯度的特征向量分析

不同退化梯度特征向量的分析结果见表 14-10，第一坐标、第二坐标为 4 个退化梯度在两个公因子上的载荷，其中对照（CK）在两个公因子上的载荷结果可以表示为 CK=−0.2920Dim1+0.0143Dim2，其他退化梯度在两个公因子上的载荷详见表 14-10。由此可以看到，4 个退化梯度除轻度退化（LD）外，在第一公因子（第一坐标）所承载的信息均较大，LD 在第一公因子所承载的信息与第二公因子相近；

因此第一坐标可以反映退化梯度变化情况。

表 14-10 不同退化梯度的特征向量

退化梯度	特征向量		变量占比统计		
	第一坐标	第二坐标	贡献率之和	和占百分比	变量占特征值比
CK	−0.2920	0.0143	1.0000	0.3126	0.4982
LD	−0.0205	−0.0211	0.9314	0.2565	0.0044
MD	0.1255	−0.0181	0.9950	0.2305	0.0695
HD	0.3374	0.0254	0.9999	0.2004	0.4278

贡献率之和表示两个公因子反映的退化信息情况，从表 14-10 可以看到，两个公因子所代表的退化梯度信息大小依次为 CK>HD>MD>LD，但由于承载信息均在 90%以上，可以采用两个公因子的承载信息代替原信息。和占百分比表示原始数据中各列数据之和占合计的百分比（%），此信息反映出 CK>LD>MD>HD，这说明所测定的营养物质含量总体上变化规律为 CK>LD>MD>HD。变量占特征值比表示各退化梯度对总特征值贡献百分比，贡献率大小依次为 CK>HD>MD>LD。

（二）不同退化梯度的欧氏距离分析

由于第一、第二特征向量承载退化梯度信息均在 90%以上，因此对不同退化梯度六维空间距离可以采用特征向量的二维空间距离代替，其不仅计算比较简单，同时更能够反映退化梯度上群落养分含量的差异程度。

不同退化梯度在双公因子上的载荷信息代表退化梯度在平面直角坐标系上的位置，坐标系内两点间的直线距离就是欧氏距离，欧氏距离的大小代表退化梯度的相近程度（表 14-11）。例如，CK 和 LD 之间的距离= $\{[-0.2920-(-0.0205)]^2+[0.0143-(-0.0211)]^2\}^{1/2}=0.2738$，LD 和 MD 之间的距离为 0.1460，MD 和 HD 之间的距离为 0.2163。由此可以看到，以各养分含量为观测的梯度变量 LD 和 MD 之间的距离最短，即 LD 和 MD 之间的养分含量较为接近；MD 和 HD 之间的距离是 LD 和 MD 之间的距离近 1.5 倍，表明 HD 的养分含量与 MD 的差异较大，同时可以看到，CK 条件下的养分含量较不同退化梯度均存在很大差异。

表 14-11 不同退化梯度之间的欧氏距离

退化梯度	LD	MD	HD
CK	0.2738	0.4188	0.6295
LD		0.1460	0.3609
MD			0.2163

（三）不同退化梯度的贡献率及信息量分析

每个公因子上每个变量的贡献率显示（表 14-12），CK 和 HD 在第一公因子上的贡献率较大，HD 在第二公因子上的贡献率也比较大；LD 和 MD 在第二公因子上的贡献率较大，但在第一公因子上的贡献率较小。

表 14-12　不同退化梯度的贡献率及信息量分析

退化梯度	公因子上变量的贡献率		变量在公因子上的贡献率		信息量		总信息量
	第一坐标	第二坐标	第一坐标	第二坐标	第一坐标	第二坐标	
CK	0.5010	0.1674	0.9976	0.0024	1	0	1
LD	0.0020	0.2974	0.4533	0.4781	0	2	2
MD	0.0683	0.1968	0.9748	0.0202	0	2	2
HD	0.4287	0.3384	0.9943	0.0056	1	1	1

变量在双公因子上的贡献率是表 14-10 中“贡献率之和”，由此可见，变量在公因子上的贡献率显示，退化梯度均在第一公因子上的贡献率相对于第二公因子占有绝对优势，这再一次说明第一坐标轴（第一公因子）可以代表退化梯度信息。在信息量和总信息量中，0、1 和 2 是各变量的坐标对特征值贡献多少的标志（表 14-12），贡献少、中、多依次用 0、1 和 2 来表示，可以看到，坐标对特征值贡献较多的是 LD 和 MD，而 CK 和 HD 坐标对特征值的贡献较少。

（四）各养分指标的特征向量分析

不同养分指标特征向量的分析结果见表 14-13，第一坐标、第二坐标为 6 个养分变量在两个公因子上的载荷，其结果可以表示为 CP=0.2874Dim1+0.0552Dim2，其他养分指标在两个公因子上的载荷详见表 14-13。由此可以看到，6 个养分指标在第一公因子（第一坐标）所承载的信息均较大，因此第一坐标可以反映不同养分指标在坐标系内的位置变动情况。

贡献率之和表示两个公因子反映的养分指标信息情况，由表 14-13 可以看到，两个公因子所代表的养分含量信息大小依次为 DM>NFE>TDN>CF>CP>EE，由于承载信息均在 95%以上，可以采用两个公因子承载的信息代替原指标信息。和占百分比表示原始数据中各列数据之和占合计的百分比（%），此信息反映出 DM>TDN>NFE>CF>CP>EE，这说明所测定的营养物质含量与退化程度的相关性总体上的变化规律为 DM>TDN>NFE>CF>CP>EE。变量占特征值比表示各养分含量对总特征值贡献百分比，贡献率大小依次为 DM>TDN>NFE> CP>CF>EE。由此可以看到，不同养分指标在各相关贡献率占比情况会存变动，从而导致排位情况发生改变（表 14-13）。

表 14-13 各养分指标的特征向量

养分指标	特征向量		变量占比统计		
	第一坐标	第二坐标	贡献率之和	和占百分比	变量占特征值比
CP	0.2874	0.0552	0.9955	0.0442	0.0709
EE	0.1792	−0.1442	0.9840	0.0094	0.0094
CF	0.0696	0.0148	0.9975	0.1149	0.0109
NFE	0.1726	−0.0115	0.9997	0.1941	0.1083
TDN	0.2263	−0.0028	0.9993	0.2402	0.2296
DM	−0.2777	0.0003	1.0000	0.3971	0.5709

（五）各养分指标的欧氏距离

欧氏距离的大小代表养分指标的相关程度，如 CP 和 EE 之间的距离= $\{(0.2874-0.1792)^2+[0.0552-(-0.1442)]^2\}^{1/2}=0.2269$，其他养分指标间的欧氏距离见表 14-14。由表中数据可知，NFE 和 TDN 之间的相关关系最近，其次为 CP 和 TDN，CP 与 DM 之间的关系最远。总体来看，CP、EE 和 CF 与 NFE 之间的欧氏距离较近且相差不大，CP 和 NFE 与 TDN 之间的相关性较为密切。

表 14-14 不同养分指标之间的欧氏距离

养分指标	EE	CF	NFE	TDN	DM
CP	0.2269	0.2215	0.1328	0.0842	0.5678
EE		0.1391	0.1329	0.1490	0.4792
CF			0.1063	0.1577	0.3476
NFE				0.0544	0.4505
TDN					0.5040

（六）各养分指标的贡献率及信息量分析

每个公因子上每个变量的贡献率显示，DM 和 TDN 在第一公因子上的贡献率较大，但其在第二公因子上的贡献率非常小；CP、EE 和 CF 在第二公因子上的贡献率较大，在第一公因子上的贡献率较小；NFE 在第一公因子上的贡献率仅比在第二公因子上的贡献率大 1.6 倍左右。

变量在双公因子上的贡献率是表 14-13 中“贡献率之和”，由此可见，变量在公因子上的贡献率显示，养分含量均在第一公因子上的贡献率相对于第二公因子占有绝对优势，这再一次说明第一坐标轴（第一公因子）可以反映养分含量信息。在信息量和总信息量中，0、1 和 2 是各变量的坐标对特征值贡献多少的标志，贡献少、中、多依次用 0、1 和 2 来表示，可以看到，坐标对特征值贡献较多的是 CP、EE 和 CF，而 NFE、TDN 和 DM 坐标对特征值的贡献较少（表 14-15）。

表 14-15 各养分指标的贡献率及信息量分析

养分指标	公因子上变量的贡献率		变量在公因子上的贡献率		信息量		总信息量
	第一坐标	第二坐标	第一坐标	第二坐标	第一坐标	第二坐标	
CP	0.0686	0.3510	0.9601	0.0354	0	2	2
EE	0.0057	0.5113	0.5973	0.3867	0	2	2
CF	0.0105	0.0655	0.9544	0.0431	0	0	2
NFE	0.1087	0.0672	0.9953	0.0044	0	0	1
TDN	0.2312	0.0050	0.9992	0.0001	1	0	1
DM	0.5754	0.0001	1.0000	0.0000	1	0	1

（七）退化梯度与养分含量的对应分析

将退化梯度与养分指标的对应分析结果绘制成图，如图 14-1 所示。从图中可以看到，退化梯度在横坐标（第一坐标）两侧，且均距离横坐标很近，横坐标由左向右表现的是退化程度加大的情况；由于 DM 和 TDN 几乎在横坐标上，因此，随着退化程度加剧，草地植物群落 TDN 含量增加，DM 含量减少。

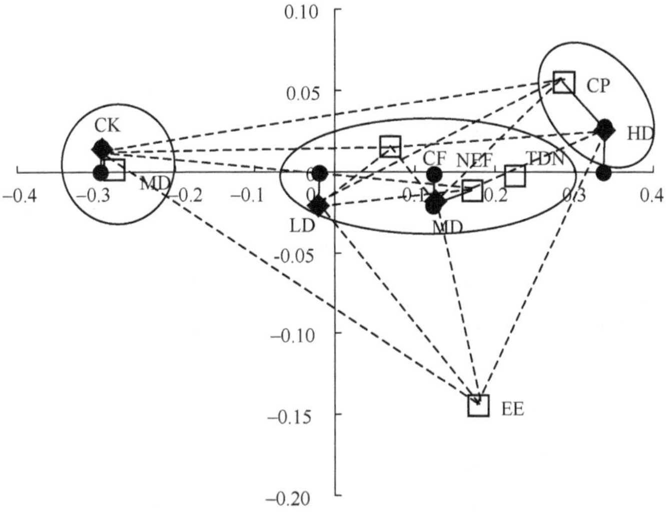

图 14-1 退化梯度与养分含量对应分析图

除 EE 外，其他养分指标均与退化梯度构成明显的相关性（图中点的距离），在 CK 条件下，DM 含量最高，这是由于 CK 条件未受放牧或其他利用方式影响，植物群落能够保持正常的长势，地上生物量高于其他退化梯度的生物量，同时由于测定时间是在 8 月，草甸草原多数植物种群处在开花中期或末期（少数植物种群处于结实初期），而此时正是植物体内干物质积累量达到最大的时期，因此 CK 条件下植物群落的 DM 含量最大。

LD 和 MD 条件下，EE 含量与其距离较近，说明 LD 和 MD 条件下，植物群落 EE 含量较大。这可以从两方面考虑，首先 LD 和 MD 草地受到家畜或其他方面的影响，植物种群有时间也具有相应条件进行补偿性生长，在补偿性生长过程中，植物种群的叶片数量补偿比较明显，同时由于外界环境轻微扰动后，叶片的保留量相对较多，而叶片通常是植物种群脂肪含量相对较多的组织；其次是取样时草地植物群落多数植物种群处在开花中期或末期（少数植物种群处于结实初期），这也正是植物种群内粗脂肪含量较高的时期，因此 LD 和 MD 条件下的 EE 含量表现较 CK 和 HD 高。但总体来看，EE 相对于其他养分含量指标远离退化梯度，表明退化梯度对 EE 的影响弱于其他养分指标。

HD 条件下，CP 含量相对较大，这是由于 HD 草地放牧强度较大，家畜对草地植物种群采食、践踏情况严重，导致植物群落多数植物种群为维持种群生长和繁衍而再生出很多嫩枝、嫩叶，从而使 CP 在 HD 草地植物群落养分含量较高。

由图 14-1 可以看到，除 EE 外，其他养分含量指标和退化梯度可以分为 3 个区域，最左面的圆形区域包含 CK 和 DM，说明对照条件下的草地拥有较高的干物质含量；中间的椭圆区域包含 LD、MD 和 CF、NFE、TDN，表明轻度和中度退化草地与植物群落粗纤维、无氮浸出物和总可消化养分含量关系密切；右面的圆形区域包含 HD 和 CP，这说明重度退化草地粗蛋白质含量较高；EE 远离退化梯度及其他养分含量指标，进一步说明退化梯度对粗脂肪的影响较弱。

（八）退化梯度与群落养分关系的探讨

本研究基于李博（1997）对北方草地退化的分级及其划分标准，研究了不同退化程度的草甸草原植物群落养分含量的表现形式及其与退化梯度的对应关系，旨在探讨植物群落养分含量随退化梯度的变化规律和对应变化特点。采用对应分析方法，不仅可以揭示同一变量各个类别之间的差异，也可以揭示不同变量各个类别之间的对应关系（徐小万等，2009）。例如，干物质含量随退化程度的增加呈下降的变化趋势，而总可消化养分的变化趋势却与之相反。

在欧氏距离分析中，退化梯度距离的远近是基于养分变量降维成特征向量的二维变量，因此其距离的远近代表着退化梯度间养分含量的相关程度，或者称为相近程度。LD 和 MD 之间的距离最近，表明二者之间的各指标养分含量也比较接近。原因是退化草地主要是由人为放牧影响造成的，马红彬和谢应忠（2008）研究指出，当在一定的放牧强度内，草地植物群落会发生超补偿生长或等补偿生长，当大于该放牧强度时，则表现出欠补偿生长。因此，LD 和 MD 之间的距离最近，可能是轻度退化草地植物群落的超补偿生长或等补偿生长起着重要作用。

在对应分析结果中，粗脂肪含量与各退化梯度的距离比较远，且远离坐标轴，说明粗脂肪含量受放牧梯度的影响较小。原因是在试验地段，草地植物群落物种组成以禾本科植物为主，又由于叶片通常是植物种群脂肪含量相对较多的组织，因此粗脂肪含量相对稳定；尽管存在家畜的选择性采食作用，但这种影响在粗脂肪含量上没有明显表现。

第十五章 聚类分析

聚类分析是数理统计中研究“物以类聚”的一种方法。在数值分类方面，可归纳为两大类问题。一类是已知研究对象的分类情况，将某些未知个体正确地归属到其中某一类，这是判别分析问题；另一类问题是在事先没有分类的情况下进行数据结构的分类，这就是聚类分析所要解决的问题。

在自然与社会科学研究中，存在着大量分类研究和构造分类模式的问题。例如，在病虫害种群消长演替规律的研究中，需要从所有生态子系统出发，构造其数量、时间和空间关系的分类模式，以此来研究病虫害的发生规律。过去人们主要靠经验和专业知识进行定性分类处理，很少利用数学方法，因而使许多分类往往带有主观性和任意性，不能揭示客观事物内在的本质差别和联系。特别是对于多因素、多指标的分类问题，定性分类难以准确进行分类。近年来，多元统计分析逐渐被引入分类学中，形成了数值分类学，并且从数值分类学中逐渐分离出聚类分析这个分支。

聚类分析的功能是建立一种分类方法，它将一批样品或变量按照它们在性质上的亲疏程度进行分类。描述这种亲疏程度通常有两个途径：一是把每个样品看成 m 维（变量的个数为 m 个）空间的一个点，进而在 m 维坐标中，定义点与点之间的某种距离；二是用某种相似系数来描述样品之间的亲疏程度，当确定了样品或变量间的距离或相似系数后，就可以对样品或变量进行分类。分类的方法很多。一类方法是在样品距离的基础上定义类与类之间的距离，首先将 n 个样品自成一类，然后每次将具有最小距离的两类合并，合并后重新计算类与类之间的距离，将此过程一直继续到所有样品归为一类为止。最后绘出聚类谱系图。这种聚类方法称为系统聚类法。另一类方法是将 n 个样品初步分类，然后根据分类函数尽可能小的原则，对已分类别进行调整，直到分类合理为止。这种聚类方法称为调试法，如动态聚类就属于该类型。此外，还有在不打乱样本秩序的条件下对样本进行聚类分析，如有序样本的最优分割法。

非线性映射方法是一种“几何图像降维”的数学方法。该方法可将 n 个样本 m 维空间点映射到一个维数较低（如二维）的空间，从而给出数据构型的直观概念，并在低维空间进行识别分类。

聚类分析根据分类对象的不同分为 Q 型和 R 型两大类，Q 型是对样本进行分类处理，R 型是对变量进行分类处理。在一般科研工作中，用得较多的是 Q 型聚类分析。

第一节　系统聚类分析

一、数据变换处理

对原始数据矩阵进行变换处理是由于不同指标（变量）一般都有不同的量纲并有不同的数量级单位。为了使不同量纲、不同数量级的数据能放在一起进行比较，通常需要对数据进行变换处理。例如，害虫的发生期、发生量、危害率、损失率及危害程度等的量纲是不同的，如发生量的数值可大到几千甚至上万，而危害率总为 0～1，发生程度一般为 1～5 级。这些具有不同的量纲而且数值呈数量级之差的数据想要在一起进行比较，必须进行变换处理。

常用的变换方法有如下几种。

1）中心化变换

$$x_{ij}^{*} = x_{ij} - \overline{x}_{j}$$

变换的结果使每列数据之和均为 0。

2）规格化变换（极差正规化）

$$x_{ij}^{*} = \frac{x_{ij} - \min x_{ij}}{\max x_{ij} - \min x_{ij}}$$

经变换后，每列的最大数据变为 1，最小数据变为 0，其余数据取值为 0～1。

3）标准化变换

$$x_{ij}^{*} = \frac{x_{ij} - \overline{x}_{j}}{s_{j}}$$

式中，$\overline{x}_{j} = \frac{1}{n}\sum_{i=1}^{n} x_{ij}$，$s_{j} = \sqrt{\frac{1}{n}\sum_{i=1}^{n}(x_{ij} - \overline{x}_{j})}$，通过变换处理后，每列数据的平均值为 0，方差为 1。

4）对数变换

$$x_{ij}^{*} = \ln(x_{ij})$$

其中观察值 $x_{ij}>0$。对数变换可将具有指数特征的数据结构转化为线性数据结构。

二、计算距离系数

研究变量或样本间亲疏程度的数量指标有两种。一种是相似系数，性质越接近的样品其相似系数越接近于 1（或-1），而彼此无关的样品之间的相似系数则接近于 0。在进行聚类处理时，比较相似的样品归为一类，不相似的样品归为不同的类。另一种是距离，它是将每一个样品看成 m 维空间（m 个变量）的一个点，在这 m 维空间中定义距离，距离较近的点归为同一类，距离较远的点归为不同的类。

目前已有大量的相似系数和距离，Mocre 于 1972 年曾列出 40 多种，但在数值分类中比较常用的却是少数几种。对于原始观测数据的矩阵 X，在聚类分析中常用到的相似系数和距离包括以下 6 种。

（1）欧氏距离

$$d_{ij}=\sqrt{\sum_{k=1}^{m}(x_{ik}-x_{jk})^2}$$

它是聚类分析中使用最广泛的距离。

（2）绝对值距离（又称 Manhattan 度量或网格变量）

$$d_{ij}=\sum_{k=1}^{m}\left|x_{ik}-x_{jk}\right|$$

（3）切比雪夫距离

$$d_{ij}(\infty)=\max\left|x_{ik}-x_{jk}\right|$$

（4）兰氏距离

$$d_{ij}=\sum_{k=1}^{m}\left|x_{ik}-x_{jk}\right|\Big/(x_{ik}+x_{jk})$$

这是一个自身标准化的量。由于它对大的奇异值不敏感，因此特别适合高度偏倚的数据。

（5）马氏距离

$$d_{ij}=(x_{(i)}-x_{(j)})'S^{-1}(x_{(i)}-x_{(j)})$$

式中，$x_{(i)}$ 为样品 x_i 的 m 个指标所组成的向量（i=1,2,…,n），S^{-1} 为样本协方差阵的逆矩阵。样本的协方差阵为 $S_{ij}=\left[\sum_{k=1}^{n}(x_{ik}-\overline{x}_i)(x_{jk}-\overline{x}_j)\right]/(n-1)$。

（6）卡方距离

$$d_{ij}=\sum_{k=1}^{m}\left[(x_{ik}-e_{ijk})^2/e_{ijk}+(x_{jk}-e_{ijk})^2/e_{ijk}\right]$$

式中，$e_{ijk}=(x_{ik}-x_{jk})T_i/T_{ij}$，$T_i=\sum_{k=1}^{m}x_{ik}$，$T_{ij}=T_i+T_j$（$k$=1,2,…,$m$；$i$,$j$=1,2,…,$n$）。

唐启义和冯明光（2017）认为，卡方距离比欧氏距离等常用的距离系数有更强的分类识别能力。

聚类分析有时也需要对变量进行聚类。在对变量进行聚类时，也可以定义变量间的距离，通常使用变量间的相似系数。常用的相似系数如下。

（1）夹角余弦

夹角余弦作为变量间的相似系数，忽视了各变量的绝对长度，着重从形状方面反映它们之间的关系。记变量 x_i 与 x_j 的夹角余弦为 c_{ij}，其中 $i,j=1,2,\cdots,p$，则有

$$c_{ij}=\frac{\sum_{k=1}^{n}x_{ik}x_{jk}}{\left(\sum_{k=1}^{n}x_{ik}^{2}\sum_{k=1}^{n}x_{jk}^{2}\right)^{1/2}}$$

（2）相关系数

变量 x_i 与 x_j 的相关系数为

$$r_{ij}=\frac{\sum_{k=1}^{n}(x_{ik}-\overline{x}_i)(x_{jk}-\overline{x}_j)}{\left[\sum_{k=1}^{n}(x_{ik}-\overline{x}_i)^2\sum_{k=1}^{n}(x_{jk}-\overline{x}_j)^2\right]^{\frac{1}{2}}}$$

式中，$\overline{x}_i$ 表示第 i 个指标的平均值。

三、聚类分析的距离计算和相应准则

（一）类的定义

我们的目的是聚类，那么什么叫类呢？由于客观事物的千差万别，在不同的问题中类的含义是不尽相同的。图 15-1 表现的是 5 种不同类型的类。

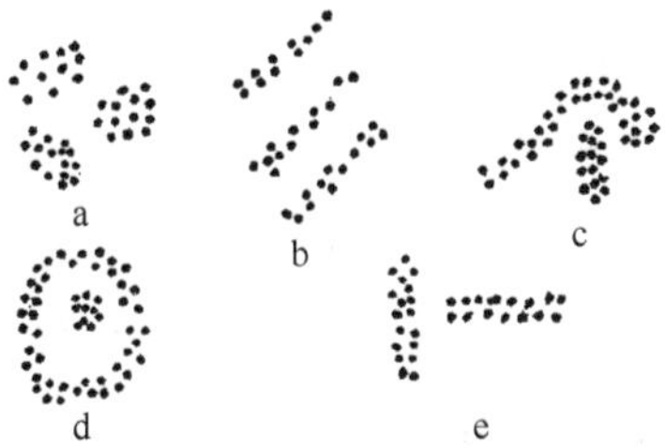

图 15-1　各种形式的类

试图给类一个严格的定义，绝非一件简单的事。下面给出类的几个定义，不同的定义适用于不同的场合。用 G 表示类，假设 G 中有 k 个元素，用 i、j 表示 G

中第i、j个因素。

定义 1：T为一个给定的阈值，如果对任意的$i,j\in G$，有$d_{ij}\leqslant T$（d_{ij}为i和j的距离），则称G为一个类。

定义 2：T为一个给定的阈值，如果对每个$i\in G$，有$\frac{1}{k-1}\sum_{j\in G}d_{ij}\leqslant T$，则称$G$为一个类。

定义 3：T为一个给定的阈值，如果对任意一个$i\in G$，一定存在$j\in G$,使得$d_{ij}\leqslant T$，则称G为一个类。

由此可见，定义 1 的要求是最高的，凡符合它的类，一定也是后两种定义的类。此外，凡符合定义 2 的类，也一定是定义 3 的类。

（二）类的特征

类G的元素用$x_1,x_2,\cdots,x_n$表示，m为G内的样品数，可以从不同的角度来描述G的特征。常用的描述特征有如下 3 种。

1）均值$\overline{x}_G$（或称为G的重心）：$\overline{x}_G=\frac{1}{m}\sum_{i=1}^{m}x_i$。

2）样品的协方差阵：$\begin{cases}A_G=\sum_{i=1}^{m}(x_i-\overline{x}_G)(x_i-\overline{x}_G)' \\ S_G=\frac{1}{m-1}A_G\end{cases}$。

3）G 的直径。它有多种定义，如$D_G=\sum_{i=1}^{m}(x_i-\overline{x}_G)'(x_i-\overline{x}_G)=\mathrm{tr}(A_G)$，$D_G=\max_{i,j\in G}d_{ij}$。

（三）系统聚类分析距离的计算

在聚类分析中，不仅要考虑各个类的特征，而且要计算类与类之间的距离。由于类的形状是多种多样的，因此，类与类之间的距离也有多种计算方法。令G_p和G_q中分别有p个和q个样品，它们的重心分别记为$\overline{x}_p$和$\overline{x}_q$。下面给出一些常用的类与类之间的距离定义，用D_{pq}表示。

（1）最短距离

$$D_{pq}=\min\left\{d_{jk}\middle|j\in G_p,k\in G_q\right\}$$

类与类之间的距离定义为 G_p 和 G_q 中最邻近的两个样品的距离。

（2）最长距离

$$D_{pq}=\max\left\{d_{jk}\middle| j\in G_p,k\in G_q\right\}$$

类与类之间的距离定义为 G_p 和 G_q 中最远的两个样品的距离。

（3）中间距离

$$D_{kr}^2=\frac{1}{2}D_{kp}^2+\frac{1}{2}D_{kq}^2-\frac{1}{4}D_{pq}^2$$

（4）类平均距离

$$D_{pq}^2=\frac{1}{n_p n_q}\sum_{x_i\in G_p}\sum_{x_j\in G_q}d_{ij}^2$$

（5）可变类平均法

$$D_{rk}^2=(1-\beta)\frac{n_p D_{pk}^2+n_q D_{qk}^2}{n_p+n_q}+\beta D_{pq}^2$$

（6）离差平方和法

$$D_{rk}^2=\frac{n_k+n_p}{n_r+n_k}D_{pk}^2+\frac{n_k+n_q}{n_r+n_k}D_{qk}^2-\frac{n_k}{n_k+n_r}D_{pq}^2$$

（7）可变方法

$$D_{kr}^2=\frac{1-\beta}{2}(D_{kp}^2+D_{kq}^2)+\beta D_{pq}^2,\quad \beta<1$$

（8）重心法

$$D_{kr}^2=\frac{n_p}{n_r}D_{pk}^2+\frac{n_q}{n_r}D_{qk}^2-\frac{n_p n_q}{n_r^2}D_{pq}^2$$

四、类的各种统计量

（1）类 G_p 的均方根标准差

$$\text{RMSSTD}=\sqrt{D_G/(v(p-1))}$$

式中，D_G 为类 G_p 的直径，即类内的离差平方和。

（2）R^2 统计量

$$R^2=1-\sum D_i/\text{TSS}$$

式中，$\sum D_i$ 为在谱系的第 G 层对 G 个类的直径求和；TSS 为所有观察的总离差平方和。一般来说，R^2 统计量用于评价每次合并成 G 个类时的聚类效果。当 $\sum D_i/\mathrm{TSS}$ 值越小（也即 R^2 统计量越大，越接近 1），表示类内离差平方和 $\sum D_i$ 在总离差平方和 TSS 中所占的比例越小，说明类间相距较大，故聚类效果越好。

R^2 值总是在 0 和 1 之间，当 n 个样品各自为一类时，$R^2=1$，说明类被完全分开；当 n 个样品最后合并成一类时，$R^2=0$，说明类被完全混合在一起。而且 R^2 值总是随着分类个数的减少而变小。那么如何根据 R^2 值来确定 n 个样品应分为几类最合适呢？首先，R^2 值不能太小，最好能达到 0.7 以上；其次，不能孤立地看合并后 R^2 值的大小，应该看 R^2 值的变化。类的合并总是使 R^2 值变小，如果这种变小是均匀的，合并就是应该的，但当某次合并使 R^2 值减少很多时，这次合并就不应该，即我们找到了最合适的分类数。例如，从 10 类合并到 5 类时，R^2 值每次减少 0.01～0.02，R^2 值减小到 0.8，从 5 类合并到 4 类时，R^2 值减少了 0.3，即 R^2=0.8−0.3=0.5，这时，我们就可以得出分 5 类是最合适的。

（3）半偏 R^2 统计量

合并类 G_p 和类 G_q 为类 G_m 时，可以用半偏 R^2 统计量评价这次合并的效果，半偏 R^2 计算公式为

$$\text{半偏}R^2 = D_w(p,q)/\mathrm{TSS}$$

半偏 R^2 表示合并类 G_p 和类 G_q 为新类 G_m 后，类内离差平方和的增量。显然，半偏 R^2 值=上次合并后的 R^2 值–这次合并后的 R^2 值，以上例数据为例，合并到 4 类时的半偏 R^2 值=0.3。故这次合并后的半偏 R^2 值越大，说明上次合并后停止合并的效果越好。

（4）伪 F 统计量

$$\text{伪}F(v(G-1),v(n-G)) = \frac{(\mathrm{TSS}-\sum D_i)/(G-1)}{\sum D_i/(n-G)}$$

式中，G 为聚类的个数；n 为观察总数；v 为观察样品的变量维数。自由度为 $v(G-1)$ 和 $v(n-G)$。在给定显著性水平上该伪 F 统计量用于评价分为 G 个类的效果。伪 F 值越大越表示这些观测可被显著地分为 G 个类。

（5）伪 t^2 统计量

$$\text{伪}t^2(v,v(p+q-2)) = \frac{D_m - D_p - D_q}{(D_p+D_q)/(p+q-2)}$$

该统计量用于评价合并类 G_p 和类 G_q 的效果。该值很大说明合并类 G_p 和类 G_q 为类 G_m 后，使得离差平方和的增加量（$D_m - D_p - D_q$）比原来 G_p 和 G_q 两类

的类内离差平方和大。这表明上一次合并的两个类 G_p 和 G_q 分开的效果很好，也就是说上一次聚类的效果很好。否则，这两个类在再合并时的离差平方和的增加量应该很小。

上面的两个伪 F 和伪 t^2 统计量都可以作为确定类个数的有用指标，但是它们并不具有像随机变量一样的 F 分布和 t^2 分布。因为只有在观察数据来自具有标量协方差矩阵的多元正态分布的独立样本且利用聚类方法将观测随机分类的假设前提下，伪 F 和伪 t^2 统计量才具有真正的 F 分布和 t^2 分布。而上述的两个假设前提在实际应用中是很难达到的，故称这两个统计量为伪统计量。

五、聚类方法介绍

系统聚类法是目前使用最多的一种方法。其基本思想是首先将 n 个样品看成 n 类（即一类包括一个样品），然后规定样品之间的距离和类与类之间的距离。将距离最近的两类合并为一个新类，计算新类和其他类之间的距离，再从中找出最近的两类合并，直到最后所有的样品全在一类中。最终画出聚类图，便可以决定分类数、每类各有多少个样品。

最短距离法的聚类步骤如下。

1）规定样品之间的距离，计算两两样品之间的距离，距离矩阵记为 $D_{(0)}$，开始时每个样品分为一类，这时显然应有 $D_{ij}=d_{ij}$。

2）选择距离矩阵 $D_{(0)}$中的最小元素，记其为 D_{pq}，则将 G_p 与 G_q 合并为一新类，记为 G_r，有 $G_r=\{G_p,G_q\}$。

3）计算新类与其他各类的距离，得到新的距离矩阵记为 $D_{(1)}$。

4）对 $D_{(1)}$重复开始进行第②步，直到所有样本成为一类为止。

值得注意的是，在整个聚类的过程中，如果在某一步距离矩阵中最小元素不止一个时，则可以将其同时合并。

六、系统聚类的 SAS 实例操作

【例 15.1】短花针茅荒漠草原 10 种植物种群 Smith 生态位宽度见表 15-1，试进行聚类分析，查看不同植物种群生态位宽度的分类情况。

表 15-1 荒漠草原不同植物种群生态位宽度

编号	植物种群	RG	CG	CK
P1	短花针茅	2.043	4.191	1.048
P2	碱韭	4.477	3.863	3.370
P3	无芒隐子草	4.721	4.229	2.028

续表

编号	植物种群	RG	CG	CK
P4	阿氏旋花	4.159	3.322	2.565
P5	栉叶蒿	0.770	1.041	1.335
P6	寸草苔	2.568	3.689	1.997
P7	锦鸡儿	1.014	0.944	1.103
P8	木地肤	0.779	0.832	0.925
P9	细叶韭	2.054	2.352	1.808
P10	猪毛菜	4.023	3.523	7.604

从表 15-1 可以看到，数据集属于小数据集，进行系统聚类分析比较合适，主要目的是查验生态位宽度的分类情况。

SAS 的分析程序如下：

```
DATA DD;
INPUT NAME$ X1-X3;
CARDS;
P1   2.043   4.191   1.048
P2   4.477   3.863   3.370
P3   4.721   4.229   2.028
P4   4.159   3.322   2.565
P5   0.770   1.041   1.335
P6   2.568   3.689   1.997
P7   1.014   0.944   1.103
P8   0.779   0.832   0.925
P9   2.054   2.352   1.808
P10  4.023   3.523   7.604
;
PROC STANDARD M=0 STD=1 OUT=SS;
VAR X1-X3;
RUN;
PROC CLUSTER METHOD=AVE NONORM PSEUDO CCC;
ID NAME;
RUN;
PROC TREE;
RUN;
```

程序中 X1 代表划区轮牧（RG）、X2 代表自由放牧（CG）、X3 代表围封处理（CK）。

SAS 程序的输出结果如下：

The CLUSTER Procedure
Average Linkage Cluster Analysis

Eigenvalues of the Covariance Matrix

	Eigenvalue	Difference	Proportion	Cumulative
1	2.21196661	1.56979769	0.7373	0.7373
2	0.64216892	0.49630445	0.2141	0.9514
3	0.14586447		0.0486	1.0000

Root-Mean-Square Total-Sample Standard Deviation 1

Cluster History

NCL	--Clusters Joined---		FREQ	SPRSQ	RSQ	ERSQ	CCC	PSF	PST2	RMS Dist	Tie
9	P7	P8	2	0.0007	.999	.	.	183	.	0.1921	
8	P5	CL9	3	0.0011	.998	.	.	159	1.6	0.2324	
7	P2	P4	2	0.0066	.992	.	.	59.0	.	0.5978	
6	P1	P6	2	0.0087	.983	.	.	45.9	.	0.6862	
5	CL7	P3	3	0.0123	.971	.	.	41.2	1.9	0.7678	
4	CL6	P9	3	0.0335	.937	.	.	29.7	3.8	1.2147	
3	CL4	CL5	6	0.1315	.805	.	.	14.5	8.6	1.7084	
2	CL3	CL8	9	0.4785	.327	.648	-2.4	3.9	17.2	2.71	
1	CL2	P10	10	0.3269	.000	.000	0.00	.	3.9	3.439	

根据类的各种统计量，由输出结果可知，R^2（RSQ）统计量规则为：类的合并总是使 R^2 值变小，如果这种变小是均匀的，合并是应该的，但当某次合并使 R^2 值减少很多，这次合并就不应该，即我们找到了最合适的分类数；当RSQ值为0.327时，其较0.805小很多，所以认为分为3类比较合适。半偏 R^2 值（SPRSQ）等于上次合并后的 R^2 值减去这次合并后的 R^2 值，故某一步的半偏R^2值越大，说明上一步合并的效果越好。由本例看出，当半偏R^2为0.4785时最大，上一步的合并效果最好，表明10个植物种群分为3类最为合适。

伪 F 值越大越表示这些观察可被显著地分为 NCL 个类。从本例中我们看到，伪 F（PSF 或 Pseudo F）最大值为 183，说明原来各植物种群生态位宽度受自由放牧、划区轮牧以及围封的影响，各自之间的变化差别较大，在聚类过程中，随着聚类的类数越小，伪 F 值变得也越来越小，在从 3 类到两类的过程中，伪 F 值变动幅度最大，因此 10 个植物种群划分为 3 类比较合适。

伪 t^2 值很大说明合并类 G_p 和类 G_q 为类 G_m 后，使得离差平方和的增加量（$D_m - D_p - D_q$）比原来 G_p 和 G_q 两类的类内离差平方和大。这表明上一次合并的两个类 G_p 和 G_q 分开的效果很好，也就是说上一次聚类的效果是很好的。本例中，在划分为两类时伪 t^2 值最大，说明上一次合并的两个类 G_p 和 G_q 分开的效果很好，所以划分为 3 类比较合适。

综合来看，4 个参数均表明 10 个植物种群在不同放牧处理影响下，其生态位宽度划分为 3 类比较合适。有时只根据数值变化难以区分和寻找最适分类数。建

议将 R^2 统计量、半偏 R^2 值、伪 F 值和伪 t^2 值绘制成折线图，寻找拐点或突变点从而判断最适分类，这样更为直接和方便。将 SAS 的输出结果绘制折线图，结果见图 15-2。所以归类数为 3 类较为适宜。

前面所说的最适分类完全是从数量关系上进行分析，没有考虑专业角度，分几类合适应结合专业背景知识。本例如果从专业角度考量（图 15-3），分为 4 类较为合适。最先聚为一类的为栉叶蒿、锦鸡儿和木地肤植物种群，从均值角度看，这类植物种群生态位均比较小，从变化趋势看，这类植物种群受划区轮牧、自由放牧和围封的影响规律不明显；紧接着聚在一起的第二类包括碱韭、无芒隐子草和阿氏旋花，此类植物种群生态位宽度较宽，且按照划区轮牧、自由放牧和围封的顺序生态位宽度呈下降趋势；第三类植物种群包括短花针茅、寸草苔和细叶韭，其生态位宽度居于前两者之间，按照划区轮牧、自由放牧和围封表现为低—高—低的变化趋势。最后聚为一类的只包含一个植物种群，即猪毛菜，其生态位宽度

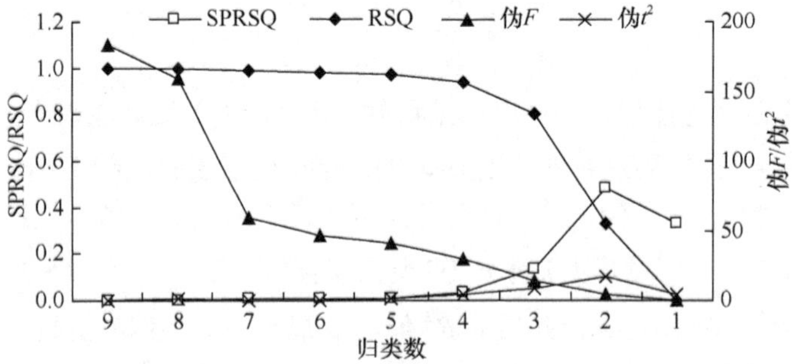

图 15-2　类的不同统计量折线图

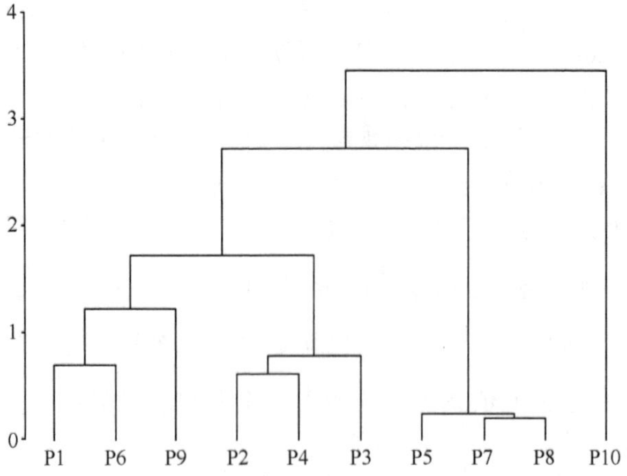

图 15-3　不同植物种群生态位宽度的聚类结果

0~4 为类平均距离；P_1 ~P_{10} 为种群生态位编号

总体表现较宽，受放牧处理影响的规律不明显。

无论是从统计量判断分类，还是从专业角度分类，一般都尽可能避免单独成类的观测出现。当存在单独成类观测且包含在最终的分类组数中时一般对其单独进行讨论，所选的最适分类数减一类，将分类结果作一般性的总结，而单独成类的观测作特殊的说明。

第二节 逐步聚类分析

逐步聚类分析主要用于大样本数据集的聚类，通常称为逐步聚类法或动态聚类法，对样本容量为 100～100 000 的数据集更为适合。根据指定的分类数目，采用最小距离法将各观测值划分到某一类，聚类时可为各类指定一个初始中心点（即凝聚点或种子点），也可自动选取凝聚点。在实际应用过程中，一般认为大样本的数据（样本容量 $n\geqslant30$）也可用此方法进行聚类，但目标聚类的类别数量应该比较少，否则就失去聚类的基本意义。

在很多教材中，经常会提到 *K*-means 聚类法，在 SAS 中要想实现这一过程，需要调用逐步聚类分析过程 PROC FASTCLUS。

一、逐步聚类的计算过程

逐步聚类的算法（*K*-means 算法）如下。

1）设有 $X=\left\{x_{ij}\right\}$，其中 i 为样本观测数（i=1,2,⋯,m），j 为指标数（j=1,2,⋯,n）。

2）现要将 m 个观测样本分为 K 类，寻找 K 类的初始凝聚点 $S=\left\{s_{Kl}\right\}$，其中 K 为待聚类数（K=1,2,⋯,p,$p<m$），l 为 p 个观测指标均值（l=1,2,⋯,n）。

3）计算每个观测到凝聚点的距离，将待分析观测划分到距离最近的类内。然后重新计算每一类内的观测均值，作为新的凝聚点进行下一观测的计算。

4）如此反复计算，直到准则函数收敛为止。

其中距离常采用欧氏距离、最小距离，当然也可以采用其他距离，通常准则函数为 $E=\sum_{i=1}^{k}\sum_{p\in k}\left|x_{pj}-\overline{x}_i\right|^2$，这里 k 为类别，p 为类内观测数，j 为指标数，x_{pj} 为类内观测值，$\overline{x}_i$ 为类内均值。

二、SAS 实例分析过程

（一）甘草种子分类指标及测定数据

【例 15.2】现收集到 31 份甘草种子，欲对其进行逐步聚类分析，测定的指标包含种子净度（%），种子发芽率（%）和其他植物种子数（粒）3 项指标。数据集见表 15-2。

表 15-2　31 份甘草种子逐步聚类原始数据

甘草样品编号	净度（%）X_1	发芽率（%）X_2	其他植物种子数（粒）X_3
1	89.91	92.75	301
2	89.39	88.00	987
3	95.00	92.50	1487
4	89.88	76.50	462
5	88.17	85.00	882
6	83.13	77.50	1651
7	79.17	65.75	1225
8	90.32	85.00	363
9	89.75	78.00	422
10	89.35	73.00	412
11	86.85	70.00	1602
12	93.65	73.00	1118
13	95.65	55.00	502
14	64.70	65.50	493
15	81.65	79.50	651
16	87.80	76.25	912
17	82.85	85.00	950
18	93.40	85.00	462
19	58.00	66.00	1550
20	59.70	58.00	342
21	81.75	78.75	950
22	91.85	78.75	400
23	91.11	77.00	325
24	79.42	77.50	750
25	79.42	71.25	663
26	80.87	78.75	1400
27	69.53	79.25	1702
28	72.64	79.00	401
29	86.59	55.25	475
30	86.88	83.00	382
31	90.24	41.75	1500

（二）问题解析及 SAS 程序编写

逐步聚类是采用最小距离法将各观测值划分到某一类，需要考虑以下几个因素。

1）单指标和多指标之间划分结果是否不同。

2）各指标由于存在数量级差异是否影响聚类结果。

3）正相关和负相关指标该如何考虑。

根据数据分析方法和数据集指标特征，首先，单指标聚类和多指标聚类可能会造成各观测在聚类结果所属类别产生差异；其次，多元数据分析应尽可能消除指标数量级的影响；最后，各正、负相关趋势会对聚类结果造成不可预见的影响。基于这三方面的分析，第一，需要逐一对单指标进行聚类分析，考虑指标与分类目标的相关性（称为第一次聚类分析）；第二，消除数量级和量纲影响后再进行多指标聚类分析（称为第二次聚类分析），不考虑指标的正、负相关性；第三，在消除指标数量级和量纲影响差异的基础上，考虑正、负相关性指标的影响，然后再进行分类（称为第三次聚类分析）；第四，前面 3 种均未考虑自动聚类是否与目标结果一致的问题，因此结合上述三点需要给出初始凝聚点（称为第四次聚类分析）。

第一次聚类分析由于指标 X_3 与前两个聚类目标趋势不一致（净度和发芽率越高，种子越好），甘草种子所属类别越高含其他种子数量应该越少，所以需要进行数据预处理。处理公式如下：

$$x_i^* = 1 - \frac{x_i}{x_{\max}}$$

式中，x_i^* 为指标 X_3 进行 0−1 化后的数据；x_i 为指标 X_3 的观测数据。

SAS 程序如下：

```
DATA dd;        /*规定数据集名称为dd*/
INPUT X1@@;        /*读入变量X1，@@需要连读*/
CARDS;          /*标记以下为数据观测值*/
89.91 89.39 95.00 89.88 88.17 83.13 79.17
90.32 89.75 89.35 86.85 93.65 95.65 64.70
81.65 87.80 82.85 93.40 58.00 59.70 81.75
91.85 91.11 79.42 79.42 80.87 69.53 72.64
86.59 86.88 90.24
;           /*标记数据集结束*/
PROC  FASTCLUS  DATA=dd  MAXC=3  OUT=clus  LIST;  /*调用逐步聚类
FASTCLUS过程，DATA指定待分析的数据集为dd，MAXC规定聚类后的类别数为3个，OUT规定
输出的数据集为clus，LIST对所有观测的聚类结果进行输出*/
VAR  X1;       /* VAR指定变量为X1*/
RUN;
```

由于是单指标聚类且所分类别相同，因此其他两个指标的聚类程序与此相同，只是将 X_1 分别改为 X_2 和 X_3 即可（当然，熟练之后也可不改，只要能分清即可）。

第二次聚类分析，将 X_1～X_3 采用 $x_i^* = \frac{x_i}{x_{\max}}$ 进行数据预处理，其 SAS 程序

如下：

```
DATA dd;
INPUT X1-X3;
CARDS;
0.9399   1.0000  0.1769
0.9345   0.9488  0.5799
0.9932   0.9973  0.8737
0.9396   0.8248  0.2714
0.9218   0.9164  0.5182
0.8690   0.8356  0.9700
0.8277   0.7089  0.7197
0.9442   0.9164  0.2133
0.9383   0.8410  0.2479
0.9341   0.7871  0.2421
0.9080   0.7547  0.9412
0.9790   0.7871  0.6569
1.0000   0.5930  0.2949
0.6764   0.7062  0.2897
0.8536   0.8571  0.3825
0.9179   0.8221  0.5358
0.8662   0.9164  0.5582
0.9765   0.9164  0.2714
0.6064   0.7116  0.9107
0.6241   0.6253  0.2009
0.8547   0.8491  0.5582
0.9602   0.8491  0.2350
0.9525   0.8302  0.1910
0.8303   0.8356  0.4407
0.8303   0.7682  0.3895
0.8455   0.8491  0.8226
0.7269   0.8544  1.0000
0.7594   0.8518  0.2356
0.9052   0.5957  0.2791
0.9083   0.8949  0.2244
0.9434   0.4501  0.8813
;
PROC  FASTCLUS  DATA=dd  MAXC=3  OUT=clus  LIST;
VAR  X1-X3;
RUN;
```

第三次聚类分析，将 X_1 和 X_2 采用 $x_i^* = \frac{x_i}{x_{\max}}$ 进行数据预处理，X_3 采用 $x_i^* = 1 - \frac{x_i}{x_{\max}}$ 进行数据预处理，其 SAS 程序与第二次聚类分析相同。

第四次聚类分析，需要给出初始凝聚点，初始凝聚点建议根据前面的输出结果进行判定，选取原则为：首先尽可能避免数据的极值，其次查验前面分析的凝聚点互相接近程度，最后从专业角度选取合适的凝聚点，在其他著作中，初始凝聚点也称为初始种子值（点）。为了使逐步聚类的聚类结果具有指导意义，同时考虑初始凝聚点的选取特点，设第 1 类甘草种子指标净度、发芽率和其他植物种子数的初始凝聚点分别为 0.99、0.99 和 0.99，第 2 类甘草种子指标净度、发芽率和其他植物种子数的初始凝聚点分别为 0.75、0.75 和 0.75，第 3 类甘草种子指标净度、发芽率和其他植物种子数的初始凝聚点分别为 0.65、0.55 和 0.50。

第四次 SAS 聚类分析程序如下：

```
DATA dd;
INPUT X1-X3;
CARDS;
0.9399  1.0000  0.8231
0.9345  0.9488  0.4201
0.9932  0.9973  0.1263
0.9396  0.8248  0.7286
0.9218  0.9164  0.4818
0.8690  0.8356  0.0300
0.8277  0.7089  0.2803
0.9442  0.9164  0.7867
0.9383  0.8410  0.7521
0.9341  0.7871  0.7579
0.9080  0.7547  0.0588
0.9790  0.7871  0.3431
1.0000  0.5930  0.7051
0.6764  0.7062  0.7103
0.8536  0.8571  0.6175
0.9179  0.8221  0.4642
0.8662  0.9164  0.4418
0.9765  0.9164  0.7286
0.6064  0.7116  0.0893
0.6241  0.6253  0.7991
0.8547  0.8491  0.4418
0.9602  0.8491  0.7650
0.9525  0.8302  0.8090
0.8303  0.8356  0.5593
0.8303  0.7682  0.6105
0.8455  0.8491  0.1774
0.7269  0.8544  0.0000
0.7594  0.8518  0.7644
0.9052  0.5957  0.7209
0.9083  0.8949  0.7756
0.9434  0.4501  0.1187;
DATA SDD;
```

```
INPUT X1-X3;
CARDS;
0.9900   0.9900  0.9900
0.7500   0.7500  0.7500
0.6500   0.5500  0.5000
;
PROC  FASTCLUS  DATA=dd  SEED=SDD  MAXC=3  OUT=clus  LIST;
VAR  X1-X3;
RUN;
```

（三）SAS 分析结果输出

第一次聚类分析 X_1 的逐步聚类分析结果如下：

```
                    The FASTCLUS Procedure
   Replace=FULL  Radius=0  Maxclusters=3 Maxiter=1
                       Initial Seeds
                  Cluster               X1
                 -------------------------
                     1          58.00000000
                     2          79.17000000
                     3          95.65000000
                  Cluster Listing     Distance
                                      from
                   Obs    Cluster       Seed
                ----------------------------
                     1         3       1.1213
                     2         3       1.6413
                     3         3       3.9687
                     4         3       1.1513
                     5         3       2.8613
                     6         2       2.3031
                     7         2       1.6569
                     8         3       0.7113
                     9         3       1.2813
                    10         3       1.6813
                    11         3       4.1813
                    12         3       2.6187
                    13         3       4.6187
                    14         1       3.9000
                    15         2       0.8231
                    16         3       3.2313
                    17         2       2.0231
                    18         3       2.3687
                    19         1       2.8000
                    20         1       1.1000
```

```
            21           2        0.9231
            22           3        0.8187
            23           3        0.0787
            24           2        1.4069
            25           2        1.4069
            26           2        0.0431
            27           1        8.7300
            28           2        8.1869
            29           3        4.4413
            30           3        4.1513
            31           3       0.7913
      Criterion Based on Final Seeds =   3.2094
```

Cluster	RMS Std Frequency	from Seed Deviation	Maximum Distance Radius to Observation	Nearest Exceeded	Distance Cluster	Between Cluster Centroids
1	4	5.2096	8.7300		2	17.1175
2	9	3.1604	8.1869		3	10.2217
3	18	2.7128	4.6187		2	10.2217

```
      Replace=FULL  Radius=0  Maxclusters=3 Maxiter=1
                  Statistics for Variables
 Variable      Total  STD     Within  STD       R-Square      RSQ/(1-RSQ)
 ---------------------------------------------------------------------
    X1           9.84661       3.19840      0.901525        9.154813
    OVER-ALL     9.84661       3.19840      0.901525        9.154813
               Pseudo F Statistic =   128.17
     Approximate Expected Over-All R-Squared =   0.90669
          Cubic Clustering Criterion =   -0.238
                       Cluster Means
                  Cluster                X1
                  -------------------------
                    1         62.98250000
                    2         80.10000000
                    3         90.32166667
                       SAS 系统
                 The FASTCLUS Procedure
       Replace=FULL  Radius=0  Maxclusters=3 Maxiter=1
                Cluster Standard Deviations
                  Cluster                X1
                  -------------------------
                    1         5.209596114
                    2         3.160352037
                    3         2.712830625
```

第一次聚类分析 X_2 的逐步聚类分析结果如下：

```
                      SAS 系统
              The FASTCLUS Procedure
```

```
Replace=FULL  Radius=0  Maxclusters=3 Maxiter=1
              Initial Seeds
         Cluster              X2
         -------------------------
            1         92.75000000
            2         41.75000000
            3         76.25000000
             Cluster Listing
                         Distance
                             from
          Obs    Cluster       Seed
        ----------------------------
            1          1     5.1429
            2          1     0.3929
            3          1     4.8929
            4          3     1.2875
            5          1     2.6071
            6          3     2.2875
            7          3     9.4625
            8          1     2.6071
            9          3     2.7875
           10          3     2.2125
           11          3     5.2125
           12          3     2.2125
           13          2     2.5000
           14          3     9.7125
           15          3     4.2875
           16          3     1.0375
           17          1     2.6071
           18          1     2.6071
           19          3     9.2125
           20          2     5.5000
           21          3     3.5375
           22          3     3.5375
           23          3     1.7875
           24          3     2.2875
           25          3     3.9625
           26          3     3.5375
           27          3     4.0375
           28          3     3.7875
           29          2     2.7500
           30          1     4.6071
           31          2    10.7500
   Criterion Based on Final Seeds =   4.7203
                    Maximum Distance
        RMS Std     from Seed       Radius  Nearest  Distance Between
```

Cluster	Frequency	Deviation	to Observation	Exceeded Cluster	Cluster Centroids
1	8	3.7092	5.1429	3	12.2286
2	4	7.2944	10.7500	3	22.3026
3	19	4.8816	9.7125	1	12.2286

Replace=FULL Radius=0 Maxclusters=3 Maxiter=1

Statistics for Variables

Variable	Total STD	Within STD	R-Square	RSQ/(1-RSQ)
X2	11.35550	4.94569	0.822957	4.648347
OVER-ALL	11.35550	4.94569	0.822957	4.648347

Pseudo F Statistic = 65.08

Approximate Expected Over-All R-Squared = 0.90669

Cubic Clustering Criterion = -2.832

Cluster Means

Cluster	X2
1	87.03125000
2	52.50000000
3	74.80263158

Replace=FULL Radius=0 Maxclusters=3 Maxiter=1

Cluster Standard Deviations

Cluster	X2
1	3.709152531
2	7.294404248
3	4.881640027

第一次聚类分析 X_3 的逐步聚类分析结果如下：

SAS 系统

The FASTCLUS Procedure

Replace=FULL Radius=0 Maxclusters=3 Maxiter=1

Initial Seeds

Cluster	X3
1	0.8231000000
2	0.4418000000
3	0.0000000000

Cluster Listing

Obs	Cluster	Distance from Seed
1	1	0.0641
2	2	0.0459
3	3	0.0405
4	1	0.0304

5	2	0.0158
6	3	0.0558
7	2	0.1857
8	1	0.0277
9	1	0.00693
10	1	0.00113
11	3	0.0270
12	2	0.1229
13	1	0.0539
14	1	0.0487
15	1	0.1415
16	2	0.00184
17	2	0.0242
18	1	0.0304
19	3	0.00351
20	1	0.0401
21	2	0.0242
22	1	0.00597
23	1	0.0500
24	2	0.0933
25	2	0.1445
26	3	0.0916
27	3	0.0858
28	1	0.00537
29	1	0.0381
30	1	0.0166
31	3	0.0329

Criterion Based on Final Seeds = 0.0679

Cluster	Frequency	RMS Std Deviation	Maximum Distance from Seed to Observation	Radius Exceeded	Nearest Cluster	Distance Between Cluster Centroids
1	15	0.0512	0.1415		2	0.3004
2	9	0.1001	0.1857		1	0.3004
3	7	0.0610	0.0916		2	0.3634

Replace=FULL Radius=0 Maxclusters=3 Maxiter=1

Statistics for Variables

Variable	Total STD	Within STD	R-Square	RSQ/(1-RSQ)
X3	0.27647	0.07049	0.939318	15.479308
OVER-ALL	0.27647	0.07049	0.939318	15.479308

Pseudo F Statistic = 216.71

Approximate Expected Over-All R-Squared = 0.90669

Cubic Clustering Criterion = 1.903

Cluster Means

Cluster X3

```
             1        0.7495933333
             2        0.4492111111
             3        0.0857857143
Replace=FULL  Radius=0  Maxclusters=3 Maxiter=1
         Cluster Standard Deviations
          Cluster                X3
          -------------------------
             1        0.0511618226
             2        0.1001050754
             3        0.0610051208
```

第二次聚类分析结果如下：

```
                          SAS 系统
                  The FASTCLUS Proceaure
        Replace=FULL  Radius=0  Maxclusters=3 Maxiter=1
                      Initial Seeds
Cluster                 X1                X2                X3
----------------------------------------------------------------------
   1         0.939900000      1.000000000      0.823100000
   2         0.624100000      0.625300000      0.799100000
   3         0.726900000      0.854400000      0.000000000
                     Cluster Listing
                                  Distance
                                        from
                  Obs     Cluster       Seed
                -----------------------------
                   1          1       0.2134
                   2          1       0.2470
                   3          3       0.2642
                   4          1       0.0949
                   5          1       0.1779
                   6          3       0.1243
                   7          3       0.1600
                   8          1       0.1440
                   9          1       0.1079
                  10          1       0.1380
                  11          3       0.0950
                  12          3       0.2416
                  13          2       0.2034
                  14          2       0.1395
                  15          1       0.0674
                  16          1       0.1970
                  17          1       0.2203
                  18          1       0.1100
                  19          3       0.2605
                  20          2       0.2065
```

21	1	0.2201
22	1	0.1253
23	1	0.1672
24	1	0.1282
25	1	0.1381
26	3	0.0880
27	3	0.2044
28	1	0.1863
29	2	0.1165
30	1	0.1234
31	3	0.3342

Criterion Based on Final Seeds= 0.1039

Cluster	Frequency	RMS Std Deviation	Maximum Distance from Seed to Observation	Radius Exceeded	Nearest Cluster	Distance Between Cluster Centroids
1	18	0.0969	0.2470		2	0.2717
2	4	0.1113	0.2065		1	0.2717
3	9	0.1303	0.3342		1	0.5266

Replace=FULL Radius=0 Maxclusters=3 Maxiter=1

Statistics for Variables

Variable	Total STD	Within STD	R-Square	RSQ/(1-RSQ)
X1	0.10294	0.09969	0.124621	0.142363
X2	0.12243	0.09383	0.451803	0.824161
X3	0.27647	0.12999	0.793674	3.846706
OVER-ALL(15)	0.18441	0.10899	0.673953	2.067044

Pseudo F Statistic=   28.94

Approximate Expected Over-All R-Squared=   0.71504

Cubic Clustering Criterion =   -1.120

WARNING: The two values above are invalid for correlated variables.

Replace=FULL Radius=0 Maxclusters=3 Maxiter=1

Cluster Means

Cluster	X1	X2	X3
1	0.9034611111	0.8680777778	0.6515555556
2	0.8014250000	0.6300500000	0.7338500000
3	0.8554555556	0.7720888889	0.1359888889

Cluster Standard Deviations

Cluster	X1	X2	X3
1	0.0577251310	0.0588255402	0.1462477279
2	0.1800709929	0.0528331020	0.0439940526
3	0.1246695844	0.1497146573	0.1138491155

第三次聚类分析结果如下：

Replace=FULL Radius=0 Maxclusters=3 Maxiter=1

Initial Seeds

Cluster	X1	X2	X3
1	0.939900000	1.000000000	0.823100000
2	0.624100000	0.625300000	0.799100000
3	0.726900000	0.854400000	0.000000000

Cluster Listing

Obs	Cluster	Distance from Seed
1	1	0.2134
2	1	0.2470
3	3	0.2642
4	1	0.0949
5	1	0.1779
6	3	0.1243
7	3	0.1600
8	1	0.1440
9	1	0.1079
10	1	0.1380
11	3	0.0950
12	3	0.2416
13	2	0.2034
14	2	0.1395
15	1	0.0674
16	1	0.1970
17	1	0.2203
18	1	0.1100
19	3	0.2605
20	2	0.2065
21	1	0.2201
22	1	0.1253
23	1	0.1672
24	1	0.1282
25	1	0.1381
26	3	0.0880
27	3	0.2044
28	1	0.1863
29	2	0.1165
30	1	0.1234
31	3	0.3342

Criterion Based on Final Seeds= 0.1039

Cluster	Frequency	RMS Std Deviation	Maximum Distance from seed to observation from Seed to Observation	Radius Exceeded	Nearest Cluster	Distance Between Cluster Centroids

```
  1        18     0.0969       0.2470              2              0.2717
  2        4      0.1113       0.2065              1              0.2717
  3        9      0.1303       0.3342              1              0.5266
         Replace=FULL  Radius=0  Maxclusters=3 Maxiter=1
                    Statistics for Variables
Variable       Total STD   Within STD    R-Square     RSQ/(1-RSQ)
-----------------------------------------------------------------
X1             0.10294     0.09969     0.124621      0.142363
X2             0.12243     0.09383     0.451803      0.824161
X3             0.27647     0.12999     0.793674      3.846706
OVER-ALL(15)     0.18441     0.10899     0.673953      2.067044
                  Pseudo F Statistic=    28.94
      Approximate Expected Over-All R-Squared=   0.71504
              Cubic Clustering Criterion=   -1.120
   WARNING: The two values above are invalid for correlated variables.
         Replace=FULL  Radius=0  Maxclusters=3 Maxiter=1
                       Cluster Means
    Cluster            X1               X2                X3
    ------------------------------------------------------------
      1        0.9034611111     0.8680777778     0.6515555556
      2        0.8014250000     0.6300500000     0.7338500000
      3        0.8554555556     0.7720888889     0.1359888889
                 Cluster Standard Deviations
    Cluster            X1               X2                X3
    ------------------------------------------------------------
      1        0.0577251310     0.0588255402     0.1462477279
      2        0.1800709929     0.0528331020     0.0439940526
      3        0.1246695844     0.1497146573     0.1138491155
```

第四次聚类分析结果如下：

```
                        SAS 系统
                 The FASTCLUS Procedure
      Replace=FULL  Radius=0  Maxclusters=3 Maxiter=1
                     Initial Seeds
   Cluster            X1               X2                X3
   ------------------------------------------------------------
     1        0.9900000000     0.9900000000     0.9900000000
     2        0.7500000000     0.7500000000     0.7500000000
     3        0.6500000000     0.5500000000     0.5000000000
                   Cluster Listing
                              Distance
                                  from
                 Obs    Cluster    Seed
               ----------------------------
                  1        1      0.0721
                  2        2      0.2762
```

3	3	0.2642
4	2	0.1051
5	2	0.2057
6	3	0.1243
7	3	0.1600
8	1	0.0303
9	1	0.1079
10	2	0.1260
11	3	0.0950
12	3	0.2416
13	2	0.2537
14	2	0.2298
15	2	0.0633
16	2	0.1903
17	2	0.2347
18	1	0.0624
19	3	0.2605
20	2	0.3431
21	2	0.2122
22	1	0.0965
23	1	0.1178
24	2	0.1039
25	2	0.0693
26	3	0.0880
27	3	0.2044
28	2	0.1692
29	2	0.2245
30	1	0.0671
31	3	0.3342

Criterion Based on Final Seeds = 0.1074

Cluster Summary

Cluster	Frequency	RMS Std Deviation	Maximum Distance from Seed to Observation	Radius Exceeded	Nearest Cluster	Distance Between Cluster Centroids
1	7	0.0409	0.1178		2	0.2101
2	15	0.1186	0.3431		1	0.2101
3	9	0.1303	0.3342		2	0.4794

SAS 系统

The FASTCLUS Procedure

Replace=FULL Radius=0 Maxclusters=3 Maxiter=1

Statistics for Variables

Variable	Total STD	Within STD	R-Square	RSQ/(1-RSQ)
X1	0.10294	0.09899	0.136787	0.158463
X2	0.12243	0.11723	0.144324	0.168667
X3	0.27647	0.11489	0.838816	5.204100

```
OVER-ALL          0.18441      0.11067      0.663860       1.974947
                  Pseudo F Statistic =    27.65
       Approximate Expected Over-All R-Squared =   0.71504
             Cubic Clustering Criterion =   -1.373
   WARNING: The two values above are invalid for correlated variables.
                         Cluster Means
   Cluster             X1                X2                 X3
   ------------------------------------------------------------------
     1          0.9457000000      0.8925714286       0.7771571429
     2          0.8565400000      0.7931733333       0.6148866667
     3          0.8554555556      0.7720888889       0.1359888889
                    Cluster Standard Deviations
   Cluster             X1                X2                 X3
   ------------------------------------------------------------------
     1          0.0211917437      0.0593316867       0.0325362801
     2          0.1025956474      0.1147510502       0.1361584207
     3          0.1246695844      0.1497146573       0.1138491155
```

三、图表制定及结果阐释

（一）单指标逐步聚类

分别以甘草种子净度、发芽率和其他植物种子数进行逐步聚类分析，结果见表 15-3。由表可知，尽管依据各指标均分为 3 类，但是系统自动选择的凝聚点（即种子值）顺序相差甚远。净度凝聚点按照由小到大的顺序排列，发芽率凝聚点却是大、小和中的顺序，其他植物种子数按照由大到小的顺序排列。表明在没有初始凝聚点时，SAS 系统只是根据指标特征进行分类，但具体按照哪一顺序分类并不确定，与各观测指标的数据序列特征有关。值得注意的是，在其划分各类别的高、中、低档中，存在部分相似的甘草种子样品，说明甘草种子样品能够利用 3 项指标进行综合分类。

表 15-3　甘草种子单指标聚类结果

类别	净度		发芽率		其他植物种子数	
	凝聚点	所属类别	凝聚点	所属类别	凝聚点	所属类别
1	58.00	14,19,20,27	92.75	1,2,3,5,8,17,18,30	0.8231	1,4,8,9,10,13,14,15,18,20,22,23,28,29,30
2	79.17	6,7,15,17,21,24,25,26,28	41.75	13,20,29,31	0.4418	2,5,7,12,16,17,21,24,25
3	95.65	1,2,3,4,5,8,9,10,11,12,13,16,18,22,23,29,30,31	76.25	4,6,7,9,10,11,12,14,15,16,19,21,22,23,24,25,26,27,28	0.0000	3,6,11,19,26,27,31

根据各单指标的分类结果进行特征参数计算，由表 15-4 可知，净度由高到低分为 3 类，其划分的甘草种子样品分别为 4 份、9 份和 18 份，类中观测值之间的

距离均方根（距离均方根）、类中心点到类内观测值的最大距离（最大距离）均表现为随着净度的降低而增大。当前类与最近类的中心距离（类中心距离）显示，1类（凝聚点 58.00，表 15-4）与 2 类（凝聚点 79.17）最近，其相互之间的距离为17.118，2 类与 3 类（凝聚点 95.65）相互之间的距离为 10.222，类均值按照 1～3类的顺序分别为 62.983、80.100 和 90.320，类标准差在逐渐降低。说明净度分类尽管是由小到大分为 1～3 类，但是其类间距在逐渐减小，类内甘草种子的相近程度增加。发芽率和其他植物种子数的逐步聚类结果详见表 15-4。

表 15-4　甘草种子单指标聚类特征参数

指标	类别	归类数	距离均方根	最大距离	最近的类	类中心距离	类均值	类标准差
净度	1	4	5.210	8.730	2	17.118	62.980	5.210
	2	9	3.160	8.187	3	10.222	80.100	3.160
	3	18	2.713	4.619	2	10.222	90.320	2.713
发芽率	1	8	3.709	5.143	3	12.229	87.030	3.709
	2	4	7.294	10.750	3	22.303	52.500	7.294
	3	19	4.882	9.713	1	12.229	74.800	4.882
其他植物种子数	1	15	0.051	0.142	2	0.300	0.750	0.051
	2	9	0.100	0.186	1	0.300	0.449	0.100
	3	7	0.061	0.092	2	0.363	0.086	0.061

（二）不考虑指标相关性的多指标聚类

将净度、发芽率和其他植物种子数作为甘草种子的分类指标，进行综合分类，31 份甘草种子的分类结果见表 15-5。第 1 类净度、发芽率和其他植物种子数的凝聚点在逐步聚类过程中自动划分的结果分别为 0.9399、1.0000 和 0.1769，第 2 类凝聚点分别为 0.6241、0.6253 和 0.2009，第 3 类凝聚点分别为 0.7269、0.8544 和1.0000。由此可见，3 类的凝聚点并不是按照指标统一的大小顺序排布，这一分类结果对实际甘草种子的分级是没有指导意义的。那么究竟是未考虑指标相关性引起的这一分类结果，还是 SAS 系统自动获取凝聚点划分的聚类结果需要作进一步分析。

表 15-5　甘草种子不考虑指标相关性的多指标聚类结果

类别	凝聚点			所属类别
	净度	发芽率	其他植物种子数	
1	0.9399	1.0000	0.1769	1,2,4,5,8,9,10,15,16,17,18,21,22,23,24,25,28,30
2	0.6241	0.6253	0.2009	13,14,20,29
3	0.7269	0.8544	1.0000	3,6,7,11,12,19,26,27,31

（三）考虑指标相关性的多指标聚类

将净度、发芽率和其他植物种子数作为甘草种子的分类指标，并认为指标归一化指数越高甘草种子所处分类等级越高，据此进行综合分类，31 份甘草种子的分类结果见表 15-6。第 1 类净度、发芽率和其他植物种子数的凝聚点在逐步聚类过程中自动划分的结果分别为 0.9399、1.0000 和 0.8231，第 2 类凝聚点分别为 0.6241、0.6253 和 0.7991，第 3 类凝聚点分别为 0.7269、0.8544 和 0.0000。整体来看，在考虑指标数量多少与分类目标关系时，3 类的凝聚点也并不是按照指标数量统一的多少顺序排布，因此这一分类结果对实际甘草种子分级仍然是没有指导意义的。由此可知，SAS 系统逐步聚类过程只是将甘草种子样品分开，由于没有标准，SAS 聚类结果以自动选取的初始凝聚点为准。

表 15-6　甘草种子考虑指标相关性的多指标聚类结果

类别	凝聚点			所属类别
	净度	发芽率	其他植物种子数	
1	0.9399	1.0000	0.8231	1,2,4,5,8,9,10,15,16,17,18,21,22,23,24,25,28,30
2	0.6241	0.6253	0.7991	13,14,20,29
3	0.7269	0.8544	0.0000	3,6,7,11,12,19,26,27,31

（四）初始凝聚点的逐步聚类

给出初始凝聚点，采用净度、发芽率和其他植物种子数进行逐步聚类分析，31 份甘草种子聚类结果见表 15-7。第 1 类包含的甘草种子样品分别为 1、8、9、18、22、23 和 30，第 3 类包含的甘草种子样品分别为 3、6、7、11、12、19、26、27 和 31，其余甘草种子样品为第 2 类。

表 15-7　甘草种子初始凝聚点的多指标聚类结果

类别	凝聚点			所属类别
	净度	发芽率	其他植物种子数	
1	0.99	0.99	0.99	1,8,9,18,22,23,30
2	0.75	0.75	0.75	2,4,5,10,13,14,15,16,17,20,21,24,25,28,29
3	0.65	0.55	0.50	3,6,7,11,12,19,26,27,31

根据初始凝聚点对分类结果的特征参数进行计算，结果见表 15-8。第 1 类包含 7 个样品，第 2 类包含 15 个样品，第 3 类包含 9 个样品。类中观测值之间的距离均方根（距离均方根）第 1 类最小，为 0.0409，第二类为 0.1186，第 3 类最大，为 0.1303。类中心点到类内观测值的最大距离（最大距离）中第 2 类最大，为 0.3431，第 3 类次之，为 0.3342，第 1 类最小，仅为 0.1178。当前类与最近类的中心距离（类中心距离）显示，1 类与 2 类最近，其相互之间的距离为 0.2101，2 类与 3 类

相互之间的距离为 0.4794，类均值按照 1～3 类的顺序净度分别为 0.9457、0.8565 和 0.8555，发芽率分别为 0.8926、0.7932 和 0.7721，其他植物种子数分别为 0.7772、0.6149 和 0.1360。类标准差按照 1～3 类的顺序净度分别为 0.0212、0.1026 和 0.1247，发芽率分别为 0.0593、0.1148 和 0.1497，其他植物种子数分别为 0.0325、0.1362 和 0.1138。

甘草种子多指标聚类的变量统计数结果见表 15-9。在进行 *K*-means 聚类过程中，其他植物种子数是影响甘草种子分类的主要指标，其次是发芽率，最后是净度指标。

将 31 份甘草种子的分类结果绘制成图，结果见图 15-4。31 份甘草种子能够

表 15-8 甘草种子初始凝聚点的多指标聚类特征参数

类别	归类数	距离均方根	最大距离	最近的类	类中心距离	类均值			类标准差		
						净度	发芽率	其他植物种子数	净度	发芽率	其他植物种子数
1	7	0.0409	0.1178	2	0.2101	0.9457	0.8926	0.7772	0.0212	0.0593	0.0325
2	15	0.1186	0.3431	1	0.2101	0.8565	0.7932	0.6149	0.1026	0.1148	0.1362
3	9	0.1303	0.3342	2	0.4794	0.8555	0.7721	0.1360	0.1247	0.1497	0.1138

表 15-9 甘草种子初始凝聚点的多指标聚类的变量统计数

指标	总标准差	类内标准差	变量 R^2	方差比
净度	0.1029	0.0990	0.1368	0.1585
发芽率	0.1224	0.1172	0.1443	0.1687
其他植物种子数	0.2765	0.1149	0.8388	5.2041
指标之和	0.1844	0.1107	0.6639	1.9749

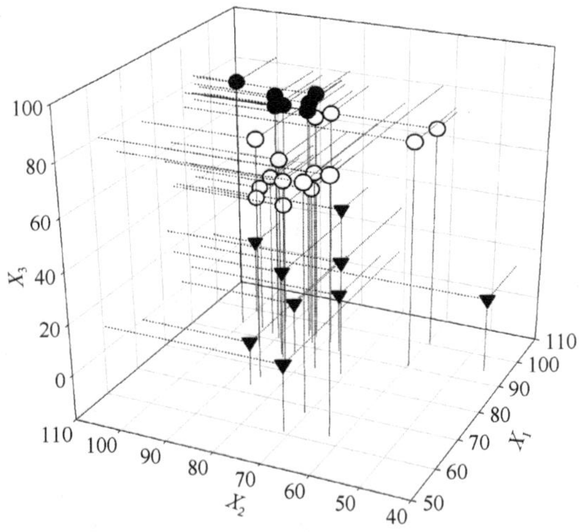

图 15-4 3 类甘草种子逐步聚类结果图

被很好地区分开来。第 1 类包含的甘草种子样品分别为 1、8、9、18、22、23 和 30，其在图中位置为最上端黑色圆形坐标点；第 3 类包含的甘草种子样品分别为 3、6、7、11、12、19、26、27 和 31，其在图中的标识为黑色三角形坐标点；其余甘草种子样品为第 2 类，坐标点样式为黑色的空心圆。

第三节 变量聚类分析

变量聚类主要是探讨变量对观测影响的相似度，或者说查看变量之间测量结果的数列相似性，这种相似性主要体现在两个数列变动幅度的相近程度上。因此，变量聚类最开始依据的数据矩阵（距离系数阵）一般是相似系数。在 SAS 软件中，变量聚类输入数据集可以是相关阵也可以是协方差阵，如使用相关阵，则所有变量被认为同等重要；如用协方差阵，则较大方差的变量更重要。聚类方法有主类成分法、重心类成分法及系统聚类法。

一、变量聚类的数据形式

【例 15.3】现有 18 个黄花苜蓿居群，为了解不同盐浓度对黄花苜蓿存活率影响的差异性，试用变量聚类分析查看不同盐浓度间的差异（表 15-10）。

表 15-10 不同黄花苜蓿居群在不同盐浓度下的存活率 （%）

居群	存活率			
	0.15%	0.25%	0.35%	0.45%
M01	60.00	30.00	3.33	6.67
M02	86.67	63.33	23.33	16.67
M03	96.67	76.67	33.33	13.33
M04	100.00	63.33	63.33	23.33
M05	90.00	56.67	43.33	3.33
M06	80.00	66.67	10.00	13.33
M07	96.67	53.33	20.00	10.00
M08	83.33	60.00	16.67	13.33
M09	80.00	66.67	40.00	33.33
M10	93.33	53.33	33.33	23.33
M11	90.00	50.00	40.00	33.33
M12	86.67	53.33	16.67	26.67
M13	80.00	70.00	26.67	23.33
M14	93.33	40.00	20.00	30.00
M15	100.00	46.67	40.00	43.33
M16	100.00	80.00	46.67	36.67
M17	93.33	53.33	26.67	16.67
M18	83.33	60.00	33.33	16.67

根据表 15-10 的原始数据集可以得到相关阵，见表 15-11。

表 15-11 黄花苜蓿居群的存活率在不同盐浓度下的相关性

盐浓度	0.15%	0.25%	0.35%	0.45%
0.15%	1.0000			
0.25%	0.3248	1.0000		
0.35%	0.6386	0.4079	1.0000	
0.45%	0.4003	0.0786	0.4253	1.0000

同样根据原始数据集，也可以得到黄花苜蓿原始数据集的协方差阵，结果见表 15-12。

表 15-12 黄花苜蓿居群的存活率在不同盐浓度下的协方差阵

盐浓度	0.15%	0.25%	0.35%	0.45%
0.15%	94.10			
0.25%	37.73	143.39		
0.35%	88.00	69.38	201.80	
0.45%	41.42	10.04	64.43	113.75

以上 3 种形式的数据集均可以在 SAS 程序中直接使用。

二、变量聚类的 SAS 程序

原始数据集的 SAS 程序如下：

```
DATA DF;
INPUT X1-X4;
CARDS;
60.00    30.00    3.33     6.67
86.67    63.33    23.33    16.67
96.67    76.67    33.33    13.33
100.00   63.33    63.33    23.33
90.00    56.67    43.33    3.33
80.00    66.67    10.00    13.33
96.67    53.33    20.00    10.00
83.33    60.00    16.67    13.33
80.00    66.67    40.00    33.33
93.33    53.33    33.33    23.33
90.00    50.00    40.00    33.33
86.67    53.33    16.67    26.67
80.00    70.00    26.67    23.33
93.33    40.00    20.00    30.00
100.00   46.67    40.00    43.33
```

```
100.00   80.00   46.67   36.67
93.33    53.33   26.67   16.67
83.33    60.00   33.33   16.67
;
PROC VARCLUS DATA=DF MAXC=3 OUTTREE=TREE;
PROC TREE;
RUN;
```

相关阵的 SAS 程序如下：

```
DATA COR1(TYPE='CORR');
INPUT X1-X4;
_TYPE_='CORR';
CARDS;
1.0000  .       .       .
0.3248  1.0000  .       .
0.6386  0.4079  1.0000  .
0.4003  0.0786  0.4253  1.0000
;
PROC VARCLUS DATA=COR1 MAXC=3 OUTTREE=TREE;
PROC TREE;
RUN;
```

协方差阵的 SAS 程序如下：

```
DATA COV1(TYPE='COV');
INPUT X1-X4;
_TYPE_='COV';
CARDS;
94.10          .         .        .
37.73       143.39       .        .
88.00       69.38   201.80        .
41.42       10.04   64.43   113.75
;
PROC VARCLUS DATA=COV1 MAXC=3 OUTTREE=TREE;
PROC TREE;
RUN;
```

由 3 个 SAS 程序可以看到，尽管数据集样式不同，读入数据集的程序过程也存在差别，但是在调用变量聚类过程时，其完全相同。同时，如果读者应用 SAS 分析数据比较有经验，可以知道后面的两个过程完全可由第一个 SAS 过程实现，即在 VARCLUS 后面直接加上相关阵关键字 CORR 或协方差阵关键字 COV 即可，默认的情况下为基于相关阵 CORR 进行分析。但是，后两者适合只有相关阵或协方差阵数据集，为了研究需要进行变量聚类分析，此时的相关阵或协方差阵的数据读入模型就显得比较重要。

由输出结果可知，当采用原始数据集进行分析时，SAS 依据原始数据集的观测数进行分析，当采用相关阵和协方差阵进行分析时，SAS 会自动进行模拟，且模拟的观测数默认为 10 000 个。这样做的目的是使计算结果的准确性得到保证。

根据变量聚类结果可知（图 15-5），最先聚在一起的是 0.15%盐浓度（X_1）和 0.35%盐浓度（X_3），说明这两个盐浓度对黄花苜蓿存活率的影响最为接近，再进一步聚类，得到的是 0.45%盐浓度（X_4），最后聚在一起的为 0.25%盐浓度（X_2）。根据存活率结果和变量聚类结果，如果需要查阅不同黄花苜蓿居群对盐浓度的响应情况，采用 0.25%盐浓度能够发现更为丰富的黄花苜蓿响应特征，同时也提供一个信息，即对低盐浓度的响应特征也基本是对高盐浓度的响应特点。

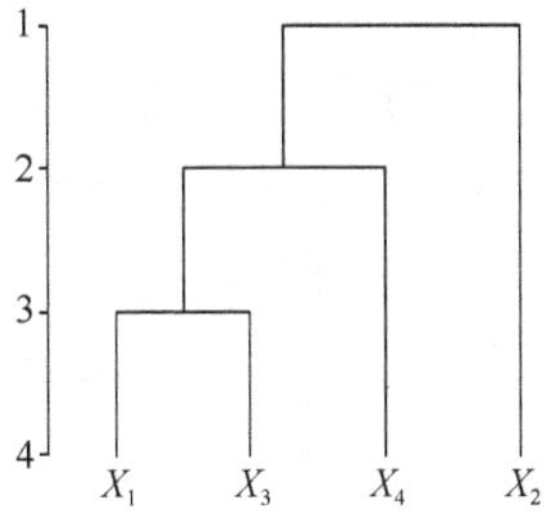

图 15-5　变量聚类结果

第十六章　判别分析

在统计分析中，经常遇到分类判别的问题，也就是根据观测数据对所研究的对象进行分类判别。判别分析方法就是专门根据若干因素对观测对象进行分类的一种方法，通过分析可以建立用于定性预判的数学模型。例如，我们积累了某种病虫害各种发生状态的若干历史资料（样本），希望从中总结出分类的规律性（即判别公式），以便在以后的工作中遇到新的发生状态（样本）时，只需要根据判别公式判断它所属的类。在判别分析中，可以从不同角度提出问题，故有不同的判别准则，常见的有费希尔（Fisher）判别和贝叶斯（Bayes）判别。

判别分析与聚类分析不同。判别分析是在已知研究对象分成若干类型（或组别）并取得各种类型的一批已知样品的观测数据的基础上根据某些准则建立判别式，然后对未知类型的样品进行判别分类。对于聚类分析来说，一批给定样品要划分的类型事先并不知道。正因为如此，判别分析和聚类分析往往联合起来使用。

用判别分析方法处理问题时，通常要给出一个衡量新样本与各已知组别接近程度的描述指标，即判别函数，同时指定一种判别规则，借以判定新样本的归属。判别规则可以是统计性的，决定新样本所属类别时用到数理统计的显著性检验；也可以是经验性的，决定样本归属时只考虑判别函数值的大小。

判别分析按判别的组数不同分为两组判别和多组判别，按区分不同总体所用的数学模型不同分为线性判别和非线性判别，按判别时处理变量的方法不同分为逐步判别和序贯判别等。

第一节　距离判别

基本思想：首先根据已知分类的数据，分别计算各类的重心即分组（类）的均值，判别准则是对于任意一次观测，若它与第 i 类的重心距离最近，就认为它来自第 i 类。距离判别法对各类（或总体）的分布并无特定的要求。

一、两个总体的距离判别法

设有两个总体（或称两类）G_1、G_2，从第一个总体中抽取 n_1 个样品，从第二

个总体中抽取 n_2 个样品，每个样品测量 p 个指标。

今任取一个样品，实测指标值为 $X=(x_1,\cdots,x_p)'$，问 X 应判归为哪一类？

首先计算 X 到 G_1、G_2 总体的距离，分别记为 $D(X,G_1)$ 和 $D(X,G_2)$，按距离最近准则判别归类，则可写成：

$$\begin{cases} X\in G_1,\text{当}D(X,G_1)<D(X,G_2) \\ X\in G_2,\text{当}D(X,G_1)>D(X,G_2) \\ \text{待判,}\quad \text{当}D(X,G_1)=D(X,G_2) \end{cases}$$

G_1 总体

变量 / 样品	x_1	x_2	…	x_p
$x_1^{(1)}$	$x_{11}^{(2)}$	$x_{12}^{(2)}$	…	$x_{1p}^{(2)}$
$x_2^{(1)}$	$x_{21}^{(2)}$	$x_{22}^{(2)}$	…	$x_{2p}^{(2)}$
⋮	⋮	⋮	⋮	⋮
$x_{n_1}^{(2)}$	$x_{n_1^1}^{(2)}$	$x_{n_1^2}^{(2)}$	…	$x_{n_1^p}^{(2)}$
均值	$\overline{x}_1^{(1)}$	$\overline{x}_2^{(1)}$	…	$\overline{x}_p^{(1)}$

G_2 总体

变量 / 样品	x_1	x_2	…	x_p
$x_1^{(2)}$	$x_{11}^{(2)}$	$x_{12}^{(2)}$	…	$x_{1p}^{(2)}$
$x_2^{(2)}$	$x_{21}^{(2)}$	$x_{22}^{(2)}$	…	$x_{2p}^{(2)}$
⋮	⋮	⋮	⋮	⋮
$x_{n_2}^{(2)}$	$x_{n_2^1}^{(2)}$	$x_{n_2^2}^{(2)}$	…	$x_{n_2^p}^{(2)}$
均值	$\overline{x}_1^{(2)}$	$\overline{x}_2^{(2)}$	…	$\overline{x}_p^{(2)}$

记 $\overline{X}^{(i)}=(\overline{x}_1^{(i)},\cdots,\overline{x}_p^{(i)})',i=1,2$

如果采用欧氏距离，则可计算出

$$D(X,G_1)=\sqrt{(X-\overline{X}^{(1)})'(X-\overline{X}^{(1)})}=\sqrt{\sum_{a=1}^{p}\left(x_a-\overline{x}_a^{(1)}\right)^2}$$

$$D(X,G_2)=\sqrt{(X-\overline{X}^{(2)})'(X-\overline{X}^{(2)})}=\sqrt{\sum_{a=1}^{p}\left(x_a-\overline{x}_a^{(2)}\right)^2}$$

然后比较 $D(X,G_1)$ 和 $D(X,G_2)$ 的大小，按距离最近准则判别归类。

由于马氏距离在多元统计分析中经常用到，这里针对马氏距离对上述准则进行较详细的讨论。

设 $\mu^{(1)}$、$\mu^{(2)}$ 及 $\Sigma^{(1)}$、$\Sigma^{(2)}$ 分别为 G_1、G_2 的均值向量和协方差阵。如果采用马氏距离即

$$D^2(X,G_i)=(X-\mu^{(i)})'(\Sigma^{(i)})^{-1}(X-\mu^{(i)}),\quad i=1,2$$

这时判别准则可分以下两种情况给出。

（1）当 $\Sigma^{(1)}=\Sigma^{(2)}=\Sigma$ 时

考察 $D^2(X,G_2)$ 及 $D^2(X,G_1)$ 的差，就有

$$D^2(X,G_2)-D^2(X,G_1)=X'\Sigma^{-1}X-2X'\Sigma^{-1}X\mu^{(2)}+\mu^{(2)'}\Sigma^{-1}\mu^{(2)}$$
$$-[X'\Sigma^{-1}X-2X'\Sigma^{-1}\mu^{(1)}+\mu^{(1)'}\Sigma^{-1}\mu^{(1)}]$$
$$=2X'\Sigma^{-1}(\mu^{(1)}-\mu^{(2)})-(\mu^{(1)}+\mu^{(2)})'\Sigma^{-1}(\mu^{(1)}-\mu^{(2)})$$
$$=2\left[X-\frac{1}{2}(\mu^{(1)}+\mu^{(2)})\right]'\Sigma^{-1}(\mu^{(1)}-\mu^{(2)})$$

令 $\bar{\mu}=\frac{1}{2}(\mu^{(1)}+\mu^{(2)})$

$$W(X)=(X-\bar{\mu})'\Sigma^{-1}(\mu^{(1)}-\mu^{(2)})$$

则判别准则可写成：

$$\begin{cases} X\in G_1, \text{当} W(X)>0 \ \text{即} D^2(X,G_2)>D^2(X,G_1) \\ X\in G_2, \text{当} W(X)<0 \ \text{即} D^2(X,G_2)<D^2(X,G_1) \\ \text{待判，} \ \text{当} W(X)=0 \ \text{即} D^2(X,G_2)=D^2(X,G_1) \end{cases}$$

当 Σ、$\mu^{(1)}$、$\mu^{(2)}$ 已知时，令 $a=\Sigma^{-1}(\mu^{(1)}-\mu^{(2)})\triangleq(a_1,\cdots,a_p)'$ 则

$$W(X)=(X-\bar{\mu})'a=a'(X-\bar{\mu})=(a_1,\cdots,a_p)\begin{bmatrix} x_1-\bar{\mu}_1 \\ \vdots \\ x_p-\bar{\mu}_p \end{bmatrix}=a_1(x_1-\bar{\mu}_1)+\cdots+a_p(x_p-\bar{\mu}_p)$$

显然，W（X）是 $x_1,x_2,\cdots,x_p$ 的线性函数，称 W（X）为线性判别函数，a 为判别系数。

当 Σ、$\mu^{(1)}$、$\mu^{(2)}$ 未知时，可通过样本来估计。设 $X_1^{(i)},X_2^{(i)},\cdots,X_{n_i}^{(i)}$ 来自 G_i 样本，i=1，2。

$$\hat{\mu}^{(1)}=\frac{1}{n_1}\sum_{i=1}^{n_1}X_i^{(1)}=\bar{X}^{(1)}$$

$$\hat{\mu}^{(2)}=\frac{1}{n_2}\sum_{i=1}^{n_2}X_i^{(2)}=\bar{X}^{(2)}$$

$$\hat{\Sigma}=\frac{1}{n_1+n_2-2}(S_1+S_2)$$

其中，

$$S_i=\sum_{t=1}^{n_i}(X_t^{(i)}-X^{(i)})(X_t^{(i)}-X^{(i)})'$$

$$\bar{X}=\frac{1}{2}(\bar{X}^{(1)}+\bar{X}^{(2)})$$

线性判别函数为

$$W(X) = (X - \overline{X})' \hat{\Sigma}^{-1} (\overline{X}^{(1)} - \overline{X}^{(2)})$$

当 p=1 时，若两个总体的分布分别为 $N(\mu_1, \sigma^2)$ 和 $N(\mu_2, \sigma^2)$，判别函数 $W(X) = \left(X - (\frac{\mu_1 + \mu_2}{2}) \right) \frac{1}{\sigma^2} (\mu_1 - \mu_2)$，不妨设 $\mu_1 < \mu_2$，这时 W（X）的符号取决于 $X > \overline{\mu}$ 或 $X < \overline{\mu}$。当 $X < \overline{\mu}$ 时，判 $X \in G_1$；当 $X > \overline{\mu}$ 时，判 $X \in G_2$。我们看到用距离判别所得到的准则是颇为合理的。但从图 16-1 又可以看出，用这个判别法有时也会得出错判。例如，X 来自 G_1，但却落入 D_2，被判为 G_2，错判的概率为图中阴影的面积，记为 $P(2/1)$，类似地有 $P(1/2)$，显然 $P(2/1) = P(1/2) = 1 - \Phi\left(\frac{\mu_1 - \mu_2}{2\sigma} \right)$。

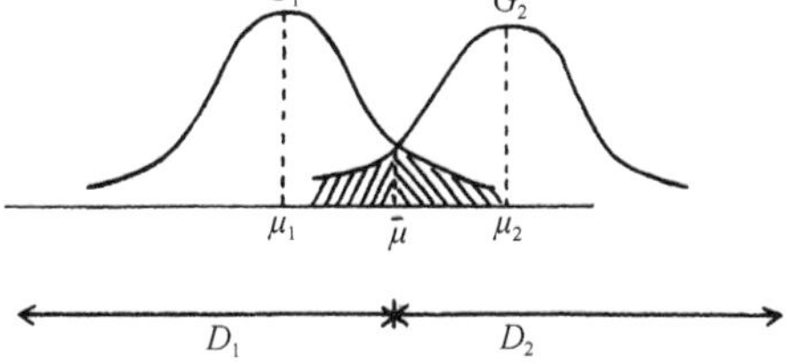

图 16-1 两个总体判别准则

当两个总体靠得很近（即$|\mu_1 - \mu_2|$小），则无论用何种办法，错判概率都很大，这时作判别分析是没有意义的。因此只有当两个总体的均值有显著差异时，作判别分析才具有意义。

（2）当 $\Sigma^{(1)} \neq \Sigma^{(2)}$ 时

按距离最近准则，类似地有

$$\begin{cases} X \in G_1, & \text{当} D(X, G_1) < D(X, G_2) \\ X \in G_2, & \text{当} D(X, G_1) > D(X, G_2) \\ \text{待判}, & \text{当} D(X, G_1) = D(X, G_2) \end{cases}$$

仍然用

$$\begin{aligned} W(X) &= D^2(X, G_2) - D^2(X, G_1) \\ &= (X - \mu^{(2)})' (\Sigma^{(2)})^{-1} (X - \mu^{(2)}) \\ &\quad - (X - \mu^{(1)})' (\Sigma^{(1)})^{-1} (X - \mu^{(1)}) \end{aligned}$$

作为判别函数，它是 X 的二次函数。

二、多个总体的距离判别法

两个总体的讨论可推广到多个总体。

设有 k 个总体 $G_1,\cdots,G_k$，它们的均值和协方差阵分别为 $\mu^{(i)}$、$\Sigma^{(i)}, i=1,2,\cdots,k$，从每个总体 G_i 中抽取 n_i 个样品，$i=1,2,\cdots,k$，每个样品测 p 个指标。今任取一个样品，实测指标值为 $X=(x_1,\cdots,x_p)'$，问 X 应判归为哪一类？

G_1 总体

样品 \ 变量	x_1	x_2	…	x_p
$x_1^{(1)}$	$x_{11}^{(1)}$	$x_{12}^{(1)}$	…	$x_{1p}^{(1)}$
$x_2^{(1)}$	$x_{21}^{(1)}$	$x_{22}^{(1)}$	…	$x_{2p}^{(1)}$
⋮	⋮	⋮	⋮	⋮
$x_{n_1}^{(2)}$	$x_{n_1^1}^{(1)}$	$x_{n_1^2}^{(1)}$	…	$x_{n_1^p}^{(1)}$
均值	$\overline{x}_1^{(1)}$	$\overline{x}_2^{(1)}$	…	$\overline{x}_p^{(1)}$

G_k 总体

样品 \ 变量	x_1	x_2	…	x_p
$x_1^{(k)}$	$x_{11}^{(k)}$	$x_{12}^{(k)}$	…	$x_{1p}^{(k)}$
$x_2^{(k)}$	$x_{21}^{(k)}$	$x_{22}^{(k)}$	…	$x_{2p}^{(k)}$
⋮	⋮	⋮	⋮	⋮
$x_{n_2}^{(k)}$	$x_{n_2^1}^{(k)}$	$x_{n_2^2}^{(k)}$	…	$x_{n_2^p}^{(k)}$
均值	$\overline{x}_1^{(k)}$	$\overline{x}_2^{(k)}$	…	$\overline{x}_p^{(k)}$

记向量 $\overline{X}^{(i)}=(\overline{x}_1^{(i)},\overline{x}_2^{(i)},\cdots,\overline{x}_p^{(i)})' \quad i=1,2,\cdots,k$

（1）当 $\Sigma^{(1)}=\cdots=\Sigma^{(k)}=\Sigma$ 时

此时 $D^2(X,G_i)=(X-\mu^{(i)})'\Sigma^{-1}(X-\mu^{(i)})$，$i=1,2,\cdots,k$，判别函数为

$$
\begin{aligned}
W_{ij}(X)&=\frac{1}{2}[D^2(X,G_j)-D^2(X,G_i)]\\
&=\left[X-\frac{1}{2}\left(\mu^{(i)}+\mu^{(j)}\right)\right]'\Sigma^{-1}(\mu^{(i)}-\mu^{(j)}),\quad i,j=1,2,\cdots,k
\end{aligned}
$$

相应的判别准则为

$$
\begin{cases}
X\in G_i, & 当W_{ij}(X)>0, 对一切j\neq i\\
待判, & 若有某一个W_{ij}(X)=0
\end{cases}
$$

当 $\mu^{(1)},\cdots,\mu^{(k)}$ 和 Σ 未知时可用其估计量代替，设从 G_i 中抽取的样本为 $X_1^{(i)},\cdots,X_{n_i}^{(i)}, i=1,\cdots,k$，则 $\hat{\mu}^{(i)}$、$\hat{\Sigma}$ 的估计分别为

$$
\hat{\mu}^{(i)}=\overline{X}^{(i)}=\frac{1}{n_i}\sum_{a=1}^{n_i}X_a^{(i)},\quad i=1,2,\cdots,k
$$

$$
\hat{\Sigma}=\frac{1}{n-k}\sum_{i=1}^{k}S_i
$$

其中， $n = n_1 + \cdots + n_i, S_i = \sum_{a=1}^{n_i}(X_a^{(i)} - X^{(i)})(X_a^{(i)} - X^{(i)})'$ 为 G_i 的样本离差阵。

（2）当 $\Sigma^{(1)},\cdots,\Sigma^{(k)}$ 不相等时

此时的判别函数为

$$W_{ji}(X) = (X - \mu^{(j)})'[V^{(j)}]^{-1}(X - \mu^{(j)}) - (X - \mu^{(i)})'[V^{(i)}]^{-1}(X - \mu^{(i)})$$

相应的判别准则为

$$\begin{cases} X \in G_i, & \text{当} W_{ij}(X) > 0, \text{对一切} j \neq i \\ \text{待判}, & \text{若某一个} W_{ij}(X) = 0 \end{cases}$$

当 $\mu^{(i)}$、$\Sigma^{(i)}(i = 1,\cdots,k)$ 未知时，可用 $\mu^{(i)}$、$\Sigma^{(i)}$ 的估计量代替，即

$$\hat{\mu}^{(i)} = \overline{X}^{(i)}$$

$$\hat{\Sigma}^{(i)} = \frac{1}{n_i - 1}S_i,\ i = 1,\cdots,k$$

三、距离判别实例分析

【例 16.1】对燕麦储藏年份（2012 年、2014 年）每一年的燕麦都测量了 3 个拐点反射率：x_1（反射率 1）、x_2（反射率 2）、x_3（反射率 3）。设两个年份总体的协方差阵相等，试进行判别分析。数据见表 16-1。

表 16-1 不同储藏年份燕麦拐点反射率原始数据

年份	编号	拐点反射率 1	拐点反射率 2	拐点反射率 3
2012	1	0.76	0.99	0.53
	2	0.05	0.99	0.59
	3	0.78	0.99	0.72
	4	0.21	0.95	0.42
	5	0.08	0.77	0.7
2014	6	0.71	0.93	0.42
	7	0.75	0.94	0.34
	8	0.7	0.91	0.33
	9	0.28	0.99	0.23
	10	0.29	0.8	0.37
	编号	拐点反射率 1	拐点反射率 2	拐点反射率 3
待判样品	11	0.68	0.79	0.19
	12	0.69	0.96	0.28
	13	0.77	0.78	0.72
	14	0.69	0.93	0.58

本例中变量个数 p=3，两类总体各有 5 个样品，假定两个总体协方差阵相等。距离判别的计算过程如下。

1）计算样本均值：

$$\overline{X}^{(1)}=\begin{bmatrix}0.376\\0.938\\0.592\end{bmatrix}\qquad \overline{X}^{(2)}=\begin{bmatrix}0.546\\0.914\\0.338\end{bmatrix}$$

2）计算样本协方差阵从而求出 $\hat{\Sigma}$：

$$S_1=\sum_{a=1}^{n_1}(X_a^{(1)}-\overline{X}^{(1)})(X_a^{(1)}-\overline{X}^{(1)})'$$

$$=\begin{bmatrix}0.532\,12 & 0.071\,76 & 0.025\,14\\0.071\,76 & 0.036\,48 & -0.016\,88\\0.025\,14 & -0.016\,88 & 0.061\,48\end{bmatrix}$$

同理：

$$S_2=\sum_{a=1}^{n_2}(X_a^{(2)}-\overline{X}^{(2)})(X_a^{(2)}-\overline{X}^{(2)})'$$

$$=\begin{bmatrix}0.228\,52 & 0.016\,28 & 0.033\,16\\0.016\,28 & 0.019\,72 & -0.010\,46\\0.033\,16 & -0.010\,46 & 0.019\,48\end{bmatrix}$$

$$S=S_1+S_2=\begin{bmatrix}0.760\,64 & 0.088\,04 & 0.058\,30\\0.088\,04 & 0.056\,20 & -0.027\,34\\0.058\,30 & -0.027\,34 & 0.080\,96\end{bmatrix}$$

$$\hat{\Sigma}=\frac{(S_1+S_2)}{n_1+n_2-2}=\begin{bmatrix}0.095\,080 & 0.011\,005 & 0.007\,288\\0.011\,005 & 0.007\,025 & -0.003\,420\\0.007\,288 & -0.003\,420 & 0.010\,120\end{bmatrix}$$

$$\hat{\Sigma}^{-1}=\begin{bmatrix}16.964\,78 & -38.9117 & -25.3569\\-38.911\,70 & 259.5818 & 115.6808\\-25.356\,90 & 115.6808 & 156.1390\end{bmatrix}$$

3）求线性判别函数 $W(X)$，解线性方程组 $\hat{\Sigma}a=(\overline{X}^{(1)}-\overline{X}^{(2)})$ 得

$$W(X)=-10.26\,x_1+42.22\,x_2+46.75\,x_3-56.11$$

4）对已知类别的样品（通常称为训练样品）用线性判别函数进行判别分类。判别结果表明：总的判别正确率为 100%，与原分类一致，全部判对（表 16-2）。

表 16-2　训练样品判别结果

年份	编号	判别函数 y 的值	原分类号	判归类别
2012	1	2.67	1	1
	2	12.76	1	1
	3	11.35	1	1
	4	1.48	1	1
	5	8.30	1	1
2014	6	−4.51	2	2
	7	−8.22	2	2
	8	−9.44	2	2
	9	−6.43	2	2
	10	−8.01	2	2

5）对判别效果进行检验。

判别分析是假设两组样品取自不同的总体，如果两个总体均值向量在统计上差异不显著，进行判别分析的意义就不大。所谓判别效果的检验就是检验两个正态总体的均值向量是否相等。

根据第六章的内容，可知检验的统计量为

$$F=\frac{(n_1+n_2-2)-p+1}{(n_1+n_2-2)p}T^2 \sim F(p,n_1+n_2-p-1)$$

式中，$T^2=(n_1+n_2-2)^2\left[\sqrt{\frac{n_1n_2}{n_1+n_2}}\left(\overline{x}^{(1)}-\overline{x}^{(2)}\right)'S^{-1}\sqrt{\frac{n_1n_2}{n_1+n_2}}\left(\overline{x}^{(1)}-\overline{x}^{(2)}\right)\right]$。

将上式的计算结果代入统计量后可得

$$F=8.412>F_{0.05\,(3,6)}$$

故在 α=0.05 检验水平下，两个总体间差异显著，即判别函数有效。

6）对待判样品进行判别归类，结果如表 16-3 所示。

表 16-3　待判样品归类结果

项目	编号	判别函数 W（X）的值	判别类别
待判样品	11	−20.8505	2
	12	−9.5682	2
	13	2.5814	1
	14	3.1902	1

```
DATA ym;
INPUT no1$ x1-x3;
IF no1='1' THEN g='2012';
IF no1='2' THEN g='2014';
DROP no1;
```

```
LABEL x1='拐点反射率1' x2='拐点反射率2' x3='拐点反射率3';
CARDS;
1    0.76    0.99    0.53
1    0.05    0.99    0.59
1    0.78    0.99    0.72
1    0.21    0.95    0.42
1    0.08    0.77    0.70
2    0.71    0.93    0.42
2    0.75    0.94    0.34
2    0.70    0.91    0.33
2    0.28    0.99    0.23
2    0.29    0.80    0.37
.    0.68    0.79    0.19
.    0.69    0.96    0.28
.    0.77    0.78    0.72
.    0.69    0.93    0.58
;
PROC DISCRIM WSSCP PSSCP PCOV DISTANCE;
CLASS g;
VAR x1-x3;
RUN;
```

SAS 输出结果如下:

SAS 系统

The DISCRIM Procedure

Total Sample Size	10	DF Total	9
Variables	3	DF Within Classes	8
Classes	2	DF Between Classes	1

Number of Observations Read	14
Number of Observations Used	10

Class Level Information

g	Variable Name	Frequency	Weight	Proportion	Prior Probability
2012	_2012	5	5.0000	0.500000	0.500000
2014	_2014	5	5.0000	0.500000	0.500000

以上是原始数据的基本信息。

The DISCRIM Procedure

Within-Class SSCP Matrices

g = 2012

Variable	Label	x1	x2	x3
x1	拐点反射率 1	0.5321200000	0.0717600000	0.0251400000
x2	拐点反射率 2	0.0717600000	0.0364800000	-.0168800000
x3	拐点反射率 3	0.0251400000	-.0168800000	0.0614800000

g = 2014

Variable	Label	x1	x2	x3
x1	拐点反射率 1	0.2285200000	0.0162800000	0.0331600000
x2	拐点反射率 2	0.0162800000	0.0197200000	-.0104600000
x3	拐点反射率 3	0.0331600000	-.0104600000	0.0194800000

The DISCRIM Procedure

Pooled Within-Class SSCP Matrix

Variable	Label	x1	x2	x3
x1	拐点反射率1	0.7606400000	0.0880400000	0.0583000000
x2	拐点反射率2	0.0880400000	0.0562000000	-.0273400000
x3	拐点反射率3	0.0583000000	-.0273400000	0.0809600000

The DISCRIM Procedure

Pooled Within-Class Covariance Matrix, DF = 8

Variable	Label	x1	x2	x3
x1	拐点反射率1	0.0950800000	0.0110050000	0.0072875000
x2	拐点反射率2	0.0110050000	0.0070250000	-.0034175000
x3	拐点反射率3	0.0072875000	-.0034175000	0.0101200000

以上是计算样本协方差阵和$\hat{\Sigma}$。

Pooled Covariance Matrix Information

Covariance Matrix Rank	Natural Log of the Determinant of the Covariance Matrix
3	-12.56213

The DISCRIM Procedure

Pairwise Squared Distances Between Groups

Squared Distance to g

From g	2012	2014
2012	0	14.63099
2014	14.63099	0

F Statistics, NDF=3, DDF=6 for Squared Distance to g

From g	2012	2014
2012	0	9.14437
2014	9.14437	0

Prob > Mahalanobis Distance for Squared Distance to g

From g	2012	2014
2012	1.0000	0.0118
2014	0.0118	1.0000

Pairwise Generalized Squared Distances Between Groups

Generalized Squared Distance to g

From g	2012	2014
2012	0	14.63099
2014	14.63099	0

以上是计算距离。

Linear Discriminant Function

Linear Discriminant Function for g

Variable	Label	2012	2014
Constant		-187.62465	-131.51380
x1	拐点反射率1	-45.13165	-34.87311
x2	拐点反射率2	297.33993	255.11207
x3	拐点反射率3	191.40870	144.66238

以上给出的是线性判别函数。

```
     Posterior Probability of Membership in g
                  Classified
Obs     From g     into g        2012      2014
 1       2012       2012        0.9355    0.0645
 2       2012       2012        1.0000    0.0000
 3       2012       2012        1.0000    0.0000
 4       2012       2012        0.8153    0.1847
 5       2012       2012        0.9998    0.0002
 6       2014       2014        0.0111    0.9889
 7       2014       2014        0.0003    0.9997
 8       2014       2014        0.0001    0.9999
 9       2014       2014        0.0016    0.9984
 10      2014       2014        0.0003    0.9997
 11                 2014     *  0.0000    1.0000
 12                 2014     *  0.0001    0.9999
 13                 2012     *  0.9299    0.0701
 14                 2012     *  0.9607    0.0393
```

以上给出的是判别结果。

```
                The DISCRIM Procedure
  Classification Summary for Calibration Data: WORK.YM
Resubstitution Summary using Linear Discriminant Function
         Generalized Squared Distance Function
 Number of Observations and Percent Classified into g
   From g          2012          2014         Total
                   2             2             4
                   50.00         50.00         100.00
   2012            5             0             5
                   100.00        0.00          100.00
   2014            0             5             5
                   0.00          100.00        100.00
   Total           7             7             14
                   50.00         50.00         100.00
   Priors          0.5           0.5
             Error Count Estimates for g
                    2012          2014         Total
Rate               0.0000        0.0000        0.0000
Priors             0.5000        0.5000
```

以上给出的是判别结果的统计汇总。

第二节 Fisher 判别法

Fisher 判别法在 1936 年被提出，该方法对总体的分布并未提出特定的要求。

一、不等协方差阵的两个总体 Fisher 判别法

（1）基本思想

用已知分类样本的观察指标构造一些彼此正交（不相关）的综合指标即判别函数，这些综合指标可以将属于不同类的个体尽可能地分开，然后计算出每个类的综合指标的均值，即每个类的中心点。现有一个新样品，当计算出它的各个综合指标值后，分别计算出新样品到每个类中心点的距离，把它归到离中心点距离最短的那一类中。

（2）判别函数的导出

假设有两个总体 G_1、G_2，从第一个总体中抽取 n_1 个样品，从第二个总体中抽取 n_2 个样品，每个样品观测 p 个指标。

G_1 总体

样品＼变量	x_1	x_2	…	x_p
$x_1^{(1)}$	$x_{11}^{(1)}$	$x_{12}^{(1)}$	…	$x_{1p}^{(1)}$
$x_2^{(1)}$	$x_{21}^{(1)}$	$x_{22}^{(1)}$	…	$x_{2p}^{(1)}$
⋮	⋮	⋮	⋮	⋮
$x_{n_1}^{(1)}$	$x_{n_1 1}^{(1)}$	$x_{n_1 2}^{(1)}$	…	$x_{n_1 p}^{(1)}$
均值	$\overline{x}_1^{(1)}$	$\overline{x}_2^{(1)}$	…	$\overline{x}_p^{(1)}$

G_2 总体

样品＼变量	x_1	x_2	…	x_p
$x_1^{(2)}$	$x_{11}^{(2)}$	$x_{12}^{(2)}$	…	$x_{1p}^{(2)}$
$x_2^{(2)}$	$x_{21}^{(2)}$	$x_{22}^{(2)}$	…	$x_{2p}^{(2)}$
⋮	⋮	⋮	⋮	⋮
$x_{n_2}^{(2)}$	$x_{n_2 1}^{(2)}$	$x_{n_2 2}^{(2)}$	…	$x_{n_2 p}^{(2)}$
均值	$\overline{x}_1^{(2)}$	$\overline{x}_2^{(2)}$	…	$\overline{x}_p^{(2)}$

假设新建立的判别式为 $y = c_1 x_1 + c_2 x_2 + \cdots + c_p x_p$，现将属于两个不同总体的样品观测值代入判别式中，则得

$$y_i^{(1)} = c_1 x_{i1}^{(1)} + c_2 x_{i2}^{(1)} + \cdots + c_p x_{ip}^{(1)}, \quad i = 1,2,\cdots,n_1$$

$$y_i^{(2)} = c_1 x_{i1}^{(2)} + c_2 x_{i2}^{(2)} + \cdots + c_p x_{ip}^{(2)}, \quad i = 1,2,\cdots,n_2$$

对上边两式分别左右相加，再乘以相应的样品个数，则有

$$\overline{y}^{(1)} = \sum_{k=1}^{p} c_k \overline{x}_k^{(1)} \qquad \text{第一组样品的“重心”}$$

$$\overline{y}^{(2)} = \sum_{k=1}^{p} c_k \overline{x}_k^{(2)} \qquad \text{第二组样品的“重心”}$$

为了使判别函数能够很好地区别来自不同总体的样品，自然希望：①来自不同总体的两个平均值 $\overline{y}^{(1)}$、$\overline{y}^{(2)}$ 相差愈大愈好；②对于来自第一个总体的 $\overline{y}_i^{(1)}(i=1,\cdots,n_1)$，要求它们的离差平方和 $\sum_{i=1}^{n_1}(y_i^{(1)} - \overline{y}^{(1)})^2$ 愈小愈好，同样也要求

$\sum_{i=1}^{n_1}(y_i^{(2)}-\overline{y}^{(2)})^2$ 愈小愈好。

综合以上两点，就是要求：$I=\dfrac{(\overline{y}^{(1)}-\overline{y}^{(2)})^2}{\sum_{i=1}^{n_1}(y_i^{(1)}-\overline{y}^{(1)})^2+\sum_{i=1}^{n_2}(y_i^{(2)}-\overline{y}^{(2)})^2}$ 愈大愈好。

记 $Q=Q(c_1,c_2,\cdots,c_p)=(\overline{y}^{(1)}-\overline{y}^{(2)})^2$ 为两组间离差。$F=F(c_1,c_2,\cdots,c_p)=\sum_{i=1}^{n_1}(y_i^{(1)}-\overline{y}^{(1)})^2+\sum_{i=1}^{n_2}(y_i^{(2)}-\overline{y}^{(2)})^2$ 为两组内离差。

则

$$I=\frac{Q}{F}$$

利用微积分求极值的必要条件可求出使 I 达到最大值的 $c_1,c_2,\cdots,c_p$。

为此将上式两边取对数：

令

$$\frac{\partial\ln I}{\partial c_k}=\frac{\partial\ln Q}{\partial c_k}-\frac{\partial\ln F}{\partial c_k}=0\qquad k=1,\cdots,p$$

则

$$\frac{1}{Q}\frac{\partial Q}{\partial c_k}=\frac{1}{F}\frac{\partial F}{\partial c_k}$$

即

$$\frac{1}{I}\frac{\partial Q}{\partial c_k}=\frac{\partial F}{\partial c_k}$$

而

$$\begin{aligned}Q=(\overline{y}^{(1)}-\overline{y}^{(2)})^2&=\left(\sum_{k=1}^{p}c_k\overline{x}_k^{(1)}-\sum_{k=1}^{p}c_k\overline{x}_k^{(2)}\right)^2\\&=\left[\sum_{k=1}^{p}c_k(\overline{x}_k^{(1)}-\overline{x}_k^{(2)})\right]^2\\&\triangleq\left[\sum_{k=1}^{p}c_kd_k\right]^2\end{aligned}$$

其中，

$$d_k=\overline{x}_k^{(1)}-\overline{x}_k^{(2)}$$

$$\therefore \frac{\partial Q}{\partial c_k} = 2\left(\sum_{l=1}^{p} c_l d_l\right) d_k$$

而

$$\begin{aligned}
F &= \sum_{i=1}^{n_1}(y_i^{(1)} - y^{(1)})^2 + \sum_{i=1}^{n_2}(y_i^{(2)} - y^{(2)})^2 \\
&= \sum_{i=1}^{n_1}\left[\sum_{k=1}^{p} c_k (x_{ik}^{(1)} - \overline{x}_k^{(1)})\right]^2 + \sum_{i=1}^{n_2}\left[\sum_{k=1}^{p} c_k (x_{ik}^{(2)} - \overline{x}_k^{(2)})\right]^2 \\
&= \sum_{i=1}^{n_1}\left[\sum_{k=1}^{p} c_k (x_{ik}^{(1)} - \overline{x}_k^{(1)}) \sum_{l=1}^{p} c_l (x_{il}^{(1)} - \overline{x}_l^{(1)})\right] \\
&\quad + \sum_{i=1}^{n_2}\left[\sum_{k=1}^{p} c_k (x_{ik}^{(2)} - \overline{x}_k^{(2)}) \sum_{l=1}^{p} c_l (x_{il}^{(2)} - \overline{x}_l^{(2)})\right] \\
&= \sum_{k=1}^{p}\sum_{l=1}^{p} c_k c_l \left[\sum_{i=1}^{n_1}(x_{ik}^{(1)} - \overline{x}_k^{(1)})(x_{il}^{(1)} - \overline{x}_l^{(1)}) + \sum_{i=1}^{n_2}(x_{ik}^{(2)} - \overline{x}_k^{(2)})(x_{il}^{(2)} - \overline{x}_l^{(2)})\right] \\
&= \sum_{k=1}^{p}\sum_{l=1}^{p} c_k c_l s_{kl}
\end{aligned}$$

其中，

$$s_{kl} = \sum_{i=1}^{n_1}(x_{ik}^{(1)} - \overline{x}_k^{(1)})(x_{il}^{(1)} - \overline{x}_l^{(1)}) + \sum_{i=1}^{n_2}(x_{ik}^{(2)} - \overline{x}_k^{(2)})(x_{il}^{(2)} - \overline{x}_l^{(2)})$$

$$\therefore \frac{\partial F}{\partial c_k} = 2\sum_{l=1}^{p} c_l s_{kl}$$

从而

$$\frac{2}{I}\left(\sum_{l=1}^{p} c_l d_l\right) d_k = 2\sum_{l=1}^{p} c_l s_{kl}$$

即

$$\frac{1}{I}\left(\sum_{l=1}^{p} c_l d_l\right) d_k = \sum_{l=1}^{p} c_l s_{kl}, \qquad k = 1, \cdots, p$$

令

$$\beta = \frac{1}{I}\sum_{l=1}^{p} c_l d_l$$

β 是常数因子，不依赖于 k，它对方程组的解只起到共同扩大 β 倍的作用，不影响它的解 $c_1, \cdots, c_p$ 之间的相对比例关系。对判别结果来说没有影响，所以取

$\beta=1$，于是方程组：

$$\sum_{l=1}^{p} c_l s_{kl} = d_k, \qquad k=1,2,\cdots,p$$

即

$$\begin{cases} s_{11}c_1 + s_{12}c_2 + \cdots + s_{1p}c_p = d_1 \\ s_{21}c_1 + s_{22}c_2 + \cdots + s_{2p}c_p = d_2 \\ \qquad \vdots \\ s_{p1}c_1 + s_{p2}c_2 + \cdots + s_{pp}c_p = d_p \end{cases}$$

写成矩阵形式为

$$\begin{bmatrix} s_{11} & s_{12} & \cdots & s_{1p} \\ s_{21} & s_{22} & \cdots & s_{2p} \\ \vdots & \vdots & \vdots & \vdots \\ s_{p1} & s_{p2} & \cdots & s_{pp} \end{bmatrix} \begin{bmatrix} c_1 \\ c_2 \\ \vdots \\ c_p \end{bmatrix} = \begin{bmatrix} d_1 \\ d_2 \\ \vdots \\ d_p \end{bmatrix}$$

所以

$$\begin{bmatrix} c_1 \\ c_2 \\ \vdots \\ c_p \end{bmatrix} = \begin{bmatrix} s_{11} & s_{12} & \cdots & s_{1p} \\ s_{21} & s_{22} & \cdots & s_{2p} \\ \vdots & \vdots & \vdots & \vdots \\ s_{p1} & s_{p2} & \cdots & s_{pp} \end{bmatrix}^{-1} \begin{bmatrix} d_1 \\ d_2 \\ \vdots \\ d_p \end{bmatrix}$$

值得说明的是：本书有几处利用极值原理求极值时，只给出必要条件的数学推导，而省略了有关充分条件的论证，因为在通常遇到的实际问题中，根据问题本身的性质就能肯定有最大值（或最小值），如果所求的驻点只有一个，这时不需要根据极值存在的充分条件判定它是极大还是极小就能肯定这唯一的驻点就是所求的最大值（或最小值），为了避免用到较多的数学知识或数学上的推导，这里不追求数学上的完整性。

有了判别函数之后，要想建立判别准则还要确定判别临界值（分界点）y_0，在两个总体先验概率相等的假设下，一般常取 y_0 为 $\overline{y}^{(1)}$ 与 $\overline{y}^{(2)}$ 的加权平均值即

$$y_0 = \frac{n_1\overline{y}^{(1)} + n_2\overline{y}^{(2)}}{n_1 + n_2}$$

如果由原始数据求得 $\overline{y}^{(1)}$ 与 $\overline{y}^{(2)}$ 满足 $\overline{y}^{(1)} > \overline{y}^{(2)}$，则建立判别准则为：对于一个新样品 $X=(x_1,\cdots,x_p)'$，代入判别函数中所得值记为 y，若 $y>y_0$，则判定 $X \in G_1$（图 16-2a）；若 $y<y_0$，则判定 $X \in G_2$。如果 $\overline{y}^{(1)} < \overline{y}^{(2)}$，则建立判别准则为：若 $y>y_0$，

则判定 $X \in G_2$（图 16-2b）；若 $y<y_0$，则判定 $X \in G_1$（注：为直观起见，给出两个正态总体方差相等情况下的图形）。

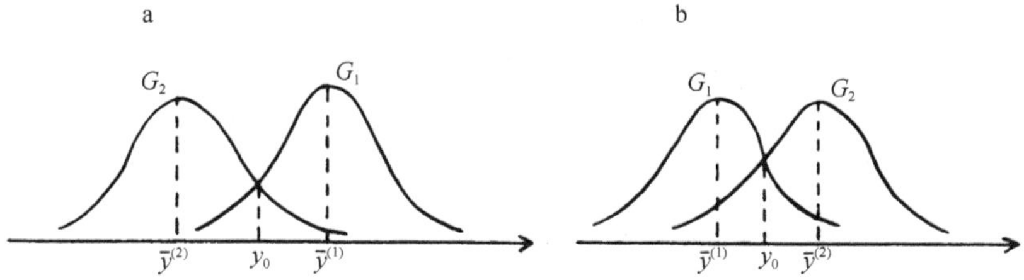

图 16-2　两总体判别情况及临界值点

（3）计算步骤

1）建立判别函数。

求 $I = \dfrac{Q\ (c_1,\cdots,c_p)}{F\ (c_1,\cdots,c_p)}$ 的最大值点 $c_1,\cdots,c_p$，根据极值原理，需解方程组

$$\begin{cases} \dfrac{\partial \ln I}{\partial c_1} = 0 \\ \dfrac{\partial \ln I}{\partial c_2} = 0 \\ \quad\vdots \\ \dfrac{\partial \ln I}{\partial c_p} = 0 \end{cases}$$

可得到 $c_1,\cdots,c_p$，写出判别函数 $y = c_1x_1 + \cdots + c_px_p$。

2）计算判别临界值 y_0，然后根据判别准则对新样品进行判别分类。

3）检验判别效果（当两个总体协方差阵相同且总体服从正态分布时）。

$$H_0 : Ex_a^{(1)} = \mu_1 = Ex_a^{(2)} = \mu_2 \qquad H_{\mathrm{A}} : \mu_1 \neq \mu_2$$

检验统计量：

$$F = \frac{(n_1+n_2-2)-p+1}{(n_1+n_2-2)p} T^2 \underset{(\text{在}\widetilde{H}_0\text{成立的条件下})}{} F(p, n_1+n_2-p-1)$$

其中，

$$T^2 = (n_1+n_2-2)\left[\sqrt{\frac{n_1n_2}{n_1+n_2}}(\bar{X}^{(1)}-\bar{X}^{(2)})'S^{-1}\sqrt{\frac{n_1n_2}{n_1+n_2}}(\bar{X}^{(1)}-\bar{X}^{(2)})\right]$$

$$S = (s_{ij})_{pp}, s_{ij} = \sum_{a=1}^{n_1}(x_{ai}^{(1)} - \bar{x}_i^{(1)})(x_{aj}^{(1)} - \bar{x}_j^{(1)}) + \sum_{a=1}^{n_2}(x_{ai}^{(2)} - \bar{x}_i^{(2)})(x_{aj}^{(2)} - \bar{x}_j^{(2)})$$

$$\overline{X}^{(i)} = (\overline{x}_1^{(i)}, \cdots, \overline{x}_p^{(i)})'$$

给定检验水平 a，查 F 分布表，确定临界值 F_a，若 $F > F_a$，则否定 H_0，认为判别有效。否则认为判别无效。

值得指出的是：首先参与构造判别式的样品个数不宜太少，否则会影响判别式的优良性；其次判别式选用的指标不宜过多，指标过多不仅使用不方便，而且影响预报的稳定性。所以在建立判别式之前应仔细挑选出几个与分类密切相关的指标，使两类平均值之间的差异尽量大一些。

二、多个总体 Fisher 判别法

依据两个总体 Fisher 判别法可给出多个总体 Fisher 判别法。

设有 k 个总体 $G_1, \cdots, G_k$，抽取样品数分别为 $n_1, n_2, \cdots, n_k$，令 $n = n_1 + n_2 + \cdots + n_k$。$x_a^{(i)} = (x_{a1}^{(i)}, \cdots, x_{ap}^{(i)})$ 为第 i 个总体的第 a 个样品的观测向量。

假定所建立的判别函数为

$$y(x) = c_1 x_1 + \cdots + c_p x_p \underline{\underline{\Delta}} c'x$$

其中，$c = (c_1, \cdots, c_p)', x = (x_1, \cdots, x_p)'$

记 $\overline{x}^{(i)}$ 和 $s^{(i)}$ 分别是总体 G_i 内 x 的样本均值向量和样本协方差阵，根据求随机变量线性组合的均值和方差的性质可知，$y(x)$ 在 G_i 上的样本均值和样本方差为

$$\overline{y}^{(i)} = c'\overline{x}^{(i)}, \quad \sigma_i^2 = c's^{(i)}c$$

记 $\overline{x}$ 为总的均值向量，则 $\overline{y} = c'\overline{x}$。

在多个总体情况下，Fisher 准则就是要选取系数向量 c，使

$$\lambda = \frac{\sum_{i=1}^{k} n_i (\overline{y}^{(i)} - \overline{y})^2}{\sum_{i=1}^{k} q_i \sigma_i^2}$$

达到最大，其中 q_i 是人为的正的加权系数，它可以为先验概率。如果取 $q_i = n_i - 1$，并将 $\overline{y}^{(i)} = c'\overline{x}^{(i)}, \overline{y} = c'\overline{x}, \sigma_i^2 = c's^{(i)}c$ 代入上式为

$$\lambda = \frac{c'Ac}{c'Ec}$$

式中，E 为组内离差阵；A 为总体之间样本的协方差阵，即

$$E = \sum_{i=1}^{k} q_i s^{(i)}$$

$$A=\sum_{i=1}^{k}n_i(\overline{x}^{(i)}-\overline{x})(\overline{x}^{(i)}-\overline{x})'$$

为求λ的最大值，根据极值存在的必要条件，令$\dfrac{\partial\lambda}{\partial C}=0$，利用对向量求导的公式：

$$\begin{aligned}\frac{\partial\lambda}{\partial C}&=\frac{2Ac}{(c'Ec)^2}(c'Ec)-\frac{2Ec}{(c'Ec)^2}(c'Ac)\\&=\frac{2Ac}{c'Ec}-\frac{2Ec}{c'Ec}\cdot\frac{c'Ac}{c'Ec}\\&=\frac{2Ac}{c'Ec}-\frac{2Ec}{c'Ec}\lambda\end{aligned}$$

因此

$$\frac{\partial\lambda}{\partial C}=0\Rightarrow\frac{2Ac}{c'Ec}-\frac{2\lambda Ec}{c'Ec}=0\Rightarrow Ac=\lambda Ec$$

这说明λ及$\boldsymbol{c}$恰好分别是矩阵A、E的广义特征根及其对应的特征向量。由于一般都要求加权协方差阵E是正定的，因此由代数知识可知，上式非零特征根个数m不超过min（$k-1$，p），又因为A为非负定的，所以非零特征根必为正根，记为$\lambda_1\geqslant\lambda_2\geqslant\cdots\geqslant\lambda_m>0$，于是可构造$m$个判别函数：

$$y_l(x)=c^{(l)'}x\qquad l=1,\cdots,m$$

对于每一个判别函数必须给出一个用于衡量判别能力的指标p_i：

$$p_i=\frac{\lambda_l}{\sum\limits_{i=1}^{m}\lambda_i}\qquad\qquad l=1,\cdots,m$$

m_0个判别函数$y_1,\cdots,y_{m_0}$的判别能力定义为

$$sp_{m_0}\triangleq\sum_{l=1}^{m_0}p_l=\frac{\sum\limits_{l=1}^{m_0}\lambda_1}{\sum\limits_{i=1}^{m}\lambda_i}$$

如果m_0达到某个确定的值（如85%），则认为m_0个判别函数就够了。

有了判别函数之后，如何对待判的样品进行分类？Fisher 判别法本身并未给出最合适的分类法，在实际工作中可以选用下列分类法进行分类。

（1）当取m_0=1时（即只取一个判别函数），此时有两种可供选用的方法

i. 不加权法

若

$$\left|y(x)-\overline{y}^{(i)}\right|=\min_{1\leqslant j\leqslant k}\left|y(x)-\overline{y}^{(j)}\right|$$

则判 $x\in G_i$。

ii. 加权法

将 $\overline{y}^{(1)},\overline{y}^{(2)},\cdots,\overline{y}^{(k)}$ 按大小次序排列，记为 $\overline{y}_{(1)}\leqslant\overline{y}_{(2)}\leqslant\cdots\leqslant\overline{y}_{(k)}$，相应的判别函数的标准差重排为 $\sigma_{(i)}$。

令

$$d_{i,i+1}=\frac{\sigma_{(i+1)}\overline{y}_{(i)}+\sigma_{(i)}\overline{y}_{(i+1)}}{(\sigma_{(i+1)}+\sigma_{(i)})},\qquad i=1,\cdots,k-1$$

则 $d_{i,i+1}$ 可作为 G_{ji} 与 G_{ji+1} 之间的分界点。如果 x 使得 $d_{i-1,i}\leqslant y(x)\leqslant d_{i,i+1}$，则判 $x\in G_{ji}$。

（2）当取 $m_0>1$ 时，也有两种可供选用的方法

i. 不加权法

$\overline{y}_l^{(i)}=c^{(l)'}\overline{x}^{(i)}\qquad l=1,\cdots,m_0;\ \ i=1,\cdots,k$

对待判样品 $x=(x_1,\cdots,x_p)'$，计算

$$y_l(x)=c^{(l)'}x$$

$$D_i^2=\sum_{l=1}^{m_0}\left[y_l(x)-\overline{y}_l^{(i)}\right]^2,\qquad i=1,\cdots,k$$

若 $D_r^2=\min\limits_{1\leqslant i\leqslant k}D_i^2$，则判 $x\in G_r$。

ii. 加权法

考虑到每个判别函数的判别能力不同，记

$$D_i^2=\sum_{l=1}^{m_0}\left[y_l(x)-\overline{y}_l^{(i)}\right]^2\lambda_l$$

其中 λ_l 是由 $Ac=\lambda Ec$ 求出的特征根。

若 $D_r^2=\min\limits_{1\leqslant i\leqslant k}D_i^2$，则判 $x\in G_r$。

三、Fisher 判别法的实例分析与 SAS 操作

（一）Fisher 判别法的实例分析

【例 16.2】对例 16.1 中的燕麦储藏年份观测值进行 Fisher 判别分析。计算的基本步骤如下。

（1）建立判别函数 $\begin{bmatrix} c_1 \\ c_2 \\ c_3 \end{bmatrix} = S^{-1} \begin{bmatrix} d_1 \\ d_2 \\ d_3 \end{bmatrix}$

根据例 16.1 的计算结果，可得 Fisher 判别函数的系数 C_1、C_2、C_3，所以判别函数为： $y = -1.28x_1 + 5.28x_2 + 5.84x_3$。

（2）计算判别临界值

$$\overline{y}^{(1)} = \sum_{k=1}^{3} c_k \overline{x}_k^{(1)} = 7.9283$$

$$\overline{y}^{(2)} = \sum_{k=1}^{3} c_k \overline{x}_k^{(2)} = 6.0994$$

$$y_0 = \frac{n_1 \overline{y}^{(1)} + n_2 \overline{y}^{(2)}}{n_1 + n_2} = 7.014$$

（3）判别准则

$$\begin{cases} 当 y > y_0 时，判 X \in G_1 \\ 当 y < y_0 时，判 X \in G_2 \\ 当 y = y_0 时，待判 \end{cases}$$

（4）对已知类别的样品进行判别归类（表 16-4）

表 16-4　采用 Fisher 判别对已知类别样品的分类结果

年份	编号	判别函数 y 的值	原分类号	判归类别
2012	1	7.35	1	1
	2	8.61	1	1
	3	8.43	1	1
	4	7.21	1	1
	5	8.05	1	1
2014	6	6.45	2	2
	7	5.99	2	2
	8	5.83	2	2
	9	6.21	2	2
	10	6.01	2	2

上述回判结果表明：总的回判率为 100%，与原分类的结果相同，并且与距离判别法的结果一致。

（5）对判别效果进行检验

$$F = 9.14 > F_{0.05\,(3,6)}$$

故在α=0.05 检验水平下，两个总体间差异显著，即判别函数有效。

对待判样品进行判别归类，结果如表 16-5 所示。

表 16-5　采用 Fisher 判别对待判样品的分类结果

项目	编号	判别函数 y 的值	判别类别
待判样品	11	4.41	2
	12	5.82	2
	13	7.34	1
	14	7.41	1

（二）Fisher 判别法的 SAS 操作

【例 16.3】对 3 种燕麦（普通栽培燕麦 Spec−No=A，细燕麦 Spec−No=B 和长颖燕麦 Spec−No=C）都测量了 4 个高光谱反射率：x_1（反射率 1）、x_2（反射率 2）、x_3（反射率 3）、x_4（反射率 4）。设 3 个总体的协方差阵相等，进行判别分析。数据见表 16-6，其中 Spec−No 表示观测值所属的类。

表 16-6　3 个品种燕麦特征光谱信息

品种	编号	反射率 1	反射率 2	反射率 3	反射率 4
A	1	0.669 447	0.180 500	0.425 771	0.671 650
A	2	0.680 268	0.172 718	0.414 037	0.682 371
A	3	0.674 160	0.183 775	0.429 984	0.682 371
A	4	0.674 105	0.180 948	0.436 254	0.680 515
A	5	0.670 925	0.183 805	0.431 749	0.675 338
A	6	0.647 391	0.166 693	0.402 940	0.649 315
A	7	0.674 166	0.176 912	0.417 459	0.674 466
A	8	0.667 039	0.191 626	0.517 396	0.671 002
A	9	0.677 330	0.175 930	0.425 204	0.675 556
A	10	0.671 858	0.179 518	0.508 326	0.670 168
B	1	0.686 755	0.207 528	0.484 617	0.697 900
B	2	0.709 152	0.216 909	0.567 892	0.717 552
B	3	0.675 618	0.210 216	0.481 009	0.697 961
B	4	0.705 926	0.221 580	0.495 912	0.721 150
B	5	0.686 544	0.205 430	0.485 890	0.702 635
B	6	0.700 336	0.217 568	0.504 896	0.717 457
B	7	0.706 344	0.207 496	0.476 375	0.702 447
B	8	0.695 105	0.209 845	0.492 783	0.708 075
B	9	0.704 708	0.217 230	0.489 141	0.714 834
B	10	0.694 520	0.208 990	0.481 662	0.698 691
C	1	0.590 328	0.103 700	0.420 533	0.598 442
C	2	0.581 720	0.090 685	0.392 564	0.584 223

续表

品种	编号	反射率 1	反射率 2	反射率 3	反射率 4
C	3	0.597 341	0.098 764	0.422 804	0.604 232
C	4	0.602 000	0.103 466	0.430 888	0.615 415
C	5	0.591 836	0.099 387	0.414 007	0.600 273
C	6	0.605 959	0.107 908	0.443 845	0.624 556
C	7	0.603 244	0.105 243	0.421 278	0.612 582
C	8	0.602 968	0.104 172	0.428 123	0.612 920
C	9	0.601 484	0.104 114	0.432 217	0.615 373
C	10	0.603 932	0.101 064	0.426 969	0.614 451

SAS 程序如下：

```
DATA ym;
INPUT spec_no$ x1-x4@@;
IF spec_no='A' THEN g='普通栽培燕麦';
IF spec_no='B' THEN g='细燕麦';
IF spec_no='C' THEN g='长颖燕麦';
DROP spec_no;
LABEL x1='反射率1' x2='反射率2' x3='反射率3' x4='反射率4';
CARDS;
数据集
;
PROC CANDISC WSSCP PSSCP PCOV DISTANCE OUT=DISC;
CLASS g;
VAR x1-x3;
RUN;
PROC PRINT DATA=DISC;
RUN;
PROC DISCRIM DATA=DISC;
CLASS g;
VAR can1-can2;
RUN;
```

SAS 输出结果如下：

```
                    The CANDISC Procedure
   Total Sample Size       30        DF Total                29
   Variables                3        DF Within Classes       27
   Classes                  3        DF Between Classes       2
           Number of Observations Read             30
           Number of Observations Used             30
                    Class Level Information
                    Variable
   g                Name        Frequency      Weight     Proportion
   长颖燕麦          ________        10         10.0000      0.333333
   普通栽培燕麦      ________        10         10.0000      0.333333
   细燕麦            ______          10         10.0000      0.333333
                    The CANDISC Procedure
                  Within-Class SSCP Matrices
                          g = 长颖燕麦
Variable      Label            x1              x2              x3
```

x1	反射率 1	0.0005411143	0.0002720218	0.0008392592
x2	反射率 2	0.0002720218	0.0002056279	0.0005208342
x3	反射率 3	0.0008392592	0.0005208342	0.0016389577

g = 普通栽培燕麦

Variable	Label	x1	x2	x3
x1	反射率 1	0.0007307466	0.0001759741	0.0002038133
x2	反射率 2	0.0001759741	0.0004157399	0.0016059563
x3	反射率 3	0.0002038133	0.0016059563	0.0138097011

g = 细燕麦

Variable	Label	x1	x2	x3
x1	反射率 1	0.0010639244	0.0003275669	0.0012508874
x2	反射率 2	0.0003275669	0.0002737872	0.0006482382
x3	反射率 3	0.0012508874	0.0006482382	0.0063522318

以上给出的是样本协方差阵。

The CANDISC Procedure

Pooled Within-Class SSCP Matrix

Variable	Label	x1	x2	x3
x1	反射率 1	0.0023357854	0.0007755628	0.0022939599
x2	反射率 2	0.0007755628	0.0008951550	0.0027750286
x3	反射率 3	0.0022939599	0.0027750286	0.0218008906

以上给出的是样本合并协方差阵。

The CANDISC Procedure

Pooled Within-Class Covariance Matrix, DF = 27

Variable	Label	x1	x2	x3
x1	反射率 1	0.0000865106	0.0000287245	0.0000849615
x2	反射率 2	0.0000287245	0.0000331539	0.0001027788
x3	反射率 3	0.0000849615	0.0001027788	0.0008074404

以上给出的是判别合并协方差阵 $\hat{\Sigma}$。

Squared Distance to g

From g	长颖燕麦	普通栽培燕麦	细燕麦
长颖燕麦	0	282.00156	516.55801
普通栽培燕麦	282.00156	0	37.66362
细燕麦	516.55801	37.66362	0

F Statistics, NDF=3, DDF=25 for Squared Distance to g

From g	长颖燕麦	普通栽培燕麦	细燕麦
长颖燕麦	0	435.18760	797.15742
普通栽培燕麦	435.18760	0	58.12287
细燕麦	797.15742	58.12287	0

Prob > Mahalanobis Distance for Squared Distance to g

From g	长颖燕麦	普通栽培燕麦	细燕麦
长颖燕麦	1.0000	<.0001	<.0001
普通栽培燕麦	<.0001	1.0000	<.0001
细燕麦	<.0001	<.0001	1.0000

以上给出的是类间距离。

The CANDISC Procedure

Multivariate Statistics and F Approximations

S=2 M=0 N=11.5

Statistic	Value	F Value	Num DF	Den DF	Pr > F
Wilks' Lambda	0.00681483	92.61	6	50	<.0001
Pillai's Trace	1.28282433	15.50	6	52	<.0001
Hotelling-Lawley Trace	103.23743086	422.47	6	31.616	<.0001
Roy's Greatest Root	102.82409118	891.14	3	26	<.0001

NOTE: F Statistic for Roy's Greatest Root is an upper bound.
NOTE: F Statistic for Wilks' Lambda is exact.

以上给出的是 F 似然估计的多元统计量。

The CANDISC Procedure

	Canonical Correlation	Adjusted Canonical Correlation	Approximate Standard Error	Squared Canonical Correlation
1	0.995173	0.994836	0.001789	0.990368
2	0.540792	0.525014	0.131388	0.292456

Eigenvalues of Inv(E)*H = CanRsq/(1-CanRsq)

Test of H0: The canonical correlations in the current row and all that follow are zero

	Eigenvalue	Difference	Proportion	Cumulative	Likelihood Ratio	Approximate F Value	Num DF	Den DF	Pr > F
1	102.8241	102.4108	0.9960	0.9960	0.00681483	92.6	6	50	<.0001
2	0.4133		0.0040	1.0000	0.70754399	5.37	2	26	0.0111

以上给出的是典型相关系数及其检验结果等信息。

The CANDISC Procedure

Total Canonical Structure

Variable	Label	Can1	Can2
x1	反射率 1	0.983046	-0.000002
x2	反射率 2	0.997132	0.073108
x3	反射率 3	0.643234	0.737634

Between Canonical Structure

Variable	Label	Can1	Can2
x1	反射率 1	1.000000	-0.000001
x2	反射率 2	0.999207	0.039811
x3	反射率 3	0.848697	0.528879

Pooled Within Canonical Structure

Variable	Label	Can1	Can2
x1	反射率 1	0.465643	-0.000006
x2	反射率 2	0.834836	0.524617
x3	反射率 3	0.096145	0.944985

以上给出的是典型结构。

The CANDISC Procedure

Total-Sample Standardized Canonical Coefficients

Variable	Label	Can1	Can2
x1	反射率 1	0.04538463	-1.73786455
x2	反射率 2	10.48571914	0.75863419
x3	反射率 3	-1.03926167	1.47993055

Pooled Within-Class Standardized Canonical Coefficients

Variable	Label	Can1	Can2
x1	反射率 1	0.009745352	-0.373168202
x2	反射率 2	1.273848094	0.092161987
x3	反射率 3	-0.707188270	1.007051020

Raw Canonical Coefficients

Variable	Label	Can1	Can2

x1	反射率 1	1.0477627	-40.1208427
x2	反射率 2	221.2332515	16.0060655
x3	反射率 3	-24.8874163	35.4402060

以上给出的是原始典型变量及标准化典型变量系数。

Class Means on Canonical Variables

g	Can1	Can2
长颖燕麦	-13.16150324	0.21833101
普通栽培燕麦	3.59852974	-0.83183918
细燕麦	9.56297350	0.61350817

以上给出的是不同燕麦品种的典型变量的均值。这一部分均为 CANDISC 过程输出内容。

Obs	x1	x2	x3	x4	g	Can1	Can2	Can3
1	0.669450	0.180500	0.425770	0.671650	普通栽培燕麦	4.2523	-1.2993	.
2	0.680270	0.172720	0.414040	0.682370	普通栽培燕麦	2.8340	-2.2739	.
3	0.674160	0.183780	0.429980	0.682370	普通栽培燕麦	4.8769	-1.2867	.
4	0.674110	0.180950	0.436250	0.680520	普通栽培燕麦	4.0954	-1.1075	.
5	0.670930	0.183810	0.431750	0.675340	普通栽培燕麦	4.8362	-1.0938	.
6	0.647390	0.166690	0.402940	0.649320	普通栽培燕麦	1.7428	-1.4445	.
7	0.674170	0.176910	0.417460	0.674470	普通栽培燕麦	3.6703	-1.8406	.
8	0.667040	0.191630	0.517400	0.671000	普通栽培燕麦	4.4309	2.2226	.
9	0.677330	0.175930	0.425200	0.675560	普通栽培燕麦	3.2636	-1.7088	.
10	0.671860	0.179520	0.508330	0.670170	普通栽培燕麦	1.9830	1.5140	.
11	0.686760	0.207530	0.484620	0.697900	细燕麦	8.7854	0.5244	.
12	0.709150	0.216910	0.567890	0.717550	细燕麦	8.8117	2.7273	.
13	0.675620	0.210220	0.481010	0.697960	细燕麦	9.4582	0.8864	.
14	0.705930	0.221580	0.495910	0.721150	细燕麦	11.6331	0.3805	.
15	0.686540	0.205430	0.485890	0.702640	细燕麦	8.2893	0.5444	.
16	0.700340	0.217570	0.504900	0.717460	细燕麦	10.5161	0.8589	.
17	0.706340	0.207500	0.476380	0.702450	细燕麦	9.0039	-0.5541	.
18	0.695110	0.209850	0.492780	0.708080	细燕麦	9.1035	0.5159	.
19	0.704710	0.217230	0.489140	0.714830	细燕麦	10.8380	0.1198	.
20	0.694520	0.208990	0.481660	0.698690	细燕麦	9.1905	0.1316	.
21	0.590330	0.103700	0.420530	0.598440	长颖燕麦	-12.6910	0.4601	.
22	0.581720	0.090690	0.392560	0.584220	长颖燕麦	-14.8833	-0.3941	.
23	0.597340	0.098760	0.422800	0.604230	长颖燕麦	-13.8322	0.1802	.
24	0.602000	0.103470	0.430890	0.615420	长颖燕麦	-12.9882	0.3551	.
25	0.591840	0.099390	0.414010	0.600270	长颖燕麦	-13.4812	0.0993	.
26	0.605960	0.107910	0.443850	0.624560	长颖燕麦	-12.3238	0.7265	.
27	0.603240	0.105240	0.421280	0.612580	长颖燕麦	-12.3546	-0.0070	.
28	0.602970	0.104170	0.428120	0.612920	长颖燕麦	-12.7622	0.2296	.
29	0.601480	0.104110	0.432220	0.615370	长颖燕麦	-12.8785	0.4333	.
30	0.603930	0.101060	0.426970	0.614450	长颖燕麦	-13.4201	0.1002	.

以上是调用 PRINT 过程给出的每一观测典型向量的计算结果。

The DISCRIM Procedure

Total Sample Size	30	DF Total	29
Variables	2	DF Within Classes	27
Classes	3	DF Between Classes	2

Number of Observations Read	30
Number of Observations Used	30

Class Level Information

Variable   Prior

g	Name	Frequency	Weight	Proportion	Probability
长颖燕麦	________	10	10.0000	0.333333	0.333333
普通栽培燕麦	________	10	10.0000	0.333333	0.333333
细燕麦	______	10	10.0000	0.333333	0.333333

Pooled Covariance Matrix Information

Covariance Matrix Rank	Natural Log of the Determinant of the Covariance Matrix
2	9.77E-15

The DISCRIM Procedure

Pairwise Generalized Squared Distances Between Groups

Generalized Squared Distance to g

From g	长颖燕麦	普通栽培燕麦	细燕麦
长颖燕麦	0	282.00156	516.55801
普通栽培燕麦	282.00156	0	37.66362
细燕麦	516.55801	37.66362	0

Linear Discriminant Function

Linear Discriminant Function for g

Variable	长颖燕麦	普通栽培燕麦	细燕麦
Constant	-86.63642	-6.82069	-45.91343
Can1	-13.16150	3.59853	9.56297
Can2	0.21833	-0.83184	0.61351

The DISCRIM Procedure

Classification Summary for Calibration Data: WORK.DISC

Resubstitution Summary using Linear Discriminant Function

Generalized Squared Distance Function

Number of Observations and Percent Classified into g

From g	长颖燕麦	普通栽培燕麦	细燕麦	Total
长颖燕麦	10	0	0	10
	100.00	0.00	0.00	100.00
普通栽培燕麦	0	10	0	10
	0.00	100.00	0.00	100.00
细燕麦	0	0	10	10
	0.00	0.00	100.00	100.00
Total	10	10	10	30
	33.33	33.33	33.33	100.00
Priors	0.33333	0.33333	0.33333	

Error Count Estimates for g

	长颖燕麦	普通栽培燕麦	细燕麦	Total
Rate	0.0000	0.0000	0.0000	0.0000
Priors	0.3333	0.3333	0.3333	

由 DISCRIM 输出结果可知：在 30 个样品中，采用典型变量进行判别，错判率为 0，所有样品都与原分类一致，总的判别准确率为 100%。

第三节　Bayes 判别分析

一、Bayes 判别分析的基本思想

Bayes 判别分析的基本思想总是假定对所研究的对象已有一定的认识，常用

先验概率来描述这种认识。

设有 k 个总体 $G_1,G_2,\cdots,G_k$，它们的先验概率分别为 $q_1,q_2,\cdots,q_k$（它们可以由经验给出，也可以估出）。各个总体的密度函数分别为 $f_1(x),f_2(x),\cdots,f_k(x)$（在离散情形下是概率函数），在观测到一个样品 x 的情况下，可用著名的 Bayes 公式计算它来自第 g 个总体的后验概率（相对于先验概率来说，将它称为后验概率）：

$$P(g/x)=\frac{q_g f_g(x)}{\sum_{i=1}^{k} q_i f_i(x)},\qquad g=1,\cdots,k$$

并且当

$$P(h/x)=\max_{1\leqslant g\leqslant k} P(g/x)$$

判 X 来自第 h 个总体。

有时还可以根据错判损失最小构造判别函数。这时把 x 错判归第 h 个总体的平均损失定义为

$$E(h/x)=\sum_{g\neq h}\frac{q_g f_g(x)}{\sum_{i=1}^{k} q_i f_i(x)}L(h/g)$$

式中，$L(h/g)$ 称为损失函数。它表示本来是第 g 个总体的样品错判为第 h 个总体的损失。显然上式是对损失函数依概率加权平均或称为错判的平均损失。当 $h=g$ 时，有 $L(h/g)=0$；当 $h\neq g$ 时，有 $L(h/g)>0$。建立的判别准则为

$$E(h/x)=\min_{1\leqslant g\leqslant k} E(g/x)$$

则判定 x 来自第 h 个总体。

原则上，考虑损失函数更为合理，但是在实际应用中 $L(h/g)$ 不容易确定，因此常常在数学模型中假设各种错判的损失相等，即

$$L(h/g)=\begin{cases}0 & h=g\\ 1 & h\neq g\end{cases}$$

因此，寻找 h 使后验概率最大和使错判的平均损失最小是等价的，即

$$p(h/x)\xrightarrow{h}\max \Leftrightarrow E(h/x)\xrightarrow{h}\min$$

二、多元正态总体的 Bayes 判别法

在实际问题中遇到的许多总体往往服从正态分布，下面给出 p 元正态总体的 Bayes 判别法。

（1）判别函数的导出

由前面叙述已知，使用 Bayes 判别法进行判别分析，首先需要知道待判总体

的先验概率 q_g 和密度函数 $f_g(x)$（如果是离散情形则为概率函数）。对于先验概率，如果没有更好的办法确定，可用样品频率代替，即令 $q_g=\frac{n_g}{n}$，其中 n_g 为用于建立判别函数的已知分类数据中来自第 g 个总体样品的数目，且 $n_1+n_2+\cdots+n_k=n$，或者干脆令先验概率相等，即 $q_g=\frac{1}{k}$，这时可以认为先验概率不起作用。

p 元正态分布的密度函数为

$$f_g(x)=(2\pi)^{-p/2}\left|\Sigma^{(g)}\right|^{-1/2}\exp\left\{-\frac{1}{2}(x-\mu^{(g)})'\Sigma^{(g)-1}(x-\mu^{(g)})\right\}$$

式中，$\mu^{(g)}$ 和 $\Sigma^{(g)}$ 分别是第 g 个总体的均值向量（p 维）和协方差矩阵（p 阶）。把 $f_g(x)$ 代入 $P(g/x)$ 的表达式中，因为我们只寻找使 $P(g/x)$ 最大的 g，而分式中的分母不论 g 为何值都是常数，故可改为

$$q_g f_g(x)\xrightarrow{g}\max$$

取对数并去掉与 g 无关的项，记为

$$\begin{aligned}Z(g/x)&=\ln q_g-\frac{1}{2}\ln\left|E^{(g)}\right|-\frac{1}{2}(x-\mu^{(g)})'\Sigma^{(g)-1}(x-\mu^{(g)})\\&=\ln q_g-\frac{1}{2}\ln\left|E^{(g)}\right|-\frac{1}{2}x'\Sigma^{(g)-1}x-\frac{1}{2}\mu^{(g)'}\Sigma^{(g)-1}\mu^{(g)}+x'\Sigma^{(g)-1}\mu^{(g)}\end{aligned}$$

则判别问题转化为

$$Z(g/x)\xrightarrow{g}\max$$

（2）假设协方差阵相等

$Z(g/x)$ 中含有 k 个总体的协方差阵（逆阵及行列式值），而且 $Z(g/x)$ 对于 x 还是二次函数，实际计算时工作量很大。如果进一步假定 k 个总体协方差阵相同，即 $\Sigma^{(1)}=\Sigma^{(2)}=\cdots=\Sigma^{(k)}=\Sigma$，这时 $Z(g/x)$ 中 $\frac{1}{2}\ln\left|\Sigma^{(g)}\right|$ 和 $\frac{1}{2}x'\Sigma^{(g)-1}x$ 两项与 g 无关，$Z(g/x)$ 求最大时可以去掉，最终得到如下形式的判别函数与判别准则（如果协方差阵不等，则有非线性判别函数）：

$$\begin{cases}y(g/x)=\ln q_g-\frac{1}{2}\mu^{(g)'}\Sigma^{-1}\mu^{(g)}+x'\Sigma^{-1}\mu^{(g)}\\y(g/x)\xrightarrow{g}\max\end{cases}$$

上式判别函数也可以写成多项式形式：

$$y(g/x)=\ln q_g+C_0^{(g)}+\sum_{i=1}^{p}C_i^{(g)}x_i$$

此处

$$C_i^{(g)} = \sum_{j=1}^{p} v^{ij} \mu_j^{(g)}, \qquad i = 1, \cdots, p$$

$$\begin{aligned} C_0^{(g)} &= -\frac{1}{2}\mu^{(g)\prime} \Sigma^{-1} \mu^{(g)} \\ &= -\frac{1}{2}\sum_{i=1}^{p}\sum_{j=1}^{p} v^{ij} \mu_i^{(g)} \mu_j^{(g)} \\ &= -\frac{1}{2}\sum_{i=1}^{p} C_i^{(g)} \mu_i^{(g)} \end{aligned}$$

$$x = (x_1, x_2, \cdots, x_p)'$$

$$\mu^{(g)} = (\mu_1^{(g)}, \mu_2^{(g)}, \cdots, \mu_p^{(g)})'$$

$$\Sigma = (v_{ij})_{pp}, \quad \Sigma^{-1} = (v_{ij})_{pp}$$

（3）计算后验概率

计算分类时，主要根据判别式 $y(g/x)$ 的大小，而它不是后验概率 $P(g/x)$，但是有了 $y(g/x)$ 之后，就可以根据下式算出 $P(g/x)$：

$$P(g/x) = \frac{\exp\{y(g/x)\}}{\sum_{i=1}^{k}\exp\{y(i/x)\}}$$

因为

$$y(g/x) = \ln(q_g f_g(x)) - \Delta(x)$$

其中 $\Delta(x)$ 是 $\ln(q_g f_g(x))$ 中与 g 无关的部分。

所以

$$\begin{aligned} P(g/x) &= \frac{q_g f_g(x)}{\sum_{i=1}^{k} q_i f_i(x)} \\ &= \frac{\exp\{y(g/x) + \Delta(x)\}}{\sum_{i=1}^{k}\exp\{y(i/x) + \Delta(x)\}} \\ &= \frac{\exp\{y(g/x) + \Delta(x)\}}{\sum_{i=1}^{k}\exp\{y(i/x) + \Delta(x)\}} \\ &= \frac{\exp\{y(g/x)\}}{\sum_{i=1}^{k}\exp\{y(i/x)\}} \end{aligned}$$

由上式可知，使 y 为最大的 h，其 $P(h/x)$ 必为最大，因此我们只需把样品 x 代入判别式中，分别计算 $y(g/x)$， $g=1,\cdots,k$ 。

若

$$y(g/x)=\max_{1\leqslant g\leqslant k}\{y(g/x)\}$$

则把样品 x 归入第 h 个总体。

三、Bayes 判别法的实例分析与 SAS 操作

（一）Bayes 判别法的实例分析

【例 16.4】继续用例 16.1 中的燕麦储藏年份观测值进行 Bayes 判别分析。

这里组数 k=2，指标 p=3， $q_1=q_2=0.5$ ， $\ln q_1=\ln q_2=-0.6931$

$$\Sigma^{-1}=\begin{bmatrix}16.96478 & -38.9117 & -25.3569\\ -38.9117 & 259.5818 & 115.6808\\ -25.3569 & 115.6808 & 156.139\end{bmatrix}$$

代入判别函数：

$$y(g/x)=\ln q_g-\frac{1}{2}\mu^{(g)'}\Sigma^{-1}\mu^{(g)}+x'\Sigma^{-1}\mu^{(g)}, \quad g=1，2$$

得到两组判别函数，分别为

$$f_1=-188.32-45.13x_1+297.34x_2+131.41x_3$$
$$f_2=-132.21-34.87x_1+255.11x_2+144.66x_3$$

将原样品进行回判，结果如表 16-7 所示。

表 16-7　原样品的贝叶斯判别函数值及后验概率

编号	原始分类	判别结果	2012 年后验概率	2014 年后验概率
1	2012 年	2012 年	0.9355	0.0645
2	2012 年	2012 年	1.0000	0.0000
3	2012 年	2012 年	1.0000	0.0000
4	2012 年	2012 年	0.8153	0.1847
5	2012 年	2012 年	0.9998	0.0002
6	2014 年	2014 年	0.0111	0.9889
7	2014 年	2014 年	0.0003	0.9997
8	2014 年	2014 年	0.0001	0.9999
9	2014 年	2014 年	0.0016	0.9984
10	2014 年	2014 年	0.0003	0.9997

回判结果表明：总的回判率为 100%，与原分类一致，并与距离判别法、Fisher 判

别法的结果相同。

待判样品的判别结果如表 16-8 所示

表 16-8 待判样品的贝叶斯判别函数值及后验概率

编号	原始分类	判别结果	2012 年后验概率	2014 年后验概率
11	*	2014 年	0.0000	1.0000
12	*	2014 年	0.0001	0.9999
13	*	2012 年	0.9299	0.0701
14	*	2012 年	0.9607	0.0393

注："*" 表示待分类

（二）Bayes 判别法的 SAS 操作

【例 16.5】对例 16.3 中的 3 种燕麦植物观测值进行贝叶斯判别分析。

SAS 程序如下：

```
DATA ym;
INPUT spec_no$ x1-x4@@;
IF spec_no='A' THEN g='普通栽培燕麦';
IF spec_no='B' THEN g='细燕麦';
IF spec_no='C' THEN g='长颖燕麦';
DROP spec_no;
LABEL x1='反射率1' x2='反射率2' x3='反射率3' x4='反射率4';
CARDS;
A    0.669447    0.180500    0.425771    0.671650
A    0.680268    0.172718    0.414037    0.682371
A    0.674160    0.183775    0.429984    0.682371
A    0.674105    0.180948    0.436254    0.680515
A    0.670925    0.183805    0.431749    0.675338
A    0.647391    0.166693    0.402940    0.649315
A    0.674166    0.176912    0.417459    0.674466
A    0.667039    0.191626    0.517396    0.671002
A    0.677330    0.175930    0.425204    0.675556
A    0.671858    0.179518    0.508326    0.670168
B    0.686755    0.207528    0.484617    0.697900
B    0.709152    0.216909    0.567892    0.717552
B    0.675618    0.210216    0.481009    0.697961
B    0.705926    0.221580    0.495912    0.721150
B    0.686544    0.205430    0.485890    0.702635
B    0.700336    0.217568    0.504896    0.717457
B    0.706344    0.207496    0.476375    0.702447
B    0.695105    0.209845    0.492783    0.708075
B    0.704708    0.217230    0.489141    0.714834
B    0.694520    0.208990    0.481662    0.698691
C    0.590328    0.103700    0.420533    0.598442
```

```
C    0.581720    0.090685    0.392564    0.584223
C    0.597341    0.098764    0.422804    0.604232
C    0.602000    0.103466    0.430888    0.615415
C    0.591836    0.099387    0.414007    0.600273
C    0.605959    0.107908    0.443845    0.624556
C    0.603244    0.105243    0.421278    0.612582
C    0.602968    0.104172    0.428123    0.612920
C    0.601484    0.104114    0.432217    0.615373
C    0.603932    0.101064    0.426969    0.614451
;
PROC DISCRIM  WSSCP PSSCP PCOV DISTANCE  LIST;
PRIORS '普通栽培燕麦'=0.333 '细燕麦'=0.333 '长颖燕麦'=0.333;
CLASS g;
VAR x1-x4;
RUN;
```

SAS 输出结果如下：

```
                     The DISCRIM Procedure
        Total Sample Size   30        DF Total                29
        Variables            4        DF Within Classes       27
        Classes              3        DF Between Classes       2
              Number of Observations Read          30
              Number of Observations Used          30
                    Class Level Information
```

g	Variable Name	Frequency	Weight	Proportion	Prior Probability
长颖燕麦	________	10	10.0000	0.333333	0.333333
普通栽培燕麦	________	10	10.0000	0.333333	0.333333
细燕麦	______	10	10.0000	0.333333	0.333333

以上给出的是计算的初始信息。

The DISCRIM Procedure

Within-Class SSCP Matrices

g = 长颖燕麦

Variable	Label	x1	x2	x3	x4
x1	反射率 1	0.0005411143	0.0002720218	0.0008392592	0.0007841852
x2	反射率 2	0.0002720218	0.0002056279	0.0005208342	0.0004293187
x3	反射率 3	0.0008392592	0.0005208342	0.0016389577	0.0013311627
x4	反射率 4	0.0007841852	0.0004293187	0.0013311627	0.0012002579

g = 普通栽培燕麦

Variable	Label	x1	x2	x3	x4
x1	反射率 1	0.0007307466	0.0001759741	0.0002038133	0.0007281135
x2	反射率 2	0.0001759741	0.0004157399	0.0016059563	0.0002629485
x3	反射率 3	0.0002038133	0.0016059563	0.0138097011	0.0000908641
x4	反射率 4	0.0007281135	0.0002629485	0.0000908641	0.0008203116

g = 细燕麦

Variable	Label	x1	x2	x3	x4
x1	反射率 1	0.0010639244	0.0003275669	0.0012508874	0.0006623117
x2	反射率 2	0.000327566	0.0002737872	0.0006482382	0.0004128226
x3	反射率 3	0.0012508874	0.0006482382	0.0063522318	0.0012847451
x4	反射率 4	0.0006623117	0.0004128226	0.0012847451	0.0007492068

The DISCRIM Procedure

Pooled Within-Class SSCP Matrix

Variable	Label	x1	x2	x3	x4
x1	反射率 1	0.0023357854	0.0007755628	0.0022939599	0.0021746103
x2	反射率 2	0.0007755628	0.0008951550	0.0027750286	0.0011050897
x3	反射率 3	0.0022939599	0.0027750286	0.0218008906	0.0027067719
x4	反射率 4	0.0021746103	0.0011050897	0.0027067719	0.0027697763

The DISCRIM Procedure

Pooled Within-Class Covariance Matrix, DF = 27

Variable	Label	x1	x2	x3	x4
x1	反射率 1	0.0000865106	0.0000287245	0.0000849615	0.0000805411
x2	反射率 2	0.0000287245	0.0000331539	0.0001027788	0.0000409292
x3	反射率 3	0.0000849615	0.0001027788	0.0008074404	0.0001002508
x4	反射率 4	0.0000805411	0.0000409292	0.0001002508	0.0001025843

以上是样本协方差阵和合并样本协方差阵。

Squared Distance to g

From g	长颖燕麦	普通栽培燕麦	细燕麦
长颖燕麦	0	396.44845	665.89030
普通栽培燕麦	396.44845	0	39.98063
细燕麦	665.89030	39.98063	0

F Statistics, NDF=4, DDF=24 for Squared Distance to g

From g	长颖燕麦	普通栽培燕麦	细燕麦
长颖燕麦	0	440.49828	739.87811
普通栽培燕麦	440.49828	0	44.42292
细燕麦	739.87811	44.42292	0

Prob > Mahalanobis Distance for Squared Distance to g

From g	长颖燕麦	普通栽培燕麦	细燕麦
长颖燕麦	1.0000	<.0001	<.0001
普通栽培燕麦	<.0001	1.0000	<.0001
细燕麦	<.0001	<.0001	1.0000

Generalized Squared Distance to g

From g	长颖燕麦	普通栽培燕麦	细燕麦
长颖燕麦	2.19722	398.64568	668.08752
普通栽培燕麦	398.64568	2.19722	42.17786
细燕麦	668.08752	42.17786	2.19722

以上是关于类间距离的计算和检验等。

Linear Discriminant Function for g

Variable	Label	长颖燕麦	普通栽培燕麦	细燕麦
Constant		-2665	-2788	-2946
x1	反射率 1	3566	5466	5676
x2	反射率 2	-9900	-4305	-2692
x3	反射率 3	603.46205	26.87914	-87.73162
x4	反射率 4	6490	3963	3604

以上给出的是判别函数，且包含了先验概率。

Posterior Probability of Membership in g

Obs	From g	Classified into g	长颖燕麦	普通栽培燕麦	细燕麦
1	普通栽培燕麦	普通栽培燕麦	0.0000	1.0000	0.0000
2	普通栽培燕麦	普通栽培燕麦	0.0000	1.0000	0.0000
3	普通栽培燕麦	普通栽培燕麦	0.0000	1.0000	0.0000

4	普通栽培燕麦	普通栽培燕麦	0.0000	1.0000	0.0000
5	普通栽培燕麦	普通栽培燕麦	0.0000	1.0000	0.0000
6	普通栽培燕麦	普通栽培燕麦	0.0000	1.0000	0.0000
7	普通栽培燕麦	普通栽培燕麦	0.0000	1.0000	0.0000
8	普通栽培燕麦	普通栽培燕麦	0.0000	0.9998	0.0002
9	普通栽培燕麦	普通栽培燕麦	0.0000	1.0000	0.0000
10	普通栽培燕麦	普通栽培燕麦	0.0000	1.0000	0.0000
11	细燕麦	细燕麦	0.0000	0.0000	1.0000
12	细燕麦	细燕麦	0.0000	0.0000	1.0000
13	细燕麦	细燕麦	0.0000	0.0000	1.0000
14	细燕麦	细燕麦	0.0000	0.0000	1.0000
15	细燕麦	细燕麦	0.0000	0.0001	0.9999
16	细燕麦	细燕麦	0.0000	0.0000	1.0000
17	细燕麦	细燕麦	0.0000	0.0000	1.0000
18	细燕麦	细燕麦	0.0000	0.0000	1.0000
19	细燕麦	细燕麦	0.0000	0.0000	1.0000
20	细燕麦	细燕麦	0.0000	0.0000	1.0000
21	长颖燕麦	长颖燕麦	1.0000	0.0000	0.0000
22	长颖燕麦	长颖燕麦	1.0000	0.0000	0.0000
23	长颖燕麦	长颖燕麦	1.0000	0.0000	0.0000
24	长颖燕麦	长颖燕麦	1.0000	0.0000	0.0000
25	长颖燕麦	长颖燕麦	1.0000	0.0000	0.0000
26	长颖燕麦	长颖燕麦	1.0000	0.0000	0.0000
27	长颖燕麦	长颖燕麦	1.0000	0.0000	0.0000
28	长颖燕麦	长颖燕麦	1.0000	0.0000	0.0000
29	长颖燕麦	长颖燕麦	1.0000	0.0000	0.0000
30	长颖燕麦	长颖燕麦	1.0000	0.0000	0.0000

以上给出判别结果，并计算了后验概率。

The DISCRIM Procedure
Classification Summary for Calibration Data: WORK.YM
Resubstitution Summary using Linear Discriminant Function
Generalized Squared Distance Function
Number of Observations and Percent Classified into g

From g	长颖燕麦	普通栽培燕麦	细燕麦	Total
长颖燕麦	10	0	0	10
	100.00	0.00	0.00	100.00
普通栽培燕麦	0	10	0	10
	0.00	100.00	0.00	100.00
细燕麦	0	0	10	10
	0.00	0.00	100.00	100.00
Total	10	10	10	30
	33.33	33.33	33.33	100.00
Priors	0.33333	0.33333	0.33333	

Error Count Estimates for g

	长颖燕麦	普通栽培燕麦	细燕麦	Total
Rate	0.0000	0.0000	0.0000	0.0000
Priors	0.3333	0.3333	0.3333	

以上是对判别结果的分类汇总。由输出结果可知：组间马氏距离的显著性检

验在 0.01 水平上是显著的。在 30 个样品中，采用贝叶斯判别函数错判率为 0，所有样品都与原分类一致，总的判别准确率为 100%。

第四节　逐步判别分析

前面介绍的判别方法都是用已给的全部变量 $x_1, x_2, \cdots, x_p$ 来建立判别式，但这些变量在判别式中所起的作用一般来说是不同的，也就是说各个变量在判别式中的判别能力不同，有些可能起重要作用，有些可能作用低微，如果将判别能力低微的变量保留在判别式中，不仅会增加计算量，而且会产生干扰，影响判别效果；如果忽略了其中的重要变量，这时作出的判别效果也一定不好。如何筛选出具有显著判别能力的变量来建立判别式呢？由于筛选变量的重要性，近 30 年来有大量的文章提出了很多种方法，这里仅介绍一种常用的逐步判别法。

一、基本思想

逐步判别法与逐步回归法的基本思想类似，都是采用“有进有出”的算法，即逐步引入变量，每引入一个“最重要”的变量进入判别式，同时要考虑较早引入判别式的某些变量，如果其判别能力随新引入变量而变得不显著（如其作用被后引入的某几个变量的组合所代替），应及时从判别式中将它剔除，直到判别式中没有不重要的变量需要剔除，当剩余的变量没有重要的变量可引入判别式时，逐步筛选结束。这个筛选过程实质就是作假设检验，通过检验找出显著性变量，剔除不显著变量。

二、具体计算步骤

（一）准备工作

1）计算各个总体中各个变量的均值和总均值，以及 $E=(e_{ij})_{pp}$ 和 $T=(t_{ij})_{pp}$。

2）规定引入变量和剔除变量的临界值 $F_{进}$ 和 $F_{出}$（取临界值 $F_{进} \geqslant F_{出} \geqslant 0$，以保证逐步筛选变量过程在有限步后停止）。在利用电子计算机计算时，通常临界值的确定不是查分布表，而是根据具体问题事先给定。由于临界值随着引入变量或剔除变量的个数不同而变化，当样本容量 n 很大时，它们的变化甚微，因此一般取 $F_{进} \geqslant F_{出} \triangleq F_a$，如果想少选入几个变量，可取 $F_{进}=F_{出}=10$、8 等。如果想多选入变量，可取 $F_{进}=F_{出}=1$、0.5 等。显然如果取 $F_{进}=F_{出}=0$，则全部变量都被引入。

（二）逐步计算

假设已计算 l 步（包括 l=0），在判别式中引入了 L 个变量，不妨设 $x_1, x_2, \cdots, x_L$，则第 l+1 步计算内容如下。

1）计算全部变量的“判别能力”。

对于未选入的变量 x_i，计算 $A_i = \dfrac{e_{ii}^{(l)}}{t_{ii}^{(l)}}$　　　$i = L+1, \cdots, P$

对于已选入的变量 x_j，计算 $A_j = \dfrac{t_{ii}^{(l)}}{e_{ii}^{(l)}}$　　　$j = 1, \cdots, L$

2）在已入选变量中考虑剔除可能存在的最不显著变量，取最大的 A_j（即最小的 F_{2j}）。假设 $A_r = \max\limits_{j \in L}\{A_j\}$，这里 $j \in L$ 表示 x_j 属于已入选变量。进行 F 检验，剔除变量时统计量为

$$F_{2r} = \frac{1 - A_r}{A_r} \frac{n - k - (L - 1)}{k - 1}$$

若 $F_{2r} \leqslant F_{出}$，则剔除 x_r，然后对 $E^{(l)}$ 和 $T^{(l)}$ 作消除变换。

若 $F_{2r} > F_{出}$，则从未入选变量中选出最显著的变量，即找出最小的 A_i（即最大的 F_{1i}）。假设 $A_r = \min\limits_{i \bar{\in} L}\{A_i\}$，这里 $i \bar{\in} L$ 表示 x_i 属于未入选变量。进行 F 检验，引入变量时统计量为

$$F_{1r} = \frac{1 - A_r}{A_r} \frac{n - k - L}{k - 1}$$

若 $F_{1r} > F_{进}$，则引入 x_r，然后对 $E^{(l)}$ 和 $T^{(l)}$ 作消除变换。

在第 l+1 步计算结束后，再重复上面的 1)、2）步骤直至既不能剔除又不能引入新变量，逐步计算结束。

（三）建立判别式，对样品判别分类

经过逐步计算选出重要变量后，可用各种方法建立判别函数和判别准则，这里使用 Bayes 判别法建立判别式，假设共计算 l+1 步，最终选出 L 个变量，设判别式为

$$y_g = l_1 q_g + C_0^{(g)} + \sum_{i=1}^{L} C_i^{(g)} x_i, \qquad g = 1, \cdots, k$$

将每一个样品 $x=(x_1,\cdots,x_p)'$（x 可以是一个新样品，也可以是原来 n 个样品之一）分别代入 k 个判别式 y_g 中。若 $y(h/x)=\max\limits_{1\leqslant g\leqslant k}\{y(g/x)\}$，则 $x\in$第 h 个总体。

顺便指出两点：①在逐步计算中，每一步都是先考虑剔除，后考虑引入，但开头几步一般都是先引入，然后才开始剔除，实际问题中引入后又剔除的情况不多，而剔除后再重新引入的情况更少见。②用逐步判别选出的 L 个变量，一般不是所有 L 个变量组合中最优的组合（因为每次都是在保留已引入变量的基础上引入新变量）。但在 L 不大时，往往是最优的组合。

三、逐步判别法的实例分析及 SAS 操作

（一）逐步判别法的实例分析

【例 16.6】再次对例 16.1 中的燕麦储藏年份观测值进行逐步判别分析。

（1）计算两类各个变量的均值、总均值、组内离差阵、总离差阵

表 16-9　两类总体均值计算结果

项目	年份	x_1	x_2	x_3
分类均值	2012	0.376	0.938	0.592
	2014	0.546	0.914	0.338
总均值	—	0.461	0.926	0.465

$$\text{组内离差阵：}E=S_1+S_2=\begin{bmatrix}0.760\,64 & 0.088\,04 & 0.058\,30\\ 0.088\,04 & 0.056\,20 & -0.027\,34\\ 0.058\,30 & -0.027\,34 & 0.080\,96\end{bmatrix}$$

总离差阵：

$$T=\sum_{a=1}^{2}\sum_{k=1}^{n_a}(X_k^{(a)}-\bar{X})'(X_k^{(a)}-\bar{X})=\begin{bmatrix}0.832\,89 & 0.077\,84 & -0.049\,65\\ 0.078\,84 & 0.057\,64 & -0.012\,10\\ -0.049\,65 & -0.012\,10 & 0.242\,25\end{bmatrix}$$

（2）逐步计算

设引入变量的临界值为 F_1，剔除变量的临界值为 F_2，今取 $F_1=F_2=2$。

第一步（$L=0$）：

$$A_1=\frac{E_{11}}{t_{11}}=0.9133$$

$$A_2=0.9750$$

$$A_3=0.3342$$

本步骤无剔除，需要考虑引进 x_3（最小）。

$$F=\frac{1-A_3}{A_3}\times\frac{n-k-L}{k-1}=15.94$$

$F>F_1=2$，故引进变量 x_3。

对矩阵 E、T，消除 x_3 矩阵变换。

第二步(L=1)：

$$A_1=0.8735$$

$$A_2=0.8235 \quad (\text{最小})$$

本步骤无剔除（因只引进一个变量），考虑引进 x_2。

$$F=\frac{1-A_2}{A_2}\times\frac{n-k-L}{k-1}=1.5006$$

$F<F_1=2$，故 x_2 变量未能引入。

至此，既无变量剔除，又无变量引进，逐步计算结束。此时引入的重要变量为 x_3（拐点反射率 3）。

判别函数为

$$f_1=-17.32+58.50x_3$$

$$f_2=-5.64+33.40x_3$$

对已知分类的 10 个样品进行回判，结果如表 16-10 所示。

表 16-10 原样品逐步判别分类结果及后验概率

编号	原分类号	类别函数 f_1 值	类别函数 f_2 值	判归类别（年）	后验概率
1	2012	13.69	12.06	2012	0.8364
2	2012	17.20	14.07	2012	0.9584
3	2012	24.80	18.41	2012	0.9983
4	2012	7.25	8.39	2014	0.7557
5	2012	23.63	17.74	2012	0.9973
6	2014	7.25	8.39	2014	0.7557
7	2014	2.57	5.72	2014	0.9584
8	2014	1.99	5.38	2014	0.9673
9	2014	-3.87	2.04	2014	0.9973
10	2014	4.33	6.72	2014	0.9156

回判结果表明：总的回判率为 90%，与原分类并不一致，原因是逐步判别根据变量能否引入剔除了 x_1 和 x_2 变量，尽管 x_1 和 x_2 变量对全局判别并未呈现显著效应，但是其对个别观测的判别还是存在影响的，所以逐步判别分析过程中变量的选择应该谨慎。

待判样品的判别结果如表 16-11 所示。

表 16-11　待判样品逐步判别分类结果及后验概率

编号	原分类号	类别函数 f_1 值	类别函数 f_2 值	判归类别（年）	后验概率
11	*	–6.21	0.71	2014	0.9990
12	*	–0.94	3.71	2014	0.9905
13	*	24.80	18.41	2012	0.9983
14	*	16.61	13.73	2012	0.9472

注：“*”表示原分类不确定，属于待判类别

针对燕麦储藏年份逐步判别分析的 SAS 程序如下：

```
DATA ym;
INPUT no1$ x1-x3;
IF no1='1' THEN g='2012';
IF no1='2' THEN g='2014';
DROP no1;
LABEL x1='拐点反射率1' x2='拐点反射率2' x3='拐点反射率3';
CARDS;
1    0.76    0.99    0.53
1    0.05    0.99    0.59
1    0.78    0.99    0.72
1    0.21    0.95    0.42
1    0.08    0.77    0.70
2    0.71    0.93    0.42
2    0.75    0.94    0.34
2    0.70    0.91    0.33
2    0.28    0.99    0.23
2    0.29    0.80    0.37
.    0.68    0.79    0.19
.    0.69    0.96    0.28
.    0.77    0.78    0.72
.    0.69    0.93    0.58
;
PROC STEPDISC  METHOD=FW;
CLASS g;
VAR x1-x3;
RUN;
PROC STEPDISC  METHOD=BW;
CLASS g;
VAR x1-x3;
RUN;
PROC DISCRIM LIST;
```

```
CLASS g;
VAR X3;
RUN;
```

此 SAS 分析程序中，第一个 STEPDISC 过程采用的变量选择方法为向前选择法（METHOD=FW），此时只引入变量 x_3，第二个 STEPDISC 过程采用的变量选择方法为向后选择法（METHOD=BW），此时变量 x_1、x_2 和 x_3 均被引入。第三个 DISCRIM 过程采用距离判别查看只引入变量 x_3 的判别结果。结果输出在此省略。

（二）逐步判别法的 SAS 操作

【例 16.7】对例 16.3 中的 3 种燕麦植物观测值进行逐步判别分析。

SAS 程序如下：

```
DATA ym;
INPUT spec_no$ x1-x4;
IF spec_no='A' THEN g='普通栽培燕麦';
IF spec_no='B' THEN g='细燕麦';
IF spec_no='C' THEN g='长颖燕麦';
DROP spec_no;
LABEL x1='反射率1' x2='反射率2' x3='反射率3' x4='反射率4';
CARDS;
数据集;
PROC STEPDISC;
VAR x1-x4;
CLASS g;
RUN;
```

SAS 输出结果如下：

```
                    The STEPDISC Procedure
           The Method for Selecting Variables is STEPWISE
   Total Sample Size     30    Variable(s) in the Analysis       4
   Class Levels          3     Variable(s) Will Be Included      0
              Significance Level to Enter     0.15
              Significance Level to Stay      0.15
              Number of Observations Read            30
              Number of Observations Used            30
                     Class Level Information
           Variable
  g        Name        Frequency    Weight     Proportion
长颖燕麦    ________       10        10.0000     0.333333
普通栽培燕麦 ________       10        10.0000     0.333333
细燕麦      ________       10        10.0000     0.333333
                    The STEPDISC Procedure
                  Stepwise Selection: Step 1
               Statistics for Entry, DF = 2, 27
Variable    Label     R-Square   F Value   Pr > F    Tolerance
```

x1	反射率 1	0.9571	300.98	<.0001	1.0000
x2	反射率 2	0.9863	968.99	<.0001	1.0000
x3	反射率 3	0.5689	17.81	<.0001	1.0000
x4	反射率 4	0.9486	249.39	<.0001	1.0000

Variable x2 will be entered.

Variable(s) That Have Been Entered

x2

Multivariate Statistics

Statistic	Value	F Value	Num DF	Den DF	Pr > F
Wilks' Lambda	0.013741	968.99	2	27	<.0001
Pillai's Trace	0.986259	968.99	2	27	<.0001
Average Squared Canonical Correlation	0.493130				

The STEPDISC Procedure

Stepwise Selection: Step 2

Statistics for Removal, DF = 2, 27

Variable	Label	R-Square	F Value	Pr > F
x2	反射率 2	0.9863	968.99	<.0001

No variables can be removed.

Statistics for Entry, DF = 2, 26

Variable	Label	Partial R-Square	F Value	Pr > F	Tolerance
x1	反射率 1	0.0478	0.65	0.5291	0.0321
x3	反射率 3	0.4892	12.45	0.0002	0.5109
x4	反射率 4	0.1507	2.31	0.1197	0.0307

Variable x3 will be entered.

Variable(s) That Have Been Entered

x2 x3

Multivariate Statistics

Statistic	Value	F Value	Num DF	Den DF	Pr > F
Wilks' Lambda	0.007019	142.17	4	52	<.0001
Pillai's Trace	1.261695	23.07	4	54	<.0001
Average Squared Canonical Correlation	0.630848				

The STEPDISC Procedure

Stepwise Selection: Step 3

Statistics for Removal, DF = 2, 26

Variable	Label	Partial R-Square	F Value	Pr > F
x2	反射率 2	0.9837	785.48	<.0001
x3	反射率 3	0.4892	12.45	0.0002

No variables can be removed.

Statistics for Entry, DF = 2, 25

Variable	Label	Partial R-Square	F Value	Pr > F	Tolerance
x1	反射率 1	0.0291	0.37	0.6917	0.0292
x4	反射率 4	0.1522	2.24	0.1269	0.0299

Variable x4 will be entered.

Variable(s) That Have Been Entered

x2 x3 x4

Multivariate Statistics

Statistic	Value	F Value	Num DF	Den DF	Pr > F
Wilks' Lambda	0.005950	99.70	6	50	<.0001
Pillai's Trace	1.308262	16.39	6	52	<.0001

Average Squared Canonical Correlation 0.654131

The STEPDISC Procedure

Stepwise Selection: Step 4

Statistics for Removal, DF = 2, 25

Variable	Label	Partial R-Square	F Value	Pr > F
x2	反射率 2	0.8478	69.60	<.0001
x3	反射率 3	0.4901	12.02	0.0002
x4	反射率 4	0.1522	2.24	0.1269

No variables can be removed.

Statistics for Entry, DF = 2, 24

Variable	Label	Partial R-Square	F Value	Pr > F	Tolerance
x1	反射率 1	0.3535	6.56	0.0053	0.0159

Variable x1 will be entered.

All variables have been entered.

Multivariate Statistics

Statistic	Value	F Value	Num DF	Den DF	Pr > F
Wilks' Lambda	0.003847	90.74	8	48	<.0001
Pillai's Trace	1.468803	17.28	8	50	<.0001

Average Squared Canonical Correlation 0.734402

The STEPDISC Procedure

Stepwise Selection: Step 5

Statistics for Removal, DF = 2, 24

Variable	Label	Partial R-Square	F Value	Pr > F
x1	反射率 1	0.3535	6.56	0.0053
x2	反射率 2	0.8272	57.43	<.0001
x3	反射率 3	0.4490	9.78	0.0008
x4	反射率 4	0.4355	9.26	0.0010

No variables can be removed.

No further steps are possible.

The STEPDISC Procedure

Stepwise Selection Summary

Step	Number In	Entered	Removed	Label	Partial R-Square	F Value	Pr > F	Wilks' Lambda	Pr < Lambda	Average Squared Canonical Correlation	Pr > ASCC
1	1	x2		反射率 2	0.9863	968.99	<.0001	0.01374057	<.0001	0.49312972	<.0001
2	2	x3		反射率 3	0.4892	12.45	0.0002	0.00701881	<.0001	0.63084759	<.0001

3	3	x4	反射率 4	0.1522	2.24	0.1269	0.0059502	<.0001	0.65413108	<.0001
4	4	x1	反射率 1	0.3535	6.56	0.0053	0.00384678	<.0001	0.73440160	<.0001

根据输出结果可知，4 个变量均入选，说明针对不同品种进行判别，需要所有变量参与。通过前面的几个判别方法可知，在 SAS 中，如果需要了解判别结果，均需要调用 DISCRIM 过程。

参 考 文 献

安钰, 安慧. 2015. 宁夏荒漠草原优势植物生长及生物量分配对放牧干扰的响应[J]. 西北植物学报, 35(2): 373-378

白永飞, 李德新, 许志信, 等. 1999. 牧压梯度对克氏针茅生长和繁殖的影响[J]. 生态学报, 19(4): 479-484

白永飞, 许志信, 李德新. 1994. 羊草草原群落生物量季节动态研究[J]. 中国草地, (3): 1-5, 9

暴咏冬. 2006. 蒙古栎的育苗技术[J]. 河北林业科技, 5: 12

曹刚, 李文新. 2006. 统计学原理[M]. 上海: 上海财经大学出版社

陈希孺, 王松桂. 1987. 近代回归分析[M]. 合肥: 安徽教育出版社

陈新美, 张会儒. 2010. 柞树林树高结构的研究[J]. 西北林学院学报, 25(4): 130-134

程徐冰, 韩士杰, 张忠辉, 等. 2011. 蒙古栎不同冠层部位叶片养分动态[J]. 应用生态学报, 9: 2272-2278

褚文彬, 卫智军, 运向军, 等. 2008. 短花针茅荒漠草原土壤含水量和地上现存量对禁牧休牧的响应[J]. 中国草地学报, 30(3): 106-109

方楷, 宋乃平, 魏乐, 等. 2012. 不同放牧制度对荒漠草原地上生物量及种间关系的影响[J]. 草业学报, 21(5): 12-22

高晗. 2004. 长白山珍贵阔叶树种子园建园配套技术[D]. 哈尔滨: 东北林业大学硕士学位论文

韩彬, 樊江文, 钟华平. 2006. 内蒙古草地样带植物群落生物量的梯度研究[J]. 植物生态学报, 30(4): 553-562

何晓群, 刘文卿. 2000. 应用回归分析[M]. 北京: 中国人民大学出版社: 129-137

和平, 褚文彬, 运向军, 等. 2008. 短花针茅荒漠草原群落现存量和营养动态对禁牧休牧的影响[J]. 当代畜禽养殖业, 6: 41-44

黄文锦. 1982. 大齿蒙古栎种子的贮藏和发芽[J]. 内蒙古林业科技, 4: 45-47

霍锡敏, 洪恩众, 胡常虹. 2007. 蒙古栎的嫁接繁殖[J]. 特种经济动植物, 11: 35

焦树英, 韩国栋. 2012. 短花针茅草原主要植物种群特征及其资源分配对载畜率的响应[J]. 中国草地学报, 34(2): 76-80

金晓明, 敖永贵, 艾琳, 等. 2011. 呼伦贝尔沙地米氏冰草种群构件年龄结构动态[J]. 草地学报, 19(3): 367-371, 387

金勇进. 2001. 缺失数据的插补调整[J]. 数理统计与管理, 20(5): 47-53

寇锦, 张桂芹, 孟凡利. 2009. 优良硬阔树种蒙古栎苗木繁育技术[J]. 林业勘查设计, 2: 76-77

李博. 1997. 中国北方草地退化及其防治对策[J]. 中国农业科学, 30(6): 1-10

李潮, 谢应忠, 许冬梅, 等. 2013. 宁夏荒漠草原植物群落的种间关系[J]. 草业科学, 30(11): 1801-1807

李春喜, 姜丽娜, 邵云, 等. 2013. 生物统计学[M]. 5 版. 北京: 科学出版社

李春喜, 邵云, 姜丽娜. 2008. 生物统计学[M]. 4 版. 北京: 科学出版社

李峰, 刘婷婷, 陶格斯, 等. 2011. 蒙古栎育苗及栽培技术[J]. 内蒙古林业, 1: 22

李文英, 顾万春. 2005. 蒙古栎天然群体表型多样性研究[J]. 林业科学, 1: 49-56

刘红梅. 2011. 短花针茅草原群落特征与草地空间异质性对不同放牧制度的响应[D]. 呼和浩特: 内蒙古农业大学博士学位论文

刘文祥, 汪绍凯, 庄德斌, 等. 2008. 蒙古栎育苗技术的研究[J]. 林业勘查设计, 3: 69-71
吕世杰, 刘红梅, 吴艳玲, 等. 2014. 放牧对短花针茅荒漠草原建群种与优势种空间分布关系的影响[J]. 应用生态学报, 25(12): 3469-3474
马红彬, 谢应忠. 2008. 不同放牧强度下荒漠草原植物的补偿性生长[J]. 中国农业科学, 41(11): 3645-3650
买小虎, 张玉娟, 张英俊, 等. 2014. 季节性放牧调控对草地植被的影响[J]. 西北农业学报, 3: 24-30
茆诗松, 周纪芗, 陈颖. 2012. 试验设计[M]. 2 版. 北京: 中国统计出版社
梅长林, 范金城. 2006. 数据分析方法[M]. 北京: 高等教育出版社
裴喜春. 2007. SAS 及应用[M]. 2 版. 北京: 中国农业出版社
渠翠平, 关德新, 王安志, 等. 2008. 基于 MODIS 数据的草地生物量估算模型比较[J]. 生态学杂志, 27(11): 2028-2032
渠田田. 2010. GDP 数据质量的统计诊断[D]. 镇江: 江苏大学硕士学位论文
任雪松, 于秀林. 2011. 多元统计分析[M]. 2 版. 北京: 中国统计出版社
沙定国. 2003. 误差分析与测量不确定度的评价[M]. 北京: 中国计量出版社: 68-74
宋瑞丰, 邓丽娟. 2012. 蒙古栎育苗及栽培技术[J]. 安徽农学通报(下半月刊), 18: 184, 188
孙世贤. 2014. 短花针茅荒漠草原群落特征和土壤对放牧强度季节调控的响应[D]. 呼和浩特: 内蒙古农业大学博士学位论文
孙晓芳, 岳天祥, 王情. 2013. 草地地上生物量高精度曲面建模[J]. 遥感学报, 17(5): 1060-1076
唐启义, 冯明光. 2017. DPS 数据处理系统——试验设计、统计分析及数据挖掘[M]. 北京: 科学出版社
陶玲, 任珺. 2004. 进化生态学的数量研究方法[M]. 北京: 中国林业出版社
汪诗平, 李永宏, 陈佐忠. 1999. 内蒙古典型草原草畜系统适宜放牧率的研究(Ⅱ.以牧草地上现存量和净初级生产力为管理目标)[J]. 草地学报, 7(3): 192-197
王莺, 夏文韬, 梁天刚, 等. 2009. 基于 MODIS 植被指数的甘南草地生物量[J]. 兰州大学学报(自然科学版), 45(5): 73-78, 87
王云峰, 陈卫东. 2017. 统计学原理——理论与方法[M]. 3 版. 上海: 复旦大学出版社
卫智军, 韩国栋, 赵钢, 等. 2013. 中国荒漠草原生态系统研究[M]. 北京: 科学出版社
卫智军, 闫瑞瑞, 运向军, 等. 2011. 放牧制度下荒漠草原主要植物生物量及能量分配研究[J]. 中国沙漠, 31(5): 1124-1130
邬焜, 霍有火, 陈九龙. 2003. 自然辩证法新编[M]. 西安: 西安交通大学出版社
吴家兵, 关德新, 张弥, 等. 2006. 长白山地区蒙古栎光合特性[J]. 中国科学院研究生院学报, 4: 548-554
吴艳玲. 2012. 短花针茅草原群落特征与空间异质性对放牧强度季节调控的响应[D]. 呼和浩特: 内蒙古农业大学博士学位论文
希吉日塔娜. 2013. 不同放牧制度和轮牧时间对短花针茅荒漠草原植被的影响[D]. 呼和浩特: 内蒙古农业大学博士学位论文
希吉日塔娜, 吕世杰, 卫智军, 等. 2013. 不同放牧制度下短花针茅荒漠草原植物种群作用和种间关系分析[J]. 生态环境学报, 22(6): 976-982
锡林塔娜. 2009. 不同载畜率下短花针茅荒漠草原群落种间关系研究[D]. 呼和浩特: 内蒙古农

业大学硕士学位论文
锡林塔娜，蒙荣，慕宗杰. 2008. 内蒙古四子王旗短花针茅荒漠草原群落种间关联分析[J]. 畜牧与饲料科学, 29(6): 6-9
徐建华. 2006. 计量地理学[M]. 北京：高等教育出版社
徐小万，罗少波，雷建军，等. 2009. 多变量统计方法及其在农作物环境胁迫研究中的应用[J]. 中国农学通报, 25(12): 267-273
薛睿，郑淑霞，白永飞. 2010. 不同利用方式和载畜率对内蒙古典型草原群落初级生产力和植物补偿性生长的影响[J]. 生物多样性, 18(3): 300-311
闫瑞瑞. 2008. 不同放牧制度对短花针茅荒漠草原植被与土壤影响的研究[D]. 呼和浩特：内蒙古农业大学博士学位论文
杨军，赵宇，丁文兴. 2008. 抽样调查中缺失数据的插补方法[J]. 数理统计与管理, 27(5): 821-832
杨世莹. 2005. Excel 数据统计与分析范例应用[M]. 山东：中国青年出版社
杨婷婷，高永，吴新宏，等. 2013. 小针茅草原植被地下与地上生物量季节动态及根冠比变化规律[J]. 干旱区研究, 31(1): 109-114
尤恩・苏尔李. 2011. 数据分析方法五种[M]. 上海：格致出版社，上海人民出版社
虞仁和，胡国清，孙振球，等. 2010. 关于百分位数直接计算法的进一步探讨[J]. 中国卫生统计, 27(3): 307-308
运向军，卫智军，杨静，等. 2010. 禁牧休牧短花针茅草原地上现存量与土壤含水量的关系[J]. 中国草地学报, 32(2): 75-79
张才厚，孙良岩. 2010. 浅析蒙古栎的播种繁殖[J]. 吉林蔬菜, 5: 81-82
张虎，师尚礼，王顺霞. 2012. 放牧强度对宁夏荒漠草原植物群落结构及草地生产力的影响[J]. 干旱区资源与环境, 26(9): 73-76
张杰. 2005. 蒙古栎地理种源遗传多样性的研究[D]. 哈尔滨：东北林业大学博士学位论文
张杰，吴迪，汪春蕾，等. 2007. 应用ISSR-PCR分析蒙古栎种群的遗传多样性[J]. 生物多样性, 3: 292-299
张金屯. 2011. 数量生态学[M]. 2 版. 北京：科学出版社
张金屯，邱扬，郑凤英. 2000. 景观格局的数量研究方法[J]. 山地学报, 18(4): 346-352
张锦波，宋卫东，张永红. 2012. 蒙古栎直播造林技术[J]. 中国林业, 1: 49
张丽楠. 2012. 秦岭宁东林区落叶松人工林特征及近自然改造措施研究[D]. 杨凌：西北农林科技大学硕士学位论文
张鲜花，朱进忠，孙宗玖，等. 2014. 放牧强度对草地牧草现存量及养分动态的影响[J]. 草业科学, 30(1): 116-124
张智勇. 2012. 蒙古栎播种育苗造林技术[J]. 内蒙古林业调查设计, 2: 58-59, 73
赵明伟，岳天祥，孙晓芳，等. 2014. 基于草地综合顺序分类系统(IOCSG)的中国北方草地地上生物量高精度模拟[J]. 生态学报, 34(17): 4891-4899
赵庆辉，祝飞，邓万刚，等. 2011. 林地改种牧草对砖红壤物理质量性状的影响[J]. 草地学报, 19(3): 478-481
赵先仓. 2010. 非统计专业统计学课程教学改革与创新[J]. 科技信息, (17): 670
周建. 2005. 宏观经济统计数据诊断理论、方法及其应用[M]. 北京：清华大学出版社
周晓峰，张远东，孙慧珍，等. 2002. 气候变化对大兴安岭北部蒙古栎种群动态的影响[J]. 生态

学报, 7: 1035-1040
周晓宏, 郭文静. 2008. 探索性因子分析与验证性因子分析异同比较[J]. 科技和产业, 8(9): 69-71
朱立博, 曾昭海, 赵宝平, 等. 2008. 春季休牧对草地植被的影响[J]. 草地学报, 16(3): 278-282
Chen J, Shao J. 2000. Nearest neighbor imputation for survey data[J]. Journal of Official Statistics, 16(2): 113-131
Chen J, Shao J. 2001. Jackknife variance estimation for nearest-neighbor imputation[J]. J Amer Statist Assoc, 96: 260-269
Clewer A G, Scarisbrick D H. 2001. Practical Statistics and Experimental Design for Plant and Crop Science[M]. England: John Wiley & Sons, Ltd.
Imada M, Nakai T, Nakamura T, et al. 1990. Acorn dispersal in natural stands of mizunara (*Quercus mongolica* var. *grosseserrata*) for twenty years[J]. Journal of the Japanese Forestry Society, 72(5): 426-430
Kurtz D B, Asch F, Giese M, et al. 2016. High impact grazing as a management tool to optimize biomass growth in northern Argentinean grassland[J]. Ecological Indicators, 63: 100-109
Miyaki M, Kikuzawa K. 1998, Dispersal of *Quercus mongolica* acorns in a broadleaved deciduous forest[J]. Forest Ecology and Management, 25(1): 1-8
Rao J N K. 1996. On variance estimation with imputed survey data[J]. Journal of the American Statistical Association, 91(434): 499-506
Rao J N K, Shao J. 1992. Jackknife variance estimation with survey data under hot deck imputation[J]. Biometrika, 79(4): 811-822
Rao J N K, Sitter R R. 1995. Variance estimation under two-phase sampling with application to imputation for missing data[J]. Biometrika, 82(2): 453-460
Roderick J A L, Donald B R. 2004. 缺失数据统计分析[M]. 2 版. 孙山泽, 译. 北京: 中国统计出版社
Shao J, Chen Y Z. 1998. Bootstrapping sample quantiles based on complex survey data under hot deck imputation[J]. Statistica Sinica, 8(4): 1071-1085
Shao J, Sitter R R. 1996. Bootstrap for imputed survey data[J]. J Amer Statist Assoc, 91: 1278-1288
Stephenson M B, Schacht W H, Volesky J D, et al. 2015. Time of grazing effect on subsequent-year standing crop in the Eastern Nebraska sandhills[J]. Rangeland Ecology & Management, 68(2): 150-157
Tanner M A, Wong W H. 1987. The calculation of posterior distribution by data augmentation(with discussion)[J]. J Amer Statist Assoc, 82: 528-550
Ueno S, Taguchi Y, Tsumura Y. 2008. Microsatellite markers derived from *Quercus mongolica* var. *crispula* (Fagaceae) inner bark expressed sequence tags[J]. Genes & Genetic Systems, 28(2): 179-187
Wang Z, Yun X J, Wei Z J, et al. 2014. Responses of plant community and soil properties to inter-annual precipitation variability and grazing durations in a desert steppe in Inner Mongolia[J]. Journal of Integrative Agriculture, 13(6): 1171-1182
Wratten S D, Fry G L A. 1980. Field and Laboratory Exercises in Ecology[M]. London: Edward Arnold
Yang C Y. 2001. Multiple imputation for missing data: concepts and new development [R]. Introduction material of SAS
Yung W. 1996. Contributions to poststratification and conditional variance estimation[D]. Ph.D. Thesis of Carleton University, Ottawa

后　　记

自2004年以来，著者团队精诚合作，在各自专业领域完成科研任务的同时，注意到数量研究方法的重要性，历经10余年的艰苦探索和不断追求，在总结部分数量研究方法应用的基础上，撰写出版《数量研究方法实证解析》（基础统计与多元统计）。然而就专著的内容和实践过程来看，虽然体现了数量研究方法的灵活性、普适性和独特性，但限于篇幅，各专业的实例解析不可能一一呈现；同时，数量研究方法也绝不仅限于基础统计和多元统计部分。在数量研究方法中，模糊数学、灰色理论、计算机仿真算法、地统计学、分形理论等均能够被引入不同的研究领域，本专著缺乏这方面的介绍，说明我们的工作只是万里长征中走完了第一步，任重道远。

回顾我们对数量研究方法的认识、实践和探索过程，特别是完成本专著后，分析和探讨不同数量研究方法的特点，除了需要补充相关的数量研究方法之外，仍需要不断认识数量研究方法的变化趋势，这是因为数量研究方法在理论与实践过程中不断发展和演变。为此，必须持续地进行试验研究工作并注重多学科的融合，归纳起来主要有：①数量研究方法在哪些学科中可以形成自己的学科分支；②各学科数量研究方法的共性和特性是什么，能否统一；③数量研究方法的重要性与便利性如何在专业上得到体现；④数量研究方法相互影响、相互结合和相互转化的动态；⑤数量研究方法的计算机操作如何形成专业体系。

在已初步取得的科研成果的基础上，我们将进一步归纳总结数量研究方法实证解析内容，进一步形成其他常用的数量研究方法实证解析体系，为科研工作者和广大科研院所师生提供帮助及参考。我们愿与国内外有关的科学研究单位和同仁，开展以数量研究方法为主题的科研合作，持续而更加深入地把数量研究方法的实践与检验工作进行下去，共同全面提高数量研究方法实践与融合的科学性和创新性。

作　者

2019年5月